影響中華文明的千經之首

圖解 易經的智慧

經部

唐頤／編著

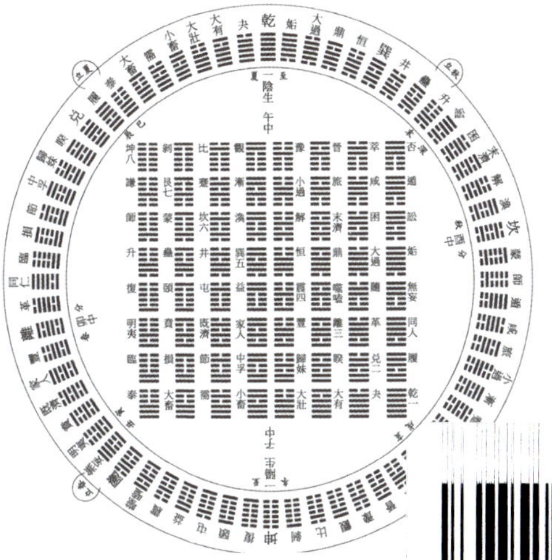

宇宙在手 萬法由心

《易傳》說：「是故剛柔相摩，八卦相盪。鼓之以雷霆，潤之以風雨。日月運行，一寒一暑。」可見，精通《易經》，就能知道整個世界在陰陽兩種相反相成力量推動下運行的哲理，就知道宇宙的所有現象都被概括在八卦、五行的理論中。運用易理進行實踐，人就能從必然王國走向自由王國，獲得真正的自由。

陰陽

陰陽是中國古代哲學的重要思想之一，也是《易經》的總體哲學思想。它認為整個世界是在陰陽兩種相反相成的力量作用下不斷運動、變化、生成、更新的。它的表現為氣，陽氣上升、陰氣下降，陰陽互動，和諧統一。

五行

古人認為宇宙是由金、木、水、火、土這五種最基本物質構成的，宇宙間各種事物和現象的發展、變化都是這五種不同屬性的物質不斷運動和相互作用的結果。五行之間存在著相生相剋的規律。

萬物生長收藏有其規律

萬物生長收藏有其規律，從《易經·說卦傳》中可以看出，萬物春生，夏長，秋收，冬藏，每周天360日，八卦各主45日，其轉換點就在四正四隅的八節上，每卦有三爻，三而八之，即指一年二十四個節氣。

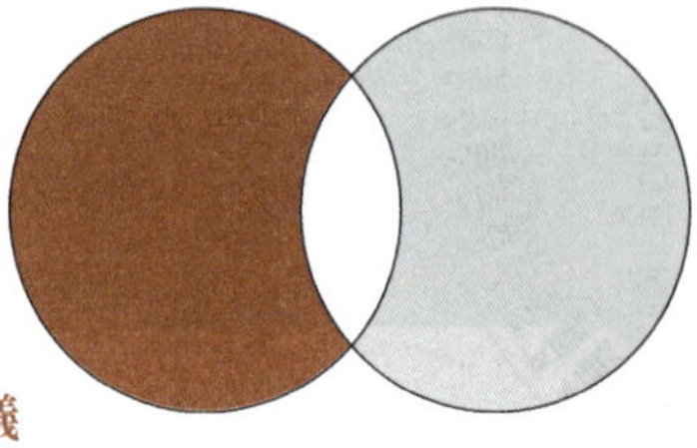

兩儀

《繫辭》中說：「是故《易》有太極，是生兩儀。」兩儀指天地，是太極的初分，天地之數，引申代表一切可以二分的、相對的事物。

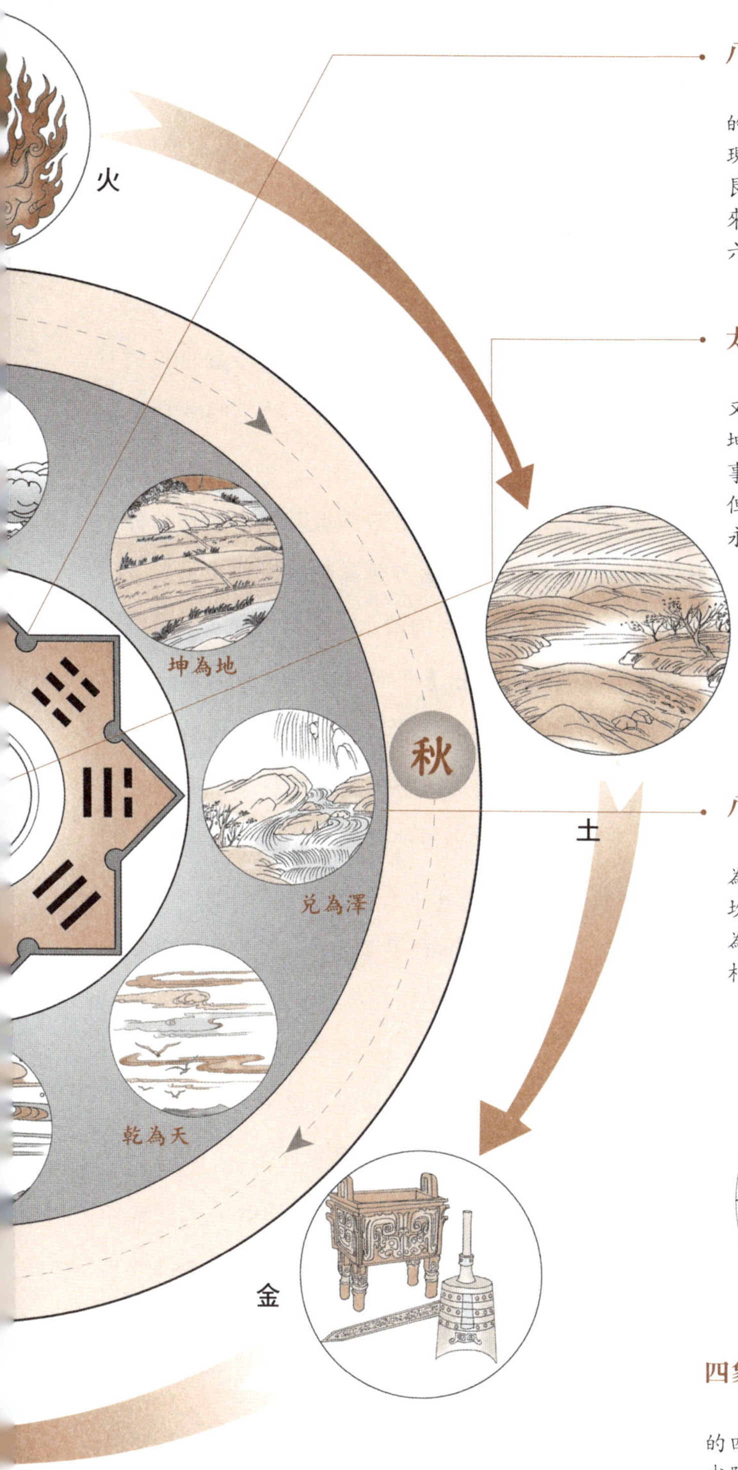

八卦

宇宙就是一本《易經》，宇宙的現象都掛在那裡，可總結出八種現象，這八種現象分別由「乾、坎、艮、震，巽、離、坤、兌」八個卦來表示，由這八種現象又進而推出六十四卦。

太極

太極為初為一，可化成萬物，又可至於無窮。太極原是天地、乾坤、剛柔、陰陽、理氣等一切相對事物的一個混合體，可以不斷二分。但無論經過多少次的二分，其分子永遠是太極，也就是一。

八種自然現象

八卦代表宇宙間八種自然現象為乾為天，坤為地，離為火為日，坎為水為月，震為雷，巽為風，艮為山，兌為澤。宇宙間這八個現象相互對立，又變化出各種狀況。

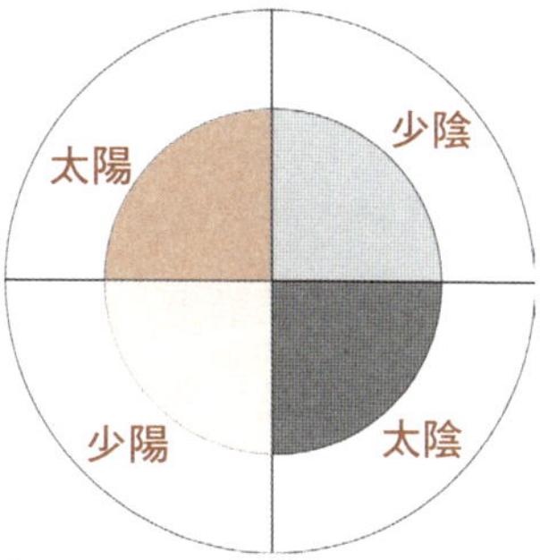

四象

四象在《易經》中是指陰陽消長的四個特徵，即太陽、少陽、太陰、少陰，又可以引申為四時、四方與四國等。

樂天知命故不憂

編者序

人生智慧的寶藏

《易經》是最古老的一部占筮書，同時也是一部凝結著遠古先民睿智卓識的哲學著作。它以陽爻和陰爻為基本符號，組合成八卦以及六十四卦，透過這些卦象闡述了萬事萬物生成變化的法則。

諾貝爾物理學獎獲得者尼爾斯．玻爾，因其對物理學的傑出貢獻而被授予爵士徽章，在選擇徽章標誌時他選用了《易經》陰陽太極圖。德國數學家萊布尼茲發明二進位（後來被電腦所採用），也得益於《易經》八卦的啟示。毫無疑問，《易經》對現代數學、物理學、生物學、醫學等現代學科作出了不可估計的貢獻。瑞士心理學家榮格認為，《易經》「是一個取之不盡，用之不竭的智慧泉源」。此外，他也曾經提及：「談到世界唯一的智慧寶典，首推中國的《易經》。在科學上我們得到的定律常常是短命的，或被後來的事實推翻。唯獨中國的《易經》，亙古常新，相傳六千年之久，依然具有價值，而與最新原子物理學有頗多相同的地方。」

《易經》是一個蘊藏無窮奇珍異寶的寶藏，它是經典中的經典，哲學中的哲學，智慧中的智慧。易道以太極八卦、河圖洛書、陰陽五行學說為基礎，旁及天文、地理、兵法、哲學、算術、醫學，並滲透到幾千年華人社會的政治、經濟、軍事、科技、文化、教育等各個領域。歷代英才俊傑精於此道，或為聖賢，或為帝王、名將，或為名醫、高僧，或為大詩人、大思想家，推動著中國乃至全世界文明的進程。

人們在經歷磨難、凶險、復興、亨通等境界時，《易經》六十四卦的爻辭就如同人生各個階段的指標，總是能啟迪你的智慧，使你找到最佳的應對策略。例如：當你處於人生的低潮時，《易經》能夠提醒你啟用乾卦潛龍在淵的智慧；當你知識缺乏時，《易經》提醒你啟用蒙卦教育啟蒙人生的智慧；當你過於揮霍自己的健康時，

《易經》能夠提醒你是啟用剝卦休養生息的時候了；當你過於患得患失的時候，《易經》能夠提醒你啟用大壯卦失得勿恤的智慧；當你家財萬貫的時候，《易經》能夠提醒你啟用施祿及下的智慧。無論你走到天涯海角，《易經》總是放出萬道溫煦的智慧光茫照耀著你，使你的人生境界得以昇華，向盡善盡美之境進發。

本書的內容分三個部分：第一部分介紹了《易經》必備的基礎知識，以詳盡的筆調敘述了《易經》的起源和影響，以及讀易的基礎知識。第二部分為《易經》的上經，第三部分為《易經》的下經。經文的版本以清朝的《監本易經》為藍本，每一卦的前面都列舉了卦名、卦畫、卦象、卦辭、爻辭等五個部分，分別配以簡潔明瞭的白話文予以翻譯，隨後的說明文字中穿插了大量的歷史典故，行文流暢活潑，趣味性強，對於理解經文大有助益。本書從上萬張圖片中選出了近三百餘張賞心悅目的圖片，六百餘幅精美手繪插圖，生動的圖解表現形式，為讀者帶來了視覺上的震撼和驚喜。這些圖片能夠使讀者在閱讀過程中保持良好的意境，並增加對內容的直覺理解。另外，本書專門擷取了清朝「四庫全書版」的卦畫，並且每一卦辭都配有一幅明代插圖，古色古香，對於拓展讀者的知識面助益多多。

總之，本書運用圖片、背景、概念、卦義和提示等要素，進行綜合創意，以全新的方式詮釋了這本古老的經典，使它智慧的光芒重新綻放。但由於《易經》的內容包羅萬象，編者能力水準有限，且某些資料也很難蒐集齊全，所以本書難免有一些疏失，有些觀點也有待商榷。我們誠懇地希望讀者能提出寶貴意見，使本書能夠變得更完善。

編者謹識

伏羲像

太極圖

先天八卦次序圖

先天八卦方位圖

目錄

《易經》中「卦」的智慧 …… 1-2

《易經》中「爻」的智慧 …… 3-4

人類智慧的泉源——《易經》 …… 5-7

易學人物繼承表 …… 8-10

宇宙在手 萬法由心 …… 12

編者序：人生智慧的寶藏 …… 14

本書內容導航 …… 22

第一章 讀易必備的基礎
《易經》的起源、影響及基礎

第 1 節　易學源流淺說：集上古文明之大成 …… 26

第 2 節　天干與地支：古曆法的符號系統 …… 30

第 3 節　河圖與洛書：宇宙魔方 …… 40

第 4 節　無極與太極：世界萬物之源 …… 43

第 5 節　兩儀：處處有陰陽 …… 46

第 6 節　四象與五行：天地四季與五種物質 ………… 47

第 7 節　八經卦：世界最初形成的八大元素 ………… 52

第 8 節　六十四卦：易學最深奧的部分 ………………… 64

第 9 節　八卦納甲與納支：卦爻配干支 ………………… 71

第 10 節 六十四卦與二十四節氣：象徵節氣與卦爻 ………………………………………………………………… 77

第 11 節 六十甲子：奇異的紀時方法 ………………… 85

第 12 節 關於卦爻的一些術語：承、乘、比、應，錯、綜、複、雜 ………… 88

第 13 節 《易經》中的象：八經卦的物象 ………… 94

第 14 節 《易經》中的數：精細而完備的數字系統 ……………………………………………………………… 97

第 15 節 《易經》中的理：博大精深的哲學體系… 99

第 16 節 《易經》中的占：奇妙的占斷術 ………… 100

第二章 **《周易・上經》的智慧**

天地萬物運行的哲理

第 1 節　卦一　☰ **乾** 潛龍在淵的智慧 ………………… 116

十二辟卦圖

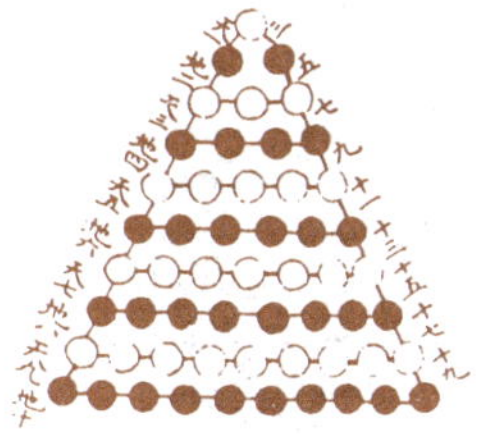

大衍乘數平方圖

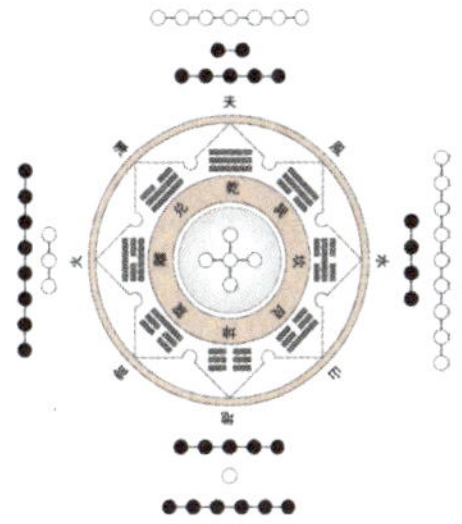

先天八卦配河圖

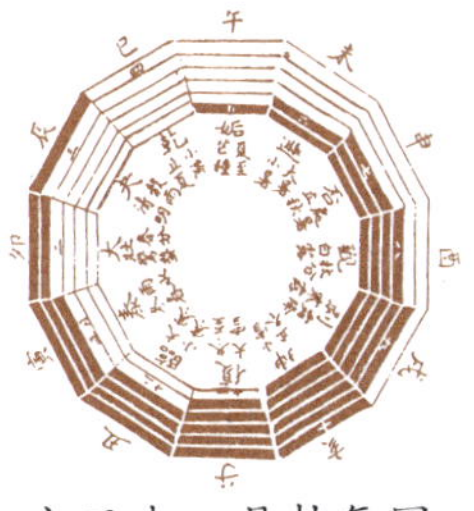

文王十二月卦氣圖

飛龍在天

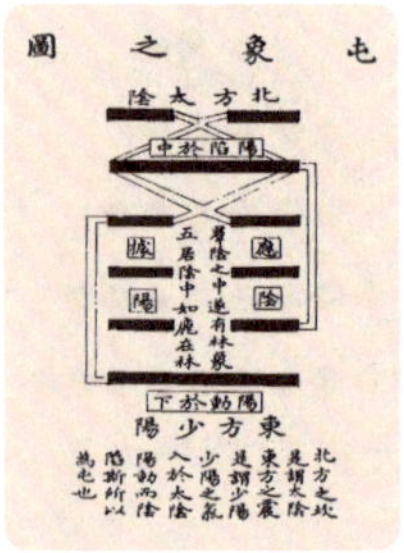

屯卦卦畫

不可冒進

揲蓍布卦圖

第 2 節 卦二 坤 厚德載物的智慧 …… 139

第 3 節 卦三 屯 建功立業的智慧 …… 148

第 4 節 卦四 蒙 教育啟蒙的智慧 …… 156

第 5 節 卦五 需 持之以恆的智慧 …… 162

第 6 節 卦六 訟 解決爭端的智慧 …… 169

第 7 節 卦七 師 帶兵打仗的智慧 …… 175

第 8 節 卦八 比 交朋擇友的智慧 …… 181

第 9 節 卦九 小畜 積德行善的智慧 …… 187

第 10 節 卦十 履 獨善其身的智慧 …… 194

第 11 節 卦十一 泰 小往大來的智慧 …… 200

第 12 節 卦十二 否 大往小來的智慧 …… 208

第 13 節 卦十三 同人 同人於野的智慧 …… 215

第 14 節 卦十四 大有 自天佑之的智慧 …… 222

第 15 節 卦十五 謙 卑以自牧的智慧 …… 229

第 16 節 卦十六 豫 歡愉和樂的智慧 …… 236

第 17 節 卦十七 隨 隨緣不變的智慧 …… 243

第 18 節 卦十八 蠱 改革創新的智慧 …… 250

第 19 節　卦十九　䷒ **臨** 居安思危的智慧 ………… 257
第 20 節　卦二十　䷓ **觀** 觀民設教的智慧 ………… 264
第 21 節　卦二十一　䷔ **噬嗑** 賞罰分明的智慧 …… 271
第 22 節　卦二十二　䷕ **賁** 曲則有情的智慧 ………… 277
第 23 節　卦二十三　䷖ **剝** 防微杜漸的智慧 ………… 283
第 24 節　卦二十四　䷗ **復** 休養生息的智慧 ………… 289
第 25 節　卦二十五　䷘ **無妄** 天雷無妄的智慧 …… 295
第 26 節　卦二十六　䷙ **大畜** 日新其德的智慧 …… 301
第 27 節　卦二十七　䷚ **頤** 自求口實的智慧 ………… 307
第 28 節　卦二十八　䷛ **大過** 遁世無悶的智慧 …… 313
第 29 節　卦二十九　䷜ **坎** 習坎行險的智慧 ………… 319
第 30 節　卦三十　䷝ **離** 日月麗天的智慧 ………… 325

第三章　《周易・下經》的智慧

社會人生發展的哲理

第 1 節　卦三十一　䷞ **咸** 夫唱婦隨的智慧 ………… 332
第 2 節　卦三十二　䷟ **恆** 立不易方的智慧 ………… 338

梅花易數圖

訟卦卦象

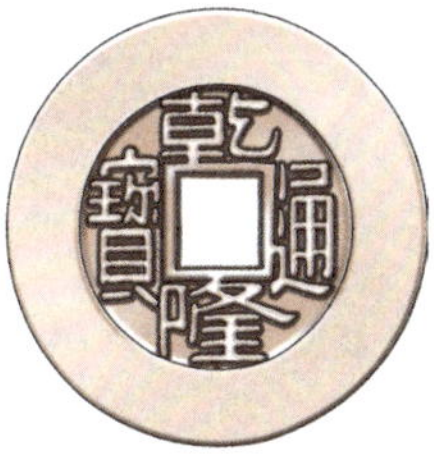

金錢卦

統率兵眾

隱退山林

第 3 節　卦三十三　遯 不惡而嚴的智慧 ………… 344

第 4 節　卦三十四　大壯 非禮勿履的智慧 …… 350

第 5 節　卦三十五　晉 失得勿卹的智慧 ………… 356

第 6 節　卦三十六　明夷 箕子之貞的智慧 …… 362

第 7 節　卦三十七　家人 相夫教子的智慧 …… 368

第 8 節　卦三十八　睽 感化惡人的智慧 ………… 374

第 9 節　卦三十九　蹇 反身修德的智慧 ………… 380

第 10 節　卦四十　解 赦過宥罪的智慧 ………… 386

第 11 節　卦四十一　損 懲忿窒欲的智慧 ………… 392

第 12 節　卦四十二　益 見善則遷的智慧 ………… 398

第 13 節　卦四十三　夬 施祿及下的智慧 ………… 404

第 14 節　卦四十四　姤 品物咸章的智慧 ………… 410

第 15 節　卦四十五　萃 觀其所聚的智慧 ………… 416

第 16 節　卦四十六　升 步步高升的智慧 ………… 422

第 17 節　卦四十七　困 困境求通的智慧 ………… 428

第 18 節　卦四十八　井 求賢若渴的智慧 ………… 434

第 19 節　卦四十九　革 順天應人的智慧 ………… 440

河圖

擔當大事

井淘水清

第 20 節 卦五十 ䷱ 鼎 穩重圖變的智慧 ………… 446

第 21 節 卦五十一 ䷲ 震 臨危不亂的智慧 ………… 452

第 22 節 卦五十二 ䷳ 艮 動靜得宜的智慧 ………… 458

第 23 節 卦五十三 ䷴ 漸 循序漸進的智慧 ………… 464

第 24 節 卦五十四 ䷵ 歸妹 成家立業的智慧 …… 470

第 25 節 卦五十五 ䷶ 豐 盛衰無常的智慧 ………… 476

第 26 節 卦五十六 ䷷ 旅 明慎用刑的智慧 ………… 482

第 27 節 卦五十七 ䷸ 巽 謙遜受益的智慧 ………… 488

第 28 節 卦五十八 ䷹ 兌 朋友講習的智慧 ………… 494

第 29 節 卦五十九 ䷺ 渙 拯救渙散的智慧 ………… 500

第 30 節 卦六十 ䷻ 節 適當節制的智慧 ………… 506

第 31 節 卦六十一 ䷼ 中孚 誠信立身的智慧 …… 512

第 32 節 卦六十二 ䷽ 小過 行動有度的智慧 …… 518

第 33 節 卦六十三 ䷾ 既濟 功成身退的智慧 …… 524

第 34 節 卦六十四 ䷿ 未濟 成功在望的智慧 …… 530

推進改革

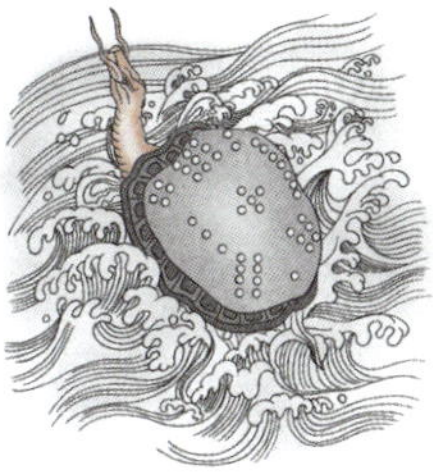

洛書

六十四卦圓圖

水火既濟

本書內容導航

爻辭

《周易》共有三百八十六爻，周公為每一爻配有一段解說的話，以備占卜時參考。

卦名

解釋每一卦的要素。

卦辭

《周易》共有六十四卦，周文王為每一卦配有一段解說的話，以備占卜時理解占得的卦象。

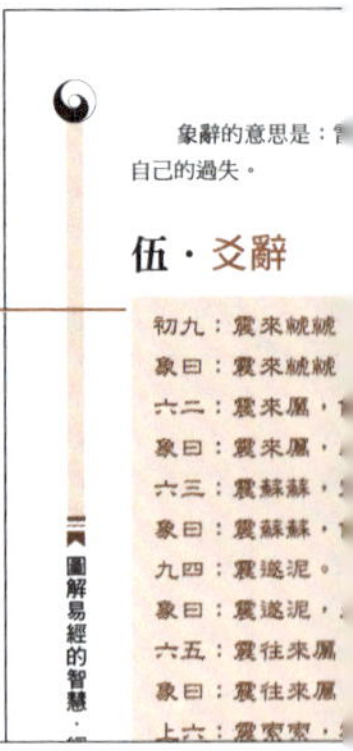

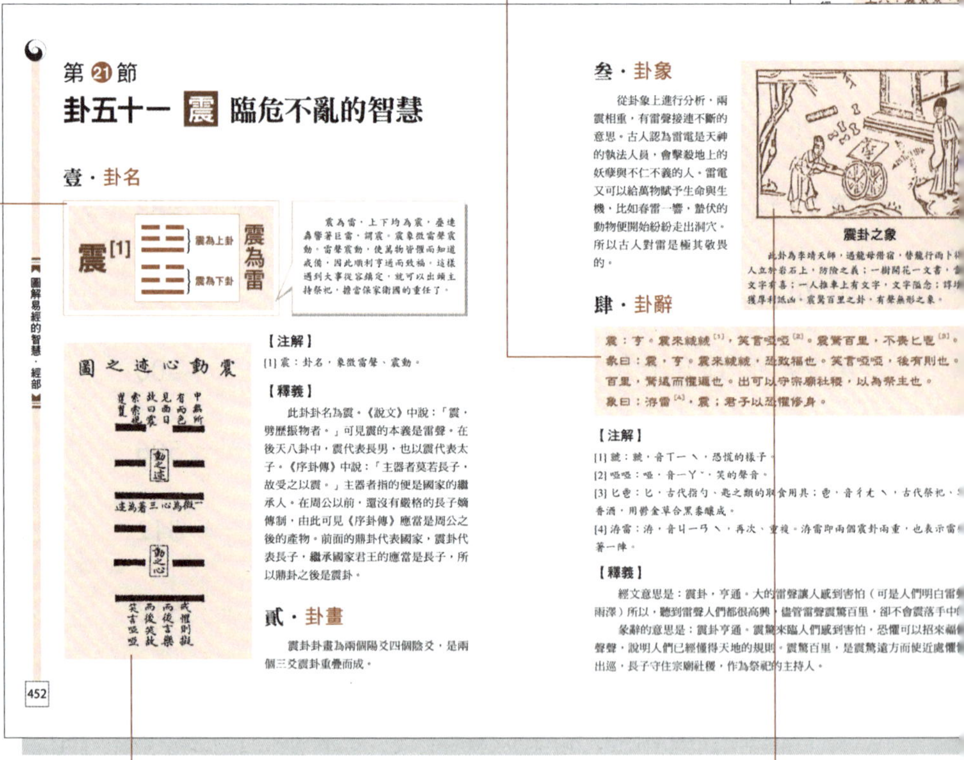

清代卦畫

六十四卦配有六十四幅清代《四庫全書》中收入的卦畫，展示前人對於卦畫的精湛研究。

明代古插圖

六十四卦配有六十四幅明代萬曆年間付梓的祕藏絕版書——《斷易天機》中的手繪圖。每一圖是對每一卦的絕妙解釋。

便是震卦的卦象。君子因有所恐懼而反省

…喑啞，後有則也。

…於九陵，勿逐，七日得。

…中，大無喪也。

…震不於其躬，於其鄰，無咎。婚

…咎，畏鄰戒也。

…啞，吉。

…也。笑言啞啞，後有則也。

…安，雷聲過後人們笑語聲聲，吉祥。

…安，是因為恐懼可招致福佑。笑語

初六剛爻居於奇位為得位，是震卦的主爻。所以表示是震動的中心部位。也就是說國家開始嚴打了，為了維護社會治安，主要對象就是初九爻。初九代表下層百姓，可是大部分百姓是善良的，不屬於打擊範圍，所以這些人就會吉祥。而做了壞事的人，對這次運動卻很害怕，不過一旦躲過了這場運動，便又「笑言啞啞」了。這是古代老百姓的通病。由於知識水準不高，所以不懂得反省自己的過失，一旦躲過了懲罰，便會暗自慶幸。當然，生活在現代社會的人們普遍具有法律意識，比古人的素質還是高很多的。

「初九」陽剛在下得正，震驚來臨，能惶恐畏懼，記取教訓，會得福，所以吉祥。

六二：震來厲，億喪貝，躋於九陵，勿逐，七日得。

象曰：震來厲，乘剛也。

經文意思是：驚雷襲來有危險，人們丟棄家財，跑到山陵上，不要追趕，七天後會失而復得。

象辭意思是：驚雷襲來有危險，是因為六二凌駕於初九剛爻之上。

「六二」雷動驟來時，首當其衝，以致喪失億萬家財，去九重的山陵避難。但趨正自守，喪失的財物，很快失而復得。

六二緊臨震動的中心，所以他受到震動的波及也最嚴重。六二雖然具有中正之德，但是畢竟是陰爻柔弱，所以非常害怕。結果逃跑中丟了不少財物，不過由於震動不是針對他而來的，所以震動過後他還會擁有自己的地位與財物。這就好比一場奴隸暴動。奴隸不堪忍受殘酷的壓迫，結果造反了。天對地有法，君對民有法，其實民對君也有法。民對君的法是非法法也。在這場運動中，身為大夫的六二很害怕，躲了起來。可是他平時有中正之德，善待奴隸，所以他不會有災難。

第三章 《周易・下經》的智慧 震卦

455

章名與序號

本書每章節均採用色塊標識，以利於讀者尋找識別。

手繪插圖

400幅精美手繪插圖，生動的圖解表現形式，能讓你得到視覺上的愉悅，使閱讀變得輕鬆有效。

本書正文

在忠於經文的基礎上，以卦爻辭入手提示其特徵事理，並擷取眾多的歷史典故、諺語、笑話和哲理故事加以佐證，使讀者能夠在不同層面上理解《易經》。

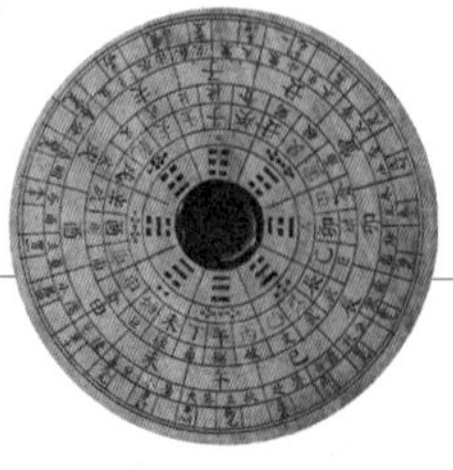

第一章

讀易必備的基礎

《易經》的起源、影響及基礎

很多學易的朋友，往往苦於找不到門徑；也有人學易多年，卻仍是一頭霧水，其實主要原因便是基礎薄弱，其次是沒有找到一本好的易學入門讀物。所以，本書先從讀易必備的基礎談起，以便使讀者能夠輕鬆找到門徑，最終步入易學的殿堂。

您必須明白的是，這些基礎知識也是易學最重要的內容，是需要您認真領悟，並努力記住的內容。

本章內容摘要

易學源流淺説
天干與地支
河圖與洛書
無極與太極
兩儀
四象與五行
八經卦
六十四卦
八卦納甲與納支
六十四卦與二十四節氣
六十甲子
關於卦爻的一些術語
《易經》中的象
《易經》中的數
《易經》中的理
《易經》中的占

第1節
易學源流淺說　集上古文明之大成

◎易學源於天文學

易學據說是從古天文學發展而來，自誕生的那一刻起，地球經歷了幾十億年的變遷。天上斗轉星移，大地上則季節更替。大自然的氣候變化，影響著自然界所有生命的生存狀態，這就是中國古書上所說的天道。所以，當生命具有感知能力的那一刻，便開始白天感知著太陽，夜晚感知著星月，並從中摸索著氣候的變化規律，找尋著生存的竅門。於是魚有著魚的天文學，龜有著龜的天文學，蛇有著蛇的天文學，老虎有著老虎的天文學，鳥雀有著鳥雀的天文學，總之所有自然界的生物，各自依據自己的天文學掌握著氣候規律，適時求偶、產子、覓食或者冬眠，形成了各自的生存模式。當四百萬年前，南方古猿拄著棍子、佝僂著腰出現在大地上時，南方古猿也有著南方古猿的天文學。此後，南方古猿進化為能人、直立人、早期智人、晚期智人，使用的工具也經歷了刮削器、石刀、蠆斧、長矛、弓箭及漁網等變遷，但卻沒有任何一種工具可以超過木棍的地位：在西方，木棍演變為國王手中的權杖；在中國，木棍演變為圭表，一直也是權力的象徵——如今天安門的兩根華表就是這種演變的見證。

伏羲像

自從有了人類，就有了人類的文化。透過考古我們能夠了解到，人類現在已有400萬年的歷史；在中國這片土地上，人類的歷史至少有200萬年。

西元前28000到西元前10000年之間，為地球最近一個冰河期的最冷期，而一直不斷升高的青藏高原，此時氣候則更加寒冷。當時的崑崙山上，居住著眾多古羌族部落，其中最著名的便是燧人氏部落。燧人氏部落發祥於青藏高原的羌塘地區，在崑崙山居住時不僅可以人工取火，還發明了用大山榑木觀天測星定四時的太陽曆，並且發明了結繩記事。搓繩的婦女名叫織女，第一位織女就是弇茲聖母，初創八索準繩、圭表記曆。所以，古崑崙山又名日月山，即觀測日月之山，崑崙山上立天柱以觀天故名柱州。值得說明的是，當時的結繩記事並不是僅繫一個結而已，而是繫成較為複雜的圖案以象徵某種涵義，後來的大篆與小篆，便是源於結繩的象形；而八索準繩，則是以結繩方式表示的早期八卦；圭表記曆則說明當時已經在使用較為準確的太陽曆法。據現在的有關學者考證，當時的曆法應當是古老的十八月曆。並且，當時北方的極星不是現在的北極星，根據天文學的新歲差公式計算，在西元前 12000 年前的極星為織女星；牛郎織女的傳說，正是這一時期的故事。它反映的正是在母系社會中，女性追求性自由而背叛氏族制度與理想的男子長期結合，進而遭到氏族首領懲罰的史實。隨著天氣越來越冷，燧人氏部落不得不從崑崙山遷至祁連山一帶的河西走廊，游牧於弱水、黑水、丹水、合黎山、龍首山（又名群玉山）至天祝、古浪之間。

牛郎和織女相會在鵲橋

根據英國天文學家霍金的理論，宇宙一直在不斷的膨脹中，所以在地球的觀測點上，恆星的位置也會有變化，所以牛郎和織女兩顆星的位置也一直在變動，他們的相會或許真的是一個美妙的神話。有易學研究者認為，伏羲先天六十四卦的排列位置和伏羲時代的星象排列有關。

◎伏羲畫八卦

在西元前 9000 年到西元前 8000 年間，中國河套地區發生了第一次大洪水，居住在這一帶的古羌戎部落損失慘重。洪水退後，大約在西元前 8500 年至西元前 8200 年間，燧人氏的一個主要支系弇茲氏自祁連山開始東遷。這時的燧人氏早已不是穴居野處、茹毛飲血的古人，已由漁獵、游牧時期轉入半農半牧、火灶、火食時期，並進入了母系氏族社會。後來又逐漸東遷至甘肅永登、蘭州、賀蘭山、烏達、甘谷、天水一帶的黃河、湟水、大夏河、莊浪河、祖曆河流域，人口得到大發展。盤瓠氏、華氏、胥氏、赫胥氏、華胥氏、雷澤氏、仇夷氏、媌氏也都在這帶化育。此後不久，華胥氏部落誕生出一位耀古爍今、具有劃時代意義的大聖人，他的名字就叫伏羲。

據說，華胥氏不但生下了伏羲，而且還生下了女媧。伏羲與女媧兄妹成婚，於是才繁衍了後世華夏民族。由於傳說伏羲與女媧皆蛇身人首，所以華夏民族也稱為龍的傳人。其實，更準確的說法，應當是胥部落之伏羲與華部落女媧聯姻，成為其他眾部落的酋長；傳說中的蛇身，亦不過是獸皮縫製的裙子。

之所以說伏羲是具有劃時代意義的大聖人，則是因為伏羲不單創造出母系社會的鼎盛與繁榮，而且結束了人類的野蠻與愚昧，使人類歷史步入文明。他「造書契

伏羲女媧圖

佚名 唐代 絹本 中國歷史博物館藏

《易經》的起源最早可以追溯到人類誕生之時。在世間萬物中，從沒有一種動物能像人類一樣，能把宇宙萬物歸納成抽象的規律，進而具有了改造自身和改造世界的能力。絹畫中表現的是具有崇高地位的人類始祖伏羲和女媧繁衍人類的傳說。伏羲執矩，女媧執規表現了人類自誕生之日起就具有了精密的思維能力。

以代結繩之政」使華人的漢字歷史開始萌芽；他制定了男婚女嫁的婚禮制，改變了原始群婚生活，使氏族之間轉為較為先進的對偶婚；他傳授人們種植穀物和人工飼養桑蠶；他教會人們如何馴養家畜、如何烹飪肉食；他與女媧合婚並且統領了其他氏族；他還與女媧一起發明了琴瑟，使人們擁有了美妙的音樂；他發明了漁獵生產工具網罟，大大地提高了勞動生產力，使人類逐步脫離採集自然物的生活而進入漁獵時代，這是人類文明的又一大進步；他最大的貢獻是，在前人的基礎上發明了八卦，並創立了六十四卦曆法，確立了元日，使人們有了更準確的作息時間。他開創的漁獵文化、龍文化、婚嫁文化和易卦文化被專家認為是中華民族的本源文化。也可以說，伏羲是燧人氏時代的集大成者，也是新時代的開創者。

◎三古、三聖與三易

伏羲發明的八卦，成為中華民族的文化之根。從此以後，古聖人效法天地，將八卦理論視為「與天地準」的世界觀與方法論，應用於各個領域。所以，你不讀易，就根本進不了國學之門，看多少古文書籍都沒有用。正是由於伏羲畫卦成為中國古文化之源，所以古人對伏羲的評價是「一畫開天，文明肇啟」。可以說這是對伏羲最貼切、最生動、最精煉的評語。

後世往往有「三古、三聖、三易」的說法，其實是針對《周易》成書而言。意即上古時代伏羲始創八卦，中古時代的周文王作卦辭，近古時代的孔子整理《周易》的輔助讀物《易傳》（又名《十翼》），所以此三人被列為對易學極有貢獻的「三聖」。但需明白的是，這三位聖人所傳之易各不同：伏羲之易屬先天八卦系統，長於自然地理及節氣占驗；文王之易屬於後天八卦系統，長於各種人事之占驗；孔子之易屬於對散失易學文獻的整理，孔子傳易重在文字說教。關於「三易」還有一種說法認為，即《連山易》、《歸藏易》與《周易》，前兩種早已失傳。其實，《連山》《歸藏》並未失傳，它就是後世風水易學與占卜易學。

周朝國家典籍，藏有諸多易學經典。只是經春秋戰國之亂，散失甚多。兩漢易學，去古未遠，多保留易學原貌；魏晉至清，由於統治階級一直對天文學、易學的禁錮，致使易學日偏而雜說日眾，只有出世之道家易學，較為正統。所以，我們今天研讀古易書籍，也不可不辨真偽。

◎易學流派

古今易學流派，大致可分為象數易與義理易。若細分之，則有道家易、儒家易、兵家易、墨家易、伏羲易、連山易、歸藏易、周易、河洛理數、醫易、焦氏易、楊雄易、邵氏易等諸多派別。當今易學研究，應包括干支學、四柱學、紫微斗數、陰陽五行學、六壬學、風水學、相學、易經、漢字學、星相學、符咒學、諸葛神數、星評江海、白鶴神數、祝由十三科、請箕法、靈棋經十八大類。而這所有的易學知識，皆是源於古天文學；古天文學最早的觀測手段，正是一根插在地上的木棍——圭表；圭表就是測日影的天干。所以接下來，我們講天干與地支。

孔子聖跡圖

焦秉貞 清代 絹本設色 聖路易斯美術館藏

孔子宣傳仁學「費力」，正是效法《易經》中「天行健，君子以自強不息」的精神；孔子的仁學「不討好」，但他從不放棄，正是效法《易經》中「地勢坤，君子以厚德載物」、「成功不必在我」的精神。

第2節

天干與地支 古曆法的符號系統

◎干支的起源

《五行大義》中說，天干地支是黃帝時的大撓氏創制的。大撓氏「采五行之情，占斗機所建，始作甲乙以名日，謂之干；作子丑以名月，謂之支。有事於天則用日，有事於地則用辰。陰陽之別，故有支干名也」。

而《三命通會．論支幹源流》卻認為干支的起源在伏羲之前的天皇時代便有了：「昔盤古氏明天地之道，達陰陽之變為三才。首君以天地既分之後，先有天而後有地，由是氣化而人生焉，故天皇氏一姓十三人，繼盤古氏以治，是曰天靈淡泊，無為而俗自化，始制干支之名，以定歲之所在。其十干曰：閼逢、旃蒙、柔兆、彊圉、著雍、屠維、上章、重光、玄黓、昭陽；十二支曰：困敦、赤奮若、攝提格、單閼、執徐、大荒落、敦牂、協洽、涒灘、作噩、閹茂、大淵獻。」

「蔡邕獨斷曰：『干，干也。其名有十，也曰十母，即今甲、乙、丙、丁、戊、己、庚、辛、壬、癸是也；支，枝也，其名十有二，也曰十二子，即今子、丑、寅、卯、辰、巳、午、未、申、酉、戌、亥是也。』謂之天皇氏者，取其天開於子之義也；謂之地皇氏者，取其地闢於丑之義也；謂之人皇氏者，取其人生於寅之義也。」

「故干支之名在天皇時始制，而地皇氏則定三辰，道分晝夜，以三十日為一月，而干支始各有所配。人皇氏者，主不虛王，臣不虛貴，政教君臣所自起，飲食男女所自始，始得天地之氣而有子母之分，於是干支始有所屬焉。至於伏羲仰觀象於天，俯觀法於地，中觀萬物於人，始畫八卦以通神明之德，以類萬物之情，以作甲曆而文字生焉。逮及黃帝授河圖，見日月星辰之象，於是始有星官之書。命大堯探五行之情，占斗綱所建，於是始作甲子配五行納音之屬。」

兩相比較，《三命通會》的說法更為全面而可信，並且《三命通會》還說出了伏羲之前十天干與十二地支的稱謂，這種古怪的稱謂與上古古怪的人名和諧而統一，由此可見並非虛言。另外，在相傳為周公所著而成書於秦漢的《爾雅》，也明確記錄著：「太歲在甲曰閼逢，在乙曰旃蒙，在丙曰柔兆，在丁曰彊圉，在戊曰著雍，在己曰屠維，在庚曰上章，在辛曰重光，在壬曰玄黓，在癸曰昭陽。太歲在寅曰攝提格，在卯曰單閼，在辰曰執徐，在巳曰大荒落，在午曰敦牂，在未曰協洽，在申曰涒灘，在酉曰作噩，在戌曰閹茂，在亥曰大淵獻，在子曰困敦，在丑曰赤奮若。」

◎古老的干支稱謂

古老的這種干支稱謂，不但常出現於古代史籍中，古今一些畫家對作品的落款也往往以此表示年月。為了大家以後閱讀古文獻的方便，現將兩種干支稱謂列表如下：

伏羲以後的天干	甲	乙	丙	丁	戊	己	庚	辛	壬	癸		
伏羲以前的天干	閼逢	旃蒙	柔兆	彊圉	著雍	屠維	上章	重光	玄黓	昭陽		
伏羲以後的地支	子	丑	寅	卯	辰	巳	午	未	申	酉	戌	亥
伏羲以前的地支	困敦	赤奮若	攝提格	單閼	執徐	大荒落	敦牂	協洽	涒灘	作噩	閹茂	大淵獻

◎天干的起源

其實天干的起源，與圭表測日影有關。上古將測日影的木棍，就稱為天干。透過天干測日影，不但可以得知地理的方位，還可以得知節氣變化而制定出十月太陽曆法。於是，古人不但以十天干表示方位（即東方甲乙木，南方丙丁火，西方庚辛金，北方壬癸水，中央戊己土），即以十天干表示一年十個月的時序（即甲月為一月，乙月為二月，依此類推）。由於古人不單以天干測日影來掌握氣候，還要配合日月五星及二十八宿的運行狀態，於是古人將十天干的方位功能也應用於黃白道的周天上，使以二十八宿為代表的黃白道周天上也有一個虛擬的東、西、南、北，以便更加明瞭地示範天體運轉狀況。所以說，十天干有表示月分、地理方位及天體方位的三種功能。

需要說明的是，古人測日的圭表並非只有一根木棍，而是由「圭」和「表」兩個部分組成。古人將在平地上直立的

觀星台圭表

郭守敬和王恂等設計 元代 磚石結構 河南登封

圭表是中華民族最古老的計時儀器，它的使用在商周時代已經相當普遍。由圭表確立的太陽曆可以看做八卦的前身。

一根竿子或石柱稱為「表」。太陽照在「表」上投下影子，人們發現正午時的表影總是投向正北方向，就把石板制成的尺子平鋪在地面上，與立表垂直，尺子的一頭連著表基，另一頭則伸向正北方向，這把用石板制成的尺子叫「圭」。後來，人們發現每年最熱的時候，有一天中午的日影最短，於是便把這一天定為夏至。再後來人們發現在每年最冷的時候，有一天中午的日影最長，於是便把這一天定為冬至。古時「表」高八尺，與中等身材的人眼睛位置差不多高。在夏至日，八尺高的「表」投下的影子正好是一尺五，所以「圭」的尺寸被定為一尺五。古時人們以夏至日作為一年的開始，每當「表」投下的日影是一尺五時，新的一年便開始了。所以古人早就知道一年等於365天的數值。後來，古人將冬至日改為一年之始，於是便將「圭」的尺寸改為一丈三尺，因為八尺高的「表」在冬至日投下的日影長度正好為一丈三尺。

◎地支的起源

地支，則是古人觀測月亮圓缺周期的產物。古人發現月亮圓缺十二次，正好接近一個十月太陽曆年，於是便發明了十二月的太陰曆。其紀月的方式為了區別於十月太陽曆，便以子、丑、寅、卯等十二個地支命名，而且古人也賦予十二支具有表示月分、地理方位及天體方位的三種功能。於是，十二支表示地理方位則是寅卯辰為東方木，巳午未為南方火，申酉戌為西方金，亥子丑為北方水；十二支表示天體方位，則環繞於黃白道上與地理方位相似。

後來，由於天上北斗指子，地上則節氣為大雪、冬至；北斗指丑，則地上節氣為小寒、大寒；北斗指寅，則地上節氣為立春、雨水，北斗旋機十二個方位轉一圈，

五星二十八宿神形圖

梁令瓚　唐代　長卷　絹本設色（日）大阪市立美術館藏

中國古代，對天文的觀測和研究非常早就開始了，特別是當易學中的星宿學獲得重視後，天上的星宿被賦予人、獸、鳥等形象，這就是五星二十八宿的由來。

正好一個太陽曆週年。所以，後來古人制定出每年十二月的太陽曆，並以十二支紀月。天上周天的方位坐標，則以甲、乙、丙、丁、庚、辛、壬、癸八個天干與十二地支及四維（乾、坤、巽、艮），共組成了二十四個坐標點（即司南上的二十四向）。於是，古天文學上這二十四個坐標是虛擬的方位系統，永遠不會變換位置；二十八宿是日月五星的坐標系統，由於地球自轉與公轉，二十八宿也會隨時間而轉動；日月五星，則是天體肉眼可觀測到七顆活動的「行星」。

◎干支的相關知識

就目前易學研究的成果而言，我們一般對天干、地支的組合術語，還只能停留在學習、記憶的階段，尚不能徹底揭開這些謎題。所以，我將與干支有關的主要知識羅列如下，以方便大家學習、記憶。

（1）十天干寓意

甲	是拆的意思，即指萬物剖土而出；又有認為，甲者鎧甲也，萬物衝破其甲而出。
乙	乙是軋的意思，表示草木初生，枝葉柔軟屈曲伸長的樣子。
丙	丙是炳然之意，即萬物炳然著見。
丁	丁是強的意思，意為萬物丁壯。
戊	戊為茂盛之意。
己	己是紀的意思，指萬物仰屈而起，皆有形可記識。
庚	庚為堅實之意，指萬物收斂有實。
辛	辛是新的意思，指萬物初新皆收成；一說為金味辛，物成而後有味。
壬	壬即妊，指陽氣任養萬物於下。
癸	癸是揆的意思，指萬物可揆度；一說指萬物閉藏，懷孕地下，揆然萌芽。

甲 為「鎧甲」，萬物突破其甲而出。

乙 為「軋」，萬物生長的意思。

丙 為「炳」，萬物茂盛的意思。

丁 為「壯」，指達到壯丁。

戊 為「茂」，指事物繁茂。

己 為「起」，萬物抑屈，奮然而起。

庚 為「更」，指更新，秋收而待來春。

辛 為「新」，萬物一新秀實新成。

壬 為「妊」，陽氣潛伏，萬物被養育之狀。

癸 為「揆」，萬物萌芽之狀。

十二生肖與中國紀年

唐代　陶俑

陝西省西安市韓森寨出土

十二生肖在某種程度上是十二地支的代名詞，由於被賦予了鮮活的動物形象，因而流傳更廣，更為民眾所熟知。

（2）十二地支寓意

子	子為孳，指萬物孳萌於既動之陽氣下。
丑	丑是紐、繫之意，指萬物繼萌而長。
寅	寅是移、引之意，指物芽稍出。
卯	茂也，日照東方，萬物滋茂。
辰	辰是震的意思，物經震動而長。
巳	巳是起的意思，指萬物至此已畢盡而起。
午	午是仵的意思，指萬物盛大，枝柯密布。
未	未是昧的意思，指陰氣已長，萬物稍衰，體曖昧。
申	申是身的意思，指萬物的身體已長成。
酉	酉是老的意思，指萬物老極而成熟。
戌	戌是滅的意思，指萬物皆衰滅。
亥	亥是核的意思，指萬物收藏皆堅核。

（3）天干時空

	甲	乙	丙	丁	戊	己	庚	辛	壬	癸
五行屬性	木	木	火	火	土	土	金	金	水	水
陰陽屬性	陽	陰	陽	陰	陽	陰	陽	陰	陽	陰
方位屬性	正東	正東	正南	正南	正中	正中	正西	正西	正北	正北
天干序數	一	二	三	四	五	六	七	八	九	十

（4）十天干生旺死絕表

十天干旺衰過程	五陽干					五陰干				
	甲木（膽）	丙火（小腸）	戊土（胃）	庚金（大腸）	壬水（膀胱）	乙木（肝）	丁火（心）	己土（脾）	辛金（肺）	癸水（腎）
絕（受氣）	申	亥	亥	寅	巳	酉	子	子	卯	午
胎	酉	子	子	卯	午	申	亥	亥	寅	巳
養	戌	丑	丑	辰	未	未	戌	戌	丑	辰
長生	亥	寅	寅	巳	申	午	酉	酉	子	卯
沐浴	子	卯	卯	午	酉	巳	申	申	亥	寅
冠帶	丑	辰	辰	未	戌	辰	未	未	戌	丑
臨官	寅	巳	巳	申	亥	卯	午	午	酉	子
帝旺	卯	午	午	酉	子	寅	巳	巳	申	亥
衰	辰	未	未	戌	丑	丑	辰	辰	未	戌
病	巳	申	申	亥	寅	子	卯	卯	午	酉
死	午	酉	酉	子	卯	亥	寅	寅	巳	申
墓	未	戌	戌	丑	辰	戌	丑	丑	辰	未

（5）十天干的相合

甲與己合，乙與庚合，丙與辛合，丁與壬合，戊與癸合。

《考原》曰：「五合者，即五位相得而各有合也。河圖一與六、二與七、三與八、四與九、五與十皆各有合。以十干之次言之，一為甲六為己，故甲與己；二為乙、七為庚，故乙與庚合；三為丙、八為辛，故丙與辛合；四為丁、九為壬，故丁與壬；五為戊、十為癸，故戊與癸合。」

（6）十天干的化合與五運六氣

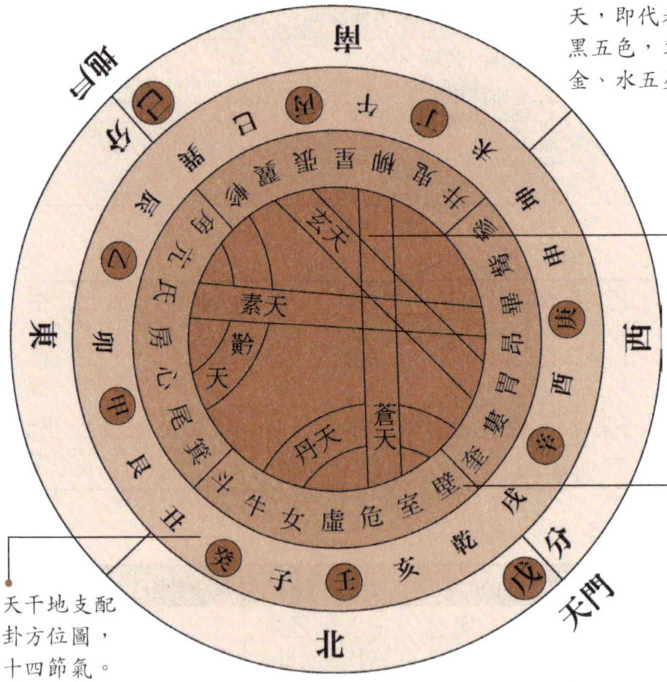
蒼天、丹天、黅天、素天與玄天，即代表青、赤、黃、白、黑五色，又代表木、火、土、金、水五星的運行軌跡。
此圈為二十八宿。
此圈為天干地支配後天八卦方位圖，以應二十四節氣。

❶甲己化合土　❷丁壬化合木　❸乙庚化合金　❹丙辛化合水　❺戊癸化合火

此圖是依據《內經》原理繪製的五星、二十八宿運行圖，可以說是一個古天文圖，反映了天干化合與天象運轉的關係。圖中的天干、地支與後天八卦方位，是天體運行的坐標系統；二十八宿，則是日、月、五星運行的坐標系統。

十天干的兩種五行屬性

化合五行（也稱五運或天五行）	甲	己	乙	庚	丙	辛	丁	壬	戊	癸
	土		金		水		木		火	
方位五行（也稱地五行）	甲	乙	丙	丁	戊	己	庚	辛	壬	癸
	東方木		南方火		中央土		西方金		北方水	

（7）十天干配人體與臟腑

	甲	乙	丙	丁	戊	己	庚	辛	壬	癸
人體	頭	眉	額	齒舌	鼻	面	筋	胸	脛	足
臟腑	膽	肝	小腸	心	胃	脾	大腸	肺	膀胱	腎

（8）十天干配六神

甲乙為青龍，丙丁為朱雀，戊為勾陳，己為騰蛇，庚辛為白虎，壬癸為玄武。其青龍主喜慶之事；朱雀主口舌官非；勾陳主田土，也指牢獄之災；騰蛇主虛驚之事；白虎主血光喪服之事；玄武主匪盜暗昧之事。

（9）地支時空

	子	丑	寅	卯	辰	巳	午	未	申	酉	戌	亥
五行屬性	水	土	木	木	土	火	火	土	金	金	土	水
陰陽屬性	陽	陰	陽	陰	陽	陰	陽	陰	陽	陰	陽	陰
地立屬性	正北	東北	東北	正東	東南	東南	正南	西南	西南	正西	西北	西北
中原時間	23~1	1~3	3~5	5~7	7~9	9~11	11~13	13~15	15~17	17~19	19~21	21~23
地支序數	一	二	三	四	五	六	七	八	九	十	十一	十二
代表月分	十一	十二	正	二	三	四	五	六	七	八	九	十
地支交節	大雪	小寒	立春	驚蟄	清明	立夏	芒種	小暑	立秋	白露	寒露	立冬
十二屬相	鼠	牛	虎	兔	龍	蛇	馬	羊	猴	雞	狗	豬

（10）十二支相刑

子刑卯，丑刑戌，寅刑巳，卯刑子，巳刑申，未刑丑，申刑寅，戌刑未，辰、午、酉、亥為自刑。

翼氏《風角》曰：「金剛火強，各守其方，木落歸根，水流趨末。」《曾門經》曰：「巳酉丑金之位，刑在西方，言金恃其剛，物莫與對。寅午戌火之位，刑在南方，言火恃其強，物莫與對。亥卯未木之位，刑在北方，言木恃榮華，故陰氣刑之，使其凋落。申子辰水之位，刑在東方，言水恃陰邪，故陽氣刑之，使不復歸。所以子刑卯，丑刑戌，寅刑巳，卯刑子，巳刑申，未刑丑，申刑寅，戌刑未，辰、午、酉、亥為自刑也」。

儲泳《祛疑說》曰：「三刑是極數。子卯一刑也，寅巳申二刑也，丑戌未三刑也。自卯順至子，自子逆至卯，極十數；自寅逆至巳，自巳逆至申，極十數；丑順至戌，戌順至未，極十數；自寅逆至巳，自巳逆至申，極十數；丑順至戌，戌順至未，極十數。皇極中天以十為殺數，積數至十則悉空其數。天道惡盈，滿則覆也。此三刑之法所由起也。」

（11）十二支相沖

子午相沖，丑未相沖，寅申相沖，卯酉相沖，辰戌相沖，巳亥相沖。

（12）十二支相害

子未相害，丑午相害，寅巳相害，卯辰相害，申亥相害，酉戌相害。

六害者，不和也。凡吉事莫不喜合而忌沖：子與丑合而未沖之，故子與未害；丑與子合而午沖之，故丑與午害；寅與亥合而巳沖之，故寅與巳害；卯與戌合而辰沖之，故卯與辰害；申與巳合而亥沖之，故申與亥害；酉與辰合而戌沖之，故酉與戌害。

（13）十二地支六合

子與丑化合土，寅與亥化合木，卯與戌化合火，辰與酉化合金，巳與申化合水，午與未化合土。

（14）十二地支的三合局

申子辰化合為水局，亥卯未化合為木局，寅午戌化合為火局，巳酉丑化合為金局。

（15）十二地支三會局

寅卯辰會東方木，巳午未會南方火，申酉戌會西方金，亥子丑會北方水。三會局因會一方之氣，所以其力量大於三合局。

（16）十二地支四時衰旺

春木旺，秋金旺，夏火旺，冬水旺。

當生者旺，所生者相，生我者休，克我者囚，我克者死。

春：寅卯木旺，巳午火相，辰戌丑未土死，申酉金囚，亥子水休。

夏：巳午火旺，辰戌丑未土相，申酉金死，亥子水囚，寅卯木休。

秋：申酉金旺，亥子水相，寅卯木死，巳午火囚，辰戌丑未土休。

冬：亥子水旺，寅卯木相，巳午火死，辰戌丑未土囚，申酉金休。

子是「孳」，表示萬物孳萌於陽氣之下。

丑是「紐」，表示用繩子捆住。

寅是「演」，指萬物開始生長。

卯是「冒」，指萬物冒土而出。

辰是「伸」，指萬物伸長振作。

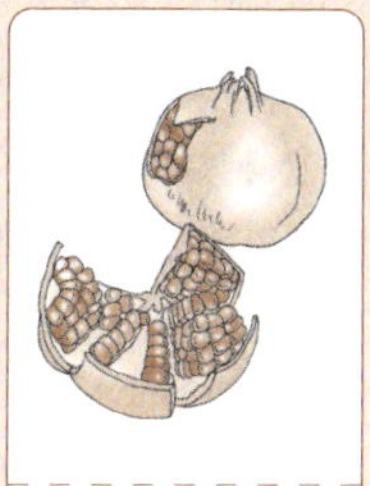

巳是「已」，指萬物已成。

午是「仵」，指已過極盛，又是陰陽相交的時候。

未是「味」，是萬物已成有滋味。

申是「身」，指萬物各有形體。

酉是「秀」，萬物十分成熟。

戌是「滅」，萬物消滅歸土。

亥是「核」，萬物成種子，收獲之意。

（17）十二地支配人體

子為耳，丑為胞肚，寅為手，卯為指，辰為肩、胸，巳為面、咽喉，午為眼，未為脊梁，申為經絡，酉為精血，戌為命門、腿足，亥為頭。

（18）十二地支配臟腑

寅為膽，卯為肝，巳為心，午為小腸，辰戌為胃，丑未為脾，申為大腸，酉為肺，亥為腎、心包，子為膀胱、三焦。

第3節
河圖與洛書 宇宙魔方

◎學易不可不知河洛

遠古聖人天干測日，望觀天象、俯察地理的結晶，便是兩幅由黑白點組成的圖畫——河圖與洛書。目前易學界普遍認為，這兩幅圖是伏羲發明八卦的依據，是河洛文化的濫觴，是中華文明的源頭，並譽其為「宇宙魔方」。河圖、洛書在《尚書》及《易傳》中已有記載，諸子百家也多有記述。太極、八卦、周易、六甲、九星、風水等，甚至中國的算盤，皆可追源至此。所以學易者，不可不知河洛。

◎河圖之數

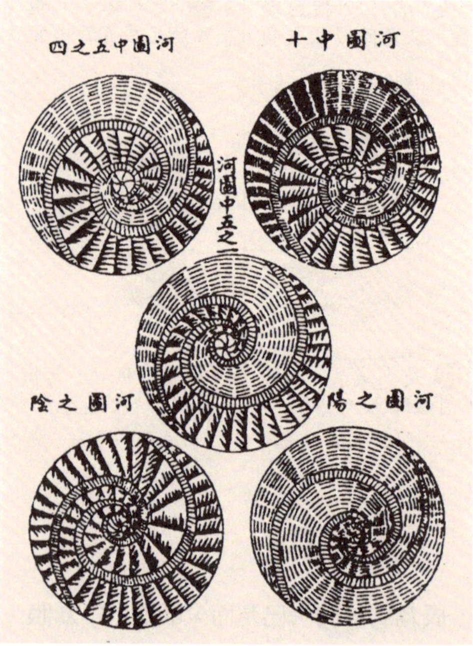

古河圖

河圖是羲皇畫卦之前，河有龍馬出，馬背上的旋毛有這些數。又因為馬背上的毛的旋紋猶如圖星的圓圈，所以稱之為「圖」。這是明代易學家來知德先生所畫的古河圖。

河圖中，白點為陽，黑點為陰。北方一白六黑，代表玄武星象，五行屬水；南方七白二黑，表示朱雀星象，五行屬火；東方三白八黑，表示青龍星象，五行屬木；西方四黑九白，表示白虎星象，五行屬金；中央五白十黑，表示勾陳星象（時空奇點），五行屬土。東、西、南、北四象，每象各統七個星宿，共 28 宿。

河圖之數，更有諸多奇妙：①河圖共有十個數，1、3、5、7、9 為奇數為陽，2、4、6、8、10 為偶數為陰，陽數總和 25，陰數總和 30，陰陽數之和為 55，這就是古人所說的「天地之數五十有五」。②河圖包含萬物生成之數，天一生水，地六成之；地二生火，天七成之；天三生木，地八成之；地四生金，天九成之；天五生土，地十成之。所以一為水之生數，二為火之生數，三為木之生數，四為金之生數……萬物有生數，當生之時方能生；萬物有成數，能成之時自能成。③五行之數水一、火二、木三、金四、土五，也叫小衍之數。一、三、五為陽數，其和為九，故九為陽極之數。二、四為陰數，其和為六，故六為陰之極數。陰陽之數和而為 15 數，故化為洛書則縱、橫、斜皆 15 數。④《易經》大衍之數 50，即是以天地之數 55 減去小衍之數 5 算出來的。⑤河圖一六共宗，二七同道，三八為朋，四九為友，五十同德，正是天干化合五行的原理。⑥天地之數 55 加上五行之數 5，化合為 60 甲子五行納音之數。十天干所化合之五行，與萬物相交，同氣相求，同聲相應，各發出十二種聲音，60 甲子納音，總括天地五行聲音之數。

◎河圖之理

河圖之理，有①陰數右旋，陽數左旋，符合銀河系各星系俯視皆右旋、仰視皆左旋的規律。②河圖表示青龍、白虎、朱雀、玄武等星象，在天成象，在地成形，延伸為風水理論依據。③河圖充滿陰陽辯證之理。中土為陰，四象為陽，此內陰外陽之理；木火相生為陽，金水相生為陰，乃陰陽互補、水火既濟之理。中土為靜，四象為動，乃陰靜陽動之理。若河圖畫為圓形，則木火為陽，金水為陰，陰土陽土各為黑白魚眼，是一幅太極圖。④河圖隱含先天之理。人被天制之時，人是天之屬，人從於天，無所謂人，此時之天為先天；人能識天之時，能逆天而行，人就是天，乃人之天，故為後天。先天之理，五行萬物相生相制，以生發為主。後天之理，五行萬物相克相制，以滅亡為主。河圖之理，土在中間生合萬物，左旋動而相生。

◎洛書九宮

一般認為，河圖為體，洛書為用；河圖主常，洛書主變；河圖重合，洛書重分；方圓相藏，陰陽相抱，相互為用，不可分割。洛書以 45 數演星斗之象，其中央一宮為恆居北方之北極星（太乙），四周八宮配合八風、八卦，正是四時八節北斗斗柄所指的亮星坐標方位。《尚書》所載天子所居之明堂，及奇門遁甲術等，皆依洛書格局設立九宮。

◎河圖洛書形成過程

關於河圖、洛書的形成過程，後世一般較認同《周易折中．啟蒙附論》中的說法，即認為河圖、洛書是在天地自然之數的基礎上，因為陰陽的交流而自然形成的。河圖的形成過程是：假設天地自然之數以陰陽之儀兩兩相伴，則原本天地自然之數的秩序是一、二在上，三、四在右，六、七在下，八、九在左，五、十居中；由於陽動陰靜，所以上下、左右之陽數要互換位置，再以黑點表示陰數，白點表示陽數，就形成了河圖。若反之，以陰動陽靜，互換陰數位置，也可形成河圖格局。

洛書的形成過程則是：假設天地自然之數是以三者相鄰而排列的，則天地自然之數的排列秩序是一、二、三在上，四、五、六在中，七、八、九在下；在陽動陰靜的理論下，將對角上的陽數互換位置，再將整個圖形順時針旋轉 45°，然後以白點表示陽數，黑點表示陰數，就形成了洛書。

這只是一種推測，筆者認為河圖與洛書的真實本意，只是兩種曆法星圖：河圖是太陰曆月象系統；洛書是太陽曆北斗旋機系統。

後天八卦與洛書相配

洛書與後天八卦的結構分布圖，在其數字與序數的方位與分布上是相同的。其數字之間內含很多的「乘除之源」的基礎及方法。

河圖上，白點為陽、為日光；黑點為陰、為月體；東方八黑代表初一至初八的月象，其自下往上第三個黑點為初三新月，第八個點為上弦月，此八日月體大於日光（月光即日光反射），所以八為少陰並以黑點表示；南方七個白點從左至右代表初九至十五的象，第六個為十五滿月，正如十五歲少年的純陽之體，因「十五的月亮十六圓」，並非由圓轉缺、陽極陰生的轉折點，又由於此七日日光大於月體，所以七為少陽，並以白點表示；西方九白點從上至下代表十六至二十三的月象，因望前三候以昏時月升方位進行月象納甲，而望後三候以晨時月沒方位進行月象納甲，且古時以每日晨時為一天之始，所以十六至二十三實為九天（九個白天八個黑夜），又由於十六日月升圓極月落而虧，正是陽盛極而一陰生的轉折點，且十六至二十三的月象日光多於月體，所以九為老陽（太陽），以白點表示；下方六黑點，從右至左代表二十四至三十的月象，因晦月落後便歸初一日月合朔，所以共為六天（六個白天七個黑夜），晦至朔旦，日月合璧而一陽初生，所以為陰盛極而一陰生的轉折點，且此六日月體大於日光，所以為老陰（太陰），以黑點表示。中宮五白點是北斗極星；十黑點為測日影調節氣的十根天干。一年日月合璧十二次，是十二月支的起源；八、七、九、六為四象之源；若以河圖配伏羲先天八卦方位圖，則月象納甲之理自明。之所以不以一、二、三、四作為四象，是因一、二、三、四、五皆為五行生數，即先天的五行，先天五行與中宮之土相合，才可成為後天五行，後天五行，才可成為四象。所以中國源於易理的道家養生術，一再強調戊己真土的作用，因為要於此返還先天才可達到袪病延年的目的。

第4節

無極與太極　世界萬物之源

◎無極與太極是萬物之源

易學理論認為，世間萬物皆源自於無極與太極。然而，我們必須知道，古人對無極與太極有兩種不同的認識。一種認為，無極即太極；一種認為，無極與太極是不同的概念，太極源自於無極。

其實，造成這種分歧的原因，便是北宋易學家周敦頤所寫的《太極圖說》，其開篇言「無極而太極」，使後世一些學者認為是「無極即太極」的意思，其實，周敦頤本意是太極自無極衍生而出，所以接下來作者便談太極生兩儀，兩儀生四象之理。原文如下：

太極圖

有學者考證，濂溪得太極圖於僧壽崖。考其源，此圖原是從道家的陳圖南傳出。

無極而太極。太極動而生陽，動極而靜；靜而生陰，靜極復動，一動一靜，互為其根。分陰分陽，兩儀立焉。陽變陰合，而生水、火、木、金、土。五氣順布，四時行焉。五行一，陰陽也，陰陽，一太極也，太極，本無極也。五行之生也，各一其性，無極之真，二五之精，妙合而凝。

乾道成男，坤道成女，二氣交感，化生萬物。萬物生生，而變化無窮焉。惟人也，得其秀而最靈，形既生矣，神發知矣，五性感動，而善惡分，萬事出矣。

聖人定之以中正仁義而主靜，立人極焉。故聖人與天地合其德，日月合其明，四時合其序，鬼神合其吉凶。

故曰：立天之道，曰陰與陽；立地之道，曰柔與剛；立人之道，曰仁與義。又曰：原始反終，故知死生之說，大哉易也，斯其至矣！

文中「無極而太極」，是指無極衍生出太極的意思；「太極本無極」，是太極本源於無極的意思。由於《易經．繫辭》中說：「易有太極，是生兩儀，兩儀生四象，四象生八卦，八卦定吉凶，吉凶成大業。」並沒有談及無極，於是導致更多人相信無極即太極的錯誤觀點。如程頤和程顥便將太極等同於無極，認為「太極者道也。兩儀者陰陽也。陰陽一道也。太極，無極也」。而明末清初時期的王夫之對太極的總結是：①太極是元氣，即陰陽渾沌未分之氣，其具有至尊性；②渾沌於太極中的陰陽二氣因其清濁、虛實、大小的不同而分開，形成鮮明的陰陽二氣；③太極中包含著陰陽二氣，陰陽二氣形成一太極，太極與陰陽是體用關係，兩者互相包含。

來瞿唐先生太極圖

這是明朝易學家來瞿唐先生所作的太極圖。圖中之圓為無極，其意為「無極生太極，太極分兩儀」之意。

其實，真正的易學理論，一直保存在道家或道教典籍中。老子說：「道生一，一生二，二生三，三生萬物」，「萬物生於有，有生於無」，其「道」、「無」，指的便是無極。易學理論中，萬物的本原是無極，這是我們今天必須弄懂的概念。而太極，指的是陰陽相合的狀態。

◎古今太極圖式

周敦頤的太極圖，本源自北宋道界名流陳摶的無極圖。在該圖中，以「〇」表示的太虛圖，代表的便是無極，而該圖中源自《周易參同契》的坎離匡廓圖才是太極的本意，也可視其為一種太極圖。

古今太極圖式很多，有坎離匡廓圖，有將圓圖分割為八塊配先天八卦以表示月象消息的古太極圖，有與古太極圖相似的先天太極圖（陳摶所傳易圖之一），有與陳摶無極圖大同小異的太極先天圖、周氏（周敦頤）太極圖，明來知德的來氏太極圖，明張景嶽的景嶽太極圖，明左輔的左輔太極後圖，清胡渭的地承天氣圖，清胡

廣西月嶺螺螄井

此井又稱太極井，是廣西古鎮上的一口古井，做成了立體的太極形狀，獨具匠心之作。

煦的循環太極圖，清端木國瑚的端氏太極圖，及今人研易所繪製的封閉、開放式的連環螺旋太極圖。

目前普遍流行的太極圖，則是根據陳摶先天太極圖繪製的太極圖，該圖繪製得更加工整，圖中兩條魚形頭部的小圓。其中白色一邊小圓呈黑色，黑色一邊小圓呈白色，白象徵陽，黑象徵陰，以示陰中有陽，陽中有陰。但該圖表達的內涵卻不如陳摶先天太極圖準確。

太極八卦青銅鏡

李時珍在《本草綱目》中說：「鏡乃金水之精，內明外暗，古鏡如古劍，若有神明，故能避邪魅忤，凡人家宜懸大鏡，可避邪魅，銅鏡無毒，主治驚癇邪氣，小兒諸惡，避除一切妖邪。」因此，古人常於居室中置放一面銅鏡，用於祈吉、防病、鎮宅和化解煞氣。

◎太極的現代意義

歷代的易學家都從不同角度對太極做過精彩的解說。如現在有學者將太極原理與現代混沌學說中的「分形概念」相對比，發現其原理基本一致。還有的易學家根據太極圖提出「宇宙全息統一學說」，認為宇宙是一個統一的整體，在這個整體中，包含著各個子系統，各個子系統之間、子系統與系統之間，系統與宇宙之間，在空間、時間和時空上都存在著泛對稱性。在這些泛對稱關係中，凡是對應部位，都比非對應部位在物質組成、重演程度、感應程度、對應程度等特性上，具有較大的相似性。同時還認為，在潛資訊上，子系統包含著系統的全部資訊，系統包含著宇宙的全部資訊；在顯資訊上，子系統是系統的縮影，系統是宇宙的縮影。有趣的是，當代自然科學發現世界的模式在太極圖中得到了最好的表達，如宇宙大爆炸的學說及恆星的形成，其漩渦的形式就是一張太極圖，另外，還有現代新神經生理學研究成果表明，人的大腦的結構也是一張太極圖。

當然，對於太極圖的研究，相信今後還會有更大的突破。不過在目前，作為一種基礎知識，必須要明白的是，太極圖代表陰陽相合為一的狀態。因為古人認為陰陽和合，相交為一，才是最完美的結合、最完美的均衡、最完美的狀態。此太極，順「人道」，則可生兩儀，產四象，進而化生成物；此太極，逆「人道」，則可成仙道，返還虛無之本原。

第5節
兩儀　處處有陰陽

◎太極分兩儀

《易經·繫辭》中說「易有太極，是生兩儀」，此「兩儀」指的便是一陰一陽。很多人見到太極圖中有一條陰魚一條陽魚，便認為太極圖中的一陰一陽便是兩儀，其實這種概念是錯誤的。

兩儀，代表的是一分為二，即太極中相合的陰陽分開了。沒有這一分為二的過程，四象五行及萬物都不會出現。一個細胞分裂為兩個細胞，這兩個細胞就是兩儀的概念。細胞如果不分裂，任何生物都不會出現，這就是太極分兩儀的意義。

陰陽代表的，正是天地之間的陰陽二氣。在八卦中，乾坤為天地之體，日月為乾坤之用，日月陰陽消息的變化規律，正是陰陽二氣的個體反應。因為陰陽二氣是摸不著，看不見的，只能透過日月的運行狀態來感知。比如，透過日月位於二十八宿的位置，可以明白季節時令的變化；如果氣候與時令不相符，則可以明白氣候異常，及早做出應對措施。

◎物物一太極

旁通而言，則萬物各有陰陽兩儀，相對於宇宙創生來說，天地混成即是太極，天地初分即兩儀，兩儀即陰陽，天陽地陰。由於一花一世界，太極即世界，所以物物一太極，處處有陰陽。比如，相對一天來說，日出為陽，日落為陰；相對於大地來說，地表為陽，地裡為陰；相對於日月來說，日陽月陰；相對於人類來說，男人為陽，女人為陰；相對人體來說，體表為陽，體內為陰；相對臟腑，則臟陽腑陰；相對於雙眼，則左陰右陽；相對於手，則手背為陽，手心為陰，總之，觸類旁通，萬物類象，則陰陽無所不包，無所不在，所以易學以陰陽二爻察萬物之情，斷萬事之吉凶。

總括陰陽屬性則是：凡活動的、無形的、向外的、向上的、溫暖的、明亮的、亢進的、形而上的，都屬於陽；凡靜止的、有形的、向內的、向下的、寒冷的、晦暗的、衰退的、形而下的，都屬於陰。

因孤陽不生，孤陰不長。所以陰陽之間存在微妙的感應關係：陰陽相互吸引，相互滋生，成為生長的動力；陰陽之間又互相侵擾，互相牽制，互相消滅，互相轉換，以保持陰陽合和，陰平陽祕。陰陽交媾，衍生四象，於是衍生出世界萬物。

第6節

四象與五行　天地四季與五種物質

◎兩儀生四象

《易經．繫辭》說「兩儀生四象」，四象即太陽、太陰、少陰、少陽，是陰與陽初次組合排列的產物。

太陽，也稱老陽，為陽中之陽。其涵義為：①指陽的事物中又分屬陽的一面。事物的陰陽屬性只是相對的，它們任何一方又可分為陰陽兩面。②在陰陽屬性依不同的關係相對變化時，指一事物的兩種屬性均屬於陽者。

太陰，也稱老陰，為陰中之陰。其涵義為：①指陰的事物中又分屬於陰的一方面。②指某一事物的兩種屬性均屬陰者。

少陽，為陰中之陽。其涵義為：①指陰的事物中又分屬於陽的一方面。②指某一事物的兩種屬性中，前一種屬陰，後一種屬陽。

少陰，為陽中之陰。其涵義為：①指陽的事物中又分屬於陰的一方面。②指某一事物的兩種屬性中，前一種屬陽，後一種屬陰。

此外，在八卦預測中，往往將陰之靜爻稱為少陰，陽之靜爻稱為少陽，陰之動爻稱為老陰，陽之動爻稱為老陽。

如果將其視為宇宙創生規律，則四象代表地球上四季的形成。「兩儀生四象」，則是說天地形成之後，天陽地陰互相交媾，雲行雨施，產生了四季。四象在天空的

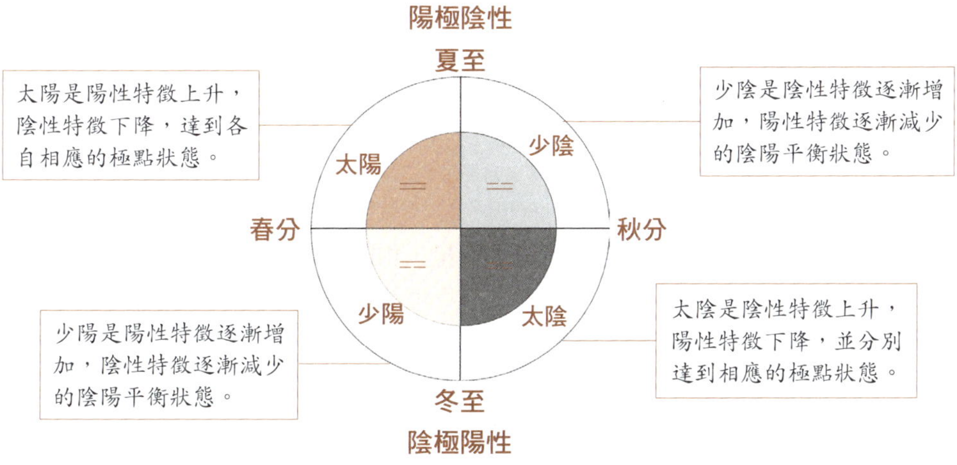

陽極陰性
夏至
太陽是陽性特徵上升，陰性特徵下降，達到各自相應的極點狀態。
少陰是陰性特徵逐漸增加，陽性特徵逐漸減少的陰陽平衡狀態。
太陽
少陰
春分
秋分
少陽
太陰
太陰是陰性特徵上升，陽性特徵下降，並分別達到相應的極點狀態。
少陽是陽性特徵逐漸增加，陰性特徵逐漸減少的陰陽平衡狀態。
冬至
陰極陽性

形象，則是古星圖河圖所標示的東方青龍、西方白虎、北方玄武、南方朱雀四個星象。每象各統七宿，共二十八宿。二十八宿是中國古人觀察日、月、五星在黃道附近建立的恆星坐標系統。當東方天空出現青龍七宿的天象時，大地正好是春季；當南方天空出現朱雀七宿的天象時，大地正好是夏季；當西方天空出現白虎七宿的天象時，大地正好是秋季；當北方天空出現玄武七宿的天象時，大地正好是冬季。

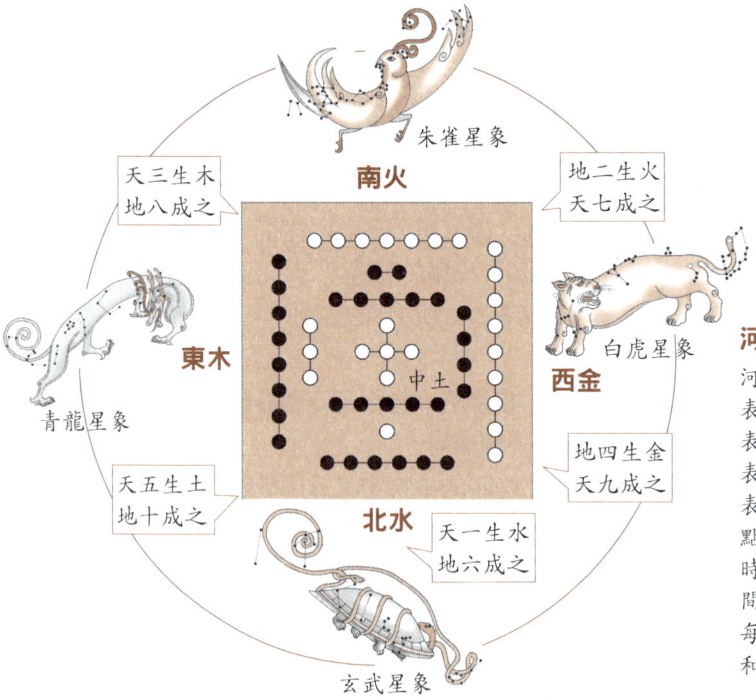

河圖與四象

河圖中，青龍屬木，代表春天；朱雀屬火，代表夏天；白虎屬金，代表秋天；玄武屬水，代表冬天；中央為時空奇點，為土。土永遠位於時空的中央，所以在時間的長線上，土寄居於每兩季節之間（四季）和夏秋之間。

四象的產生，則標誌著天地四季及五行的誕生。相對人體這個小宇宙來說，四象則代表遺傳密碼最基本的四個鹼基——腺嘌呤（太陽）、胞嘧啶（少陰）、鳥嘌呤（少陽）、尿嘧啶（太陰），正是這四個鹼基最終組成了人類六十四個遺傳密碼，與《易經》六十四卦一一對應。

◎五行的產生

五行起源於木、火、土、金、水五大行星，和四象一樣與季節有著微妙的對應關係，所以說四象產生的同時，也誕生了五行理論。古人也稱木星為歲星，火星為熒惑星，土星為鎮星，金星為太白星，水星為辰星，合稱五緯。五星一般按木、火、土、金、水的順序相繼出現於天空，每星各行七十二天，五星合周天 360 度，與六十卦三百六十爻的八卦曆相對應。每年十一月冬至時，水星見於北方，由於當時天氣寒冷，萬物蟄伏，地面上唯有冰雪和水，所以古人稱其為水星；三月春分，木星見於東方，正所謂「春到人間草木知」，所以古人稱其為木星；七月夏至時，火星見於南方，由於此時天氣炎熱如同火燒，所以古人稱其為火星；九月秋分，金星見於西方，由於此時秋風蕭瑟，萬物老成凋謝，如金刀行使刑罰，所以古人稱其為金星；夏秋之交，土星見於中天，因此時暑溼悶熱，與溼土相應，所以古人稱其為土星。

◎五行的相關知識

中國古代五行學說認為，宇宙萬物都是由木、火、土、金、水五種基本物質的運行（運動）和變化所構成，隨著這五個要素的盛衰，使大自然產生變化，不但影響人的命運，同時也使宇宙萬物循環不已。而五行最完美的狀態，應當是勢均力敵的均衡。

（1）五行特性

「木曰曲直」，意思是木具有生長、升發的特性；代表生長、升發、條達、舒暢的功能，在人體為肝。

「金曰從革」，意思是金具有肅殺、變革的特性；代表沉降、肅殺、收斂等性質，在人體為肺。

「水曰潤下」，意思是水具有滋潤、向下的特性。代表了滋潤、下行、寒涼、閉藏的性質，在人體為腎。

「土爰稼穡」，意思是指土具有種植農作物，生化萬物的特性；代表了生化、承載、受納等性質，在人體為脾。

「火曰炎上」，意思是火具有發熱、向上的特性；代表了溫熱、向上等性質，在人體為心。

（2）五行相生

金生水，水生木，木生火，火生土，土生金。

金生水，是因為金屬熔化後成為液體狀態；水生木，是因為水可養樹，樹為木；木生火，是因為用木柴可以生火煮飯；火生土，是因為物質燃燒後留有灰燼；土生金，是因為金屬物質皆產自地下土中。

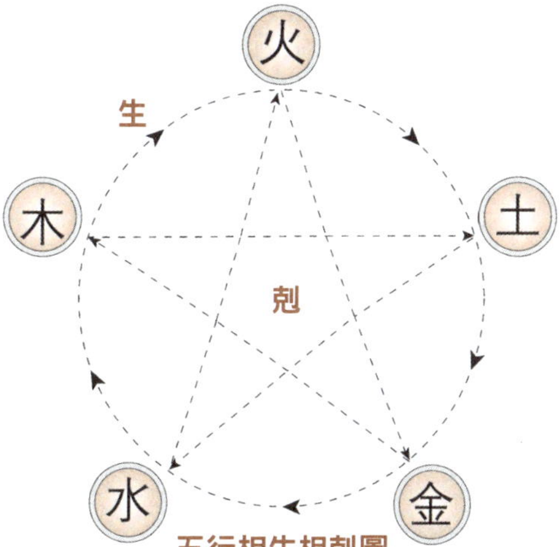

五行相生相剋圖

（3）五行相剋

金剋木，木剋土，土剋水，水剋火，火剋金。

金剋木，是因為金屬做成的刀器可以用來砍伐樹木；木剋土，是因古人用木製的工具耕種田地；土剋水，是因為土可止水之流淌，猶如今之水庫；水剋火，是因為水能滅火；火剋金，是因為火能熔化金屬。需要說明的是，古人對朝代更替也有五德終始的說法。即朝代更替是按照五行相生或相剋的順序，如，伏羲氏木德→神農氏火德→黃帝土德；或者，周火德→秦水德→漢土德。一般而言，太子登基，則順五行相生之數；改朝換代，則順五行相剋之數。

（4）五行相見

金見金，木見木，水見水，火見火，土見土。

五行相見，一般可增加相見五行的勢力，使其更旺盛。如寅日寅時占卦，世爻納支也為寅，則為木見木，作旺論。

（5）五行相乘

五行相乘，也稱五行亢乘，指剋者對被剋者克制太過而造成的失衡現象。「乘」有以強淩弱、乘虛侵襲的意思。或者因為剋者太強，或者因為被剋者太弱，皆會導致相乘的發生。例如：強木剋土、木剋弱土或強木剋弱土，皆為相乘。

（6）五行相侮

五行相侮也稱「五行反侮」，指被剋者過於強盛而反剋剋者。比如說，主欺弱奴，為乘；奴欺主，為侮。一般剋者過弱或被剋者過強，皆會出現相侮的現象。例如：弱木反受強土之反剋，為強土侮弱木。

（7）五行反剋

天下萬物皆在生剋之中達到動態平衡，生到極點或是剋到極點都會向相反的方向轉化。現將《三命通會》中的觀點列於下，以便讀者深玩。

金賴土生，土多金埋；土賴火生，火多土焦；火賴木生，木多火熾；木賴水生，水多木漂；水賴金生，金多水濁。

金能生水，水多金沉；水能生木，木盛水縮；木能生火，火多木焚；火能生土，土多火晦；土能生金，金多土散。

金能剋木，木堅金缺；木能剋土，土重木折；土能剋水，水多土流；水能剋火，火炎水熱；火能剋金，金多火熄。

金衰遇火，必見銷熔；火弱逢水，必為熄滅；水弱逢土，必為淤塞；土弱遇木，必遭傾陷；木弱逢金，必為砍折。

強金得水，方銼其鋒；強水得木，方泄其勢；強木得火，方化其頑；強火得土，方止其焰；強土得金，方制其重。

古代勞動者透過長期的接觸和觀察，認識到五行中每一行都有不同的性能。古人基於這種認識，把宇宙間各種事物分別歸屬於五行，因此在概念上，已經不是木、火、土、金、水本身，而是一大類在特性上可相比擬的各種事物、現象所共有的抽象性能。為使大家對五行分類有更深的理解，現將五行歸類表列於下：

	木	火	土	金	水
天干	甲乙	丙丁	戊己	庚辛	壬癸
地支	寅卯	巳午	辰戌丑未	申酉	子亥
五方	東	南	中	西	北
五季	春	夏	長夏	秋	冬
五時	平旦	日中	日西	合夜	夜半
五色	青	赤	黃	白	黑
五氣	風	暑	溼	燥	寒
五化	生	長	化	收	藏
五味	酸	苦	甘	辛	鹹
五音	角	徵	宮	商	羽
五臟	肝	心	脾	肺	腎
五腑	膽	小腸	胃	大腸	膀胱
五竅	目	舌	口	鼻	耳
五體	筋	脈	肌肉	皮毛	骨髓
五液	淚	汗	涎	涕	唾
五俞	井	滎	俞	經	合
五元	元性	元神	元氣	元情	元精
五德	仁	禮	信	義	智
五物	遊魂	識神	妄意	鬼魄	濁精
五賊	喜	樂	欲	怒	哀
五志	怒	喜	思	憂	恐
五魔	財	貴	勝	殺	淫
五星	歲星	熒惑	鎮星	太白	辰星

第7節

八經卦　世界最初形成的八大元素

伏羲八卦方位圖

來瞿唐　明朝

伏羲八卦方位，乾一、兌二、離三、震四、巽五、坎六、艮七、坤八，都有不假安排，自然之妙。

◎八卦概說

太陽上面加一陽爻，便是乾卦；加一陰爻，則為兌卦。少陰上面加一陽爻，則為離卦；加一陰爻，則為震卦。少陽上面加一陽爻，則為巽卦；加一陰爻，則為坎卦。太陰上面加一陽爻，則為艮卦；加一陰爻，為坤卦。乾一、兌二、離三、震四、巽五、坎六、艮七、坤八，是先天八卦的次序；天、澤、日（火）、雷、風、月（水）、山、地，是世界最初形成的八大元素。這種由三個爻象組成的八個卦象，也稱為八經卦。為了便於記憶，古人根據卦象的特點，還編成《八卦取象歌》（宋版《易經》第四首卦歌），即：乾三連，坤六斷，震仰盂，艮覆碗，離中虛，坎中滿，兌上缺，巽下斷。

八經卦有先後天之別。先天八卦一般認為是伏羲所創，詮釋世界初始的狀態。後天八卦主要用於後天諸事占驗，相傳為文王所創。先天為體，後天為用，先天八卦與後天八卦相輔相成，成為古人詮釋天地造化的完美符號。

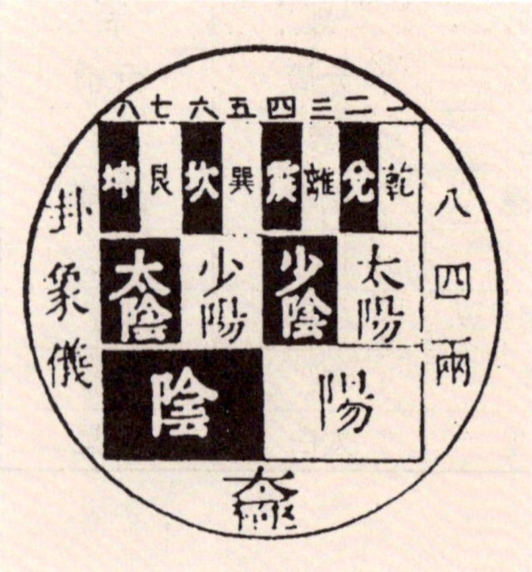

先天八卦次序圖

◎八經卦的相關知識

（1）先天八卦次序圖

先天八卦次序圖也稱伏羲八卦次序圖，該圖示範了八經卦的創作原理。即「易有太極，是生兩儀，兩儀生四象，四象生八卦」，其規律工整有序。先天八卦的數字便由此而來。其乾一、兌二、離三、震四、巽五、坎六、艮七、坤八的數字規律經常運用於後天八卦的預測中。《梅花易數》中以數字起卦，就是根據這八個數字。

（2）先天八卦方位圖

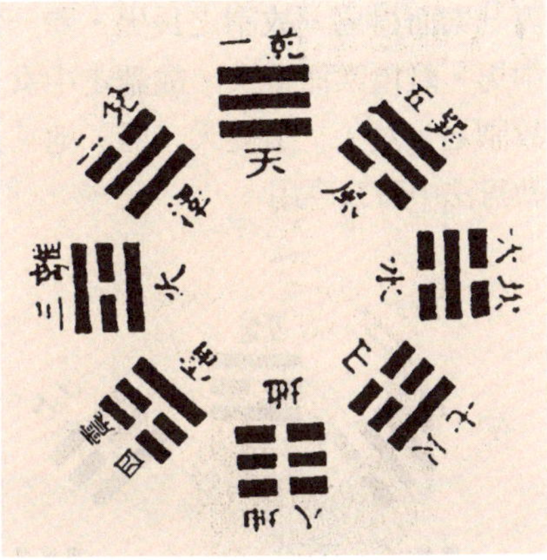

先天八卦方位圖

先天八卦方位圖又稱伏羲八卦方位圖，其卦象示範了陰陽二氣的運轉規律，既與一年四季的氣候變化相吻合，也與月象圓缺週期相統一。其方位規律是：乾南、坤北、離東、坎西，震東北、兌東南、巽西南、艮西北。

《周易．說卦傳》中對伏羲八卦的解釋是：「天地定位，山澤通氣，雷風相薄，水火不相射，八卦相錯，數往者順，知來者逆。」就是說先天八卦的排列方式為乾坤相對，艮兌相對，震巽相對，坎離相對。其「數往者順，知來者逆」，其意思是這張圓圖應按順時針方向看，其「往者」指的是陽氣，因易學中一般以陽爻代表未來之事；其「來者」，指的是陰氣，因易學中一般以陰爻代表過去的事情；「順」便是沿著己方向朝彼方看，「逆」便是從彼方往己方看，邵雍所說的「自震至乾為順，自巽至坤為逆」。

（3）後天八卦次序圖

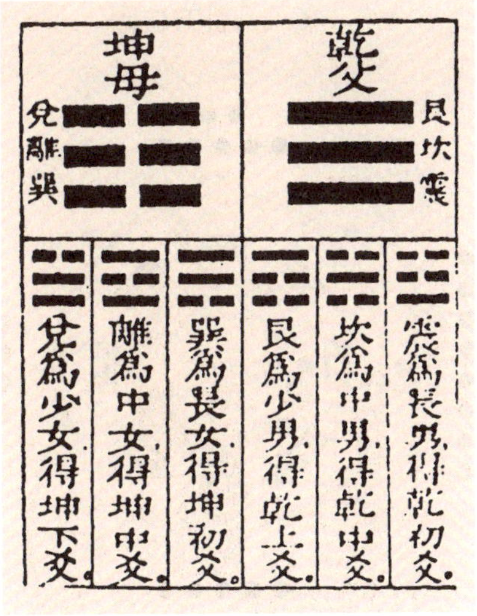

八卦人倫圖

文王八卦次序圖與伏羲八卦次序圖的排列與涵義都不同。伏羲八卦次序圖示範的是陰陽；文王八卦示範的是男女（人倫）。

因為伏羲時代是母系氏族社會，當時人們面對的最大敵人便是自然，所以伏羲八卦揭示自然規律，使人們能夠適應這種規律去生存。雖然伏羲八卦也是包羅萬象，但其重點不在人倫。文王時代則不同了，當時已進入奴隸社會末期。從黃帝至周文王的幾千年中，男人在社會上占主導地位，於是便逐漸形成了私有財產制度下的社會規範。所以文王的八卦從父母、子女的角度來闡述八卦的哲理。當然其理論與自然變化規律仍然得到了很好的結合，由此也可以看出後天八卦的高明之處。

邵雍說：「此文王八卦，乃人用之位，後天之學也。」即是說文王的八卦已經脫離原來最初的用途，而轉入另一個新起點。它闡明的是人改造自然的理論，國君治理天下的理論，社會人倫相處的理論，預測吉凶的理論。這便是「人用之位」。

《周易‧說卦傳》對此圖的解釋是：「乾，天也，故稱乎父。坤，地也，故稱乎母。震一索而得男，故謂之長男。巽一索而得女，故謂之長女。坎再索而得男，故謂之中男。離再索而得女，故謂之中女。艮三索而得男，故謂之少男。兌三索而得女，故謂之少女。」是從天（男）地（女）交媾上闡明六子卦的產生原理。此理論在道教丹法中廣為應用。

後天八卦方位圖

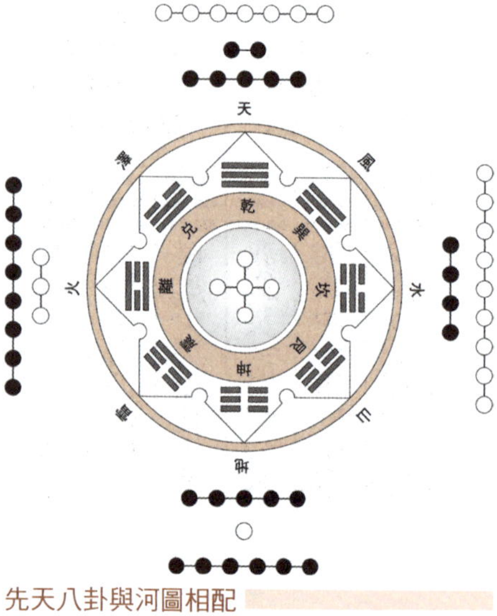

先天八卦與河圖相配

河圖可以看做先天八卦的圖書，先天八卦可以看做河圖的卦象，兩者聯繫十分緊密。

（4）後天八卦方位圖

後天八卦方位圖也稱文王八卦方位圖，其震、兌、坎、離代表東、西、南、北，稱為「四正卦」；以乾、坤、艮、巽代表西北、西南、東北、東南，稱為「四隅卦」。古代天文儀的方位設置便依此為准。

《說卦傳》中對此八卦方位的解釋是：「帝出乎震，齊乎巽，相見乎離，致役乎坤，說言乎兌，戰乎乾，勞乎坎，成言乎艮。」

《周易尚氏學》中說「後天方位」是由「先天方位」演變而來的，其指出：「八卦圓布四方，各有其位，而先後不同，蓋《易》之道一動一靜，互為其根，靜而無為，惟陰陽相對必相交。坤南交乾，則南方成離；乾北交坤，則北方成坎；先天方位，遂變為後天，由靜而動矣。《周易》所用者是也。然《周易》雖用後天，後天實由先天禪代而來，不能相離。故《說卦》首以『天地定位，山澤通氣』演先天卦位之義，再明指後天。」

尚氏的觀點還是能夠被大多數人接受的觀點，後天八卦與先天八卦的確是有聯繫的，而後天八卦更實用，所以其應用領域較廣。

（5）先天八卦配河圖

先天八卦方位圖與河圖相配，就組成

了先天八卦配河圖。此圖說明的正是陰陽二氣的消息變化規律，正如《啟蒙附論》所言：「圖之左方陽內陰外，即先天之震、離、兌、乾，陽長而陰消也。其右方陰內陽外，即先天之巽、坎、艮、坤，陰長而陽消也。蓋所以象二氣之交運也。」

（6）先天八卦配洛書

此圖將先天八卦方位圖與洛書相合，而且先天八卦中也暗含有後天八卦之數。正如《啟蒙附論》所言：「洛書九數虛中五以配八卦，陽上陰下，故九為乾，一為坤。因自九而逆數之，震八、坎七、艮六，乾生三陽也，又自一而順數之，巽二、離三、兌四，坤生三陰也。以八數與八卦相配而先天之位合矣。」

（7）後天八卦配河圖

此圖將後天八卦方位圖與河圖相配，以說明後天八卦方位圖本源於河圖之理。即《啟蒙附論》所言：「圖之一六為水，即後天之坎位也；三八為木，即後天震巽之位也；二七為火，即後天之離位也；四九為金，即後天兌乾之位也；五十為土，即後天之坤艮周流四季而偏旺於丑未之交也。蓋所以象五氣之順布也。」

（8）後天八卦配洛書

此圖將後天八卦方位圖與洛書相配，以說明後天八卦方位圖依洛書而創的原理，後天八卦的卦數，正是源於洛書上的數字。即《啟蒙附論》所言：「火上水下，故九為離，一為坎；火生燥土，故八次九而為艮；燥土生金，故七六次八而為兌；乾水生溼土，故二次一而為坤；溼土生木，故三四次二而為震巽。以八數與八卦相配而後天之位合矣。」

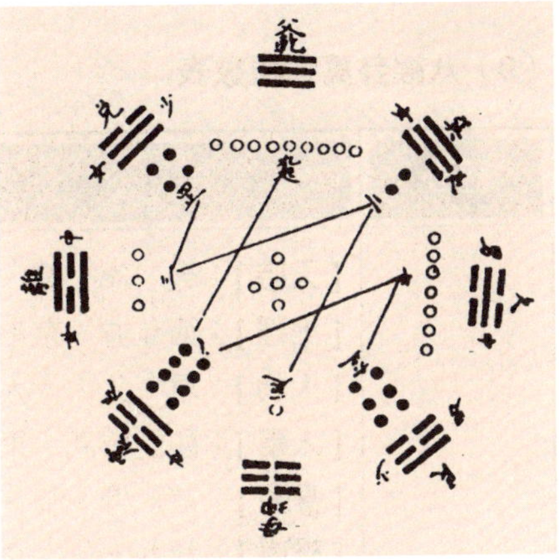

先天八卦配洛書圖

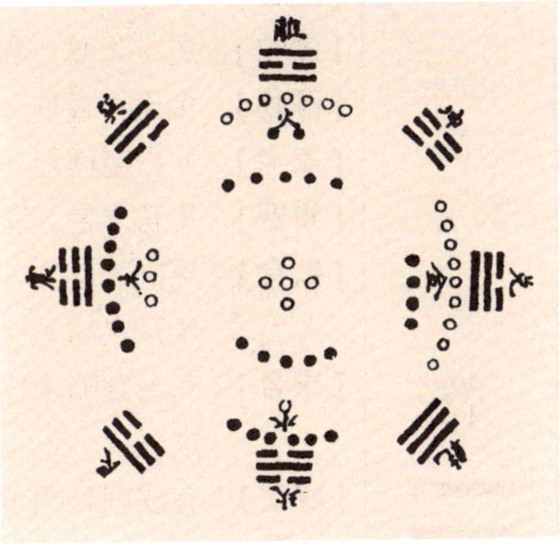

後天八卦配河書圖

後天八卦與洛書相配

洛書與後天八卦的結構分布圖，在其數字與序數的方位與分布上是相同的。其數字之間內含有很多的「乘除之源」的基礎及方法。

（9）八經卦萬物類象表

經卦	萬物類象
乾 ☰	[天時]：天、冰、雹、霰。 [地理]：西北方、京都、大郡、形勝之地、高亢之所。 [人物]：君、父、大人、老人、長者、宦官、名人。 [人事]：剛健勇武、果決、多動少靜。 [身體]：首、骨、肺。 [時序]：秋九十月之交、戌亥年月之時，五金年、月、日、時。 [屋舍]：公廁、樓臺、高堂、大廈、驛宿、西北向之居。 [動物]：馬、天鵝、獅子、象。 [靜物]：金玉、寶珠、圓物、木果、剛物、冠、鏡。 [家宅]：秋占宅興隆，夏占有禍，冬占冷落，春占吉利。 [婚姻]：貴官之眷、有聲名之家。秋占宜成、冬夏不利。 [飲食]：馬肉、珍味、多骨、肝肺、乾肉、木果等物之首，圓物、辛辣之物。 [求名]：有名宜隨內任；刑官、武職、掌權、天使、驛官宜向西北之任。 [謀望]：有成利公門，宜動中有財。夏占不成、冬占多謀少遂。 [交易]：宜金玉、珍寶、貴貨。夏占不利。 [求利]：有財，金玉之利，公門中得財，秋占大利，夏占損財，冬占無財。 [出行]：利於出行，宜人京師，利西北之行，夏占不利。 [謁見]：利見大人，有德行之人，宜見貴官。 [疾病]：頭面之疾、肺疾、筋骨疾、上焦疾，夏占不安。 [官訟]：健訟，有貴人助。秋占得勝，夏占失理。 [墳墓]：宜向西北，宜乾山氣脈，宜天穴，宜高。秋占出貴，夏占大凶。 [方道]：西北。 [五色]：大赤色，玄色。 [姓字]：帶金旁者，行位一、四、九。 [數目]：一、四、九。 [五味]：辛、辣。

經卦	萬物類象
兌 ☱	[天時]：雨澤，新月、星。 [地理]：澤、水際、缺池、廢井，山崩破裂之地，其地為剛鹵。 [人物]：少女、妾、歌妓、伶人、譯人、巫師、奴僕婢。 [人事]：喜悅、口舌讒毀、謗說、飲食。 [身體]：舌、口、肺 疾、痰涎。 [時序]：秋八月，酉年月、日、時，金年月、日，二、四、九的月、日。 [靜物]：金刀、金類、樂器、廢物，缺器之物，帶口之物，毀折之物。 [動物]：羊，澤中之物。 [屋舍]：西向之居，近澤之居，敗牆壁宅，戶有損。 [家宅]：不安，防口舌。秋占喜悅，夏占家宅有禍。 [飲食]：羊肉、澤中之物、宿味、辛辣之物味。 [婚姻]：不成，秋占可成，有喜，主成婚之吉。利婚少女。夏占不利。 [生產]：不利，恐有損胎或則生女。夏占不利，宜坐向西。 [求名]：難成，因名有損，利西之任。宜刑官、武職、伶官、譯官。 [求利]：無利有損，財利主口舌。秋占有財喜，夏占不利。 [出行]：不宜遠行，防口舌或損失，宜西行。秋占有利，宜行。 [交易]：難有利，防口舌，有競爭。秋占有交易之財，夏占不利。 [謁見]：利行西方，見有咒詛。 [疾病]：口舌、咽喉之疾，氣逆喘疾，飲食不餐。 [墳墓]：宜西向，防穴中有水。近澤之墓，或葬廢穴。夏占不宜。 [官訟]：爭訟不已，曲直未決，因訟有損，防刑。秋占為體得理勝訟。 [姓字]：帶口、帶金字旁姓氏，行位四、二、九。 [數目]：四、二、九。 [方道]：西方。 [五色]：白。 [五味]：辛、辣。

經卦	萬物類象
離 ☲	[天時]：日、電、虹、霓、霞。 [地理]：南方乾亢之地，窖、爐冶之所，剛燥厥地，其地面陽。 [人物]：中女、文人、大腹、目疾人、冑甲之士。 [人事]：文化之所，聰明才學，相見虛心，書事，美麗。 [身體]：目、心、上焦。 [時序]：夏五月，午火年、月、日、時，三、二、七日。 [靜物]：火、書、文、甲骨、干戈、槁衣、乾燥之物。 [動物]：雉、龜、鱉、蚌、蟹。 [屋舍]：南舍之居，陽明之宅，明窗、虛室。 [家宅]：安穩、平善。冬占不安，克體主火災。 [飲食]：雉肉、煎炒、燒炙之物，乾脯之體、熟肉。 [婚姻]：不成，利中女之婚。夏占可成，冬占不利。 [生產]：易生，產中女。冬占有損，坐宜向南。 [求名]：有名，宜南方之職、文官之任，宜爐冶、亢場之職。 [求利]：有財宜南方求，有文書之財，冬占有失。 [交易]：可成，宜有文書的交易。 [出行]：可行，宜動向南方，就文書之行，冬占不宜行，不宜行舟。 [謁見]：可見南方人，冬占不順，秋見文書考案才士。 [官訟]：易散，文書動，詞訟明辨。 [疾病]：目疾、心疾、上焦病。夏占伏暑、時疫。 [墳墓]：南向之墓，無樹林之年，陽穴。夏占出文人，冬不利。 [姓字]：帶次或立人旁士姓氏，行位三、二、七。 [數目]：三、二、七。 [方道]：南。 [五色]：赤、紫、紅。 [五味]：苦。

經卦	萬物類象
震 ☳	[天時]：雷。 [地理]：東方、樹木、鬧市、大途、竹林、草木茂盛之所。 [身體]：足、肝、髮、聲音。 [人物]：長男。 [人事]：起動、怒、虛驚，鼓動噪、多動少靜。 [時序]：春二月、卯年、月、日、時，四、三、八的月、日。 [靜物]：木竹、葦、樂器（竹木），花草繁鮮之物，核。 [動物]：龍、蛇、百蟲、馬鳴。 [屋舍]：東向之居，山林之處，樓閣。 [家宅]：宅中不時有虛驚，春冬吉，秋占不利。 [飲食]：啼、肉、山林野味，鮮肉、果酸味、菜蔬、鯉魚。 [婚姻]：可有成聲名之家，得長男之婚，秋占不利。 [求利]：山林竹木之財，動處求財，或山林、竹木茶貨之利。 [求名]：有名宜東方之任，施號發令之職，掌刑獄之官，竹、茶、木稅課之任，或鬧市市貨之職。 [生產]：虛驚，胎動不安，頭胎必生男。坐宜向東，秋不吉。 [疾病]：足疾，肝經之疾，驚恐不安。 [謀旺]：可旺，可求，宜動中謀，秋占不遂。 [交易]：利於成交，秋占難成，動而可成山林、木竹、茶貨之利。 [官訟]：健訟，有虛驚，行移取甚反覆。 [謁見]：可見在宜山林之人，利見宜有聲名之人。 [出行]：宜行，利東方，利山林之人。秋占不宜行，但恐虛驚。 [墳墓]：利於東向山林中穴，秋不利。 [姓字]：帶木姓人，行位四、八、三。 [數目]：四、八、三。 [方道]：東。 [五色]：黑青、綠碧。 [五味]：甘、酸味。

經卦	萬物類象
巽 ☴	[天時]：風。 [地理]：東南方之地，草木茂秀之所，花果菜園。 [人物]：長女、秀士、寡婦之人，山林仙道之人，僧道。 [人事]：柔和、不定、鼓舞，利市三倍，進退不果。 [身體]：肱、股、氣、風疾。 [時序]：春夏之交，二、五、八之時、月、日，三月，辰巳月、日、時。 [靜物]：木香、繩、直物、長物、竹木、工巧之器、臭、雞毛、帆、扇、臼。 [動物]：雞、百禽，山林中之禽、蟲、蛇。 [屋舍]：東南向之居，寺觀樓台，山林之居。 [家宅]：安穩利市，春占吉，秋占不安。 [飲食]：雞肉，山林之味，蔬果酸味。 [婚姻]：可成，宜長女之婚，秋占不利。 [生產]：易生，頭胎產女。秋占損胎，宜向東南坐。 [求名]：有名，宜文職有風憲之力。宜為風憲，宜茶果、竹木、稅貨之職，宜東南之任。 [求利]：有利三倍，宜山間竹貨、木貨之利，秋不利。 [交易]：可成進退不一交易之利，山林交易山林、木茶之利。 [謀旺]：可謀旺，有財可成，秋占多謀少遂。 [出行]：可行，有出入之利，宜向東南行，秋占不利。 [謁見]：可見，利見山林之人，利見文人秀士。 [疾病]：股肱之疾，風疾、腸疾、中風、寒邪、氣疾。 [姓字]：草木旁姓氏，行位五、三、八。 [官訟]：宜和，恐遭風憲之責。 [墳墓]：宜東方向山林之穴，多樹木，秋占不利。 [數目]：五、三、八。 [方道]：東南。 [五色]：青綠、碧潔白。 [五味]：酸味。

經卦	萬物類象
坎 ☵	[天時]：月、雨、雪、露、霜、水。 [地理]：北方、江湖、溪澗、泉井、卑溼之地、溝瀆、池沼、有水之處。 [人物]：中男、江湖之人、舟人、資賊、匪。 [人事]：險陷卑下，外示以柔，內序以利，漂泊不成，隨波逐流。 [身體]：耳、血、腎。 [時序]：冬十一月，子年、月、日，一、六的月、日。 [靜物]：水帶子，帶核之物，弓輪、矮柔之物，酒器、水具、工棟、叢棘、 藜、桎梏、鹽、酒。 [動物]：豬、魚、水中之物、狐、水族。 [屋舍]：向北之居、近水閣、江樓、花酒、長器，宅中混地之處。 [飲食]：豬肉、酒、冷味、海味、湯、酸味、宿食、魚、帶血、掩藏，有帶核之物，水中之物、多骨之物。 [家宅]：不安、暗昧、防盜、匪。 [婚姻]：利中男之婚，宜北方之婚，不利成婚，不可在辰、戌、丑、未月結婚。 [生產]：難產有險，宜次胎，男，中男，辰、戌、丑、未月有損，宜北向。 [求名]：艱難，恐有災險，宜北方之任，魚鹽、河泊之職，酒兼醋。 [求利]：有財防失，宜水邊財，恐有失險，宜魚鹽酒貨之利，防遺失，防盜。 [交易]：不利成交，恐防失陷，宜水邊交易，宜魚鹽貨酒之交易，或點水人之交易。 [謀旺]：不宜謀旺，不能成就、秋冬占可謀。 [出行]：不宜遠行，宜涉舟，宜北方之行。防盜匪，恐遇險、阻、溺之事。 [謁見]：難見，宜見江湖之人，或有水旁姓氏之人。 [疾病]：耳痛、心疾、感染、腎疾、胃冷、水瀉、涸冷之疾、血病。 [官訟]：有陰險，有失因訟，失陷。 [墳墓]：宜北向之穴，近水傍之墓，不利葬。 [姓字]：點水旁之姓氏。行位一、六。 [數目]：一、六。 [方道]：北方。 [五色]：黑。 [五味]：鹹、酸。

經卦	萬物類象
艮 ☶	[天時]：雲、霧、山嵐。 [地理]：山徑，路近山城，丘陵、墳墓、東北方、門闕。 [人物]：少男、閒人、山中人、童子。 [人事]：阻隔、守靜，進退不決，反背，止住，不見。 [身體]：手指、骨、鼻、背。 [時序]：冬春之月，十三月，丑寅年、月、日、時，七、五、十的月日，土年、月、日、時。 [靜物]：土石、瓜果、黃物、土中之物，閽寺、木生之物、藤生之瓜。 [動物]：虎、狗、鼠、百獸、黔啄之物、狐。 [家宅]：安穩，諸事有阻，家人不睦，春占不安。 [屋舍]：東北方之居，山居近石，近路之宅。 [飲食]：土中物味，諸獸之肉，墓畔竹筍之屬，野味。 [婚姻]：阻隔難成，成也遲。利少男之婚，宜對鄉里婚，春占不利。 [求名]：阻隔無名，宜東北方之任，宜土官山城之職。 [生產]：難生，有險阻之厄，宜向東北，春占有損。 [交易]：難成，有山林田土之交易，春占有失。 [出行]：不宜遠行，有阻，宜近陸行。 [謁見]：不可見，有阻，宜見山林之人。 [疾病]：手指之疾，胃脾之疾。 [官訟]：貴人阻滯，官訟未解，牽連不決。 [墳墓]：東北之穴，山中之穴，近路旁有石，春占不利。 [數目]：五、七、十。 [方道]：東北方。 [五色]：黃。 [五味]：甘。

經卦	萬物類象
坤 ☷	[天時]：陰雲、霧氣、冰霜。 [地理]：田野、鄉晨、平地、西南方。 [人物]：老母、後母、農夫、鄉人、眾人、老婦人、大腹人。 [人事]：吝嗇、柔順、懦弱、眾多、小人。 [身體]：腹脾、肉、胃。 [時序]：辰、戌、丑、未月，未、申年、月、日、時，八、五、十的月、日。 [靜物]：方物、柔物、布帛、絲綿、五穀、輿斧、瓦器。 [動物]：牛、百獸、牝馬。 [屋宿]：西南方、村店、男舍、矮屋、土階、倉庫。 [家宅]：安穩、多陰氣，春占宅舍不安。 [飲食]：牛肉、土中之物、甘味、野味、五穀之味、芋筍之物、腹臟之物。 [婚姻]：利於婚姻，宜稅產之家，鄉村之家，或寡婦之家。春占不利。 [生產]：易產，春占難產。有損或不利於母，坐宜西南方。 [求名]：有名、宜西南方或教官、農官守土之職、春占虛。 [交易]：宜利交易、宜田土交易、宜五穀利、賤貨、重物、布帛、靜中有財、春占不利。 [求利]：有利，宜土中之利，賤貨重物之利。靜中得財，春占無財，多中取利。 [謀旺]：利求謀，鄰里求謀，靜中求謀。春占少遂，或謀於婦人。 [出行]：可行，宜西南行，宜往鄉里行，宜陸行。春不宜。 [謁見]：可見，利見鄉人，宜見親朋或陰人。春不宜見。 [疾病]：腹疾、脾胃之疾，飲食停滯，食而不化。 [官訟]：理順得眾情，訟當解散。 [墳墓]：宜向西南之穴、平陽之地，近田野宜低葬。春不可葬。 [姓字]：帶土姓人，行位八、五、十。 [數目]：八、五、十。 [方道]：西南。 [五色]：黃、黑。 [五味]：甘。

第8節

六十四卦 易學最深奧的部分

◎六十四卦的組成

將三個爻象組成的八經卦，兩兩相重，便組成了六爻八卦。八個經卦一共可組合成六十四個六爻八卦。這六十四個卦象包羅萬象，天地萬物一切事理盡在其中，是易學最深奧、神祕的部分。

◎六十四卦的相關知識

六十四卦也有先後天之別：伏羲六十四卦大橫圖、伏羲六十四卦方圓圖屬於先天六十四卦體系；《周易》的卦序排列、京房的八宮占卜則屬於後天六十四卦體系。下面依次簡述：

（1）伏羲六十四卦大橫圖

按照「太極分兩儀，兩儀生四象，四象生八卦」的方式分下去，當正好是兩儀的六次方時，完整的六十四卦便組合完畢。古人以「伏羲六十四卦大橫圖」來說明六十四卦的成卦原理。該圖從右方乾卦開始，向左方依次陽氣減弱，直到最右方的坤卦為陰氣最盛，共六十四個卦象，排列規整，錯落有致。如果以 0 表示陰爻，以 1 表示陽爻，則正好是現代二進位原理圖。所以，當年萊布尼茲見到這張圖後，堅信

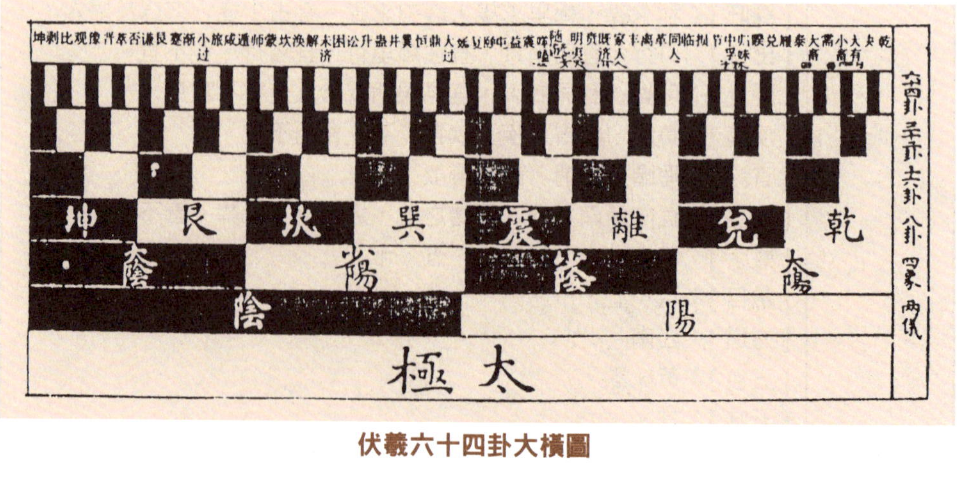

伏羲六十四卦大橫圖

《易經》的奧祕就是二進位數字學，自己才是破解《易經》的終結者，並寫信給康熙皇帝，要求加入中國國籍。事實上，六十四卦雖然含有二進位數字學的內容，但其內涵卻要更加深遠得多。

（2）伏羲六十四卦方圓圖

在所有易圖中，伏羲六十四卦方圓圖則是最重要的一幅。該圖包含了先天八卦、六十四卦方位、河圖、洛書內容，以及日月五星的運行規律，十二綱紀、二十八宿也暗藏其中，幾乎囊括了《易》的所有內容。因此，陳摶也極其推崇此圖，認為《易》只有這一張圖！

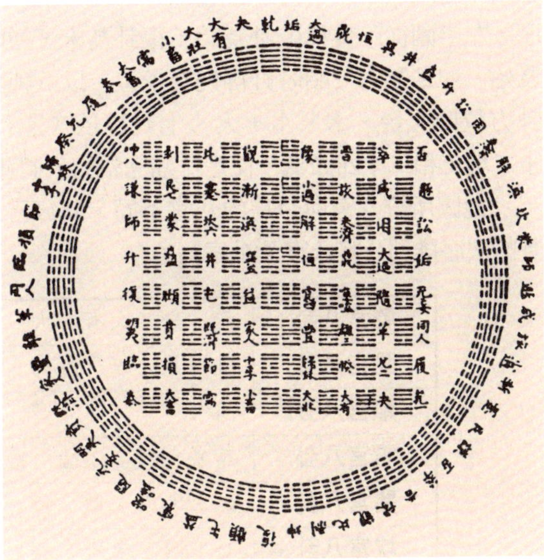

伏羲六十四卦方圓圖

伏羲六十四卦方圓圖裡面的方圖，是說明大地方位的圖示。方圖西北至東南這條斜線依次排列著乾、兌、離、震、巽、坎、艮、坤八個經卦，被稱為「子午線」，又稱「經線」、「太陽線」。西南至東北斜線排列著否、咸、未濟、恆、益、既濟、損、泰八個卦，這條線被稱為「卯酉線」，又叫「緯線」、「少陽線」。該圖從外向內由四層組成，每層沿子午線方向的對角兩卦數字之和，皆為九，並且卦象相反。一般認為，第一層乾坤相對，表示「天地定位」；第二層兌艮相對，表示「山澤通氣」；第三層離坎相對，表示「水火相射」；第四層震巽相對，表示「雷風相薄」。

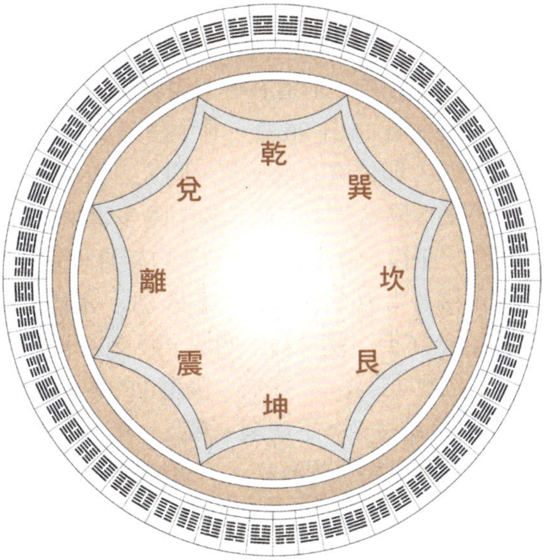

六十四卦圓圖

圓圖的卦序就是伏羲六十四卦次序，從乾卦始逆時針排列一周而成圓形。

現代觀點則認為，圓圖應以上南、下北、左東、右西的方式來看；方圖應以上北、下南、左西、右東的方式來看，因為該圖表現的方位是天體的投影。方圖第一層的二十八個卦象，與二十八宿相對應，並且又是月亮動行規律的原理圖。第二層與第四層合在一起，則與河圖極為相似。第三層十二個卦象，則代表十二綱紀和十二地支。

伏羲六十四卦方圓圖外圈的圓圖是一個天體運行圖，也可以說是一部八卦曆法，它精確地說明了年、月、日和四季的運行規律。此圖按照伏羲六十四卦大橫圖的次序，左半圓從午位以乾卦為始，復卦為末，逆時針排列至子位；右半圓從午位姤卦為始，坤卦為末，順時針排列至子位。以八純卦為間隔共分八宮，正好形成先天八卦方位圖。金、木、水、火、土五星依次運行，而成春、夏、秋、冬四季，配以十二地支和二十四節氣，便是一幅完整的天體運行圖。

此圖所分八宮與京房的八宮不同，其每宮八卦的內卦相同，外卦則按照先天八卦的次序排列。其八宮及卦序為：

乾宮八卦	乾、夬、大有、大壯、小畜、需、大畜、泰
兌宮八卦	履、兑、睽、歸妹、中孚、節、損、臨
離宮八卦	同人、革、離、豐、家人、既濟、賁、明夷
震宮八卦	無妄、隨、噬嗑、震、益、屯、頤、復
巽宮八卦	姤、大過、鼎、恆、巽、井、蠱、升
坎宮八卦	訟、困、未濟、解、渙、坎、蒙、師
艮宮八卦	遯、咸、履、小過、漸、蹇、艮、謙
坤宮八卦	否、萃、晉、豫、觀、比、剝、坤

以天道左旋，地道右轉來觀看此圖，則天體為順時針運轉。自復卦一陽始生，至同人卦共有 16 卦 96 爻，其中陰陽爻各有四十八個，說明陰陽各半，冷熱各半，晝夜均長。卯位處的離、革、同人三卦，則正是春分時節。從臨至乾 16 卦，陽爻六十四個，陰爻三十二個，說明陽多陰少，熱多冷少，晝長夜短。其午位的乾卦，則正是「午後一陰生」的夏至。自姤卦一陰始生，至師卦 16 卦陰陽爻各四十八個，說明陰陽各半，冷熱各半，晝夜均長。酉位處的坎、蒙、師三卦，正是秋分時節。從遯至坤 16 卦，陰爻六十四個，陽爻三十二個，說明陰多陽少，冷多熱少，晝短夜長。子位的坤卦正是「子時一陽生」的冬至。六十四卦中，乾、坤、離、坎不計爻象，則其餘 60 卦每爻各主一天，共為一年 360 天；所餘 5 天，則不計五行吉凶，正是古人過年「趕亂婚」的濫觴。一歲循環，周而復始，真是精簡絕妙的太陽曆法。左半圈由復至乾，為陽息陰消的過程；右半圈由姤至坤，為陰息陽消的過程。乾姤之間，一陰始生，為月窟；坤復之間，一陽始生，為天根。由於他卦皆生於復姤兩卦，所以此圖又稱為「復姤小父母」。

先天八卦學說的代表就是宋代的邵雍。他「究天人之際，通古今之變」，是一代相當了不起的易學大師。他所著的《梅花易術》及《皇極經世》便含有先天八卦的理論。先天八卦是闡明天地變化規律，使人適應這種規律而生存的學說。如《皇極經世》便是占卜世界大的演變過程，這種演變是不以人的意志為轉移的，所以他採用先天八卦的理論。

而文王八卦的理論則重於如何在治理中求得生存與發展，所以一般小事吉凶的占卜，以後天八卦為準。如《梅花易術》中則有很多後天八卦的理論。

（3）文王六十四卦次序

文王六十四卦次序，就是《周易》的六十四卦排列次序，其上經三十卦，下經三十四卦。為了方便記憶，古人將其編成一首《卦序歌》（宋版《易經》第三首卦歌），即：

乾坤屯蒙需訟師，比小畜兮履泰否。
同人大有謙豫隨，蠱臨觀兮噬嗑賁。
剝復無妄大畜頤，大過坎離三十備。
咸恆遯兮及大壯，晉與明夷家人睽。
蹇解損益夬姤萃，升困井革鼎震繼。
艮漸歸妹豐旅巽，兌渙節兮中孚至。
小過既濟兼未濟，是為下經三十四。

文王的六十四卦卦序，包含著事物發生發展的順序規律。有學者研究，其中還包含著殷周時代的歷史。需要說明的是，其實文王六十四卦也有一張圓圖，只是不載於《周易》中，該圖乾、坤、坎、離不計爻象，以朝屯暮蒙代表每月初一的日夜，六十卦正好代表一月三十天，屬於太陰曆系統。該圖載於道教典籍《周易參同契》中。

（4）六十四卦卦變歌

卦變歌是宋版《易經》的第二首卦歌，也屬於後天六十四卦系統，也稱作上下經卦變歌。此卦歌對於研究《周易》卦辭、爻辭及卦象變化，有一定指導作用。該歌如下：

訟自遯變泰歸妹，否從漸來隨三位。
首困噬嗑未濟兼，蠱三變賁井既濟。
噬嗑六五本益生，賁原於損既濟會。
無妄訟來大畜需，咸旅恆豐皆疑似。
震從觀更睽有三，離與中孚家人系。
蹇利西南小過來，解升二卦相為贅。
鼎由巽變漸渙旅，渙自漸來終於是。

透過「卦變歌」我們可以看出，「卦」不是死物，而是按照一定的規律不斷運動變化的。為便於大家理解，下面對該卦歌作簡要解釋。

訟自遯來泰歸妹 訟卦是由遯卦的二爻與三爻轉動置換，就變成了訟卦。泰卦是由歸妹卦的三爻與四爻移動置換就變成了泰卦。

否從漸來隨三位 否卦是由漸卦的三爻與四爻移動置換而成。隨卦的初爻與上爻置換移位也能變成否卦。或者將隨卦的初爻與三爻和四爻與上爻置換移位，就變成漸卦。

首困噬嗑未濟兼 困卦由噬嗑卦的初爻與二爻和五爻與上爻置換移位，就變成困卦。未濟卦的五爻與上爻移位置換也能變成困卦。

蠱三變賁井既濟 蠱卦的初爻與二爻置換移位，就變成了賁卦，蠱卦的五爻與上爻置換移位，就變成了井卦，蠱卦的初爻與二爻，和五爻與上爻均置換移位就變成了既濟卦。

噬嗑六五本益生 噬嗑卦的六五爻（即第五爻陰爻）本來就是由益卦的四爻與五爻置換移位而生成的。

賁原於損既濟會 賁卦是由損卦的二爻與三爻置換移位而變成的。既濟卦的五爻與上爻置換移位也能變成賁卦。

無妄訟來大畜需 無妄卦是由訟卦的初爻與二爻置換移位而變成。大畜卦由需卦的五爻與上爻置換移位而成。

咸旅恆豐皆疑似 咸卦由旅卦的五爻與上爻移位置而成。恆卦由豐卦的初爻與二爻移位置換而成。

震從觀更睽有三 晉卦是從觀卦的四爻與五爻移位置換而成。若將睽卦的初爻二爻與三爻變為陰爻就是晉卦了。

離與中孚家人系 離卦由家人卦的四爻與五爻移位置換而成離卦。中孚卦為大離象，也是由家人卦的二爻與三爻移位置換而成中孚卦。

蹇利西南小過來 蹇卦由小過卦的四爻與五爻移位置換而成。小過卦為大坎象，可按坎卦斷事。蹇難也，坎重險也，其義可通。

解升二卦相為贅 解卦由升卦的三爻與四爻移位置換而成，也可以由解卦的三爻與四爻移位置換而成。

鼎由巽變漸渙旅 鼎卦由巽卦的四爻與五爻移位置換而來。漸卦由渙卦的二爻與三爻移位置換而來。旅卦由漸卦的四爻與五爻移位置換而來，或者由渙卦的二爻與三爻及四爻與五爻的移位置換而為旅卦。

渙自漸來終於是 渙卦由漸卦的二爻與三爻移位置換而成。

（5）京房六十四卦分八宮

宋版《易經》中，有四首卦歌，分別是：①卦象歌；②卦變歌；③卦序歌；④八卦取象歌。下面這首卦歌，便屬於京房易內容。

這首卦歌非常重要，是易學中的一個重點。而這首卦歌並非孔子所傳的《易經》內容，它是孟京易學的重點部分。人人都知道學會易經會算卦，但是如果不徹頭徹尾地弄懂這首卦象歌，你永遠也掌握不了易學占卜的真正學問，只能是個門外漢。

乾為天	天風姤	天山遯	天地否	風地觀	山地剝	火地晉	火天大有
坎為水	水澤節	水雷屯	水火既濟	澤火革	雷火豐	地火明夷	地水師
艮為山	山火賁	山天大畜	山澤損	火澤睽	天澤履	風澤中孚	風山漸
震為雷	雷地豫	雷水解	雷風恆	地風升	水風井	澤風大過	澤雷隨
巽為風	風天小畜	風火家人	風雷益	天雷無妄	火雷噬嗑	山雷頤	山風蠱
離為火	火山旅	火風鼎	火水未濟	山水蒙	風水渙	天水訟	天火同人
坤為地	地雷復	地澤臨	地天泰	雷天大壯	澤天夬	水天需	水地比
兌為澤	澤水困	澤地萃	澤山咸	水山蹇	地山謙	雷山小過	雷澤歸妹

京房易學屬於後天八卦系統。他將八純卦按「乾坤生六子」以及「六子分別有乾坤」以確定八純卦的次序，即乾、震、坎、艮、坤、巽、離、兌，是為八宮卦。每宮各領七卦，七卦的排列，以宮卦為體，以爻變為用，由此形成爻變之序列，確定爻變之名義。每變一爻，即為此宮之一卦。這是另一種六十四卦卦序，與先天八卦和《易經》的正文的卦序不一樣。八卦根據不同用途，可以組成許多種卦序，此是卜巫最常用的一種。為了使讀者順利地領悟這種卦序，現列表如下：

京房將除去八純卦以外的五十六卦分別歸屬於乾、震、坎、坤、巽、離、兌八宮之下，每一個純卦下有七個雜卦，與卦象歌的一點區別是各宮排列順序不一樣。卦象歌的各宮排列是按照後天八卦方位圖的順序排列的，即乾、坎、艮、震、巽、離、坤、兌。而京氏八卦的各宮排列順序則是按照後天八卦次序圖的順序排列的，即「乾父統長、中、少三男，坤母統長、中、少三女」：乾、震、坎、艮、坤、巽、離、兌。這主要由於後世的術數易學已不再重視卦氣說，而主要以世、應、納甲、飛、伏等預測吉凶，各宮的排列順序不會影響到占卜的準確性。如北周衛元嵩所著的《元包經傳》中的八宮排列為坤、乾、兌、艮、離、坎、巽、震。

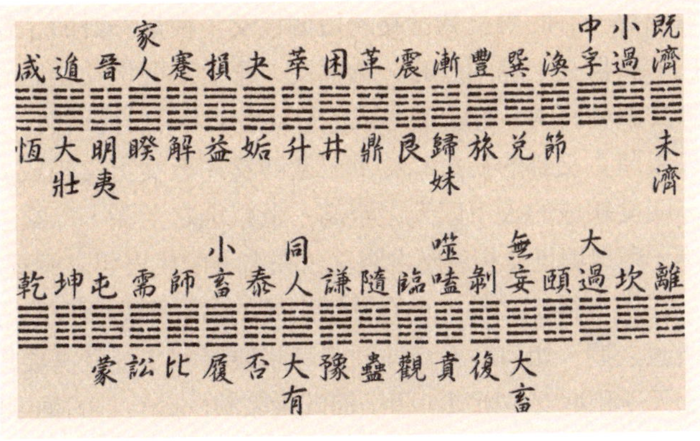

京房六十四卦圖

京氏易學八宮的各宮變化規律都是一樣的，所以下面只以乾宮為例進行說明：

六爻純陽的乾卦，世居上九。其初爻變為陰爻後就便成了姤卦，因為初

八純上世	乾	晉	坎	艮	坤	巽	離	兌
一世	姤	豫	節	賁	復	小畜	旅	困
二世	遯	解	屯	大畜	臨	家人	鼎	萃
三世	否	恆	既濟	損	泰	益	未濟	咸
四世	觀	升	革	睽	大壯	無妄	蒙	蹇
五世	剝	井	豐	履	夬	噬嗑	渙	謙
遊魂	晉	大過	明夷	中孚	需	頤	訟	小過
歸魂	大有	隨	師	漸	比	蠱	同人	歸妹

八宮六十四卦卦序表

六十四卦八宮卦的最後一卦是雷澤歸妹，而《周易》卦序的最後一卦是火水未濟，這就告訴我們，自宇宙開始，人生最後永遠是未濟，有始無終，沒有結論。

爻為變，所以姤卦的世爻為初爻，簡稱一世。姤卦的二爻變為陰爻時，便形成了遯卦，因為此卦的變爻是根據姤卦變來的，變爻為二爻，所以世爻為二爻，簡稱二世。遯卦三爻變為陰爻時，便變成了否卦，其世爻為三爻，簡稱三世。變至四爻時，便變成了觀卦，其世爻為四爻，簡稱四世。五爻下面全成陰爻時便變成了剝卦，其世爻為五爻，簡稱五世。接下來不往上變了，因為再往上變就成了坤卦，就不屬於乾宮了。所以接下來剝卦返回來變第四爻，於是就變成了晉卦。此時並沒有變完，晉卦就好像正走在回家的途中一樣，所以晉卦為遊魂卦，占卦遇遊魂則表示人未至的意思，此卦四爻為世爻。晉卦繼續往回變，就該變第三爻了，於是便變成了大有卦，其世爻為三爻。由於至此已經變到了乾宮的結尾，所以大有卦也稱歸魂卦。其餘各宮也是這種變化規律，就不贅述了。

因此，明白每一宮的變化規律後，只要熟記卦象歌中的各宮排列順序，便可推算出每一卦的幾爻為世爻。這個世爻，便是一卦的主體，因為在占卜中世爻代表自己。與世爻上隔兩位的，為應爻；應爻為與世爻相感應之爻。由於六爻八卦是三爻經卦重疊而成，所以其內卦之天、地、人三爻分別與外卦之天、地、人三爻相感應；如果將六爻卦的初爻二爻、三爻四爻、五爻上爻組成一個新的天、地、人關係，則三四爻組成的人下感天之至高，上感地之至深，二爻之地表與五爻之天下也互相感應。所以與世爻相感應之應爻，在占卜中代表與之相感之方的人、事、物。

占卜得出之卦，查看世應之間的合沖刑剋與旺衰等諸要素，即可判斷出吉凶及所應之期。如何察看合沖刑剋等諸要素呢？這就需要以八卦納甲、納支法給卦爻配上天干和地支。所以，下一節向大家談一談八卦的納甲與納支。

第9節
八卦納甲與納支　卦爻配干支

◎京房納甲

京房在《京氏易傳》中說：「分天地乾坤之象，益之以甲乙壬癸。震巽之象配庚辛，坎離之象配戊己，艮兌之象配丙丁。八卦分陰陽六位、五行，光明四通，變易立節。」這便是八卦納甲的方法。意思是乾卦的內卦各爻的天干配甲，外卦各爻的天干配壬；坤卦內卦各爻的天干配乙，外卦各爻的天干配癸；震卦各爻配庚；巽卦各爻配辛；坎卦各爻配戊，離卦各爻配己，艮卦各爻配丙，兌卦各爻配丁。

京房並沒有過多說明納甲的原理，只是給出了具體資料。而東漢末年的魏伯陽在《周易參同契》中則對納甲原理表述得較為詳盡：「三日出為爽，震庚受西方；八日兌受丁，上弦平如繩；十五乾體就，盛滿甲東方；十六轉受統，巽辛見平明；艮直於丙南，下弦二十三；坤乙三十日，東北喪其明；壬癸配甲乙，乾坤括始終。」

◎虞翻納甲

比《周易參同契》說得更簡單明瞭的，則是三國時期虞翻的月體納甲說：「三

虞翻納甲

虞翻的「納甲」以月之晦朔盈虧為依據，將十天干分配於八卦，「日月懸天成八卦象」。

納甲的最大特點就是給卦中配以五行、天干、地支，充分發揮它們的生、剋、沖、合關係，是古代術數預測的大宗之法。

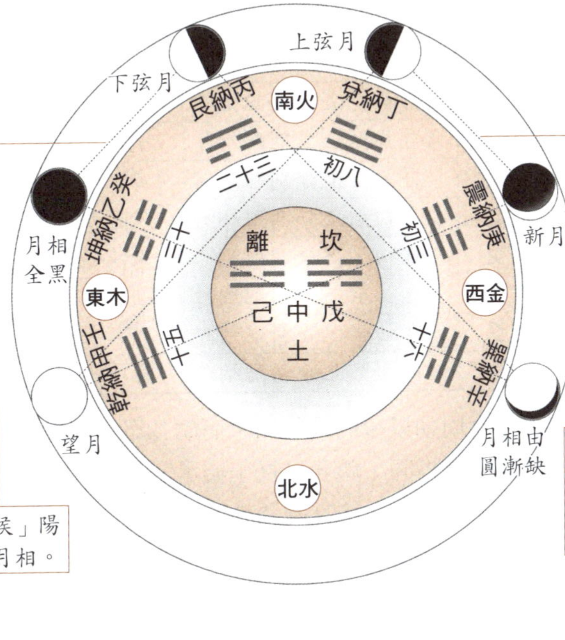

這三個卦象為「望前三候」陽息（升）陰消（降）的月相。

這三個卦象為「望後三候」陽消（降）陰息（升）的月相。

日暮，震象出庚；八日，兌象見丁；十五日，乾象盈甲；十六日旦，巽象退辛；二十三日，艮象消丙；三十日，坤象滅乙；晦夕朔旦，坎象流戊，日中則離，離象就己。」

由此可見，納甲說來源於月象盈虧及出沒方位：每月初三夜晚，新月如震之卦象，出現於西方庚位，所以震納庚；初八上弦月如兌之卦象，出現於南方丁位，所以兌納丁；十五滿月，如乾之卦象，出現於東方甲位，所以乾納甲；十六日早晨，虧月消失於西方辛位；二十三日下弦月，如艮之卦象，早晨消失於南方丙位，所以艮納丙；三十日晦月如坎之卦象，隱而不見，與日月合於戊土，所以坎納戊；日中卦象為離，與月合於己土，所以離卦納己。

需要說明的是，自西漢京房至三國虞翻，雖然八卦納甲原理描述得越來越清晰，但卻不能說明易學理論在日益發展，越來越完備。相反，這只能說明易學知識在逐漸流失。因為三代以上人人皆識天文，這些基礎理論小朋友都懂，根本不值得大書特書；京房所處的西漢去古未遠，易學圈裡大部分人皆懂得月象納甲的原理，所以京房也沒必要在著作中過多解釋；東漢末年，易學高手也明白月象納甲原理，所以魏伯陽以月象納甲之理喻丹道火候，沒必要過多解釋而讓世俗一窺丹道之奧妙；三國時，很多人已不懂納甲為何物，所以虞翻才要著《月體納甲說》並配以圖示明之。

◎京房易學的納支

僅憑八卦納甲，還不能準確占卜，還需要給八卦配上地支。京房易學的納支，歷來有兩種說法。兩千年來最流行的說法是，京氏以六陽支配乾、震、坎、艮四陽卦，以六陰支配坤、巽、離、兌四陰卦。因地氣從下往上升，所以地支也按照陽順陰逆的規律從初爻開始往上排，於是形成以下的配置：

乾卦六爻	自初至上分別配納	子、寅、辰、午、申、戌
震卦六爻	自初至上分別配納	子、寅、辰、午、申、戌
坎卦六爻	自初至上分別配納	寅、辰、午、申、戌、子
艮卦六爻	自初至上分別配納	辰、午、申、戌、子、寅
坤卦六爻	自初至上分別配納	未、巳、卯、丑、亥、酉
巽卦六爻	自初至上分別配納	丑、亥、酉、未、巳、卯
離卦六爻	自初至上分別配納	卯、丑、亥、酉、未、巳
兌卦六爻	自初至上分別配納	巳、卯、丑、亥、酉、未

這種配置因符合周朝以後的人倫體系而廣為眾易家所接受。如，長子之震卦的納支與父親之乾卦納支相同，體現了長子繼承家業的制度，這種制度自周公制禮作樂以後才有；乾卦初爻地支與坤卦四爻地支子丑相合，乾卦二爻地支與坤卦五爻地支寅亥相合，乾卦三爻地支與坤卦上爻辰酉相合，表現了乾坤相交生六子及夫婦相

合相感的禮制；其他六子卦，震與巽、坎與離、艮與兌，則不具備這種相合相感條件，表現了親兄妹不可結婚生子的禮教觀。但令人費解的是，震與坤、坎與兌、艮與離卻同樣出現了乾坤相交相感的情況。

也有說法認為，《京房易傳》「子左行，午右行」的本意，是由子及午、由午及子做順時針運動，並非子至午順時針運行，午至子逆時針運行。比如邵雍的納音圖，便是按照這一說法納支。

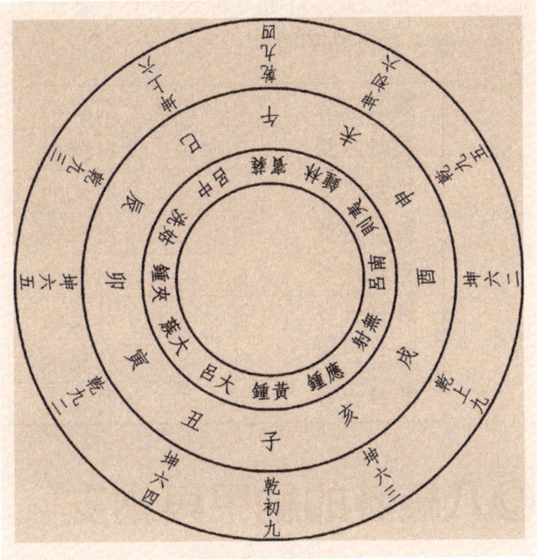

邵雍納音圖

◎邵雍納音圖

邵雍納音圖，又名三分損益圖，本源於東漢末鄭玄的爻辰圖——鄭玄則沿西漢京房易學。圖中以乾坤二卦詮釋一年十二消息卦，以十二律呂配十二月建，以說明乾坤納支之序即：乾卦自下而上納子、寅、辰、午、申、戌六陽支，坤卦自下而上納未、酉、亥、丑、卯、巳六陰支；因震、坎、艮為乾之三子，此三子成家後仍屬男家，所以此三卦的初爻依次納支於乾卦內卦三支；因巽、離、兌為坤之三女，此三女婚後必歸夫家，所以此三卦的初爻依次納支於坤卦外卦三支；地支陰陽皆順推，於是得出如下納支配置：

這種配置最明顯的特徵是，陰陽對應之卦會組成有序的地支排列。大家在實際預測中，也不妨參考一下。

乾卦六爻	自初至上分別配納	午、申、戌、子、寅、辰
震卦六爻	自初至上分別配納	辰、午、申、戌、子、寅
坎卦六爻	自初至上分別配納	寅、辰、午、申、戌、子
艮卦六爻	自初至上分別配納	子、寅、辰、午、申、戌
坤卦六爻	自初至上分別配納	未、酉、亥、丑、卯、巳
巽卦六爻	自初至上分別配納	丑、卯、巳、未、酉、亥
離卦六爻	自初至上分別配納	卯、巳、未、酉、亥、丑
兌卦六爻	自初至上分別配納	巳、未、酉、亥、丑、卯

此外，明代《易斷天機》還錄有一種納支法，其歌訣是：「乾坎艮震為陽位，子寅辰午初爻是。巽離坤兌卦為陰，丑卯未巳初爻尋。陽順陰逆隔節數，用前納甲

並所屬，若能以此手中推，渾天甲子不難知。」此法與京房納支只是乾、震兩卦不同，別的一樣。其具體配置方式為：

震卦六爻	自初至上分別配納	午、申、戌、子、寅、辰
艮卦六爻	自初至上分別配納	辰、午、申、戌、子、寅
坎卦六爻	自初至上分別配納	寅、辰、午、申、戌、子
乾卦六爻	自初至上分別配納	子、寅、辰、午、申、戌
兌卦六爻	自初至上分別配納	巳、卯、丑、亥、酉、未
坤卦六爻	自初至上分別配納	未、巳、卯、丑、亥、酉
離卦六爻	自初至上分別配納	卯、丑、亥、酉、未、巳
巽卦六爻	自初至上分別配納	丑、亥、酉、未、巳、卯

◎八純卦的納甲與納支

如果將京房納甲與納支相合，配上八卦五行屬性，並以歌訣表示，則是：「乾金甲子外壬午，坎水戊寅外戊申。艮土丙辰外丙戌，震木庚子庚午臨。巽木辛丑並辛未，離火己卯己酉尋。坤土乙未加癸丑，兌金丁巳丁亥辰。」其具體排列如下：

乾（金）	震（木）	坎（水）	艮（土）
壬戌土	庚戌土	戊子水	丙寅木
壬申金	庚申金	戊戌土	丙子水
壬午火	庚午火	戊申金	丙戌土
甲辰土	庚辰土	戊午火	丙申金
甲寅木	庚寅木	戊辰土	丙午火
甲子水	庚子水	戊寅木	丙辰土
坤（土）	**巽（木）**	**離（火）**	**兌（金）**
癸酉金	辛卯木	己巳火	丁未土
癸亥水	辛巳火	己未土	丁酉金
癸丑土	辛未土	己酉金	丁亥水
乙卯木	辛酉金	己亥水	丁丑土
乙巳火	辛亥水	己丑土	丁卯木
乙未土	辛丑土	己卯木	丁巳火

這樣，我們便得到了八純卦的納甲與納支，但其餘五十六卦怎麼配干支呢？其實很簡單，只要照搬八純卦內外卦的干支即可。比如遯卦，其外卦取乾卦外卦的干支；遯卦下卦為艮卦，便取艮卦下卦的干支。所以遯卦的納甲為：

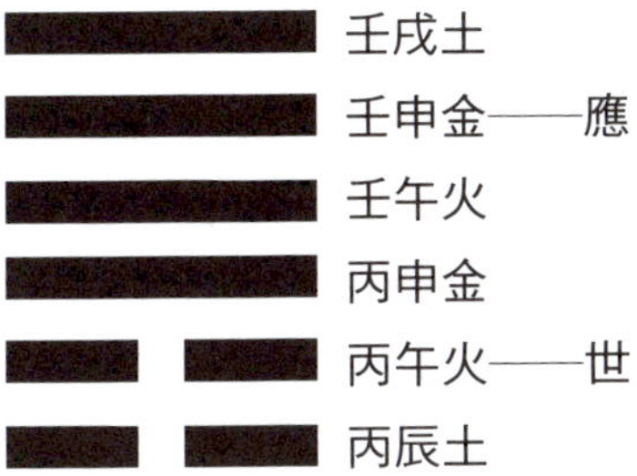

這種納入地支與天干的六爻八卦，則很容易根據占卜月建及日辰推算出世應之間的旺衰、刑沖剋害合等關係要素，進而準確預測吉凶，並且可將應期的準確度精確到日辰及時辰。

◎六爻分作六等

京房又將六爻分作六等，用以比擬社會人事。其配置為：「初爻為元士，二爻為大夫，三爻為三公，四爻為諸侯，五爻為天子，上爻為宗廟。」其實，《易經》中的卦爻反映的是事物變化的過程，所以可以給予任何配置。不過要明白其過程的變化律。如《乾鑿度》中說：「天地之氣，必有終始，六位之設，皆由上下。故易始於一，分於二，通於三，成於四，盛於五，終於上。初為元士，二為大夫，三為三公，四為諸侯，五為天子，上為宗廟。凡此六者，陰陽所以進退，群臣聽以升降，萬人所以為象則也，故陰陽有盛衰，人道有得失。聖人因其象，隨其變，為之設卦。方盛則托吉，將衰則寄凶。」關於六爻配置，還有很多種，比如占醫藥時為：初針藥，二酸藥，三甘藥，四苦藥，五辛藥，六醫師。占尋人時：初足，二身，三行李，四道路，五人家，六人身。占漁獵時：初漁獵，二龜鱉，三魚蝦，四兔豬，五豺狼，六虎豹。占田禾時：初耕，二種，三田段，四秧苗，五早禾，六大禾。占音信時：初飛信，二口信，三書信，四僕信，五喜信，六吉信。占逃亡時：初在鄉，二市，三鎮，四縣，五州，六外道。

為了預測更加準確，京房還在卦中加入六親。六親便是父母、子孫、妻財、官鬼與兄弟。其規律為：生我者父母，我生者子孫，我克者妻財，克我者官鬼，比和者兄弟。

父母	父親、母親、祖輩、長輩、師長、城池、宅舍、屋宇、文章、文書、作品等。
官鬼	仕途、功名、求官、官府、丈夫、男朋友、亂臣、盜賊、屍首等。
兄弟	兄弟、姐妹、表兄、表妹、知己好友等。
妻財	妻妾、嫂與弟媳、婢僕、財產、珠寶、貨物等。
子孫	子孫、兒女、外甥、學生、僧道、兵卒、良將等。

◎八卦的飛伏

京氏的八卦還講究飛伏關係。在京氏看來，陰陽變化往往呈現出隱顯、明暗、往來等狀態。所謂「六位純陽，陰象在中，明暗之象，陰陽可知」。「飛」即顯見如鳥飛起；「伏」即隱藏之意。概括地說，八純卦以其旁通卦互為飛伏；八宮卦中的一世卦至三世卦，其飛卦為本卦的內卦，其伏卦則為所屬宮的純卦的內卦；四世、五世卦的飛卦為本卦的外卦，伏卦為所屬宮的純卦的外卦；遊魂卦的飛卦為本宮外卦，伏卦為五世卦的外卦；歸魂卦的飛卦為本卦的內卦，伏卦為遊魂卦的內卦。

而實際預測中，往往只論爻之飛伏，即以本卦世爻為飛爻，而以伏卦中與飛卦世爻對應的爻為伏爻。下面以乾宮舉例說明。

乾為純卦，其世爻在上位，上爻又名宗廟，宗廟是不能變的，所以以不變應萬變，故稱特變。其飛卦為本卦外卦，飛爻為上九爻「壬戌土」，其伏卦為其旁通卦坤卦的外卦，所在乾卦的伏爻為坤卦的上六爻「癸酉金」。

乾宮一世卦為姤卦，姤卦的內卦為巽卦，所以巽卦便是姤卦的飛卦，其初六爻「辛丑土」為姤卦的飛爻。姤卦的內卦來自於乾卦的內卦，所以乾卦的內卦便是姤卦的伏卦，乾卦的初九爻「甲子水」便是姤卦的伏爻。

乾宮二世卦為遯卦，遯卦內卦為艮卦，所以艮卦為姤卦的飛卦，其六二爻「丙午火」為遯卦的飛爻（即世爻），伏爻為乾卦的九二爻「甲寅木」。

乾宮三世卦為否卦，其飛爻為否卦的六三爻「乙卯木」，伏爻為乾卦的九三爻「甲辰土」。

乾宮四世卦為觀卦，其飛爻為觀卦的六四爻「辛未土」，其伏爻為乾卦的九四爻「壬午火」。

乾宮五世卦為剝卦，其飛爻為剝卦的六五爻「丙子水」，伏爻為乾卦的九五爻「壬申金」。

乾宮五世卦下面便是遊魂卦晉卦，遊魂卦的世爻在四位，是從五世卦的四爻變來的，所以晉卦的飛卦為本卦的外卦離卦，飛爻為晉卦的四爻「己巳火」。晉卦的伏卦為五世卦的外卦，即剝卦的外卦艮卦，晉卦的伏爻便是剝卦的六四爻「丙戌土」。

乾宮最後一卦是歸魂卦大有。歸魂卦是從遊魂卦變過來，所以大有卦的飛卦本卦內卦乾卦，飛爻為大有卦的九三爻「甲辰土」；其伏卦為遊魂卦剝卦的內卦坤卦，其伏爻為剝卦的六三爻「乙卯木」。

其他宮八卦的飛伏也依此類推。記住以上知識，可以不看卦辭透過五行生剋與衰旺關係判斷吉凶，這便是《易經》的神奇之處。

此算卦法原屬先秦隱士，被京房繼承後發揚，在占卜中被廣泛應用。孔子對這種術數學的八卦也略知一二，只是可能不是很精通。比如《京氏易傳》中說：「孔子云，易有四易。一世、二世為地易，三世、四世為人易，五世、六世為天易，遊魂、歸魂為鬼易。」可見孔子之時已有世應之說。

第 10 節

六十四卦與二十四節氣

象徵節氣與卦爻

◎八卦本身就是古曆法

漢易學中，最重要的學說便是卦氣說。其並非漢易固有的內容，由於八卦本身就是上古時代的古曆法，所以反映四時氣候變化一直是八卦固有的內容。先天八卦方位圖，便含有春、夏、秋、冬四時，及立春、春分、立夏、夏至、立秋、秋分、立冬、冬至的涵義。

在世界天文史上，中國是最早使用陰陽合曆的國家，而其以節氣紀歲，以朔、望紀月的記日方法有著很強的科學性。

據《堯典》中記載：「日中星鳥，以殷仲春；日永星火，以正仲夏；宵中星虛，以殷仲秋；日短星昴，以正仲冬。」文中的「日中」、「日永」、「宵中」、「日短」便是相當於現在的春分、秋分、夏至與冬至。而鳥、火、虛、昴，是四座星宿的名稱，就中國所在位居的北半球而言，太陽正照南回歸線時為冬至，正照北回歸線時為夏至，正照赤道時為春分或秋分，中國古代曆法將兩冬至之間的周期稱之為「歲」。將一「歲」分為十二等份，名為「氣」，所以一年有十二氣（在使用十月太陽曆時為四時八節；有十二月陰陽曆時，則形成較完整的節氣學說）。每一氣為三十天，將每一環氣分為陰陽兩份，其中分點便稱為「節」。「節」是氣候變化的轉折點，「節」與「氣」合在一起，一年便有二十四個節氣。比如春分與雨水，立春為氣（也稱中氣），雨水為節。二十四節氣以太陽正照南回歸線的「冬至」起算，歷小寒、大寒、立春、雨水、驚蟄、春分、清明、穀雨、立夏、小滿、芒種、夏至、小暑、大暑、

文王十二月卦氣圖

胡一桂 元朝 《周易啟蒙翼傳》

此圖以四時的節氣配本方之位，陰陽盛衰消長如環無端，實在妙不可言。

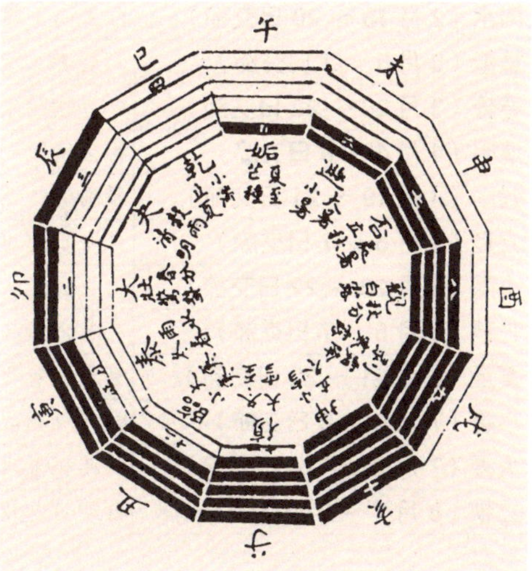

立秋、處暑、白露、秋分、寒露、霜降、立冬、小雪、大雪，再到冬至為一歲，此二十四節氣是根據地球繞太陽的關係而劃分，所以為陽曆。而以一節一氣為一個月，以冬至起子月，此為節氣曆。到了夏朝，則以立春（即寅月）為一年的開始，一直沿用至今。

◎二十四節氣

二十四節氣可以反映出氣候變化時的雨水多寡和霜期長短，是祖先長期對天文、氣象、物候進行觀測、探索和總結的結晶，對農事耕作具有相當重要和深遠的影響，一般更適用於黃河流域一帶的農事活動。為了方便記憶，古人還將其編成一首歌謠：

春雨驚春清谷天，夏滿芒夏暑相連。
秋處露秋寒霜降，冬雪雪冬小大寒。
上半年來六廿一，下半年來八廿三。
每月兩節日期定，最多不差一兩天。

從古至今，在長期生產實踐中累積與節氣有關的農諺無以勝數，如，「清明忙種麥，穀雨種大田」；「小暑不算熱，大暑三伏天」；「寒露不算冷，霜降變了天」；「芒種忙忙種，過了芒種別強種」；「清明要晴，穀雨要淋」；「處暑不納頭，到秋餵老牛」等。

二十四節氣的名稱涵義是：

冬至（12月21～23日交節）	至為至有之義。冬至為陰極陽生。
小寒（1月5～7日交節）	初寒為小寒。
大寒（1月20～21日交節）	天氣最冷為大寒。
立春（2月3～5日交節）	自即日起進入春季。
雨水（2月18～20日交節）	自上而下謂之雨，北風凍之謂之雪，東風解之謂之水。
驚蟄（3月5～7日交節）	驚蟄者，蟄蟲驚醒而走出。
春分（3月20～22日交節）	分者陰陽之半，春分為陽半之始，此日白天與黑夜等長。
清明（4月4～6日交節）	物生清淨明潔。
穀雨（4月19～21日交節）	穀雨者，雨以生百穀。
立夏（5月5～7日交節）	自即日起進入夏季。
小滿（5月20～22日交節）	物長於此，小得盈滿。
芒種（6月5～7日交節）	有芒之穀，可稼種。
夏至（6月21～22日交節）	至者至有之義，夏至為陽極陰生。
小暑（7月6～8日交節）	就其極熱之中分為大小，月初為小暑。
大暑（7月22～24日交節）	就其極熱之中分為大小，月半為大暑。
立秋（8月7～9日交節）	自即日起進入秋季。

處暑（8月22～24日交節）	暑將退伏潛處。
白露（9月7～9日交節）	陰氣漸重，露匯白色。
秋分（9月22～24日交節）	二分者陰陽之半，秋分為陰半之始，此日白天與黑夜時間等長。
寒露（10月8～9日交節）	露氣寒，將欲凝結。
霜降（10月23～24日交節）	霜降於地，陰氣漸盛。
立冬（11月7～8日交節）	自即日起進入冬季。
小雪（11月22～23日交節）	天始降雪。
大雪（12月6～8日交節）	常有風雪。

◎十二辟卦

古人從伏羲六十四卦中抽取出十二個卦，來表示節氣的變化規律。這十二個卦便是十二辟卦，也稱十二消息卦、十二月卦、十二候卦。

據《玉函山房輯佚書》記載，十二辟卦的來源極早，最早見於《歸藏》：子復、丑臨、寅泰、卯大壯、辰夬、巳乾、午姤、未遯、申否、酉觀、剝戌、亥坤。而根據左傳記載也可發現，春秋時代的人已普遍以「十二辟卦」代稱「月」，例如：稱「子月」為「復月」，「寅月」為「泰月」。一直流傳至東漢，乃至清朝，治漢易的學者凡論易學也莫不採用「十二辟卦」稱「月」。

我們現在的十二辟卦的相關理論來自於西漢的孟喜。孟喜用後天八卦中的四正卦——震、離、兌、坎，來表示春夏秋冬四時的陰陽消長。其中，震卦主春，離卦主夏，兌卦主秋，坎卦主冬。這四卦共有二十四爻。分配二十四節氣。震卦六爻主春分到芒種六個節氣，離卦六爻主夏至到白露六個節氣，兌卦六爻主秋分到大雪六個節氣，坎卦六爻主冬至到驚蟄六個節氣。即：

震卦	離卦	兌卦	坎卦
上六芒種	上九白露	上六大雪	上六驚蟄
六五小滿	六五處暑	九五小雪	九五雨水
九四立夏	九四立秋	九四立冬	六四立春
六三穀雨	九三大暑	六三霜降	六三大寒
六二清明	六二小暑	九二寒露	九二小寒
初九春分	初九夏至	初九秋分	初六冬至

這樣，六十四卦除掉4正卦則餘下60卦，共有360爻，每爻代表一日，則共有360日。然每年計有365.25日，所以尚有5.25日無爻可對，於是將此5.25日均分六十卦，如果每日為80分，則5.25日共為420分。將這420分均分六十卦，則每卦為7分，由於一爻生一日，一卦主6日，加上均來的7分，所以一卦配以6日7分。

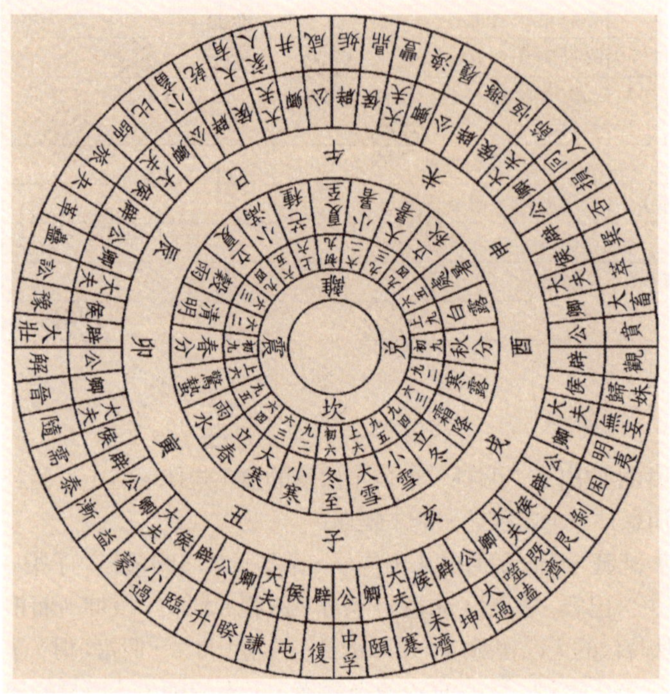

卦氣六日七分圖

此圖出自惠棟《易漢學》，據圖所示，可見漢代易家以卦氣解《易》的大略體例。圖內坎、離、震、兌四卦分居四正，主四時；外六十卦分屬十二月，卦主六日七分。

此即著名的孟喜「六日七分法」。

孟喜還以十二辟卦代表十二月，將十二辟卦的七十二爻代表七十二候。孟喜的二十四節氣圖及七十二候圖概括了古代天文、曆法、物候常識，顯示四時循環週期，以及天人合一的思想。

十二辟卦是以「陰爻」、「陽爻」喻示一年十二個月氣候中陰陽消長的變化規律。十二卦中陽爻遞生的六個卦，即從子月復卦到巳月乾卦，陽爻從初爻的位置逐次上升：復卦初爻為陽爻；臨卦是初、二爻為陽爻；泰卦是初、二、三爻為陽爻（即三陽開泰）；大壯卦是初、二、三、四爻為陽爻；夬卦是初、二、三、四、五爻皆陽爻；乾卦則全為陽爻。在此六個卦象中陽爻逐次增長，故稱為「息卦」，「息」即為生長之意。反之從午月姤卦到亥月坤卦，陰爻逐序上升，陽爻依序遞減，從乾卦到姤卦，初爻為陰爻所取代。從姤卦、遯卦、否卦、觀卦、剝卦，以至坤卦，此六個卦象中陽爻逐步消失，以至全無，故稱為「消卦」。

下面分別對十二辟卦進行詳細的解釋：

復卦子月，節氣為冬至。復卦六爻代表大雪至小寒的三十餘天。五天為一候，一爻代表一候。

子月即相當於我們現在農曆的十一月，此時一陽來復。在卦上已看到了一陽之象，即陽氣始升。古人云：春夏養陽，秋冬滋陰。其意思就是順應四時之變。古人的春夏則是指冬至到夏至這段時間。此時天地陽氣漸升，人也應當效法自然，開始補充自己體內的陽氣。人們說冬令進補，其實指的便是冬至這一天。

臨卦丑月，節氣為大寒。臨卦六爻代表小寒至立春的三十餘天。五天為一候，一爻代表一候。

丑月即相當於我們現在農曆的十二月，此時卦象上已有兩個陽了。雖然此時天地很寒冷，但春天已經快來臨了，所以用「臨」卦表示。這正如雪萊的詩所說：「冬天來了，春天還會遠嗎？」

泰卦寅月，節氣為雨水。泰卦六爻代表立春至驚蟄的三十餘天。五天為一候，一爻代表一候。

寅月即相當於我們現在農曆的一月，也稱正月。此時卦象上已有三個陽了。天地間至此時，地球已經是充滿了陽能。這是春的開始，生命就要出土了。所以說「三陽開泰」，是一個令人欣喜的時節，是一個吉祥的時節。

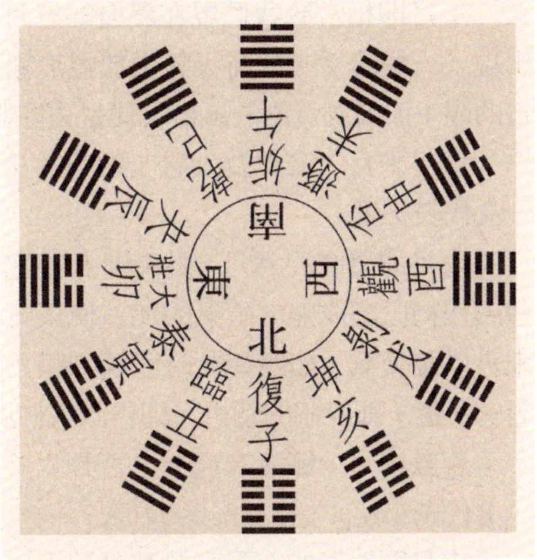

十二辟卦圖

此圖根據朱震《漢上易傳》所傳李溉《卦氣七十二候圖》而制。圖中陽盈為息，陰虛為消。自復至乾六卦為息卦，自姤至坤卦為消卦，十二卦分值十二月。

大壯卯月，節氣為春分。大壯六爻代表驚蟄至清明的三十餘天。五天為一候，一爻代表一候。

卯月即相當於我們現在農曆的二月。此時卦象上已經有四個陽了，是陽戰勝陰的意思。陽主動，所以這時候的萬物都開始活動，草木生長，動物們也開始繁衍。古時人類有「二八之月，奔者不禁」的規定。即是效仿大自然的勃勃生機，繁衍人類的後代。並且此時已過驚蟄，天上始有雷聲，所以名之「大壯」。

夬卦辰月，節氣為穀雨。夬卦六爻代表清明至立夏的三十餘天。五天為一候，一爻代表一候。

辰月即相當於我們現在農曆的三月。卦象上此時已呈五陽之象，天地間只有一點陰氣殘餘，現在的陽氣是最充足的時期，清明掃墓、郊遊，天地間到處欣欣向榮。「夬」即「決」的意思，是指強大的陽將要徹底清除陰的餘氣。此時天地間陰氣衰弱，所以人們不再擔心受凍，吃東西也不怕涼食了。陽春三月，真是段好時光。

乾卦巳月，節氣為小滿。乾卦六爻代表立夏至芒種的三十餘天。五天為一候，一爻代表一候。

巳月相當於現在農曆的四月。此時卦象上六爻純陽，天氣已經沒有一絲寒意，人們在水裡游泳也不會覺得冷了，穿著單薄的衣服就可以了，小麥已經灌漿，草籽已結，是一個草木茂盛的季節。

姤卦午月，節氣為夏至。姤卦六爻代表芒種至小暑的三十餘天。五天為一候，一爻代表一候。

午月即相當於我們現在農曆的五月。此時天地之氣陽極陰生，所以卦象上下爻出現了一個陰爻。此時天氣由於溫度過高，反而出現了潮溼的陰氣。民間有五月五日的端午節喝雄黃酒的風俗，便是去除體內的潮氣。

遯卦未月，節氣為大暑。遯卦六爻代表小暑至立秋的三十餘天。五天為一候，一爻代表一候。

未月即農曆的六月。此時卦象上已經有兩個陰爻，由於陽動陰藏，所以此時有些農作物已經成熟。陰氣的加重使天氣更加悶熱而潮溼，人與動物此時只能躲藏起來，以避暑氣。如蟋蟀此時已躲到牆角陰處生存，人則躲在通風的屋中或樹蔭下避暑。「遯」即躲避的意思，即告訴人們此時要學會躲避生存。

否卦申月，節氣為處暑。否卦六爻代表立秋至白露的三十餘天。五天為一候，一爻代表一候。

申月即農曆的七月。此時卦象上已經有三個陰爻了。正所謂否極泰來，泰極否來，此時陰氣已經變得強盛起來。天氣雖然還很熱，可是人們此時很容易著涼得病，消化力也減弱，所以常會發生腹瀉一類的疾病。多事之秋蓋指於此。而古人在遇到困難時便會有祭祖先的習俗，所以七月十五日為鬼節。人們透過祭祖先及鬼神，求得保佑，同時也檢討自己的過錯，認為這樣就可以獲得吉祥了。

觀卦酉月，節氣為秋分。觀卦六爻代表白露至寒露的三十餘天。五天為一候，一爻代表一候。

酉月即農曆的八月。此時卦象上已經有四個陰爻。天氣漸冷，使秋天陷入一片肅殺之氣中。農作物此時已經成熟，而農作物的生命也到了盡頭。此時，早晚人們已經能夠看到露水，一年的收成好壞也能看出來了。仲秋的明月使人們家人團聚，共賞美景，所以這一節氣為觀卦。另外，由於上古及中古時「二八之月，奔者不禁」，所以此為觀卦，也有觀玩之意。

剝卦戌月，節氣為霜降。剝卦六爻代表寒露至立冬的三十餘天。五天為一候，一爻代表一候。

戌月即農曆的九月。此時卦象上已有五個陰爻，陰氣強盛，將要排擠掉一點餘陽。此時萬物的生命活力大減，草木凋零，落葉紛飛。天地間的生氣被剝奪，所以這一節氣為剝卦。

坤卦亥月，節氣為小雪。坤卦六爻代表立冬至大雪的三十餘天。五天為一候，一爻代表一候。

亥月即農曆的十月。此時卦象六爻純陰，為陰氣最盛的時節。由於陽動陰藏，所以至此，萬物皆隱藏起來。冬眠的動物已經在洞中進入睡眠狀態，蟄蟲也伏在洞中不再走動，天地閉塞成冬。冬即終，一年到了終點。又由於陰中有陽，陽中有陰，所以這坤卦當令的時節也會有兩三天小陽春。而當陰氣達到極盛時，正是冬至來臨之日。此時，一陽復生，新的一年又開始了。

從孟喜的卦氣學說中可以看出，孟喜所繼承的卦氣學說既有古老的先天八卦的內容，又有周朝時期的後天八卦的內容，可見他所繼承的卦氣學說已經融合了先、後天八卦系統雙方的成就。

以二十四節氣為主體的古八卦曆法，不單與十二律呂、二十八宿相關，而且還與七十二物候相連。於是，五日為候，三候為氣，六氣為時，四時為歲，在萬物類象的指導下，人們可以知道天下萬事萬物的陰陽消息情況。

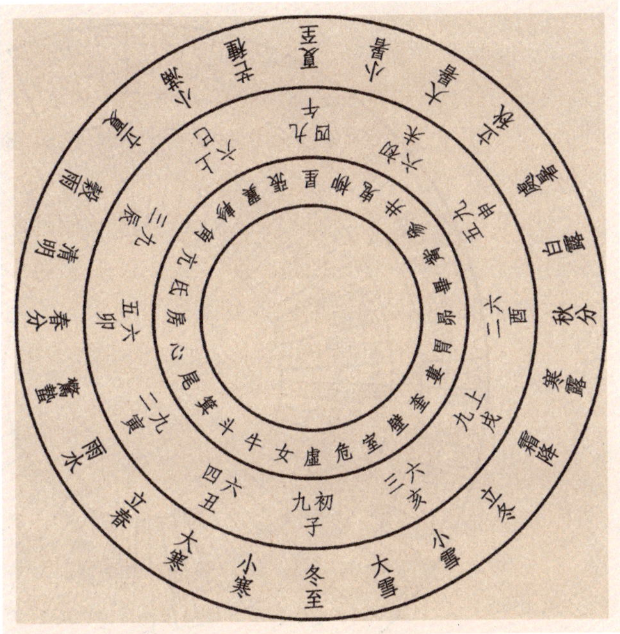

爻辰所值二十八宿圖

此圖出自惠棟《易漢學》。圖中以乾坤兩卦示範十二消息，並暗藏八卦納支原理，二十八宿與二十四節氣互相對應。說明古代卦氣說根植於天文曆法，正是古八卦太陽曆法的精髓。

十二辟卦在人們生活中有著廣泛的影響。在民間，農事之運作、醫理之養生、保健乃至命理之推算都以「十二辟卦」為基準，例如：中國命理主流學派之一的子平推命，在陰陽五行的生剋制化之中，尤重推斷，而其推斷之準據則在於「氣運流行」，也就是六候的體察，故有「月令提綱」之論。後世一般人常不明瞭「月令提綱」不在於月之晦朔，而在於黃道的二十四節氣。例如：造命論有「調候用神」之論，即夏季至熱，以水調候，冬季至寒，以火調候，但是，同是生於子月，冬至前後就不可同論。子月冬至前，尚是極寒，當以火調候；但若冬至後出生，正值一陽復始，從無到有，力道最強，即使八字中不見木、火，也不以「寒」論。另外，北宋五大儒之一的邵雍所著的《皇極世經》，便是運用了十二辟卦的理論，不過他將一年四季的規律引申到更大的一個領域中，用來演示開天辟地及整個人類的興衰過程。其理論為元、會、運、年。即：

一元包含十二會（會是指每月的月初和月尾，即晦朔之間，便是日月相會的時間）。

一會包含三十運（運是指每月之中，地球本身運轉約三十周）。

一世包含三十年（即每一時辰，有三十分）。

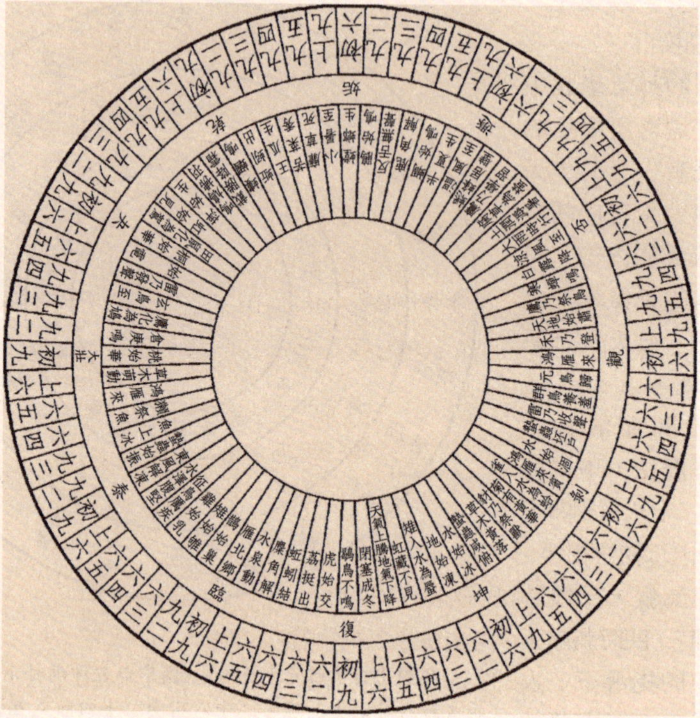

卦氣七十二候圖

此圖出自朱震《漢上易傳》，原是李溉所傳。圖中以十二消息卦各爻配七十二候，每候代表五天，七十二候共一年三百六十天，則一年萬事萬物陰陽消息盡可洞悉。

一元便是代表這個世界的文明形成到毀滅終結的基數，由開闢以後到終結的中間過程之演變要經過十二會。用現代地球物理的概念，就是一個冰河時期。

一會是 10800 年，約一萬年。天由子會開闢，即十二辟卦的復卦開始。約有一萬多年後，形成了地球，是用丑會。十二辟卦的地澤臨卦，如一年中的十二月天氣最冷，這和現代的地球物理學說一樣。在那個時代，地球因冷卻而慢慢凍結起來，表面凸出的是高山，凹下的成為海洋。到了有人類存在天地間，已是進入了十二辟卦的泰卦，三陽開泰，為寅會。

歷史上的「燒餅歌」、「推背圖」均源自於邵雍的《皇極經世》。為便於記憶，年配上「天干」、「地支」，於是「天開於子，地辟於丑，人生於寅」的觀念甚至成為古代口頭流傳的神話故事。

第 11 節
六十甲子 奇異的紀時方法

◎六十甲子的組成

相傳黃帝時代開創了六十甲子紀年法，簡稱甲子紀年。即十天干與十二地支依次相配形成的六十個組合。六十，正好是十與十二的最小公倍數，所以這種組合延續到第六十一次時，便又回到了甲子。

◎六十甲子的相關知識

我們必須明白的是，十天干與十二地支並非普通數字，而是古天文學曾經的專用數字，其字的涵義，便是說明陰陽二氣的變化運轉情況。所以，根植於古天文學的易學，也完全採用甲子紀年、紀月、紀時。六十甲子見下表：

甲子	甲戌	甲申	甲午	甲辰	甲寅
乙丑	乙亥	乙酉	乙未	乙巳	乙卯
丙寅	丙子	丙戌	丙申	丙午	丙辰
丁卯	丁丑	丁亥	丁酉	丁未	丁巳
戊辰	戊寅	戊子	戊戌	戊申	戊午
己巳	己卯	己丑	己亥	己酉	己未
庚午	庚辰	庚寅	庚子	庚戌	庚申
辛未	辛巳	辛卯	辛丑	辛亥	辛酉
壬申	壬午	壬辰	壬寅	壬子	壬戌
癸酉	癸未	癸巳	癸卯	癸丑	癸亥

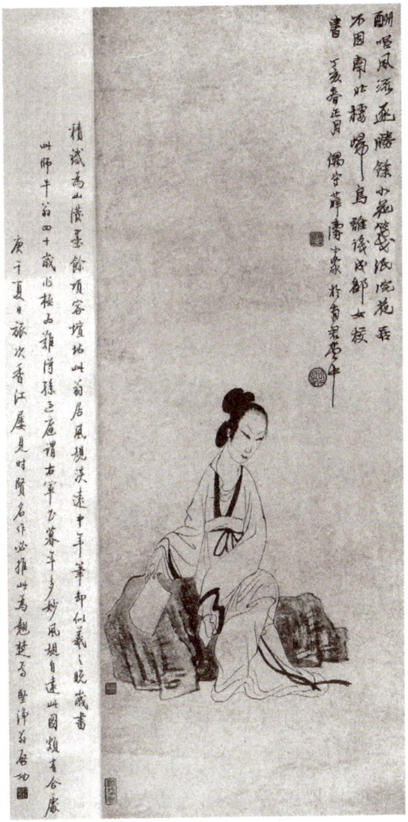

薛濤像

李可染 立軸 設色紙本

無論是在古代，還是在現當代，中國畫家落款時均用甲子紀年。

（1）甲子紀年

自西漢至明清，一直採用甲子曆法而沒有間斷過。由於甲子六十次一輪迴，所以自甲子年開始，每經過一個六十年，便算作一個甲子，也稱一個花甲。常言所說的年過花甲，即指年齡已過六十歲的意思。

由於甲子紀年是按照干支依次相配而形成的順序，所以，欲知今年甲子，只根據上年甲子順排即可。需要說明的是，漢代以後的易學預測中，每年的始終並非是以前的冬至甲子日，而是以立春時刻為準。立春以前，屬於上一年的第十二月；立春過後，才正式進入本年正月。

（2）甲子紀月

由於一年有十二個月，所以以甲子紀月時，五年才能形成一個輪迴。由於每月的地支固定以寅為正月，所以當我們手邊沒有萬年曆時，就需要用一種公式推算出天干來。

其口訣是：

甲己之年丙作首，乙庚之歲戊為頭。

丙辛之位從庚上，丁壬壬位順行流。

戊癸之年何處起，甲寅之上好推求。

這個歌訣又稱「五虎遁月法」，其大意為：

「甲己之年丙作首」即逢甲或己為年干時，正月的天干配丙，正月干支則是丙寅，二月為丁卯，三月為戊辰，依此類推。

「乙庚之歲戊為頭」，即逢乙或庚為年干時，正月的天干配戊，正月干支為戊寅。

「丙辛之位從庚上」，即逢丙或辛為年干時，正月的天干配庚，正月干支為庚寅。

「丁壬壬位順行流」，即逢丁或壬為年干時，正月的天干配壬，正月干支為壬寅。

「戊癸之年何處起，甲寅之上好推求」。即逢戊或癸為年干時，正月干支為甲寅。

這種推算法的根據，則《考原》中說：「上古曆元年、月、日時皆起於甲子，是甲子年必甲子月，為年前冬至十一月也。而正月建寅，故得丙寅。二月丁卯，依次順數至次年正月得戊寅，故乙年正月起戊寅。從甲至己越五年共六十月，花甲周而復始，故己年正月也為丙寅也。」

需要說明的是，每月更替之交，是以二十四節氣中的「節」時為準，而不是以中氣為準，所以交節之後，才算是進入了下一個月。為方便大家實踐，現將月分、節氣配月建表列於右上。

（3）甲子紀日

甲子紀日與紀月一樣，也是六十次一個輪迴。由於一個月三十天，所以兩個月一甲子，一年一共六個甲子。

由於大月、小月、平年、閏年不同，造成每月相同的日子並非是相同的甲子，並且也沒有一個簡捷的口訣可以提供簡捷的方法。所以這個還需要大家查閱萬年曆，或者根據已知日期的甲子，於掌中推算。

四季	月分		節氣		地支
春	正	孟春	立春	節	寅
		端月	雨水	氣	
	二	仲春	驚蟄	節	卯
		花月	春分	氣	
	三	季春	清明	節	辰
		桐月	穀雨	氣	
夏	四	孟夏	立夏	節	巳
		梅月	小滿	氣	
	五	仲夏	芒種	節	午
		蒲月	夏至	氣	
	六	季夏	小暑	節	未
		暑月	大暑	氣	
秋	七	孟秋	立秋	節	申
		瓜月	處暑	氣	
	八	仲秋	白露	節	酉
		桂月	秋分	氣	
	九	季秋	寒露	節	戌
		菊月	霜降	氣	
冬	十	孟冬	立冬	節	亥
		陽月	小雪	氣	
	十一	仲冬	大雪	節	子
		葭月	冬至	氣	
	十二	季冬	小寒	節	丑
		臘月	大寒	氣	

（4）甲子紀時

萬年曆上，並沒有甲子紀時的信息，所以這裡的內容就需要強記了。由於一天有十二個時辰，所以用六十甲子紀時，五天形成一個輪迴。這五天，正好與「五天為候」相應，是一個氣候的時間。甲子紀時，也可以根據日期推算出來，古人為此編了一首歌訣，叫「五鼠遁時法」，其訣如下：

甲己還加甲，乙庚丙作初。
丙辛從戊起，丁壬庚子居。
戊癸何方求，壬子是源頭。

「甲己還加甲」，意即甲日、己日的子時上配甲干；依此而推，則丑時為乙丑，寅時為丙寅，卯時為丁卯，等等。

「乙庚丙作初」，意即乙日、庚日的子時配丙干。

「丙辛從戊起」，即丙日、辛日的子時配戊干。

「丁壬庚子居」，即丁日、壬日的子時為庚子。

「戊癸何方求」，壬子是源頭，即戊日、癸日的子時為壬子。

（5）六甲旬空

古人以十數為一旬，從上面六十甲子表中可以看出，六十甲子共有六旬，即甲子旬、甲戌旬、甲申旬、甲午旬、甲辰旬、甲寅旬。六甲旬空的歌訣如下：

甲子旬中戌亥空，甲戌旬中申酉空。
甲申旬中午未空，甲午旬中辰巳空。
甲辰旬中寅卯空，甲寅旬中子丑空。

此即為六甲旬空。一般在八卦預測中，忌神空則吉，用神空則凶。如遇四時生旺，則不做空論。如春月甲子旬占卦，空戌亥，戌為土，土空則陷，是真空；如春月甲申旬占卦，空午未，午為火，春天火相，則不為空論。

第12節

關於卦爻的一些術語
承、乘、比、應，錯、綜、複、雜

◎內外卦

六爻八卦上面的經卦稱為外卦，下面的經卦稱為內卦。

◎三才

六爻八卦每相鄰兩爻一組，成形「天、地、人」三才。其在空間上，可分為天道、地道、人道三個層次；在時間上，代表未來、現在和過去。而且八經卦的三個爻，也屬於天、地、人的關係。

◎當位

卦中六爻，各有其位。一、三、五為奇數位；二、四、六為偶數位。陽爻居奇數位，陰爻居偶數位，為當位。否則，為不當位。

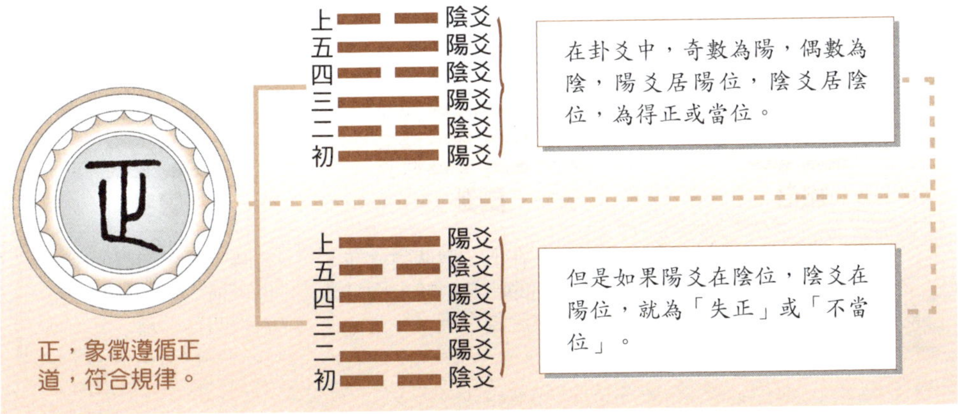

正，象徵遵循正道，符合規律。

◎得中

即居中。二、五爻為每經卦的中位，此爻為居中。其五爻為「九五之尊」，為君位。

中，象徵守持中道，行為不偏。

◎承乘比應

（1）比

兩個相鄰的爻稱為比。如一、二爻為比，三、四爻為比。陰陽相比有益，同性相比為相斥。

（2）承與乘

相鄰兩爻，下爻對下爻為乘，下爻對上爻為承。

卦畫中的「比」與「臨」

承為承上，襯托之意

上九　陽爻
六五　陰爻

旅卦

一個陽爻在上，一個陰爻在下，此陰爻對上面的陽爻為「承」。

九三　陽爻
六二　陰爻
初六　陰爻

謙卦

一個陽爻在上，數個陰爻在下，下面的陰爻對於上面這個陽爻來說為「承」。

六四　陰爻
六三　陰爻

蒙卦

有時，陰陽相同的兩爻也可稱「承」。即六三對六四為「承」。

乘為乘凌，居高臨下之意

上六　陰爻
九五　陽爻
六二　陰爻
初九　陽爻

屯卦

一個陰爻在上，一個陽爻在下，此陰爻對下面的陽爻稱為「乘」。

上六　陰爻
六五　陰爻
九四　陽爻
六三　陰爻
六二　陰爻
初九　陽爻

震卦

幾個陰爻在一個陽爻之上，這幾個陰爻對這一陽爻為「乘」。

比為比鄰，比肩之意

比卦

九五
六四　相比

在卦的六爻中相鄰兩爻，一爻為陰爻，一爻為陽爻，則善為「比」。

中孚卦

六四
六三　失比得敵

以剛比剛，或以柔比柔，則無相求相得之情，失比，故稱「得敵」。

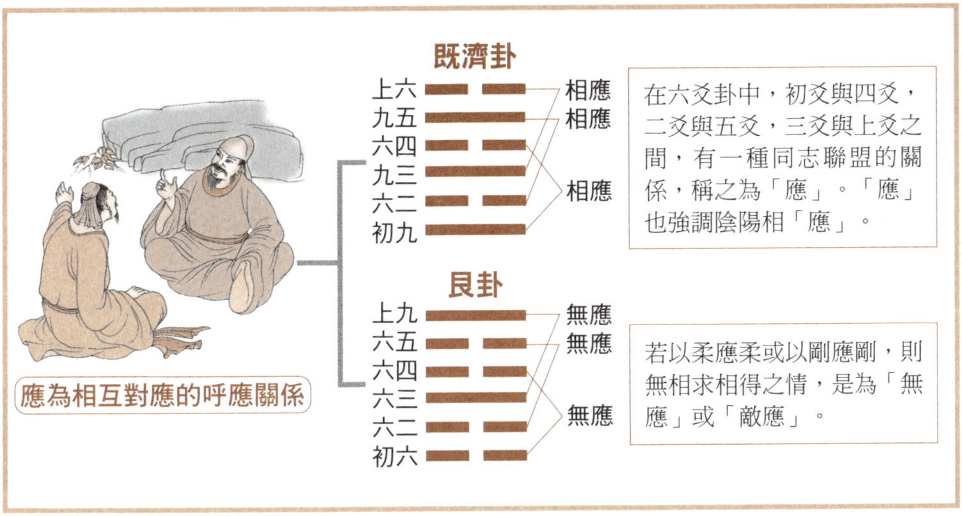
既濟卦
上六
九五
六四
九三
六二
初九
相應
相應
相應
在六爻卦中，初爻與四爻，二爻與五爻，三爻與上爻之間，有一種同志聯盟的關係，稱之為「應」。「應」也強調陰陽相「應」。
艮卦
上九
六五
六四
六三
六二
初六
無應
無應
無應
若以柔應柔或以剛應剛，則無相求相得之情，是為「無應」或「敵應」。
應為相互對應的呼應關係

（3）相應

即內卦的一、二、三爻與外卦的四、五、六爻分別有對應的關係。即一、四相應；二、五相應；三、六相應。相應以異性為好，同性相斥。

◎互卦

在一個六爻八卦中，把二、三、四爻與三、四、五爻重新組成一個卦，稱為互卦。例如：泰卦的互卦為歸妹，互卦一般反映主卦與變卦之間的過程，以體用分析卦象時較為常用。互卦分為上互和下互，上互即互卦的上卦，如泰卦的上互為巽；下互即互卦的下卦，如泰卦的下互為兌。

◎其他卦爻術語

（1）旁通

卦與卦之間，如六個爻均是陰陽相反，即具有旁通關係，如乾與坤。

（2）單卦

即經卦，為三爻組成的卦。

（3）重卦

即經卦相重的六爻卦。

（4）變卦

占卦時動爻所形成的新卦，也稱卦變和之卦。如占得泰卦，三爻為動爻，那麼泰卦就變成了地澤臨卦，本卦為泰，變卦為臨，記之曰「泰之臨」。

（5）錯卦

又稱對卦。其特點為卦爻兩兩陰陽相對，並且另一卦陰陽相反。如臨卦的錯卦為遯卦。

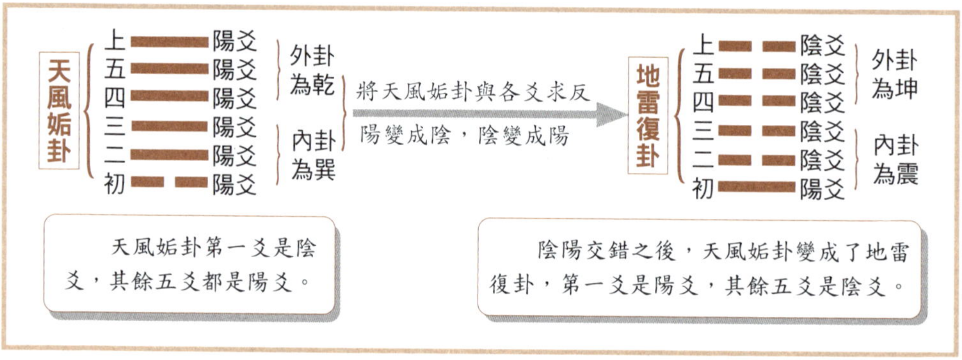

（6）綜卦

也稱覆卦、反卦、倒卦。即將一個卦畫倒過來形成的卦。如否卦倒過來正好是泰卦。

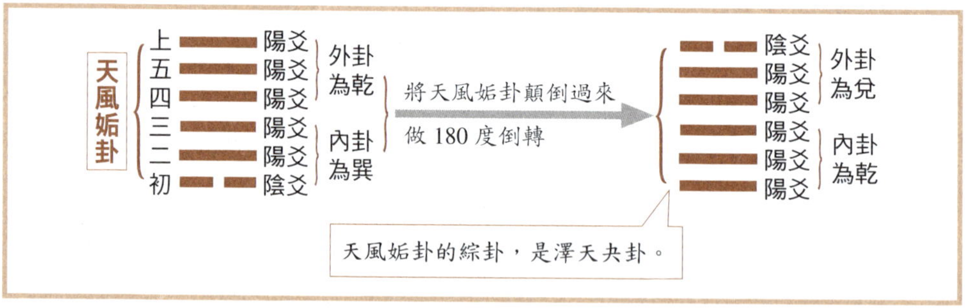

（7）像卦

一個卦象與另一個卦象有相似的地方，稱像卦。如中孚與三爻形成的離卦，小過與三爻形成的坎卦。

（8）包卦

初爻、上爻是陰爻，中間有陽爻的，稱為陰包陽。如坎卦、大過、小過、咸卦、恆卦。

初爻、上爻是陽爻的，叫陽包陰。如離卦、中孚、頤卦、損卦。

（9）純卦

即上下經卦相同的六爻卦。共有八個，統稱八純卦。

純陽卦即乾卦。

純陰卦即坤卦。

（10）四正卦

代表東西南北四方的四個經卦。

（11）四維卦

代表東南、西南、西北、東北四個方向的四個經卦。

（12）消息卦

指姤、遯、否、觀、剝、坤、復、臨、泰、大壯、夬、乾十二卦，又稱十二辟卦、十二月卦（一月泰，二月大壯，三月夬，四月乾，五月姤，六月遯，七月否，八月觀，九月剝，十月坤，十一月復，十二月臨）。

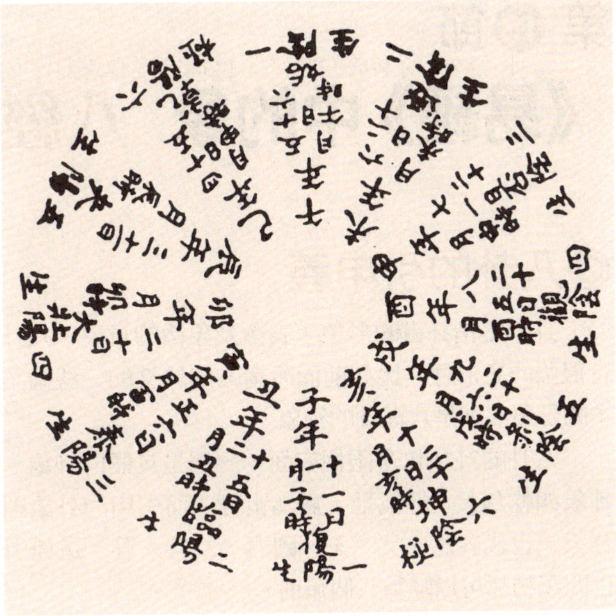

十二卦氣圖

明代 來知德 《易經》來注圖解

十二辟卦，就是中國古代對於天文的歸納方法，將宇宙法則、每年四季的現象和變化歸納成十二個卦。

諸葛八卦村的丞相祠堂

清代 木與磚石結構 浙江蘭溪

丞相祠堂是浙江省蘭溪市的諸葛村最著名的建築物之一。它坐西朝東，規模龐大。它的門庭、廊廡和供奉諸葛亮的享堂組成一個「口」字形；在正中，有一個高大的正方形「中庭」，組成了「回」字形。

第13節

《易經》中的象　八經卦的物象

◎八卦的引申義

卦象是指卦畫的形象、表徵及象徵的意義。八卦作為一種古老的表意符號，它有很強的象形性。比如前面所講的關於爻的一些術語，也屬於卦象的範疇。但最基本的卦象，則是八經卦的物象。

八卦的卦象包含兩個方面，一個是具體的卦象，另一個是引申的卦象。具體的卦象如乾為天，坤為地，震為雷等。而引申的卦象則極其廣泛、無所不包。如乾可為天，也代表馬、父、王、國君、為善人等。這種引申的卦象也稱為萬物類象，即世間萬物都可以歸為八個類別。

下面先談八卦物象，即以八經卦為基礎卦象來分別象形八大類事物。

乾卦象天，坤卦象地，

震卦象雷，巽卦象風，

坎卦象水，離卦象火，

艮卦象山，兌卦象澤。

◎八卦的基本特徵

八卦各象根據其基本特徵，又可分別引申出更多的卦象來。乾卦為三陽爻組成，象性純陽，質剛，又乾為天，象位在上，故不論自然事物還是社會事物，凡屬陽性的、剛質的以及在上的事物都可以歸為乾卦類。

坤卦為三陰爻組成，象性純陰，質柔，坤為地，象位在下，故凡屬陰性的，質柔的、在下在的事物皆可歸為坤卦類。

震卦為雷，屬陽卦，質剛，性動，故象動性、陽性及剛性的事物。

巽卦為風，屬陰卦，質柔，性動，故凡陰柔、柔中有剛、靜中有動的事物象於巽。

坎卦為水，屬陽卦，陽剛，凡水雨、雲、民眾皆屬於水象；又因為坎為險卦，即坎坷險阻之意，這是因為江河之水形成險阻的緣故。

離卦為火，為陰卦，柔卦，象光明、明德，因為「離為日」，德普光明之意，為陽中有陰，柔中有剛的象性。

艮卦為山，陽卦，質剛，象高處、高貴、高德的事物，又因「艮，止也」，故也象山一般固然不動。

兌卦為澤，陰卦質柔，象低下、陰柔之事物。

將其總結為「八卦類象歌」即為：

乾為君兮首與馬，卦屬老陽體至剛。
坎雖為耳又為豕，艮為手狗男之詳。
震卦但為龍與足，三卦皆名曰少陽。
陽剛終極資陰濟，造化因知不易量。
坤為臣兮腹與牛，卦屬老陰體至柔。
離卦但為雞與股，少陰三卦皆相眸。
陰柔終極資陽濟，萬象搜羅靡不周。

◎八卦物象

八卦物象內容龐雜，但不明八卦之象，就不能弄懂整個八卦學說。下面將較細緻的八卦類象排列如下：

（1）乾象

乾為天、為君、為父、為天子、為王、為先王、為大君、為國君、為大人、為聖人、為君子、為善人、為武人、為行人、為祖考、為神、為人、為宗、為族、為龍、為馬、為金、為玉、為寒冰、為斗、為衣、為郊、為野、為門、為頂、為首、為直、為健、為敬、為威、為嚴、為堅、為剛、為道、為德、為良、為生、為好、為祥、為慶、為嘉、為譽、為福、為祿、為先、為始、為大、為得、為盈、為治、為高、為遠、為老、為大謀、為貞、為元、為荒、為包，等等。

（2）坤象

坤為地、為後、為臣、為妻、為民、為群、為眾、為小人、為邑人、為匪、為母、為婦、為妣、為城邑、為階、為田、為邦國、為家、為宅、為陸、為維、為泥、為閉關、為黃牛、為牝馬、為大輿、為腹、為器、為厚德、為甘、為肥、為身、為安、為富、為積、為經營、為欲、為形、為過、為喪、為夕、為十年、為朋、為財貨、為方正、為光大、為順從、為後得、為有終、為疆、為事業、為庶政。

（3）震象

震為雷、為帝、為長子、為主、為公、為諸侯、為百官、這丈夫、為行人、為草莽、為短木、為百穀、為坦道、為缶、為棺槨、為足、為鹿、為圭、為筐、為腓、為趾、為拇、為履、為鼓、為出、為生、為左、為舉、為征、為行、為作、為起、為奔走、為振、為戒、為驚懼、為言、為笑、為音、為告、為樂。

（4）巽象

巽為風、為霜、為長女、為處女、為少婦、為妻、為宮人、為商旅、為長木、為白茅、為藥、為雞、為魚、為束帛、為床、為耒耨、為繩、為維、為股、為肱、為手、為視下、為舞、為歌、為解、為白、為高、為入、為伏、為不果、為號啕、為命、為號令、為風俗、為見、為資、為近利市三倍。

（5）坎象

坎為水、為月、為溝渠、為江河、為大川、為淵、為井、為寒泉、為雲、為雨、為中男、為客、為寇、為盜、為三歲、為三百、為豕、為狐、為叢棘、為弓箭、為桎梏、為法、為律、為罰、為耳、為臀、為屍、為死、為血、為勞心、為志、為恤、為愁、為悔、為疑、為心病、為險阻、為隱伏、為凶事、為欲、為毒、為歸、為來、為潤、為酒食。

（6）離象

離為火、為日、為電、為中女、為母、為女、為妹、為大腹、為角、為戈兵、為牢獄、為網罟、為瓶、為灶、為刀、為斧、為矢、為飛、為禽鳥、為文彩、為黃、為智、為麗、為大吉、為焚、為輝煌、為劓首、為苦、為光明。

（7）艮象

艮為山、為石、為砂、為宗廟、為門庭、為宮室、為城、為廬、為舍、為巷、為經絡、為丘、為幽谷、為少男、為堅人、為幽人、為弟子、為小人、為孤、為童僕、為鼻、為指、為背、為尾、為皮、為革、為虎、為鼠、為小木、為粟、為止、為慎、為節、為求、為納、為厚、為積德、為信、為思、為差、為居、為防。

（8）兌象

兌為澤、為少女、為娣、為妹、為妾、為友、為巫、為口舌、為言說、為口、為視、為教、為刑、為酌、為享、為羊、為牲、為右、為西、為下、為美容、為悅、為喜、為金。

此外，六十四卦，也各有各的卦象，其代表便是前面講過的卦象歌。而根據其卦的象形，又可形成新的卦象，總之萬物類象，每一卦的形象，都有多種，對此，我們在講解《易經》正文時，再詳加論述。

第 14 節
《易經》中的數 精細而完備的數字系統

◎河洛的數字系統

《易經》中有著極其豐富的數學知識與理論，數是創製《易經》的基礎。前面我們已經講過了，《易經》起源於上古時代的天文學，伏羲的先天八卦表現的是一年四季的時間坐標與陰陽二氣的變化，所以八卦的數字中也含有著卦象。

首先，河圖、洛書便是一個精細而完備的數字系統。其用數字描述著黃道與赤道的運行軌跡，是上古人類天文觀察最精闢的總結與表達。當時由於沒有完備的文字，所以以數字記錄對事物的感受。在一萬年以前，人類便生活在數字時代裡，比如考古中，最早的文字便是數字，可以證明人類最早研究與開發的便是數字系統。今天我們進入了數位時代，而使我們能夠以數位記錄萬物的，正是根據伏羲八卦中的二進位。不同的是，一萬年前的社會沒有電腦，卻已經對數字的演算有了相當完備的理論基礎。關於河圖、洛書的相關知識，我們將在後面做詳細介紹，這裡先從伏羲的八卦談起。伏羲八卦是參考河圖、洛書製成的八卦曆法。當時是十月太陽曆，八經卦則代表一年的四時八節；伏羲的六十四卦圓圖，則是將一年三百六十天分成六十等份，每一份為六十天，以一個八卦代表，其中乾、坤、離、坎為四正，即代表東、西、南、北和春分、秋分、夏至和冬至不算做天數。年終剩五天零四分之一為過年，不算在八卦記數內。這是伏羲八卦中的六十進位算術。

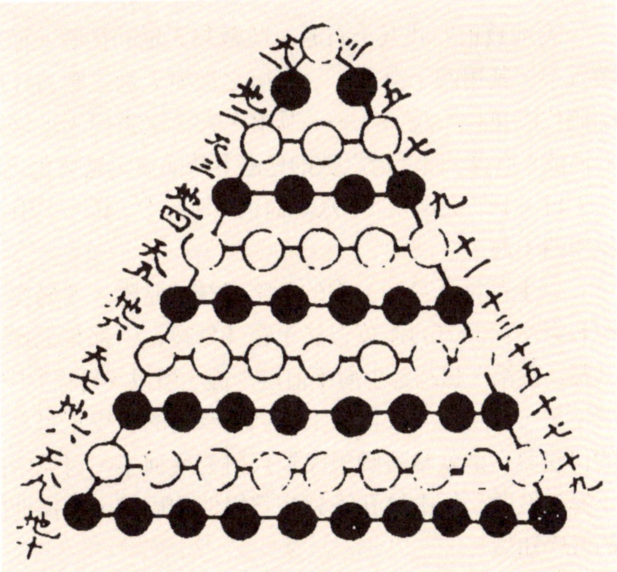

大衍乘數平方圖

古代的易學研究中包含豐富的算術知識，此圖是中國古代對於平方的記載。

伏羲的六十四卦橫圖，則是二進位算術，其陰代表0，其陽代表1。

大衍乘數開方總圖

古代的易學研究中包含豐富的算術知識，此圖是中國古代對於開方的記載。

伏羲的八卦次序圖是《易經》數的重要部分，其為乾一、兌二、離三、震四、巽五、坎六、艮七、坤八。

天干、地支也是《易經》中數的系統。十天干為十進位算術，十二地支為十二制算術。

《繫辭傳》中說：「天一，地二，天三，地四，天五，地六，天七，地八，天九，地十。天數五，地數五，五位相得而各有合。天數25，地數30，凡天地之數五十有五。此所以成變化而行鬼神也。」這裡所講的天地之數即源自於河圖、洛書。

◎大衍之數與天地之數

天地數相加共五十有五，此數為天地的極數。而《繫辭傳》中又說：「大衍之數五十，其用四十有九。」大衍之數與天地之數有什麼區別嗎？對此，歷代易學大師們仁者見仁，說法不一。其實，大衍之數與天地之數是有區別的，天地之數起源於河圖、洛書，而大衍之數則是占卜時演算天地變化之數。正如京房所說：「五十者，謂十日、十二生辰、二十八星宿也。凡五十，其一不用者，天之生氣，將欲以虛來實，故用四十九。」

以上都是《易經》中的數字系統，當然，《易經》中還有很多數字的系統，其中有乘法與開方的運算方法，在《易經》中都有記述。只是孔子所傳的《易經》將其歸為數術，認為是小術不值得一提，所以《易經》中的數學知識才沒有得到發展。要不然，有可能今天世界上人們所學習的數學正是易學中的數學。試想，一萬年前的伏羲與女媧就拿著圓規與矩尺研究幾何了，可見中國上古時期數學是很先進的。不過遺憾的是，由於孔子只想宣揚他的周禮，宣揚他的仁義，不想發揮《易經》中的數學知識。

第15節
《易經》中的理 博大精深的哲學體系

◎《易經》義理的泉源

《易經》中的「一陰一陽之謂道」是其最基本的哲學理念。以變化辯證的觀點看問題表現出《易經》哲理的正確性。《易經》中有陰陽變化、五行生剋關係，有卦象及爻位的辯證關係，有卦辭的理論依據等，形成了易學博大精深的哲學體系。這些通通為《易經》的義理。而《易經》中的這些哲理，則源於天文、地理知識的總結。《繫辭・下》中說：「古者包犧氏之王天下也，仰則觀象於天，俯則觀法於地，觀鳥獸之文與地之宜，近取諸身，遠取諸物，於是始作八卦。」可見八卦是根據天象與地宜等要素制定出來的。天象即指天體的運行。

方圓相生圖

明代 來知德 《易經來注圖解》

這幅古圖，宋朝陳摶時就有了。從這裡可以看出中國古代由易學而衍生出的科技是何等輝煌發達。

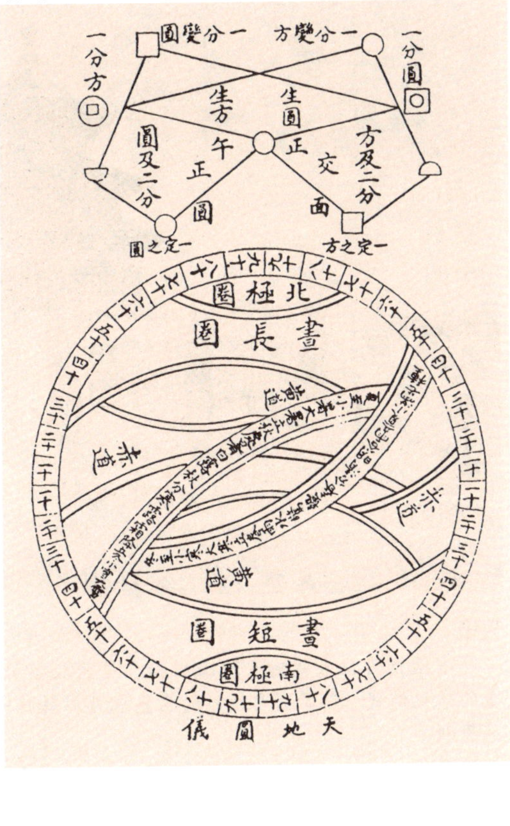

◎納甲原理

從《易經》的卦辭中，可以看出當時已經用天干記日，說明當時八卦與天干已經搭配在一起，其理論應當就是納甲原理。由此也說明納甲法並非京房所創，而是在《易經》成書前便已經有了。關於這一點劉大軍已有專門的著作說明過。而納甲原理，也應當是《易經》義理的重要組成部分。

總之，《易經》中含有博大精深的哲理，這些哲理是《易經》最精華的部分，但卻不是孔子所說的仁義之說，而是有著更豐富的內涵。研究《易經》中的易理，可以挖掘出中國古代龐大而系統的哲學體系，對中國古代哲學的繼承與發揚具有深遠的意義。

第16節

《易經》中的占 奇妙的占斷術

《易經》講的「象、數、理、占」，這個占字，也就是占筮的意思，是《易經》重要的功能之一。在古代，《易經》有很多種占筮方法，較為常用的有揲蓍布卦法、金錢卦、梅花易數等卦法，其中以揲蓍布卦法最為古老。

◎占筮的原則

在介紹《易經》的占筮方法之前，我們有必要先了解一下它的占筮原則。因為占筮原則直接影響到卜卦結果是否靈驗，而無論用什麼樣的方法進行占筮，靈不靈驗才是最重要的一點，但怎樣做才能靈驗呢？這裡有幾條自古流傳下來要遵循的注意事項，具體內容如下頁圖示：

天壇

中國自古以來就對天地山川和日月星辰懷著深深的敬畏之情，這種神聖的感情演變成隆重的祭祀儀式。其實《易經》的占筮也可以算作一種簡化的祭祀儀式，人們注重「心誠則靈」的原則。

占筮時要注意的事項

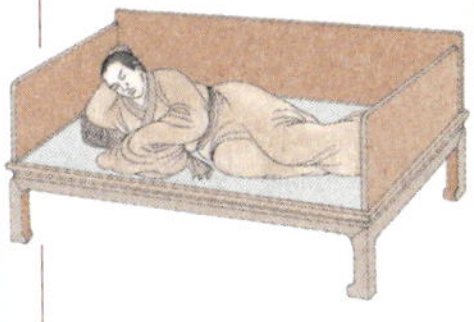

占筮前一晚早睡，不做任何事。

入廁後要洗手，即淨身（淨口、淨手）。

晚上 11 點後不卜，因為在兩日交接之時，天地混沌未明。

以玩笑試之，或在嬉戲嘈雜，臥室廁所等環境下不卜。

心未定心不誠不卜、奸穢盜淫之事不卜。

一事只一占，今日占明日又占，如此即不靈。

唯摯誠可以感動神明，故無事切勿試卦。

心意已決、可以智慧判斷不卜，以占卜術賭博坐吃山空不卜。

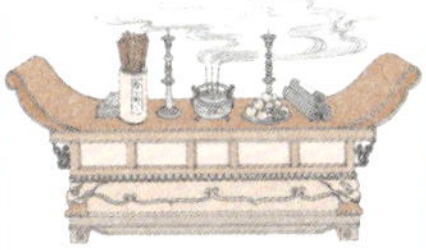

最好在神案或無雜的書桌上進行，占卜之事，以簡潔之詞寫在紅紙上。

占卦須客觀，且要心定，不受外物等影響。

除此外，在古代，占筮的人還要先燒三支香，敬拜主神，後靜坐片刻，閉目養神，待心靜後，誠心默念祝告文：弟子 ××× 一心誠意三拜請，拜請、拜請、拜請伏羲、文王、周公、孔子以及諸神明，弟子 ××× 因某事憂疑未決，敬就諸神明、眾仙佛之尊靈，伏求靈卦，祈求靈通感應，勿使卦亂，是凶是吉，盡判分明在卦爻之中。宗旨是靜心、誠摯，使意念專一。

◎揲蓍布卦法

在《易經》占筮方法中，最古老的就是揲蓍布卦法，「蓍」是指蓍草，占卜時用其莖揲蓍（可以用竹棍、火柴棍等代替），就是數蓍草的數目，把它分成幾份，進行演算來占卦，進而得出卦象。

《繫辭》中說：「極數知來之謂占。」就是指透過揲蓍的方法，盡天地大衍之數的演算來起卦，以推知事物。並進而論述了揲蓍的演卦過程和涵義：「大衍之數五十，其用四十有九。分而為二以象兩（指兩儀）；掛一以象三（指三才）；揲之以四以象四時；歸奇於扐（手指之間）以象閏；五歲再閏，故再扐而後掛，是故四營而成易，十有八變而成卦。」具體內容如圖示：

1

取蓍草五十根（或五十五根），也可用火柴棍、竹棍等代替。抽出一根（用五十五根時抽出六根）不用，占筮時只用剩下的四十九根。

2

把四十九根蓍草，在手中任意分成兩份，左手一份象天，右手一份象地，表示「以象兩儀」。

3

而後從右手蓍草中任取一根，置於左手小指間，象徵人，這就是「掛一以象三」。

4

再以四根蓍草為一組，先用右手分數左手的蓍草，然後再以左手分數右手的蓍草。這樣一組組分數完兩隻手中的蓍草，即所謂「揲之以四以象四時」。揲為數的意思，是以四根蓍草為一組，分數左右兩手蓍草，象徵四時春夏秋冬。

5

這樣分數完後，每隻手中的蓍草或餘一根，或餘兩三根，或餘四根。

6

「奇」就是以四根蓍草一組分數完後的餘數。「扐」宋人解做「勒」，就是將左手蓍草的餘數，置於左手無名指與中指間，將右手蓍草的餘數，置於左手中指與食指間。以這餘數象徵積餘日而成閏月，前後兩次閏月相去大約三十二個月，在五歲之中，故稱「五歲再閏」。

7

這時兩手蓍草的剩餘數左手若餘一根，則右手必餘三根；左手若餘二根，右手必餘二根；左手若餘三根，右手必餘一根；左手若餘四根，右手必餘四根。這樣，置於左手指縫間的剩餘蓍草數（連同置於小指縫中象徵人的那根）不是五根，就是九根。也就是說，這樣分數完後，去掉餘數，左右手中的蓍草數還餘四十四根，或四十根。到這裡，算是完成了以蓍草演算的第一道程序，古人稱之為「一變」。

8

然後再將兩手的蓍草合在一起（四十根或四十四根）再分成兩份。

9

與第一次分時一樣，將右手的蓍草取一根置於左手小指縫間，再用右手四四一組分左手的蓍草，隨後用左手去分右手的蓍草，其他亦同第一變。

10

待第二變完成後，兩手中的蓍草若左手餘一根，則右手必定餘兩根；左手餘兩根，右手必定餘一根；左手若餘三根，右手必餘四根；左手若餘四根，右手必餘三根。第二變後置於左手指縫的蓍草餘數之和（連同二變開始時取出的那一根蓍草）不是四根就是八根。這樣左右兩手的蓍草總數在去掉此餘數四或八後，還將有四十根，或三十六根，或三十二根。演算的第二道手續至此結束，此謂「二變」。

11

然後將兩手的蓍草（四十根，或三十六根，或三十二根）再合在一起，而後分成兩份，仍取右手一根放在左手小指縫間，用右手四四一組先數左手的蓍草，再用左手去數右手的蓍草，兩隻手中的蓍草以四根為一組，一組組分數完後，其餘數的處置亦完全同於一、二變。這時，左手若餘一根，右手必餘兩根；左手若餘兩根，右手必餘一根；左手若餘三根，右手必餘四根；左手若餘四根，右手必餘三根，其餘數之和（連同開始從右手取出夾在左手小指的那根）不是四根便是八根。第三變至此結束。

12

1236÷4=9（此老陽之數，以 O 表示）
32÷4=8（此少陰之數，以－－表示）
28÷4=7（此少陽之數，以 — 表示）
24÷4=6（此老陰之數，以 × 表示）

三變後，蓍草總數去掉餘數四或八後，將會出現四種情況：①還餘三十六根；②三十二根；③二十八根；④二十四根。再用四來除（取四象之意），這樣一爻就定下來了。

老陽須變少陰，老陰須變少陽。這就是「老變少不變」。《易經》以變為占，故以老陽數九作為卦中陽爻的標誌，以老陰數六作為卦中陰爻的標誌。這樣經過三變，才得出一個爻畫。一個「大成之卦」六個爻，就得經過十八變。

這種三變之後，將兩手揲餘的蓍草數被四除，然後得出少陰、少陽、老陰、老陽的方法，為漢、唐及部分宋人所用，稱之為「過揲法」。

表示數字	七	八	九	六
屬性	少陽（不變爻）	少陰（不變爻）	老陽（變爻）	老陰（變爻）
記號	⚊	⚋	○	×

朱熹卻對此不以為然，又另創了「掛扐法」。就是用扐於左手指間的蓍草餘數，定陰陽老少之數。如第一變後扐之於左手指間的蓍草總數不是五根就是九根。第二變與第三變後，其掛扐數不是四根就是八根。這樣，在三變中掛扐數會出現四種情況：

5—奇數（五中只含一個四）

4—奇數（四中只含一個四）

8—偶數（八中只含兩個四）

9—偶數（九中只含兩個四）

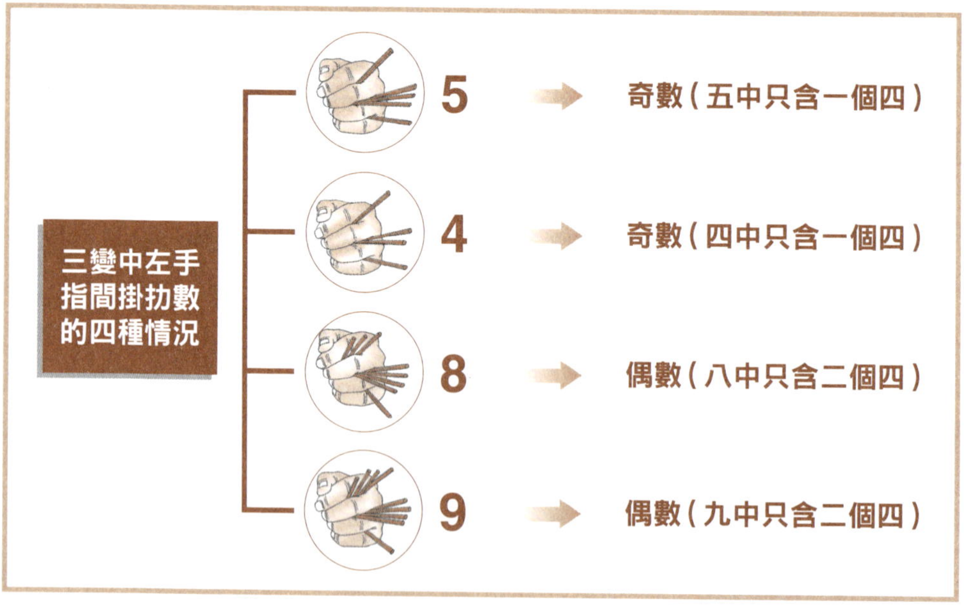

這是以蓍草餘數中含有幾個四（象徵四時）來定奇偶，再以此奇偶之數定陰陽老少。譬如若三變之後，左手指縫中的蓍草餘數（掛扐數）皆為奇數，則定此爻為

老陽；若三變後掛扐數皆為偶數，則定此爻為老陰；若三變後一奇二偶，則定此爻為少陽；若三變後一偶二奇，則定此爻為少陰。然後以此法經十八變而定六爻。

掛扐數	皆為奇數	皆為偶數	一奇二偶	一偶二奇
屬性	老陽（變爻）	老陰（變爻）	少陽（不變爻）	少陰（不變爻）
記號	○	✕	⚊	⚋

其實，掛扐法和過揲法求得的結果是相同的。用過揲法求得的是老陽之數，用掛扐法求得的也同樣是老陽之數。

過揲法 36÷4=9（老陽）→ **掛扐法**
- 一變：5 為奇數
- 二變：4 為奇數（老陽）→ [49-(5+4+4)]÷4=9
- 三變：4 為奇數

比如用過揲法求得策數為三十六策，然後被四除得九，九為老陽之數。用掛扐法則第一變得蓍草餘數為五，五中只含有一個四，是為奇數。第二變得蓍草餘數為四，自是奇數。第三變也只能得四，為奇數。三變皆奇數，是為老陽之數。然而三奇數之和為十三策（第一變蓍草餘數為五，第二、三變各為四，故其和為十三），四十九策去十三策，正得三十六策。

其餘老陰、少陰、少陽之數的求法，均同此理。

◎金錢卦

古人占筮用蓍草，透過三演十八變才求得一卦，其方法不但繁雜、浪費時間，還不易掌握。後人化繁為簡，用銅錢搖擲的方法，代替了古人複雜的蓍草布卦法。這種以錢代蓍法，相傳是戰國時鬼谷子所創。具體內容如圖示：

1

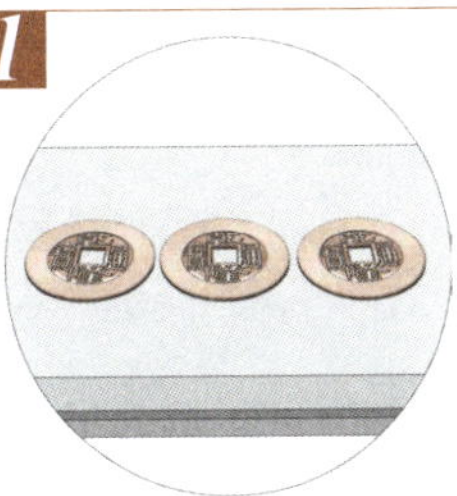

金錢卦必須先準備三枚相同的銅板，以乾隆通寶最佳（如沒有，也可用其他類似錢幣）。

2

將三枚銅板置入容器內，傳統以龜殼或竹筒為容器。

或直接將銅板合在手掌中也可以。

在搖晃錢幣之前，口中誠心默想欲問之事，或將要問的事情說出來。

問事之後，搖晃錢幣，順勢將銅板輕輕丟到案桌前。

在丟擲銅板之前，先定陰陽兩儀。事實上，以哪一面為陰陽都沒關係，只要事先定出陰陽之後，不要再反覆改動即可。

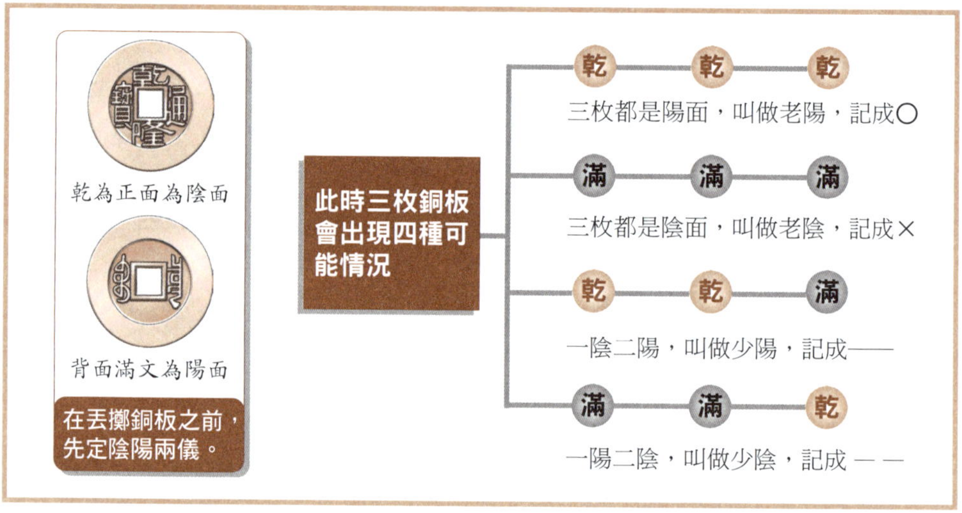
乾為正面為陰面
背面滿文為陽面
在丟擲銅板之前，先定陰陽兩儀。
此時三枚銅板會出現四種可能情況
乾 乾 乾
三枚都是陽面，叫做老陽，記成○
滿 滿 滿
三枚都是陰面，叫做老陰，記成×
乾 乾 滿
一陰二陽，叫做少陽，記成——
滿 滿 乾
一陽二陰，叫做少陰，記成 — —

看看自己的銅板是上述哪種情況，並記下結果。用同樣的方法再做五次，將結果由下而上，分別記下來，如此便可得到六爻。

畫卦時，從下往上畫，從初爻至六爻，第一次搖錢為初爻，最後一次搖錢為上爻。老陽為陽極變陰，老陰為陰極變陽。

◎數字占卜法

梅花易數，又名梅花心易。相傳是北宋大儒邵康節先生觀梅時，偶然看見麻雀在梅枝上爭吵，以易理推衍成卦而得名。梅花易數重心領神會，它依先天八卦數理，即乾一，兌二，離三，震四，巽五，坎六，艮七，坤八可隨時隨地起卦，取卦方式多種多樣。據說邵康節運用此法每卦必中，屢試不爽。這裡我們先來介紹梅花易數中的數字占卜法。

數字起卦，大致可分為單位數和多位數兩種起卦法，單位數起卦要加時辰作內卦。多位數一般用一分為二，即分二段各除以八，並分別取餘數作上下卦。逢奇位數時數位少的一組作外卦，數位多的一組作內卦，以對應天清地濁，天輕地重，陽少陰多的自然法則。

梅花易數圖

我們在日常生活中凡所見數字均可以用來起卦，如撲克牌、電話號碼、車牌號碼、書頁號碼等，其起卦方法類似於數字起卦法，如撲克牌，可任意先取一張牌為上卦，以其數除以八，除不盡者取本數，有餘數者按餘數起卦；然後取一張牌為下卦，方法同前；兩數相加除以六的餘數為動爻。如電話號碼：8523697，七位數，取前三位相加為上卦，取後四位相加為下卦，上卦為 15，除以 8 餘 7，為艮卦；下卦為 25，除以 8 餘 1，為乾卦，即得山天大畜卦。起卦時，凡得單數以上少下多，凡得雙數為均分，均除以 8 取餘數為卦；兩數相加除以 6 的餘數即為動爻。具體方法視具體情況而定，如下：

數字占卜法的五種情況

- **①單位數：**單位數為外卦也就是上卦，加當時的時辰為內卦，也就是下卦，兩數相加除以六為動爻。
- **②兩位數：**十位數為上卦，個位數為下卦，十位數與個位數之和除以六求動爻。
- **③三位數：**百位數為上卦，十位數為下卦，個位數除以六求動爻。
- **④多位數：**位數為奇數時，少一位的前段各數之和求上卦，多一位的後段各數之和求下卦，總數之和除以六求動爻。位數為偶數時，前後段均分，前段各數之和求上卦，後段各數之和求下卦，總數之和求動爻。
- **⑤特殊數的處理：**如 910，把 910 變成 9 + 10，用 9 求上卦，用 10 求下卦，用 9 + 10 = 19 求動爻。如 103，用 10 得上卦和下卦（為上下重卦），用 3 求動爻。

◎時間起卦法

時間起卦法，也是梅花易數起卦法中的一種，顧名思義，是以某一偶發狀況，配合年月日與時辰起卦的方法。

用時間起卦的具體步驟與方法如下：

1

將偶發事件的年、月、日、時辰記下來（傳統命理學的時間皆以農曆為準，欲對照西曆與農曆時間者，請參閱萬年曆）。

2

將年支化成數字（可查閱萬年曆，找出該年的地支，例如：若是午年起卦，午數為七；又若是亥年起卦，亥數為十二，其餘依此類推），再與月數、日數相加得到總數，將總數除以八，以所得餘數為上卦。如果總數不滿八，則直接以此數為上卦。

3

將年、月、日所得總數加上時辰數（時辰數求法與年數相同，例如：辰時為五；戌時為十一），再將所得總數除以八，餘數為下卦。

4

再以年、月、日、時的總數相加除以六，以餘數為動爻。如此即得到本卦與變卦。

5

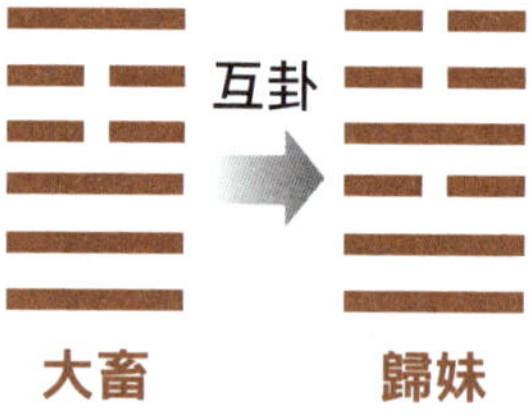

求互卦：互卦的求法是將本卦的上下二爻去掉，以三爻、四爻、五爻為互卦的上卦；二爻、三爻、四爻為互卦的下卦。

6

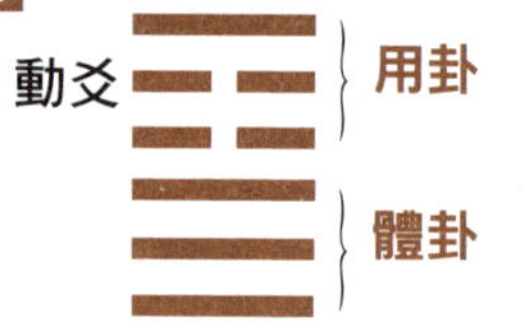

金錢卦中可能沒有動爻，也可能不止一個動爻，梅花易數起卦法中卻固定只有一個動爻，因此同樣時間起卦法中的動爻只可能單獨出現在上卦或下卦，不可能同時出現於上卦或下卦。一般傳統的易數斷卦方法，是以不動者為體卦，有動爻者為用卦。體卦代表主體，用卦為對方或對應的事情。

時間起卦法是非常簡便的起卦法。但是，用時間起卦固然簡便迅速，斷卦則須多積累經驗。所謂運用之妙，存乎一心，就是這個道理。

◎方位起卦法

方位起卦法，也屬於梅花易數起卦法，直接根據人或物及所在方位進行起卦。

根據人或物及其方位起卦進行預測，邵康節稱之為「端法後天起卦」。其方法是：「以物為上卦方位為下卦，合物之數與方位之數，加時數取動爻。」

比如從東方來則配以震卦，因震在東方；從南方來則配以離卦，因離在南方；從西方來則配以兌卦，因兌在西方；從北方來則配以坎卦，因坎在北方；從西北來，則配以乾卦，因乾在西北；從東北來則配以艮卦，因艮在東北；從西南來，則配以坤卦，因坤在西南；從東南來，則配以巽卦，因巽為東南。八卦配方位，均是用後天八卦方位。

比如《梅花易數》中的《老人有憂色占》卦例：說在乙丑日那天的卯時，也就是一天早上的 5 點至 7 點，邵康節在路上行走，看見一位老人由巽方（東南方）來，且面帶憂愁，問他因為什麼事情而憂愁，老人回答說：「沒什麼憂愁。」

先生感到很奇怪，於是起卦預測。老人為乾卦的卦象，便用乾卦作上卦，以巽方的巽卦作下卦，乾為天，巽為風，得天風姤卦。乾卦數一，巽卦數五，再加上卯時數四，共得十數，用十除以六，餘四，九四爻動。《易經》天風姤卦爻辭說：「包無魚，起凶。」

此條爻辭很不吉利，用卦象來說，天風姤卦巽木為體，乾卦金剋木，互卦中又出現了兩個乾卦，全都是金剋木。

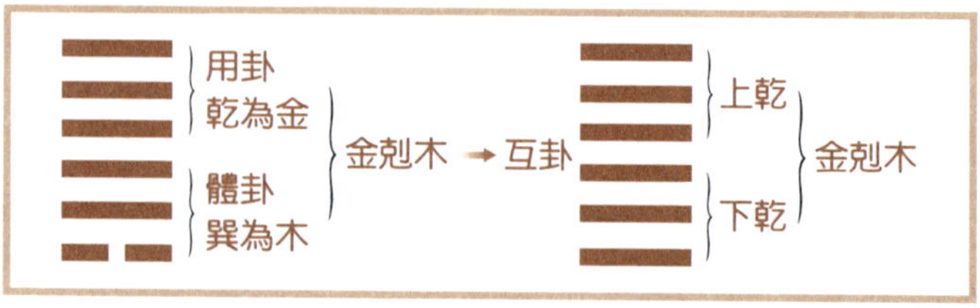
用卦
乾為金
體卦
巽為木
金剋木
互卦
上乾
下乾
金剋木

體卦又沒有什麼生扶之氣，況且被占測的人在路上行走，其應驗是很快的。使用成數的十數，均分後取其一半，即是五。對老人說：「你在五天之內，要謹慎小心，恐怕有重大災禍。」果然在第五天，老人因赴喜宴，因為魚骨鯁喉而死。

方位起卦法，應卦的期限，一般看人的情況是處於動中還是處於靜中，來決斷事情的快和慢。行走的人應驗的時間短，用成卦的數除以二，取其半數作為應驗的日期。坐著的人應驗的時間慢，用成卦數乘以二，作為應驗的日期。站立的人應驗的時間不快不慢，直接用成卦的數來定應驗的日期。雖然有以上三種方法來定應驗的日期，但是還要靈活變通。

◎測字起卦法

梅花易數起卦法最大的特色就是只要有數就可起卦。因此，中國文字也可用來起卦。舉凡一字二字三字，甚至多字皆可。

（1）一字占

中國文字可約略分為有偏旁的合體字與不可分割的獨體字，所以測字起卦，必須先判斷是獨體字還是有偏旁的字，若是不可分割的獨體字，以其筆畫總數平均分之，若筆畫為偶數，則各分一半，若為奇數，則以筆畫少者為上卦，筆畫多者為下卦。若屬有偏旁的合體字，可大致分為左右型、上下型、內外型三類。

①左右型的字：

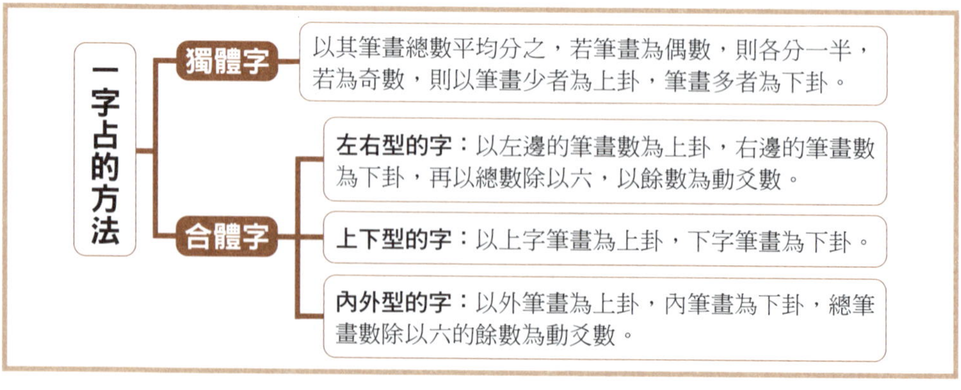
一字占的方法
獨體字
以其筆畫總數平均分之，若筆畫為偶數，則各分一半，若為奇數，則以筆畫少者為上卦，筆畫多者為下卦。
合體字
左右型的字：以左邊的筆畫數為上卦，右邊的筆畫數為下卦，再以總數除以六，以餘數為動爻數。
上下型的字：以上字筆畫為上卦，下字筆畫為下卦。
內外型的字：以外筆畫為上卦，內筆畫為下卦，總筆畫數除以六的餘數為動爻數。

如「判」、「搭」、「伴」等字，以左邊的筆畫數為上卦，右邊的筆畫數為下卦，再以總筆畫數除以六，以餘數為動爻數。

②上下型的字：

如「雷」、「些」、「奇」等字，以上字筆畫為上卦，下字筆畫為下卦。

③內外型的字：

如「國」、「因」、「問」等字，以外筆畫為上卦，內筆畫為下卦，總筆畫數除以六的餘數為動爻數。

（2）二字占

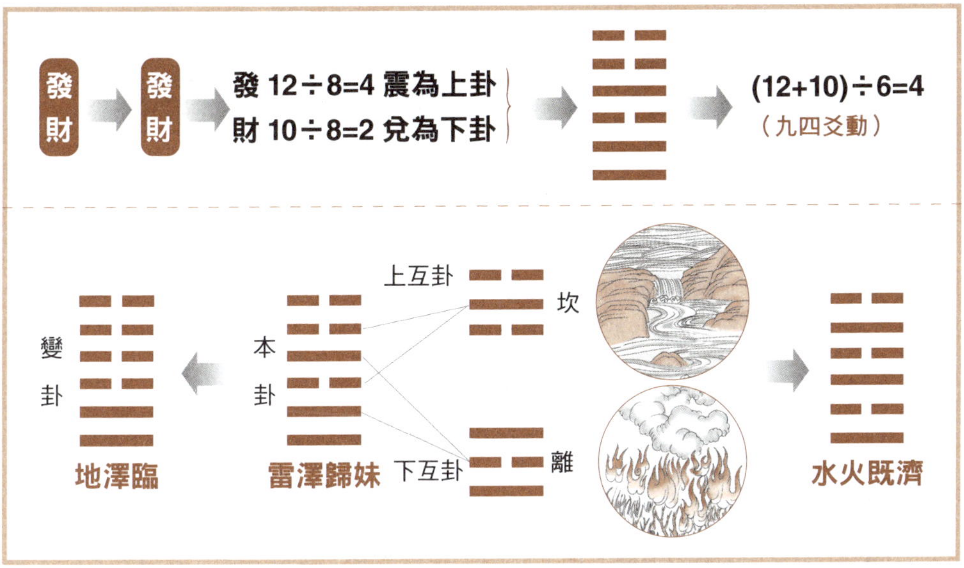

二字占的方法，是以第一字的筆畫除以八，餘數為上卦；以第二字的筆畫除以八，餘數為下卦。再以二字的總筆畫除以六，以餘數為動爻。例如：「發財」二字占問財運，「發」字十二畫，除以八餘四，震木為上卦，「財」字十畫，除以八餘二，兌金為下卦。得本卦雷澤歸妹，「發財」二字總筆畫為二十二，除以六餘四，四爻動，得變卦地澤臨。上互卦坎水，下互卦離火。

（3）姓名占

姓名占的算法，一般以姓的筆畫數除以八，餘數為上卦；名的總筆畫除以八，餘數為下卦。再以姓名總筆畫數除以六，得餘數為動爻。如「江小海」，「江」字六畫，不滿八畫，不必除以八，直接以七為上卦，故艮七為上卦。「小海」總共十四畫，除以八餘六，坎六為下卦。姓名總筆畫二十，除以六餘三，三爻動，故可得本卦山水蒙，變卦山風蠱。上互卦坤地，下互卦為震雷。

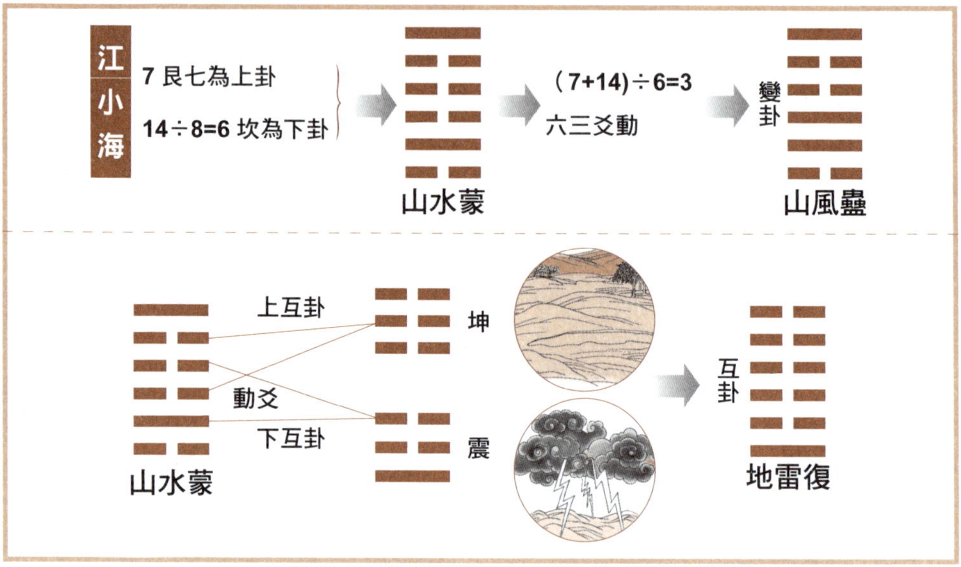

此外，須注意的是以姓名起卦比較特殊，必須以古字型的筆畫為準，如「清」、「河」、「江」等字，皆以四畫「水」為部首。提手旁者，應為「手」部四畫。如「搶」、「提」、「捉」。豎心旁者，應為心部四畫。如「情」、「懷」、「憶」。

（4）四字占

四字為四象，平分二字為上下卦，四字筆畫相加除以六的餘數為動爻。

（5）五字占

五字為五行，以前二字為上卦，以後三字為下卦，以五字相加除以六，除不盡之數仍取五為動爻，即五爻動。

（6）六字占

平分三字為上下卦，以六字為動爻，即六爻動。

（7）七字占

以前三字為上卦，後四字為下卦，以七數除以六的餘數為動爻，即初爻動。

（8）八字占

平分四字為上下卦，以八數除以六的餘數為動爻，即二爻動。

（9）九字占

以前四字為上卦，後五字為下卦，以九數除以六的餘數為動爻，即三爻動。

（10）十字占

平分五字為上下卦，以十數除以六的餘數為動爻，即四爻動。

（11）十一字占

十一字以上至於百字，皆均分其數以起卦，或以少一字者為上卦，多一字者為下卦，以兩數相加除以六的餘數為動爻。

◎推算應期

八卦占卜，於所占之卦各爻配上干支，然後透過月支與日支察看世爻與應爻的旺衰及刑沖剋害合空等諸要素，則很容易推斷出吉凶與否。而吉凶的應驗之期，也可透過這些要素而推算出來，並且可以精確到月、日甚至時辰。一般而言，推算應期有以下幾種情形：

（1）生世應期

一般而言，卦中世爻為自己，應爻為他人。世爻宜生不宜剋，生則吉，剋則凶。如果生世之爻臨長生、帝旺之地而生合世爻，則福祿倍增。此應期，即生世之爻臨長生、帝旺的實際時辰。

（2）克世應期

一般而言，克世之爻臨長生、帝旺之地而剋、沖、害、刑世爻，則禍來不小。其克世之爻臨長生、帝旺的實際時辰，即凶災應驗之時。不過，並非所有世爻被剋便為凶卦。如測行人何時歸還，就有「用神剋世人即回」的說法。

（3）旬空應期

旬空，則是指卦爻之干支，不屬於測卦時辰所屬的旬內。十天一旬，六十甲子一共六旬，每旬皆少兩個地支，這兩個地支就叫旬空。測卦時世爻或應爻出現旬空，則表示吉凶子虛烏有。但出空之日，吉凶還會有驗。出空之日時，就是吉凶的應期。如，乙巳日測求財，世爻為卯木，因乙亥日屬於甲辰旬，甲辰旬中寅卯空，所以世爻為空，說明求財無成。只有過了這一旬後，才會得財。此外，還有逢沖應期、逢合應期、三刑應期。

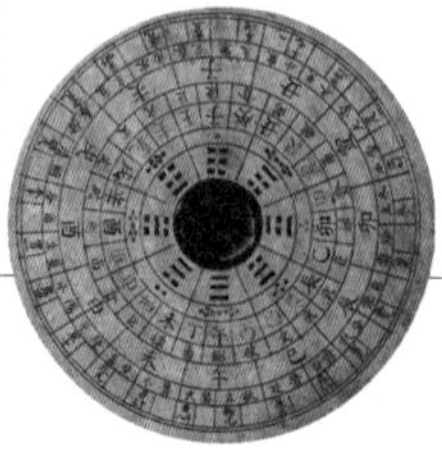

第二章

《周易・上經》的智慧

天地萬物運行的哲理

由於有卦辭、爻辭的《易經》為周朝典籍，所以也稱為《周易》。我們以光緒丙申年的《監本易經》為藍本，完全忠實於該書的排列順序，並將其分為「周易上經」與「周易下經」兩部分。

本章內容摘要

乾卦——潛龍在淵的智慧

坤卦——厚德載物的智慧

蒙卦——教育啟蒙的智慧

比卦——交朋擇友的智慧

泰卦——小往大來的智慧

否卦——大往小來的智慧

謙卦——卑以自牧的智慧

隨卦——隨緣不變的智慧

蠱卦——改革創新的智慧

噬嗑卦——賞罰分明的智慧

賁卦——曲則有情的智慧

剝卦——防微杜漸的智慧

復卦——休養生息的智慧

無妄卦——天雷無妄的智慧

大過卦——遁世無悶的智慧

離卦——日月麗天的智慧

第1節

卦一 乾 潛龍在淵的智慧

壹·卦名

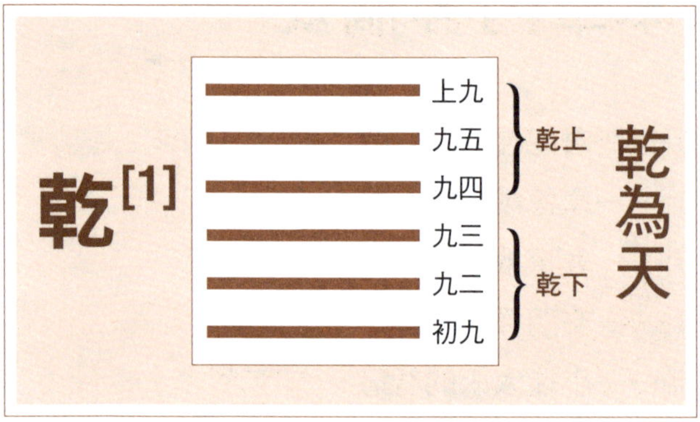

【注解】

[1] 乾：卦名。象徵天，含有「健」的意思，「健」也稱為乾卦的卦德。《周易集解》：「言天之體以健為用，運行不息，應化無窮，故聖人則之。欲使人法天之用，不法天之體，故名『乾』，不名天也」。

【釋義】

《周易》六十四卦每一卦都有一個卦名，並且由陰陽爻組成的卦畫。這兩部分在文王之前便已經形成了，只是卦名和卦畫並沒有統一。

卦名還有其他的叫法，如《帛書易》中對八經卦的稱謂為：稱乾卦為「鍵」，稱艮卦為「根」，稱坎卦為「贛」，震卦為「辰」，坤卦為「川」，兌卦為「奪」，離卦為「羅」，巽卦為「算」。《帛書易》中對六爻卦的稱謂與《易經》有的相同，如「同人」、「無妄」、「豐」等；有的則不同，如《易經》中的「大壯」在《帛書易》中稱「泰壯」，《易經》中的「否」在《帛書易》中稱「婦」。《帛書易》是戰國時代的著作，由此可見在先秦時期，有不同版本的《周易》或《易》流傳於世。

而卦畫也有多種表達方式，如道教的表示法有些近似於河圖、洛書的表達方式，以一個圓圈代表陽爻，以兩個筆畫較粗的圓圈代表陰爻；周朝以前還有用「－」表示陽爻，用「－－」表示陰爻的表達方式。另外，還有用數字表達的數字卦。

孔子所傳的《周易》卦名與卦畫從漢代以後成為主流，我們今天使用的卦名與卦畫，便是孔子所傳《周易》中的卦名與卦畫。

此卦名為「乾」而不稱為「天」，這是為什麼呢？古代的易學家認為，這是因為聖人教導人們要「法天之用，不法天之體」，也就是說，你不用學習天的形象，天那麼大，空空如也，你怎麼效仿它呢？所以人們應當效法天的精神，也就是「天行健，君子以自強不息。」告誡我們應當像天一樣強健，永遠自強不息。

當代易學家殷昆（ㄔㄢˇ）透過訓詁解說乾卦的卦名，使乾卦又有了新的內涵。殷老師透過金文「乾」字的象形，指出乾字包含圭表、太陽、人及農作物等圖形，描述的是古人在圭表前測日影以總結農作物生長規律的意思。這個解釋很精闢，因為八卦正是起源於上古時期的太陽曆法。之所以不用「天」命名這一卦，是因為與圭表有關。古人透過神聖的圭表了解天，感知天，獲得上天的意圖，所以圭表便是天的象徵。圭表的日影每天運轉，從不停息，所以聖人以此告誡人們要像圭表展現出的「天」一樣，永遠自強不息。

貳·卦畫

下面再來談談乾卦的卦畫。乾卦的卦畫是兩個三爻的乾卦重疊而成，所以卦象為上乾下乾，象徵天。

《易經》中六爻位置的理想排列方式為：從下至上先陰後陽，陰陽交錯，這樣排出來的爻叫作當位，也稱得位。如果陰爻占了陽爻的位置就不叫得位了。這是一個一般判斷吉凶的因素，但不是主要的因素。而在《易經》的哲學思想中，它為了說明人的行為要適合自己階層的這個道理，告誡人們要各得其位才會吉祥。比如唐朝的女皇武則天，在《易經》的哲學中就屬於不得位，現在由於男女平等，我們已經不這麼認為，若再這麼認為，那就有點迂腐了。不過得位的哲學，在今天還是有一定的意義。比如身為一名工人，就應當把本職工作做好，做一名主管，就應當做好企業的決策與管理工作，如果主管每天到廠房做員工的工作，雖然能與員工打好關係，但如果耽誤了主管應該做的事情，就會影響企業的前途了；反過來工人也一樣，如果不把心思放在自己的工作上，整天替主管想些管理與經營策略，很容易影響本職工作的品質。一個企業如果主管

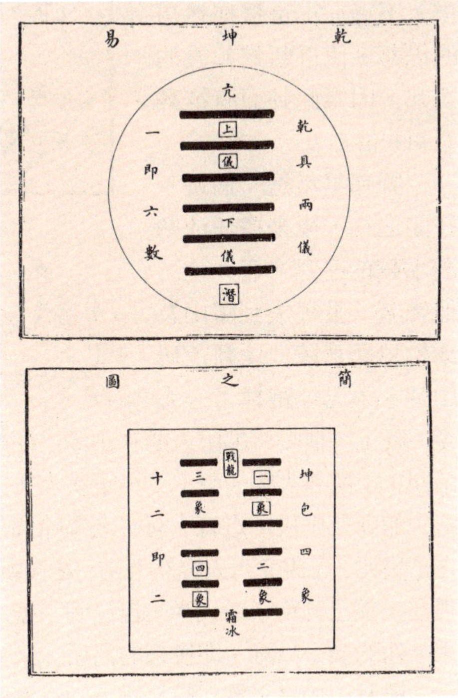

乾坤易簡之圖

古人認為乾坤在數上代表一和二，在形體上代表方和圓，在氣上代表清與濁，在理上代表動和靜。所以乾卦包含陰陽兩儀，由此分成上下兩部分。坤卦包括四象，即南、北、東、西。兩儀四象，共數為六，再加上乾坤本身，就具有八卦的整數。

不像主管、員工不像員工，是不會有好前途的。雖然員工為企業出謀劃策是一件好事，主管到第一線工作可以提高親和力，但長此以往，是不會吉祥的。《易經》一方面闡明社會秩序的重要性，另一方面又強調變化的作用，這正是矛盾而統一的辯證思想。

叁・卦象

乾卦畫六爻純陽，以象徵天的「健」之極。古人認為這一卦不是平常之卦，占得此卦的人可以位極天子。其實這是一種迷信。不過，正是這種迷信的思想，使得斬蛇起義的劉邦，因得此卦而有推翻秦朝的信心。

乾卦之象

圖中有一鹿在雲中象徵天祿；巨石上有一塊玉，放射光芒，一匠人在琢玉，去其表可見寶；明月當空，一片光明，有一位讀書人登雲梯望月，是想折月宮丹桂。這是六龍行天之卦，包容萬象。

劉邦早年是一個遊手好閒之徒，後來擔任沛縣泗水亭的亭長。有一次，他帶著一批民夫到驪山為秦始皇築皇陵，途經芒碭山時，人已經跑掉了一大半。晚上，他喝得酩酊大醉在山澤之間趕路，突然有人稟報說：「前有大蛇擋道，請回！」劉邦大喝一聲：「男子漢大丈夫，怕什麼呢！」於是拔出七尺寶劍，上前把大蛇斬為兩段。這時，有一老嫗啼哭說：「我兒是白帝之子，化為蛇擋道被赤帝之子殺死。」說完，人突然不見。之後斬蛇處就長出一片紅草。劉邦斬蛇之後一想：現在人都已經跑了一大半，自己到了驪山一定會被判處死刑。於是就在芒碭山躲起來。他的妻子呂雉（即後來的呂后）來看他，便在芒碭山起了一卦，所得之卦正是這一乾卦。於是，劉邦與呂雉返回家鄉沛縣，殺了縣令扯旗造反，最後終於成為漢朝的開國君主。至今在芒碭山處仍存有劉邦斬蛇碑，劉邦藏身的山谷現在名為藏皇谷，其附近的瑞雲寺也改名為藏皇寺，現在是旅遊聖地。

編造劉邦斬蛇這個傳說的人，肯定是一位懂得易學知識的人。因為白帝為金，金之子者，便是金生之水，正是秦朝的水德；赤帝為火，火之子為火生之土，正是漢代的土德。

不過，乾卦在文王前並沒有這麼神祕。在伏羲的八卦中，乾卦表現的正是盛極始衰的象徵，從乾卦開始一陰生，然後陰氣逐漸強盛，時節開始向秋天、冬天演變。而在文王的《易經》中已變成至高無上的象徵，這正是幾千年父權制形成的社會秩序及行為規範的產物。不過周文王並非大男人主義者，他所創的後天八卦次序圖中，乾父與坤母的地位平等，「乾坤下面六子橫」，這也許是文王以治家的原則來治國的基本國策。其實這也是周禮的核心：在家言孝，在國言忠。所以忠孝二字便成為孔子極力宣傳的兩個字眼。

肆・卦辭

乾[1]。元亨，利貞[2]。

【注解】

[1] 乾：卦名。

[2] 元亨，利貞：歷代儒家認為此四字為乾卦的四德，應寫成「元、亨、利、貞」；《子夏傳》：「元，始也；亨，通也；利，和也；貞，正也。」現在考古學家透過考古與研究發現，此為古時占辭，應寫作「元亨，利貞」，與「四德」風牛馬不相及。

【釋義】

卦辭傳為文王於羑里所寫，從古至今易學家基本上都認同這一觀點。這一句卦辭的意思是：「初始亨通，有利於堅守正道。」用白話來說，便是目前處於開始階段，還很順利，不過要繼續努力才會有好的結果。文王的卦辭很普通，根本沒有「乾」如何偉大的意思。也許有人會說，這麼平淡，怎麼會是聖人說的話？其實，這句話並不是文王所創，而是早就有的占卜習慣用語。而其涵義並不是你想的那麼簡單。這四個字，含有豐富的哲學思想，懂得這一句話，會讓你一生受益無窮。下面先講解什麼叫「元亨」。

打個比方說，一粒種子被埋在土裡，當它有了生命開始發芽時，什麼東西能阻擋它生長呢？你可以在上面壓一塊大石頭，但是這粒種子還是會破土而出，因為最初的生命力是極其強大的，沒有什麼東西可以阻止它。這就叫「元亨」。太陽每天從東方升起，誰能夠阻止它呢？這就叫「元亨」。當你心中剛剛產生理想的火花時，誰能夠阻止它呢？這就叫「元亨」。當你心中萌生出對異性的愛慕之情時，誰能夠阻止它呢？這就叫「元亨」。當你滿懷信心開始做一件事情時，誰能夠阻止你的行為呢？誰也阻止不了，這就叫「元亨」。

那麼什麼叫「利貞」呢？一粒種子，是否可以長得很好，最後長成禾苗，結出碩碩果實，或者長得枝繁葉茂，最後成為參天大樹，這就需要「利貞」；太陽每天按照自己的軌道運行，不疾不徐，在測日影的圭表下，永遠留下規律的影跡，這就是「利貞」；當你心中產生偉大的理想與抱負後，堅守信念，不斷朝自己的目標邁進，最終達到理想的彼岸，這就叫「利貞」；當你心裡萌生愛情，你能夠一直堅持你的追求，並且得到後一生一世不改初衷，這就是「利貞」；當你滿懷信心地做一件事情時，是否能夠持之以恆，堅持到底，這就需要「利貞」。

「元亨，利貞」表面上是一句吉辭，但其隱含的意思卻是告誡我們，不要因為開始的順利而忘乎所以，要明白事物的開始離成功還很遙遠，只有始、中、終堅持不懈，才會抵達美好的終點。

文王將乾卦列為首卦，這是當時男權制的社會性質決定的。因為男人長大以後，要在勞動（腦力或體力）中獲得財富，然後才能娶妻生子，組成「乾坤下面六子橫」式的家庭。所以文王在此給予初創業者最精闢的忠告。文王的卦辭已屬於哲學範疇。

但歷代易學大師們往往將「元亨，利貞」解釋為四德，認為這四個字包含四個重要的理念，這是怎麼回事呢？其實這主要是為了抬高乾卦的地位——乾卦的地位不抬高，怎麼能宣揚男尊女卑的封建思想呢？

將「元亨，利貞」分成四個概念，可以加大乾卦的內涵。這樣就能增加乾卦（即男權）分量了。可是《周易》的六十四卦中有七個卦都有「元亨利貞」四字，這要如何顯示乾卦的與眾不同呢？於是宋代的程頤便苦思冥想出一些道理。他認為「乾、坤、屯、臨、隨、無妄、革」七卦卦辭，雖然都有「元亨利貞」四字，但其具體涵義各不同：乾卦的「元亨利貞」是天道、君道、陽道，有剛健之德，四者是相輔相成，缺一不可的，是創生萬物的原動力，有「始、長、遂、成」之義；坤卦的「元亨利貞」是地道、臣道、陰道，是柔順之德，有生成化育之功，與乾同為天地之道，陰陽之本，但乾為主，坤為從；「屯、臨、隨、無妄、革」五卦的「元亨利貞」，為二分法，即「大亨」與「利於貞正」的意思，與乾坤兩卦「元亨利貞」意義有所不同，但又各有其特質，如屯卦有「始生」之德，無妄卦有「至誠」之德，隨卦有「從」之德，革卦有「變」之德，臨有「大」之德，此諸德在各卦中，若得以貞正，則必能大亨。

這種解釋，適合當時父權制制度的需要，在當時是具有積極意義的。

開創「元、亨、利、貞」為《易》之四德的人，並非孔子，而是在孔子之前就有了。例如：《左傳．襄公九年》闡述經文「五月，辛酉，夫人姜氏薨」一事時說：穆姜薨於東宮。始往而筮之，遇艮之八。史曰：「是謂艮之隨。隨其出也，君必速出！」姜曰：「亡！是於《周易》曰：「隨：元、亨、利、貞。無咎。」元，體之長也；亨，嘉之會也；利，義之和也；貞，事之干也。體仁足以長人，嘉德足以合禮，利物足以和義，貞固足以干事。然故不可誣也，是以雖隨無咎；今我婦人，而與於亂，固在下位，而有不仁，不可謂元；不靖國家，不可謂亨；作而害身，不可謂利；棄位而姣，不可謂貞。有是四德者，雖隨無咎；我皆無之，豈隨也哉？我則取惡，能無咎乎？必死於此，弗得出矣。」

穆姜不但把「元、亨、利、貞」四字分讀，而且明確的說就是「四德」，這說明在穆姜以前就有「四德」的說法了。而襄公九年為西元前689年，孔子在一百多年後才出生，顯然不是孔子所創。

那是誰說的呢？其實最有可能的是周公。而文王時期，儘管從黃帝、堯舜等等歷代繼承了很多禮法，但對於男尊女卑及君君、臣臣、父父、子子之類的理論，應該不太注重。因為從文王的爺爺太王開始，便已有成霸業的野心了，怎麼會重視這些禮教呢？文王的爺爺就是看到文王有出息，才傳位給文王的爸爸，並預言文王將得到姜子牙才能興得霸業。所以文王將姜子牙稱為「太公望」，即「文王的爺爺期待的人」。不過，後來周朝得到天下後，才需要君君、臣臣、父父、子子這些「親親」的禮教思想來維護社會的和平與安定。尤其是在武王去世、成王年幼的時期，周朝的政治更是動盪不安。周公稱王替成王處理朝政，在姜子牙的配合下，完成東征的勝利之後，進行制禮作樂，周禮就是從這時期才趨於完備的。《周易》中的爻辭與十翼等內容，也應當是這一時期的作品。

歷代儒家認為《彖辭》為文王所作，可是卦辭與彖辭的風格顯然不是出自同一人之手。卦辭簡約隱晦，雖然談吉論凶但是心態平和；彖辭則擅長抒情，詞句鏗鏘，極似周公的筆法。在伐紂戰役中，周公所作的《牧誓》中便有「牝雞無晨；牝雞之晨，唯家之索」之句，雖然此句是前人的古語，周公此處引用則說明，周公本人的立場是重男輕女。所以周公在制禮作樂時，要宣揚男尊女卑及君君、臣臣等禮教，在為《周易》作彖辭時，第一個喊出「大哉乾元」的口號，並且在釋解經文時，有意增加乾卦的分量，提高乾卦的地位。男尊女卑的思想儘管早已有之，但周公的制禮作樂則加重這種思想的力度。

周公為什麼要這樣呢？因為周公參與並且指派卜官編寫《周易》的經文，有警誡當時的成王及官員要吸取殷商滅亡教訓的目的。其宣揚男尊女卑的思想，是警示成王及後代君王不要讓女人參政，吸取殷紂亡國的教訓。「牝雞司晨」一詞，後來已成為女人奪權的代名詞，無奈的是，西周還是因為女人而亡國了。

但是另有學者認為，由於男女生理和心理的天生差別，因此被《易經》賦予不同的屬性，以乾坤來區分，並不涉及尊卑問題。《禮儀》中提到一項叫「親迎」的儀式，規定新郎必須在婚禮當天的黃昏時刻，親自迎娶他的新娘。在出發前，新郎的父親要在祖先的祭壇前鄭重的發表一個勸告，要求他像尊敬母親與祖母那樣尊敬他的新娘，並且共同延續家庭的血脈，就說明了這個問題。

由於周公受封於魯，所以在春秋末年，魯國的禮樂制度還是較為完備的，正是因為在這種文化的薰陶下，出了一個孔聖人。而孔子之所以對周禮如此執著，前文已述，在此就不多講了。

伍·爻辭

初九[1]：潛龍勿用[2]。

九二：見[3]龍在田，利見[4]大人。

九三：君子[5]終日乾乾，夕惕若；厲[6]，無咎。

九四：或躍在淵，無咎。

九五：飛龍在天，利見大人。

上九：亢[7]龍有悔。

用九[8]：見群龍無首，吉。

【注解】

[1] 初九：八卦六爻自下而上排列，陽者為九，陰者為六。

[2] 潛龍勿用：沈驎士曰：「稱龍者，假象也。天地之氣有升降，君子之道有行藏。龍之為物，能飛能潛，故借龍比君子之德也。初九既尚潛伏，故言『勿用』」；干寶曰：「陽在初九，十一月之時，自復來也。初九，甲子天正之位，而乾元所始也。陽處三泉之下，聖德在愚俗之中，此文王在羑里之爻也。雖有聖明之德，未被時用，故曰『勿用』」。

[3] 見：音ㄒㄧㄢˋ，出現之意。

[4] 見：看見。

[5] 君子：君王之子，泛指當時統治階級、貴族階層。如孔子在《繫辭傳》中說：「負也者，小人之事也；乘也者，君子之器也。」堯舜時代只有道德高尚的人才能繼承君位，所以後來君子一詞也泛指道德高尚的人。

[6] 夕惕若；厲：若，如；厲，色。朝夕戒懼，如臨危境，不敢稍懈。

[7] 亢：過度，極度。

[8] 用九：六十四卦只有乾坤兩卦是純陽純陰卦，所以古時占卜占得六爻，全是陽爻而沒有動爻時，以「用九」為占辭，占得六爻全是陰爻而沒有動爻時以「用六」為占辭。

【釋義】

為了使《易經》經文不致散亂，以便研讀經文者玩其辭，所以我們將爻辭集中在一起進行逐條講解。

初九：潛龍勿用。

經文意思是：身居下位，時機還沒有成熟，所以應當像潛藏的龍一樣，不要施展你的才能。

東晉著名文史學家干寶極其精通易學，他對這句話的解釋是，此時就好比周文王被囚於羑里。周文王被囚於羑里前，在商朝上下有很高的威望，同九侯、鄂侯並稱三公。身為殷商的大臣，影響力太大了，這樣就威脅到商紂王的統治，所以紂王殺掉了九侯與鄂侯，並將文王囚於羑里。

「初九」處乾之始，位卑力微，需養精蓄銳，待機而行，所以「潛龍勿用」。

這一句經文是告訴人們韜光養晦的道理。身處下位而過於顯露才能會對自己不利。由此可見《易經》中的智慧有些狡詐的成分，但卻很客觀。比如現在有些前衛一點的學生，經常指責老師的不對，這樣對學生有好處嗎？雖然說做人要心胸磊落，但誰又能做到呢？所以「潛龍勿用」的智慧還是有現實意義的。但此句經文並非要人消極地等待，而是教人在這樣的時刻，要暗地裡積蓄自己的力量。中國的龍是一種奇怪的動物，牠奇怪在哪裡呢？牠能大能小，能屈能伸，能隱能現。所以君子要效法龍的精神，在時機不成熟時，要在暗中積蓄自己的力量。如果只是消極地等時機，那麼等時機來了，你力量卻不足，又怎麼能像龍一樣大、伸、現呢？

如果你剛成為一家公司的職員，便開始對老闆表示看不慣，認為自己比誰都強，這個經理的位子就適合你做，這樣會有什麼好處呢？雖說不想當元帥的士兵不是好士兵，想有更大的發展是好事，但也要學會暗地裡下工夫，懂得「潛龍勿用」的道理才行，這樣，當主管提拔你時，你才能勝任新的主管職位，施展自己的才華。否則，恐怕連自己職員的位子也不保。

俗話說「臺上一分鐘，臺下十年功」，「想要人前顯貴，就得背後受苦受罪」，世界上沒有不下一番苦功便能輕易成功的事情，所以人們只有懂得「潛龍勿用」的道理，在創業的最初階段，要隱忍，要吃苦，要暗地裡積極積蓄力量，才能為成功打下堅固的基石。

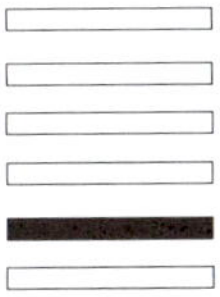

九二：見龍在田，利見大人。

經文意思是：龍出現在田野之上，有利於見到大人物來發展自己。

什麼是「見龍在田」呢？我們知道，八卦六爻從上至下，每兩爻為一組，分別代表天、人、地三才。初九與九二同為地，但所處的位置不一樣。初九為地下，為淵；

「九二」居中在地，陽剛漸增，頭角初露，有利於有道德、有作為的人出現。

九二為地上，為田。九二雖然不是五爻君位，但卻具備居中的君王之德，即相當於你現在已經積蓄了足夠的力量。可是陽居陰位，也就是說位置不是很吉利，完全有更好的能力，但在這個位置上發揮不出自己的才能，怎麼辦？「利見大人」。即是告訴我們，處於這種情況時，要抓住機遇，尋求大人物的幫助，使自己有更好的發展。

這一卦含有出潛離隱之象。所以干寶認為，這一卦就好比是文王出於羑里的典故。周文王的大臣用重金與美女賄賂紂王，使紂王放了文王，文王一方面對紂王表忠心，經常給紂王送些禮物，並且征討不歸順殷朝的諸侯，表面上對紂王不錯，而實際上卻是在發展自己的軍事力量，擴充自己的領地。這就是這則經文的涵義。是在說當時機成熟時，要抓住時機展現自己的才華，但是必須考慮到自己所處的位置，不要忽視大人物的力量。比如文王便是賄賂紂王，從而在紂王那裡得到征討諸侯的大權，因此壯大了自己的國力。

當然，文王雖然有謀略，但未免有些陰險，這個我們不能提倡。我們今天從這一爻的涵義中要明白抓住機遇的重要性。

比如中國剛剛改革開放時期，有許多人迷茫，有許多人不信，然而也有一些人敢於成為第一個人。這些人由於抓住政策給予的機遇，最終走上了富裕的道路。而迷茫與不信者，至今仍在舊的工作職位上打工，有的甚至因為公司倒閉而陷入貧困。

機遇是轉瞬即逝的。誰能抓住機遇，誰就更有希望成功。1982年，劉永言、劉永行、劉永美、劉永好，他們四個兄弟看到時代賦予的機遇，便辭去工作職務，變賣手錶、自行車等家產，籌資一千元，到農村去創業——孵小雞、孵鵪鶉。20年後，劉氏兄弟的一千元已經變成83個億，而創立的希望集團已涉略了養殖、飼料、食品、金融、房地產、生物化工、高科技等各項領域。是什麼原因讓劉氏兄弟有如此大的發展？兩個字：政策。如果用四個字說便是：抓住機遇。用劉永好的話來說便是：順潮流事半功倍。如果劉氏兄弟在禽流感期間去孵小雞，怎麼會有發展呢？

九三：君子終日乾乾，夕惕若；厲，無咎。

經文意思是：君子終日自強不息，每天晚上對自己進行深刻反省，保持警惕的心，檢查自己的失誤之處，才不會給自己帶來災難。

「九三」陽剛得正，但居位不中，應不斷健強振作，保持警惕，才可免遭禍害。

君子在上古與中古時期是代表統治階級的貴族階層，當時的書籍都是給這些人看的。但現在時代不同了，每個想發展自己而有所追求的人都可以稱之為君子。當然道德上也得過關才行。

這個九三爻處於內卦中爻的上面，陽爻居奇位，雖然得位但不得中，所以不是很吉利。打個比方說就是沒有實權但官位卻比有實權的人高，處於這種地位，當然是很不利的。所以想要沒有災難，就得謹小慎微才行。這就好比剛從羑里出來的周文王，他上面有紂王，下面有諸侯。自己的行為如果受到紂王的猜忌，就又要大難臨頭；自己的行為如果引起諸侯不滿，諸侯會在紂王面前說壞話，那麼也會有凶險。所以這一爻辭是告誡人們在這種情況下，表面上要大大方方，兢兢業業，自強不息地做事，但每天晚上（也就是暗地裡）要對自己的每一步做好規劃，做好周密的安排，把各種不利的因素考慮周全。只有這樣，才能沒有災難。

在現實生活中，處於這種境地的人很多。有的人在這種情況下，將內心的感受流露於外表，是很不明智的做法。

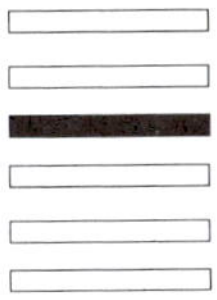

九四：或躍在淵，無咎。

經文意思是：根據不同時機，可以一躍九天，也可以復沉於淵，都不會有什麼災難。

九四爻陽爻而處於陰位，是不得位；但其處於三才中的「人上」之位，其位於「九五」之下，是一人之下萬人之上之位。可是伴君如伴虎，陽爻處於這種位置是不吉的。所以有「或」，「或」便是「惑」的意思，也就是說該怎麼辦呢？只有「躍」和「淵」才是解決的辦法。躍者，便是來到九五的位置上；淵者，便是重新回到初九的位置上，即「狡兔死，走狗烹；鳥飛盡，良弓藏」，不得不「功成身退」。而一直處在九四的位置上，就凶險了。

這一爻就好比武王舉兵盟津。文王去世後，武王繼位，在姜子牙的配合下，四處征戰，後來發展成當時最大的諸侯國。殷商三分之二的天下都是武王管轄的。在這種情形下，就算武王再給紂王送多少禮，紂王也會明白心腹大患便是武王了。在這種情況下，只有兩種出路，推翻殷紂，或者是交出土地，開始歸隱保全。

武王是怎麼做的呢？武王採取了「躍」。武王九年，太公輔佐周武王在盟津舉

「九四」上卦之初，如龍從深淵躍出，但需審時度勢，待機奮進。這樣沒有禍害。

行一次軍事大檢閱，對商紂政權進行試探性進攻。在此次戰鬥中，武王故意不稱王，而自稱太子發，並說是「奉文王以伐」，以鼓舞士氣，其實，文王早就死了。這是姜太公的安排，以德高望重的文王之名號令諸侯。大軍出發時，由師尚父姜太公為三軍統帥，他左手持黃鉞，右手拿白旗，向三軍莊嚴地發布命令說：「蒼兕蒼兕，總爾眾庶，與爾舟楫，後至者斬！」（意思是蒼兕呀，蒼兕，整頓好你們各自統帥的隊伍，準備好渡河用的船隻，如果有誰故意遲到，就立即把他斬首示眾！）

一路上軍紀嚴整，號令森嚴，大軍直奔盟津而來。行軍途中，每到一處，無不受到士民歡迎。周武王乘船渡河，看到舟楫整齊，卒伍士氣高昂，心裡非常高興。船行至中流，有一條白色的大魚跳入船中。為了鼓舞士氣，武王指著那條大魚宣布說：「殷人崇尚白色，這是殷人要自取滅亡的象徵！」過河宿營，忽然一顆紅色的流星劃破長空，聲音震天動地，更增加了戰前悲壯、森嚴的氣氛。傳說中的這些吉祥徵兆大大振作了士氣，鼓舞了軍心，在太公的直接指揮和帶領下，兵至盟津，得到八百諸侯的響應，群情激憤，紛紛表示討伐商紂。但武王和太公認為，目前還沒有取勝的絕對把握，於是暫時撤軍還朝。

武王這次戰於盟津，無異於宣布了獨立。這就是「躍」。兩年後，武王在姜子牙的幫助下，終於一舉推翻了殷商王朝，建立了西周。

在現實中，大多數人採取了「淵」，為什麼呢？因為力量還不夠。比如范蠡與文仲幫助越王勾踐打敗吳國後，范蠡以「鳥飛盡，良弓藏」的話來勸大夫文仲不要貪圖富貴享樂，應該歸隱保全。結果文仲不聽，最後被越王賜死。范蠡則與西施一起歸隱於五湖之中，躲過了殺身之禍。

所以說四爻這個位置，陰爻尚可，如果是陽爻則必須選擇「躍」或「淵」。為什麼陰爻可以呢？因為陰爻主靜，小人之道也，沒有大作為，沒有大想法，不會引起九五之尊的猜忌。

九五：飛龍在天，利見大人。

經文意思是：飛龍遨遊於天際，有利於見到大人物。

九五之尊，就是君王的位置，在天地人三才中此為天道，所以有龍飛於天之象。而位在九五的君王還要見大人物嗎？是的，天外有天，人外有人，君王之上仍然有大人物存在，是誰呢？按古代來說，就是天上的神，得祭祀祖先及天上的神靈了。而按現在的思維理解，應該是百姓中有能力輔佐天下的人。

「九五」陽剛中正，是本卦卦主。如巨龍高飛在天，聖人有龍德，德備天下，為萬物瞻視。

九五之君位，不單指君王之位，也代表事物發展到最完美的階段。比如當我們功成名就、事業有成時，都可以說是來到人生的九五之位。而在古代，一個人建立功業之後要祭祖，把這一則喜訊告訴祖先，並且要祭神以求保佑，另外還要建立一個家譜。為什麼要建家譜呢？因為有地位有錢了，妻子多了，後代也就多了，所以立個家譜，以便傳承家族的豐功偉業。這也是家史的一部分。

這一爻就相當於武王伐紂成功之時。武王戰於盟津之後的第二年，打響了滅紂興周的戰役。當時武王通告諸侯，共同征伐。姜子牙精選了兵車 300 輛，勇士 3000 人，甲士 45000 人，一路浩浩蕩蕩往朝歌進發，這就是歷史上著名的牧野之戰。武王順利地滅掉殷商王朝後，便登基為天子，祭祀先祖，分封各路諸侯及有功的謀士。於是出現了一個注重禮制的新奴隸制國家。而周國的禮教（即周公所制定的禮樂）則在孔子的宣傳下，影響了中國封建社會兩千年。

上九：亢龍有悔。

經文意思是：龍向上飛得太高了，便會有後悔的事情發生。

「上九」陽極生陰，盈滿過溢，巨龍高飛窮極，勢必遭受挫折而後悔。應懂進退、存亡、得失之理。

這句經文告誡我們，凡事不可以步入極端，就像人不能吃得太飽，追求功名不可以知進忘退，做什麼事情，太過分就不吉祥。

陽九為六爻的最上層，由於陽升陰降，所以在這一位置的陽無法下降為九五之位，於是就會發生後悔的事情。就好比君王已經把位子傳給太子，結果自己沒權利了，於是開始後悔了。

關於乾卦六爻的另一種解釋為卦氣說。因為乾卦為陽卦，所以它六爻的變化反映著陽氣由衰至盛的過程。初九時一陽始生，相當於復卦；九二時二陽出現，相當於臨卦；九三時三陽出現，相當於泰卦；九四時四陽出現，相當於大壯；九五時五陽出現，相當於夬卦；上九時六爻純陽，相當於乾卦，所以到上九時物極必反，開始陽極陰生。

總之，這一爻告誡我們的是做事不要知進忘退，才會吉祥。「知進忘退」並非只進不退，而是沒有考慮好退路，到後來被逼迫而退，就只能後悔了。其實，處在九五之尊之時，便應當居安思危，做好以後的打算，才不至於以後「悔之晚矣」。

用九：見群龍無首，吉。
經文意思是：出現一群龍而沒有首領，而每條龍都能各盡其職，這很吉祥。

群龍無首怎麼會吉祥呢？噢，原來是儘管沒有首領，但每條龍都各盡其職，做好自己分內的事。當然吉祥了。這是統治者最高明的統治方法，其實也就是老子的「無為而治」。

「用九」是乾卦中獨有的斷語，全爻都是「老陽」，必然向陰轉化，此時應從初爻開始，冷靜分析各爻變化，善加運用，不被變化約束，才能用九而不被九所用。一群巨龍，都不以首領自居，平等相處和衷共濟，這樣當然不會凶險，大吉大利。

你想，在各個諸侯國之間，互相平等互助，誰也不侵害誰，這不是很好嗎？可是為什麼會出現天子這個總盟主呢？因為諸侯國之間經常會有爭端和戰爭，那由誰來主持公道？只有大家推出一個盟主了，而這個盟主必須強盛，誰不聽話就能把誰打敗。這就是「首」的作用。由此可見「首領」的出現，應該說是時代的悲哀。但已經是這樣的時代了，畢竟是私有制的社會。首領該怎樣做呢？如果以陽剛之道，用武力使下屬屈服，是不能使人們完全信服的；可是如果以陰柔之道統領眾臣，又無法起到確實的效果，該怎麼辦？所以周朝以禮樂治國。禮制使每個人都明白自己應該怎樣做，自然可以維護好社會秩序。人人都懂得禮，人人都遵守禮，首領就不需要用武力抗擊反叛的諸侯，明天用言語勸慰剛被欺負的諸侯。這樣，自然也就顯現不出首領的地位了，而首領卻仍然存在，只是不顯，這樣的社會當然會吉祥了。這就好比一群工人在工地做工，都做得很好，其實裡面有一個工頭，可是外人卻看不出來，大家在一起齊心協力把工作做好，怎麼會不吉祥呢？

陸・彖辭傳

彖[1]曰：大哉乾元[2]，萬物資[3]始，乃統天。

雲行雨施，品物流形[4]。

大明終始，六位時成，時乘六龍以禦天。

乾道變化，各正性命，保合太和[5]，乃利貞。

首出庶物，萬國咸寧。

【注解】

[1] 彖：音ㄊㄨㄢˋ，原義是一種牙齒銳利的獸名，據說這種獸能咬斷金屬。在《周易》中為斷的意思，彖辭即對每一卦的斷語，相當於卦辭與爻辭。而此處的「彖曰」應為「彖辭傳曰」，是周公或孔子對卦辭的解釋。不過現在人們將「彖辭傳」簡稱為「彖辭」已成為一種習慣。

[2] 乾元：乾，即乾卦的卦名，其六爻純陽，以代表陽氣；元，始之意。二者結合在一起，即表示陽氣始生之意。

[3] 資：憑藉之意。

[4] 品物流形：品物，各類事物；流形，流布成形。品物流形即萬物都得到生長，顯現出本來的形象。

[5] 太和：均衡和合的狀態。

【釋義】

在講解經文之前，先談一談《周易》的《十翼》。此處的「彖曰」並非《周易》的經文部分，而是傳為孔子所作的《十翼》之一，即《彖辭傳》。

彖辭原指《周易》中的卦辭與爻辭。相傳為孔子所作的《十翼》中解說經文的文字，也稱《十傳》，總稱《易傳》，其包括《彖辭傳・上》、《彖辭傳・下》、《象傳・上》、《象傳・下》、《文言》、《繫辭傳・上》、《繫辭傳・下》、《說卦傳》、《序卦傳》、《雜卦傳》，共十篇。

不過這些並非孔子所作，這些文字應為周公時期的作品，而且並非只有十篇。孔子對這些文獻進行整理，然後口述給弟子。後來（應該是戰國末年），孔子的弟子對這些內容進行整理，將其歸類為十篇。至此才有文字的《十翼》問世。後來人們將《十翼》與《周易》編在一起，統稱「易十二篇」。為了人們更方便的理解《易經》經文，人們後來又把《十翼》中的《彖辭傳》、《象傳》分別列入《易經》卦辭、爻辭的後面，將《文言》列在乾坤兩卦的後面。這是古代最常見《易經》版本的排列樣式。而《十翼》的內容，由於並非出自一人之手，其中即有周公的觀點，也有當時卜官的觀點，還有後來孔子和其弟子（即寫成文字者）的觀點，所以其內容龐雜，甚至有互相矛盾的地方。因此，我們在閱讀《十翼》時，要有所鑑別。由於《十翼》對理解經文還是有一定的幫助，所以一直成為《易經》的一部分。

本書亦採用古代常用的排列順序，在乾卦中按照卦名、卦畫、卦辭、爻辭、彖辭傳、象辭傳、文言的順序排列。以後各卦，則將彖辭傳列入卦辭之下，將象辭傳列入卦辭及爻辭之下。

下面言歸正傳，開始講一講彖辭的意思。把上面的一段古文翻譯成現代文：多麼偉大啊，陽氣的始生！萬物因它而生，乃至天體也被它控制著（即天氣因陽生而轉暖）。它使天空布雲施雨，（在雨水的滋潤下）萬物開始生長，在大地上顯露出本來的形象；太陽反覆運行，使六個時辰處於美好的白天；乾卦的六爻，控制著天體的寒來暑往。天體的運行規律，賦予萬物不同的性質和壽命，經常保持陰陽的均衡和合，才是利於堅守的正道。陽氣不但使萬物擁有生命，還讓萬國都因此安寧。

這段彖辭，可以稱之為「陽氣讚」。它讚美了陽氣強大的功能。冬至一陽生，此時大地上的萬物都開始有了生命的萌生，植物的根在泥土中開始有長勢，人的身體也開始因陽氣的初生，顯得有生命力，動物中陽氣足的老虎在此時發情開始交配，可見這一陽初生真是了不起。隨著陽氣的不斷上升，天氣轉暖了，於是開始下雨了。一場場的春雨，使大地上的植物都長高了，綠茵茵顯示出一片生機。在時間上，乾陽代表白天，坤卦代表黑夜；在節氣上，乾卦的六爻變化代表著陽氣逐漸上升，天氣逐漸轉暖。由此可見陽氣真的很偉大。

可是文中的「保合太和」，也許你會認為不是在談陽氣。「保合太和」是《周易》中最重要的哲學思想。《程氏易傳》中說：「保謂常存，合謂常和。」太和即大的和諧。連起來的意思就是：保持常和達到大的和諧。細觀《周易》一書，無不表現天地氤氳有常生、陰陽和會以施化，剛柔相摩以成形，男女和合成夫婦、感應相通成變化的思想。《周易》的氤氳、和會、相摩、和合、相通，都有和合、融和的意思，都是「保合太和」的具體表現。正是《周易》和合這一思想，奠定了中國哲學重和而不重爭，重合而不重分的特徵。可見「保合太和」指的是陰陽之合，那怎麼會在「陽氣讚」中談到陰陽之合呢？其實作者是在指，陽氣才是陰陽交合的重要基礎。男權時代的文字當然要宣揚男性陽剛之氣的偉大。不過仔細想想，確實也有一點道理。因為如果陽氣不健，何以得合？比如男子陽痿，怎麼能進行夫婦之合呢？

至於彖辭的最後一句「萬國咸寧」是怎麼回事呢？陽氣怎麼還能使國家安寧呢？

我想，如果你了解了夫婦之合的道理，便能理解這句話的涵義了。國家的安寧，君臣之道也，君陽臣陰，君臣之合自然無政亂；國家的安寧，亦如夫婦之道也。夫陽婦陰，夫婦和合，夫唱婦隨，夫健婦順，家庭自然和睦。國君如夫，臣民如婦，自然家國安穩。君君、臣臣、父父、子子之道，當然可以使國家安寧了。

當然，這是古代的封建思想。不過，只要有國家，就有階級存在，這種不同階級的道德約束理念就有現實的意義。只是我們在今天如果像古代那樣嚴格地束縛人們的思想與行為，顯然不太可能。所以現在的精神文明建設，還是比孔孟宣揚的周禮更符合時代的需要。

柒·象傳

（大）象[1]曰：天行健，君子以自強不息。

（小）象曰：潛龍勿用，陽在下也。

見龍在田，德施普[2]也。

終日乾乾，反覆道也。

或躍在淵，進無咎也。

飛龍在天，大人造[3]也。

亢龍有悔，盈不可久也。

用九，天德[4]不可為首也。

【注解】

[1] 象：獸名。在《周易》中借指卦象。象傳便是對卦象的解釋。以前儒家將解釋卦辭（彖）的象辭稱為大象，將解釋爻辭（象）的稱為小象。《象傳》的作者，一般認為是周公所作。本書採用古本《周易》的排列方式，乾卦的象辭單獨列出，以後各卦分別列於所屬之卦、爻辭下。

[2] 德施普：九二爻屬於三才中地道的上爻，陽氣的生養之德可以普及萬物。喻已離潛出隱，可以有所作為。

[3] 造：造，作之意，即興起而大有作為。

[4] 天德：陽剛之德。古有天德、月德之分，以示陰陽不同之德。

【釋義】

（大）象譯文：天體運行剛健而永不停息，君子應當效法天道，自強不息。

（小）象譯文：初九之所以「潛龍勿用」，是因為此陽爻的位置處於最下面的位置。

九二的「見龍在田」，指的是九二陽爻已來到地上，可以發揮它的養生萬物之德了。

九三的「終日乾乾」，即反覆運行，永不停息的意思。

九四的「或躍在淵」，是說前進（或歸隱）不會有災難的意思。

九五的「飛龍在天」，是指大人物將會出現而大有作為的意思。

上九的「亢龍有悔」，是說物不可以終盛，會盛極而衰，陽極而陰生之意。

用九的爻辭涵義是，陽剛之德不會自以為是，顯示自己首領的地位。

前面已說過，象傳是在輔佐人們理解經文，是透過卦象解釋經文，不過仁者見仁，智者見智，並非全部正確，只能作為參考。

在這裡要談一談大象中的「自強不息」。我們說中華民族是一個自強不息的民族，「自強不息」這句成語便是源於《周易》中乾卦的象辭。清華大學的校訓是「自強不息，厚德載物」，這八個字就是取自於乾坤兩卦的大象辭。1914 年，著名學者梁啟超先生應邀到清華以《君子》為題作講演，並以乾坤兩卦的「自強不息」、「厚德載物」勉勵學生。從此這八個字便成為清華大學的校訓，一直至今。在這 90 餘年中，這八個字激勵著一代又一代的清華學子，使清華大學人才輩出，成為中國最有名氣的學府之一。

我們今天學習乾卦的經文，便是要學習這種自強不息的精神，激勵自己要學有所成，做有所成。

捌・文言

文言[1]曰：「元者，善之長也，亨者，嘉[2]之會也，利者，義之和也，貞者，事之幹也。君子體仁，足以長人；嘉會，足以合禮；利物，足以和義；貞固，足以幹事。君子行此四德者，故曰：乾，元亨利貞。」

初九曰：「潛龍勿用。」何謂也？

子曰：「龍德而隱者也。不易乎世，不成乎名；遯世而無悶，不見世而無悶；樂則行之，憂則違之；確乎其不可拔，潛龍也。」

九二曰：「見龍在田，利見大人。」何謂也？

子曰：「龍德而正中者也。庸言之信，庸行之謹，閑邪存其誠，善世而不伐，德博而化。《易》曰：『見龍在田，利見大人。』，君德也。」

九三曰：「君子終日乾乾，夕惕若；厲無咎。」何謂也？

子曰：「君子進德修業，忠信，所以進德也；修辭立其誠，所以居業也。知至至之，可與言幾也。知終終之，可與存義也。是故，居上位而不驕，在下位而不憂。故乾乾，因其時而惕，雖危無咎矣。」

九四：「或躍在淵，無咎。」何謂也？

子曰：「上下無常，非為邪也。進退無恆，非離群也。君子進德修業，欲及時也，故無咎。」

九五曰：「飛龍在天，利見大人。」何謂也？

子曰：「同聲相應，同氣相求；水流溼，火就燥；雲從龍，風從虎。聖人作而萬物睹，本乎天者親上，本乎地者親下，則各從其類也。」

上九曰：「亢龍有悔。」何謂也？

子曰：「貴而無位，高而無民，賢人在下位而無輔，是以動而有悔也。」

潛龍勿用，下也；見龍在田，時舍也；終日乾乾，行事也；或躍在淵，自試也；飛龍在天，上治也；亢龍有悔，窮之災也；乾元用九，天下治也。

潛龍勿用，陽氣潛藏；見龍在田，天下文明；終日乾乾，與時偕行；或躍在淵，乾道乃革；飛龍在天，乃位乎天德；亢龍有悔與時偕極；乾元用九，乃見天則。

乾元者，始而亨者也。利貞者，性情也。乾始能以美利利天下，不言所利。大矣哉！大哉乾乎？剛健中正，純粹精也。六爻發揮，旁通情也。時乘六龍，以禦天也。雲行雨施，天下平也。

君子以成德為行，日可見之行也。潛之為言也，隱而未見，行而未成，是以君子弗用也。君子學以聚之，問以辨之，寬以居之，仁以行之。易曰：「見龍在田，利見大人。」君德也。

九三，重剛而不中，上不在天，下不在田。故乾乾，因其時而惕，雖危無咎矣。

九四，重剛而不中，上不在天，下不在田，中不在人，故或之。或之者，疑之也，故無咎。

夫大人者，與天地合其德，與日月合其明，與四時合其序，與鬼神合其吉凶。先天而天弗違，後天而奉天時。天且弗違，而況於人乎？況於鬼神乎？

亢之為言也，知進而不知退，知存而不知亡，知得而不知喪。其唯聖人乎？知進退存亡，而不失其正者，其唯聖人乎？

【注解】

[1] 文言：依據經文講解其中的道理。文言亦是周公制禮時的作品，孔子收集整理。文言中的「子曰」當為孔子之言。

[2] 嘉：古代五禮之一。包括冠、婚、賀慶、饗、宴等的禮儀。引申義為美好之意。

【釋義】

文言是在孔子出生前就有的解經文字。值得注意的是，文言的內容已脫離了《易經》卦辭與爻辭的本意，而是帶有更強烈的哲理性與政治色彩。古代儒家認為除了《彖》與《象》，其他《易傳》的內容爭議處頗多，所以將《彖》與《象》列入經文，而將文言列於乾坤兩卦的最後面，而其餘列於經書的最後，以分主次輕重。有些易學家認為文言應當是每一卦都有，但現在只存乾坤兩卦的文言，疑為孔子所刪（也就是說，孔子沒把這部分傳下來），因為其他卦的大意可以根據乾坤兩卦的文言進行類推。

好了，下面我們就分段講解一下文言的內容。

文言曰：「元者，善之長也，亨者，嘉之會也，利者，義之和也，貞者，事之幹也。君子體仁，足以長人；嘉會，足以合禮；利物，足以和義；貞固，足以幹事。君子行此四德者，故曰：乾，元亨利貞。」

這段文字是解釋乾卦的四德。這段話翻譯成現代文便是：元是仁善之首，亨是美好的相會，利是正義的和諧，貞是做事的主幹。君子體仁，足以成為眾人的首領；美好的聚會，足以符合禮教；利益萬物就可以合於道義；堅貞守正就足以辦成事業。君子要效法乾卦的這四種品德，所以說，「乾，元亨利貞。」

這段話在《左傳．襄公九年》有記載，當時襄公的祖母穆姜與僑私通，由於與僑感情深厚，就想除掉該立的成公，立她的情人僑為國君。由於陰謀沒有得逞，被趕到東宮的穆姜就請太史占了一卦。得的是艮之隨，即艮卦除二爻外其他爻皆變。太史說：「隨，其出也。君必速出。」意思是說災難馬上就要過去了。姜曰：「亡。是於《周易》曰『隨，元亨利貞，無咎。』元，體之長也；亨，嘉之會也；利，義之和也；貞，事之幹也。體仁足以長人，嘉會足以合禮，利物足以和義，貞固足以幹事。然固不可誣也，是以雖隨無咎，今我婦人而與子亂，固在下位，而有不仁，不可謂元；不靖國家，不可謂亨；作而害身，不可謂利；棄位而姣，不可謂貞。有四德者，隨而無咎。我皆無之，豈隨也哉？我則取惡，能無咎乎？必死於此，弗得出矣。」

穆姜對卦辭的講解很有哲理性，她不是只看斷辭，而是結合經文進行推理。其對經文的理解，應當就是周公制禮樂時對《易經》原意進行引申而加重禮教思想力度的一些內容。

乾卦四德在古代影響極大，比如天壇的四個大門，便是以元亨利貞命名的。後來，元亨利貞四個字，還被引申為春夏秋冬的涵義。

初九曰：「潛龍勿用。」何謂也？

子曰：「龍德而隱者也。不易乎世，不成乎名；遁世而無悶，不見世而無悶；樂則行之，憂則違之；確乎其不可拔，潛龍也。」

這段文字是解釋乾卦初九爻經文的。應當是孔子的想法，也不排除是孔子繼承了前人的觀點。將其譯成白話文便是：

問：乾卦的初九爻的卦辭說「潛龍勿用」，這是什麼意思呢？

孔子說：這說的是具有龍的品德而隱藏起來的人啊。這種人不會因世俗的影響而改變自己，不去爭逐世俗的功名；歸隱而不因清貧而苦悶，也不因無官無祿而苦悶；做自己願意做的事，不做違反自己意願的事，堅定自己的志向而不動搖，這就是潛龍啊。

孔子將爻辭的涵義上升到更高的哲學範疇，更為細緻地教導人們該如何「潛」。龍的品德是能大能小，能屈能伸，能隱能顯。在此，孔子重點講了龍的隱。在孔子看來，龍之隱，並非是委曲求全，而是自得其樂。這是隱者必須具備的道德修養。

古彭祖一邊拾麥穗一邊唱歌，這正是隱者的風範。而孔子本人卻沒有做到這一點，當他到處遊說自己的禮儀之說時，許多隱者勸其歸隱，可是孔子卻沒歸隱，一直戰鬥在遊士的第一線，在《論語．微子》中，便描寫孔子見到許多隱士的故事。孔子先碰見楚狂接輿。接輿唱了一首歌就跑了，大家都很熟悉他的歌唱了：「鳳兮鳳兮！何德之衰？往者不可諫，來者猶可追。已而已而，今之從政者殆而！」李白也有「我本楚狂人，鳳歌笑孔丘」詩句（《廬山謠寄盧侍御虛舟》）。《莊子．人間世》也提過這件事，詞句略有出入。他特意用「從政危險」來勸孔子避世，不過這對於信念堅定的孔子來說好像沒有多大用處。接著孔子遇見長沮、桀溺這兩個人，讓子路去問渡口（「問津」出典處），誰知這兩個人，一個敷衍了事：「是知津矣！」，說孔子應該知道渡口在哪；一個答非所問，勸子路不要跟從孔子。孔子知道後悶悶不樂地說「鳥獸不可與同群」。當與孔子走散的子路問一位隱士，有沒有看到自己的老師，隱士竟沒好氣地說：「四體不勤，五穀不分，孰為夫子！」意思是說：從不自食其力從事勞動，五穀都分不清，哪有資格能稱老師！為什麼這樣呢？這其實就是「圍城法則」，城裡人想出去，城外人想進去。孔子雖然透過葬母獲得貴族身分，可是從沒享受過一天貴族生活呀，他為什麼要歸隱呢？而那些隱士卻往往是過膩了富足生活的貴族，兩者境界當然不一樣了。

不過孔子在這裡所說的是很有道理的，當「潛」之時，自得其樂的心態更有利於積蓄自己的力量。現實生活中有很多不得志的人，這些人應當按孔子所說的，去做蓄勢待發的「潛龍」。

九二曰：「見龍在田，利見大人。」何謂也？

子曰：「龍德而正中者也。庸言之信，庸行之謹，閑邪存其誠，善世而不伐，德博而化。《易》曰：『見龍在田，利見大人。』，君德也。」

這是對乾卦九二爻的解釋。

問：乾卦的九二爻辭「見龍在田，利見大人」，是什麼意思呢？

孔子說：這是指那些具有龍的品德，又能保持中正的人啊。說話守信用，做事謹慎，防範惡意的誹謗影響自己的信譽，以美德利天下不爭不伐，以博大的道德感化世人。《周易》中說「見龍在田，利見大人」，這正是君王的道德啊。

九三曰：「君子終日乾乾，夕惕若；厲無咎。」何謂也？

子曰：「君子進德修業，忠信，所以進德也；修辭立其誠，所以居業也。知至至之，可與言幾也。知終終之，可與存義也。是故，居上位而不驕，在下位而不憂。故乾乾，因其時而惕，雖危無咎矣。」

問：九三爻說「群子終日乾乾，夕惕若；厲無咎。」是什麼意思呢？

孔子說：君子提高自己的道德修養主要就是憑藉忠信二字，所以修養才能提高。言語動聽但要建立在誠實的基礎上，所以能保持自己的業績。知道時機來臨，就想辦法得到它；知道運勢到了終點，便保持一顆正義之心。這就是不因上位而驕傲，不因位下而憂鬱。所以君子自強不息，時刻謹慎防範，雖然處於危險之地也不會有災難。

九四：「或躍在淵，無咎。」何謂也？

子曰：「上下無常，非為邪也。進退無恆，非離群也。君子進德修業，欲及時也，故無咎。」

問：九四爻「或躍在淵，無咎」是什麼意思呢？

孔子說：躍上去與退下來要審時度勢，靈活掌握，這不屬於邪惡。該進該退不是一成不變的，這樣做不會脫離君子的群體。君子提高道德修養來建立功業，總是不想錯過時機，所以沒有災難。

九五曰：「飛龍在天，利見大人。」何謂也？

子曰：「同聲相應，同氣相求；水流溼，火就燥；雲從龍，風從虎。聖人作而萬物睹，本乎天者親上，本乎地者親下，則各從其類也。」

問：（略）

孔子說：相同的音階之間會產生共鳴，相同的氣味之間會互相吸引（動物之間憑氣味尋找自己同類的異性）；在平地之上水向溼潤的地方流動，同樣可以燃燒東西，火在乾燥的物體上火苗旺，雲總是跟著龍，風總是跟著虎。聖人興起，萬物都可以看到。以天作為本類的事物會親近天，以地作為本類的事物會親近地，就是「各從其類」的道理啊。

上九曰：「亢龍有悔。」何謂也？

子曰：「貴而無位，高而無民，賢人在下位而無輔，是以動而有悔也。」

問：（略）

孔子說：尊貴卻沒有職位權柄，身分高卻沒有臣民，下面有賢人卻無法來到上面給予輔佐，所以此爻為動爻，一動就會發生後悔的事。

潛龍勿用，下也；見龍在田，時舍也；終日乾乾，行事也；或躍在淵，自試也；飛龍在天，上治也；亢龍有悔，窮之災也；乾元用九，天下治也。

前面的「文言曰」是第一部分，「子曰」是第二部分。這段文字，可以稱之為文言的第三部分。文言的內容有些雜亂，所以歐陽脩認為非孔子所作。其實，孔子對《周易》只是收集與整理，他應該沒寫過任何關於《周易》的理論。

這段文字主要說明各爻所處的時位，以此來指導人們在不同時位時應當怎樣做。意思是：

「潛龍勿用」，是因為位在下。「見龍在田」，是因為處於順時進位的時候。「終日乾乾」是正在做事情。「或躍在淵」是試一試自己的能力。「飛龍在天」是臨君而開始治理國家。「亢龍有悔」是因為窮途末路而帶來的災難。「乾元用九」中講的是治天下最理想的方法。

潛龍勿用，陽氣潛藏；見龍在田，天下文明；終日乾乾，與時偕行；或躍在淵，乾道乃革；飛龍在天，乃位乎天德；亢龍有悔與時偕極；乾元用九，乃見天則。

這是文言的第四部分。是從另一個角度對乾卦六爻進行解釋。

譯文：「潛龍勿用」，是因為此時陽氣處於潛藏時期；「見龍在田」是陽氣來到地面，天下變得光明；「終日乾乾」是與時俱進；「或躍在淵」是因為乾道的變革；「飛龍在天」是以天德治天下；「亢龍有悔」是事物發展到了極限；「乾元用九」是天道的法則。

乾元者，始而亨者也。利貞者，性情也。乾始能以美利利天下，不言所利。大矣哉！大哉乾乎？剛健中正，純粹精也。六爻發揮，旁通情也。時乘六龍，以禦天也。雲行雨施，天下平也。

此為文言第五部分。

譯文：乾元，即是陽氣初始而亨通。利貞，即是人之性情。陽氣用美麗與利益使天下受益，卻不表明自己的貢獻。偉大啊！這難道不是乾的偉大之處嗎？剛健而中正，是純粹的精華啊。六爻發動，可以廣通萬物之情，六爻的變化，代表天氣的變化，雲行雨施，潤澤天下而享太平。

君子以成德為行，日可見之行也。潛之為言也，隱而未見，行而未成，是以君子弗用也。君子學以聚之，問以辨之，寬以居之，仁以行之。易曰：「見龍在田，利見大人。」君德也。

此為文言第六部分。即是說：君子以成全美德作為自己的行為，這種行為在日常生活中就能體現出來。

九三，重剛而不中，上不在天，下不在田。故乾乾，因其時而惕，雖危無咎矣。

九四，重剛而不中，上不在天，下不在田，中不在人，故或之。或之者，疑之也，故無咎。

夫大人者，與天地合其德，與日月合其明，與四時合其序，與鬼神合其吉凶。先天而天弗違，後天而奉天時。天且弗違，而況於人乎？況於鬼神乎？

亢之為言也，知進而不知退，知存而不知亡，知得而不知喪。其唯聖人乎？知進退存亡，而不失其正者，其唯聖人乎？

這是文言的第七部分，也是最後一部分。是對各爻辭的解釋。白話文便是：

潛的意思就是隱伏而不顯露，做事還沒有成就，所以君子在這種情況下不發揮自己的作用。

君子學習要日積月累，積少成多，多向別人請教以解決不懂的地方，以寬容的胸懷與人相處，以仁愛之心去做事。《周易》中說「見龍在田，利見大人」，這是君王應具備的道德。

九三爻剛爻與剛爻重，上不在天道中，下不在地道中，所以只能自強不息，時刻謹慎。這樣，雖然處危險之地，卻不會有災難。

九四爻的處境與九三爻同，所以會迷惑。惑的意思是懷疑。所以沒有災難。

大人物具有天地的道德，具有日月普照萬物的品質，順應四時變化的規律，懂得占卜預知吉凶。在順應天道上，為天下人做出表率，根據天時的變化安排所做的事物。天與他的行為是一致的，何況是人呢？何況是鬼神？

所謂的「亢」，是指知進忘退，知存忘亡，知得忘失。只有聖人吧，能夠全面考慮到進退存亡，並且不失正道，大概只有聖人能做到吧。

第2節

卦二 坤 厚德載物的智慧

壹．卦名

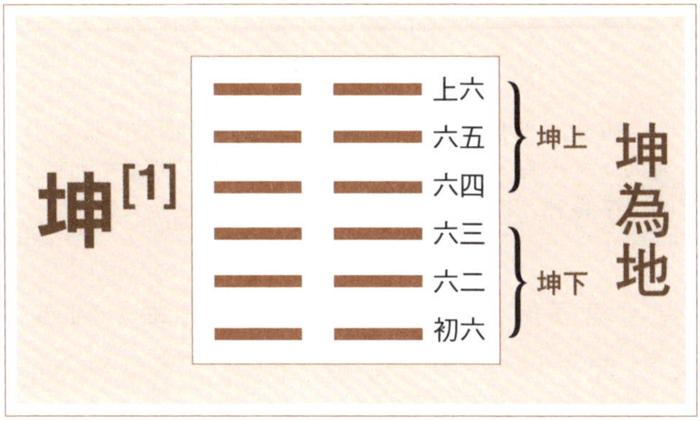

【注解】

[1] 坤：卦名，象徵地。在《帛書．易》中寫作「川」字。

【釋義】

坤卦的卦名為坤，象徵地。地載萬物，也可使萬物歸隱，所以坤有歸與藏的意思。

貳．卦畫

坤卦的卦畫六爻純陰，代表陰之極至。

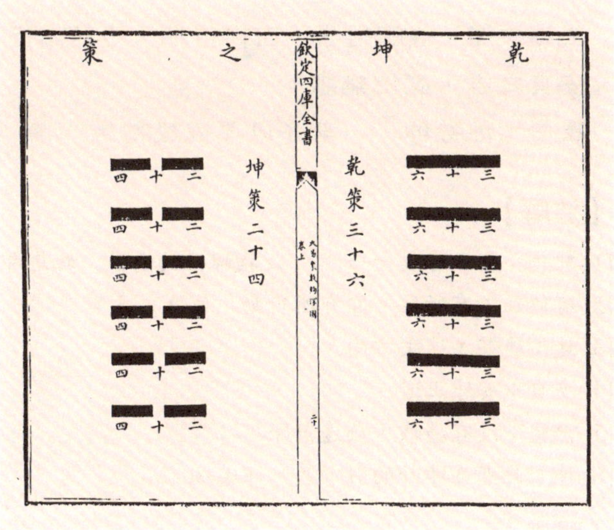

乾坤之策

古人以筮法占卜時，五十根蓍草而用其四十九根，三變而成一爻，計算三變所得掛與過揲之策，就知所得何爻。

叁・卦象

由於陰之成形莫大於地，所以坤卦的卦象首先代表地。因為母親是慈祥而溫柔的，母牛是溫順而任勞任怨的，布是柔軟的，大眾的本性是順從，所以坤卦也象徵母親、母牛、布、眾等等。自然、溫順、陰柔、順從便是坤卦的卦德了。

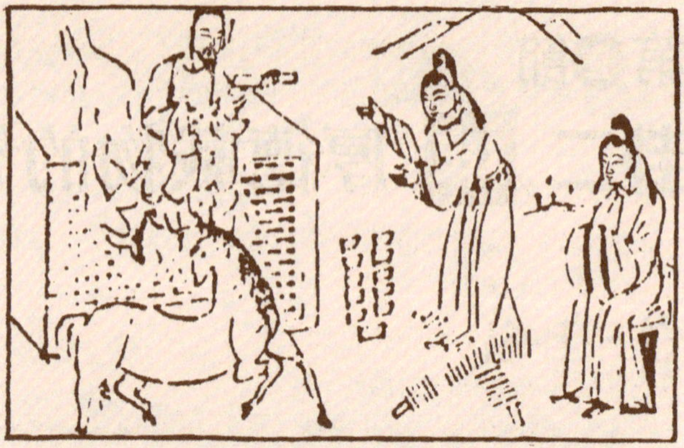

坤卦之象

有十一個口字，主吉；一官人坐看一堆錢，指有才貴人；有一馬，主祿馬；金甲神人在臺上，拋文書予官，乃文字得神力獲助。生載萬物之卦，君昌臣和之象。

肆・卦辭

坤。元亨，利牝馬[1]之貞。君子有攸往[2]先迷[3]，後得主，利西南得朋，東北喪朋。安貞[4]吉。

彖曰：至哉坤元，萬物資生，乃順承天。坤厚載物，德合無疆[5]。含弘光大，品物咸亨。牝馬地類，行地無疆，柔順利貞。君子攸行，先迷失道，後順得常。西南得朋，乃與類行；東北喪朋，乃終有慶。安貞之吉，應地無疆。

象曰：地勢坤[6]，君子以厚德載物。

【注解】

[1] 牝馬：牝，音ㄆㄧㄣˋ，泛指雌性的禽獸；牝馬即母馬。

[2] 有攸往：有所往。即有所行動、作為之意。

[3] 迷：迷茫，迷失方向。

[4] 安貞：安守正道。

[5] 無疆：沒有疆域，無邊無際。

[6] 坤：此處為坤卦的引申義，即柔順、溫和之意。

【釋義】

先解釋卦辭，將其譯成白話文便是：坤卦，初始亨通，利於像母馬那樣保持溫順的德行。君子有所行動，起初會迷失方向，後得到主人，到西南方向可以得到朋友，在東北方向則喪失朋友。安於正道則會吉祥。

「牝馬之貞」是什麼品質？為什麼不以母牛代替牠呢？主要是因為馬具有忠貞的本性。牝馬更能體現出忠貞與溫馴的品質，更適合表達坤卦的精神。在馬群中，牝馬有單獨的配偶，而牡馬則有多個配偶，牡馬發脾氣，牝馬就順從地忍受。牝馬與牡馬就像舊社會的一對夫妻，男尊女卑，彼此恩愛。牝馬另一個忠貞表現是對牠的主人忠貞。馴服牠的人便可以成為牠的主人，只有牠的主人可以騎牠，別人則不行，如果主人讓牠駝著誰，牠就會順從地接受。在父權制的男人怎麼能不對牝馬有好感呢？牝馬對小馬駒非常溫柔、關懷備至，並且牝馬不會與自己的後代發生亂倫，這些都是牝馬之貞的表現。

「先迷後得主」是什麼意思呢？因為坤卦代表臣道、妻道，君主、丈夫還沒有出現，大臣、女子過早地去尋找怎麼會不迷失方向呢？只有理想的丈夫出現了，明君出現了，再去追求就會得到了，所以「後得主」。這是告誡為臣者，應該如何選擇明君，為妻者如何選擇丈夫。

「西南得朋，東北喪朋」是什麼意思呢？在文王八卦中，西南方為陰，東北方為陽。所以到西南方可以見到自己的同類（即朋友），到東北方是沒有同類朋友的，所以「喪朋」。

彖辭中更細膩的闡明坤卦之德就是順從天道這個原則，並且指出「東北喪朋，乃終有慶」這一結論。為什麼呢？因為臣可遇明主，女子可以找到自己的終身伴侶。現將彖辭的譯文如下：

至大無際啊，坤元的始生！萬物都藉助你得以生成，你順應著、秉承著天道。大地深厚負載萬物，品德博大沒有邊際。包容無限而廣大，各類事物都因你而亨通。牝馬屬於地上的動物，馳騁四野沒有疆界。陰柔溫順利於正道。君子行動一開始雖會迷失方向，但隨後就會掌握行動的常規法則。西南得朋，是能夠見到自己的同類；東北喪朋，卻是會得到結婚的喜慶。安於正道的吉祥，是與無邊無際的地道相應。

象傳中的「厚德載物」一詞，不單是清華大學的校訓，同時也是中華民族的優秀品德之一。以深厚的道德負載萬物，就是我們學習這一卦所要領會的精髓。

伍・爻辭

初六：履[1]霜，堅冰至。

象曰：履霜堅冰，陰始凝也。馴[2]致其道，至堅冰也。

六二：直方大，不習[3]無不利。

象曰：六二之動，直以方也。不習，無不利，地道光也。

六三：含章[4]可貞，或從王事，無成有終。

象曰：含章可貞；以時發也。或從王事，知光大也。

六四：括囊[5]，無咎無譽。

象曰：括囊無咎，慎不害也。

六五：黃裳[6]元吉。

象曰：黃裳元吉，文在中也。

上六：龍戰於野，其血玄黃。

象曰：龍戰於野，其道窮也。

用六[7]利永貞。

象曰：用六永貞，以大終也。

【注解】

[1] 履：鞋。引申為踩之意。

[2] 馴：順，沿著。

[3] 習：反覆。

[4] 章：花紋，指文采與美德。

[5] 括囊：括，束縛；囊，口袋。

[6] 黃裳：黃，黃色；裳，下衣。古時的服裝上衣為衣，下衣為裳。黃色居五色（青、赤、黃、白、黑）之中，有中正之意。另外，天玄地黃，黃即為大地之色也。

[7] 用六：六十四卦只有乾坤兩卦是純陽純陰卦，所以古時占卜占得六爻全是陰爻，而沒有動爻時以「用六」為占辭。

【釋義】

初六：履霜，堅冰至。
象曰：履霜堅冰，陰始凝也。馴致其道，至堅冰也。

爻辭意思是：當腳踩到霜的時候，應該明白結冰的日子快到了。

為什麼坤卦的初爻會提到霜與冰呢？象辭的意思是：履霜而知冰，這是因為陰氣始生的緣故，隨著陰氣不斷加重，天寒冰凍的冬天就來了。

「初六」位於最下面，似陰氣開始凝積成霜，預示堅冰將至，可見微知著。

可見這一爻的爻辭是告誡我們要有遠

見。任何事物都是循序漸進的，就是所謂的一葉知秋，從一片枯落的葉子就可以知道秋天來了。而這種見識還不夠高遠，應該在夏天就預見秋天的霜與冬天的冰，這便是文王的智慧。此時一陰始生，正是五月的夏天，但卻看到秋天要來了，冬天也不遠了，這才是遠見。

這種遠見是為臣者必須具備的遠見。此時陰爻處於最下層，既不得位又不得中，所以應該懷著敏感的心，仔細感知事物的發展變化，做到未雨綢繆，這才是為臣者應當具備的素質。

六二：直方大，不習無不利。

象曰：六二之動，直以方也。不習，無不利，地道光也。

經文意思是：正直、方正、大方，不反覆沒有什麼不利的。

象辭意思是：六二為動爻，正直而方正，不重複沒有不利的，這是因為地道的廣大啊。

六二陰爻得中而得位，處於坤卦的主位，當然不會有不利的事情了。正直、方正、大方是為臣的品質。身為大臣做到這三點，並且做事不反覆無常，自然會得到君王的重用。這就是告誡人們，當自己處於有利的位子時，要充分發揮自己的能力，發揮自己的光與熱，這樣才會有更大的發展。

「六二」柔順中正，坤德至厚，正直、端方，美德充沛，所行無不利。

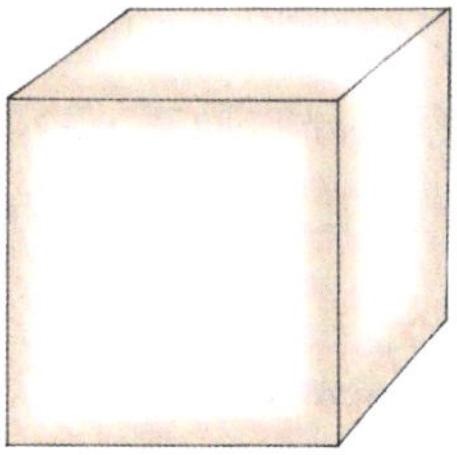

六三：含章可貞，或從王事，無成有終。

象曰：含章可貞；以時發也。或從王事，知光大也。

經文意思是：蘊涵美德可以堅守正道，或者效力於君王，雖然沒有成就但卻有好的結果。

象辭意思是：含章可貞，是為了等待時機。為君王做事是因為智慧廣大。

「六三」失正，多有艱難。但蘊涵美德，謹守臣職，雖不成功，但結局還好。

六三爻陰爻居於陽位，是不得位，又不居中，處境不是很有利。所以只能隱藏自己的才能，堅守於正道。如果能為君王做事，則不要過於顯露自己的才華，有功要歸於君王，才會得到好的結果。此卦相當於否卦，為陰黨成群，喪失權柄之卦。所以處事要採取外表糊塗，內心明白的方式，才能得到善終。

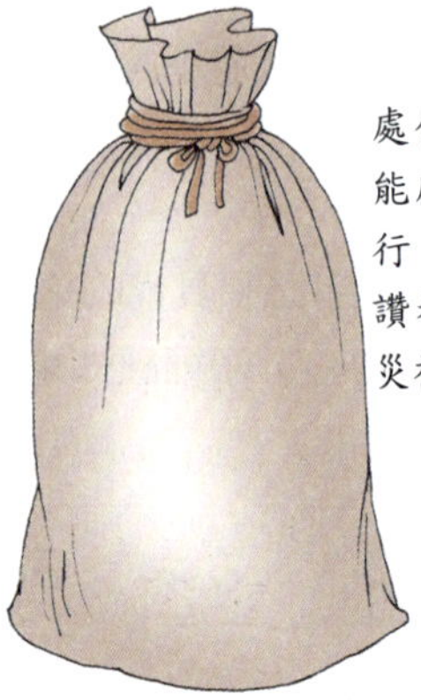
「六四」不中，處位不利。但得正，能處處收斂，謹言慎行。這樣雖然得不到讚譽，但是可以避免災禍。

六四：括囊，無咎無譽。
象曰：括囊無咎，慎不害也。

經文意思是：將口袋的口束緊，沒有災難也沒有榮譽。

象辭意思是：紮起口袋不會有災難，是因為謹慎能讓自己免於災害。

此時陽氣衰弱，陰氣強盛，是天地將閉之象。所以賢人應當隱退，懷著大智慧，觀察時局的動態，歸隱保全以等待出仕的時機。在卦氣上，此時相當於八月的觀卦。

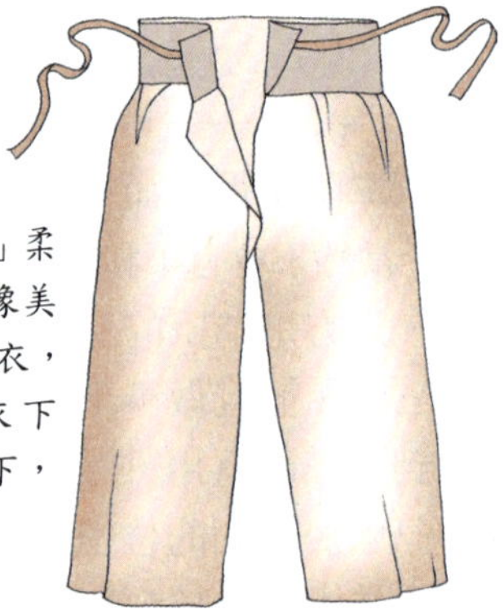
「六五」柔中居尊位，像美麗的黃色下衣，隱藏在上衣下面，其德謙下，所以吉祥。

六五：黃裳元吉。
象曰：黃裳元吉，文在中也。

經文意思是：黃色的下衣，大吉大利。

象辭意思是：黃裳之所以大吉，是因為六五有溫文之德並且守於中道。

六五以陰柔之德臨於君位，所以吉利。黃色為土的顏色，正是坤卦的本色，坤卦以懷柔之策治國，當然會吉祥了。這裡是在告誡我們做人要保持本色才會吉祥。

「上六」，陰極返陽，二氣交互和合，像兩條龍在野地相鬥，滴下青黃色的血液。必然凶險。

上六：龍戰於野，其血玄黃。
象曰：龍戰於野，其道窮也。

經文意思是：與龍在曠野廝殺，曠野到處是青與黃色的血跡。

象辭意思是：與龍戰於野，是地道走到了窮途末路的緣故。

用六：利永貞。

象曰：用六永貞，以大終也。

經文意思是：利於永遠堅守正道。

象辭意思是：用六的永貞，可以使坤卦的臣道得到大的善終。

上六已達陰的極至，所以陰盛陽生，陰陽開始交戰。視野內如被龍血所浸染，天玄地黃，蕭條又蒼涼。此時為消息卦的坤卦，正處於亥月，陰盛陽始生的階段。

在這裡，說明了臣道的原則便是永貞，這也是為妻之道的原則。永遠忠貞，才可以得到大善終。這一卦就好比周公稱王攝政。

滅商後第二年，武王病重。武王在臨終前把王位傳給有德有才的周公，並且說這事不需要占卜，可以當面決定。可是周公涕泣不止，不肯接受。武王死後，太子誦繼位，是為成王。成王只是個十多歲的孩子。面對國家初立，尚未穩固，內憂外患接踵而來的複雜形勢，成王是絕對應付不了的。

在這關鍵的時刻，周公挺身而出，代替了成王的位置，開始君臨天下，治理國家。可是他並不是想當天子，只是想盡一個臣子最大的忠心，等成王長大後，國家局勢穩定了，再把王位還給成王。

周公在稱王期間，平滅了三叔之亂，並且在姜子牙的配合下，東征掃平殷紂餘黨，從而鞏固中央政權。東征歸來後的周公制禮作樂，開始以禮樂治國。成王長大後，周公把王位傳給成王，自己退回臣子的位置繼續稱臣，這便是「永貞」。周公的行為為臣子作出表率，所以說，為臣之道，只有永貞，才能獲得大的善終。比如周公死後，成王把他葬於文王的墓旁，以示不敢以周公為臣。這表達了一個君王對忠臣的無限敬意。

陸・文言

文言曰：坤至柔[1]而動也剛，至靜而德方，後得主而有常，含萬物而化光[2]。坤道其順乎？承天而時行。

積善之家，必有餘慶；積不善之家，必有餘殃。臣弒其君，子弒其父，非一朝一夕之故，其所由來者漸矣，由辯之不早辯也。易曰：「履霜，堅冰至。」蓋言順也。

直其正也，方其義也。君子敬以直內，義以方外，敬義立而德不孤。「直方大，不習，無不利；」則不疑其所行也。

陰雖有美含之；以從王事，弗敢成也。地道也，妻道也，臣道也。

地道無成，而代有終也。

天地變化，草木蕃；天地閉，賢人隱。易曰：「括囊；無咎無譽。」蓋言謹也。

君子黃中通理，正位居體，美在其中，而暢於四支，發於事業，美之至也。

陰疑於陽必戰。為其嫌於無陽也，故稱龍焉。猶未離其類也，故稱血焉。夫玄黃者，天地之雜也，天玄而地黃。

【注解】

[1] 至柔：極為柔順。荀爽曰「純陰至順，故『柔』也。」

[2] 光：廣大。

【釋義】

文言曰：坤至柔而動也剛，至靜而德方，後得主而有常，含萬物而化光。坤道其順乎？承天而時行。

這一段是對坤卦的總述，白話文便是：坤是最柔順的，然而它卻可以變得極其剛健；坤是安靜的，但它的品德卻是方正不邪。它是順著乾陽運行的，但卻有自己一定的規範。它包容萬物，化生的功能廣大無邊。坤道便是順應之道吧？它順應天道的四季運行。

在這裡，文言對坤卦的為臣之道進行更加深入的發揮。坤卦雖然六爻純陰性質柔順，但柔爻可以動而變為陽爻，即是說大臣對於君王不能總是唯唯諾諾，當君王有不正確的行為時，要勇於冒著生命危險勇敢地指出君王的錯誤，這就是古代「武死戰，文死柬」的為臣準則。為臣之道還要保持安靜和有道德的尺度，要處亂不驚，心藏機謀，正直高尚，輔佐明君而默默為百姓的幸福做貢獻。在這方面，北宋大臣呂端為官員們做出表率。

呂端與寇準同朝為官，最初職位在寇準之上。可是當宋太宗選宰相時，呂端卻推薦寇準，表現了呂端作為臣子以大局為重的大度胸懷。當時朝廷將領李繼遷叛逃西陲，宋太宗大怒，立即下令將李繼遷的母親抓起來並決定殺掉。面對皇帝的金口玉言，大多數的大臣不敢反對，紛紛讚成宋太宗的決策英明。而呂端卻冒著生命危險挺身而出，反對皇帝的這個決定。這確實是一件很危險的事情，因為這樣不但會擔上頂撞聖上的罪名，而且還會被扣上勾結、同情叛將的帽子。最後，宋太宗經過權衡利弊之後，終於同意呂端的意見。叛將李繼遷去世後，他的兒子感激宋朝沒有殺害自己的祖母，便帶兵歸順宋朝。正是呂端的決策，鞏固了邊疆的國防力量。

積善之家，必有餘慶；積不善之家，必有餘殃。臣弒其君，子弒其父，非一朝一夕之故，其所由來者漸矣，由辯之不早辯也。易曰：「履霜，堅冰至。」蓋言順也。

這一段是對初爻的解說，翻譯成白話文便是：積善行的人家，必定會有更多的吉慶留給後代；積惡行的人家，必定會有更多的災難留給後代。臣子弒君篡位，兒子殺死父親，這種事情都不是一朝一夕的緣故，而是長期積累逐漸發展成這樣的，是因為對這種惡性事件沒有及早防範造成的。《周易》中說「履霜，堅冰至」，指的就是這種發展趨勢。

「積善之家，必有餘慶；積不善之家，必有餘殃。」是句古語，應當在周公之前就有了。借古語闡明「履霜堅冰」的重要性，說明仁義禮教對封建統治的作用。

直其正也，方其義也。君子敬以直內，義以方外，敬義立而德不孤。「直方大，不習，無不利」；則不疑其所行也。

這一段是對第二爻的解說，翻譯成白話文為：直指的是六二爻的正直，方指的是合乎道義。君子亦應當以恭敬的態度使內心保持正直，行為合乎道義。「直方大，不習，無不利」，是說有這種品德，行為上就不會猶疑不決，自然會把事情處理好。

陰雖有美，含之；以從王事，弗敢成也。地道也，妻道也，臣道也。地道無成，而代有終也。

這一段是對第三爻的解說，翻譯成白話文便是：陰柔是一種美好的品質，含蓄而不顯耀地為君王效力，不能居功自傲。這是地道的法則，這是妻道的法則，這是臣道的法則。地的法則就是不顯示自己的功勞，而求得萬事都有一個善終。

天地變化，草木蕃；天地閉，賢人隱。易曰：「括囊；無咎，無譽。」蓋言謹也。

這一段是對第四爻的解說：天地變化，草木滋長旺盛。天地閉塞，賢人就要隱退。《周易》中說「括囊，無咎無譽」，就是教導人們在這種情況下要謹慎從事。

君子黃中通理，正位居體，美在其中，而暢於四支，發於事業，美之至也。

這段是對第五爻的解說，翻譯成白話文：君子處在六五爻的地位上，應當按照爻辭的提示保持自己中庸的本色，通達事理，立身處世要擺正自己的位置。內心舒暢則會使四肢的血脈暢通，懷著舒暢的心情從事功業，就會達到極其美好的效果。

陰疑於陽，必戰。為其嫌於無陽也，故稱龍焉。猶未離其類也，故稱血焉。夫玄黃者，天地之雜也，天玄而地黃。

這一段是對第六爻的解說，翻譯成白話文便是：陰氣受到陽氣的猜疑，必然要發動戰爭。因為六爻全是陰爻使陽氣懷疑沒有自己的地位，所以爻辭要說到「龍」。由於上爻仍是陰的類別，所以稱之為血。夫玄黃者，天地相雜的顏色，天是青色的，地是黃色的。

第3節
卦三 屯 建功立業的智慧

壹・卦名

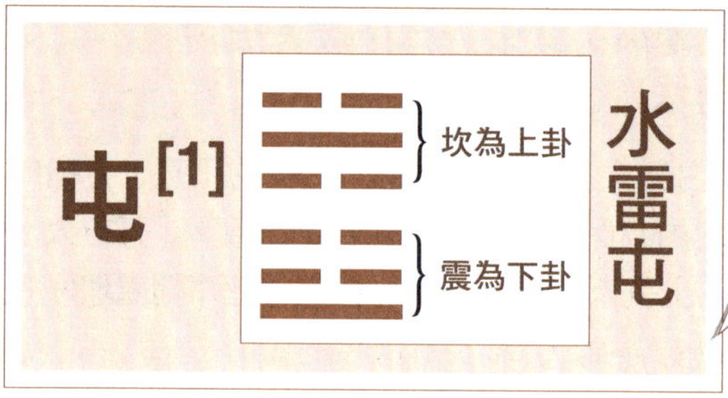

屯者，物之初生也。故屯象徵初生。像種子萌芽，破土而出，萌生、破土多有艱難，所以有「難」義。初生之物應當強根固本，不可輕動。但此時也是王者建功立業的時刻，所以應該堅定信念，積極進取，不可安居無事。

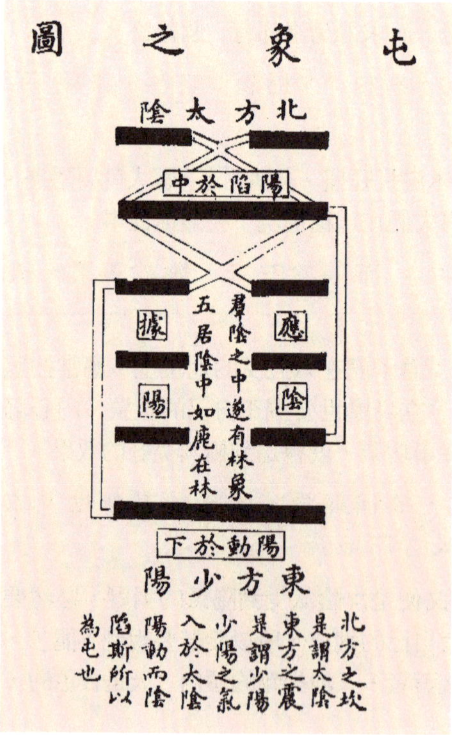

【注解】

[1] 屯：卦名，象徵事物的初生與萌芽。

【釋義】

此卦的卦名為屯，代表事物初生的萌芽時期。在甲骨文、金文、篆文中，「屯」是一個象形字，描繪的是幼苗破土而出的狀態，「屯」字中的一折代表幼苗的根，表明幼苗正處於初生階段。俗話說「萬事開頭難」，所以「屯」字也含有艱難的意思。

貳・卦畫

屯卦卦畫是由兩個陽爻四個陰爻組成，初爻與五爻為陽爻，其餘為陰爻。這六個爻代表什麼意思呢？下面我們就從卦象上進行分析。

叁・卦象

屯卦之象

一人在盼望，有一竹竿立，謂望見不顧安危；車在泥中不能轉動，犬頭上有一回字，表示哭泣；一人射文書，占財意；刀在牛上，為角字；一合子，意為和合。這是龍居淺水之卦，萬物如生之象。

屯卦上卦為坎為水，下卦為震為雷，所以屯卦的整體卦象為水雷屯。也就是說，水與雷組合，便是屯卦的象徵涵義。可是「屯」字表示的是幼苗的形象，而卦象卻是水與雷，這之間有什麼關聯呢？原來，坎在上，代表雲，震在下，代表雷，烏雲出現了，又出現雷聲，自然就會下雨。只有下雨，地上的植物才能夠生長，幼苗才有長成的希望。可見「屯」這個卦名與卦畫之間是珠聯璧合，結合得十分巧妙。

肆・卦辭

屯。元亨利貞，勿用有攸[1]往，利建侯。

彖曰：屯，剛柔始交而難生，動乎險中，大亨貞。雷雨之動滿盈，天造草昧[2]，宜建侯而不寧。

象曰：雲雷屯，君子以經綸。

【注解】

[1] 攸：放在動詞之前，構成名詞性片語，相當於「所」。

[2] 草昧：未形成秩序的愚昧之初。草，草創；昧，愚昧。

【釋義】

經文意思是：屯卦，天始亨通，有利於堅守正道。不要到別處求取功名。有利於在自己的地盤上建立功業。

彖辭的意思是：屯卦，剛柔開始交流而出生艱難。上卦坎為險，下卦震為動，在險難中運動求得生存，會得到大的亨通並且是正道。震又為雷，坎又為雨，所以打雷下雨使天地滿盈。天地草創，適於樹立侯王，因為天下還處於不安寧的狀態中。

象辭的意思是：上卦為雲，下卦為雷，這是屯卦的卦象。君子應當從中得到啟示，努力經營發展自己的事業。

卦辭中同乾卦一樣，也有「元亨利貞」四個字，這是告訴我們，當自己的人生還處於萌芽時期，應堅守在自己的職位上創業，有始、有中、有終地進行奮鬥。這就好比人們對新員工的忠告：當你剛走入工作崗位時，不要急於跳槽，要先在這個工作上認真做五年再說。因為剛走進職場的員工就像幼苗難以移活，頻繁更換工作只會浪費自己的青春，甚至有失業的危險。所以「不要前往」，而適宜在自己的職位上建立功業。

屯卦上卦為坎代表險難，下卦為震代表行動，在險難中行動，所以處處要小心。這就好比剛投入工作的員工，肯定會遇到各種困難，而處事謹慎，任勞任怨，最終會得到亨通。就好比豆芽菜一樣，只有在上面壓上大石頭，才會長得粗壯。人也是如此，需要在困境中磨礪自己，才能好好成長。「不想當元帥的士兵不是好士兵」，所以在事物發展的最初階段，要有建立功業的志向，對人生的未來做好規劃，並且一步一步地朝自己的目標邁進。就像幼苗一樣逐漸成長，最後長成參天大樹。所以，象傳辭告誡君子要「以經綸」。「經綸」本義為將絲理出頭緒，編成絲織品。此處是告誡君子應當整理好自己的思緒，有選擇地進行交往，形成自己的人際關係網；在事業上要做好規劃，然後有條不紊地做事，積少成多，就像織布一樣，最終建成自己的功業。

伍・爻辭

初九：磐桓[1]，利居貞，利建侯。

象曰：雖磐桓，志行正也。以貴下賤，大得民也。

六二：屯如邅（ㄓㄢ）[2]如，乘馬班如。匪[3]寇婚媾，女子貞不字，十年乃字。

象曰：六二之難，乘剛也。十年乃字，反常也。

六三：即鹿無虞[4]，唯入於林中，君子幾[5]不如舍，往吝。

象曰：即鹿無虞，以從禽也。君子舍之，往吝窮也。

六四：乘馬班如，求婚媾，往吉，無不利。

象曰：求而往，明也。

九五：屯其膏，小貞吉，大貞凶。

象曰：屯其膏，施未光也。

上六：乘馬班如，泣血漣如。

象曰：泣血漣如，何可長也。

【注解】

[1] 磐桓：磐，大石頭。桓，今音ㄏㄨㄢˊ，古代立在驛站、官署等建築物旁作標誌的木柱，後稱華表。後也泛指寺、墓、橋梁等用，作標識或其他用途的柱子。《禮記．檀弓》注：「四植謂之桓。」《周禮．大宗伯》注：「雙植謂之桓。桓宮室之象，所以安其上也。」

[2] 邅：音ㄓㄢ，難於行走的樣子。也形容境遇不順。

[3] 匪：通「非」字。

[4] 虞：神話傳說中的獸名，即「騶虞」，白虎黑紋，尾長於身，仁獸，食自死之肉。後泛指掌管山澤鳥獸的官吏。

[5] 幾：苗頭，預兆，此處借指機智。

【釋義】

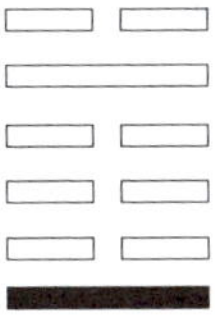

初九：磐桓，利居貞，利建侯。

象曰：雖磐桓，志行正也。以貴下賤，大得民也。

經文意思是：像大石與木柱一樣堅定，有利於居守正道，宜於樹立王侯的威信。

象辭意思是：雖然徘徊難進，但前進的心願符合正道。以高貴的地位平易近人地接近下賤的人，會廣泛得到民眾的擁護。

初九陽爻得位，就好比心懷大志而處於下層崗位的員工。在《周易》中陽尊陰卑，所以說初九爻是「以貴下賤」，即以尊貴的身分來到低賤的位置上。在我們今天，不能認為陽便代表男，陰便代表女。其實，每一個胸懷大志的人，都是尊貴的，因為他或她的志氣都可以使自己成為尊貴的人。這種胸懷大志的人處於低賤的崗位中，要像磐石一樣堅定，要像華表一樣自立自強，只有這樣才能成就大的事業。

「初九」屯之始，動則難生，但得正，仍可建國封侯，居正不出為宜。

許多年前，在日本的東京帝國酒店，來了一名應聘的妙齡女郎，酒店聘用了她，然而，分配給她的工作卻是洗廁所，並且要將廁所洗得光潔如新。她細皮嫩肉，素有潔癖，面對這樣的工作，感到非常反胃。可是，這畢竟是她找到的第一份工作，該怎麼辦呢？正在她猶豫不決的時候，一位主管來到她的面前，為她做示範。這位主管很有耐心地將廁所清洗得光潔如新之後，做了一件令女郎一生難忘的事——他用杯子從馬桶中盛了一杯水，然後把水一口氣喝光。接著意味深長地對她說：「因為光潔如新，所以這水並不髒。這就是人生。」

這位妙齡女郎受到啟發，於是很有自信地打掃廁所。打掃完後，她也自信地從廁所裡盛一杯水喝下去。幾十年過去了，這位女子後來成為日本的郵政大臣，她就是野田聖子。

野田聖子的行為正是準備「建侯」的人們初入職場的模範。人雖處於低賤的職位上，但因為胸懷大志，所以你並不下賤，你很尊貴，你的行動將會把你的尊貴展示在眾人面前。

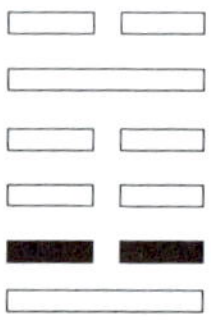

六二：屯如邅如，乘馬班如。匪寇婚媾，女子貞不字，十年乃字。

象曰：六二之難，乘剛也。十年乃字，反常也。

經文意思是：坎坷難於行進，騎在馬上盤旋前進。不是賊寇，而是來求婚的人。女子堅守正道不出嫁，十年後才出嫁。

象辭意思是：六二爻的艱難，是由於乘駕在剛爻之上的緣故。十年才能生育，是返回常規。

「六二」陰柔中正，並且已有意中人，所以並沒有嫁給前來求婚的「九五」。

天地間雲雨過後，萬物便生長起來，植物吐出新芽，動物受雷聲的震動，紛紛走出巢穴，開始在大地上活動。食草的動物開始有嫩芽可食，食肉的動物也開始有屬於自己的獵物。同類的動物們求偶交媾，繁衍後代。此時的人類，也開始有婚姻活動。「屯如邅如，乘馬班如。匪寇婚媾」是古老的歌謠，反映的是人們騎著馬求婚的情景。有形象，還帶著一絲詼諧。一隊人馬走在路上，可是馬匹卻團團轉不肯前進，人們以為是有強盜（團團打轉的強盜估計戰鬥力也不強），結果是來求婚的。十六個字，將求婚的喜慶場面描繪得很有味道。可是女子並沒有嫁給前來的求婚者，這是怎麼回事？原來，求婚者是有權勢的九五，可是居中的六二與初九兩小無猜，自然不想出嫁了。她在等自己喜愛的初九事業有成以後，可以與他成婚。看來六二這位中正的女子，還是很有眼光的。

從這一卦中，我們可以明白擇偶的要點：不在於金錢，不在於地位，只在乎是不是意中人，只在乎他是不是胸懷大志有發展。所以這位有眼光的六二，終於在十年後，嫁給事業有成的意中人——初九。從這一爻，女讀者應當受到啟發，懂得如何選擇自己的意中人哦！

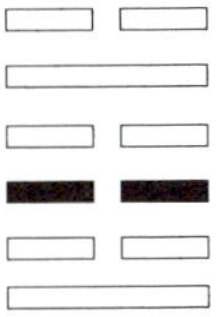

六三：即鹿無虞，唯入於林中，君子幾不如舍，往吝。

象曰：即鹿無虞，以從禽也。君子舍之，往吝窮也。

經文意思是：追逐野鹿卻沒有獵官做嚮導，只有迷入山林之中。君子胸懷機智，不如捨棄，再往前走會有災難。

象辭意思是：追逐野鹿卻沒有獵官做嚮導，只能跟著野獸跑。君子棄而不追，是因為前往會被困住。

「六三」失正不中，似無嚮導徒入林中無所獲。此時不如捨棄，若執意不已，必遭災禍。

六三爻處於震卦的最上面，震為行動，但處於最上面的六三難免會有行動過火的表現，並且再往上便進入了坎卦，坎便是險，前面有危險呀，所以爻辭用極其形象的比喻給予十分中肯的忠告。君子追著一頭鹿來到森林中，這是一片陌生的森林，這位君子急於得到這頭鹿，所以這次打獵沒帶有經驗的獵官，於是面臨迷路的危險。這該怎麼辦，繼續追，還是放棄？這位君子是明智的，他選擇了放棄。

臺灣作家寫了一本書，叫《學會選擇，學會放棄》，其實全書講的也就是這個道理。人如果只想擁有，而不願放棄，最終吃虧的是自己。象辭傳說得太好了：沒有嚮導去捉鹿，這是人跟著野獸走，明智的君子放棄了，因為再往前就會迷路被困了。在我們的人生中，很多人就是急於想得到「鹿」，讓自己的行為隨著欲望走，結果最終迷失了自己，在人生路上失去了自我。社會上這種情況發生太多了，所以在此就不多做舉例了。但願身為君子的讀者讀到這裡，懂得明智地選擇自己的人生，做到該出手時就出手，該放手時且放手。

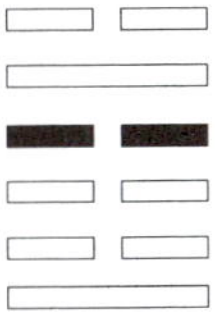

六四：乘馬班如，求婚媾，往吉，無不利。

象曰：求而往，明也。

經文意思是：騎馬團團打轉，前去求婚，前進吉祥，沒有不利的後果。象辭意思是：為了求婚而前往，是明智的選擇。

「六四」得位，與初相應，似以上求下取剛濟柔，有利於打通「屯難」，前往獲吉。

一隊人馬，乘著四匹馬拉的車，行進緩慢，並且馬隊還團團打轉，不過這不是去打仗，而是去求婚，所以沒有什麼不利的。如果是去打仗，這隊人馬肯定會吃敗仗。由於是去求婚，這是光明正大的事情，而且不需要武力解決，所以搞點小幽默還是有不錯的效果。

這不禁使我想起美國一位喜劇大師的愛情經歷。這位喜劇大師經濟上很富有，但他一直沒有意中人。這一天，他騎自行車外出，結果在街上遇到一位姑娘，這位姑娘的美麗與氣質深深打動了小伙子的心，讓他一見鐘情。為了吸引對方注意，讓求婚成功，他便發揮自己的幽默天賦，在姑娘面前進行別緻的自行車表演。姑娘被逗樂了，可是這位小伙子卻沒有那麼幸運，表演過火時摔傷了。這位好心的姑娘把他送到醫院，於是兩人建立了緣分，最後結為連理，過著幸福美滿的家庭生活。

心裡有了意中人的小伙子們，可不要「愛你在心口難開」，要懂得在意中人面前好好表現自己，抓住幸福的機會呀！

九五：屯其膏，小貞吉，大貞凶。

象曰：屯其膏，施未光也。

經文意思是：屯聚雲雨，雨小則吉祥，雨大則凶。

象辭意思是：屯積雲雨，是還沒有廣大施捨之意。

「九五」中正居尊位，下施膏澤，能克服初創艱難。

「膏」原意油脂，在這裡指恩澤，由於屯卦的上卦為坎為水為雲，所以這裡的「膏」指的就是恩澤、滋潤大地的雲中之水，還沒有降到地上，不過，這雲中的水如果太多，大地就會發生澇災，所以「小貞吉，大貞凶」。

這一卦告訴人們適當、適中的好處，凡事不可太過。比如丈夫愛妻子、愛子女、愛工作是好事，但如果太過分了，便會產生不好的後果了。過分愛妻子，往往會使妻子產生依賴心理，最後往往會因為丈夫的一點過失而大吵大鬧，造成感情不和；過分溺愛子女，也不利於子女的成長；過分熱愛自己的工作，會忽略對家人的關心，影響自己的家庭生活。

上六：乘馬班如，泣血漣如。
象曰：泣血漣如，何可長也。
經文意思是：騎在馬上艱難行走，泣血漣漣，淚如雨下。
象辭意思是：哭得血淚滿面，這樣的狀況怎麼會長久呢。

這句爻辭，主要說明了婚姻上過火行為的害處。在上古時期，即從母系社會過渡到父系社會的這段時間，婚姻方式是極其野蠻的。一般男權部落要到母系部落中搶新娘，搶回來後便是自己的財產，做妻做妾或做奴隨男主人的心意。搶婚制經歷了一個漫長的時期，至今世界上有些地區還有這種習俗，不過已是一種形式，沒有上古時代的血腥。在中古時期，人們便開始反對這種野蠻的婚姻方式。所以周朝的卦辭上也表明了對這種婚姻的看法。

「上六」屯極終通，但是不明時變，仍持「屯難」觀念，徒增傷悲，但傷悲不會長久。

這裡求婚的人馬也是「乘馬班如」，但卻沒有一絲喜慶的成分。男方的人馬搶了新娘子，結果新娘子在途中又跑回來，男方再搶，被搶的新娘子途中又跑，於是形成了「乘馬班如」的場面。六二的「乘馬班如」雖然新娘也不同意出嫁，但經過幾番搶奪後，男方還是「乘馬班如」地回去了；六四的「乘馬班如」，是新娘子想嫁給男方，但又捨不得父母，所以往回跑了幾次後，還是隨著男方「乘馬班如」地建立甜蜜的二人世界去了；此處的「乘馬班如」，卻沒有一絲喜慶成分，新娘子不想出嫁，男方還「乘馬班如」地將新娘搶走了。所以被搶的新娘子泣血漣漣，淚如雨下。所以崇尚禮制的大才子周公也不免要感嘆：這種婚姻怎麼會長久呢！

當然，這種情景在現今社會是不會出現了。但卻也有不少男女結合並非出於自己的心願，有的是因為父母的強迫，有的是由於年齡大了沒辦法，也有的是未婚先育不得不結婚，但願人們能從古代的搶婚制中吸取教訓，明白強扭的瓜不甜，不要「泣血漣如」地成就不幸的婚姻。

第4節

卦四 蒙 教育啟蒙的智慧

壹・卦名

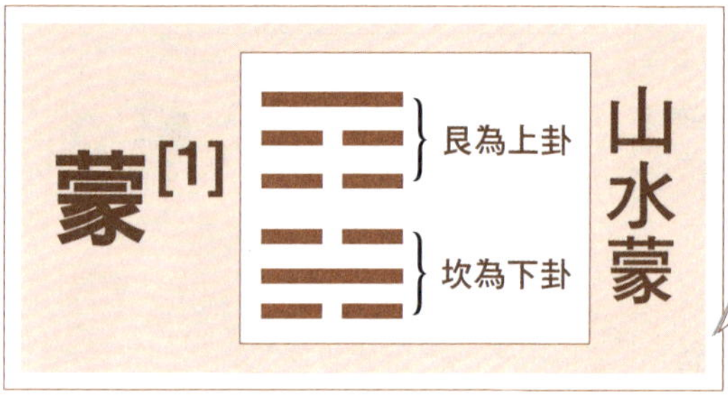

艮為山，坎為泉，山下出泉。泉水始流出山，則必將漸匯成江河，正如蒙稚漸啟，又山下有險，因為有險停止不前，所以愚昧不明。事物發展的初期階段，必然愚昧，所以教育是當務之急，培養學生純正無邪的品質，是治蒙之道。

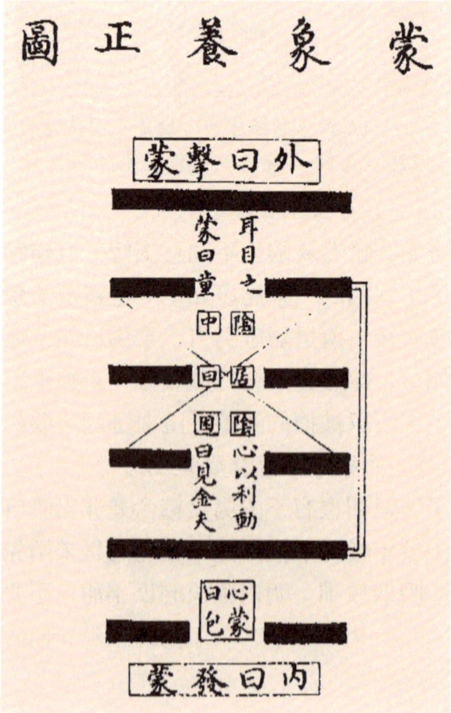

【注解】

[1] 蒙：卦名，愚昧之意。

【釋義】

此卦卦名為蒙，「蒙」字在這裡是細雨濛濛的意思，通「濛」。上一卦為屯卦，卦象表現的是烏雲密布、雷聲陣陣，不過雨點還沒有掉下來，所以接下來這一卦便掉下了細小的雨點。

貳・卦畫

蒙卦的卦畫同屯卦，也是兩個陽爻四個陰爻，只是位置發生變化。這一變其涵義就變了，下面透過卦象來對蒙卦進行分析。

叁．卦象

蒙卦之象

一鹿一堆錢，主有才祿；一合子主自然和合；李樹一枝子折，尚有別枝；二人在江中撐船，珍寶填塞。人藏祿寶之卦，萬物發生之象。

蒙卦的上卦為艮為山，下卦為坎為水，山下的水蒸騰而形成霧氣，好一派山水濛濛的自然景致！這便是蒙卦的卦象。卦畫形成的卦象與「蒙」字的涵義結合起來。便是細雨，山水間霧氣騰騰，一幅田園山水畫。這種朦朧的景致，是天地初開，雲行雨施造成的。所以屯卦表示事物的萌芽時期，而蒙卦則表示事物的進一步生長。於是它便有愚昧初開的涵義，也就是說，即將走出愚昧的狀態中。走出愚昧。便是這一卦的涵義。人類是怎樣走出愚昧的呢？下面我們透過卦辭進行分析。

肆．卦辭

蒙：亨。匪我求童蒙，童蒙求我。初筮告，再三瀆，瀆則不告。利貞。

彖曰：蒙，山下有險[1]，險而止，蒙。蒙亨，以亨行時中也。匪我求童蒙，童蒙求我，志應也。初筮告，以剛中[2]也。再三瀆，瀆則不告，瀆蒙也。蒙以養正，聖功也。

象曰：山下出泉，蒙；君子以果行育德。

【注解】

[1] 山下有險：蒙卦上卦為艮為山，下卦為水為險，所以說山下有險。

[2] 剛中：指九二爻剛爻而居中。

【釋義】

經文意思是：蒙卦，亨通。不是我要去求愚昧的兒童，而是愚昧的兒童來求我。初次占筮就告訴他。兩次三次占筮就褻瀆了神靈，對於褻瀆神靈的就不能告訴他，利於固守正道。

彖辭的意思是：蒙卦，上卦為艮，艮為山為止；下卦為坎，坎為水為險。所以說山下有險，遇險而止，這就是蒙卦的意思。蒙卦亨通，是由於順應時序和中庸的原則。不是我去求愚昧的兒童，而是愚昧的兒童求我，這樣愚昧的兒童其心志才能與我的心志相應。初次占筮可以告訴他，是因為九二陽爻處於下卦之中；兩次三次地占筮是對神的褻瀆，則不能把結果告訴他，因為他的愚昧而褻瀆神靈。要用啟蒙的方法培養其純正無邪的品質，這是聖人的功業。

象辭的意思是：山下流出清泉，這是蒙卦的卦象。君子效法此卦以果敢的行為來培養自己的道德。

「匪我求童蒙，童蒙求我」，這句卦辭告訴我們，人類是自覺走出愚昧的。不懂事的孩童，找長者求教知識，人類就是在代代相傳的求教中，積累知識，走出愚昧，進入文明。

「初筮則告，再三瀆，瀆則不告」，這是告訴我們，人類走出愚昧是靠占卜實現的。這種占卜知識是極其神聖的，如果孩童對其懷疑或褻瀆，則不會告訴他這種知識。其實這一句話也是告訴人們占卜的注意事項，同一件事一般只能占卜一次，多次占卜便不靈驗了。這是怎麼回事呢？我們現在哲學中有一個兩難選擇的問題，古人當時也會面臨兩難選擇，怎麼選擇呢？就是透過占卜。如果占卜者對結果總是不滿意，多次占卜也無法解決這個問題，所以在兩難選擇面前猶豫不決的人，神靈確實也幫不上忙。用八卦進行占卜，是有嚴密的邏輯推理的，所以它與一些迷信活動有區別，也正是這樣，人類才靠這一門學問走出了愚昧時代。

彖辭則對蒙卦的卦象進行進一步的認識，告誡人們要遇險知止。而象辭則從另一個角度對人們提出忠告：君子要向山泉學習，培養自己的道德，像山泉源遠流長、滋潤萬物，用自己的道德為人類做貢獻。

伍・爻辭

初六：發蒙，利用刑人，用說[1]桎梏[2]，以往吝。

象曰：利用刑人，以正法也。

九二：包蒙吉；納婦吉；子克家[3]。

象曰：子克家，剛柔接也。

六三：勿用取女；見金夫，不有躬，無攸利。

象曰：勿用取女，行不順也。

六四：困蒙，吝。

象曰：困蒙之吝，獨遠實也。

六五：童蒙，吉。

象曰：童蒙之吉，順以巽[4]也。

上九：擊蒙；不利為寇，利禦寇。

象曰：利用禦寇，上下順也。

【注解】

[1] 說：同「脫」，解脫之意。

[2] 桎梏：桎，音ㄓˋ，古代拘束罪人的木製腳鐐；梏，音ㄍㄨˋ，古代拘束罪人的木製手銬。

[3] 子克家：克，成立。即指兒子長大了，可以成家立業。

[4] 巽：隨順，謙遜。

【釋義】

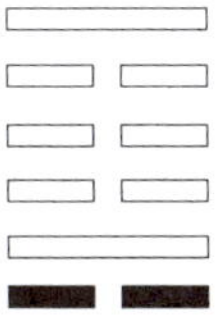

初六：發蒙，利用刑人，用說桎梏，以往吝。

象曰：利用刑人，以正法也。

經文意思是：愚昧的初期，利於用刑法懲治壞人，替冤屈者脫去枷鎖，否則便會有憂吝。

象辭意思是：利於用刑法懲治壞人，是為了加強人們的法制觀念。

在愚昧初期，為什麼使用刑罰是有利的呢？原來，使用刑罰是為了使人們能不受刑罰——「用說桎梏」。這就好比我們今天人人必須遵守法律一樣，為什麼要遵守法律呢？是為了使社會安定，人們能生活得更好，人們不犯罪，就不會受刑罰處置。歷史記載，在蚩尤時期就有刑法了。為什麼會出現刑法呢？是因為私有制的出現，人們為了讓自己得到更多的利益，往往不擇手段，使社會治安出現混亂。為了社會安定，必須用刑法來治理。

「以往吝」是什麼意思呢？就是以前的方法行不通了。以前是母系氏族，生產資料公有制，人人平等，那時候的道德規範與治理方法，當然不適合新的社會了。

「初六」蒙稚未開，應受啟蒙教育。此時貴於樹立典範。

九二：包蒙吉；納婦吉；子克家。

象曰：子克家，剛柔接也。

經文意思是：包容愚昧，吉祥。娶婦吉祥。兒子可以持家了。

象辭意思是：兒子持家，是剛爻與柔爻相接的緣故。

初六代表愚昧的初期，而九二與初六相臨，陰陽相合，所以九二可以原諒初六的愚昧與無知，並且娶初六為妻。九二有了妻室，自然就獨立了，可以成為自己家庭的主人。從爻辭中可以看出「女子無才便是德」的思想在周朝便有了。

「九二」陽剛得中，似「蒙師」正施教誨，且能包容，有教無類，故吉祥。

六三：勿用取女；見金夫，不有躬，無攸利。

象曰：勿用取女，行不順也。

經文意思是：不要娶這個女子，她見到有錢的男人就失去了自身的體統，沒有什麼好處。

象辭意思是：不要娶這個女子，是因為這個女子不具備女人的柔順之德。

這句經文很有意思，告訴人們不要娶這種見了有錢的男人就會失身的女子。這也許在今天還有一定的教育意義。俗話說「人比人，氣死人」，再有錢的男人，也會遇到比自己更有錢的男人。所以對於「見金夫，不有躬」的女子，一般男人是不能娶為妻子的。六三爻代表女子，可是她即與九二陰陽相合，又與上九爻相應且合。所以從卦象上可以看出這個六三爻是一位多夫的女子，在父權制，這種女人肯定是沒有市場。而在母系氏族，這種女人則是被社會認可的。可是在私有制的社會，誰娶了這種女人，肯定不會有好結果的。

「六三」陰柔失正，見了有錢的男子就忘了自己。娶這樣的女子不會有好結果。

六四：困蒙，吝。

象曰：困蒙之吝，獨遠實也。

經文意思是：被困在蒙昧中，有憂吝。

象辭意思是：受困於蒙昧之中而憂吝，是因為六四爻獨自遠離充實的陽爻的緣故。

六四爻上下全是陰爻，同性相斥，處於艮卦的下面像被一座山壓著，自然難逃被困的命運了。在蒙卦中，陰爻代表蒙昧，六四被同性所困，不能與陽爻相合相應，所以被困。不過由於六四得位，所以不會有凶險，只是有些憂吝。

六五：童蒙，吉。
象曰：童蒙之吉，順以巽也。
經文意思是：兒童的愚昧，吉祥。
象辭意思是：兒童的愚昧之所以吉祥，是因為他柔順而謙遜。

兒童愚昧是天真無邪的表現，自然吉祥了。沒有人會因為兒童的無知生氣，因為兒童的無知才會產生強烈的好奇心與求知欲望，兒童柔順謙虛，聽大人的話，是大人保護的重要對象，怎麼會不吉祥呢？

上九：擊蒙；不利為寇，利禦寇。
象曰：利用禦寇，上下順也。
經文意思是：用武力對付愚昧，不利於追殺賊寇，利於防禦賊寇。
象辭意思是：利於防禦賊寇，是因為上下順從的緣故。

上九剛爻處於亢極的位置。上卦為艮，代表手，手的亢極，有擊打的意思。下卦為坎為賊寇，六三「見金夫，不有躬」而不與上九相合相應，又處於九二之上，所以上九自然不能對六三進行武力制裁。卻有利於防禦賊寇，因為上九下面有互坤為順，所以會得到眾陰爻的支持。

「六四」雖得正，但遠離「蒙師」九二，故會陷於蒙稚，有所憾惜。

「六五」得中居尊位，上與上九相比，下與九二相應，似「童蒙」求教於師，故吉祥。

「上九」不中，陽剛極盛，似「蒙師」以嚴厲措施教育蒙稚者。教育不可太過暴烈，操之過急。

第5節

卦五 需 持之以恆的智慧

壹・卦名

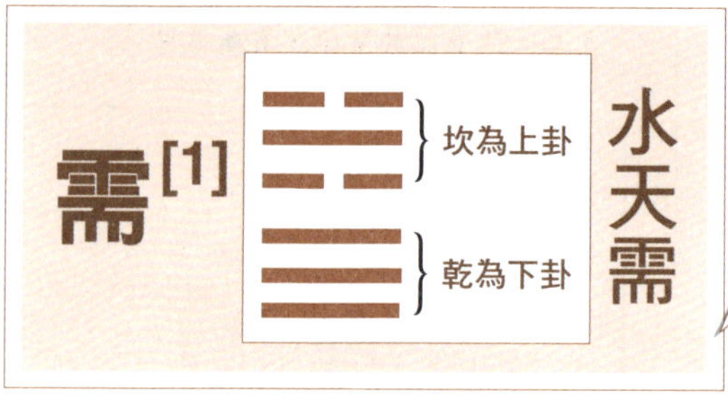

乾為天，坎為雲，雲氣上集於天，待時降雨，為需。需象徵需待。物初蒙稚，得養而成，因此也含有需待飲食的意思。

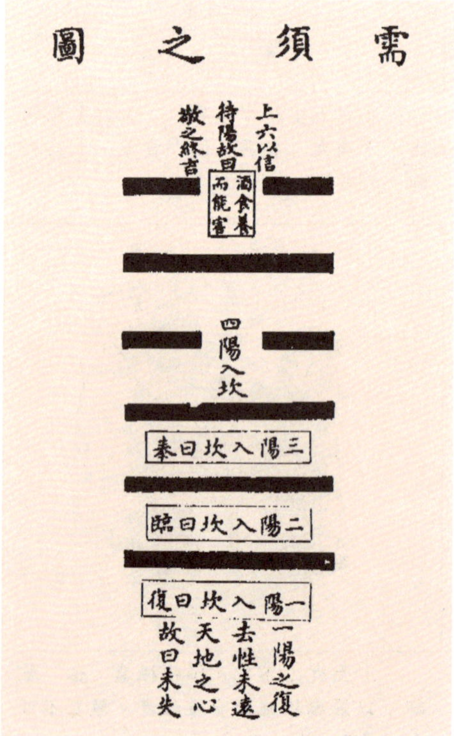

【注解】

[1] 需：卦名，等待之意。

【釋義】

此卦卦名為需。「需」在《說文》中的解釋是：「需，須也，遇雨不進，止須也。」就是講下雨了，必須找個地方避雨，等雨過天晴後再趕路。所以需卦便有等待的涵義。前面屯卦是有雲有雷，代表要下雨了，蒙卦則是下起濛濛細雨，此卦則是等待雨過天晴。所以《雜卦傳》中說：「履不處也，需不進也。」便是說需卦有等待的涵義。而需卦還有另外一個意思，就是講飲食之道。《序卦傳》中說：「物稚不可以不養，故受之以需。需者，飲食之道也。」這是說，屯卦處於事物的萌芽時期，相對於人來說就是嬰兒期；蒙卦處於事物的愚昧時期，相對於人來說就是兒童期；需卦處於事物的生長期，相對於人來說便是少年時期。在生長期，自然最重要的便是飲食之道了。雨水與陽光提供植物飲食的所需，植物提供食草動物飲食所需，食草動物提供食肉動物飲食所需，動植物又提供人類飲食所需。長生期，必須要有充足的營養物質，所以需卦也含有飲食之道的涵義了。

貳・卦畫

需卦的卦畫四個陽爻兩個陰爻，可以看出陽氣處於強勢。下面透過卦象來對卦畫進行分析。

需卦之象

月當空，主光明；一門，主禹門；一人攀龍尾，乃墮真龍變他；一僧引接，主得福祿人引接；一墓，主戌年發福發祿。去靄中天之卦，密雲不雨之象。

叁・卦象

需卦上卦為坎為水為雲，下卦為乾為天為乾燥，藍天上面白雲飄，這就是需卦的卦象，根本沒有下雨的意思。這是怎麼回事呢？其實這個卦象表示的是人們等待後的情景。天下雨了，人們在等待中避雨，結果天晴了，可以走了。需卦卦象表示的便是最後這一階段，即雨過天晴階段。需卦的上卦坎還有險的涵義，下卦乾有剛健的涵義，所以這一卦還有遇險而止的意思，這一卦象與「需」的涵義較為貼切。都有等待、停止的意思。可是以剛健涉險境，是可以走過險境的，所以這一卦的涵義並非讓人們完全等待，也含有動的成分。孔子說：「書不盡言，言不盡意。」的確卦畫的內涵是無法用一兩句話說清楚的，所以卦名與卦辭也只是表現卦畫的一部分內容。下面我們透過卦辭來對這一卦進行具體的分析。

肆・卦辭

需：有孚[1]，光亨，貞吉。利涉大川。
彖曰：需，須[2]也；險在前也。剛健而不陷，其義不困[3]窮矣。需有孚，光亨，貞吉。位乎天位，以正中也。利涉大川，往有功也。
象曰：雲上於天，需；君子以飲食宴樂。

【注解】

[1] 有孚：有誠信。

[2] 須：等待之意。文中涵義為，因為前面有險阻，所以適合等待時機。

[3] 困：被困。

【釋義】

經文意思是：需卦，有誠信，光明而亨通，堅守正道吉祥。有利於渡過大川險阻。

彖辭的意思是：需就是等待的意思。為什麼要等待？因為有險難在前面。性格剛健就不會陷於險難中，其象徵的意義是不會困於窮途末路。需卦有誠信，光明而亨通，守正則吉祥。這是由於九五爻居於天子之位，既居中又居正位的緣故。所以利於涉過大川險阻，前進會建立功業。

象辭的意思是：上卦為雲，下卦為天，天上有雲便是需卦的卦象。君子從中受到啟示，要飲食宴樂。

從卦辭上看，需卦還是有利於行動的，而且前途光明。其主要因素在於要有誠信，其次是具備剛健之德。天有誠信，所以雲行雨施，使萬物得到滋養，並且適時雨過天晴，使萬物普受陽光。春去秋來，時節按時到來，分秒不差，人們根據圭表測日影而安排農事，春耕夏種，秋收冬藏，不會有任何失誤，這便是天的誠信。天的剛健，在於日月運行，寒來暑往，永不停息。所以人如果具備天的誠信與剛健，就可以渡過大的險阻，走向光明與輝煌。

有一個故事，可以說明誠信對人生的作用。在第一次世界大戰期間，山本武信經營國際出口貿易，他的出口貿易生意很好，賺了不少錢。為了擴大經營，他向銀行大量借貸，以備足更多的貨物供應市場的需求。可是，當世界大戰結束後，出口生意被迫停止，導致庫存貨物滯銷。他只好把庫存貨物做低價甩賣，可是貨款卻無法收回來。於是山本武信的貿易公司就破產了。為了償還銀行的貸款，他把自己所有的財物都交給銀行，包括自己的金懷錶也交出去了，甚至連妻子戒指也不例外。本來按照慣例，首飾一類的財物是可以保留的，可是儘管銀行經理說懷錶與戒指都可以拿回去，但是他執意不肯。銀行被感動了，不但派人把他妻子的戒指送回來，還送來了一大筆錢財，讓山本武信憑著這筆巨款渡過難關。山本的誠信，讓一個日本人因此獲得啟示。後來這個日本人以誠信為原則，創立了享譽全球的大公司，他就是松下幸之助。

有誠信，而且自強不息，還有什麼困難戰勝不了的呢？

伍．爻辭

初九：需於郊。利用恆，無咎。

象曰：需於郊，不犯難[1]行也。利用恆，無咎；未失常也。

九二：需於沙[2]。小有言，終吉。

象曰：需於沙，衍[3]在中也。雖小有言，以終吉也。

九三：需於泥，致寇至。

象曰：需於泥，災在外也。自我致寇，敬慎不敗也。

六四：需於血，出自穴。

象曰：需於血，順以聽也。

九五：需於酒食，貞吉。

象曰：酒食貞吉，以中正也。

上六：入於穴，有不速之客[4]三人來，敬之終吉。

象曰：不速之客來，敬之終吉。雖不當位，未大失也。

【注解】

[1] 犯難：難，音ㄋㄢˋ；指冒險行動。

[2] 沙：沙灘。

[3] 衍：水滿溢出，也指海潮上漲的樣子。引申義為盛大、豐富、寬厚。

[4] 不速之客：速，邀請；不速之客即指未經邀請而自己來的客人。

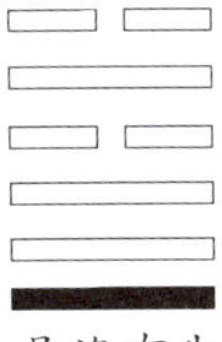

初九：需於郊。利用恆，無咎。

象曰：需於郊，不犯難行也。利用恆，無咎；未失常也。

經文意思是：在郊外等待，有利於持恆，沒有災難。

象辭意思是：在郊外等待，是不冒險前進。利於持恆，沒有災難，是沒有失去正常的理智。

【釋義】

由於前面出現阻礙，所以在郊外就停下來了。此處的「需」不單是停止的意思，還有飲食之意。也就是說，在鄰外停留，在郊外飲食。在人的一生中，大多數人處於這種狀態中。一生無所建樹，沒有功名，不能進朝為官，或由於政治因素不能展示自己的本領，只能在郊區當一個農民。這就是「需於郊」。當處於這種生活中時，要有恆心，不能不堅持，才不會有過失。為什麼呢？因為前面有險阻啊！遠離險阻

「初九」遠離坎險，似在郊外等待，位卑體健，表示應恆心久待，不輕舉妄動，才不會招致禍害。

而能堅持，最終才能達到歸隱保全的目的。

比如春秋戰國時期的隱士們，就是「需於郊」，雖然日子清苦，但遠離凶險。在朝為官，不是被王侯所殺，就是被別的諸侯國吞併後殺掉，處於那個年代，歸隱當然是明智的選擇。

但如果不能堅持這種清苦的生活，就不會有好的結果。一些人由於想享受榮華富貴，結果因時勢的原因使自己四處碰壁，甚至招來殺身之禍。比如孔子便是一例，在「槍杆子裡出政權」的年代，他去宣揚禮教仁義，結果「斥乎齊，逐乎宋、衛，困於陳、蔡之間」，最後要不是靠弟子幫助，非得窮困潦倒、埋葬他鄉不可。又如戰國時期的風雲人物蘇秦，為了追求富貴，以身犯險，結果自己雖然富比王侯，顯赫一時，最終卻難逃被人刺殺的命運。

九二：需於沙。小有言，終吉。

象曰：需於沙，衍在中也。雖小有言，以終吉也。

經文意思是：在沙灘上等待，有些小的口舌是非，最終是吉祥的。

象辭意思是：在沙灘上等待，是因九二爻寬厚而居中，雖然有些衝突，但最終是吉祥的。

「九二」失正，雖未及坎險，卻像水流在沙中蔓延，接近險阻，略受言語中傷。但九二有靜待不躁之象，仍獲吉祥。

「需於沙」是說停留在沙灘上，即在沙灘上停留，自然是以捕魚為生。漁民的生活也不錯，雖然比不上當朝的士大夫，但也能快樂地生活，可以吃到不少海鮮。只是會發生一些口舌事非。這是怎麼回事呢？原來需卦下面的互卦為兌，兌即有口舌之意，九二爻正處於兌卦的最下爻，並且九二與初九和九三同性相斥，所以會有些小口舌。不過，兌卦也有喜悅的涵義，並且九二居中，所以說九二這個漁民的生活還是悠哉悠哉，最終吉祥的。

九三：需於泥，致寇至。
象曰：需於泥，災在外也。自我致寇，敬慎不敗也。

經文意思是：在淤泥中等待，導致賊寇來到。

象辭意思是：在淤泥中等待，是因為外面有災難。自己招來賊寇，是告誡人們要恭敬謹慎才不會陷於失敗。

停留在淤泥中，在淤泥中求食物，處境就不是很好了。九三爻的上面是坎卦，坎有賊寇之意，所以「需於泥」的九三會招致賊寇的侵犯。就好比一群人在淤泥中捕魚或捕捉獵物，結果自己也陷入泥中不能自拔，這時一群賊寇過來，見到這種情景，自然知道可以輕易搶走淤泥中的獵物。所以陷入淤泥的人們招來賊寇。處於這種情況怎麼辦呢？只有恭恭敬敬並謹慎小心，才可以避免災難。因為人在矮檐下，不得不低頭，好漢不吃眼前虧，所以「敬慎不敗也」。在人類愚昧時期，有一種聰明的捕獵方式，是人們用驚嚇的方法把獵物趕到沼澤地，然後再捕捉，可是在捕捉過程中，會有其他原始群的人們過來搶奪獵物，所以「需於泥，致寇至」是一句極古老的俗語，反映的就是這種捕獵的缺點。

「九三」瀕臨坎險，似將陷入泥水之中。又陽剛得正，剛亢躁進，會招來災難。此時應敬謹審慎。

六四：需於血，出自穴。
象曰：需於血，順以聽也。

經文意思是：在憂患中等待，從洞穴中逃出。

象辭意思是：在憂患中等待，是柔順而聽從才導致大難不死。

此處的「血」同「恤」，是憂慮、憂患的意思。六四上臨九五君位，六爻中「二多譽，四多懼」，伴君如伴虎，所以會有憂慮與憂患。如何擺脫這種憂患呢？只有「出自穴」才是唯一的出路。這句爻辭告訴我們，處於君王之側，要有憂患意識，不要被暫時的榮華富貴所迷惑，發現危險，應當急流勇退。

「六四」處坎之下，似等待於「血泊」之中。但陰柔得正，下應初九，隨機應變可脫離險境。

「出自穴」一辭還與需卦的變卦有關。需卦是從大壯卦變化而來。大壯卦的四、五爻互換，變成了需卦。大壯卦的六五爻來到了四爻的位置，坎為穴，所以有出穴的卦象。

九五：需於酒食，貞吉。
象曰：酒食貞吉，以中正也。
經文意思是：在酒食宴樂中等待，守正道則吉祥。
象辭意思是：酒食宴樂中的吉祥，是因為九五爻陽爻居中的緣故。

九五居於君王之位，自然可以享受酒食之樂了。可是必須守正道才會吉祥。古代的帝王們，大多數是因為酒食之樂逐漸走向墮落和腐敗的。比如紂王，剛登基時是一位極其賢明的天子，可是後來做了一雙象牙筷子，於是由一雙象牙筷子發展到酒池肉林，最後越來越奢侈，終於導致國家滅亡。所以說，酒食之樂要建立在正道的基礎上才會吉祥。

「九五」有剛健中正之德，等待時機好運即將來臨。似已在酒宴前準備慶賀，但需純正才會吉祥。

上六：入於穴，有不速之客三人來，敬之終吉。
象曰：不速之客來，敬之終吉。雖不當位，未大失也。
經文意思是：進入洞穴，有不請自來的三位客人來到，尊敬他們，最終會得到吉祥。
象辭意思是：不速之客的到來，尊敬他們而最終吉祥；上六雖然位置不當，但沒有大的損失。

「上六」待極轉躁，不復等待，故陷入坎穴。但應九三，若能以誠意敬待九三、初九、九二可脫險獲吉。

爻辭「入於穴」，也是根據變卦而來的。大壯卦上卦為震為雷，沒有「穴」的涵義，可是變為需卦後，上卦為坎，坎有「穴」的涵義。上六於是有「入於穴」的形象了。「不速之客三人」指的就是下卦的三個陽爻，這三個陽爻以剛健之德跋涉大川，大川便是上面的坎卦，所以上六會遇到這三個不速之客。

第6節

卦六 訟 解決爭端的智慧

壹・卦名

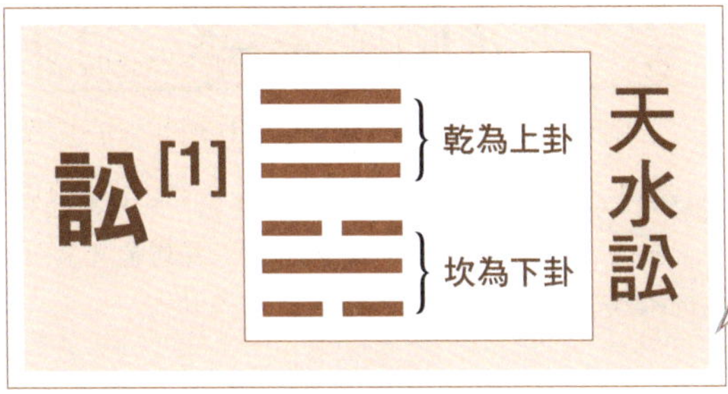

乾為天，坎為水，天西轉與水東流背向而行，像人與人不和而爭辯。訟象徵爭辯爭論，含訴訟之義。當不易和解時，就會導致訴訟。應該找有大德大才的人進行決斷，不要逞強冒險。

【注解】

[1] 訟：卦名，象徵爭論、訴訟。

【釋義】

此卦的卦名為訟。《說文》中對訟的解釋是：「訟，爭也。」訟就是爭訟、爭鬥的意思。前面的蒙卦處於事物的生長期，生長期需要飲食營養，萬物都想得到更多的飲食營養，於是發生爭奪，誠信的原則就失去了。怎麼解決這個問題，只有進行訴訟了。

貳・卦畫

訟卦的卦畫與需卦的卦畫相似，都是兩個陰爻四個陽爻，只是排列順序相反。古人稱為「相覆」，就是顛倒過來的意思。《周易》中的八卦排列往往是非覆即變，這是《周易》中八卦的排列規律。下面我們透過卦象來分析卦畫的涵義。

叁·卦象

訟卦上卦為乾為天為陽，其性質向上，下卦為坎為水為陽，其性質向下，兩卦同性相斥，天往上升，水往下流，目標相違背，這便是訟卦的卦象。這就好比人們各自懷著私心，都為自己的利益著想，思想不能統一。所以人們在爭奪利益的同時，就會引起爭鬥，到頭來只有透過訴訟進行解決了。

訟卦之象

有口舌二字，為禍端起因；山下有睡虎，主有驚恐；文書在雲中，主遠而未興訟；人立虎下，主到尾有驚。占者若得之，宜慎出入。此為俊鷹逐兔之卦。

肆·卦辭

訟：有孚窒[1]。惕中吉。終凶。利見大人，不利涉大川。

彖曰：訟，上剛下險，險而健，訟。訟有孚窒，惕中吉，剛來而得中也。終凶，訟不可成也。利見大人；尚中正也。不利涉大川；入於淵也。

象曰：天與水違行[2]，訟；君子以做事謀始。

【注解】

[1] 窒：窒息，阻塞不通。

[2] 天與水違行：訟卦上卦為天，其性質向上；下卦為水，其性質向下。所以說，天與水背道而行。

【釋義】

經文意思是：誠信被窒息，在警惕中生存會吉祥，但最終還是凶。有利於拜見大人物，不利於跋涉大川險阻。

彖辭的意思是：訟卦，上卦乾為剛，下卦坎為險，陰險又剛健所以會發生爭訟。訟卦「有孚窒，惕中吉」是由於九二爻乘陽剛的德，而且得到中正之位。「終凶」，是由於持剛乘險將陷入深淵，所以爭訟沒有結果。「利見大人」是由於九五爻處於中位。「不利涉大川」，是因為會陷入深淵之中。

象辭的意思是：上卦為天，下卦為水，天的性質向上，水的性質向下，雙方背道而馳，這就是訟卦卦象。君子做事要從中受到啟發，做事時要預先謀劃好。

人們各自懷著自私之心，在這種情況下，誠信自然會窒息，因為靠誠信無法使自己獲得更多的飲食與財物。這就好比戰國時代，誰賂賻粗，誰就擁有更多的財富，誠信已經沒有任何價值。可是在一個沒有誠信的時代，人們怎麼生活和保全自己呢？只有「惕中吉」了。也就是說，只有時刻警惕，謹慎小心做事，才不會受害。可是如果社會變成這個樣子，人們再怎麼警惕，最終也是難逃凶險。在這種情形下，遇到難題唯一的出路是尋求大人物幫助，可是不適合跨越大的險阻，因為這種時代只能逃避危險，哪能以身犯險呢！這種生活方式，就有點像小市民的生活方式。小市民寄生在貿易來往的城市裡，可是自己又沒有地位，沒有權勢。來城裡做生意的商人都很奸詐，為了不上當，小市民必須學「精」一點，對別人當然也不會講誠信了。一旦被別人欺負，只能請有能力的大人物幫忙解決，對於有危險的事情，離得遠遠的。小市民這種生活方式是環境造成的。

可是君子處於這種時代該怎麼辦呢？總不能像小市民一樣吧？象辭中對君子的忠告是「做事謀始」。也就是說在做一件事之前，一定要預先做好謀劃，把不利的因素全部考慮清楚，權衡利弊之後再行動。

伍・爻辭

初六：不永所事[1]，小有言，終吉。

象曰：不永所事，訟不可長也。雖有小言，其辯明也。

九二：不克[2]訟，歸而逋[3]，其邑人三百戶，無眚（ㄕㄥˇ）。

象曰：不克訟，歸逋竄也。自下訟上，患至掇也。

六三：食舊德，貞厲，終吉，或從王事，無成。

象曰：食舊德，從上吉也。

九四：不克訟，復即命，渝[4]安貞，吉。

象曰：復即命，渝安貞；吉，不失也。

九五：訟元吉。

象曰：訟元吉，以中正也。

上九：或錫之鞶帶[5]，終朝三褫[6]之。

象曰：以訟受服，亦不足敬也。

【注解】

[1] 事：指爭訟之事。

[2] 克：致勝。

[3] 逋：音ㄅㄨ，逋的原始意義指奴隸逃亡。後泛指逃亡、逃跑。

[4] 渝：改變。

[5] 鞶帶：音ㄆㄢˊ，皮製的束衣腰帶。

[6] 褫：音ㄔˇ，奪去衣服的意思。

【釋義】

初六：不永所事，小有言，終吉。

象曰：不永所事，訟不可長也。雖有小言，其辯明也。

經文意思是：不要堅持訴訟，稍有議論，最終會吉祥。

象辭意思是：不堅持訴訟，是因為爭訟不能長期堅持。雖然有小小的責難，但透過辯論便可以明白是非曲直了。

這裡向人們講解訴訟時從一些言辭就可以判斷出誰是誰非，根本不需要長時間地考察。由此可以看出，古人已經明白長期訴訟只會給雙方帶來更大的害處，所以主張裁決要果斷迅速，不能拖拉。

「初六」陰柔居下，上應九四，九四言語中傷初六，但初六陰柔能退，可獲吉祥。

九二：不克訟，歸而逋，其邑人三百戶，無眚。

象曰：不克訟，歸逋竄也。自下訟上，患至掇也。

經文意思是：官司敗訴，回來後便躲起來，他采邑中的三百戶人家不會受到牽連。

象辭意思是：官司敗了，所以回來後就躲起來了。身為下位上告有權勢的人，這災禍是自己找的。

「九二」與九五同性無應，因而爭辯，下與上爭必失利。但九二陽剛居中，能於失利時及早避開，可免災。

九二打官司輸了，為了逃避懲罰，回來後就躲起來了。由於他管理的三百戶人家，不會受到案件的牽連，所以他能躲過災難。九二的官司為什麼敗訴呢？象辭中說「自下訟上，患至掇也」。原來九二是與九五打官司，這不是自找麻煩嗎？如果九二不是居於中位，管理三百戶人家，那麻煩肯定是大了。

六三：食舊德，貞厲，終吉，或從王事，無成。
象曰：食舊德，從上吉也。
經文意思是：吃祖宗留下的餘蔭，守正道有危險，最終會吉祥。或者為朝廷效力，沒有成就。
象辭意思是：吃祖宗留下的餘蔭，是因祖先的功德而獲得吉祥啊。

六三爻與世無爭，可以靠祖宗留下的餘蔭生活，不與人爭，自然吉祥了。六三爻與上九爻相應，上九為宗廟之位，所以有六三受益於宗廟的卦象。

「六三」陰柔失正，繼承先人德業，守持正固才可吉祥。但應上九，能輔助君王但不會有什麼成就。

九四：不克訟，復即命，渝安貞，吉。
象曰：復即命，渝安貞；吉，不失也。
經文意思是：不能勝訴，回來後承認自己命該如此，開始變得安分於正道，吉祥。
象辭意思是：回來後認命，變得安守正道，就不會有損失了。

九四陽爻居於偶位，自然不會安分。他自然也想爭奪些什麼，可是他與九五相爭，怎麼能勝利呢。識時務者為俊傑，吃虧後變老實了，開始安分守己，自然也會吉祥。

「九四」性健能訟，與初六相犯而爭辯，但能明辨是非，退之。安分守己終可吉祥。

九五：訟元吉。
象曰：訟元吉，以中正也。
經文意思是：裁決人們的爭訟，大吉。
象辭意思是：裁決人們的爭訟而大吉，是因為九五君位能守中正之道，秉公執法。

九五居中得位，處於君王的位置而公平地裁斷人們的訴訟，自然會吉祥。

「九五」陽剛中正為「君子」聽訟明斷曲直之象。爭訟得到公正判決，大吉大利。

上九：或錫之鞶帶，終朝三褫之。
象曰：以訟受服，亦不足敬也。

經文意思是：受到君王賜給的腰帶，一天之內就三次被奪。
象辭意思是：因為打官司受到官服，也不值得敬佩。

春秋時期的重耳由於受到後母的陷害，不得不離開自己的國家，流亡在外。當時介之推和一些大臣因為相信重耳會大有作為，就和他一起流亡異國他鄉。在重耳飢餓難忍的時候，介之推曾經割下自己腿上的肉給重耳吃，保住重耳的性命。流亡十九年後，重耳在秦穆公的幫助下，回國當上晉國的國君。大臣們紛紛向重耳申訴自己曾經對他的種種幫助，重耳非常高興的獎賞這些大臣。而介之推非常鄙視這種爭功討賞的行為，所以他一句話也沒說，結果重耳卻貴人多忘事，把他的功勞真的給忘了。介之推見重耳忘恩負義，就離開朝廷，帶著母親到綿山隱居。後來重耳想起自己忘記了獎賞這個賢臣，便親自去請，可是介之推就是不出來。重耳知道他是個孝子，心想如果放火燒山，他定會背著母親出來。於是下令火燒綿山，燒了三天三夜，仍不見他的人影，火熄滅後，只見介之推背著老母靠著一棵燒焦的大柳樹根死了。晉文公把他們母子安葬在綿山，並改綿山為介山，立廟紀念，下令每年從介之推燒死的這天開始的一個月內，全國禁止煙火，家家吃冷食，所以叫寒食節，又叫禁煙節。後來日期由原來的一個月變為十天，最後又變為清明前後的三天內，現在一般將清明這天稱作寒食節。

「上九」強訟不止，即使因取勝而獲厚祿，也將是一日內被多次下令收回。所以「訟不可極，祿不可爭」。

第7節
卦七 師 帶兵打仗的智慧

壹・卦名

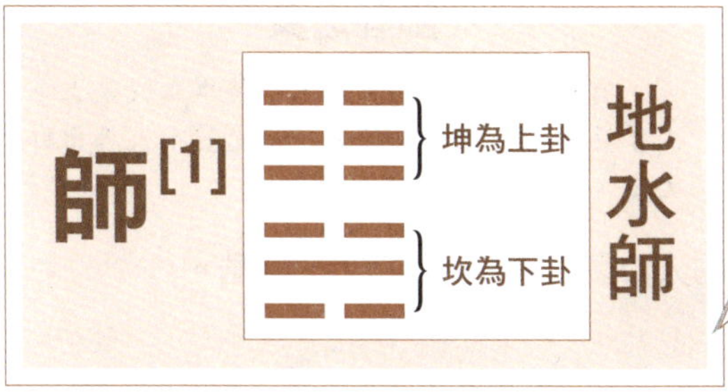

坤為地，坎為水，地中有水。地中眾者，莫過於水。師為眾，部屬兵士眾多的意思。持正的「仁義之師」，才可攻伐天下使百姓服從；用兵勝負在於擇將選帥，持重老成的人統兵可獲吉祥，這樣才沒有災禍。

【注解】

[1] 師：卦名，民眾、兵眾之意。

【釋義】

此卦的卦名為師。前面的訟卦是講人們的爭訟，不服從裁決，就會引起械鬥與戰爭。所以訟卦之後便是師卦。師是兵眾的意思，它是古代軍隊的一級編制，名稱沿用至今。按《周官・大司馬》中記載，藏兵於農，每戶出一人，五人為一伍，五伍為一兩，四兩為一卒，五卒為一旅，五旅為一師，五師為一軍。按這種推算，一師就是兩千五百人。而師的引申義也就代表戰爭了。戰爭必然會使人產生憂患，所以師卦也有憂患的涵義。這就是《雜卦傳》中所說的「比樂師憂」。

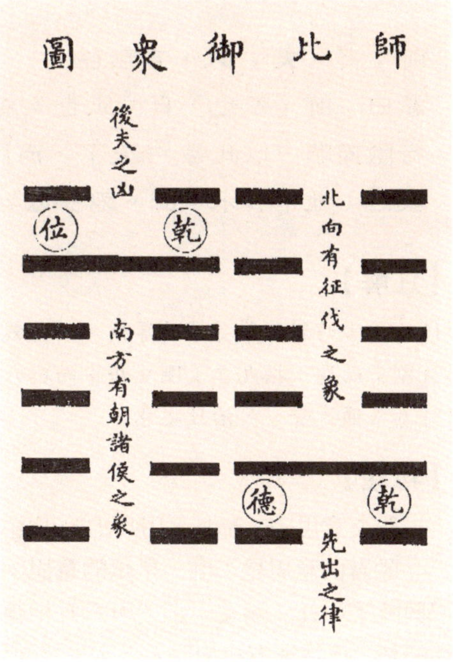

貳．卦畫

師卦的卦畫一個陽爻五個陰爻。陽爻代表統帥，陰爻代表兵眾。下面我們就透過卦象來對卦畫進行分析。

師卦之象

有虎、馬、牛指寅午未；將軍立於臺上，主掌兵權；執印者拜於地，指受賞。天馬出群之卦，以寡服眾象。

叁．卦象

師卦上卦為坤為地為眾，下卦為坎為水為險，地中有水、引眾犯險，就是師卦的卦象。地中有水，則是比喻兵來源於民眾中，平時務農，戰時成兵。引眾犯險則表示戰爭會帶來大量的人口傷亡，表明了戰爭的殘酷。

肆．卦辭

師：貞，丈[1]人，吉無咎。

彖曰：師，眾也，貞，正也。能以眾正，可以王矣。剛中而應[2]，行險而順，以此毒[3]天下，而民從之，吉又何咎矣。

象曰：地中有水，師。君子以容民畜眾。

【注解】

[1] 丈：古時對長輩男子的尊稱。《大戴禮記》：「丈者，長也。」

[2] 剛中而應：指九二爻剛爻居中而與六五爻相應。

[3] 毒：通「督」，治理之意。

【釋義】

經文意思是：師卦，用兵出於正道並任用賢明的長者，吉祥不會有災難。

彖辭的意思是：師，是眾的意思；貞，即是堅守正道。能統大眾於正道，就可以興旺了。九二剛爻中正，與六五相應。下卦坎為險，上卦坤為順，行進在險中而能順利，以這種方法治理天下，民眾便會順從他，很吉祥，怎麼會有災難呢？

象辭的意思是：上卦坤為地，下卦坎為水，地中藏水源，便是師卦的卦象。君子應當從這一卦象中得到啟示，廣容百姓以聚養兵眾。

古人極其注重出師有名，認為出師無名的戰爭是不會取得勝利的。比如武王在征討紂王時，先是由周公慷慨激昂地宣讀《牧誓》，在牧誓中指出紂王的昏庸無道等各種罪證，以證明自己發動的這次戰爭是在替天行道。眾將領與兵士認為，自己是在進行一場正義之戰，肯定會有神靈保佑，所以作戰更英勇。

伍 · 爻辭

初六：師出以律，否臧[1]凶。

象曰：師出以律，失律凶也。

九二：在師中，吉無咎，王三錫[2]命。

象曰：在師中吉，承天寵也。王三錫命，懷萬邦也。

六三：師或輿[3]屍，凶。

象曰：師或輿屍，大無功也。

六四：師左次，無咎。

象曰：左次無咎，未失常也。

六五：田[4]有禽，利執言，無咎。長子帥師，弟[5]子輿屍，貞凶。

象曰：長子帥師，以中行也。弟子輿師，使不當也。

上六：大君有命，開國承家，小人勿用。

象曰：大君有命，以正功也。小人勿用，必亂邦也。

【注解】

[1] 否臧：失律，即不按軍紀軍法行事。

[2] 錫：同「賜」。

[3] 輿：大車。

[4] 田：打獵。後作「畋」。

[5] 弟：次。

【釋義】

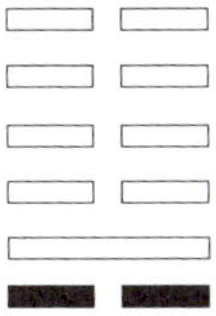

初六：師出以律，否臧凶。

象曰：師出以律，失律凶也。

經文意思是：軍隊出動要嚴格軍紀，否則便會有凶險。

象辭意思是：部隊出征要嚴格軍紀，沒有軍紀必有凶險。

「初六」失正，「兵眾」初出之象。須嚴明軍紀，否則即使取得暫時勝利，也是凶事。

軍紀對部隊來說是最重要的。從古至今，只有紀律嚴明的部隊才能打勝仗。三國時，曹操因為自己騎的馬踏壞了農民的莊稼，而要將自己斬首示眾，最後以割髮代首；穆桂英陣前要斬自己的丈夫楊宗保；新四軍的三大紀律、八項注意，都是為了強調軍紀的重要，讓軍人服從紀律。因為只有這樣的部隊，才能克敵制勝。如果不嚴明軍紀，將領不聽主帥的指揮，士兵不聽將領的指揮，怎麼能打勝仗呢？所以說「失律凶也」。是說沒有軍紀的部隊太凶險了。

九二：在師中，吉無咎，王三錫命。

象曰：在師中吉，承天寵也。王三錫命，懷萬邦也。

經文意思是：身在軍營中，吉祥不會有災難，君王三次給予嘉獎。

象辭意思是：身在軍營中吉祥，會受到君王的寵信。君王三次嘉獎他，是因為他安撫萬國有功。

古人認為，這一爻指的就是武王帶兵有功而受文王的獎賞，由於此時武王還沒有繼位，所以還不能稱為「君」。

六三：師或輿屍，凶。

象曰：師或輿屍，大無功也。

經文意思是：出兵可能會用車裝屍體回來，凶。

象辭意思是：出兵後，結果用車拉屍體回來，是大敗而無功。

「九二」陽剛得中，統帥兵眾持中不偏吉而無害。與六五相應，深得君王寵信，委以重任。

九二身為三軍主帥，重權在握，自然吉祥沒有災難。能夠受此重任，說明天子對他的信任與寵愛。君王對他進行三次賜命，說明君王對他寄予安邦定國的重望。九二爻與君位的六五爻相應，所以可以得到君王的賜命。在《周禮》中說：「一命受職，再命受服，三命受位。」可見所賜三命是給予極大的權力。

「六三」不中不正，既無帥才又剛愎自用，進無應，退無守，這樣用兵自然會有凶險。

出兵回來，結果車上拉的不是戰利品，全是陣亡將士的屍體，怎麼會不凶險呢？一方面，肯定是戰敗而歸，剛經歷戰場上的凶險；另一方面，主帥肯定也不會饒了這次出征的將領，這是回來後的凶險。

六四：師左次，無咎。
象曰：左次無咎，未失常也。
經文意思是：兵眾向左撤退駐紮防守，沒有災難。
象辭意思是：向左撤防守沒有災難，是說明六四用兵沒有違反用兵的通常法則。

這裡告訴人們，打仗不一定非得求勝，當不能取勝時，要懂得退避以保持實力。只有這樣，才不會有大的災難。古語云，勝敗乃兵家常事。但敗仗中要懂得保全實力，減少損失。比如諸葛亮六出岐山，都打敗仗，但撤退時巧妙布局，並沒有造成大量人員傷亡，保存了戰鬥力，所以諸葛亮的六出岐山，雖然打了六次敗仗，卻仍然沒有減損諸葛亮用兵如神的光輝形象。

「六四」無下應，但柔順得正，不利時能速撤到安全地帶，待時圖進，這樣沒有災害。

六五：田有禽，利執言，無咎。長子帥師，弟子輿屍，貞凶。
象曰：長子帥師，以中行也。弟子輿師，使不當也。
經文意思是：打獵獲得了飛禽，有利於發表言論，不會有災難。長子帶兵出征，次子用車裝屍體大敗而回，守正道也是凶。
象辭意思是：長子為統帥，是行中正之道，次子戰敗歸來，是用人不當。

透過一次打獵的成功，來進行演講激發戰士們的士氣，沒有什麼過錯。但是長子率兵出征，次子卻打敗仗回來，這肯定不是吉祥的事情。次子是怎麼打敗仗的呢？原來責任不在次子，而在於長子的用人不當。這裡告誡人們戰事中用人的重要性。對於那些紙上談兵的人，是不能予以重任的。趙王就是信任紙上談兵的趙括而損失慘重。當時秦國的統帥白起，為了能成功攻打趙國，就散布流言說，白起並不害怕老將廉頗，而是害怕趙奢的兒子趙括當將軍，這樣秦軍就不敢侵犯趙國了。這位趙括只是紙上談兵，並沒有真才實學。了解自己兒子的趙奢在臨終前寫下遺言，叫趙國千萬別讓趙括當將軍。可是趙王卻聽信了流言，以趙括來替代廉頗的職務。這就正中白起的下懷，因為廉頗堅壁不出的戰略使秦軍無法攻克趙軍，正使白起左右為難。趙括當上了將軍後，開始與秦軍展開了大規模的實戰，結果在長平被秦軍圍住，經過 46 天的激戰，趙國的四十萬大軍全軍覆滅，趙括也丟掉了性命。

「六五」雖居「君位」，但體柔只在被侵犯時被迫反擊。如任用剛正長者為帥，又讓小人參與，必大敗。動機純正，也難免凶險。

上六：大君有命，開國承家，小人勿用。

象曰：大君有命，以正功也。小人勿用，必亂邦也。

經文意思是：天子頒布命令，封諸侯，賞大夫，不能重用小人。

象辭意思是：天子頒布命令，是為了獎賞有功的人；不重用小人，是因為小人會擾亂國家。

這裡講的就是武王滅紂分封諸侯的情景。此時，武王已經登基為天子，成為眾諸侯的盟主，所以稱為「大君」。「開國承家」就是分封各個有功的將領及謀士。武王封賞第一個謀士是姜子牙，姜子牙被稱為周師齊祖，因為他是齊國的開國領袖，所以是「齊祖」。建立新政權，最應該注意的是「小人勿用」。

「上六」班師告捷君王論功行賞，大功封為諸侯，次之為大夫，小人不可重用。

第8節

卦八 比 交朋擇友的智慧

壹・卦名

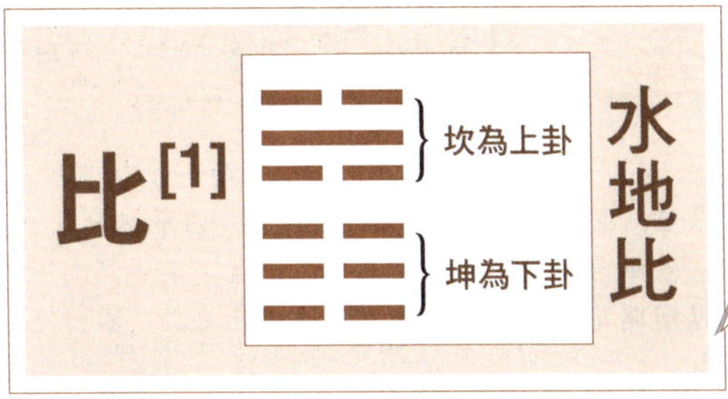

坤為地，坎為水，地上有水。水得地而蓄而流，地得水而柔而潤，水與地親密無間。比者，輔也，密也。故比象徵親密比輔。彼此能親密比輔自然吉祥，但應比輔於守持正固而有德的長者，擇善而從。

【注解】

[1] 比：卦名，親比，親密的輔佐。

【釋義】

此卦的卦名為比。甲骨中的「比」字像兩人步調一致、比肩而行的樣子。所以本義為並列、並排之意。前一卦為師，是打仗的意思，打仗勝利後，該開始治理國家了，治理國家需要賢臣的輔佐，所以這一卦也有輔佐的意思。

貳・卦畫

比卦的卦畫為一個陽爻五個陰爻，與師卦的卦畫相似，只是排列順序正好相反，師卦中的九二陽爻在比卦中來到九五君位，象徵君臨天下，群臣輔佐。下面就透過卦象來對卦畫進行具體的分析。

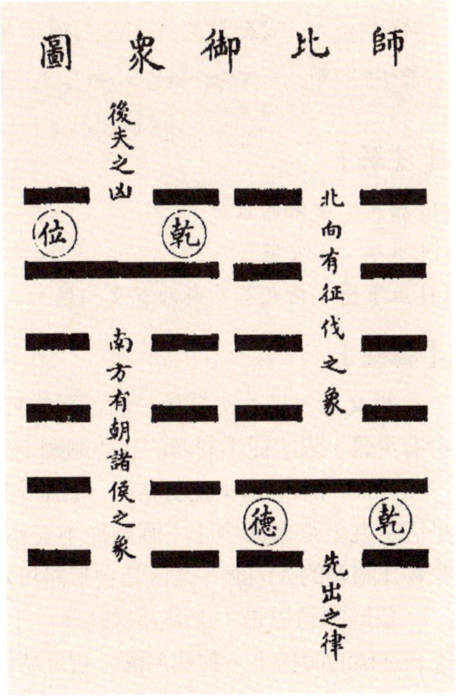

叁・卦象

比卦上卦為坎為水，下卦為坤為地，地上有水就是比卦的卦象。水在大地上流動，泥土因為有水而溼潤，可以養育萬物，這就像君王巡視四方，恩澤四方，群民與君王一條心，共同輔佐君王，而君王居安思危，能夠嚴謹治國。可見，這一卦確實是充滿了喜悅與歡樂的。

比卦之象

月圓當空，主光明之象；秀才望月飲酒，乃舉杯對月，自酌自飲，其樂盈盈之象；藥爐在高處閒置，表示無病不需熬藥；枯樹開花，主晚發，此為眾星拱比之卦，水行地上之象。

肆・卦辭

比：吉。原筮[1]元永貞，無咎。不寧[2]方來，後夫凶。

彖曰：比，吉也，比，輔也，下順從也。原筮，元永貞，無咎，以剛中也。不寧方來，上下應[3]也。後夫凶，其道窮也。

象曰：地上有水，比。先王以建萬國，親諸侯。

【注解】

[1] 原筮：原來的筮辭。

[2] 不寧：不安寧。

[3] 上下應：指九二爻與六五爻相應。

【釋義】

經文意思是：比卦是一個吉祥的卦。原來的筮辭是從開始就永遠堅守正道，不會有災難。表示從不安寧的狀態剛剛走出來，遲遲不來新比的人凶。

彖辭的意思是：比卦吉祥，比是輔佐、下順的意思。「原筮，元永貞，無咎」是因為九五剛健而中正。剛剛從不安寧中走出來，是因為六二與九五相應。遲遲不來親比歸順的人凶險，是因為會無路可走。

象辭的意思是：上卦為坎為水，下卦為坤為地，地上有水便是比卦的卦象。先王在這樣的時勢下，封建萬國，親近諸侯。

這一卦反映了武王登基後，群臣輔佐治理天下的史實。武王分封各諸侯後，與諸侯相親，諸侯也與武王相親，武王有姜子牙、周公、南宮括等一班賢人佐助，使四海歸順，而不來歸順的則有凶險，因為得不到武王的親比，如果武王興師問罪，自然是有滅國的危險。

伍・爻辭

初六：有孚比之，無咎。有孚盈缶[1]，終來有它[2]，吉。

象曰：比之初六，有它吉也。

六二：比之自內，貞吉。

象曰：比之自內，不自失也。

六三：比之匪人[3]。

象曰：比之匪人，不亦傷乎！

六四：外比之，貞吉。

象曰：外比於賢，以從上也。

九五：顯比，王用三驅，失前禽。邑人不誡，吉。

象曰：顯比之吉，位正中也。舍逆取順，失前禽也。邑人不誡，上使中也。

上六：比之無首，凶。

象曰：比之無首，無所終也。

【注解】

[1] 盈缶：盈，滿；缶，音ㄈㄡˇ，瓦器，圓腹小口，用以盛酒漿等。

[2] 有它：有意外的事。

[3] 匪人：指行為不正當的人。

【釋義】

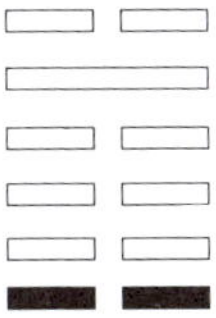

初六：有孚比之，無咎。有孚盈缶，終來有他，吉。

象曰：比之初六，有他吉也。

經文意思是：用誠信結交朋友不會有災難。有誠信就好比美酒滿缸，誠信會吸引更多的人來與你交往，吉祥。

象辭意思是：處在最下層的初六廣交朋友，會得到意外的吉祥。

初六處於比卦最下層，嚴格來講他還不能輔佐誰，只能廣泛結交一些朋友，由於他的這些朋友與他一樣，都能一心輔佐九五，所以他會得到意外的吉祥。

「初六」處比之始，失正有災禍，但能以誠信依附相親於九五「君王」，可免遭災禍。

六二：比之自內，貞吉。

象曰：比之自內，不自失也。

經文意思是：親善內部人員，堅守正道吉祥。

象辭意思是：親善內部人員，會使自己不會受到損失。

六二處於下卦的中部，得中又得位，又與九五相應，所以會吉祥。作為大夫級別的他能夠帶領統治階級內部做到團結，並且堅守正道，一心輔佐九五的君王，所以不會有任何損失。

「六二」柔順中正，上應九五，相親相輔出自內心，這是正道，必然吉祥。

六三：比之匪人。

象曰：比之匪人，不亦傷乎！

經文意思是：與盜匪結交。

象辭意思是：與盜匪結交，怎能不受到傷害呢？

六三則與六二不一樣了，他無法與九五相應，因為有六四阻隔，又無法與上六相應，因為同性相斥，而他面前是一個坎卦，坎卦為險為盜匪，所以六三有

「六三」不中不正，與二、四同性相斥，就像與一些行為不當的人親近，會有凶險。

「比之匪人」的爻辭，而其結果便可想而知了——不亦傷乎！

六四：外比之，貞吉。
象曰：外比於賢，以從上也。
經文意思是：結交外面的朋友，守正道則吉祥。
象辭意思是：結交外面賢明的人，是為了一起順從九五君王。

「六四」柔順得正，上承九五，依附相親尊主，當然吉祥。

六四位於君王之側，得君王的信任，又以陰爻居於偶位，他能夠與下面的賢臣交往，並共同輔佐九五的君王，所以吉祥。

九五：顯比，王用三驅，失前禽。邑人不誡，吉。
象曰：顯比之吉，位正中也。舍逆取順，失前禽也。邑人不誡，上使中也。
經文意思是：光明正大的交往，君王用三驅之禮狩獵，結果失去前面的禽獸。老百姓不懼怕君王，吉祥。
象辭意思是：光明正大的交往之所以會吉祥，是因為九五保持中正。捨棄叛離，容納歸順，所以失去前面的禽獸；百姓不懼怕君王，是因為君王以中正治國，平易近人。

君王親比普天下的民眾，以仁義之心治理天下。他打獵時用三驅之禮，三驅之

「九五」居尊位，光明無私地親密比輔眾陰，順其自然，百姓解除戒心自動團結在君王周圍，當然吉祥。

「上六」上位無位，不具備成為領袖的條件，無法得到屬下的擁戴與親近，所以凶險。

禮是說打獵時得到了一等獵物，送到宗廟祭祀，二等的獵物招待賓客，三等的獵物君王自己享用。君王這樣善待群臣，連老百姓見到他也不會感到害怕，這麼賢明的君王，怎麼會不吉祥呢？

上六：比之無首，凶。

象曰：比之無首，無所終也。

經文意思是：結交不到首領，凶。

象辭意思是：結交不到首領，不會有善終。

上六處於比卦最上面的位置，可是下面的眾陰爻都比親於九五，所以上六得不到眾陰爻的比親。而他本為最上位，又不能下來比親九五，所以他的處境很凶險。上六就好比殷商的外圍勢力，紂王被滅後，他的外圍勢力還沒有消滅，這些人自然會認為，自己的身分比武王高貴，所以他們不會來親比輔佐武王的。而這些人的凶險，則是來自於周公的東征。武王去世後，周公稱王，平滅了三叔之亂後，又乘勝東征，一舉消滅了五十多個諸侯國，清除了紂王朝的外圍勢力，使西周實現真正的大統一。

第9節

卦九 小畜 積德行善的智慧

壹・卦名

乾為天，巽為風，風飄行天上，微畜而未下行。畜有畜聚、畜養、畜止之義。小畜象徵小有畜聚，所畜甚微之象。以小畜大，以下濟上，有利於剛大者之行。但陰氣從西方升起聚陽甚微，不足以成雨。

【注解】

[1] 小畜：卦名，代表小小的積蓄。

【釋義】

此卦的卦名為小畜。甲骨文的「畜」字是一個會意字，表示的是牛鼻被牽引並出氣的樣子。是說明已被人類馴服豢養的家畜。《左傳・昭公二十三年》疏：「家養謂之畜，野生謂之獸。」所以畜的本義是指馴養家畜。前面的比卦是一個君臣比親的社會，民眾的生活水準自然會提高。人們生活水準提高了，私有財產就會增加，所以家家戶戶開始飼養家畜，有些人也要畜養奴僕。在奴隸社會，奴隸與家畜沒有太大區別。所以畜也有積蓄的意思。《周易》中有小畜卦和大畜卦之分，其實就是積蓄多少的區別。

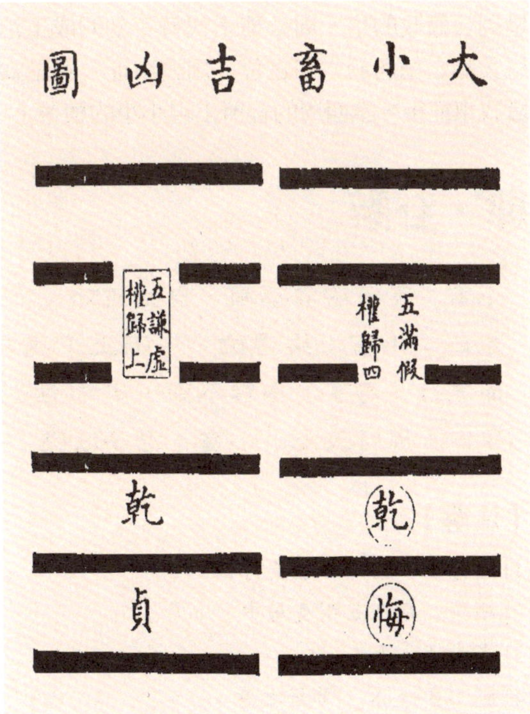

貳・卦畫

小畜卦的卦畫是一個陰爻五個陽爻，一陰爻處於全卦的重要位置，五個陽爻全都親合於陰爻。

小畜之象

兩重山，乃出字；一人山頂，主險不可往，舟横岸上，望竿在草裡，是望草頭姓的意思；上有羊馬，乃午未日見。匣藏寶劍之卦，密雲不雨之象。

叁・卦象

從卦象上分析，小畜卦上卦為巽為風為雞，下卦為乾為天為馬，所以說風行天上、畜養雞馬就是小畜卦的卦象。風行天上，則表示政令迅速普及全國；畜養雞馬，則表明人民的生活水準提高，財富有小小的積蓄。

象辭中說「君子以懿文德」，荀爽認為指的是周文王在西岐時還沒有當天子，不能把恩澤、政令施於民，所以只能美化自己的道德。事實上，這一卦描述的應當是周公攝政的事。周公稱王代替年幼的成王治理天下，他依然自認為是臣民，所以以柔順之德居於六四之位，周公東征，就是為周公之治的興盛打下基礎，所以周公攝政東征後，讓西周的經濟出現小小的積蓄。

肆・卦辭

小畜：亨。密雲不雨，自我西郊。

彖曰：小畜；柔得位[1]，而上下應之，曰小畜。健而巽，剛中[2]而志行，乃亨。密雲不雨，尚[3]往也。自我西郊，施未行也。

象曰：風行天上，小畜；君子以懿[4]文德。

【注解】

[1] 柔得位：指六四陰爻得位。

[2] 剛中：指九五剛爻居中。

[3] 尚：通「上」。

[4] 懿：音一丶，美好之意。

【釋義】

經文意思是：小畜卦，亨通。濃雲密布卻沒有下雨，從我西郊的上空壓過來。

彖辭的意思是：小畜卦，柔爻居四得位而與上下的陽爻呼應，這就是小畜卦。下卦乾為健，上卦巽為順，所以健而順，九五剛居中而且立志去施展抱負，於是亨通。密雲不雨，是陽氣往上升的緣故；我自西郊，是陰陽交合之氣剛施行卻還沒有暢行。

象辭的意思是：巽為風，乾為天，所以風行天上就是小畜卦的卦象。君子應當從卦象中受到啟示，不斷地提高自己的文明之德。

「密雲不雨，自我西郊」，八個字描繪出雨前陰雲密布的氣氛。後世有詩云「風雨欲來煙滿樓」，與這句卦辭有異曲同工之妙。從這個壓抑的氣氛中，似乎馬上就有一場政治風雨來臨。可是到底來了嗎，卦辭上卻沒有說。於是彖辭解釋說：沒有來。這種氣氛就是武王去世後，西周政局的真實寫照。武王死後，太子誦繼位，是為成王。成王不過是個十多歲的孩子。面對國家初立，時局尚未穩固，內憂外患接踵而來的複雜形勢，成王是絕對應付不了的。武王的去世讓整個國家失去重心，形勢迫切需要一位既有才能、又有威望，而且能及時處理問題的人來收拾這個局面，這個責任就落到周公肩上。周公稱王卻以臣子的身分效忠於西周，為了避免人們的誤會，他必須「以懿文德」，美化自己的道德，以得到更多的支持與理解。

伍・爻辭

初九：復自道，何其咎，吉。

象曰：復自道，其義吉也。

九二：牽[1]復，吉。

象曰：牽復在中，亦不自失也。

九三：輿說輻[2]，夫妻反目。

象曰：夫妻反目，不能正室也。

六四：有孚，血[3]去惕出，無咎。

象曰：有孚惕出，上合志也。

九五：有孚攣如[4]，富以其鄰。

象曰：有孚攣如，不獨富也。

上九：既雨既處，尚德載，婦貞厲。月幾望[5]，君子征凶。

象曰：既雨既處，德積載也。君子征凶，有所疑也。

【注解】

[1] 牽：牽引之意。

[2] 輿說輻：輿，指大車；說，同「脫」；輻，車輪的輻條。

[3] 血：同「恤」，有憂患之意。

[4] 攣如：攣，維繫、牽繫、相連之意；如，語氣助詞。

[5] 望：月亮圓時。

【釋義】

初九：復自道，何其咎，吉。

象曰：復自道，其義吉也。

經文意思是：回到原來的正道，怎麼會有災難呢？吉祥。

象辭意思是：回到原來的正道，它的意義是吉祥的。

「初九」得正，上應六四，但力量不足，遂知幾不進，返回自身，這樣沒有過失，所以吉祥。

「復自道」就是回到原來的道路上。這就好比人走錯路，犯了錯，可是知錯改過，重新回到正道，這當然吉祥了。這就好比武王去世後，一些紂王的外圍勢力蠢蠢欲動，由於周公的文治武備，讓有些人停止危險的想法與行動，自然就不會有遭遇滅亡的危險了。

九二：牽復，吉。

象曰：牽復在中，亦不自失也。

經文意思是：牽引而回，吉祥。

經文意思是：牽引回到正道，又在中位，自己不會有什麼損失。

「九二」陽剛居中，本欲上行卻被初九牽連。但以剛中之德，亦能得返，這樣是吉利的。

「牽復」是說九二爻帶動初九與九三一起回到正道上。這怎麼會不吉祥呢。比如在武王去世後，殷商的餘黨就想發動叛亂，可是箕子卻沒有這樣想，而是勸別人不要叛亂，所以後來周公東征結束後，將宋國封給了箕子。這就是帶著大家走正道會吉祥的例子。

九三： 輿說輻，夫妻反目。

象曰：夫妻反目，不能正室也。

經文意思是： 大車脫落了輻條，夫妻反目不和。

象辭意思是： 夫妻反目不和，是由於妻子在丈夫之上，家室關係不正確的緣故。

車的輪子掉了，這是危險的事，就像一對夫妻本來應當共同主持家務，卻反目成仇，怎麼會不危險呢？九三本來應當與六四相合，怎麼會「夫妻反目」呢？原來九三處於下卦的外面，下卦為乾卦屬金，上卦為巽為木，金剋木，所以有夫妻反目之象。夫妻的比喻，則是比喻國家中的大臣背叛君王。夫妻的關係，表明背叛君王的就是君王的親戚。那麼是誰呢？就是周公的哥哥管叔。周公稱王後，周公的哥哥管叔有意爭權，於是散布流言：「周公將不利於孺子（成王）。」於是管叔聯合蔡叔並且鼓動武庚祿父一起叛周。起來響應的有東方的徐、奄、淮夷等幾十個原來與殷商關係密切的大小方國。這對剛剛建立三年多的周朝來說，是個異常沉重的打擊。

「九三」剛亢躁動，比近六四，但四乘三，三受其制，終至衝突而反目。

象辭說「夫妻反目，不能正室也。」就是指出之所以會發生叛亂，是因為身為人臣者凌駕於君王之上，不能以臣子自居的緣故。這就是周公剛剛攝政時的政治背景。

六四： 有孚，血去惕出，無咎。

象曰：有孚惕出，上合志也。

經文意思是： 有誠信，不再憂慮，從懼怕中脫離出來，沒有災難。

象辭意思是： 有誠信並從懼怕中脫離，是九五君王與自己心志相合的緣故。

「六四」以一陰畜眾陽，本有傷害與憂懼。但柔順得正，上承九五，因而能解除憂慮，沒有什麼危害。

此處的「血」同「恤」，即憂慮、憂患之意。六四爻陰爻居偶位，上面得到君王的信任，又有眾陽的相應相合，所以不再有憂慮與恐懼了。這就是周公得到成王及姜子牙信任後的情景。在此之前，周公的內心則充滿憂患與恐懼。因為他稱王後，外面發生叛亂，王室內部也開始有人對周公稱王持懷疑態度。這種內外夾攻的局面，讓周公處境十分危險。

所以他必須得到成王與重要大臣的信任。他終於說服姜子牙和召公奭，得到強而有力的支持。周公統一內部意見後，第二年舉行東征，討伐管、蔡、武庚。周公攝政第三年順利地討平了「三監」的叛亂，殺掉首惡管叔鮮，擒回並殺掉北逃的武庚，流放罪過較輕的蔡叔度。

周公討平管蔡之後，乘勝向東方進軍，滅掉了奄(今山東曲阜)等五十多個國家，把飛廉趕到海邊殺掉，掃清了殷商的外圍勢力。

至此周公重權在握，終於沒有太大的危機感了。並且得到武王的信任，所以象辭中說「上合志也」。

九五：有孚攣如，富以其鄰。

象曰：有孚攣如，不獨富也。

經文意思是：誠信相連，使鄰居也一起富有。

象辭意思是：「有孚攣如」，是不想自己獨自富有。

「九五」陽剛中正，居尊位，以誠信之德帶領眾陽共信六四。

在這裡，講的仍然是周公的事。東征結束後，周公開始制禮作樂，用誠信禮樂治國，加強民眾的凝聚力，並且發展經濟，這就是「富以其鄰」。至此，西周的經濟才有所發展和積蓄。

上九：既雨既處，尚德載，婦貞厲。月幾望，君子征凶。
象曰：既雨既處，德積載也。君子征凶，有所疑也。

經文意思是：需要的雨水已滿，積德載物，婦女在危難中授於正道，月亮快要盈滿，君子征戰有凶險。

象辭意思是：需要的雨水已積滿，這是道德的積累。君子征戰凶險，是有所疑慮的緣故。

天上下雨大地會將雨水儲存起來，就像人積累自己的德行一樣。可是凡事都不可過度，雨下得太多，大地就會出現澇災，月亮滿圓之後，就開始逐漸虧損。所以君子征凶。這裡的君子，指的仍然是周公。

「上九」畜極必反，密雲成雨而降，陽剛被畜止，就像妻壓制夫，雖然和諧用心正當，但結果危險。

周公東征西討，擴大西周的領土；周公制禮作樂，創立封建禮教的統治思想；周公「握髮吐脯」，唯恐失去天下賢臣。這些都是周公的「德積載」，可是確實有些功高蓋主了，所以「君子征凶」。也就是說，再執掌軍事大權東征西討，就該有凶險了。為什麼有凶險呢？因為「有所疑」。誰猜疑？自然是成王與一些大臣。他們一定會想：周公稱王以後，東征西討，重權在握，不會是不想把政權還給成王了吧？

事實上，周公攝政第七年，將王位還給成王後，確實有不少大臣在成王面前說周公的壞話，讓成王對周公也產生了一些誤解。周公知道這件事情後，害怕了，就急忙逃到楚國尋求政治庇護。一次，成王翻閱庫府中收藏的文書，發現在自己生病時周公的禱辭，見禱辭上寫著：「今成王還不懂事，有什麼錯都是我。如果要死，就讓我替他死吧。」成王被周公忠心為國的品德感動得流下眼淚，立即派人將周公接回來。周公回國以後，仍忠心為王朝操勞。

第10節
卦十 履 獨善其身的智慧

壹・卦名

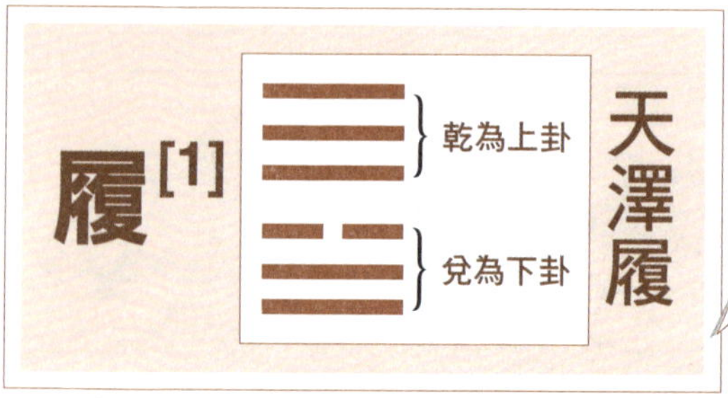

乾為天，兌為澤，天在上，澤在下，為上下之正理。又乾為剛健，兌為和悅，有和悅應合剛健之象。履象徵慎行，循禮而行的意思。遇事循禮慎行，即使有危也無害，所以諸事順利。

【注解】

[1] 履：卦名，象徵履行、實踐。

【釋義】

此卦卦名為履。《說文》中說：「履，足所依也。」履是人們穿的鞋子。人穿鞋子才可以走路，所以「履」的引申意為履行、實踐的意思。

貳・卦畫

履卦的卦畫與小畜卦的卦畫相似，把小畜卦的卦畫顛倒過來，就是履卦的卦畫。

叁・卦象

從卦象上分析，履卦的整體形象很像一隻鞋子，一個陰爻就像鞋口，又像一條烏篷船。所以履卦有行的涵義，不僅表示步行還表示水行，引申為履行。履卦上卦為乾為天，下卦為兌為澤，天降恩澤就是履卦的卦象。意思是說君王言而有信，履行自己的承諾，廣施恩澤於民眾。

肆．卦辭

履虎尾，不咥[1]人，亨。

彖曰：履，柔履剛也。說[2]而應乎乾，是以履虎尾，不咥人，亨。剛中正，履帝位而不疚，光明也。

象曰：上天下澤，履。君子以辨上下，定民志。

【注解】

[1] 咥：音ㄉㄧㄝˊ，即咬的意思。

[2] 說：同「悅」，喜悅之意。

履卦的智慧之象

有笠，成立義；文書破，損義；女子乃好，有傘有所庇蓋；卓旗官人邊坐，門旗義；堠上有千里字，坐鎮千里之侯伯。

【釋義】

經文意思是：踩在老虎的尾巴上，虎不咬人，亨通。

彖辭的意思是：履卦是以柔順有禮對待剛健。下卦兌為悅，上卦乾為天，兌心悅誠服於上面的乾卦，因此踩在虎尾上，虎也不咬人，亨通。九五剛正而居中，踏上帝王之位而不愧疚，是因為正大光明。

象辭的意思是：上卦乾為天，下卦兌為澤，這就是履卦的卦象。君子應當從卦象中受到啟示，明白上下尊卑的等級秩序，安定民心。

古代易學家認為，「履虎尾，不咥人」正是盛世之兆。因為在盛世老虎是不吃人的。為什麼呢？因為盛世人民富裕，穀物豐收，家畜眾多，自然狩獵次數會有所減少。於是大自然的食物鏈就不會遭到人為破壞。野草肥嫩，自然食草動物就多，而食肉動物有眾多的食物來源，就不會飢腸轆轆了。老虎吃飽了，是不會對獵物進攻的，所以「盛世虎不食人」。從卦象上講，履卦上卦為乾為君為虎，下卦為兌為少女為喜悅，少女以喜悅之心與君王相處，即使是「履虎尾」，君王又怎麼會傷害少女呢？

伍・爻辭

初九：素履，往無咎。

象曰：素履之往，獨行願也。

九二：履道坦坦，幽人貞吉。

象曰：幽人貞吉，中不自亂也。

六三：眇[1]能視，跛[2]能履，履虎尾，咥人，凶。武人為於大君。

象曰：眇能視；不足以有明也。跛能履；不足以與行也。咥人之凶；位不當也。武人為於大君；志剛也。

九四：履虎尾，愬愬[3]終吉。

象曰：愬愬終吉，志行也。

九五：夬[4]履，貞厲。

象曰：夬 履貞厲，位正當也。

上九：視履考[5]祥，其旋元吉。

象曰：元吉在上，大有慶也。

【注解】

[1] 眇：音ㄇㄧㄠˇ，有一隻眼睛瞎了。

[2] 跛：瘸，腿或腳有毛病。

[3] 愬愬：音ㄙㄨ ㄟ，恐懼的樣子。

[4] 夬：音ㄍㄨㄞ ㄟ，果斷剛決。

[5] 考：考察。

【釋義】

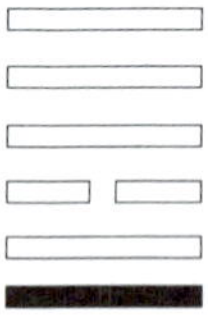

初九：素履，往無咎。
象曰：素履之往，獨行願也。

經文意思是：按照常規的原則履行，前往不會有災難。

象辭意思是：按照常規的原則往前行，是按照自己的願望去行動。

「初九」在履之始，遠離九五，故無雜念，純樸善良，循禮慎行，這樣不會有什麼過失。

按照常規的原則履行不會有災難，這是因為初九有獨立的原則，並且堅持自己正確的主張。例如：李四光根據他對中國地質的勘採經驗，認為中國有油田。可是國外的專家卻認為，這簡直是天方夜譚，根本不可能。可是李四光認為自己的理論是正確的，他並不在意國外專家的意見，經過多次考察，最後終於在中國找到可以開採的油田，讓中國結束石油必須依賴進口的狀況。

九二：履道坦坦，幽人貞吉。
象曰：幽人貞吉，中不自亂也。
經文意思是：走在平坦的大道上，內心謀劃的人守正道吉祥。
象辭意思是：「幽人貞吉」是因為九二居中而不懷亂壞之意的緣故。

九二與九五爻不相應，所以得不到九五的支持，可是他能夠居中守正，並且能提前做好謀劃，雖然不得位也會吉祥。大大方方地走在平坦的大道上，可是內心早已把應對各種危險的方法全都考慮周全了，怎麼會不吉祥呢？這就好比拿破崙所說，作為一名合格的將領，應當隨時考慮好發生意外時的解決辦法。這位世界軍事奇才正是在平時養成戰略部署習慣，所以他才能夠成為常勝將軍。

「九二」陽剛得中，似心懷坦蕩的隱士，執者純正，不求聞達，不被世俗所擾，當然吉祥。

六三：眇能視，跛能履，履虎尾，咥人，凶。武人為於大君。
象曰：眇能視；不足以有明也。跛能履；不足以與行也。咥人之凶；位不當也。武人為於大君；志剛也。
經文意思是：瞎了一隻眼還能用另一個眼睛看東西，跛了一條腿還有一條腿可以走路，踩到老虎尾巴被咬傷，凶險。武士要做大王。
象辭意思是：「眇能視」，是不能看清東西的。「跛能履」，不能走得長遠。被老虎咬是因為六三所處的位置不當造成的。武士想當大王，只是心志剛強罷了。

六三爻是履卦的唯一一個陰爻，可是它卻沒有小畜唯一的陰爻運氣好。為什麼呢？首先，因為它的陰爻居於奇位，既不得位又不居中；其次，它凌駕於兩個剛爻之上，以柔乘剛自然得不到下面陽爻的擁護。所以這個六三爻就像瞎了一隻眼的人看東西，跛了一條腿還要走路一樣，是不會走得長遠的。所以會凶險。六三雖然也想統治五個陽爻，但卻像武士想當天子一樣可笑。這句爻辭是告誡人們，自己的目標要與自己的能力及所處的地位相適宜，否則，只會招致凶險。

「六三」不中不正，不循禮慎行，卻盲動妄為。踩到了老虎尾巴，當然凶險。踐履應當量力守分。

九四：履虎尾，愬愬終吉

象曰：愬愬終吉，志行也。

經文意思是：踩在老虎尾巴上，心裡戰戰兢兢，最終會吉祥的。

象辭意思是：「愬愬終吉」是因為他能戒懼謹慎，立志施行自己的抱負。

「九四」不中不正而近君，有踩虎尾的危險。但居陰位，能恐懼小心地走在虎後，終會吉祥。

九四位於九五君位之下，所以也會犯些錯誤——履虎尾，不過九四能夠以恐懼之心對待這件事，明白自己的過失，內心反省，更加謹慎行事，所以最終吉祥。

九五：夬履，貞厲。

象曰：夬履貞厲，位正當也。

經文意思是：果斷地行走，守正道以渡過危厲。

象辭意思是：夬履貞厲，是因為處於有利的位置。

九五身居於君王之位，具有陽剛之德，而且居中，所以能夠透過堅守正道來脫離危險。對於「貞厲」，有些易學家認為是「守正道而有危險」的意思，可是透過象辭來判斷，這種解釋是不太妥當的。不過九五既然能夠脫離危險，可見九五還是存在險境的。這個險境是什麼呢？這個險境就是沒有輔佐者。九五與下卦的九二同性相斥，不能相應；與九四這位大臣也是同性相斥，無法相合。所以這位主管處於孤立狀態中，處境自然是不妙了。好比一位剛來到新職位的主管，既受到其他幹部的排斥，又得不到員工的支持，這種處境，是極其容易被排擠的。怎麼辦呢？只有「夬履」與「貞」才能擺脫這種困境。

身為九五之尊，如果不懂得行使自己的權力去解決困境，後果肯定是不堪設想。與其被排擠離開，不如用「夬履」來改善處境。

「九五」中正，剛斷果決。但以剛居剛，獨斷獨行，前途凶險。所以必須循禮果決，但這樣難免也有危難。

上九：視履考祥，其旋元吉。
象曰：元吉在上，大有慶也。

經文意思是：審視自己的行為考慮周詳，就會勝利歸來。大吉。
象辭意思是：大吉居於上位，是有大的喜慶之意。

能夠時刻檢查自己的行為，改掉缺點，發揚優點，這種習慣自然會讓人生減少失誤，所以會吉祥。正如孔子所說：「吾日三省吾身。」能做到這一點，一生就會有大的收穫，有大的成就。就是象辭中所說「大有慶」也。

「上九」在履之終，剛能轉柔，能冷靜考察福禍得失，又下應六三陰柔，這樣大吉大利。

第11節

卦十一 泰 小往大來的智慧

壹・卦名

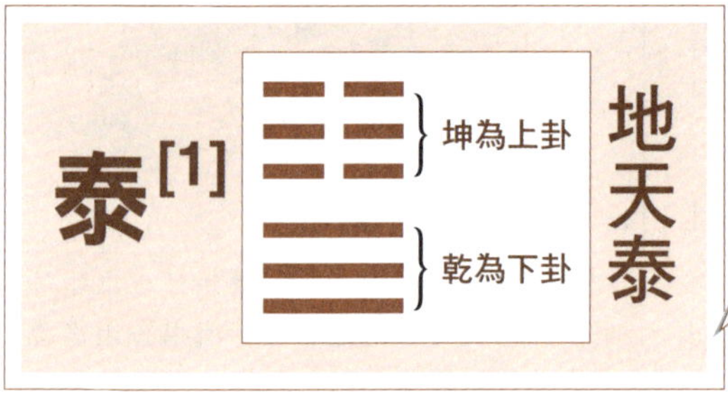

乾為天，坤為地，天氣下降，地氣上升，天地陰陽交合，萬物的生養之道暢通。泰為通，泰象徵通泰。即安泰亨通。通泰之時，陰者衰而往，陽者盛而來，所以既吉祥又順利。

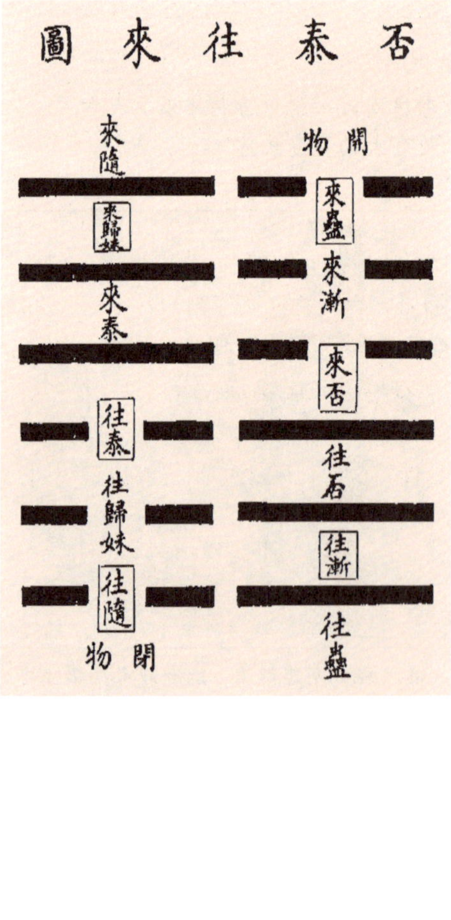

【注解】

[1] 泰：卦名，象徵通泰、平安。

【釋義】

此卦的卦名為泰。《說文》中說，「泰，大也。」《禮記・曲禮上》疏，「泰者，大中之大也。」可見泰的意思是極其博大。地大物博，人們自然就富裕，所以泰也有富裕、寬裕的意思。人們豐衣足食，社會就會和平安定，所以泰還含有平安、穩定的涵義。

貳・卦畫

泰卦的卦畫是下面三個陽爻，上面三個陰爻，陰陽平衡。

叁・卦象

泰卦之象

月中桂開，官人登梯，主足攝雲梯以攀月中丹桂；鹿銜書，主天賜祿書；小兒在雲中，主少年步青雲；一羊回頭，表示未年月見喜。天地交泰之卦，小往大來之象。

從卦象上分析，泰卦上卦為坤為地，下卦為乾為天，地在天上便是泰卦的卦象。這個形象讓人有些費解：地怎麼會跑到天上去呢？當然，也許有些易學家會認為地球是圓的，所以地可以在天上。不過，當時的天文學應該還沒有那麼發達，應該還不知道地球是球形的。其實，這一卦的另一卦象是，上卦為坤為母，下卦為乾為父。反映的是母系氏族社會的繁榮階段。這才是這一卦的真正涵義。只是後來封建社會的大男人主義文人們是不想說「女上男下」的，儘管明顯是坤卦在上面，乾卦在下面，硬說是「天地交」，這樣一交，就不會抹殺男人的尊嚴與地位了。八卦卦象在文王之前已形成，但並沒有統一，周公根據文王的八卦寫了《彖辭傳》、《象傳》等內容，有些內容是前人的知識，有些是後人的發揮。所以《易經》中的泰卦，已經沒有最初的涵義，只是代表天地相交，社會穩定太平之意。前面的小畜卦代表小的積蓄，人們在積蓄中不斷實踐發展，接下來就過上更富裕的生活。所以泰卦安排在履卦之後。

泰卦也是十二消息卦之一，其陽爻代表陽氣，其陰爻代表陰氣。卦中有三個陽爻，便是「三陽開泰」，在節氣上代表雨水節。泰卦的六爻代表立春至驚蟄的三十餘天。五天為一候，一爻代表一候。所以泰卦代表春天的來臨，春天萬物開始生長，古人認為是天地交使萬物繁衍，所以泰卦有「天地交」的涵義。並且上卦的坤代表陰與地，其性質向下，下卦乾代表陽與天，其性質向上，一上一下，所以意志可以相交。這是「天地交」的又一涵義。

肆・卦辭

泰，小往大來，吉亨。

彖曰：泰，小往大來，吉亨。則是天地交[1]而萬物通也；上下交而其志同也。內陽而外陰，內健而外順，內君子而外小人，君子道長，小人道消也。

象曰：天地交，泰，後[2]以財[3]成天地之道，輔相天地之宜，以左右民。

【注解】

[1] 天地交：泰卦上卦為坤為陰卦代表地，下卦為乾為陽卦代表天，所以說天地交。

[2] 後：古代帝王的通稱。

[3] 財：通「載」。

【釋義】

經文意思是：小的逐漸消失，大的逐漸來到，吉祥而亨通。

彖辭的意思是：泰，失小得大，吉祥亨通。這就是天地陰陽二氣的交合，萬物生養之道暢通，君臣志同道合，思想統一。裡面是陽卦乾，外卦是陰卦坤，象徵君子之道興旺，小人之道削弱。

象辭的意思是：天地相交就是泰卦的卦象。君王按天地的法則制定出人的法則，助成天地法則的推行，以指導民眾。

「小往大來」歷來易學家們說法不一。其實這句話很好解釋。往，就是離去；來，就是來臨。大與小指的是什麼呢？當然是指陰陽二氣了。雖然八卦初創的時候本來陰陽是平等的，但是自從黃帝以後，幾千年的男權思想，讓陰變小了，變低了，變卑了，變賤了；陽則自然顯得大、高、尊、貴了。俗話說冬至一陽生，用八卦表示就是復卦；大寒時則二陽生，用八卦表示就是臨卦；雨水時三陽生，用八卦表示就是泰卦。到了泰卦，陽氣已經明顯處於強勢，天氣逐漸回暖，萬物開始生長。按照這個趨勢往下發展，自然是陽長陰消，所以說「小往大來」，直譯就是「小的要走了，大的來臨了」。而《易經》已經與伏羲時代的太陽曆有所不同，它是一門哲學，是一門學術思想。所以它有引申的深刻涵義。這個涵義是什麼呢？就是君子之道的正氣來臨，小人之道開始削弱，人們開始過好日子了。

伍・爻辭

初九：拔茅[1]，茹[2]以其匯[3]，征吉。

象曰：拔茅征吉，志在外也。

九二：包荒，用馮河[4]，不遐[5]遺，朋亡，得尚於中行。

象曰：包荒，得尚於中行，以光大也。

九三：無平不陂（ㄆㄛ），無往不復，艱貞無咎。勿恤其孚，於食有福。

象曰：無往不復，天地際也。

六四：翩翩不富，以其鄰，不戒以孚。

象曰：翩翩不富，皆失實也。不戒以孚，中心願也。

六五：帝乙歸妹[6]，以祉元吉。

象曰：以祉[7]元吉，中以行願也。

上六：城復于隍[8]，勿用師。自邑告命，貞吝。

象曰：城復[9]于隍，其命亂也。

【注解】

[1] 茅：茅草。

[2] 茹：植物根部相連的樣子。

[3] 匯：相連的同類。

[4] 馮河：徒步過河。

[5] 遐：遠。

[6] 帝乙歸妹：古代易學家認為講的是周文王的母親嫁給周文王的父親姬季的故事。周文王的母親是商朝的一個諸侯國的二公主，根據古代同宗封侯的習慣，文王的母親應當是紂王父親帝乙的同宗妹妹。此處講的就是帝乙將自己同宗的妹妹嫁給姬季的故事。不過從時間上推算，這種可能性不大，因為帝乙繼位時，周文王的父親已經47歲了，所以帝乙嫁妹應當是把她嫁給周文王。

[7] 祉：福。

[8] 隍：乾涸的城壕。古人築城牆時就近取土，城牆修成後，城牆下挖成大壕溝，裡面注滿水就成為護城河，沒有注水的就稱作隍。

[9] 復：倒覆之意。

【釋義】

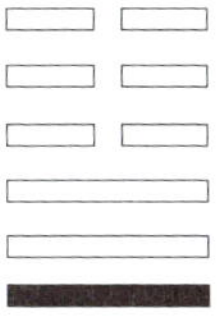

初九：拔茅，茹以其匯，征吉。

象曰：拔茅征吉，志在外也。

經文意思是：拔茅草，茅草長長的根將它的同類也帶離土地，征戰吉祥。

象辭意思是：拔出茅草征戰吉祥，是因為他的心志在向上進取。

拔茅草是古人的農業生產項目之一。有什麼用呢？其一是將茅草從田間拔掉，利於莊稼的生長；其二是可以當作家畜的飼料；其三是可以用來作祭祀的物品，即將祭品墊在茅草上面。

「拔茅，茹以其匯」，這句話的意思就相當於今天人們常說的「藕斷絲連」，是揪出主犯也帶出從犯的意思。不過「茹以其匯」比現在這句俗語更具體、更生動。因為茅草的根很長，所以把茅草拔出來，其長長的根可以帶出許多其他的茅草或草類。在這裡「茹以其匯」象徵不歸順的諸侯國，所以說征吉。當時的天子便是眾諸侯國的盟主，有不服從盟主的天子就要帶兵討伐。一打仗，被討伐的諸侯國的友邦也會幫忙，所以天子討伐成功，就可以把不忠於盟主的所有諸侯國滅掉。所以說「茹以其匯」，這種征討很有價值。

「初九」陽剛處下，上應六四，九二、九三皆有外應，一陽動則三陽並動，如此進取，能通達獲吉。

泰卦是社會和平穩定，怎麼一上來就談征討之事呢？其實只要翻翻歷史書就會發現，古代的太平盛世沒有不發生戰爭的。人民富裕了，國家就會富強，富強以後做什麼？擴充地盤，擴充領地，這是歷史的規律。因為太平盛世的條件之一就是國土廣大，泰的本義是大中之大，不打仗怎麼行呢？

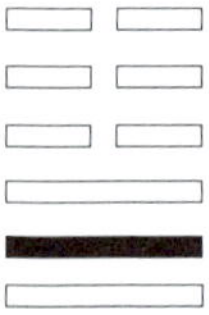

九二：包荒，用馮河，不遐遺，朋亡，得尚於中行。

象曰：包荒，得尚於中行，以光大也。

經文意思是：包容八荒，徒步涉河，不遺失偏遠之地的朋友，不結黨營私，這是中正的行為準則。

象辭意思是：包容八荒，以中正為行為準則，說明九二的道德廣大。

「九二」得中上應六五，有心胸開闊廣納遠方賢者之象，用無私的胸懷輔佐君主，所以通泰。

戰爭的結果是什麼？包容八荒，國土得到極大的擴張。可是還需要好好治理，所以得「不遐遺」。「不遐遺」用一句成語來說就是「野無遺賢」。可是這只是九二的地盤，還不是盟主的領地，盟主的領地可以想像是「泰」大了。九二處於大夫之位，所以九二還必須忠心於盟主，怎麼忠心呢？就是「朋亡」，用今天的話來說就是不拉幫結派，不結黨營私。這些都是太平盛世的統治階級必須具備的。所以爻辭中要談到這些。

九三：無平不陂，無往不復，艱貞無咎。勿恤其孚，於食有福。

象曰：無往不復，天地際也。

經文意思是：沒有只有平地而沒有斜坡的，沒有只有往而沒有返的。艱難而守正道不會有災難。不必過分憂慮，內心要誠信，在飲食方面有福可享。

象辭意思是：沒有只往而不返的，這是因為天地也是有邊際的。

「九三」得正，為上下卦的轉折點，應防通泰轉向否閉。不可處泰忘憂，應守持正固，誠信於人。

「無平不陂，無往不復」這句話太有哲理了。世界上怎麼可能到處都是平地卻沒有斜坡呢？人哪能一直往前走而不返回呢？確實是很實在的道理。這句話現在有人理解為「沒有平地就顯不出斜坡，沒有往就沒有來」，雖然與原意有些偏差，但大致上說的還是同一個道理。是告誡人們，即使處在太平盛世，也會有不平、黑暗的事情發生，所以心態要端正，保持誠信不必憂慮，高高興興地享受人生。

象辭解釋「無往不復」很有意思，告訴人們，天與地是有邊際的，你走到盡頭怎麼能不返回呢？因為前面沒路可走了呀。「無往不復」一詞，後來表示人們之間的交往，即人與人之間要有來有往，才會獲得友誼。所以孔子說：「來而不往，非禮也。」

六四：翩翩不富，以其鄰，不戒以孚。

象曰：翩翩不富，皆失實也。不戒以孚，中心願也。

經文意思是：輕飄飄的不富足，與鄰居來往，沒有戒備，心存誠信。

象辭意思是：輕飄飄的不富足，是因為他們都缺少殷實。不戒備而心存誠信，是因為心中願意。

「六四」不可輕率冒進。但陰柔得正，下應初九，又得到六五、上六的信任，可不約而同一起行動，但仍需居安思危。

六四爻身為國家重臣，怎麼會輕飄飄的不富裕呢？原來，他是一個清官！太平盛世，怎麼可以沒有清官呢。如果國家重臣一個個既富又貪，百姓怎麼會富足呢？怎麼出現太平盛世呢？所以說盛世不但需要好皇帝，也需要好官。六四這個大官就不錯，平易近人，內心誠實講信用，人們與他交往不必存有戒心。電視裡演的紀曉嵐、劉羅鍋，就是這樣的清官。

六五：帝乙歸妹，以祉元吉。

象曰：以祉元吉，中以行願也。

經文意思是：帝乙嫁妹，以此得福，大吉大利。

象辭意思是：以此得福，大吉大利，是行中正之道而實現自己的願望。

諸侯國富強了，盟主就會開始跟你拉攏關係了。怎麼拉攏呢？就是把妹妹或女兒嫁給你。這是封建社會的經典治國方法。在秦朝以前，都是分封制，諸侯之間以聯姻的方式加強團結，結果導致窩裡反。從黃帝時期至戰國時代，大部分戰爭都是有血緣關係的統治階級的爭權奪利之戰。

「六五」陰柔得中，下應九二上下通泰。像帝王下嫁貴女配賢者，可稱大吉。

在《易經》中，三番兩次提到「帝乙歸妹」的事，可見周朝認為這是一件引以為榮的事情。殷商的天子帝乙將妹妹嫁給周文王，這確實對周朝是一件大事。因為周朝就是沾上殷商血緣關係而壯大起來，而且紂王沒殺文王，也與這個血緣關係有點關聯。因為文王是紂王的姑丈，而且文王又比較老實，紂王自然沒有堅決要除掉文王的想法。

「帝乙歸妹」的手段，在今天也存在一定的意義。比如兩個相互競爭的大公司，往往因為一樁婚事而化敵為友，化友為親。二十世紀「宋氏三姐妹」的例子就是很成功的聯姻典範。

上六：城復於隍，勿用師。自邑告命，貞吝。
象曰：城復於隍，其命亂也。
經文意思是：城牆倒塌在城壕裡，不可用兵。自己在城中宣布命令，守正道也有憂吝。
象辭意思是：城牆倒塌在城壕裡，說明泰卦發展到上六爻已由治轉為亂了。

到了上六，泰卦走到了頂點，也就是說走到了物極必反的地步。九三爻有「無平不陂，無往不復」的爻辭，說明陰陽循環、盛衰往復的事物變化規律。這裡又有一個「復」字，與九三的「復」意思相同。「城復於隍」便是說，城牆倒塌了，填滿了城壕溝。古人建城牆時是就地取土，城牆建好了，城牆外面就形成一道很深的壕溝，壕溝裡注水，就成了護城河，這是一舉兩得的事情，為城市建造兩重防禦系統。城牆出自於壕溝，現在又回到原位，暗示著事物鼎盛至極後，又回到衰落的狀態。同時也暗示著毀壞來自於內部，即城中之人推倒了城牆。「勿用師」則是告誡人們在這種情況下，不宜採取武力行動。因為事物的盛衰是人無法控制的，但只要適時而行，就可免除災難。在走向衰落時動用武力，大搞征伐，只會加速自己的滅亡。那該怎麼辦呢？只能「自邑告命」，就是在城裡宣布自己的命令，什麼命令？當然是維護和平統一的命令。也就是說要加強內部的團結，維持和平的狀態，讓衰落來得緩慢一點。但最終還是「貞吝」，即最終守正道也會有憂吝的事發生，因為事物的發展變化不會因人的意志轉移。這就好比李隆基與楊貴妃花前月下時，李白則以牡丹根部發霉，暗示盛唐已經開始走入衰落。結果安祿山的叛亂，讓唐朝的盛世發展到「路有凍死骨」的狀態。清朝的盛世也是由於白蓮教的起義而宣告結束。

「上六」泰極必反，如城牆已傾覆到乾涸的護城河裡，此時不可出兵作戰，應改革弊政堅持自守，但這樣也難免蒙羞。

當然，適時而動是明智的選擇，古人認為興衰皆由命的思想，也是片面存在的。其實在鼎盛時期，只要勵精圖治治理天下，鼎盛的終點應該是沒有期限的。

第12節
卦十二 否 大往小來的智慧

壹・卦名

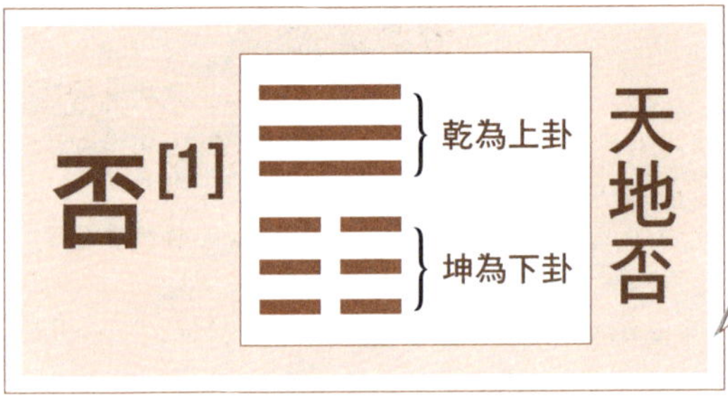

坤下乾上，天氣上升，地氣下沉，天地陰陽二氣互不交合，萬物生養不得暢通，為否。否者，閉也。所以否象徵否閉、閉塞。否閉之世，人道不通，天下無利。是小人得勢，君子被排斥的形象。

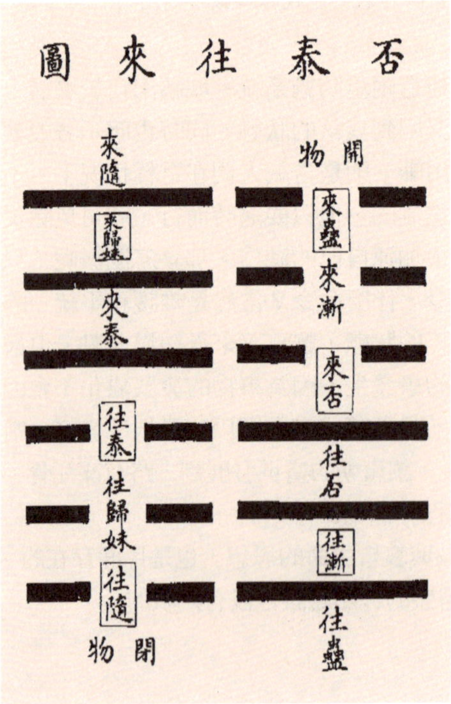

【注解】

[1] 否：音ㄆㄧˇ，卦名，象徵閉塞不通。

【釋義】

此卦的卦名為否。「否」的意思是閉塞、阻隔不通、變壞、滅絕。正所謂泰往否來，前面亨通了，博大了，太平了，由於達到極點，所以物極必反，出現了否卦。《周易》中的八卦次序，卦畫上是非覆即變，其涵義也是相連有序，極其聯貫地表達出事物的變化規律。

貳・卦畫

否卦的卦畫正好與泰卦相反，變成天在地上。這本來是自然的真實情形，怎麼會代表極不吉祥的意思呢？原來，乾卦為天為陽，具有向上的性質；坤卦為地為陰，具有向下的性質；天與地目標不同，不能同心同德，就像君王與民眾不齊心，怎麼會亨通呢？

叁・卦象

否卦之象

有一男子臣病，一明鏡破為二，說明明中有損；有一人坐於路上，還未到家；一人張弓射箭頭落地，未射中；一人拍掌大笑，主樂極生悲，有口舌兩字。天地不交之卦，人口不圓之象。

君王怎麼與民眾不齊心呢？這是因為太平盛世造成的。太平盛世的君王開始好大喜功，注重享樂、排場與奢侈，可是這種生活從哪裡來？是從民脂民膏中得來的。搜刮民財以享帝王之欲，可是欲壑難填啊，把民眾骨頭裡的油脂都抽出來，也填不滿君王的欲壑，於是君王與民眾之間便會產生矛盾。而盛世也就由盛轉衰了。怎麼說衰就衰了呢？是啊，這就是欲壑的厲害。紂王因為一根象牙筷子而逐漸走向滅國，就算把全國的大象都殺了，也不致於滅國呀。悲慘的是紂王由這一雙象牙筷子產生了欲壑，因為慾望這條溝是什麼東西也填不滿的。下面我們就分析一下泰極否來之後該做些什麼吧。

肆・卦辭

否：否之匪人，不利君子貞，大往小來。

彖曰：否之匪人，不利君子貞。大往小來，則是天地不交[1]，而萬物不通也；上下不交，而天下無邦也。內陰而外陽，內柔而外剛，內小人而外君子。小人道長，君子道消也。

象曰：天地不交，否。君子以儉[2]德辟難，不可榮以祿。

【注解】

[1] 天地不交：上卦為乾為陽卦為天性質向上，下卦為坤為陰卦為地性質向下，所以天與地不能相交。

[2] 儉：自我約束，不放縱。

【釋義】

經文意思是：否卦，閉塞而沒有人道，不利於君子堅持正道，大的離去，小的來到。

彖辭的意思是：「否之匪人，不利君子貞，大往小來」，這是天地不交感而致使萬物不會亨通。君王高高在上，臣子位卑於下，天下的國家就無法治理。內卦為坤為陰，外卦為乾為陽，內柔弱而外表剛強，內小人而外表君子，這是小人之道強盛，君子之道削弱的表現。

象辭的意思是：天地不交就是否卦的卦象。君子應當從這一卦象中得到啟示，收藏自己的美德歸隱保全，不可追逐榮耀與俸祿。

閉塞而沒有人道的時期來臨了。在這種情況下，君子守正道只會吃虧，所以說「不利君子貞」。孔子的人生經歷便是典型的例子。孔子宣揚仁義道德，本來是屬於正道的事。可是時代不同了，周室衰落，諸侯稱霸，誰胳膊粗，力氣大，土地就是誰的。結果孔子到各個國家去宣揚仁義道德思想，諸侯的侯王們怎麼會採納他的意見呢？因為一點用都沒有。在當時的情況下，靠仁義道德連飯都吃不上，這種道德怎麼會有市場呢？再比如五代十國時期，都到了人吃人的地步了，道德還能發揮治理社會的作用嗎？所以說在這種時代，君子就無法守正道了。這種時代是「大往小來」的時代。什麼叫「大往小來」呢？就是陽氣漸衰，陰氣漸盛，秋天來了，開始向嚴冬過渡。否卦在十二消息卦中代表的節氣為處暑。六爻代表立秋至白露的三十餘天。五天為一候，一爻代表一候。秋天來了是什麼樣子呢？是秋風掃落葉，萬物開始凋零，動物們開始換毛，萬物開始處於躲藏之中。所以在這種時期，君子應當「儉德辟難，不可榮以祿。」意思是說，小人得志的時候來臨了，小人妒賢嫉能，所以君子要把美德收起來，才能避免災難的到來。由於是小人的天下，自然就隱沒了君子的位置，所以君子在這種情況下要甘於清苦，不要追求榮華富貴而到朝中為官。如果不識時務，只會引來殺身之禍。春秋時期以老子為代表的一幫隱士就是明智的君子，他們隱居起來，不再為官，從而逃過了小人的破害。不過隱士們也是身隱但心不隱，仍然觀察著天下大勢的變化，隨時準備因時勢而動。這就是處於泰極否來時，君子所應該做的。

伍・爻辭

初六：拔茅茹，以其匯，貞吉，亨。

象曰：拔茅貞吉，志在君也。

六二：包承[1]。小人吉，大人否，亨。

象曰：大人否亨，不亂群也。

六三：包羞。

象曰：包羞，位不當也。

九四：有命無咎，疇離祉[2]。
象曰：有命無咎，志行也。
九五：休否，大人吉。其亡其亡，繫於苞桑[3]。
象曰：大人之吉，位正當也。
上九：傾否，先否後喜。
象曰：否終則傾，何可長也。

【注解】

[1] 包承：包，包容，陰包陽，即指六二包容九五；承，順承，六二爻順承於九五爻。
[2] 疇離祉：疇，範疇，同類；離，依附；祉，神降福澤。
[3] 苞桑：苞，植物的根莖很深；桑，即桑樹。

【釋義】

初六：拔茅茹，以其匯，貞吉，亨。
象曰：拔茅貞吉，志在君也。
經文意思是：拔茅草，茅草長長的根將其他的茅草也帶離土地，守正道吉祥，亨通。 **象辭意思是：**拔茅草之所以守正吉祥，是心裡想著君王的緣故。比喻清理君側小人。

否卦的爻辭與泰卦相對應。泰卦的初爻有「拔茅茹，以其匯」，而否卦的初爻也有「拔茅茹，以其匯」。不過此一時，彼一時，此處的「拔茅所指的對象已經與泰卦不一樣了。泰卦指的是天子征討不服的諸侯，是何其威武。而此處指處於下層的志士受君王重臣的邀請去清理君側。

「初六」陰柔處下，像茅草的根相互牽連，但小人的面目還未顯露，君子應團結堅守純正，防患於未然。

這就好比三國中天下義士驅逐董卓。如果成功而堅持正道，肯定是吉祥的。曹操、劉備、孫權皆是因此而成為英雄人物，可見亂世出英雄不無道理。

六二：包承。小人吉，大人否，亨。
象曰：大人否，亨，不亂群也。
經文意思是：包容承受，小人吉祥，大人物閉塞，亨通。
象辭意思是：大人物閉塞，亨通，說明九五的君王不被小人的群黨所亂。

「六二」中正，上應九五大人，一時可得吉祥。但大人能否定小人之道，不入小人之群，方可順利。

泰卦的二爻是「包荒」，包容八荒，何其氣魄！而此時卻是「包承」，包容承受，何其膽怯！不過不這樣不行，因為小人得志，大人只得受氣。只有忍辱負重才能躲過災難。不過九五的君王完全明白六二的苦處，君王不會被小人的群黨所亂，內心非常明白時局的狀態，所以六二會亨通。

這就好比魯昭公當年的處境一樣。雖為魯國國君，但自己卻沒有一點權利。大權完全控制在季氏家族手中，當時的諸侯盟主已名存實亡，周天子被霸主所挾持，自然也沒辦法管這件事情了。魯昭公為了保存自己，只好在季平子面前忍氣吞聲。不過這位魯昭公因「鬥雞之變」終於忍不住了，想滅滅季氏的威風，結果卻被季氏驅逐出魯國。由此可以看出泰極否來後的凶險。所以在此告誡人們處於這種情況時要能忍得住。

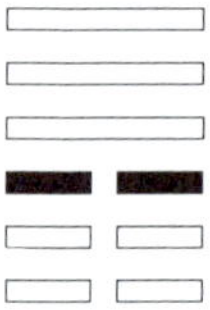

六三：包羞。
象曰：包羞，位不當也。
經文意思是：包容羞恥。
象辭意思是：包容羞恥，是因為六三爻居位不當的緣故。

「六三」不中不正，上應上九，當否之時，阿諂奉承，妄作非為，終至羞辱。

時代變壞會有一個現象，就是人們不再有廉恥心，男女間有淫亂邪惡的事情發生。為什麼在六三只寫這兩個爻辭？因為乾卦為陽，坤卦為陰，六三處於陰陽相接處，有男女授受之象，所以會「羞」。六三陰爻居於陽位又不得中，緊臨九四，九四與六三處於全卦的中部，所以有「包」的形象。表示六三小人媚上欺下，不知廉恥，所以說「包羞」。

九四：有命無咎，疇離祉。
象曰：有命無咎，志行也。
經文意思是：得到君王授命，沒有災難，眾人依附同受福祿。
象辭意思是：「有命無咎」說明九四扭轉小人之道的志向正在施行。

九四身為重臣，得到了君王的授權。授什麼權呢？就是清理君側。九四於是請與自己相應的初六來成就這件事，終於成功了，所以「疇離祉」。也就是說清理君側成功了，於是眾人都跟著受到福祿。九四陽爻而居於偶位，又不得中，所以處境不是很好。並且陽代表健而動，所以有行動威猛、出風頭的意思。可是他得到了君王的授命，是君王讓他清理君側的，所以不會有過失。

「九四」處乾之始，閉塞時期過半，開始露出曙光。九四有排除阻力的才能，但缺乏剛毅，如果聯合九五、上九，才會是福。

九五：休否，大人吉。其亡其亡，繫於苞桑。
象曰：大人之吉，位正當也。
經文意思是：小人之道停止，大人物吉祥。要滅亡，要滅亡，繫在大桑樹上。
象辭意思是：大人物的吉祥，是因為九五居位中正得當。

此時，君王身邊的小人終於被除掉了，所以說「休否」。也就是說小人開始沒有市場了。重新掌權的君王於是吸取這次教訓，時刻不忘居安思危。「其亡其亡，繫於苞桑」是一首很古老的歌。意思是說「要滅亡呀要滅亡，結果卻像大桑樹一樣堅固。」是警告人們不要忘掉危險，才能更好地生存。對於君王來說，就是要常有憂患意識，國家才能長久。

「九五」中正居尊位，可休止閉塞的局面獲得吉祥。但要時時自警，才可安然無恙。

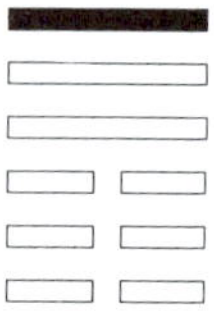

上九：傾否，先否後喜。
象曰：否終則傾，何可長也。

經文意思是：小人之道傾覆，先閉塞後歡喜。
象辭意思是：小人之道到了終極就會傾覆，怎麼會長久呢？

至此，小人之路已經走到了盡頭，所以「傾否」。傾否就是將否倒過來，否卦倒過來，正好又回到泰卦，所以這一句爻辭與泰卦的上六相對應，這裡是否極泰來的意思；泰卦的上六則是講泰極否來的意思。否泰的變化充滿辯證推理，是以運動的觀點看問題，這正是《易》的主旨。

否卦卦辭告訴人們處於這種時期應當隱藏，而爻辭則是告訴人們怎樣隱藏真意而用行動驅除小人的勢力。其中需要審時度勢，又需要機智與勇氣，能夠懂得否泰的道理，將會使人受益匪淺。

「上九」乾健至盛，必然傾覆閉塞使天下通泰，通則喜，否極必然泰來。

第13節
卦十三 同人 同人於野的智慧

壹・卦名

離為火，乾為天，火光上升，即天、火相互親和，為同人。象徵和同於人。天下為公，有和睦、和平之義。促成世界大同，必須有廣闊無私、光明磊落的境界，方順利暢通，而這也是君子的正道。

【注解】

[1] 同人：卦名，象徵大家同心同德之意。

【釋義】

這一卦的卦名是同人。「同」字在《說文》中的解釋是：「同，合會也。」也就是聚集的意思。「同人」便是聚集眾人。上一卦是否卦，經歷大的磨難後，人們開始懂得團結的力量，所以接下來是同人卦。

貳・卦畫

同人卦的卦畫是一陰五陽。

叁·卦象

同人卦之象

一人捧文書上有心字，心專名利；一人張弓射向山上，主高中；一鹿飲水，主爵祿源源而來；一溪，主前程遠大。浮魚從水之卦，二人分金之象。

從卦象上分析，上卦為乾為天，下卦為離為火，在天底下生起一堆火，便是同人卦的卦象。這個場面正是上古時期、甚至是原始時期人類的生活寫照。大家聚集在一堆篝火旁取暖，燒烤食物，一同商論有關生存的大問題，或者一同載歌載舞，共同享受歡樂的時光。在當時的條件下，沒有精緻而豪華的住房，沒有精美而實用的飲食器具，也沒有後來的先進樂器，也沒有後來的動聽音樂。可是，儘管條件艱苦，但是大家聚在一起，同心同德，極其快樂。這就是同人卦的內涵。

肆·卦辭

同人：同人於野，亨。利涉大川，利君子貞。

彖曰：同人，柔得位、得中，而應乎乾[1]，曰同人。同人曰：「同人於野，亨。利涉大川。」乾，行也。文明以健，中正而應，君子正也。唯君子為能通天下之志。

象曰：天與火，同人。君子以類族辨物。

【注解】

[1] 應乎乾：指六二爻與九五爻相應。

【釋義】

經文意思是：大家聚集在野外，同心同德，亨通。有利於涉過大川險阻，有利於君子守正道。

彖辭的意思是：同人卦，柔順的六二爻居於中位，與上卦的九五相呼應，所以稱為同人卦。同人卦說：「同人於野，亨，利涉大川。」這是乾陽之道所起的作用。即文明又剛健，六二與九五中正而相呼應，這是君子的端正。只有君子才能溝通天下人的心志。

象辭的意思是：上卦乾為天，下卦離為火，這便是同人卦的卦象。君子從此卦中受到啟示，以不同種類分辨事物。

「同人於野」的亨通，是來源大家一條心，能夠同心同德。這就叫「人心齊，泰山移」。想想我們遠古的祖先，在生存條件極其艱苦的情況下，走出了野蠻，走出了蒙昧，戰勝一個個的冰川期，越過無數的大山，渡過無數條河流，走進文明，在全世界繁衍自己的後代，直到今天，是多麼的不易，又是多麼的偉大！

然而，讓天下的人都一條心，是無法做到的。尤其是在私有制的社會，人心不可能達成一致。那麼君子在這種大氣候中應該怎樣去「同人」呢？象辭說：「君子以類族辨物。」就是說，君子在人群中要尋找與自己志同道合的「同人」。俗話說「魚找魚，蝦找蝦，王八找王八。」自然界中總是物以類聚，人以群分的。君子就應當明白這個道理，與自己的同類人聚集在一起，這對一個人的一生有很大影響。較為典型的例子就是孟母三遷的典故。

伍・爻辭

初九：同人於門，無咎。

象曰：出門同人，又誰咎也。

六二：同人於宗[1]，吝。

象曰：同人於宗，吝道也。

九三：伏戎[2]於莽，升其高陵，三歲不興。

象曰：伏戎於莽，敵剛也。三歲不興，安行也。

九四：乘其墉[3]，弗克攻，吉。

象曰：乘其墉，義弗克也；其吉，則困而反則也。

九五：同人，先號咷而後笑。大師克相遇。

象曰：同人之先，以中直也。大師相遇，言相剋也。

上九：同人於郊，無悔。

象曰：同人於郊，志未得也。

【注解】

[1] 宗：宗族內部。

[2] 伏戎：伏，隱伏；戎，兵戎。

[3] 墉：城牆。

【釋義】

初九：同人於門，無咎。
象曰：出門同人，又誰咎也。
經文意思是：出門與人同心同德，沒有災難。
象辭意思是：一出門便與人同心同德，又有誰會給他帶來災難呢？

走出家門，去與志同道合的人相聚，怎麼會有過失呢？有了問題，到外面求眾人的幫助，怎麼會有過失呢？走出家門，脫離自己的小圈子，到民眾中去，怎麼會有過失呢？這就是「同人於門，無咎」。在古代，一般有了君王不能解決的大事，就要貼皇榜，請天下有能力之人前來解決。皇榜一般是貼在午門外或城門口，可以讓更多的人看到。這就是「同人於門」。所以說，「同人於門」即有求天下賢人輔佐的意思，又有與民眾打成一片的意思。能做到這些，肯定不會有過失的。

「初九」處同人之始，上無應，在家門外與人聚集，但並沒有什麼壞處。

六二：同人於宗，吝。
象曰：同人於宗，吝道也。
經文意思是：只與同宗的人同心同德，心胸狹窄會有憂吝。
象辭意思是：只與同宗的人同心同德，是自取憂吝之道。六二處於大夫之位，他只「同人於宗」，就難免會遭遇到憂吝之事了。

「六二」中正與九五相應，但只是同宗族的人和睦相處，沒有什麼錯，但也不值得讚揚。

為什麼呢？因為他只團結自己宗族內的人，有事只在宗族內商量。這樣做，不但無法集思廣益，也不代表大眾的志願。這就相當於現在的小團體主義思想。比如國營企業的老闆，把公司看成是自己和幾個主要主管的公司，有事總是幾個人聚在一起商談，總是想著自己的利益，這樣的公司怎能不面臨倒閉的危險呢？再比如現在的許多民營企業，總是家族式管理，父親總經理，兒子副經理，女兒、兒媳是主任，這種管理模式是閉塞的，跟不上時代步伐。如果這一家子各個都是人才，都是管理界的精英，那還好一些。可惜大多數不懂管理之道，結果使企業無法獲得更大的發展，總是曇花一現後，就直接夭折了。所以現在有些民營企業吸取以往的教訓，走出家庭這個小圈子，向社會廣招賢才，做到唯德唯才是舉，結果讓企業獲得很好的發展。

九三：伏戎於莽，升其高陵，三歲不興。
象曰：伏戎於莽，敵剛也。三歲不興，安行也。
經文意思是：埋伏兵甲於草莽之中，登上高陵觀察，三年不發動戰爭。
象辭意思是：伏兵甲於草莽，是敵人太強大了。三年不發動戰爭，是穩中求勝。

埋伏兵甲於草莽中，三年都不敢與敵人進行正面的交鋒，這可是非常謹慎了。謹慎是不會犯大錯誤，雖然伏於草莽中日子清苦，但卻可以保存實力。這裡講的可能仍是高宗討伐鬼方的事情。鬼方是中國古代西北的一個部落。歷來中國北部的民族勇猛好戰，所以高宗這次的征伐，最初肯定是出師不利。敵人太強大怎麼辦？只能等待時機。伏兵於草莽中，研究新的作戰部署，尋找可以一舉殲滅敵人的戰機。「三年不興」，其實也就是說三年後始興。也就是說三年後打敗敵人。這是面對強敵必須採取的戰略。

「九三」剛而不中，與九五相爭，在叢林中埋伏軍隊，又登高窺視九五，謹慎小心，三年也不敢出兵。

九四：乘其墉，弗克攻，吉。
象曰：乘其墉，義弗克也；其吉，則困而反則也。
經文意思是：登上敵方的城牆，不占領全城，吉祥。
象辭意思是：登上敵方的城牆，道義不能攻打；吉祥，是遇到窘困而能返回到正當的法則上來。

「九四」不中不正，又無相應，但陽居陰位有能退之象，如果改過可獲吉祥。

已經占領了敵人的城池，但是沒有對敵人進行毀滅性的打擊。這裡講的仍然是高宗討伐鬼方的事情。打敗敵人，但由於戰爭的目的不是殺人，而是使對方歸順，使自己得到更多的人與土地，所以「弗克攻」，不用武力把對方全部殺死。這正是一種懷柔之策。中古時期，貴族永遠是貴族，儘管貴族與諸侯間經常發生戰爭，但只是為了歸順的問題。就像現在打撲克牌輸的一方要進貢，當時戰爭的主要目的就是要求對方進貢。諸侯的盟主管理天下的諸侯，諸侯年年都要向盟主進貢。我們打撲克牌都知道，輸了的一方要把最大的一張牌進貢給贏家。當時的戰爭也是這樣，諸侯國總是把本地最好的物品進貢給盟主。可是有些諸侯會覺得這樣不公平，為什麼好東西自己不能享用呢？於是就不再進貢了，並且還要仗著自己武力雄厚到別的諸侯那裡搶好東西。結果盟主就得帶兵討伐這個反叛的諸侯，諸侯敗了以後，只能年年繼續進貢給盟主。所以一般情況下，盟主打敗了對方，仍然不會將對方斬盡殺絕。

九五：同人，先號咷而后笑。大師克相遇。

象曰：同人之先，以中直也。大師相遇，言相克也。

經文意思是：與人同心同德，先號啕大哭，後放聲大笑。大部隊相遇，克敵制勝。

象辭意思是：與人同心同德地先號啕大哭，是因為九五有中正直率的正義感。大部隊相遇，是說克敵制勝。

這裡描述的便是被別的諸侯國欺負的諸侯求助於盟主的情形。比如某個諸侯國被另一個諸侯國侵襲了。結果這個倒霉的侯王來到盟主那裡又是哭又是號，為什麼呢？因為土地被別人搶了，錢財、妻子和奴僕都沒有了，搞不好還好幾天沒吃飯，所以傷心呀。盟主一看他這種慘況，馬上說：「別難過了，我幫你收拾他。」有盟主做主，這個被搶的侯王自然也就破涕為笑，當然是先悲後喜。這就是「同人」的力量，你被別人欺負有人替你主持正義。因為九五的君王，是一位以天下為己任的君王，諸侯的事就是天子的事，所以有這麼一位天子做盟主，大家都會受益。

上九：同人於郊，無悔。

象曰：同人於郊，志未得也。

經文意思是：與郊外的人同心同德，沒有憂悔。

象辭意思是：與郊外的人同心同德，是還沒有得志。

「九五」中正，與六二同心相應，但因九三、九四為敵相應不順，只有將他們擊敗，才可與六二相遇而「笑」。

上九處於乾卦的最外面，乾為郊野，所以此爻有「同人於郊」爻辭。其實在任何一個社會，都有不得志的人。有能力而不得志，只能隱居於平淡之中，這種人可以稱之為隱士。上九就是一位隱士，雖然不得志，但是能夠與其他隱士一起安守於偏僻的郊區，因為能夠守於平淡之中而無非分之想，所以不會發生悔恨的事情。這就如同諸葛亮在《誡外甥》中所言：「夫志當存高遠，慕先賢，決情欲，棄凝滯，使庶幾之志，揭然有所存，惻然有所感；忍屈伸，去細碎，廣咨問，除閑吝，雖有淹了流，何損於美趣，何患於不濟。」在平淡之中能做到這些，自然就成可進，敗可守了。

「上九」獨居荒郊野外，無人與他和同。但也遠避了內爭，超然自樂，沒有什麼可懊悔的。

第14節
卦十四 大有 自天佑之的智慧

壹・卦名

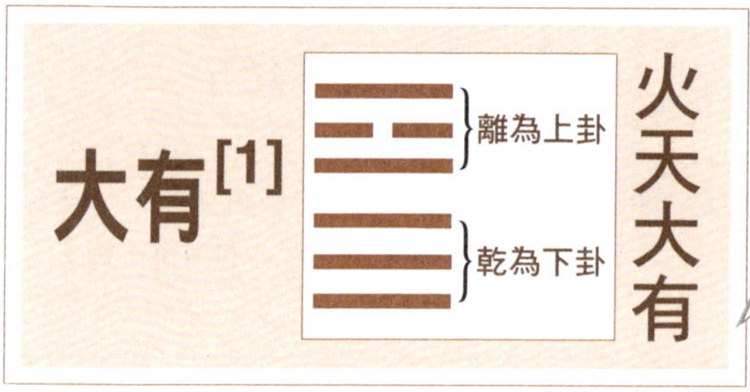

離為火，乾為天，火焰高懸天上。即太陽當空照耀，大地五穀豐登，大獲所有。故大有有收穫之義，象徵大獲所有。又卦中一陰居尊位，獲五陽之應，故為「大有」。

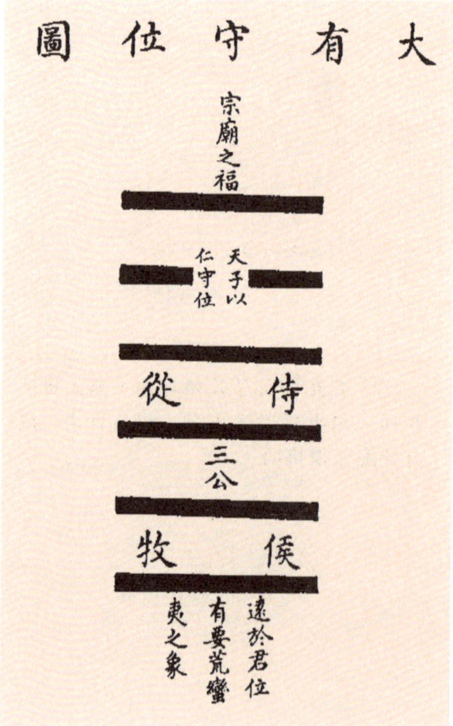

【注解】

[1] 大有：卦名，象徵大有收穫。

【釋義】

此卦卦名為大有。甲骨文的「有」字是一個象形字，表示手中拿著肉，是擁有的意思。大有即是大的擁有，大的收穫。前面一卦為同人，眾人同心同德，自然會有大的收穫，所以接下來是大有卦。

貳・卦畫

大有卦的卦畫是一陰五陽，與同人的卦畫相似，而排列順序正好相反。可見大有與同人是有必然聯繫的，是相輔相成的。

叁・卦象

大有卦的卦象是上卦為離為火，下卦為乾為天，火燒到天上便是大有卦的卦象。俗話說「眾人拾柴火焰高」，大家圍在一個火堆旁構成同人卦，眾人聚在一起每個人往火堆添一把柴，就可以讓火焰燒到天上去，可見眾人團結起來，才有更大的力量與更大的收穫。另外，離為日，乾為天，大有卦的卦象還有明日中天之象。中午的太陽是最亮、最熱的，所以古代常以日中表示事物的鼎盛時期。

大有卦之象

有一婦人，腹中有一道喜氣沖天，氣中兩小兒，主有雙胎；一藥王，主臨產遇良醫；藥有光，靈藥定驗；女人受藥，主受災；一犬，主戌日有喜。金日滿堂之卦，日麗中天之象。

肆・卦辭

大有：元亨。

彖曰：大有，柔得尊位[1]，大中[2]而上下應之，曰大有。其德剛健而文明，應乎天而時行，是以元亨。

象曰：火在天上，大有。君子以竭惡揚善，順天休命。

【注解】

[1] 柔得尊位：指六五爻以柔順之德居於君王之位。

[2] 大中：博大而中正。

【釋義】

經文意思是：大有卦，大的亨通。

彖辭的意思是：大有卦，陰柔居於九五君位，博大而中正，上下剛柔相呼應，所以說「大有收穫」。它的卦德是性剛健而又文明，順應天道而隨時運轉，所以大亨通。

象辭的意思是：上離為火，下乾為天，火在天上就是大有卦的卦象。君子應當從中得到啟示，除惡揚善，以順應上天賦予的使命。

由於眾人的拾柴，使火焰燒得更旺，火苗燃燒得更高；正是眾人的齊心協力，才使人類社會發展到文明盛世的階段；正是眾人一條心，才得以大亨通。大有卦的卦辭極其簡潔，只有兩個字——元亨。沒有「利貞」兩個字，為什麼呢？因為只要人多心齊，不走正道也會成功。《周易》是一本講道理給君子聽的書，所以在象辭中專門闡明君子應當怎樣效法大有卦的精神。象辭傳說：「君子以遏惡揚善，順天休命。」

伍・爻辭

初九：無交害[1]，匪咎，艱則無咎。
象曰：大有初九，無交害也。
九二：大車以載，有攸往，無咎。
象曰：大車以載，積中不敗也。
九三：公用亨[2]於天子，小人弗克。
象曰：公用亨於天子，小人害也。
九四：匪其彭[3]，無咎。
象曰：匪其彭，無咎；明辨晢也。
六五：厥[4]孚交如，威如；吉。
象曰：厥孚交如，信以發志也。威如之吉，易而無備也。
上九：自天祐之，吉無不利。
象曰：大有上吉，自天佑也。

【注解】

[1] 無交害：沒有交往的害處。
[2] 亨：此處指宴會。
[3] 彭：此字子夏本《易經》為「旁」字；虞翻本《易經》為「尪」字；干寶本《易經》為「彭」，字是「彭」亨驕滿的意思。
[4] 厥：其。

【釋義】

初九：無交害，匪咎，艱則無咎。
象曰：大有初九，無交害也。
經文意思是：沒有交往的災害，不會有災難，艱難自守就沒災難。
象辭意思是：大有卦的初九爻，是沒有交往的災害。

大有卦一陰五陽，除了初九以外，其他陽爻都與六五可以產生一定的關係，九二與六五為相應，九三透過互卦與六五建立關係，九四處於六五之下，可以陰陽相合，上九處於六五之上，也可以與六五相合，所以初九爻有無法交往的涵義。可是因為沒有交往，所以也不會受到交往的害處。這就是「禍兮福所倚，福兮禍所依」的道理。事物的好與壞都是一分為二的。初九無法與六五交往，但卻能夠安於自己艱苦的生活而沒有非分之想，所以他不會有過失。

「初九」與九四無應，九三不相交往，故不惹禍，但位卑，必須牢記艱難戒懼謹慎，才可免禍。

九二：大車以載，有攸往，無咎。
象曰：大車以載，積中不敗也。
經文意思是：用大車裝載，有所前往，沒有災難。　**象辭意思是：**用大車裝載，積量適中，就不會毀壞。

九二與六五相應，所以有利於前往。去哪裡呢？自然是去與六五交往了。「大車以載」是什麼意思呢？大有卦是大有收穫的意思，九二身為大夫之位，收穫自然是不小了，他用大車裝著貨物去見六五的君王，怎麼會有過失呢？前人認為九二爻之所以有「大車」的詞句，是因為大有卦是從夬卦變化來的，而夬卦則是由坤一陽復出而逐漸變化過來的。所以九二原為坤卦的下卦之中爻，坤為大車，所以這裡也提到「大車」二字。這種解釋無法讓人很信服。如果這樣變，任何一卦都可以變成大有卦。所以這裡的大車是因為人們富裕了，送禮不再小家子氣了，用大車盛著禮物去，所以說「大車以載」。

「九二」得中，上應六五，有見信於「君」，任重道遠之象。前往沒有什麼過失或災禍。

九三：公用亨於天子，小人弗克。
象曰：公用亨於天子，小人害也。
經文意思是：公侯受到天子邀請而參加宴席，小人則不能這樣。
象辭意思是：公侯受到天子的宴請，如果宴請小人則會有害。

天子舉行盛大的宴會，王公貴族都受到邀請，君王與大家一起分享收穫的快樂。可是小人卻沒有這個福分，君王不會邀請小人參加這個宴會。為什麼呢？因為小人會搬弄是非，會對安定團結有害。所以賢明的君王是不會親近小人的。

這裡是告誡大家，要做正人君子，不要做小人。因為小人是不會受到君王重用的。從卦象上講，九三是王公的位置，六五為天子之位，三爻正是大有卦的下互卦兌卦的中爻，兌為口為喜悅，所以有到天子那裡吃宴的爻辭。

「九三」下卦之上，公侯之象，剛而得正，能任向「天子」獻禮致敬的工作，但必須修德守正。

曾經春秋時期的晉文公就占過這一卦。當時的情形是這樣的。周襄王與自己的同母兄弟王子帶爭位，由於王子帶勢力大，所以周襄王沒有如願以償，被迫逃到鄭國避難。當時秦穆公擁兵於黃河岸邊，準備送周襄王回國。晉文公的大臣狐偃勸晉文公也參與這件事，說：「幫助周襄王回國當國君可是一個好機會，既可以伸張正義，又可以在諸侯中樹立威信，應該參與。」於是晉文公讓卜官進行占卜，結果很吉利。卜官說，這一卦正好是黃帝在阪泉之戰擊敗炎帝的一卦。晉文公認為自己無法和黃帝相提並論，於是命令卜官再占。再占卜的結果是大有之睽，也就是占得大有卦，九三爻為動爻。卜官說：「很吉祥啊，肯定是不但能打勝仗，而且還能得到天子的盛情款待。這一卦下卦為乾為天，變互卦為兌為澤，上卦為離為日，是天變為澤來承受日光，表示天子會降駕來迎接您，大有卦為歸魂卦，就是表明天子會復位回到君王之位。」於是晉文公便帶兵進攻周朝，殺了王子帶，護送周襄王歸國成為周朝的國君。晉文公因此受到周襄王的宴享款待。當時周室衰落，諸侯就藉助輔佐天子的名義爭奪霸主之位。這段故事記載於《左傳・僖公二十五年》。

九四：匪其彭，無咎。

象曰：匪其彭，無咎；明辨晢也。

經文意思是：不驕傲自滿，沒有災難。

象辭意思是：不驕傲自滿，沒有災難，是由於他能夠明辨事非。

人們常說「驕傲使人落後，謙虛使人進步」，說的就是「匪其彭」的道理。也許你會說，怎麼現在的很多俗語都與《周易》中的道理能夠結合起來呢？其實，我們生活中的俗語往往是世代相傳的經驗之談。中國上古時期的經驗之談是古歌，後來融入《周易》中，從《周易》問世以後，《周易》中的哲理就深入人們生活的各個領域。於是世代相傳，逐漸演變，形成中國古代的一些成語與俗語。這些道理隨著時代的洗滌，於是表達形式就有新的版本。但萬變不離其宗，我們今天說的「理」，其實還是幾千年前的「理」。這些理不是孔子與孟子所創立的，而是創立於周公時代。但也不是周公發明的，而是中國從黃帝至周公幾千年形成的社會規範，周公進行整理並加以創新，後來孔子進行繼承得以發展，到今天這些「理」已經經歷許多變化，但不殺人、不做壞事、講誠信、講正義、做君子等這些主要宗旨不會變。從黃帝到現在，仍然是玉字旁的理，什麼意思呢？有人說是君王才有理，老百姓沒理。其實，理的意思是，誰的道理正確，誰是誰非，需要君王的裁決。從私有制誕生一直到今天，如果沒有裁決「理」的人，那麼社會上的理就不存在了。因為私有制，誰都想為自己打算，於是公說公有理，婆說婆有理，怎麼能分清楚誰有理呢？

「九四」居近君位，是大有之盛者，但陽居陰位，謙恭順承六五，這樣不會有什麼災害。

六五：厥孚交如，威如；吉。　象曰：厥孚交如，信以發志也。威如之吉，易而無備也。

經文意思是：交往有誠信，有威信，吉祥。　**象辭意思是：**以誠代人，是以誠信引發他人的意志。有威信之所以會吉祥，是因為平易近人而無人戒備。

「六五」柔居君位，以誠信胸懷結交眾陽，為大獲人心、富有至盛之象，平安吉祥。

六五以陰柔統御眾陽，陰陽相吸相合，所以可以與其他陽爻交往而得到吉祥。但是有一個原則是要保持誠信與尊嚴。這個六五的處境，不禁讓我想起一個關於海盜的故事。故事中說，有一位極其美麗的公主與一位海盜首領相愛。海盜首領要出海了，由於每次出海都要走很長時間，所以公主割捨不下，決定隨他一起出海。這個要求讓海盜首領為難了，因為按照慣例，女人上船是很不吉利的，會給男人帶來災難。而且這些海盜個個凶狠成性，燒殺淫掠，無所不做。美麗的公主在海盜船上是否安全，這確實讓海盜首領很傷腦筋。但是他也有些割捨不下美麗的公主，於是冒著生命危險同意公主的請求。結果，這艘海盜船在海上航行了好幾個月，公主不但沒有遇到危險，而且受到了所有海盜的尊重，他們把她當成女王、女神一樣。為什麼會這樣呢？因為公主有道德而不輕浮，她用誠信與善良建立了威信。如果公主有輕浮的舉動，那麼極有可能會發生意想不到的危險。

上九：自天祐之，吉無不利。

象曰：大有上吉，自天佑也。

經文意思是：自有天來保佑，吉祥沒有任何不利的。

象辭意思是：大有卦上九爻的吉祥，是來自上天的保佑。

「上九」陽剛在上，以剛順柔、崇尚賢者履信君子，所以有「天神保佑」之吉。

人們往往會認為天上的神靈會保佑人類吧。其實這句「自天之」指的不是這個意思。而是指天道。也就是說你順應天道，就會得到天的保佑。其實能保佑你的，還是你自己的言行。你的一舉一動是否符合天道的規律，才是決定你是否吉祥的關鍵所在。大有卦講的是大有收穫，上九已經是收穫到了極點，該發生物極必反了，可是怎麼會「自天之」呢？因為想要在大有收穫的基礎上得到進一步的發展，天道的法則是謙虛，所以接下來便是謙卦。

第15節

卦十五 謙 卑以自牧的智慧

壹・卦名

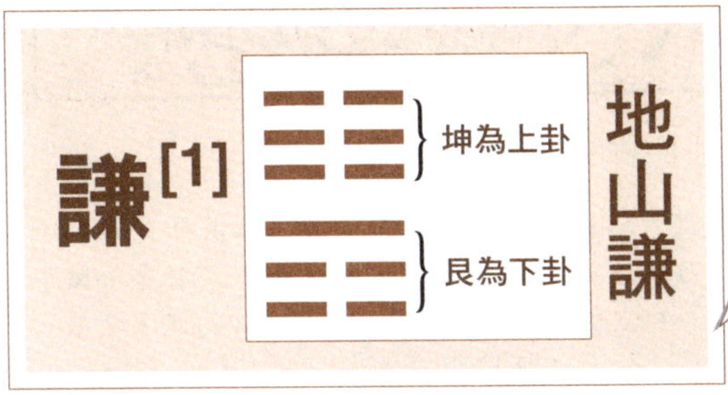

艮象徵山、止，坤象徵地、順，地中有山。山體高大，但在地下，高能下，下謙之象。卑下之中，蘊其崇高，屈躬下物，先人後己，所以謙象徵謙虛。如此謙虛地待物、待事，所以諸事順利。但是只有君子才能始終保持謙虛的美德。

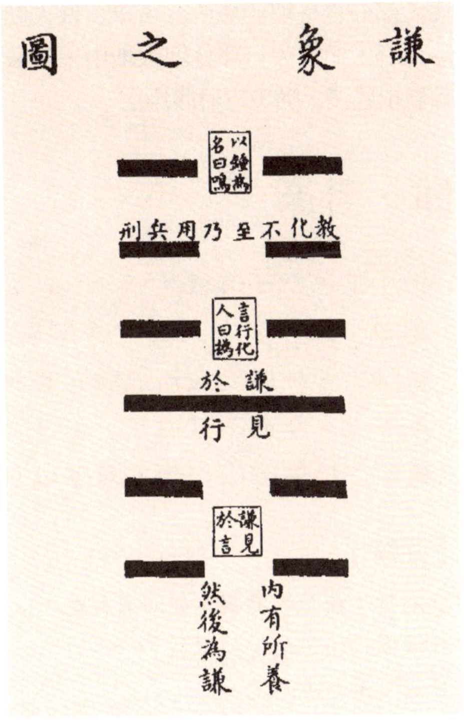

【注解】

[1] 謙：卦名，象徵謙虛、謙遜。

【釋義】

此卦卦名為謙。《說文》中對謙的解釋是：「謙，敬也。」恭敬、謙虛、謙遜的意思。古人說「謙受益，滿招損」，是來自《周易》的思想。上一卦是大有卦，人們生活富裕，就會產生不良風氣。是什麼風氣呢？就是攀比風。比誰錢多，比誰有勢力，比誰有能力，這就是攀比。現在人們富裕了，所以也有這種不良風氣。學校的孩子們，只要有一個人穿了雙進口的鞋，接下來便會有很多人跟著穿。只要有一個學生有了一支高檔手機，學校裡馬上就會有很多學生有這種高檔手機。現在一個學生的一雙鞋往往就在千元左右，但有什麼用呢？穿上這雙鞋能把體育成績變好，還是能把課業成績變高呢？這是盲目的攀比。卻是經濟發達的產物。經濟社會人們追求享受，追求富貴，是無可非議的。因為它是刺激經濟發展的一個因素。但盲目攀比，極盡奢侈，卻不會有好的結果。

貳・卦畫

謙卦的卦畫是一陽五陰。

叄・卦象

謙卦之象

月當空，無私也；一人騎鹿，主才祿俱至；三人腳下亂絲，乃牽連未解；貴人捧鏡，乃遇清官之意；文字上有公字，主公事得理。地上有山之卦，仰高就下之象。

從卦象上分析，上卦為坤為地，下卦為艮為山，山在地中就是謙卦的卦象。按現在的話來說就是「不顯山，不露水」。山本來是高於大地的，但由於謙遜，它甘願埋於地中。我們觀察大山就會發現，再高的山，其實大部分也是埋於地中。所以，做人就要像山一樣，要比所看到的高許多，可是因為謙遜，把很大一部分埋入地中，隱藏起來。做人也要這樣，不能像牆頭草「頭重腳輕根底淺，嘴尖皮薄腹中空」。

肆・卦辭

謙：亨，君子有終。

彖曰：謙，亨，天道下濟而光明，地道卑而上行。天道虧盈[1]而益謙[2]，地道變盈而流謙，鬼神害盈而福謙，人道惡盈而好謙。謙尊而光，卑而不可逾[3]，君子之終也。

象曰：地中有山，謙；君子以裒[4]多益寡，稱物平施。

【注解】

[1] 虧盈：使盈滿虧損。即減盈補虧。

[2] 益謙：使謙虛得到增益。

[3] 逾：逾越，超過。

[4] 裒：音ㄆㄡˊ，聚集，匯聚。

【釋義】

經文意思是：謙卦，亨通。君子會把事情全部完成，得到好的結果。

彖辭的意思是：謙卦，亨通，天的陽氣下降，帶來光明，可普濟萬物，地的陰氣上升與陽氣交合。天的法則是使滿盈逐漸虧損而使謙虛受益；地的法則是把滿盈的變少，流入低下之處；鬼神的法則是禍害驕傲自滿而保佑謙虛的人；人的法則是厭惡自滿而喜愛謙虛。謙虛受人尊重而榮耀，使地位卑下的人不逾越禮制。這就是君子的善始善終。

象辭的意思是：謙卦的上卦為坤為地，下卦為艮為山，地中有山便是謙卦的卦象。君子從中得到啟示，取多餘以補不足，稱量財物的多少而平均施捨於人。

謙卦的卦辭也簡練，只有五個字——亨，君子有終。可是其內涵卻極為豐富。謙虛使人受益，使人進步，所以會亨通。君子能夠做到這一點，就會得到善終。我們知道人們一般都是能夠做到善始的，但做到善終的卻沒幾個。因為善終者才是最後的成功人士。世界上的成功人士與非成功人士的比例是 10：90。可見人們大多數是做不到善終的。為什麼呢？只因為人往往會因為一點小小的成績而驕傲自滿。謙受益，滿招損。只有謙虛才能使你得到更多，這就像一個瓶子，只有空瓶子裡才能裝入水，如果已經裝滿了水，那麼再往裡面倒水，便會流到外面。而人與瓶子不同的是，人這個容器是可大可小的，內心謙虛，你的容量就大；內心驕傲，你的容量就小。謙虛則意味著你還能接受，驕傲則意味著你已經什麼都容不下了。所以說，一個人富貴了就驕傲起來，無異於向人們宣布：我已經無法繼續富有下去了。如果一個人因為自己有學識而驕傲，則無異於在對人們說：我再也學不到知識了。如果一個人因為自己的業績而驕傲，則無異於在向人們說：我再也創造不出更好的業績了。你真的想成為這種人嗎？如果不想，那麼你就必須謙虛。

伍・爻辭

初六：謙謙君子，用涉大川，吉。

象曰：謙謙君子，卑以自牧也。

六二：鳴謙[1]，貞吉。

象曰：鳴謙貞吉，中心得也。

九三：勞謙[2]君子，有終吉。

象曰：勞謙君子，萬民服也。

六四：無不利，撝[3]謙。

象曰：無不利，撝謙；不違則也。

六五：不富，以其鄰，利用侵伐，無不利。

象曰：利用侵伐，征不服也。

上六：鳴謙，利用行師，征邑國。

象曰：鳴謙，志未得也。可用行師，征邑國也。

【注解】

[1] 鳴謙：雄鳴則雌應，所以此處的「鳴」有共鳴的意思。鳴謙即指六二爻與九三爻以謙虛而產生共鳴。

[2] 勞謙：有功勞而謙虛。

[3] 撝：音ㄏㄨㄟ ㄟ，《九家易》「撝猶舉也」，與現在的「揮」字意思相近，有指揮的意思。

【釋義】

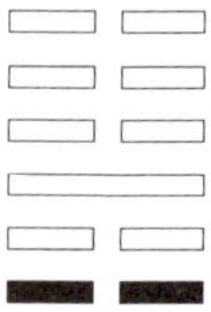

初六：謙謙君子，用涉大川，吉。
象曰：謙謙君子，卑以自牧也。

經文意思是：謙謙有禮的君子，以謙德跋涉大川險阻，吉祥。

象辭意思是：「謙謙君子」，是以謙卑自守，把自己管理好。

「初六」處謙之下，謙而又謙，憑著這種謙虛的美德，涉過大河，克服險難，是會吉利的。

初六爻處於謙卦的最下面，所以他是最謙遜的人，即謙而又謙的君子。能夠以謙而又謙的態度做事，怎麼會遇到困難呢？所以卦辭說吉祥。

象辭說「謙謙君子，卑以自牧也」是什麼意思呢？這是說，謙而又謙的君子之所以會吉祥，是因為他能夠心懷謙卑地管理好自己。人能夠謙虛謹慎地對自己的言行進行反省，自然不會犯大的過失，所以吉祥。

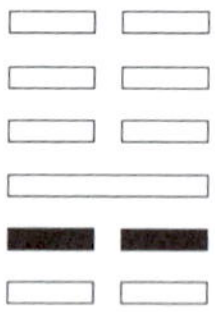

六二：鳴謙，貞吉。
象曰：鳴謙貞吉，中心得也。

經文意思是：宣揚謙德，守正道吉祥。

象辭意思是：宣揚謙德，守正道吉祥，是內心中正所得的吉祥。

六二陰爻居偶位為得位，並且居中，所以因守正道而能保持謙虛之德而得到吉祥。爻辭中的「鳴」字很難找到合適的現代詞進行翻譯，因為它有「共鳴」的意思，可是翻譯成「共鳴謙虛」但又有些生硬。所以只能講解一下「鳴」的具體涵義來加強原文的理解。這也是孔子所說的「書不盡言，言不盡意」。有些古文中的東西，往往只能靠意會來理解。

「六二」中正，謙虛美名遠揚，守持中正之道，必獲吉祥。

《周易》中的中孚卦九二爻有「鳴鶴於陰，其子和之」的爻辭。就是說大鶴鳴叫，牠的兒子小鶴也跟著應和。動物中雄鳴則雌和，母鳴則子和。在古文中的「鳴」不單是現代漢語中認為是叫聲的意思，而是含有相和的之意。與六二相鳴和的是誰呢？就是九三爻。九三爻是一位有功勞而謙虛的君子，六二也效法九三爻，所以與之相鳴和。所以「鳴謙」的內涵，指的就是懂得謙虛的人互相提倡謙虛的美德，互相有共鳴，所以守正道吉祥。

䷎

九三：勞謙君子，有終吉。

象曰：勞謙君子，萬民服也。

經文意思是：有功勞又謙虛的君子，最後結果會吉祥。

象辭意思是：有功勞又謙虛的君子，萬民都願意順服。

「九三」卦中唯一的陽爻，但位不居中，只有勤勞謙虛，才獲吉祥。

有功勞又謙虛謹慎的君子，最終會吉祥的。因為有了功勞而不居功自傲，其一不會遭人妒忌；其二因為心懷謙虛之德，所以可以接受新生事物，還會有更大的發展。比如清朝的康熙皇帝，如果真的是一位「勞謙君子」，那麼就應當看出中國當時與國外的差距，追求更大的發展，不過康熙六歲登基，一生做了許多大事情，確實是一位很了不起的人物，如果讓他懂得謙虛是不太可能的。不過，如果雍正是一位「勞謙君子」，那也會改變滿清衰落的命運；如果乾隆是一位「勞謙君子」，也不會使滿清走向衰落。可是到了嘉慶帝，再「勞謙」確實有些晚了。嘉慶當時只殺了和珅一人，並沒有「茹以其匯」地牽連其他人。為什麼呢？因為貪官已形成龐大勢力，要像拔茅草一樣整治貪官，恐怕連自己的皇位也保不住。

周公是一位「勞謙君子」，他東征之後，使西周成為泱泱大國，政權也得到了統一與鞏固，但他並沒有居功自傲。制禮作樂期間，他為了不失去天下賢臣，「握髮吐哺」，聆聽賢臣的治國策略，所以西周因此逐漸走向繁榮富強。

六四：無不利，撝謙。
象曰：無不利，撝謙；不違則也。

經文意思是：沒有任何不利的，只要發揮謙虛的美德。

象辭意思是：沒有任何不利的，只要發揮謙虛的美德，這是不違背法則的緣故。

「六四」柔順得正，對上對下均能發揮謙虛的美德，因此沒有不利。

六四爻處於六王君王之下，柔爻居於偶位為得位，雖不居中，但能夠做到謙虛謹慎，發揮自己謙虛的優勢，所以儘管不與六五之君陰陽相合，也不會有什麼不利的因素。

六五：不富，以其鄰，利用侵伐，無不利。
象曰：利用侵伐，征不服也。

經文意思是：不富足，憑藉鄰邦的幫助，利於出征討伐，沒有任何不利的。

象辭意思是：利於出征討伐，是征伐不服的人。

六五處於謙卦上卦坤的中位，坤有吝嗇的涵義，所以「不富」；坤又為眾，所以可以得到眾人的幫助；坤又為柔順，所以六五也是一位謙謙君子。謙謙君子雖然不富有，但是可以得到眾人的幫助，所以可以征討不歸順的諸侯，而不會有什麼不利的因素。

上六：鳴謙，利用行師，征邑國。
象曰：鳴謙，志未得也。可用行師，徵邑國也。

經文意思是：宣揚謙遜的美德，宜於行軍打仗，征伐邑國。

象辭意思是：宣揚謙遜的美德，是因為還未得志；可以出兵打仗，但只能征伐鄰近的小國。

「六五」柔中，本身不富有，卻因為謙虛得到鄰居的愛戴，這樣的統治者，不得已時才使用武力，沒有不利。

上六的「鳴謙」，指的是與九三相鳴。上六雖然沒有太多的權勢，但是以謙虛之德能夠得到公侯的回應，所以他可以與「勞謙」的九三聯合起來，去征伐小的邑國。上六既然「鳴謙」，怎麼還要打仗呢？其實，他「鳴謙」是要與有謙虛美德的侯王聯合起來，去攻打傲慢自負的小國家。一些小國家的國君太驕傲了，表現在哪些方面呢？比如不再朝見柔順謙虛的天子，也不進貢給天子，覺得自己可以稱王稱霸了。所以上六要與「勞謙」君子聯合起來，討伐他們。「謙受益，滿招損」，這些驕傲自負的小國下場也就可想而知了。

「上六」謙虛美名遠近有聞，利於興兵征戰。但陰柔無位，只能在自己的領土征討那些叛逆諸侯。

第16節
卦十六 豫 歡愉和樂的智慧

壹．卦名

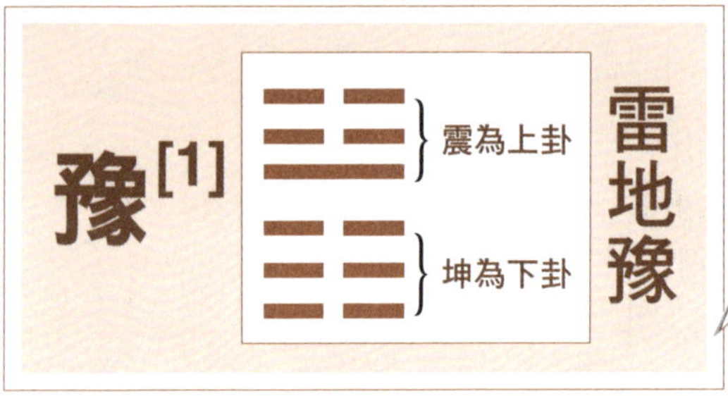

震為雷，坤為地，雷生於地，預示春天來臨，大地震動。春意盎然，喜悅愉快。故豫象徵愉快、歡樂、喜悅。春天來臨，大地振奮，充滿喜悅、歡樂。此時利於建侯立業，興兵作戰。

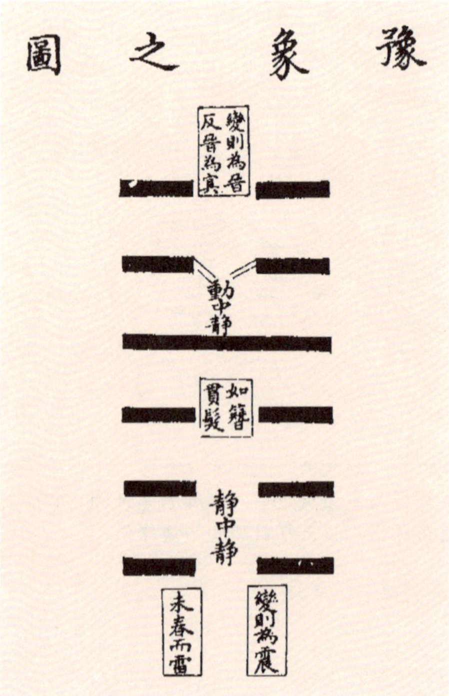

【注解】

[1] 豫：卦名，象徵和樂、喜悅。

【釋義】

此卦卦名為豫。《說文》中說：「豫，象之大也。」由此可見豫的本義是指大象。大象的特點是走路緩慢，一副悠然自得的樣子，而且象骨與象牙可以加工成精美的器具，所以豫的引申義為娛樂。正如《爾雅》中所說：「豫，樂也。」能夠大有收穫，並且以謙虛之德自居，必然可以盡享喜悅與娛樂。所以謙卦之後就是豫卦。《序卦傳》中說：「大而能謙必豫，故受之以豫。」說的就是這個意思。《雜卦傳》中說：「謙輕而豫怠也。」意思是說，謙卦是謙卑自處，豫卦是心志怡悅。其「怠」字，與「怡」字全是「心」與「台」相合，古代通用，實為一個字。《經典釋文》中認為豫還有預備的意思，不過從卦辭與爻辭分析，這種意思不是很明顯。

貳・卦畫

豫卦卦畫為一個陽爻五個陰爻，與謙卦的卦畫相似，而排列順序完全相反。謙豫相覆，可見兩者之間存在著一定的聯繫。

豫卦之象

有兩重山，為出字；官人在中，出求貴義；一鹿一馬，指祿馬運動；金錢數錠一堆者，乃厚獲錢鈔無數，占者得之求才遇貴吉利之兆。鳳凰生雛之卦，萬物發生之象。

叁・卦象

從卦象上分析，豫卦上卦為震為雷為木為動，下卦為坤為地為土為順，雷聲振動大地，草木在土地上生長，順應物性而動，這就是豫卦的卦象。雷聲振動大地，可以使大地上萬物復甦，開始展示生命；草木在土地上生長，順應四時而變化；萬物順應四時而動，人也應當效法萬物，勞逸結合，順應時勢而動。

肆・卦辭

豫：利建侯行師。

彖曰：豫，剛應[1]而志行，順以動[2]，豫。豫順以動，故天地如之，而況建侯行師乎？天地以順動，故日月不過，而四時不忒；聖人以順動，則刑罰清而民服。豫之時義[3]大矣哉！

象曰：雷出地奮，豫。先王以作樂崇德，殷薦[4]之上帝，以配祖考[5]。

【注解】

[1] 剛應：指豫卦一陽爻與五陰爻相應。

[2] 順以動：豫卦上卦為坤為地為柔順，下卦為震為雷為運動，所以卦象有柔順而動之象。

[3] 時義：隨著時間、時機的發展變化而具有的意義。

[4] 殷薦：殷，殷實、盛大；薦，同「獻」。

[5] 祖考：考，對死去的父親的尊稱。祖考即指死去的先祖。

【釋義】

經文意思是：豫卦，有利於建立王侯大業出兵征伐。

彖辭的意思是：豫卦，一剛應五柔而志於上行，順理而動，這就是豫卦。怡悅順物性而動，所以天地與此相同，何況是分封諸侯，出兵征伐呢！天地順理而動，所以日月運行不會出現差錯。聖人因順應時機而動，就能使賞罰分明而百姓悅服。豫卦所表現順應時序的意義真大啊！

象辭的意思是：上卦震為雷，下卦坤為地，雷在大地上響起，這就是豫卦的卦象。先王從這一卦象中受到啟示，制禮作樂推崇功德，用豐盛的祭品敬獻天帝，並且同時祭祀自己的祖先。

豫卦的卦辭是「利建侯行師」，怎麼在一片安樂祥和的氣氛中，馬上就談到打仗的事情呢？這與上一卦謙卦的上六爻有關。上面我們講了，謙卦的上六爻「鳴謙」，於是聯合「勞謙君子」征伐自負而不歸順的小國。現在天下都過上富足的生活，但由於安樂與富足，就會滋生一些驕傲自負的小國君。所以即使處於富足的和平年代，戰爭還是會發生。不過，由於和平富足的年代中，謙虛謹慎的盟主會得到很多諸侯的支持，所以有利於征伐，因為很容易成功。而且這種征伐既在諸侯中樹立威信，又可以伸張正義，所以「利建侯行師」。

富足安樂的社會，君王的所作所為應當更加謹慎，所以象辭中特別談到君王應當如何去做。象辭中說：「先王以作樂崇德，殷薦之上帝，以配祖考。」是什麼意思呢？就是說，在這種和平年代，從前聖賢的君王開始制禮作樂，宣揚道德思想來維護社會的治安。其道德的具體內容是什麼呢？就是孝字當頭。舉行祭祀活動，祭祀上帝與祖先。

伍・爻辭

初六：鳴豫，凶。

象曰：初六鳴豫，志窮凶也。

六二：介[1]於石，不終日，貞吉。

象曰：不終日，貞吉；以中正也。

六三：盱[2]豫，悔。遲有悔。

象曰：盱豫有悔，位不當也。

九四：由豫[3]，大有得。勿疑。朋盍簪。

象曰：由豫，大有得；志大行也。

六五：貞疾，恆不死。

象曰：六五貞疾，乘剛也。恆不死，中未亡也。

上六：冥[4]豫，成有渝，無咎。

象曰：冥豫在上，何可長也。

【注解】

[1] 介：介立，獨立。

[2] 盱：音ㄒㄩ，揚眉張目，比喻阿諛奉承。

[3] 由豫：由，指樹木生新枝，亦泛指萌生。由豫即萌生喜樂之心。

[4] 冥：幽暗。

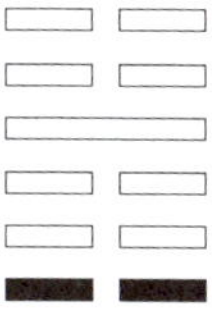

初六：鳴豫，凶。

象曰：初六鳴豫，志窮凶也。

經文意思是：宣揚逸樂之風，凶。

象辭意思是：初六沉迷於享樂，是心裡沒有一絲志向，所以凶險。

「初六」陰居陽位，以失正之體上應九四，有歡樂過度、自鳴得意之象。樂極生悲，必至凶險。

【釋義】

初六爻陰爻居於陽位，並且與九四陽爻相應，由於豫卦的背景是和平年代的娛樂，所以初六與九四有貪圖享樂的涵義。謙卦的初六爻辭為「鳴謙」，前面已經講過了，是宣揚謙虛之德。而這裡是「鳴豫」，即宣揚享樂之意。其「鳴」的含意與謙卦所述的意思相同。所以此處的「鳴豫」中初六與九四互相應和、共鳴一種享樂的思想。和平年代人們追求享樂本無可厚非，但是如果一味貪求，享樂過分，則會有凶險。所以初六的爻辭為凶險。這就好比李隆基和楊玉環縱情享樂的時候，等待他們的卻是一個盛世的結束，叛亂的開始。所以說，和平年代應該提高個人心靈，杜絕人們的奢欲。

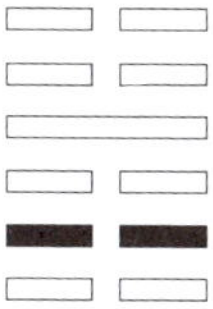

六二：介於石，不終日，貞吉。

象曰：不終日，貞吉；以中正也。

經文意思是：正直如磐石，不整天享樂，堅守正道吉祥。

象辭意思是：不混日子，堅守正道吉祥，是因為六二爻居中而得正位。

六二爻陰爻居於偶位，而且又居中，所以他能夠用道德來約束自己，使自己不過分追求享樂，所以吉祥。「介於石」是什麼意思呢？「介」字在甲骨文中像人身

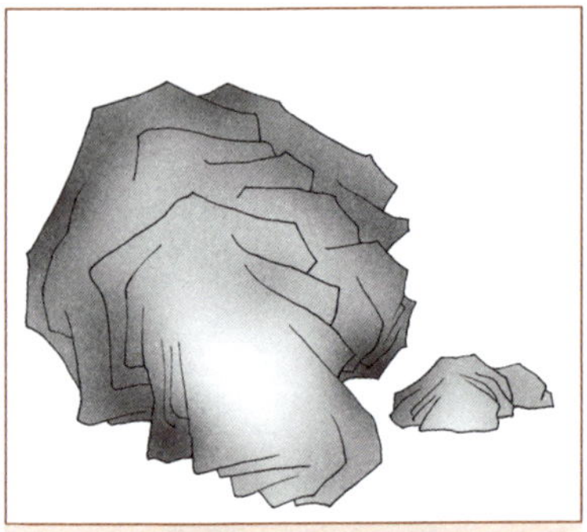

「六二」陰柔中正，耿介如石，上交不諂，下交不瀆。但有知機速悟之德，可獲吉祥。

上穿著鎧甲。中間是人，兩邊的四點像連在一起的鎧甲片。所以「介」字的本義是指鎧甲。它的引申義是堅硬、堅定、耿直的意思。在這裡是指堅定、不改變自己美德的意思。這種堅定之心就像石頭一樣。我們知道最容易改變自己形狀的是水，所以人們說女人如水，意思是女人像水一樣溫柔，另外也指女人的不忠，如「水性楊花」。而石頭則是不易改變自己的形狀。人們總是用石頭來比喻堅貞不屈，比如「寧為玉碎，不為瓦全」、「堅如磐石」。此處的「介於石」就是說六二堅持自己的美德不改初衷的意思。因為六二有道德、有志向，所以他不混日子，不追求享樂，堅守正道，這樣怎麼會不吉祥呢？這位六二的行為，就像文景之治時期的董仲舒，董仲舒雖然身逢盛世，可是他卻不安於享樂。每日只讀聖賢之書，最後終於成為學問的集大成者。

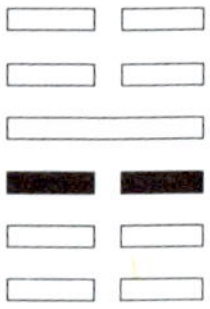

六三：盱豫，悔。遲有悔。

象曰：盱豫有悔，位不當也。

經文意思是：小人媚上以逸樂惑主，會有憂悔。悔恨太遲更要後悔。

象辭意思是：小人媚上以逸樂惑主的憂悔，是因為六三爻陰居陽位的緣故。

「六三」陰柔失正，媚上求樂會有悔恨。若悔悟遲，則將導致更大的悔恨。

「盱」在《周易集解》中認為是「睢盱，小人喜悅佞媚之貌也」。《莊子·寓言》中有「而睢睢盱盱，而誰與居」之句，其注解為：「睢睢盱盱，跋扈之貌，人將畏難而疏遠。」可見盱是指小人對自己上面的人物獻媚奉承，對下面的人物不屑一顧、傲慢無禮的樣子。這種人是典型的小人，也正是和平年代較容易出現的一種人。因為在和平年代靠這種手段就可以享受榮華富貴，而不像戰爭年代，敢打敢殺、心懷謀略才能有發展前途。這就是和平年代與戰爭年代所需人才的不同之處。可是到了戰爭年代，這種人打不能打，殺不能殺，又沒有什麼謀略，所以沒有市場了，身分就會有所下降。可是和平時代雖然容易出現小人，但小人最終還是不會有好下場的。為什麼呢？因為小人搬弄是非呀，一旦事實澄清，小人的罪惡就顯露出來了，就會受到應有的懲罰。所以爻辭中說「悔」。意思是說，這種小人最終會為自己的行為感到後悔，如果悔改得晚了，就更要後悔。

九四：由豫，大有得。勿疑。朋盍簪。
象曰：由豫，大有得；志大行也。
經文意思是：喜樂自來，有大的收穫。不必猜疑，像簪子聚攏頭髮一樣將朋友們聚合在一起。
象辭意思是：喜樂自來，有大的收穫，是萬眾一心的結果。

九四爻是卦中唯一的陽爻，他可以得到眾陰爻的應和。所以喜樂自來，會有大的收穫。「朋盍簪」是什麼意思呢？「朋」便是朋友；「盍」便是相合；「簪」就是聚攏頭髮用的髮針，古代男人也留長髮，所以男人與女人都用簪子聚攏頭髮。這三個合起來便是說將朋友聚集起來，就像用簪子聚攏頭髮一樣。從卦象上看，豫卦九四爻就像一根髮簪，其他陰爻則像盤在一起的頭髮，所以九四的爻辭有「朋盍簪」的說法。眾陰爻應和、歸順於九四陽爻，所以會有大的收穫，可以得志。

六五：貞疾，恆不死。
象曰：六五貞疾，乘剛也。恆不死，中未亡也。
經文意思是：正在患病，病期長但不會因此而死亡。
象辭意思是：六五之所以會患病，是因為乘駕在剛爻九四之上的緣故。病期長但不會死亡，是因為六五身居中位，所以不會死亡。

「九四」本卦唯一陽爻與各陰爻呼應，更得君王信任，成為安和樂利中心人物。然而應當誠信，朋友才會聚會。

六五爻得病了，這是怎麼一回事呢？對此，虞翻的解釋是：「坎為疾，坤為死，震為反生，位在震中，與坤體絕，故『貞疾，恆不死』也。」意思是說，豫卦上互卦為坎，坎含有疾病的意思，所以六五處於疾病的邊緣。又由於坤為歸藏代表死，可是豫卦的上卦為震，與坤沒有任何關係，震有起死回生的涵義，六五處於震卦的中位，所以他患有疾病，但不會因此而死亡。但六五得的是什麼病呢？是心病。為什麼這樣說呢？因為坎代表心病。六五的心病便是對九四的心病。比如說，九四是一個男人，眾陰爻是他的五個妻子，有一個妻子在家裡處於領導地位，凌駕在丈夫之上，這個妻子便是六五爻，為什麼六五會有心病呢？因為丈夫更愛六二與六三這兩個妻子，有權勢的六五自然會吃醋而生心病。但由於六五居中，能夠做到以中庸之道持家，所以她雖然心靈受到傷害，但還不至於因此丟了性命。不過這種醋勁也使她徘徊在生死邊緣。

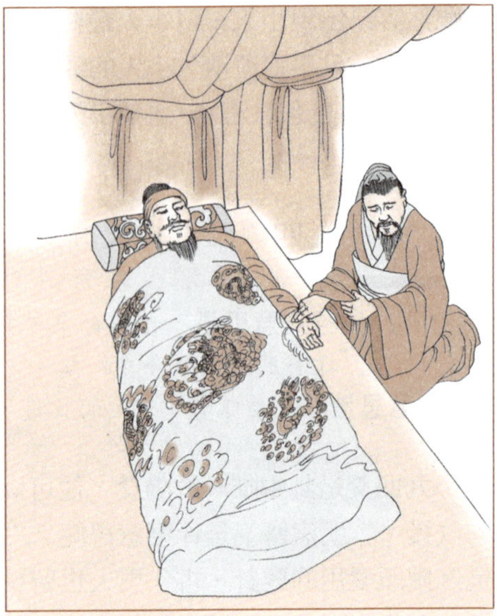

「六五」得中「歡樂」之世但以陰乘陽，難免危患。居中守正，才能長久健康避免滅亡。

上六：冥豫，成有渝，無咎。

象曰：冥豫在上，何可長也。

經文意思是：昏昧不明地沉迷於喜樂，養成的惡習有所改變，沒有災難。

象辭意思是：一味沉迷享樂的人高居上位，又怎麼會長久呢？

上六沉溺於喜樂昏了頭，可是能夠及早地發現自己的過失，及早地改正，所以不會有大的過失。因為喜樂一過度，其害處馬上就要顯現出來了，也就是說接下來也就喜樂不成了。不能擁有喜樂，可是能認識喜樂的害處，當然不會再有過失。

比如漢武帝便是一個例子，他一心想成仙，結果結識不少方士。可是這些方士不但騙了他許多錢，還令他失去兒子和妻子，到了晚年，漢武帝悔過了，體悟到自己追求享樂和一心想成仙的過錯，於是改正錯誤。這樣還會有什麼過失呢？

「上六」「昏冥縱樂」之象，樂極生悲。若能吸取教訓，才不會有災禍。

第 17 節

卦十七 隨 隨緣不變的智慧

壹・卦名

震為動，兌為悅，內動之以德，外悅之以言，天下人因為喜歡他的言行而隨從之。隨象徵隨從，隨和之義。又震為雷，兌為澤，雷震於澤中，澤隨震而動，為隨之象。能虛心隨和他人，他人也會來隨和自己，這樣相互隨和通順暢達，自然沒有什麼災禍。

【注解】

[1] 隨：卦名，隨順、跟隨之意。

【釋義】

此卦卦名為隨。《說文》中的解釋是：「隨，從也。」可見隨的本義是跟從的意思。而跟從者必然順從領導者，於是「隨」也有順從的涵義。所以《廣雅》中說：「隨，順也。」即隨含有「依順、順從」的意思。人們為什麼要跟隨、順從你呢？因為你能為人們帶來喜悅而沒有傷害。所以《周易》將隨卦安排在豫卦之後，這就是《序卦傳》中所說的：「豫必有隨，故受之以隨。」《雜卦》中說：「隨，無故也。」指的就是因為沒有傷害，所以有人追隨。比如西方人為什麼相信耶穌呢？因為耶穌能夠帶給人們喜樂，遠離傷害和罪惡。豫卦表示和平盛世人們盡享歡樂，所以接下來是人民擁護君王，跟隨君王的隨卦。

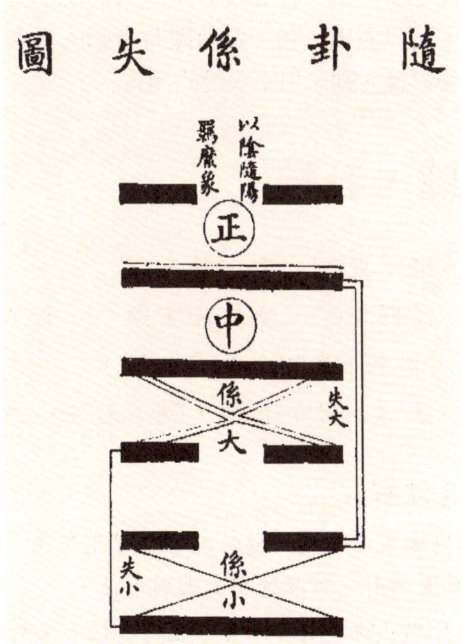

貳．卦畫

隨卦的卦畫是三陽三陰，陰陽平均。

叁．卦象

隨卦之象

雲中雁傳書，主信至；一堆錢，有才義；朱門內有人坐，主坐官府；一人在門外立，主士人求進，欲得變身。凡事值此，得貴人力。良石琢玉之卦，如水推畫之象。

從卦象上分析，豫卦上卦為兌為澤為喜悅，下卦為震為雷為動，雷在澤中、心喜而動便是豫卦的卦象。雷怎麼會藏在沼澤地裡呢？原來，古人透過觀察，發現春雷響過之後，驚醒了蟄伏的動物，於是萬物甦醒，大地開始呈現出勃勃生機。可是到了秋天的陰曆八月以後，便沒有雷聲了，一些動物開始為冬眠做準備。透過這個現象，古人認為這就是天道的善意，天氣回暖，天用雷聲喚醒大地上的萬物；天氣轉涼了，天就把雷藏起來，不再驚動大地上的萬物。由於此時沼澤地裡也會發出一種聲音，所以人們便認為雷到了秋天就藏到沼澤地裡了。從這個卦象中可以看出，隨卦還有隨時而動的涵義。而震卦代表動，兌卦代表喜悅，所以有隨著喜悅而動，追隨喜悅的涵義。

肆．卦辭

隨：元亨利貞，無咎。

彖曰：隨，剛來而下柔[1]，動而說[2]，隨。大亨貞，無咎，而天下隨時，隨之時義大矣哉！

象曰：澤中有雷，隨；君子以向晦[3]入宴息。

【注解】

[1] 剛來而下柔：隨卦從否卦變化而來。否卦最上面的剛爻與最下面的陰爻互換位置便是隨卦。所以說剛爻來到下面。

[2] 動而說：隨卦上卦為兌為喜悅，下卦為震為運動，所以說行動而喜悅。

[3] 向晦：向晚。晦，昏暗不明，比喻日落。

【釋義】

經文意思是：初始亨通，利於堅守正道，不會有災難。

彖辭的意思是：隨卦，剛健居於陰柔之下，以自己的行動使下民喜悅，這就是隨卦。大亨通，守正道沒有災難，天下百姓順應時勢而做事，順應時勢的意義太大了！

象辭的意思是：上卦為兌為澤，下卦為震為雷，所以澤中有雷便是隨卦的卦象。君子從這一卦象中得到啟示，到了晚上回房間休息。

人們追隨喜悅，隨時勢而動，這怎麼會有災難呢？所以爻辭說：「元亨利貞，無咎。」由此可知，隨時勢而改變政策，老百姓隨時勢而追求生活的娛樂，只要堅守正道，就不會有災難發生。

象辭中說：「君子以向晦入宴息。」就是告誡君子要明察時勢，隨時勢而動。秋天來了，雷隱藏到沼澤地裡，君子也應當像雷一樣，該隱則隱。其「向晦入宴息」按現在的話來說就是白天工作，晚上休息。與「日出而作，日落而息」的意思相同。古代為什麼要強調晚上要休息呢？這與當時的生活條件及社會治安有關。當時人們已經有了照明設備，由於夜幕會給人帶來一種神祕的感覺，所以燭火（或篝火）通明的夜晚，往往可以提高人們的享樂興趣。

伍・爻辭

初九：官有渝，貞吉。出門交有功。

象曰：官有渝，從正吉也。出門交有功，不失也。

六二：繫小子，失丈夫[1]。

象曰：繫小子，弗兼與也。

六三：繫丈夫，失小子[2]。隨有求，得，利居貞。

象曰：繫丈夫，志捨下也。

九四：隨有獲，貞凶。有孚在道，以明，何咎。

象曰：隨有獲，其義凶也。有孚在道，明功也。

九五：孚於嘉，吉。

象曰：孚於嘉，吉；位正中也。

上六：拘繫之[3]，乃從維之。王用亨於西山。

象曰：拘繫之，上窮也。

【注解】

[1] 繫小子，失丈夫：指六二陰爻與初九相繫戀而不能與九五相應。

[2] 繫丈夫，失小子：指六三陰爻與九四相繫戀而捨棄初九陽爻。

[3] 拘繫之：拘，拘禁，關押；繫，捆綁，束縛。

【釋義】

初九： 官有渝，貞吉。出門交有功。

象曰：官有渝，從正吉也。出門交有功，不失也。

經文意思是： 官職有變動，守正道吉祥。出門與人交往會有功效。

象辭象辭意思是： 官職有變動，安守正道則會吉祥。出門與人交往，不會有過失。

「初九」處下守正，與四無應，一個人的思想能跟隨時代的變化而變化，又能守持著，這樣有利於與人交往。

隨卦是從否卦變化而來，否卦的上九與初六互換位置，就形成隨卦。可見這個初九爻本來是否卦的上九爻，上九爻來到初九爻，從卦象上看有降職的意思，所以說「官有渝」。原來高高在上，現在來到最下層，與民眾打成一片，所以說「出門交有功」。在社會中，高高在上的人總會有變為平民的可能。可是，就是這樣才能體察民間疾苦，才能磨練自己的人生閱歷，才能使自己的人生走上一個新臺階。比如春秋時期的晉文公重耳，在流亡十七年的生活，磨礪了他的意志，豐富了他的閱歷，從而使他回國後勵精圖治，成為春秋五霸之一。

六二： 繫小子，失丈夫。

象曰：繫小子，弗兼與也。

經文意思是： 聯繫小人，失去了丈夫。

象辭意思是： 六二爻傾心於初九的小人，就不能同時兼有九五的丈夫了。

六二陰爻居偶位，既得位又居中得正。可是它卻面臨一個難以抉擇的問題。怎麼回事呢？這六二就好比一位女子，與其相臨的是一個地位低下的小伙子，可是有一位有權勢的人（九五）也喜歡她，她該怎麼選擇呢？由於小伙子離她近，她選擇小伙子。這就是「繫小子，失丈夫」。可是六二的地位相當於大夫之位，他應該要搜刮民脂民膏進貢給上面的君王呢？還是愛民如子，減輕稅收，少進貢給上面的君王呢？這就是六二的兩種選擇。兩者他不能兼顧。從卦象上看，六二選擇愛民，因為得人者得天下嘛。

「六二」中正，本應與九五相應，但陰柔少主見，就近服從初九，因小失大。

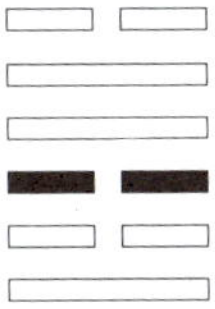

六三：繫丈夫，失小子。隨有求，得，利居貞。

象曰：繫丈夫，志捨下也。

經文意思是：親近丈夫，遠離小人。跟隨有追求的人會有所得，利於堅守正道。

象辭意思是：親近九四的丈夫，是說他的志向是決心捨棄在下位的小人。

六三的地位比六二大些，所以向上爬的欲望也大。六三就好比一位富貴人家的小姐，與貧民階層的小伙子們沒有什麼來往，所以不會與他們之間發生愛情。她願意與比自已更高貴的人交往，於是便看上了上面的九四。九四在六三的上面，所以地位比六三還要高，自然六三也就得處處順從九四的安排了。所以說六三失去了小伙子（初九），而到了丈夫（九四）。可是想要維持好這段婚姻關係，女方必須入境隨俗，堅守忠貞之道。因為富貴人家規矩多。而且六三是豫卦下互卦艮卦的中爻，有止的意思，所以「利居貞」。

「六三」無應，近承九四，依附於九四，有求必得。但不可妄求，宜於安居守正。

九四：隨有獲，貞凶。有孚在道，以明，何咎。
象曰：隨有獲，其義凶也。有孚在道，明功也。
經文意思是：跟隨而來並從中有所收穫，守正道也凶。如果誠信守正道，光明磊落行事，怎麼會有災難呢？
象辭意思是：跟隨別人去得到利益，卦辭的涵義是有凶險。有誠信守正道不會有災難，這是做事光明磊落的功勞。

「九四」失正，近君九五而有能力，雖有所獲，但難免有凶險。只要心存誠信，光明正大，災禍可免。

九四的「隨」指的是什麼呢？指的便是六三的追隨。從男女關係來說，六三追求九四，九四所以得到六三而「有獲」。另外，九四相當於侯王的地位，又相當於君王的重臣，六三為陰為小人，小人追隨有權勢的九四，給九四送禮，阿諛奉承，九四對人家的好意一概照收，所以「隨有獲」。可是這樣卻會導致有凶險。為什麼呢？因為九四不知道隨時勢而動。隨卦中，初九隨六二，六二隨九五，六三隨九四，可是九四卻無所隨。隨卦主要講隨時勢而動的意義，可是九四卻不能做到隨時勢而動，自然有凶險了。九四陽爻居於偶位為不得位，又不居中，又不能與上面的九五相合，怎麼能不凶險呢？這就好比一個大臣，權勢很大，很多人追隨他，可是他性格耿直，不懂得討皇上的歡心，怎麼會不有凶險呢？功高蓋主，又不懂得討好皇上，肯定會受到皇上的猜忌。可是處於這種情況該怎麼辦呢？就必須學會阿諛奉承嗎？不用，這種情況必須做到「有孚在道，以明」，才不會有災難啊。

九五：孚於嘉，吉。
象曰：孚於嘉，吉；位正中也。
經文意思是：誠信於美善，吉祥。
象辭意思是：誠信於美善，吉祥，這是因為九五位置居中而得正。

身為九五的君王，自己有誠信的美德而且懂得宣揚誠信這種美德，當然會吉祥了。君王有誠信的美德，就會得到民眾的信任；君王宣揚誠信的美德，就會得到有誠信美德的人輔佐。所以說吉祥。

上六：拘繫之，乃從維之。王用亨於西山。

象曰：拘繫之，上窮也。

經文意思是：把他拘囚起來，然後又捆起來，大王在西山上祭祀。

象辭意思是：被拘囚並捆起來，是因為上六爻處在上面窮途末路的緣故。

「九五」陽剛中正，居尊位，竭誠向善，可獲吉祥。

這句爻辭講的典故便是文王拘於羑里的事情。紂王娶了九侯的女兒，但是由於九侯的女兒不喜歡紂王的荒淫，所以紂王把她殺了。遷怒之下把九侯也處死了。鄂侯出面指責紂王，結果被紂王殺死做成了肉脯。文王對此只是輕嘆一聲，就被關進了羑里的監獄。「拘繫之，乃從維之」指的就是文王被拘禁、關押之事。後來紂王認為，文王還是比較聽話、順從，於是把文王釋放了。文王脫離大難，便在岐山舉行祭祀，這就是「王用亨於西山」。

上六處於極亢之位，而隨卦是講順從、跟隨及隨時勢而動的道理。所以上六是順從到極點。被拘禁、關押，此時不一味的順從也不行。所以說，隨時勢而動，處於這種情況下，就得完全順從。

「上六」居隨之極，不願隨從於人，但被九五強令依附隨從，這樣出於誠信，誠意之極，可通神明。

第18節

卦十八 蠱 改革創新的智慧

壹・卦名

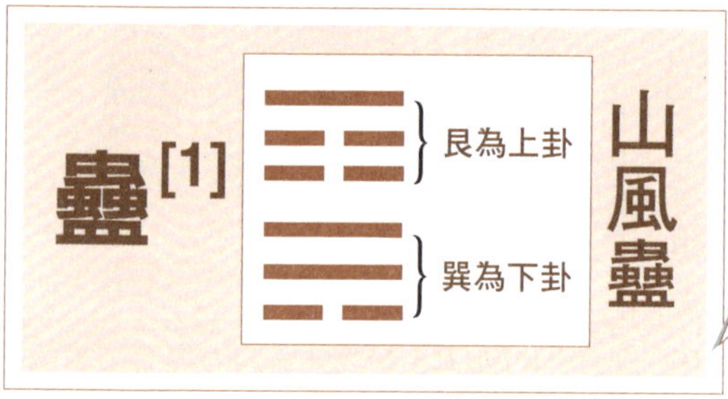

艮為山，巽為風，山下有風，風遇山而回，則萬物散亂，為有事之象。蠱者，事也，惑也。物既惑亂，當為治理。故蠱象徵懲弊治亂，革新之義。但革新時，應先考慮革新前的狀況，再推斷革新後將出現的事態，來制定措施。這樣才能根治蠱亂，暢通順利。

【注解】

[1] 蠱：卦名，象徵過失、腐敗。

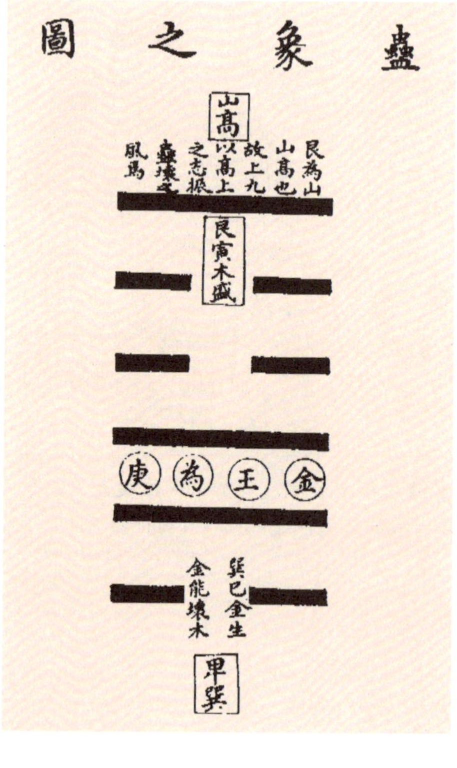

【釋義】

此卦卦名為蠱。《說文》中說：「蠱，腹中蟲也。」也就是說「蠱」的本義是指人肚子裡的蟲子。現在我們知道，人肚子會有寄生蟲，可是《說文》中的「腹中蟲」卻不是單指寄生蟲，還指人吃下的蟲子跑到肚子裡。遠古時代有些人會一種巫術。他們將一百種有劇毒的蟲子放到一個罈子裡，然後把罈口封住埋在地下。若干年後，罈子裡的毒蟲互相攻擊，最後只剩下一條最毒的蟲子，這條蟲子便叫「蠱」。這條蟲子非常厲害了。誰要是被這條蟲子咬傷，必死無疑。誰要是不小心把這條蟲子吃了，後果更是不堪設想。而且這條蟲子不僅能讓人死亡，還會迷亂人的心志，使被蠱者完全聽從於「蠱」的主人之安排。這個「蠱」可以使人毫無察覺地受到傷害，所以這個「蠱」字，不但有寄生、腐敗的涵義，還有誘惑、迷亂、淫邪等涵義。前面從同人卦開始到隨卦，講的都是和平富足的社會現象。到了隨卦，眾望所歸，社會更加富足。也因為富足，人們就開始追求更多地享樂，於是就暴露出一種危害。這種危害就是腐敗與淫邪。這種現象是逐漸形成的，人們毫無察覺，可是它的害處卻非常的大，就像人們被養毒蟲的主人蠱了一樣。所以豫卦之後便是蠱卦。

蠱卦之象

一小兒在雲中，主有子榮貴；雁銜一書，主喜信將至；一鹿與傣祿的祿字諧音；一串錢，主有錢財；有男女互拜，有喜事慶賀義。大抵遇此卦，半凶半吉。乃三蠱食血之卦，以惡言害義之象。

貳・卦畫

蠱卦的卦畫是三個陰爻三個陽爻，隨卦的所有陽爻變為陰爻，所有陰爻變為陽爻，便形成蠱卦。可見《周易》中的蠱卦與隨卦有一定關聯。

叁・卦象

從卦象上分析，蠱卦上卦為艮為山為少男，下卦為巽為風為長女，山下有風便是蠱卦的卦象。少男與長女處在一起，是女蠱男的形象，所以此卦也有男女淫欲過度的涵義。風在山下刮，怎麼會與「蠱」有相同的涵義呢？原來古人觀察到，風可以吹走沙塵，一座山，被風經年累月地吹走沙塵，最終會使大山變為平地。可是刮風時，人們絲毫不會感覺到風對大山的威脅，可是經過很多年以後，一座山沒了，去哪裡了呢？古人透過研究發現是被風分解了，被風吹走了。所以這風太厲害了，就像「蠱」一樣。而古文中的「風」，兼有「男女相合」之意，所以「山下有風」可謂一語雙關，比喻得極其微妙。

肆・卦辭

蠱：元亨，利涉大川。先甲三日，後甲三日[1]。

彖曰：蠱，剛上而柔下[2]，巽而止，蠱。蠱，元亨，而天下治也。利涉大川，往有事也。先甲三日，後甲三日，終則有始[3]，天行也。

象曰：山下有風，蠱。君子以振民育德。

【注解】

[1] 先甲三日，後甲三日：古代以十天干記日，先甲三日即辛日，後甲三日即丁日。蠱卦自泰卦而來，按八卦納甲法，泰卦的下卦乾納甲，乾三爻的最下爻來到上卦坤卦的最上爻，即初九從乾卦的前三位移到了坤卦的後三位，所以說先甲三日，後甲三日。

[2] 剛上而柔下：上卦艮為剛，下卦巽為柔。另一種說法為，蠱卦從泰卦變化而來，泰卦的初九爻與上六爻互換便成蠱卦，所以剛爻上升，柔爻下降。

[3] 終則有始：有終結就會有新的開始。

【釋義】

經文意思是：蠱卦，大亨通，有利於跋涉大川。適宜於甲日的前三天與後三天。

彖辭的意思是：蠱卦是剛健在上陰柔在下，柔順而靜止，這就是蠱卦。蠱卦大亨通，是因為天下因柔順而得到治理。利於跋涉大川，是因為要去做事。開始的前三天和後三天，是事情終結後又有新的開始，這是天道的運行規律。

象辭的意思是：上卦為艮為山，下卦為巽為風，所以山下有風便是蠱卦的卦象。君子從這一卦象中受到啟示，教化人民培育美德。

蠱卦卦辭中有「先甲三日，後甲三日」，這句話不容易理解。歷代易學家對此的解釋分歧，大概有六、七種說法。但比較正確的說法應該還是虞翻的納甲說。依據納甲原理，十天干與八經卦的配置是乾納甲、壬，坤納乙、癸，艮納丙，兌納丁，坎納戊，離納己，震納庚，巽納辛。蠱卦從泰卦變化而來，泰的下卦為乾卦，所以納甲。變為蠱卦後，泰卦初爻變成蠱卦的上九爻，成為艮卦的上爻。也就是說，成為蠱卦後，泰卦的初九爻從乾卦的前三爻升到乾卦後三爻的位置上，所以有「先甲三日，後甲三日」的說法。

彖辭中對「先甲三日，後甲三日」的解釋是「終則有始」，這是為了闡明事物發展變化周而復始的循環規律。用現在的話來說就是「十年河東，十年河西」、「此一時，彼一時」。嚴格來說，繁榮昌盛了，就會開始腐敗了；既然開始腐敗了，就會走向衰落；衰落中透過自強不息的奮鬥，又迎來新的輝煌；而新的輝煌造就繁榮昌盛，又會滋生腐敗。所以說事物有終結，就會有開始。一個事物的終結，就意味著另一個事物的開始。

在繁榮昌盛中，腐敗滋生蔓延，這種情況下，君王該怎麼辦呢？象辭說：「君子以振民育德」，這就是解決方法。意思是說，在這種情況下，應該加強道德觀，應該反腐倡廉。

伍・爻辭

初六：幹[1]父之蠱，有子，考無咎，厲終吉。

象曰：幹父之蠱，意承考也。

九二：幹母之蠱，不可貞。

象曰：幹母之蠱，得中道也。

九三：幹父小有晦，無大咎。

象曰：幹父之蠱，終無咎也。

六四：裕[2]父之蠱，往見吝。

象曰：裕父之蠱，往未得也。

六五：幹父之蠱，用譽。

象曰：幹父之蠱；承以德也。

上九：不事王侯，高尚其事。

象曰：不事王侯，志可則[3]也。

【注解】

[1] 幹：本義為干犯，此處指救正、糾正的意思。

[2] 裕：此處為寬容、姑息之意。

[3] 則：成為準則，效法。

【釋義】

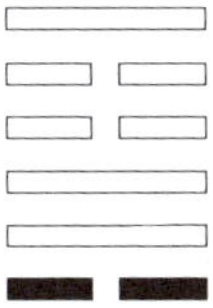

初六：幹父之蠱，有子，考無咎，厲終吉。

象曰：幹父之蠱，意承考也。

經文意思是：糾正父輩的過失，有這樣的好兒子，父輩可免去災難，雖有危難但最終會吉祥。

象辭意思是：糾正父輩的過失，是振興父親的家業。

「初六」柔處卑位，但意在繼承前人的事業，進行革新，使先輩免除災禍。革新雖有險阻，但是大勢所趨，終歸吉祥。

這裡是說，好兒子繼承家業，應該糾正父親遺留下來的弊病，只有這樣才能保住家業，家業保住了，死去的父親在陰間自然也會過得安穩，所以「考無咎」。如果好兒子不這樣做，家業保不住，家族的香火就有斷絕的危險，自然躺在墳墓裡的父親也會有災難了。由於糾正弊端是會帶來好處的，所以即使有危險，也要糾正，因為最終會得到吉祥。這就好比漢武帝「獨尊儒術，罷黜百家」一改竇太后的治國方法，嘉慶帝殺貪官和珅，改變乾隆時期的政治格局般，這是為了最終的吉祥，所以必須要這樣做。

九二：幹母之蠱，不可貞。

象曰：幹母之蠱，得中道也。

經文意思是：糾正母親的過失，不可固執守正。

象辭意思是：糾正母親的過失，符合中庸之道。

「九二」剛而能柔，能因勢利導，採用剛柔適中的方法，匡正以往的弊亂。

九二與六五上下相應。六五為泰卦坤母的中爻，變蠱後坤象消失，所以代表亡母。在父權制的社會中，女人是不能參政的，所以「母之蠱」無非是偏心、溺愛、宮闈餘黨和生活作風問題。對母親的這些問題是不能太嚴格地給予糾正的。因為母親的問題是家庭問題，而父親的問題是社會問題，有輕重之分。過分糾正母親的不是，有傷孝道，對治國沒有什麼好處。

九三：幹父小有悔，無大咎。

象曰：幹父之蠱，終無咎也。

經文意思是：糾正父輩的過失，會有小的憂悔，但無大的災難。

象辭意思是：糾正父輩的過失，最終不會有災難。

「九三」無上應，匡正先輩的弊亂稍有悔恨。但畢竟陽剛得正，不會產生大的災禍。

九三爻處於下卦的最外面，所做事會有些過火的現象。糾正父親的過失是該做的，但不能太過火，一過火就會有悔恨的事情發生了。但也不能不糾正，因為這樣做會對以後的發展有利，所以不會有大的災難，最終結局會很好。

六四：裕父之蠱，往見吝。
象曰：裕父之蠱，往未得也。

經文意思是：縱容父輩的過失，前往會遇到憂吝。

象辭意思是：縱容父輩的過失，前往不會有所得。

「六四」陰柔懦弱，對弊亂不能速治，這樣容惡養弊，發展下去必有遺憾。

六四沒有「幹父之蠱」，而是容忍父親的錯誤繼續發展下去。這種做法是不值得提倡的，因為再這樣發展下去就會有憂吝的事情發生了。比如乾隆把皇位禪讓給嘉慶帝後，卻仍然獨攬大權，嘉慶帝當時只能「裕父之蠱」。據史書記載，在朝中乾隆坐在嘉慶帝右邊，乾隆大笑，嘉慶帝就跟著笑，乾隆惱怒，嘉慶帝便不知所措。沒辦法，自己沒有實權，只能「裕父之蠱」。

「裕父之蠱」的典型例子還有秦二世。秦二世胡亥在趙高、李斯的幫助下，登上王位。但是他並沒有糾正父親秦始皇的政治弊端，而是完全繼承父親的弊病，也像秦始皇一樣四處巡幸，刻石以歌頌秦朝的功德。並且像他的父親一樣，以嚴格的刑法治理國家，尤其是加重「誹謗罪」的懲罰力道，凡是有向皇帝進諫的，一概格殺勿論，導致再也沒有人敢提意見了。

六五：幹父之蠱，用譽。
象曰：幹父之蠱；承以德也。

經文意思是：糾正父親的過失，用榮譽治理天下。

象辭意思是：糾正父輩的過失，是因為能夠用道德繼承大業的緣故。

「六五」柔中居尊位，應二承上，任用賢者匡正以往的弊亂，受到讚美。

六五身居君位，以陰柔之德糾正父親遺留下來的弊端，並且提倡人們以勤儉、正直、仁義、廉政為榮，對勤儉節約、正直仁義、廉潔奉公的人給予高度的讚譽，這樣加強道德觀肯定會有很好的效果。人們不羨慕有錢有勢的人，卻讚揚道德高尚的人，這樣就使小人的勢力受到制約與打擊，使正義的君子之道得以伸張。這種以德治天下的方法才能夠「防蠱」，所以象辭說「承以德也」。

上九：不事王侯，高尚其事。
象曰：不事王侯，志可則也。
經文意思是：不侍奉王侯，並使自己的行為高尚。
象辭意思是：不去侍奉王侯，這種志向是可以效法的。

「上九」居蠱之終，上位無位，不為王侯做事，超然物外，像隱士般高潔自守。

上九處於蠱卦的最上面，處於蠱的頂點。也就是說社會上淫邪、腐敗之風已經發展到了極至。這時候君子該怎麼辦呢？是同流合汙，還是與之抗爭？可是既然「蠱」已經發展成大氣候，與之抗爭無異於以卵擊石，自取滅亡。如此一來，社會上的正人君子會更少。那該怎麼辦呢？所以只能「不事王侯，高尚其事」了。也就是說，不在朝中為官，離開淫邪腐敗的環境，進行歸隱保全，意思就是去當隱士了。但並不是歸隱後兩耳不聞窗外事，什麼事情都不管了。而是要「高尚其事」，認為是高尚的事情，而且能力所及，這種事情還是要做。

從卦象上看，蠱卦的上互卦為震，震代表王侯，而上九處於震卦之外，所以有「不事王侯」的卦象。

第19節

卦十九 臨 居安思危的智慧

壹．卦名

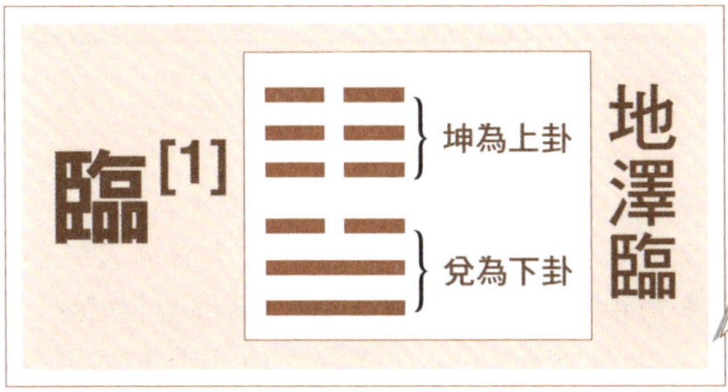

兌為澤，坤為地，澤上有地，澤卑地高，高監下，為臨。臨象徵監視、監察。含有由上視下，以尊臨卑之義，也有統治的意思。以德臨人、臨事、臨天下，必然亨通順利，但陰陽消長，監臨盛極，就有轉向衰落的危險。

【注解】

[1] 臨：卦名，象徵君臨、壯大、來臨、臨視。

【釋義】

此卦卦名為臨。「臨」字是一個會意字。在金文中，右邊是人，左上角像人的眼睛，左下角像眾多的器物。整個字的形象是人俯視器物的樣子。所以「臨」的本義是從高處往低處看。前面是蠱卦，是講如何去除盛世中的淫邪與腐敗，進行整治之後就沒事了嗎？不，君王還要經常巡視，觀察社會的狀態，以達到防患未然的目的。所以蠱卦接下來就是臨卦。

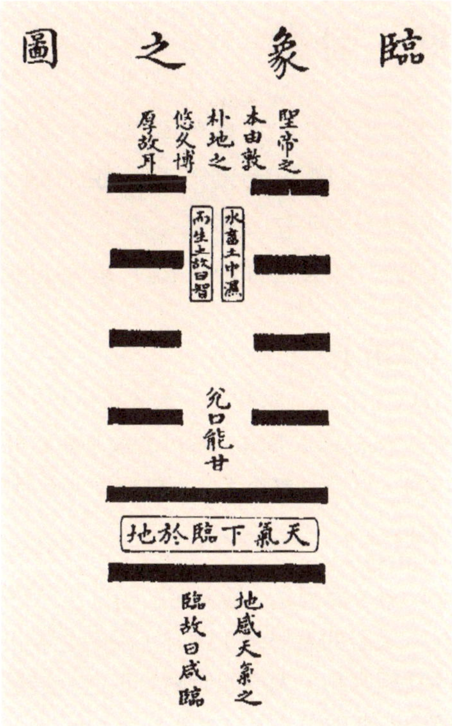

貳．卦畫

臨卦的卦畫為下面兩個陽爻，上面四個陰爻。

叁・卦象

臨卦之象

一婦人乘風，主風舉，得陰才；一車上有使旗，為太守之車；在山頂頭，主危道；虎在山上坐，可防危；一合，主和合；人射弓，乃得非人牽引之象。風入雞群之卦，以上臨下之象。

從卦象上分析，下面的兩個陽爻代表陽氣逐漸增強，也可引申為正氣的增長。臨卦是十二消息卦之一，代表的節氣為大寒。臨卦六爻代表小寒至立春的三十餘天。五天為一候，一爻代表一候。此時卦象上已有兩個陽了，表示陽氣逐漸壯大。所以臨卦也有壯大的意思。另外，臨卦的上卦為坤為地，下卦為兌為澤，所以澤上有地便是臨卦的卦象。什麼叫「澤上有地」？意思是說，沼澤的外圍是無邊的土地，而土地的位置是高於沼澤的，所以說「澤上有地」。站在沼澤外圍的土地上往沼澤裡面看，這就是臨。可見卦象與卦名的涵義還是較為一致。

肆・卦辭

臨：元亨，利貞。至於八月有凶[1]。

彖曰：臨，剛浸而長。說而順，剛中而應，大亨以正，天之道也。至於八月有凶，消不久也。

象曰：澤上有地，臨。君子以教思無窮，容保民無疆。

【注解】

[1] 八月有凶：臨卦為十二消息卦之一，此時已經有兩個陽爻，時間上代表十二月，喻示春天就要來臨。而到了八月為觀卦，卦中雖然也是兩個陽爻四個陰爻，但位置不同，觀卦四個陰爻將要驅除掉上面的陽爻，所以說到了八月有凶險。

【釋義】

經文意思是：臨卦，初始亨通，利於正道。到八月有凶險。

彖辭的意思是：臨卦，陽剛之氣正在逐漸增長，喜悅而柔順，九二剛爻與六五陰爻相應和，大亨通而屬於正道，這是天的運行法則。到了八月有凶險，是因為陽剛會漸漸削弱了。

象辭的意思是：下卦為兌為澤，上卦為坤為地，所以澤上有地便是臨卦的卦象。君子從卦象中得到啟示，居安思危，教化民眾，以無窮的思想教化民眾，以廣博的胸懷包容民眾。

臨卦的「元亨利貞」與乾卦的「元亨利貞」意思相同。區別是，這裡的「元亨」指的是改革後的「初始亨通」，「利貞」則是說改革要堅持下去，守於正道，不要半途而廢。而「八月有凶」則是闡明了陽消陰長、循環往復的道理。臨卦時陽氣正逐漸增強，天氣漸漸回溫。可是到了八月，陰氣開始逐漸強盛，天氣逐漸轉涼，代表八月的八卦正是臨的覆卦，也就是排列順序與臨卦相反的觀卦。卦辭中提示「八月有凶」，則是告誡君子要爭取有利時機，不要等到小人的勢力強盛後再鏟除邪惡勢力，那時就太晚了。而君子在堅持改革中應該做到哪些呢？象辭說「以教思無窮，容保民無疆」。也就是說，用無窮的思想教化民眾，以廣博的胸懷包容民眾。如同廣博的大地包容沼澤地般。古人言「防民之口，勝於防川」，說的是人民就像水，用「堵住出口」的方法是危險的，但是要如何防止民眾叛亂呢？便是包容。就像廣博的大地包容沼澤一樣。「無窮的思想」指的是什麼呢？就是坤卦的卦德，也就是柔順之德，對民眾宣揚柔順之德，講道德，講正氣才可以維護社會的太平。「容保民無疆」指的是什麼呢？就是用寬容得到民眾的擁護。要怎麼寬容呢？減少民眾的勞役，減輕民眾的稅賦，減少民眾的壓迫，讓民眾富有、不受欺負，享受歡樂富足的生活，這就是寬容。只有這樣，才能使和平的盛世繼續發展下去。所以君王要「臨」，就是要經常視察民間疾苦。

伍・爻辭

初九：咸[1]臨，貞吉。

象曰：咸臨貞吉，志行正也。

九二：咸臨，吉無不利。

象曰：咸臨，吉無不利；未順命也。

六三：甘臨，無攸利。既憂之，無咎。

象曰：甘臨，位不當也。既憂之，咎不長也。

六四：至臨，無咎。

象曰：至臨無咎，位當也。

六五：知臨，大君之宜，吉。

象曰：大君之宜，行中之謂也。

上六：敦[2]臨，吉無咎。

象曰：惇臨之吉，志在內也。

【注解】

[1] 咸：感，感應。

[2] 敦：敦厚。

【釋義】

初九：咸臨，貞吉。

象曰：咸臨貞吉，志行正也。

經文意思是：感應來臨，守正道吉祥。

象辭意思是：感應來臨，守正道吉祥，是由於心志與行為公正。

「初九」其德足以臨人、臨事，但畢竟處卦之下，尚不宜大用，故須守持正固可獲吉祥。

初九爻處於社會的最下層，可是他卻能感受到上層人物對他的視察，所以他必須守正道才會吉祥。初九陽爻居於奇位為得位，說明他能夠安分守己，做好自己分內的事情，也因此受到主管的賞識。一個管理完善的企業，下層、一線員工的業績是企業主管必須掌握的。因為一個企業唯有做到這些才能把產品質量提升，才能減少損耗，控制成本，提高品質。但總經理不能整天盯著工人工作吧？因為總經理可以透過他底下的主管了解情況，再加上自己的抽查，然後就會對自己的下層員工有整體的了解。初九與六四相應，也就是說他的一舉一動，都會透過六四的觀察，反映到總經理那裡。

當然，對於一個君王也是如此，他必須了解他所有的臣民。管理辦法就如同總經理般。由於高階主管能夠巡視民眾，所以民眾表現好能得到上面的獎勵，表現不好會受到批評，自然每個人都開始嚴格要求自己了。

九二：咸臨，吉無不利。

象曰：咸臨，吉無不利；未順命也。

經文意思是：感應來臨，吉祥沒有任何災難。

象辭意思是：感應來臨，吉祥沒有任何災難，是因為天下還沒有歸順於王命。

九二是大夫之位，九二陽爻居偶位，雖不得位但是能夠居中。能夠以中正之道做事，自然也會得到上面的嘉獎。九二與身為君王的六五相應，他的一舉一動可以受到君王的賞識，怎麼會有不利的因素呢？做得好可以得到君王的嘉獎，九二自然會更加好好表現了。

「九二」居中且上應六五，故德威並重，施行監臨是吉祥的，無所不利。

六三：甘臨，無攸利。既憂之，無咎。
象曰：甘臨，位不當也。既憂之，咎不長也。

經文意思是：甘美地對待來臨，來往不會有利益。能為處境憂慮，則不會有災難。

象辭意思是：甘美地對待來臨，是位置不當的緣故。如果能對這種處境有憂慮，則災難不會長久。

六三處於下卦兌卦的最上面，所以有喜悅之象，而且臨於兩個陽爻之上，所以會得到好處。但是他雖然權力大於兩個陽爻，卻無法得到上面的賞識，所以「無攸利」。六三陰爻居於奇位，又不得中，所以處境不是很好，不過他能夠發覺這種隱伏的危機，心存憂患，想辦法解決，所以不會有災難。

「六三」不中不正，當「臨」之時，以花言巧語誘騙百姓，如果覺悟到這種態度的不妥，可以避免災禍。

六四：至臨，無咎。
象曰：至臨無咎，位當也。

經文意思是：最大的來臨，沒有災難。

象辭意思是：來臨而沒有災難，這是由於六四陰爻居於偶位，得位的緣故。

六四為諸侯之位，可是他能夠與初九相應，所以稱之為「至臨」。也就是說六四體察民情，深入到最底層，與民眾心連心，這種視察就是「至臨」。主管能做

「六四」柔居正位，又善用賢才初九，且能十分親切地領導百姓，這樣沒有什麼災害。

「六五」居尊位，下應九二。象徵本身不必動，可完全委任下方，以智慧監臨。這對偉大的君主來說，是最適宜的統治態度，因而吉祥。

到這一點，是難能可貴的，怎麼會有災難呢？

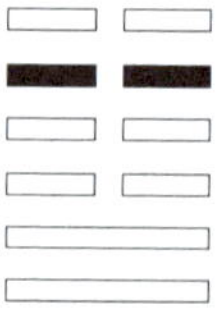

六五：知臨，大君之宜，吉。

象曰：大君之宜，行中之謂也。

經文意思是：用智慧君臨天下，適於天子的統治，吉祥。

象辭意思是：適合天子的統治，是施政適中的緣故。

用智慧去體察民情，這是天子必須掌握的一種本領。六五以智慧體察民情，能夠得到真實的情況，所以吉祥。身為國君，必須要了解自己的子民。天安門的兩個華表上，分別有兩隻小獸，獸頭的方向一個朝南一個朝北，這就是兩個華表的不同之處。有什麼說法嗎？有，獸頭朝南的就是警示國君不要忘記要常到民間去體察民情。為什麼要這樣做呢？因為大臣們會粉飾太平，對君王說假話。舉個例子，袁世凱當了皇帝後，舉國一片反對之聲。一些大臣為了討好袁世凱，就專門印製一份報紙給袁世凱，這個報紙每天只印一份，只給袁世凱一個人看。上面全是情勢一片大好之類的話，袁世凱看完很開心。結果，登基八十一天後，他就被人從龍椅上攆下來了。所以說，君王必須要用自己的眼睛去看一看百姓的生活。清朝盛世期間，康熙、乾隆屢次來到江南，就是巡視，體察民情。天安門華表上朝北的獸頭，則是警示君王在外面巡視遊玩不要忘了國家朝政的安危。總在外面巡視，朝廷出了奸臣叛亂怎麼辦？所以君王在外面巡視的時間不要太長，還是得回來鞏固自己的政權。

但身為君王，不能長時間外出，要怎麼掌握真實的民情呢？這就需要「智臨」。怎麼「智臨」呢？電視演的康熙、乾隆的微服私訪就是「智臨」，當然除了微服私訪外還可以利用忠臣去巡視獲得準確的消息。但關鍵在於「智」，只有「智」才能達到真正的「臨」。

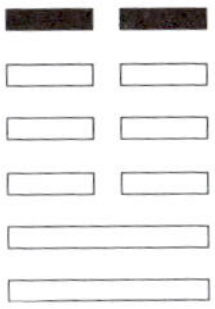

上六：敦臨，吉無咎。

象曰：敦臨之吉，志在內也。

經文意思是：以敦厚的性情接近人民，吉祥，沒有災難。

象辭意思是：以敦厚接近人民之所以吉祥，是因為胸中懷有大志的緣故。

上六處於太上皇的位置，自然失去了一些君王的威風，所以他巡視老百姓時，要以敦厚的性情去巡視。在古代，天下是統治者家族的天下，所以太上皇也得為天下的和平做些貢獻。他平和地與老百姓相處，是為了得到真實的民情，然後幫助皇上謀劃治理天下的決策。

上六又屬於隱士階層，在古代的隱士階層，對社會的貢獻是很大的。他們表面上隱居山林，但實際上心繫國家。由於沒有地位與權勢，所以他們更能了解民眾內心的真實想法。而且隱士往往與統治者有一定的往來，統治者也很重視這一階層，所以隱士往往會對君王提出一些對治理天下有價值的忠告。

「上六」處臨之極，本不吉，但上六正，其性柔和敦厚。統治有道，能免災獲吉。

按今天的社會階層來講，上六相當於可以發揮剩餘熱情的退休主管，他們從高位上退下來，開始與平民百姓有更多的接觸，以敦厚的性情和老百姓相處，自然可以了解到社會的真實情況。將這些情況反映到相關部門，就能夠解決社會上的許多問題。

第20節
卦二十 觀 觀民設教的智慧

壹・卦名

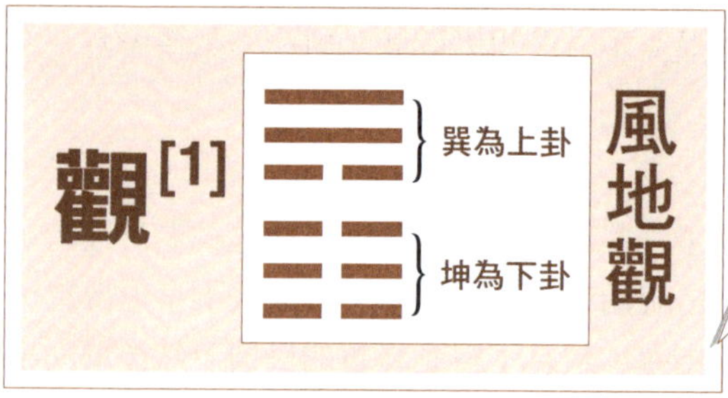

坤為地，巽為風，風行地上，萬物廣受感化，為觀。觀象徵觀仰，含有展示的意思。以偉大的德行，被萬民瞻仰，使天下人順從美好的教化。而下者看到盛德，在不知不覺中信服。觀仰重形象更重心誠。

【注解】

[1] 觀：卦名，象徵觀看、觀仰之意。

【釋義】

此卦卦名為觀。《說文》中說：「觀，諦視也。」「諦視」就是仔細、詳細地察看、審察的意思。前面的臨卦也有察看的意思，而這一觀卦也有察看的意思。它們之間有什麼不同呢？《雜卦傳》中作出了解釋：「臨觀之義，或與或求。」也就是說兩個卦都是看的意思，但臨卦的出發點是給予，而觀卦的出發點是求取。也就是說，臨卦的巡視是為了掌握老百姓的真實情況，最終目的是給予老百姓更優惠的政策，為老百姓帶來好處；觀卦則是仔細觀察大自然的變化，觀察天地運轉及神靈的相關資訊，最終目的是為了掌握這種變化規律與哲理。簡單來說，臨是發現問題解決問題，觀是探索未知而掌握知識。《序卦傳》中說：「物大然後可觀，故受之以觀。」這種解釋是從卦氣上來說的，但解釋有些片面，前面我們講了，《十翼》部分並非一個人、一個時期的產生，所以裡面有正確的，也有不正確的，不能把它當成解經的唯一途徑。臨卦從卦氣學說來講，是指陽氣逐漸增強，所以有盛大的意思。但如果按卦氣的十二消息卦進行排列，下面應該是三陽開泰的泰卦，怎麼會是觀卦呢？所以《序卦傳》的說法是片面的。觀卦排在臨卦之後，主要是它與臨卦的涵義相反。臨卦代表陽氣漸長，觀卦代表陰氣漸長；臨卦表示的是發現問題解決問題，觀卦則是探索未知掌握知識；卦畫上的排列順序也正好相反。所以將觀卦排列在臨卦之後。「非覆既變」是《周易》排列八卦的特點，其內涵便是讓人明白事物都是一分為二的，都有正反兩面，好讓人懂得從兩方面思考問題，對利弊都要考慮。按現在的話來說就叫換位思考。

貳·卦畫

觀卦的卦畫是下面四個陰爻，上面兩個陽爻，與臨卦的卦畫排列順序正好相反。

叁·卦象

從卦象上進行分析，觀卦上卦為巽為風，下卦為坤為地，風吹拂著大地就是觀卦的卦象。風無處不在，無孔不入，人也應當像風一樣，無所不觀，觀察萬物而得到更多的知識。

觀卦之象

日月當空，普照大地，有官人立於香案邊；一鹿在山上，主高官厚祿；金甲神人執印秤，為權柄。雲卷晴空之卦，春花競發之象。

肆·卦辭

觀：盥而不薦[1]，有孚顒[2]若。

彖曰：大觀在上，順而巽，中正以觀天下。觀，盥而不薦，有孚顒若，下觀而化也。觀天之神道，而四時不忒，聖人以神道設教[3]，而天下服矣。

象曰：風行地上，觀。先王以省方，觀民設教。

【注解】

[1] 盥而不薦：在沒有獻上祭品前洗淨雙手。盥，音ㄍㄨㄢˋ，洗手；薦，祭品。

[2] 顒：音ㄩㄥˊ，莊嚴而恭敬。

[3] 以神道設教：即以敬神之道教化百姓。

【釋義】

經文意思是：觀卦，在祭祀之前洗淨雙手，尚未獻上祭品就表現出莊嚴恭敬、無比虔誠。

彖辭的意思是：大君在上面觀看，臣民順從君王的命令，君王以中正之道察看天下，這就是觀卦。祭祀之前先將酒澆在地上，尚未獻上祭品就表現出莊嚴恭敬與虔誠，民眾也會因此受到感化。觀察天上的神道，順應四季運行而做事沒有偏差。聖人用天上的神道教化百姓，天下人都會信服的。

象辭的意思是：上卦為巽為風，下卦為坤為地，風吹在大地上就是觀卦的卦象。君子應當效法這一卦的精神，像風吹遍大地一樣巡視四方民情，設置政教。

中古時期，祭祀是很有講究的。一般主祭的天子要先散齋七日，這七天在飲食、儀容、聲色等方面要做到潔淨。七日之後是致齋三日，這三天要吃素食，還要住在潔淨的房間裡，不能回寢室與女人同居，要在專門的一間潔淨的房間睡覺，並且焚香沐浴。致齋三天後就開始進行祭祀了。在獻上祭品前，主祭的天子要洗手，這個洗手動作很講究，首先要心懷虔誠，其次要符合規範要求。一般的方法是侍者用特製的水壺匜（一ˊ）盛水，主祭的天子把雙手伸出來放在接水的盆子上方，侍者用匜將水徐徐倒出，主祭的天子就用雙手接著流動的水洗手。這個洗手儀式稱為盥。洗完手後，主祭人斟滿一杯酒，虔誠地將酒澆在茅草上，象徵被神享用了，這叫灌。接下來，便按照「三獻而薦腥，五獻而薦熟」的規矩獻上祭品，並求先祖或眾神的保佑。

在卦辭中，沒有講祭祀的具體細節，只講獻祭品前的洗手。為什麼不講別的，只提到洗手呢？這與「觀」有什麼關聯呢？其實卦辭想要表達的意思是，洗手時表情非常虔誠，還沒有獻上祭品就表現出莊嚴恭敬、無比虔誠，這是為了給周圍的人看。外表的虔誠是給周圍的眾人看。這就是卦辭要表達「觀」的意思，是讓眾人看天子。這就是卦辭的本義。意思與臨卦天子去看民眾恰好相反。為什麼說虔誠的外表是給眾人看的呢？因為神是不需要看這些的，神可以直接看到你的內心。外表再虔誠，但內心不虔誠，神是不會保佑的。即使沒有外表的虔誠，只有內心的虔誠，神也會因為你的虔誠而保佑你。可是為什麼要表現出一付虔誠給眾人看呢？就是要給眾人樹立一個虔誠的模範，讓民眾也這樣虔誠地做事敬神。

下面我們從爻辭上進行分析，就會發現爻辭與卦辭的內涵也不是很吻合，所以說卦辭與爻辭並非一人所作。

伍・爻辭

初六：童觀，小人無咎，君子吝。
象曰：初六童觀，小人道也。
六二：窺[1]觀，利女貞。
象曰：窺觀女貞，亦可醜也。
六三：觀我生，進退。
象曰：觀我生，進退；未失道也。
六四：觀國之光[2]，利用賓於王。
象曰：觀國之光，尚賓也。
九五：觀我生，君子無咎。
象曰：觀我生，觀民也。
上九：觀其生，君子無咎。
象曰：觀其生，志未平也。

【注解】

[1] 窺：從門縫裡偷偷看。

[2] 觀國之光：即觀禮。古代君王舉行大型慶典活動時，會邀請諸侯前來觀禮，這些慶典中的禮儀往往體現著一個國家經濟、文化、藝術、科技、政治、民俗等豐富內涵。

【釋義】

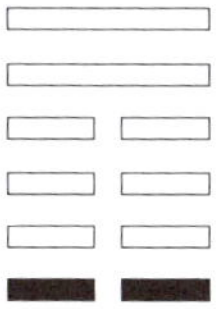

初六：童觀，小人無咎，君子吝。
象曰：初六童觀，小人道也。

經文意思是：以兒童的眼光看問題，小人物沒有災難，君子會有麻煩。
象辭意思是：初六爻辭的「童觀」，是小人物看問題的方法。

「初六」陰柔在下，像幼童一樣觀察問題，所觀甚淺。如果是老百姓，不算什麼過失，但是對大人君子，則是恥辱。

用兒童的眼光看問題，只能發現膚淺的問題，因為兒童的生活閱歷不多，無法領悟到更深的內涵。小人具有這種眼光不會有災難。為什麼呢？因為小人淺薄是正常的事。在《周易》中小人與君子是相對的兩個階層，君子代表統治階級，小人代表貧困的百姓。在中古時期，百姓有知識水準的實在是太少了。所以小人就是無知的代名詞。後來社會越來越文明，識字的人越來越多了，百姓自然就不是小人了。所以「小人」這個詞又被賦予新的內涵，成為女人、淺薄、無知、無德、無禮等等低劣的代名詞了。曹劌說：「食肉者鄙。」可見春秋時，小人已不再單指百姓了。但是在中古時期的最底層百姓及奴隸階層，是不需要知識的，他們只要能完成主人分配給他的工作就行了，這些人頭腦簡單怎麼會有災難呢？可是君子就不行了，他得治理天下，眼光短淺，無法治理國家以外，還有可能會國破家亡。所以說君子「童觀」就會有憂吝了。

如果放在當今社會裡，君子應該是指那些想有所作為、有所發展的人，如果你想有所作為、有所發展，那麼你就不能「童觀」。

六二：窺觀，利女貞。

象曰：窺觀女貞，亦可醜也。

經文意思是：從門縫裡往外觀看，女子守正道有利。

象辭意思是：從門縫裡往外偷看對守正道的女子有利，但對於君子來說，就顯得不夠體面了。

像女人一樣從門縫裡看人，這對於君子來說是不體面的。但對女人則不屬於過失。女人天生比男人害羞，比男人靦腆，這無可厚非。而且還能顯示出女人的陰柔美。六二陰爻居於偶位為得位，又居中且與九五相應，所以她的行為是很正常的。但是這種「窺」必須是出於正道的偷看。如果見到美男子就想入非非，偷偷觀看，就不吉祥了。所以說「利女貞」，即這種行為要符合道德規範。

「六二」雖中正，但當觀之時，不能盡見其美，似從門縫中觀察事物。這是不出門戶的婦女行為。

象辭對爻辭進一步發揮，引申出君子屬於醜態的意思，其實爻辭本無此意。不過，象辭的意思也可能是：女人從門縫裡偷看，也是一種不良的表現。這可能出自於周公制禮作樂時，對女人又有了嚴格的要求，畢竟是父權制嘛，男人對女人的嚴格管理，就如同君王對臣民的管理一樣重要。當然，這種思想在今天是行不通的。

六三：觀我生，進退。
象曰：觀我生，進退；未失道也。

經文意思是：觀察自己生存的環境，以做好進退的選擇。

象辭意思是：觀察自己生存的環境以決定進退，是沒有離開正道。

「六三」陰柔失正，其位多「懼」。當觀於外而修於內，審時度勢，決定今後的進展。

六三既不得位，又不得中，而且上下又無陰陽相合，所以處境不是很理想。所以她需要仔細觀察自己的生存環境，以做好進退的選擇。不過，六三與上九相應，能靠祖上的餘蔭生活，這也是六三的優勢，所以她能夠謹慎地做好進退的選擇，就不會迷失正道。

六四：觀國之光，利用賓於王。
象曰：觀國之光，尚賓也。

經文意思是：觀看國家典禮的光輝，利於做君王的賓客。

象辭意思是：觀看國家典禮的光輝，是為了推尚賓主之禮。

六四為諸侯之位，天子舉行國家典禮，就邀請他前來觀光。說明君王對他有好感。既然君王喜歡他，他也應該在君王面前好好表現自己，做好君王的賓客。六四雖不居中，但柔爻居於偶位為得位，又與上面的九五陰陽相合，所以會受到君王的器重。

「六四」柔順得正，親比九五，易於觀仰國家的光耀盛治，接受美好的教化，成為君王的座上賓。

九五：觀我生，君子無咎。

象曰：觀我生，觀民也。

經文意思是：觀察自己的生存環境，君子不會有災難。

象辭意思是：觀察自己的生存環境，對君王來說便是體察民情。

身為九五之尊的君王，也要隨時觀察自己的生存環境，不過他觀察這些不是為了進退，而是為了治理。君王怎麼觀察自己的生存環境呢？象辭解釋說「觀民也。」就是說，君王想要了解自己所處的環境對自己是否有利，就要體察民情，了解民眾所想，以及民眾的生活狀態，就能明白自己的生存環境是好是壞了。為什麼呢？因為民眾富裕了，歡樂了，自然就會擁護君王，這樣君王的生存環境就會好。如果民不聊生，怨聲載道，君王的生存環境就差。因為民眾都快要造反了，君王的日子怎麼會好過呢？

「九五」中正，以盛德為天下人所觀仰。應經常自我反省，豐富完善自己。這是有益無害的。

上九：觀其生，君子無咎。

象曰：觀其生，志未平也。

經文意思是：觀察其他人的生存環境，君子不會有災難。

象辭意思是：觀察其他人的生存環境，說明上九志氣不凡。

「上九」雖屬虛高，沒有實權，但人們依然觀仰他的行為。所以上九必須有君子之德，才不會有什麼災禍。

上九相當於太上皇的位置，他觀察他人的生存環境，能夠了解民間的風土人情，了解民間的疾苦，以這種觀察他人的方式來考慮自己的處境，所以不會有災難。因為能夠引以為戒。

第21節

卦二十一 噬嗑 賞罰分明的智慧

壹・卦名

噬嗑[1]

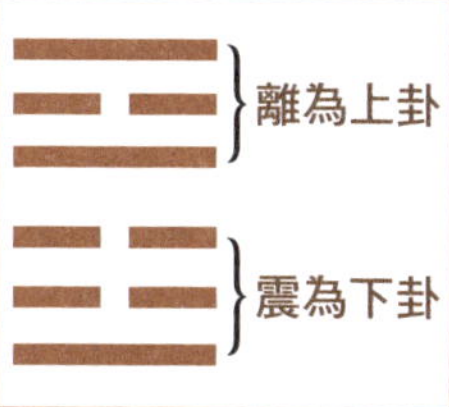

火雷噬嗑

震為雷，離為電，雷動而威，電動而明。用刑之道，威明相兼。雷電咬合而為噬嗑。噬，齧也。嗑，合也。象徵齧合，含有刑罰的意思。這一卦的卦形似口腔，口中有物，正可齧合。事物在相間隔之時，利於施用刑罰，除去間隔之物，若能咬合嚼碎，則亨通順利。

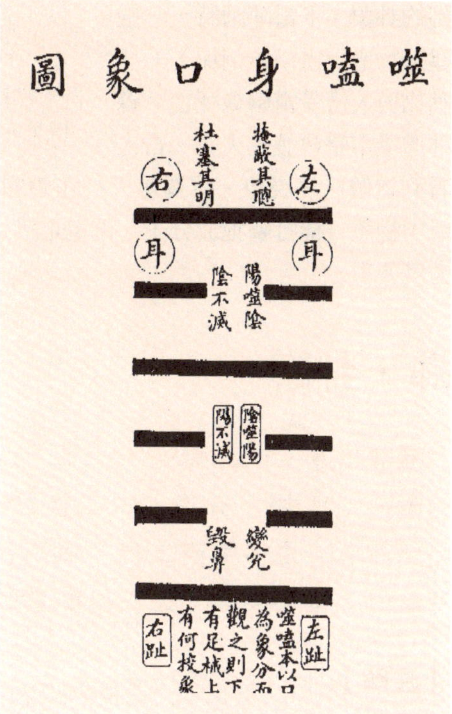

【注解】

[1] 噬嗑：音ㄕˋ ㄎㄜˋ，卦名，卦象有合著嘴嚼東西的形象，引申為刑獄的意思。

【釋義】

此卦卦名為噬嗑。「噬」即咬的意思。「嗑」是用上下門牙咬有殼或硬的東西。「噬」與「嗑」合在一起，就是用上下牙齒將口中的硬物咬碎的意思。而它的引申義則是用刑罰、監獄治理國家的意思。也許有人會說，這咬東西與法律有什麼關係呢？其實上下牙齒相合，象徵君民相合，口中的硬物則象徵一小撮不法分子。怎麼對待這一小撮不法分子呢？就要君民團結起來，像上下牙齒咬碎硬物一樣，把不法分子繩之以法。也就是說該關的關，該押的押，該罰的罰。前面臨與觀兩卦是察看的意思，在臨卦中君王觀察百姓需要什麼，觀卦中君王讓百姓看到君王在做什麼。君王給予百姓所需，就會得到百姓的擁護；百姓看到君王的典範行為，就會明白自己該怎樣做。君與民就會團結起來，於是一些不法分子便無處藏身了，百姓能夠看到不法分子的行為，君王也能夠看到這些不法分子，於是民眾與君王一起將這些壞人繩之以法，以維護社會的治安。所以臨卦、觀卦之後，便是噬嗑卦。

貳・卦畫

噬嗑卦的卦畫是三個陰爻與三個陽爻錯落排列。

叁・卦象

從卦象上分析，噬嗑卦上卦為離為火為電，下卦為震為木為雷，閃電雷鳴，擊中物體使其燃燒起來，這就是噬嗑卦的卦象。下雷陣雨時，一些建築物遭受雷擊會倒塌，一些動物與人遭受雷擊會死亡，森林遭受雷擊會發生火災。古人看到這個自然現象，認為是天神在懲罰罪惡。君王效法天神的做法，所以也像雷電擊中物體一樣打擊犯罪分子。雷電是迅猛的，所以也表示打擊犯罪要迅捷，要徹底，力度要狠。

噬嗑卦之象

北斗七星，主人之災福；婦人燒香拜，禳謝之意；憂字不全，無憂之義；喜字全，主有喜慶事；一雁食稻，一錢財，一鹿，爵祿皆足，無不稱心。日中為喜之卦，順中有物之象。

肆・卦辭

噬嗑：亨。利用獄。

彖曰：頤中[1]有物，曰噬嗑，噬嗑而亨。剛柔分，動而明，雷電[2]合而章。柔得中而上行，雖不當位，利用獄也。

象曰：雷電噬嗑。先王以明罰敕[3]法。

【注解】

[1] 頤中：頤，兩腮的部位。頤中即口中。

[2] 雷電：噬嗑卦上卦為離為火為電，下卦為震為雷，所以有雷電之象。

[3] 敕：音ㄔˋ，通「飭」，整治、整飭的意思。

【釋義】

經文意思是：噬嗑卦，亨通。利於決斷訟獄。

彖辭的意思是：口中有物就是噬嗑。食物在口中被咬碎所以亨通。本陽爻與陰爻平均分配，變動明了，就像雷聲與閃電一樣明顯。柔爻得中位而能向上發展，雖然不得位，但有利於聽訟治獄。

象辭的意思是：雷電合在一起為噬嗑卦的卦象。先王從卦象中受到啟示，聲明刑罰的作用以法治天下。

噬嗑卦的卦辭極其簡單，只有四個字「亨，利用獄。」可是這四個字卻是賢明的君王透過長期的觀察總結出來的。君王四處巡視，發現百姓的願望不過是想安居樂業，可是社會仍然得不到很好的治理。君王於是又以身作則，在言行上做出典範，讓百姓明白應該怎樣誠信做人，怎樣敬神而懷有虔誠之心，怎樣做好君君、臣臣、父父、子子。可是社會仍然出亂子，淫邪腐敗現象仍然存在。於是君王明白了，必須得用刑罰懲治這些淫邪腐敗分子，正是這一小撮壞人擾亂了社會秩序與治安。所以君王說「利用獄」。

伍・爻辭

初九：屨（ㄐㄩˋ）校[1]滅趾，無咎。

象曰：屨校滅趾，不行也。

六二：噬[2]膚滅鼻，無咎。

象曰：噬膚滅鼻，乘剛也。

六三：噬臘肉，遇毒；小吝，無咎。

象曰：遇毒，位不當也。

九四：噬乾胏[3]，得金矢，利艱貞，吉。

象曰：利艱貞吉，未光也。

六五：噬乾肉，得黃金，貞厲，無咎。

象曰：貞厲無咎，得當也。

上九：何校[4]滅耳，凶。

象曰：何校滅耳，聰不明也。

【注解】

[1] 屨校：木製的腳鐐。

[2] 噬膚：噬，咬；膚，柔嫩的肉。《經典釋文》「柔脆肥美曰膚。」

[3] 乾：乾，通「幹」，肺音ㄗˇ，指連骨頭的乾肉。乾即骨頭上的乾肉。

[4] 何校：何，通「荷」，負荷，扛著；校，木製枷鎖。

【釋義】

初九：屨校滅趾，無咎。
象曰：屨校滅趾，不行也。

經文意思是：帶上腳鐐，遮住了腳趾，沒有災難。

象辭意思是：帶上腳鐐，只是不能行動了。

「初九」處卦之始，如有小錯誤得到小小的懲罰，若能改正，不會有什麼災禍。

雙腳被套了腳鐐，肯定是犯了刑法，怎麼會沒有災難呢？因為套上腳鐐只是不讓初九行動，初九如果不再行動，怎麼會有災難呢？

從卦象上看，整個噬嗑卦就像一個犯人肩扛枷鎖，腳戴腳鐐的形象。最上面的陽爻代表枷鎖，枷鎖太大了，以至於沒過耳朵看不到頭；最下面的陽爻像腳鐐，腳鐐也很大，蓋住了腳面而看不到雙足。初九與九四相敵，所以必然會因犯上而被懲罰。可是初九與六二相合，所以會得到他人的幫助而沒有災難。

六二：噬膚滅鼻，無咎。
象曰：噬膚滅鼻，乘剛也。

經文意思是：咬肉吃，鼻子陷入肉中，沒有災難。

象辭意思是：咬肉吃，鼻子陷入肉中，是因為六二爻乘駕在初九的剛爻之上。

「六二」柔順中正，施刑順利。但因為乘剛，不免有傷鼻之災。但災禍不大。

六二身為大夫之位，吃肉時太貪婪了，竟然把鼻子陷到了肉裡面。這樣吃東西肯定顯得很不文明。不過只是形象問題，沒有什麼大過失，所以沒有災難。由於六二凌駕於初九之上，所以有乘剛的形象。一般來講，陰乘剛指女奪夫權。這個六二身居偶位為得位，又能夠居中，可見還是有道德的。可是其乘駕於初九之上，所以爻辭中描寫吃肉的「貪」，實際上是暗示六二對初九之「貪」。也就是說六二太想控制初九了。

六三：噬臘肉，遇毒；小吝，無咎。
象曰：遇毒，位不當也。
經文意思是：咬臘肉乾，卻中了毒，小有不順，沒有災難。
象辭意思是：中毒，是由於六三爻居位不當的緣故。

六三爻柔爻居於奇位，是不得位，並且又不得中，正好是噬嗑卦上互卦坎卦的下爻，坎為毒，所以有「遇毒」之象。但六三爻又是下互卦艮卦的中爻，遇險而止，所以中毒不深，不會有大的災難，只是有些小小的憂吝。按現在的話來說就是，吃了發霉的臘肉，及早發現口味不對，沒有再往下吃，所以不會對身體造成傷害。

「六三」失正，受刑者不服生怨。好像吃堅硬的臘肉又遇到毒物，但只有小礙，無大災禍。

九四：噬乾胏，得金矢，利艱貞，吉。
象曰：利艱貞吉，未光也。
經文意思是：吃骨頭上的乾肉，得到銅箭頭，利於在艱難中持守正道，吉祥。
象辭意思是：在艱難中守正道，是因為還沒有進入光明的境地。

九四爻在噬嗑卦中，就相當於口中所咬的硬物，就像一根骨頭，所以爻辭中有「噬乾胏」，「乾胏便是指骨頭上的乾肉。古代人們經常可以吃到打獵的野味，所以從肉中吃出箭頭本是一件平常的事情。不過在這裡是指有意外的收穫。也就是說在艱苦的生活中能夠堅守正道，會獲得吉祥。

「九四」不中不正。像吃乾硬帶骨頭的肉又咬到了箭頭，但其性陽剛純直，可在艱難中守正，獲得吉祥。

六五：噬乾肉，得黃金，貞厲，無咎。
象曰：貞厲無咎，得當也。
經文意思是：吃風乾的肉，得到黃金，守正道並感到危機，沒有災難。
象辭意思是：守正道沒有災難，是因為六五所處的位置得當。

「六五」陰柔失正。像吃乾肉又咬到了黃金施刑不甚順利，但因為具「剛中」的氣質，如果能守持正固以防危難，不會有什麼大的災禍。

身為九五之尊的天子也吃肉乾，說明能夠與天下臣民共同節儉，能夠這樣簡樸地生活，自然國庫就充實，所以「得黃金」。鮮肉不吃而吃肉乾，這說明節省。為什麼這麼說呢？因為在遠古時代，人們是以鮮肉為美的，一般是捕殺到獵物後就進行烹煮食用。可是後來，捕獲的獵物多了，吃不了，便有剩下的餘肉。這些肉有的腐爛掉了，有的被風吹乾還可以食用。於是人類逐漸掌握了保存鮮肉的技術。一個君王以身作則，飲食節儉，自然會使百姓也跟著節儉起來。這樣社會財富才能得到積蓄。這其實是盛世中極其重要的一種治理手段。

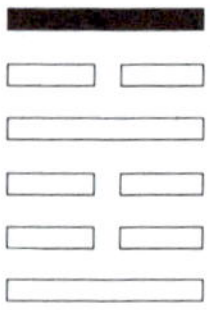

上九：何校滅耳，凶。

象曰：何校滅耳，聰不明也。

經文意思是：帶著枷鎖，遮住了耳朵，凶險。

象辭意思是：帶著枷鎖，遮住了耳朵，是耳不聰眼不明的緣故。

上九肩上扛著沉重的大枷鎖，這是為了給眾人看的，讓眾人引以為戒，不要像這個人一樣犯法。只有重刑犯才會戴枷鎖，戴上枷鎖主要是為了警示後人，而不是為了讓犯人改正，因為這種犯人示眾之後就該斬首了，所以凶險。這個上九怎麼會有這樣的下場呢？象辭給出了答案：「聰不明也。」也就是說這個人耳不聰、眼不明，所以導致現在的下場。他為什麼眼不明？因為他沒有看到當前的形勢。當前的形勢正在懲治壞人壞事，獎勵好人好事，結果他繼續從事罪惡活動，結果罪過越來越大，走到了今天。他雖然有長耳朵，但是卻沒有大用處。所以頑固不化，最終犯了大罪，被戴上枷鎖，遊街示眾，午門問斬，成為警示民眾守法的典型。

「上九」居卦之上，過極之陽，積惡深重，遭到戴枷、割耳的險惡刑罰。

第22節
卦二十二 賁 曲則有情的智慧

壹・卦名

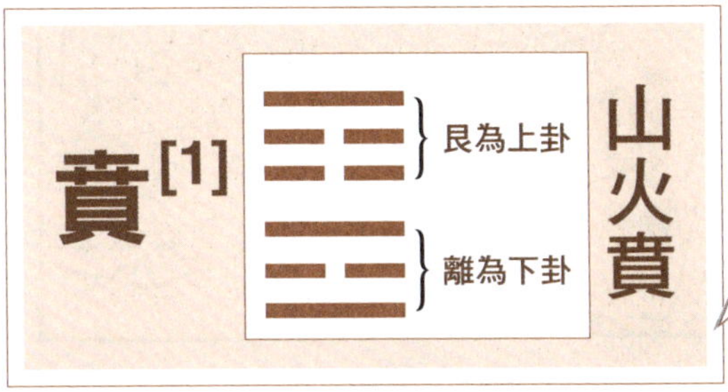

離為火，艮為山，山下有火。山下燃燒著火焰，山形煥彩，為賁。賁為貝殼的光澤，引申為飾。故賁象徵文飾。事物加一些必要的文飾，可以亨通，特別是柔小的東西加以文飾，才更顯其美。

【注解】

[1] 賁：音ㄅㄣ，卦名，有修飾、裝飾的意思。

【釋義】

此卦卦名為賁。《說文》中說：「賁，飾也。」可見「賁」字的本義是裝飾、打扮的意思。從字結構上分析，賁由「卉」與「貝」組成，花草與貝殼都是古代人們的裝飾品，花草與貝殼都有斑斕的色彩，所以賁卦講的便是用斑斕的色彩修飾樸素。在盛世中，人們富足了，就會滋生淫邪與腐敗，懲治這股歪風邪氣後，君王要經常體察民情，然後還要以身作則，做出表率，對一小撮的壞分子給予嚴厲的打擊，於是社會開始出現了平安與興旺，人民安居樂業。於是，對生活的追求就會有所提高，便開始追求修飾的藝術。所以噬嗑卦之後便是賁卦。賁卦其實表示的是藝術發展。一個窮困的社會，是不可能盛行藝術的，只有社會財富積蓄多了，人們才會對生活有更高的要求，於是藝術就開始在生活中流行。住房要講究裝潢藝術，吃飯要講究飲食藝術，穿衣要講究服飾藝術，寫文章也要講究表達的藝術……總之，盛世是藝術大發展的時代。賢明的君王把道德的教育與藝術結合起來，讓民眾可以普遍受到教育，提高修養。

貳・卦畫

賁卦的卦畫也是三陽三陰，與噬嗑卦的卦畫排列順序正好相反。

賁卦之象

雨下，潤澤萬物；車行路，有轉運之意；舟張帆於江中，遇順風；官人著官服登梯，主躡雲梯攀月桂；仙女雲中執桂，乃嫦娥愛少年意，猛虎靠岩之卦，光明通泰之象。

叁・卦象

從卦象上進行分析，賁卦上卦為艮為山，下卦為離為火，山下有火就是賁卦的卦象。山下的火是怎麼裝飾山的呢？遠古人類居於山中的洞穴中，晚上點燃篝火照明，人們圍著篝火載歌載舞，從遠處望去，一處處的篝火構成一幅美妙的圖案。這就是賁的意思。

肆・卦辭

賁，亨。小利有所往。

彖曰：賁，亨；柔來而文剛[1]，故亨。分剛上而文柔[2]，故小利有攸往。剛柔交錯，天文也；文明以止，人文也。觀乎天文，以察時變；觀乎人文，以化成天下。

象曰：山下有火，賁。君子以明庶政[3]，無敢折獄。

【注解】

[1] 柔來而文剛：賁卦從泰卦變化而來，泰卦的九二爻與上六爻互換，便成了賁卦。此句意思是泰卦的上六爻來到賁卦六二的位置，文飾離卦的兩個陽爻。

[2] 分剛上而文柔：指泰卦九二爻上行到賁卦的最上爻，文飾艮卦的兩個陰爻。

[3] 庶政：庶，眾；政，政務。庶政即各種政務。

【釋義】

經文意思是：賁卦，亨通，有小的利益，有所交往。

彖辭的意思是：賁卦亨通，柔爻來文飾剛爻，所以亨通。分出剛爻到上面去文飾柔爻（即泰卦變賁卦之意），所以只利於小的行動（即六二爻）。陰陽相錯這就是天象的特徵；用文教禮制來約束人們的行為，這就是人類文明的特點。所以觀看天象以考察四時的變化；觀看人文禮教以教化天下百姓。

象辭的意思是：上卦為艮為山，下卦為離為火，山下有火便是賁卦的卦象。君子從這一卦象中得到啟示，修明政事，不草率判案用獄。

卦辭簡練而樸實，講明裝飾只有小的利益，會對人與人交往有幫助。現在一談到藝術，人們往往等同於「價格不菲」，所以藝術家都很有錢。可是在當時的社會，人們明白裝飾只是為了突出主體，所以飾品永遠沒有比裝飾者更貴重。

伍・爻辭

初九：賁其趾，舍車而徒。

象曰：舍車而徒，義弗乘也。

六二：賁其須[1]。

象曰：賁其須，與上興也。

九三：賁如濡[2]如，永貞吉。

象曰：永貞之吉，終莫之陵也。

六四：賁如皤[3]如，白馬翰如[4]，匪寇婚媾。

象曰：六四，當位疑也。匪寇婚媾，終無尤也。

六五：賁於丘園，束帛戔戔[5]，吝，終吉。

象曰：六五之吉，有喜也。

上九：白賁，無咎。

象曰：白賁無咎，上得志也。

【注解】

[1] 須：鬍鬚。

[2] 濡：溼潤，潤澤。

[3] 皤：音ㄆㄛˊ，本義為白色。本文中指膚色白淨之意。《周易集解》「白素之貌。」

[4] 翰如：翰，鳥的羽毛。翰如即像鳥飛一樣。

[5] 束帛戔戔：束，量詞，五匹為一束；帛，音ㄅㄛˊ，絲織品總稱；戔戔，音ㄐㄧㄢ ㄐㄧㄢ，既可形容數量少，又可形容數量多，此處是大量的意思。

【釋義】

初九：賁其趾，舍車而徒。
象曰：舍車而徒，義弗乘也。
經文意思是：文飾腳趾，捨棄車子步行。
象辭意思是：捨棄車子步行，是道義上不必乘車。

「初九」處下位卑，不敢貪求華飾，自飾其足，給他車也不會坐，寧願徒步行走。

初九代表社會的下層，社會的下層一般是不坐車的。由於生活富裕了，所以為了走路方便，就開始對腳進行修飾了。怎麼修飾呢？剪剪趾甲，把腳洗乾淨，穿上舒適且牢固的鞋子，這就是「賁其趾」。當然，古時的女人，還可以在趾甲上塗上各種顏色，來美化雙腳。

象辭是周公所作，主要是強調禮教思想，所以說「義弗乘也」。也就是說，道義上你是不能乘車的。因為初九還沒達到乘車的地位。從卦象上來講，賁卦的下互卦為坎，坎代表車，可是初九不在坎卦之內，所以有「不具備乘車資格」的涵義。

六二：賁其須。
象曰：賁其須，與上興也。
經文意思是：修飾鬍鬚。
象辭意思是：修飾鬍鬚，是為了要與上司（九三）一起興起。

「六二」中正，與五無應，二專承三。異性相吸，就像需裝飾下顎，與下顎一起行動，相得益彰。

修飾鬍鬚，在今天男人們都懂得刮鬍子了。所以這個觀點對現代人意義不大。可是對古人卻很有用。古人認為「身體髮膚，受之父母」，所以不能輕易剪頭髮、刮鬍子。因為鬍子會越長越長，如果不加以修飾，確實會影響形象。不過如果修飾得當，也會顯示出一個男人的氣質。古人對鬍子的稱呼根據部位不同而有所不同。長在嘴上面的叫作髭，下嘴脣下面的叫作鬚，下巴附近的叫作胡，兩頰的叫作髯。古代男子有的鬍鬚太長了，就得做一個錦囊將鬍鬚包起來。

九三：賁如濡如，永貞吉。
象曰：永貞之吉，終莫之陵也。

經文意思是：修飾得潤澤的樣子，永遠守正道吉祥。

象辭意思是：永遠守正道的吉祥，是因為最終不會有人凌駕在他的上面。

「九三」陽居二陰之間，修飾得既光彩又柔潤。但「多凶」之位，守持正固，才獲吉祥。

這裡講的是對全身的打扮，用油脂把皮膚塗抹得滋潤而有光澤，穿上煥然一新的新服。內心守正道就會吉祥。這就是說，打扮不能只打扮外表，也要注重心靈美。心中有道德，並且能堅持這種美德，所以就會吉祥。在太平盛世，一個衣著得體整潔，顯得光彩照人，並且內心既善良又純正，也就是說外表美與心靈美相統一，表裡如一的人，怎麼會不吉祥呢？對於這種人，主管也願意任用他，提拔他；周圍鄰居、左右同事也願意與他交往。

六四：賁如皤如，白馬翰如，匪寇婚媾。
象曰：六四，當位疑也。匪寇婚媾，終無尤也。

經文意思是：修飾得白皙純淨，騎在白色的馬上飛跑，不是盜寇，是來求婚的。

象辭意思是：六四得位而多疑。不是盜寇而是來求婚，最終不會有什麼憂怨。

「六四」得正，下應初九，為了與配偶相聚，騎白馬就像在飛一樣奔馳前往。但疑初九為寇，初九不是強寇，而是與六四婚配的佳偶。

穿著乾乾淨淨、漂漂亮亮的新衣服，騎上一匹白馬，飛奔著去做什麼？不是去搶劫，而是去求婚。在這裡由於是盛世，所以求婚時更加注重個人形象。一般來說，每個時代都會出現新的風俗，移風易俗反映著時代的發展。古人求婚也是，最初是血腥的搶婚，接著是扮成鬼一樣地去求婚，現在人們富裕了，有了更健康的求婚方式。穿著乾淨漂亮的衣服，騎著乾淨漂亮的白馬，這種求婚方式反映了人們追求整潔、追求健康的心理。

六五：賁於丘園，束帛戔戔，吝，終吉。

象曰：六五之吉，有喜也。

經文意思是：修飾山丘園林，用了大量的布帛，有憂吝，最終吉祥。

象辭意思是：六五爻的吉祥，是有喜慶的事情。

「六五」柔中無華，修飾樸素，能持中行事，且承上陽剛。儘管有所遺憾，終吉祥喜悅。

六五身處君王之位，他的修飾就顯得更大氣了。他對皇家園林進行修飾，並且用了大量彩色的絲織品。這麼做難免有些奢侈，所以會有憂吝。但最終是吉祥的。因為盛世之國常有喜慶之事，其他諸侯國會常來訪問，對園林進行裝飾，天子可以在諸侯心目中提高地位。

上九：白賁，無咎。

象曰：白賁無咎，上得志也。

經文意思是：以白色來裝飾，不會有災難。

象辭意思是：用白色來裝飾，不會有災難，說明上九具有樸素的心志。

「上九」飾終反歸於素。所以修飾得素樸潔淨，沒有什麼災禍。

白色是樸素的顏色，可是它的裝飾效果卻非常好。上九表示事物的極至，一般來講，事物一發展到極至便不太好了。可是對於裝飾則不然，因為裝飾的極至是返回到樸素的狀態，是返回到簡單的狀態中。我們透過穿著打扮就會發現，打扮的最高境界仍然是樸素。比如八十年代以前，人們的穿著是統一的藍、綠、紅。八十年代後，生活水準提高了，人們開始穿奇裝異服，衣服的顏色也五顏六色，樣式五花八門，但今天我們再看，引領服裝市場的還是樸素的單色服裝。而白色服裝一直是高貴的標誌，從幾千年前至今不曾改變。藍色服裝一直是銷量最大的服裝，也是人們穿著最多的一種服裝。所以說，修飾、裝飾的藝術也有一個循環的過程，當發展至極後，又回到初始。

第23節
卦二十三 剝 防微杜漸的智慧

壹・卦名

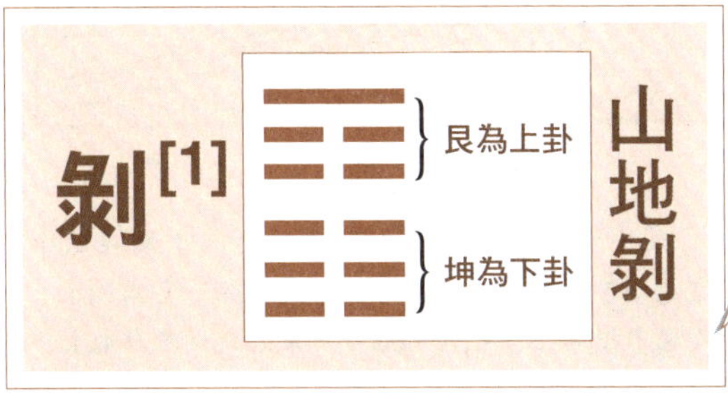

坤為地，艮為山，山石風化，崩塌於地，為剝。剝為剝落，有侵蝕的涵義。又本卦五陰一陽，即小人極盛，萬物零落，所以稱為剝。陰盛陽衰，小人壯而君子病。內順而外止，此時應順從隱忍，不宜採取任何行動。

【注解】

[1] 剝：卦名，象徵剝落、侵蝕。

【釋義】

此卦卦名為剝。《說文》中說：「剝，裂也。」《廣雅》中說：「剝，離也。」可見「剝」字的本義是指去掉物體表面上的東西，也就是剝離、剝脫、剝落的意思。裝飾的東西不會長久，最終都會脫落，就像室內裝潢一樣，過了幾年，牆的表面就會剝落，還得重新裝修。所以賁卦的下面，便是剝卦。《序卦傳》中說：「致飾，然後亨則盡矣，故受之以剝。」《雜卦傳》中說：「剝，爛也。」可見《序卦傳》與《雜卦傳》是指社會變化而言。盛世之時，人們講究裝飾，過度奢侈，就像腐爛物一樣，會逐漸剝蝕盛世的繁榮，使盛世走向衰落。

貳・卦畫

剝卦的卦畫是下面五個陰爻，上面一個陽爻。

叄・卦象

剝卦之象

有一婦人坐於床上，需防女人有災之義；燭在風中搖曳，不定也；有一葫蘆，為盛藥具；山下有一官人獨坐，退居林泉；冠巾掛木上，已無職位；一束亂絲，主難收拾。去舊生新之卦，群英剝盡之象。

從卦象上分析，五個陰爻代表陰氣的強盛，強盛的陰氣將剝蝕掉上面的弱陽，這便是剝卦表示的意思。剝卦是十二消息卦之一，代表的節氣為霜降。剝卦六爻代表寒露至立冬的三十餘天。五天為一候，一爻代表一候。此時萬物的生命活力大減，草木凋零，落葉紛飛。天地間的生氣被剝奪。另外，從上下卦的卦象分析，剝卦上卦為艮為山，下卦為坤為土，山附於地便是剝卦的卦象。其實這表現的是一個大形象，即地剝山的形象。它的性質與前面的蠱卦有些相似。大山逐漸沙粒化，最後變為土地，所以是地剝去了大山。

肆・卦辭

剝：不利有攸往。

彖曰：剝，剝也，柔變剛[1]也。不利有攸往，小人長也。順而止之，觀象也。君子尚消息盈虛，天行也。

象曰：山附於地，剝；上以厚下，安宅。

【注解】

[1] 柔變剛：在十二消息卦中，從姤卦開始變去剛爻，到剝卦，已經將五個剛爻變成了柔爻，說明陰柔的勢力在不斷增強。

【釋義】

經文意思是：剝卦，不利於有所前往。

彖辭的意思是：剝，就是剝蝕的意思。是柔爻侵蝕、改變剛爻的意思。不宜有所往，是因為小人得勢。順著規律加以制止，從卦象上可以看出吉凶。君子重視客觀規律的消、長、盈、虛的變化，因為這是天道運行的規律。

象辭的意思是：上卦為艮為山，下卦為坤為地，山附在地上就是剝卦的卦象。君子從卦象上受到啟示，厚待下民，才能安居穩定。

剝卦來臨時，表示此時是小人強勢的時候。在這種情況下，並不利於求取功名。比如在春秋戰國時代，無論你投靠哪一個諸侯國，都無法保證長久吉祥。因為每個諸侯國都處於危機中，隨時有被吞併的危險。在這種背景下，禮制對人們的思想已經失去束縛力了。所以此時只能靜觀時勢，不利於急著去求取功名。因為這是一個小人得勢的時代。

伍・爻辭

初六：剝床以足，蔑[1]貞凶。

象曰：剝床以足，以滅下也。

六二：剝床以辨[2]，蔑貞凶。

象曰：剝床以辨，未有與也。

六三：剝之，無咎。

象曰：剝之無咎，失上下也。

六四：剝床以膚，凶。

象曰：剝床以膚，切近災也。

六五：貫魚[3]，以宮人寵，無不利。

象曰：以宮人寵，終無尤[4]也。

上九：碩果不食，君子得輿，小人剝廬。

象曰：君子得輿，民所載也。小人剝廬，終不可用也。

【注解】

[1] 蔑：滅掉的意思。

[2] 辨：鄭玄曰「足上稱辨。近膝之下，屈則相近，申則相遠，故謂之辨，分也。」在文中指床腿。

[3] 貫魚：貫，原意為穿錢的繩子。此處指魚群在水中游動排成一行，如同被一條繩子穿著一樣。

[4] 尤：過失，罪過。

【釋義】

初六：剝床以足，蔑貞凶。

象曰：剝床以足，以滅下也。

經文意思是：剝落從床腳開始，邪惡會滅掉正義，凶險。

象辭意思是：剝落從床腳開始，是從下開始毀壞。

「初六」處位最卑，失正無應。剝落從下開始，就像已經剝落床腳，根基受損。所以凶險。

在這裡是告誡人們，剝蝕是逐漸產生的，雖然剛出現時勢力還很小，但是它的損害卻是相當大的。這股邪惡的勢力不及早滅掉，最終就會將正義消滅。正如坤卦的《文言》中所說：「臣弒其君，子弒其父，非一朝一夕之故」，不防微杜漸，只會導致最終的凶險。

比如戰國時期的齊桓公（姓田名午，西元前 374 ～前 357 年在位）就是一個不懂得防微杜漸的人。扁鵲發現他有病，勸他及早治療，可是他覺得自己很健康啊，就沒有聽醫生的勸告。過了些日子，扁鵲發現他的病情更嚴重了，就說病已進入肌肉中了，再不治就不好治了。結果齊桓公還是沒聽進去。後來真的生病了，請扁鵲來治，扁鵲便說，您的病已經病入膏肓，沒法治了。

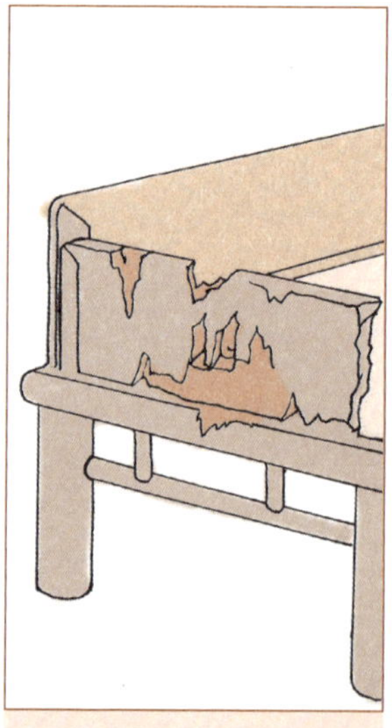

「六二」柔中得正，但無上應。剝落由下而上，剝落床幫，邪惡更進一步，愈加凶險。

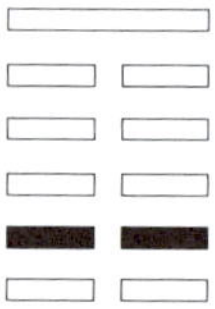

六二：剝床以辨，蔑貞凶。

象曰：剝床以辨，未有與也。

經文意思是：剝落到床腿，邪惡勢力在增強將要消滅正義，凶險。

象辭意思是：剝落到床腿，是因為六二與六五沒有相應的緣故。

剝蝕已經到了床腿了，說明小人的勢力更強盛了。由於這些小人往往與盛世的享樂有關，所以君王很難除掉他們。於是小人勢力會迅速變得更強盛，最終對天下構成威脅。漢朝的文景之治是中國第一個盛世，可是腐敗卻與盛世一起發展起來。漢文帝一生勤儉節約，並且從小注重孝道。漢文帝小時候為母親熬藥，總要先嘗一口後才給母親喝，這個事蹟歷來被傳為孝道的佳話。可是鄧通出現了，鄧通憑自己的舌燦蓮花與舔舐之術最終征服了漢文帝，使漢文帝對鄧通極盡寵愛。漢文帝身上長了膿包，御醫抓的藥又苦又澀，所以漢文帝不想吃藥。鄧通便每天用嘴把將漢文帝瘡口的膿舔出來。這個行為讓漢文帝非常感動。漢文帝聽相面的人說鄧通最終是餓死的命，便把四川的銅山賜給鄧通，並允許他鑄錢（自己印鈔票）。小人之道就是這樣增長起來的。鄧通能夠為漢文帝舔瘡，漢文帝怎麼會認為鄧通是小人呢？可是小人就是靠這種手段強盛的。

六三：剝之，無咎。
象曰：剝之無咎，失上下也。
經文意思是：任其剝落，沒有災難。
象辭意思是：剝落而沒有災難，是因為六三爻與上下眾陰爻無關聯（而獨與上九呼應）。

六三相當於社會上追求享樂的人，但是他沒有災難。為什麼呢？因為六三不與群陰為伍。盛世之中，如果人人都能做到艱苦樸素，那就不叫盛世了。人們追求享樂是盛世的必然產物。六三也追求享樂，可是他不結朋黨，不損害朝廷的利益，所以他沒有災難。舉例來說，清朝的某個官員，每天吃好喝好，妻妾成群，縱情於享樂。可是他能夠把本職工作做好，不欺壓百姓，不貪汙國庫。他怎麼會有災難呢？電視劇中的紀曉嵐大家都說他是個清官，可是紀曉嵐也追求個人享受。史料記載，他性慾極其旺盛，一個妻子無法滿足他，所以他妻妾也不少。可是他不強搶民女，不從國庫中偷錢，不損壞國家利益，還勇於與大貪官和珅鬥爭，所以他得到人民與君王的敬重，不會有災難。

「六三」不與小人同流合汙，獨與上九陽剛相應，支持君子的行動，沒有什麼災禍。

六四：剝床以膚，凶。
象曰：剝床以膚，切近災也。
經文意思是：剝蝕到了床板，傷及皮膚，凶險。
象辭意思是：剝蝕到了床板而傷及皮膚，說明災難已太近了。

「六四」陰處上卦之初，就像已經剝落到床面，與人的皮膚連接。故有凶險。

這個六四爻重權在握，又貪得無厭，既欺壓百姓又損害國家利益，由於他的勢力太大，罪惡太明顯，自然難逃凶險的命運。就好比和珅，比皇上還富有，他貪汙的行徑皇上怎麼會不知道呢？

六五：貫魚，以宮人寵，無不利。
象曰：以宮人寵，終無尤也。
經文意思是：像魚群排成一行一樣跟隨著首領，以宮人的身分受寵愛，沒有不利的。
象辭意思是：以宮人的身分受寵愛，最終不會有罪過。

「六五」柔中，帶領眾陰承應上九，像皇后率領嬪妃魚貫而入以承君王，如果從善，無所不利。

六五身居於君王之位，但卻不是君王。他能夠統領眾陰爻，使天下井然有序，所以吉祥，不會有任何不利。比如唐朝的武則天，當了皇帝後，仍然是以法治國，把天下治理得很好。她並不是想篡權，只是看到李氏血脈後繼無人，所以代李氏掌管朝政，使國家能夠繼續興旺下去。這怎麼會有不利的呢？唐朝的盛世之所以能夠從武則天繼續延續下去，與武則天的以法治國的脫不了關係。

上九：碩果不食，君子得輿，小人剝廬。
象曰：君子得輿，民所載也。小人剝廬，終不可用也。
經文意思是：不吃碩大的果子，君子得到民眾擁戴，小人遭到覆巢之災。
象辭意思是：君子得車，是說明得到了人民的擁護。小人遭到覆巢之災，是說明小人最終不可用。

「上九」其德剛直，有碩果未被摘食之象。若是君子，能驅車濟世，吉；若是小人，則剝落萬家，凶。

上九雖然是弱陽，但是卻代表眾陰剝陽的形勢已經走到盡頭。物極必反，所以小人的勢力又開始瓦解了。上九有容忍退讓之德，所以他不把大果子拿來自己享用，正因為如此，他得到了人民的擁護。因為人民的擁護，使上九重新擁有地位與權力，所以與他為敵的小人，開始受到懲治。

第24節

卦二十四 復 休養生息的智慧

壹・卦名

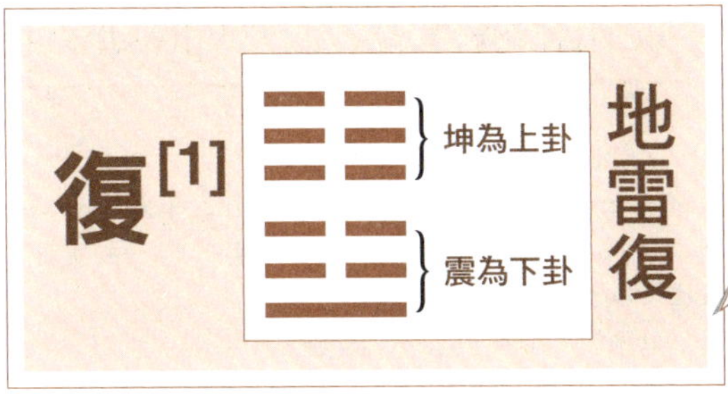

震為雷，性動，坤為地，性順。震雷在地中微動，陽動上復而能順行。復為歸本，故復象徵回復、復歸。又上卦剝，諸陰剝陽，而本卦一陽來下，陽氣復反，故稱復。此時陽剛開始伸長，有利於積極行為。

【注解】

[1] 復：卦名，一陽復來之意，象徵陽氣回復。

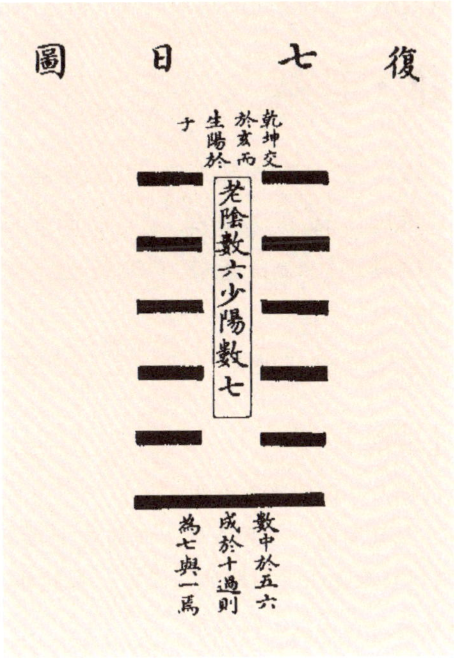

【釋義】

此卦卦名為復。「復」在《說文》中的解釋是：「復，往來也。」可見復的意思是返回、回來的意思。前面泰卦的九三爻說「無往不復」說的就是沒有一直往前走而不返回的，事物都有一個循環往復、周而復始的規律，前面剝卦群陰剝去陰爻，接下來就開始一陽復生。所以剝卦的下面是復卦。這正如《序卦傳》所說：「物不可以終盡，剝窮上反下，故受之以復也。」

貳・卦畫

復卦的卦畫為下面一個陽爻，上面五陰爻，與剝卦的排列順序正好相反。

叁·卦象

復卦之象

官人乘車，以車上兩旌旗為旗；城牆上有東字，為江東侯職；一將持刀立，是武卒歸降一兔一虎，主寅卯位求官顯達。淘沙見金之卦，返復往來之象。

從卦象上分析，復卦上卦為坤為地，下卦為震為雷，雷在地中便是復卦的卦象。也就是說此時天上還不會出現雷聲，但驚雷已孕育於大地之中了。復卦最下面的一個陽爻，象徵陽氣的始生。復卦是十二消息卦之一，代表的節氣為冬至。復卦六爻代表大雪至小寒的三十餘天。五天為一候，一爻代表一候。此時一陽來復，陽氣重新有了生命，也象徵正義又開始出現了。古人云：春夏養陽，秋冬養陰。其所說的「春夏」就是指冬至到夏至的這段時間。古人效法自然，從這一天開始補充自己體內的陽氣。

肆·卦辭

復：亨。出入無疾，朋來無咎。反復其道，七日來復，利有攸往。

彖曰：復亨；剛反[1]，動而以順行，是以出入無疾，朋來無咎。反復其道，七日來復，天行也。利有攸往，剛長也。復其見天地之心乎？

象曰：雷在地中，復；先王以至日閉關[2]，商旅不行，后[3]不省方。

【注解】

[1] 剛反：即陽剛重新出現。

[2] 至日閉關：復卦在二十四節氣中代表冬至日，這一天是上古時代最重要的節日，所以這天先王要關閉城門關口，人們都不外出，在家過節。

[3] 后：古代帝王的通稱。

【釋義】

經文意思是：復卦，亨通。出入沒有疾病，朋友來訪沒有災難。還回其道，七天往返一次，有利於前往。

彖辭的意思是：復卦的亨通，是剛爻又返回來（即一陽復生），順著軌跡運行，因此出入不會有疾病，朋友來訪不會有災難。往返途中，七天可歸，這是天道運行的規律。有利於前往，是因為陽氣升長了。從復卦中可以看到天地萬物生生不息的規律了吧？

象辭的意思是：上卦為坤為地，下卦為震為雷，雷在地中就是復卦的卦象。先王在冬至這一天鎖閉城門關口，商人旅客不出門走動，君王也不會到四方去巡視（意指在家過節）。

一陽來復，使天地出現生機，雖然表面上還看不出來，但這種孕育著的生機卻有極其頑強的生命力。冬至一陽生，復卦表示的就是冬至這一天。在古代，這一天具有很重要的意義，象徵一年的開始。所以卦辭中說「亨」。

出入無疾是什麼意思呢？就是說從這一天開始，人體內的陽氣初生了，體質會得到增強，不容易得病。它還有另一個意思是：出入不必講究什麼忌諱。為什麼會有「不必忌諱」的意思呢？這與「反復其道，七日來復」有關。

伍・爻辭

初九：不遠復，無祇悔[1]，元吉。

象曰：不遠之復，以修身也。

六二：休復[2]，吉。

象曰：休復之吉，以下仁也。

六三：頻[3]復，厲，無咎。

象曰：頻復之厲，義無咎也。

六四：中行獨復。

象曰：中行獨復，以從道也。

六五：敦復，無悔。

象曰：敦復無悔，中以自考[4]也。

上六：迷復，凶，有災眚。用行師，終有大敗，以其國君，凶。至於十年不克征。

象曰：迷復之凶，反君道也。

【注解】

[1] 祇悔：祇，很大。祇悔即很大的悔恨。

[2] 休復：休，停止，息止。休復即停止返回。

[3] 頻：頻繁。

[4] 自考：考，考察。自考即自我檢查反省。

【釋義】

初九：不遠復，無祇悔，元吉。
象曰：不遠之復，以修身也。

經文意思是：沒走多遠就返回，沒有大的悔恨，大吉。
象辭意思是：走不遠便返回，是返回正道提高自身修養。

「初九」以一陽居諸陰之下，為復之始，偏行不遠就可復上正道。無患無悔，大吉大利。

古人在冬至那天是不出門的。所以爻辭就從這個風俗開始引出人生的道理。冬至日不出門，可是有的人出門了，走出家門不遠，一想，這天不應該出門，於是就返回家中了。這種行為，是不會帶來災難的，會得到大的亨通。其引申的涵義就是告誡人們不要在錯誤的道路上走太遠，只要及早返回到正道中，便會吉祥。

另外，初九象徵陽氣的返回，所以卦象有返回的涵義。

六二：休復，吉。
象曰：休復之吉，以下仁也。

經文意思是：停止返回，吉祥。
象辭意思是：停止返回的吉祥，是因為六二能親近下面的仁人賢士。

「六二」柔順中正，親仁下賢，為美好的回復，吉祥。

不返回，也吉祥。這是怎麼回事呢？因為六二與初九不同。初九代表陽氣的生長，而六二代表陰氣的消退，所以六二必須前進才吉祥。六二的前進便是向上升，使下面的陽氣得到更大的生長，這種行為是適應時勢的，所以吉祥。六二陰爻居於偶位為得位，又居於下卦之中，且與初九相合，所以他柔順中正有順應時勢之德，所以他會明智地向上發展。

六三：頻復，厲無咎。
象曰：頻復之厲，義無咎也。

經文意思是：頻繁地返回到起點，有危險而沒有災難。

象辭意思是：頻繁返回起點的危險，從道義上說不應當有災難。

六三處於下卦的最外邊，也就是處於震卦的最上爻，震為動，所以他會有頻繁運動的形象。他想回到中位，所以「頻復」，但這種做法是不符合時勢發展規律的，所以會有危險，但他能夠從「頻復」的失敗中吸取教訓，所以沒有災難。以現在的話說就是「失敗是成功之母」，總往回走，卻屢受挫折，就會明白這是錯誤的，而選擇正確的道路了。

「六三」有愁眉苦臉勉強復歸之象。但能審慎力行「復」道。雖然有危難但無災禍。

六四：中行獨復。
象曰：中行獨復，以從道也。

經文意思是：在行列中能獨自返回起點。

象辭意思是：在行列中能獨自返回起點，是能順從正道。

「六四」得正，能置吉凶於不顧，而獨復正道。

「中行獨復」，指的就是六四爻與初九爻的相應。也就是說他是支持陽氣的生長。象辭中說「以從道也」，指的就是天地運行之道，一陽始生了，接下來就是陽氣的逐漸強盛，陰氣的逐漸削弱，這就是天地運行之道。六四懂得天地運行之道，所以他支持初九的生長。

六五：敦復，無悔。
象曰：敦復無悔，中以自考也。

經文意思是：敦厚篤誠地返回，沒有悔恨。

象辭意思是：敦厚篤誠地返回而沒有悔恨，說明六五中正並能做自我反省。

「六五」居尊位，敦厚誠信，雖失正無應，也能復行正道，免除悔恨。

六五居上卦之中位，復卦的上卦為坤，坤卦的精神是能夠「厚德載物」，所以有「敦復」之象。「敦」即是「厚」的意思。六五能夠順應時勢，重新認識自己，從而明白陽氣生長不可阻擋，所以他能夠順時而退，不會有悔恨。

上六：迷復，凶，有災眚。用行師，終有大敗，以其國君，凶；至於十年，不克征。
象曰：迷復之凶，反君道也。

經文意思是：迷失在返回的路上，凶險，有災害。出兵打仗，最終要大敗，上六的凶險來自於國君。在十年之內不能征戰。

象辭意思是：迷失在返回路上的凶險，是由於違反了國君治國之道。

「上六」與初九背道而馳，會有天災人禍。興兵征戰會大敗；用以治國國亂君凶，十年內還不能興起。

上六爻處於復卦的最上爻，屬於被初九陽爻第一個消滅的對象，他處於極亢的位置，與下面的爻不相應，也不相合，又不居中，所以他的處境是內憂外患，最為不利。爻辭中的「迷」、「行師」、「大敗」、「十年」均取象於坤卦。在八卦萬物類象中坤卦為眾、為喪、為十年，所以爻辭中會出現「行師」、「大敗」、「十年」的詞句。爻辭中的「迷」來源於坤卦卦辭中的「先迷后得主」，只是在這裡卻只有「迷」的象，而沒有「得主」的象，所以更加凶險，他的危險來源於初九陽爻的威脅，初九陽爻相當於復卦中的君王，所以說上六爻的凶險來自於國君。

第25節

卦二十五 無妄 天雷無妄的智慧

壹・卦名

乾為天，震為雷，天下雷行，萬物不敢妄為，為無妄。無妄象徵不妄為，合乎客觀規律，不違事實。什麼事情均不妄為時，亨通順利，否則就會發生禍患，不利於發展。

【注解】

[1] 無妄：卦名，不虛妄，不妄為的意思。

【釋義】

此卦卦名為無妄。「妄」字的結構為「亡」字與「女」字相結合，本義是指女奴逃亡。《說文》中說：「妄，亂也。」《廣韻》中說：「妄，虛妄。」可見「妄」的引申義為虛妄、極不真實、悖亂的意思。所以「無妄」便是不虛妄、不妄為的意思。《序卦傳》中說：「復則不妄矣，故受之以無妄。」也就是說，陽氣的復生使陰氣不再妄為了，所以復卦之後就是無妄卦。而陽氣的復生同時也是陰氣災難的開始，所以《雜卦傳》中說：「大畜時也，無妄災也。」

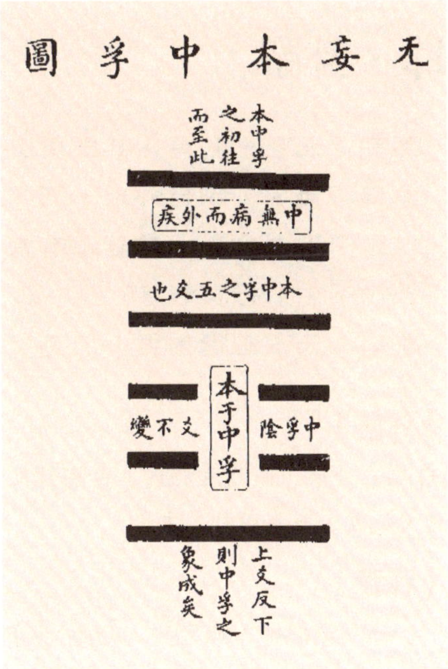

貳・卦畫

無妄卦的卦畫為四個陽爻兩個陰爻，可以看出陰氣此時處於虛弱狀態中。

叁・卦象

從卦象上進行分析，無妄卦上卦為乾為天，下卦為震為雷，天上響起驚雷使萬物不敢胡作非為，這便是無妄卦的卦象。從生活常識來說，雷聲很大的雷雨天不宜出門，因為容易遭受雷擊。古人很早就發現這一點，於是認為天上打雷是在懲戒壞人，把雷聲看作是法律的象徵。所以古人會認為在政治局勢不穩定而以嚴法治國的時期，不適合到處走動，以避免不必要的傷害。

無妄卦之象

一官人射鹿，主有祿；鹿銜文書，主祿書；錢一堆在水中，乃錢塘得祿；一鼠一豬，應於亥位。石中蘊日之卦，守舊安常之象。

肆・卦辭

無妄：元亨，利貞。其匪正有眚，不利有攸往。

彖曰：無妄，剛自外來，而為主於內[1]。動而健，剛中而應，大亨以正，天之命也。其匪正有眚，不利有攸往。無妄之往，何之矣？天命不佑，行矣哉？

象曰：天下雷行物與，無妄；先王以茂對時，育萬物。

【注解】

[1] 剛自外來，而為主於內：無妄卦從遯卦變化而來，遯卦的上九從外卦來到內卦的初爻位置，成為內卦之主。

【釋義】

經文意思是：無妄卦，初始亨通，利於堅守正道。若不守正道則會有災害。不利於前往。

彖辭的意思是：無妄卦，剛健（即初九爻）從外部來到內部成為內卦之主。震象徵動而乾象徵健，所以說「動而健」，九五剛爻居中與六二陰爻相應，所以大亨通屬於正道，這就是天命。如果不正則會有災害，不利於有所前往。沒有希望而前往，要做什麼呢？這樣上天不會保佑，行得通嗎？

象辭的意思是：天下有雷在運行，萬物應聲而起，這就是無妄的卦象。先王從卦象中得到啟示，奮勉努力，配合天時變化，養育萬物。

無妄卦表示的是社會改革以嚴法治國階段。當社會風氣淫邪腐敗時，就需要以嚴法治國了。比如在戰國時代，社會處於大動盪、大變革之中，傳統典章制度已經不能規範人心。此時君王沒有實權，很多政治大權掌握在家臣手中，百姓庶民也不再遵守道德規範，而是鬥毆凶殺，兄弟相殘，爭奪財物，偷盜搶劫，男女私淫，諸如此類亂世風氣，到處瀰漫，正所謂「禮崩樂壞」。在這樣的大背景下，秦孝公請商鞅對秦國進行改革，加強法制建設。商鞅先在秦國首都的南城門立個木樁，然後貼了一個告示，告訴大家誰能把這根木樁搬到北城門，就可以得到重賞。大家都不相信，最後有一個人把這個木樁搬到北城門，商鞅就如數賞了五十兩黃金給這個人。做了這麼點事情就發財了，於是人們都相信商鞅的話。其實這不過是一場大變革的開場。接下來，商鞅便在秦國開始以嚴法治國。有些仍然不遵守法度的人便受到法律嚴厲的制裁。按現在的話說，就是改革有效果了，本來該判刑兩年，結果掉了腦袋；本來該判罰款，結果蹲了大牢。這些在嚴打期間犯法的人，就是沒有看清時勢所造成的。所以在這時段，要堅守正道，不利於有所行動。商鞅用搬木樁來表示自己說話「不妄」，然後推行法律，以嚴法來約束人們行為的「無妄」，這就是嚴法治國的目的。

伍．爻辭

初九：無妄，往吉。

象曰：無妄之往，得志也。

六二：不耕獲，不菑畬[1]，則利有攸往。

象曰：不耕獲，未富也。

六三：無妄之災，或繫之牛，行人之得，邑人之災。

象曰：行人得牛，邑人災也。

九四：可貞，無咎。

象曰：可貞無咎，固有之也。

九五：無妄之疾，勿藥有喜。

象曰：無妄之藥，不可試也。

上九：無妄，行有眚，無攸利。

象曰：無妄之行，窮之災也。

【注解】

[1] 菑畬：菑，音ㄗ，通「災」，本義為火災；畬，音ㄩˊ，整理好的熟田。菑畬即指未經火燒而已經有草木灰撒在田裡。

「初九」處六二陰柔之下，有謙恭不妄為之象，前往行事必獲吉祥。

【釋義】

初九：無妄，往吉。
象曰：無妄之往，得志也。

經文意思是：沒有虛妄，前往吉祥。

象辭意思是：不妄為而前往，心志是會得以實現的。

初九陽爻居於奇位為得位，雖然處於無妄卦的最下爻，但他是無妄卦下卦震卦的雙足，震有動的意思，得位而行動，不胡作非為，所以這種行動吉祥。初九就好比給商鞅搬木樁的人，他遵從告示的內容把木樁搬到北城門，沒有做什麼不對的事情，所以他因此受到獎賞。商鞅的變法也正如這初九爻，他言而有信，言必行，行必果，所以他推行的改革成功了。

「六二」中正無私心，不妄為妄求，順其自然，利於事情的發展。

六二：不耕獲，不菑畬，則利有攸往。
象曰：不耕獲，未富也。

經文意思是：不耕種而有收穫，不開荒而有熟田，那麼有利於前往。

象辭意思是：不耕而有收穫，是因為還不富裕。

不用耕耘就可以收穫，不用開墾就能得到熟田，這當然是很有利的事情。古代將第一年開墾的田地稱為菑，耕種兩年的田地稱為興田，耕種三年的田地稱為畬。剛開墾出來的荒地雜草叢生，不利於種植，成為畬之後，雜草就少了。可是不開墾荒地怎麼會得到人家已經耕種三年的土地呢？只能是主人的賞賜或用錢買才能得到。所以六二爻就是說前往會得到大的獎賞，所以「利有攸往」。

在古代沒有土地的人屬於窮人，所以象辭中說：「未富也。」

六三：無妄之災，或繫之牛，行人之得，邑人之災。
象曰：行人得牛，邑人災也。

經文意思是：意想不到的災難，就好比有人繫牛於此，被路過的人牽走了，村裡的人卻遭到懷疑。 **象辭意思是：**路過的人得到牛，而村裡的人卻被懷疑偷牛而得到了災難。

沒招誰沒惹誰，結果災難卻降臨，這就叫「無妄之災」。在生活中，這種情況普遍存在。爻辭所舉的例子就很典型。別人把牛拴在村裡的大樹旁，可是路過的人把牛偷走了，牛的主人懷疑是村裡的人偷走了牛，於是帶著一群人來興師問罪，大鬧一場，村子裡有的人被打傷了，還蒙受不白之冤。

這裡是告誡人們，想要順利逃避災難，不僅是自己不要做壞事，還要謹防別人做壞事而連累到自己。如果總是以「事不關己，高高掛起」的態度做事，遲早會蒙受不白之冤而招致災難。

九四：可貞，無咎。
象曰：可貞無咎，固有之也。

經文意思是：可以保持正道，沒有災難。 **象辭意思是：**可以保持正道而沒有災難，是九四爻本身固有的品質。

九四與初九不應而相敵，並且九四又以剛爻居於柔位，所以處境不是很好。但是九四是無

「六三」陰居下卦之上，失正躁動，雖無妄為，也可能引來意外災難。

「九四」失正本有災難，但剛而能柔，守謙不妄為，所以沒有災難。

妄卦下互卦艮卦的最上爻，同時又是上互卦巽卦的中爻，所以能夠堅守正道以隨順之德而免於災難。

九五：無妄之疾，勿藥有喜。
象曰：無妄之藥，不可試也。

經文意思是：無緣無故的疾病，不必吃藥治療，會有喜慶的事情。
象辭意思是：治無緣無故疾病的藥，不可輕易試服。

古代的夏、商、周時期人們相信巫術，得了病，往往認為是得罪神靈造成的。儘管當時也有治病的草藥，但一般人們主要是以巫術治病。而九五得的是「無妄之疾」，也就是說自己也沒做錯什麼事，卻無緣無故地覺得身體有些不舒服。得了這種病，在當時有德行的人是不吃藥的，因為他們會認為自己的行為與天道不違背，不會導致重病不起。這種行為有點類似西方的基督教，一般基督教徒也是靠信仰治病的。不過象辭的解說還是很科學的，象辭說，這種病找不出原因，不能對症下藥，怎麼能亂吃藥呢？可見對於這種找不出病因的疾病，在當時的醫療條件下，也只能不吃藥了。

「九五」陽剛中正，患了無妄之疾，不用忙亂服藥，也可痊癒。

上九：無妄，行有眚，無攸利。
象曰：無妄之行，窮之災也。

經文意思是：不要妄為，行動會有災害，前往不會有利。
象辭意思是：之所以不要妄為行事，是因為會有末路窮途之災。

上九居於全卦的最上方，處於極亢之位。在這種位置上，更不能膽大妄為，最好少行動，什麼事也別做。這就好比一個人，有激動的情緒，說話做事都不能保持適中的原則。這種人在平時還不會有大的損失，但處於政治動盪時期，就會大禍臨頭了。

「上九」無妄之極，有無妄轉有妄之勢，所以不可向前逞強。

第26節
卦二十六 大畜 日新其德的智慧

壹・卦名

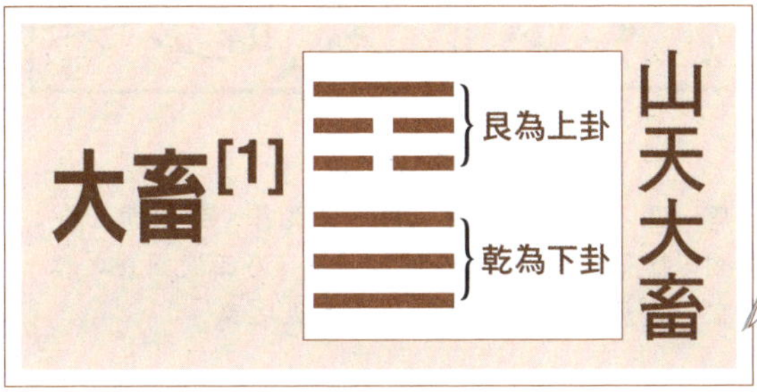

乾為天，艮為山，天包含在山中，為大畜。畜有畜聚、畜止、畜養等義。大畜象徵大為畜聚，有大量積蓄之義。這一卦，不坐食在家中，外出謀生定會吉利。宜於克服艱險。

【注解】

[1] 大畜，卦名，象徵大的積蓄。

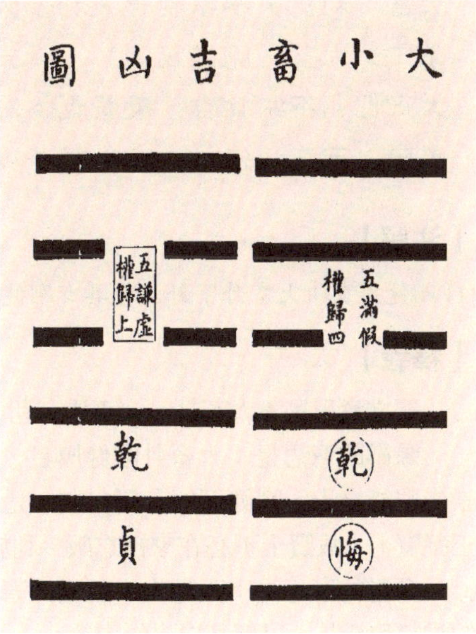

【釋義】

此卦卦名為大畜。前面我們講過小畜，大畜的意思與小畜意思相近，只是大與小的區別。《序卦傳》中說：「有無妄然後可畜，故受之以大畜。」也就是人們行為都不妄為，思想都不妄想，社會財富就可以得到大的積蓄，所以在無妄卦的後面是大畜卦。大畜卦所表示的時代，比小畜的時代更加富裕。人們都擁有更多的家畜，有更多的奴僕，柴米油糧都有過盛的富餘。另外，人們都富足了，就會安於現狀，停滯不前，所以大畜也有大的畜止之涵義。

貳・卦畫

大畜卦的卦畫是四個陰爻兩個陽爻，與無妄卦的排列順序正好相反。

叁・卦象

從卦象上分析，大畜卦上卦為艮為山，下卦為乾為天，天在山中便是大畜卦的卦象。天本來比山要大得多，可是山竟然把天裝起來了，可見積蓄有多大。雖然有些誇張，但卻形象地表現了人們財物積蓄之巨。這就相當於中國的文景之治時期，或者開元盛世時的情景。

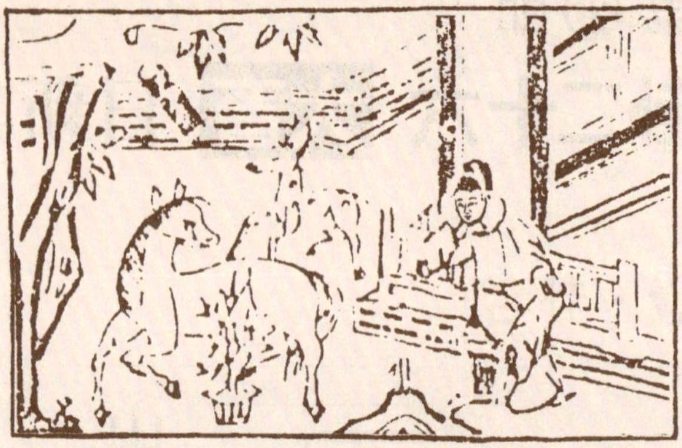

大畜卦之象

一鹿一馬，主祿馬如意；月下有文書，明且貴之義；官人憑欄，乃清閒且貴；欄內蒼發茂盛，乃西液判蒼之積，最利求官。是龍潛大壑之卦，積小成大之象。

肆・卦辭

大畜：利貞，不家食吉，利涉大川。

彖曰：大畜，剛健篤實[1]，輝光日新，其德剛上而尚賢。能止健，大正也。不家食吉，養賢也。利涉大川，應乎天也。

象曰：天在山中，大畜。君子以多識前言往行，以畜其德。

【注解】

[1] 剛健篤實：大畜卦下卦為乾具有剛健之德，上卦為艮具有篤信、厚實之德。

【釋義】

經文意思是：大畜卦，守正道有利。不在家吃飯，吉祥。有利於跋涉大川險阻。

彖辭的意思是：大畜卦剛健厚實，日日放射新的光輝。剛爻居上位，象徵國君崇尚賢能之士，剛健而能有所自制，是非常正確的。「不家食」的吉祥，是因為君王養賢士，故賢士不必在家裡吃飯。利於跋涉大川，是順應天道的。

象辭的意思是：天地山中就是大畜卦的卦象。君子從中得到啟發，多學習前人的言論和行為，以積蓄自己的道德。

大畜卦之所以有利於學士出來做官，還有一個原因是可以得到君王的重用。因為盛世的君王懂得「文治武備」的道理，會廣納賢才，聽取賢士的治國策略。所以這一卦對君王的告誡便是：「君子以多識前言往行，以畜其德。」便是說君王要多從以前賢者的言行中得到受益，來提高自己的道德修養。這是君王的「大畜」，也就是「畜大德」。

伍・爻辭

初九：有厲利已[1]。

象曰：有厲利已，不犯災也。

九二：輿說[2]輹。

象曰：輿說輹，中無尤也。

九三：良馬逐，利艱貞。日閑輿衛，利有攸往。

象曰：利有攸往，上合志也。

六四：童牛之牿[3]，元吉。

象曰：六四元吉，有喜也。

六五：豶豕之牙[4]，吉。

象曰：六五之吉，有慶也。

上九：何天之衢[5]，亨。

象曰：何天之衢，道大行也。

【注解】

[1] 已：停止，完成，完畢。

[2] 說：通「脫」。

[3] 牿：綁在牛角上使其不能觸人的橫木。

[4] 豶豕之牙：豶（ㄈㄣ ˊ）為閹割過的公豬。公豬不劁（ㄑㄧㄠ ˊ）則性暴烈，劁過之後就老實了。所以豬儘管長了長牙，但已不會對人造成傷害。

[5] 衢：四通八達的街道。

【釋義】

初九：有厲利已。

象曰：有厲利已，不犯災也。

經文意思是：有危險，利於停止不動。　**象辭意思是：**有危險就停止，不會帶來災難。

「初九」卦之始，陽德卑微，若急於求進則有危險。暫停不進，自畜其德有利。

卦辭中講的是大的積蓄，而爻辭中講的是

「大畜」時代應當注意的事項。大畜初九爻陽爻居於奇位為得位，但是爻辭卻說有危險不能行動，利於停滯不前。這是怎麼回事呢？這是因為初九的上面有九二的緣故。九二居於中位，所以安於享樂而不想有所前進。所以初九的行動會受到九二的壓制。按現在的情形來分析，就是初九的行動不能與他上面直屬主管有衝突，否則就會有些小災小難了。

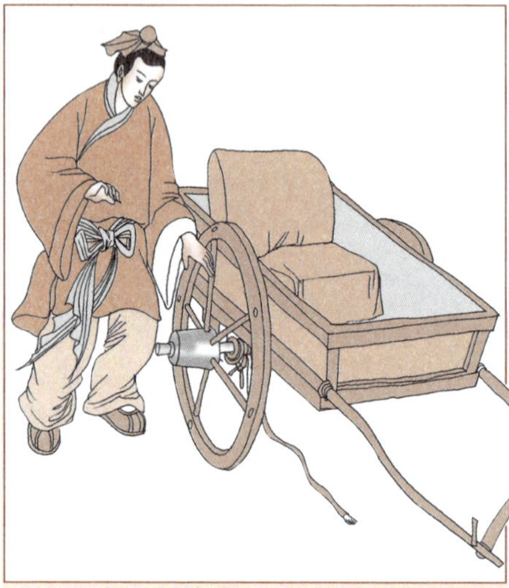

「九二」陽剛得中，上應六五，能自度其勢，停止不前，不會有過錯。

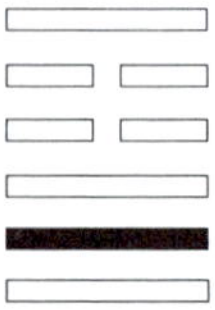

九二：輿說輹。

象曰：輿說輹，中無尤也。

經文意思是：車廂從車軸上脫落了。

象辭意思是：車廂從車軸上脫落了，但因為九二居中位不急於前進，所以沒有憂患。

「輹」是大車的車廂與車軸相連的一個部分，輹與車廂相連，輹的槽可以卡住車軸。古代的車廂與車軸是可以分開的，「輿說輹」就是說將車廂從車軸上取下來。為什麼要把車廂取下來呢？因為不需要遠行了。既然家中有很多的積蓄，自然不必到處求取功名，而可以在家裡享受生活了。古代蘇杭的人們便是這樣，不想當官，只願意從事商貿活動，一有錢就開始享樂。這是盛世中人們普遍的想法，六二既有一定的地位，又有很多財富，自然也會像大多數人一樣，開始追求享樂了。

「九三」剛正強健至盛，可施展才能。但不可自恃其剛，堅持正道，才會有利。

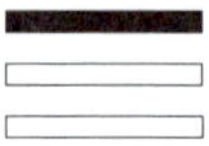

九三：良馬逐，利艱貞。日閑輿衛，利有攸往。

象曰：利有攸往，上合志也。

經文意思是：良馬互相追逐，有利於在艱難中守正道。每日演練戰車防衛，前往有利。

象辭意思是：前往有利，是由於九三與六四的意志相合。

在盛世時期，也有一些人會利用財富積蓄自己的武力裝備。有什麼目的嗎？有兩種目的，一種是出於自私的目的，就是使自己的武力增強，然後吞併其他諸侯國，甚至是推翻總盟主，成為天子。周文王就是出於這種目的加強自己的武力裝備，這是從文王的爺爺開始就立下的志願——成為天下總盟主。也有出於為朝廷效力的目的，想加強武力裝備，備戰備荒，隨時準備替天子征伐叛亂的諸侯國。不過不管目的是出於自私還是出於無私，都會以為國效力為名，所以這種行為會得到天子的誇獎與支持，不會有災難。

六四：童牛之牿，元吉。
象曰：六四元吉，有喜也。

經文意思是：小牛角上綁著防止頂人的橫木，大吉大利。
象辭意思是：六四大吉大利，是因為有喜慶之事。

「六四」得正，像在小牛頭上加橫木，防患於未然，大吉。

牛是一種溫順的動物，但發起牛脾氣也是很凶猛的。俗話說「初生之犢不畏虎」，可見小牛發起脾氣也不得了。怎麼防止小牛撞傷人呢？古人在小牛的雙角上綁上一根木棍，木棍上有一根細繩穿在小牛的鼻子上。這樣牛一撞東西，就會因繩子牽動鼻子而感到疼痛，所以時間一長，小牛就明白撞人這個舉動會讓自己疼痛，於是養成習慣，長大後即使角上沒有橫木，也不會輕易去撞人了。有可能牛之所以溫馴，就是這樣逐漸馴化的。

從卦象上講，六四處於上卦艮卦的下方，坤卦上面加一根橫木就是艮卦，坤為牛，所以六四爻會有這樣的爻辭。這一爻辭是告訴人們，好的習慣需要逐漸培養，就像馴小牛一樣，逐漸讓人們成為習慣。所以說人類的好習慣需要懲惡揚善的政策進行培養。

六五：豕之牙，吉。
象曰：六五之吉，有慶也。

經文意思是：割掉公豬的生殖器，豬嘴裡的長牙便不會傷害人了，吉祥。
象辭意思是：六五的吉祥是因為有值得慶幸的事。

「六五」柔中居尊位以柔制剛，似將公豬閹割後，其性情溫馴，有利牙也不會傷人，吉祥。

「豬」是指割掉生殖器的公豬。野豬是一種極其凶猛的動物，人類很難馴服牠。於是人們想出一個辦法，就是將野豬綁起來，然後把牠的生殖器割掉，於是豬就變乖了。古人就是用這種辦法馴服野豬使牠成為家畜。被馴服的野豬，雖然嘴裡長著長牙，可是性情溫順了，所以不會傷害人。

大畜卦的爻辭中，反映的是上古人們馴服家畜的情形，這正是人類能夠積累財富的重要條件。如果遠古人類不馴服動物，就無法透過生產獲得更大的積蓄，也無法累積到更多的財物。而《周易》中引用古人馴服動物的事蹟，其一是讓後人不要忘記先人的業績；其二是讓人們明白，培養人類道德思想時要借鑑馴服動物的經驗。

從卦象上看，大畜卦的三、四、五、六爻組成一個「口」的形象，柔爻就像口中的牙齒，所以此爻辭會談到「豶豕之牙」。

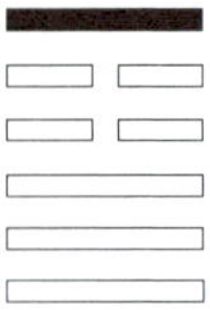

上九：何天之衢，亨。
象曰：何天之衢，道大行也。
經文意思是：四通八達的天街大路，亨通。
象辭意思是：四通八達的天街大路，是積蓄之道得到大的通行。

「上九」不能再阻止剛健的下卦，莫如使其像天空一樣暢通無阻，無不順利通達。

上九陽爻居於柔爻之上，所以具有剛柔相合之德，他與六五一起推行天道治理國家，所以能夠亨通。上九的位置就相當於太上皇或皇帝的老師及隱士這一階層，所以這些人以天道的法則輔佐君王，會使天道施行於天下。

從卦象上看，大畜卦的上卦為巽，六五相當於天子之位，象徵天，而天上面的一橫則象徵天上的大街道。所以這一爻辭會有「何天之衢」。

第27節

卦二十七 頤 自求口實的智慧

壹．卦名

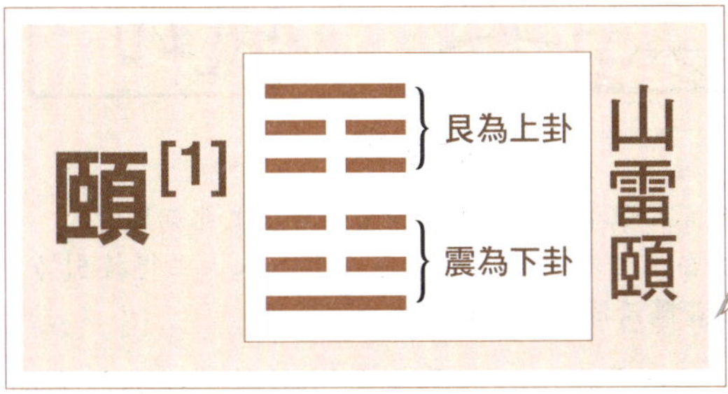

震為雷，艮為山，山下有雷。山止於上，雷動於下，下動上止，如口嚼食物，供給營養，為頤。頤為養，故頤象徵頤養。觀察事物的頤養現象，當以正道自力更生來養活自己。

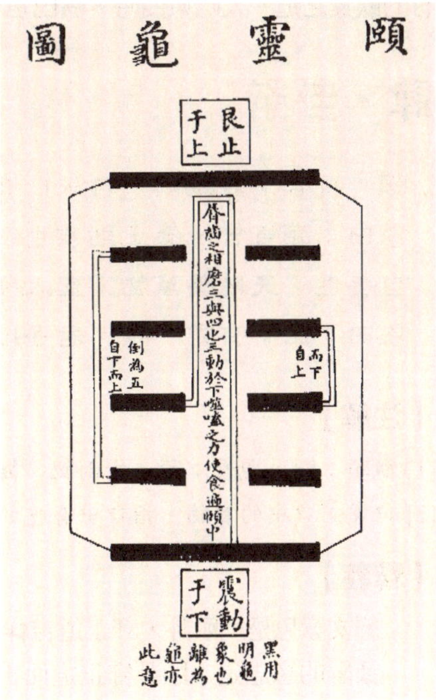

【注解】

[1] 頤：卦名，頤本指兩腮的部位，此處象徵飲食頤養。

【釋義】

此卦卦名為頤。《說文》中說：「頤，頷也。」也就是說「頤」指的就是兩腮的部位。這個部位也包括裡面的牙齒與外面的嘴脣、下巴，所以它的引申義為飲食、頤養。人們財物有了極大的積蓄後，便開始注重飲食的養生之道。按現在的話來說，就是人們富裕了，便會追求飲食文化。所以大畜卦之後便是頤卦，這便是《序卦傳》中所說的：「物畜然後可養，故受之以頤。頤者，養也。」

貳．卦畫

頤卦的卦畫上下分別是一個陽爻，中間是四個陰爻。

叄‧卦象

頤卦之象

雨下，主降澤；三少年，為年少沾恩之兆；日當天，是為君；香案，為御筵；金紫官人引一人，主得接引方得成功。龍隱清潭之卦，遷善遠惡之象。

從卦象上分析，中間的陰爻代表牙齒，上下的兩個陽爻代表牙齒外圍的兩腮、嘴脣及下巴。頤卦上卦為艮為山，下卦為震為雷，山下有雷就是頤卦的卦象。山下怎麼會有雷呢？其實指的是山中的巨響，山中由於地殼變化會發生巨大的聲響，有時還會因此發生山崩或地震等自然現象，山崩或地震會使山因倒塌而埋藏大山表面的萬物，古人認為這是山在吃東西——這是「吃」的形象，所以用這一形象代表所有的飲食之道。人吃東西時，嘴巴也會發出聲響，所以與山吃東西有相同之處。

肆‧卦辭

頤：貞吉。觀頤[1]，自求口實[2]。

彖曰：頤貞吉，養正則吉也。觀頤，觀其所養也；自求口實，觀其自養也。天地養萬物，聖人養賢，以及萬民；頤之時義大矣哉！

象曰：山下有雷，頤。君子以慎言語，節飲食。

【注解】

[1] 觀頤：觀，觀看；頤，指兩腮。觀頤即指看著別人吃東西。

[2] 口實：口中的實物，指口中有吃的東西。

【釋義】

經文意思是：頤卦，守正道吉祥。看人家吃東西，不如自己謀求食物。

彖辭的意思是：頤卦守正道而吉祥，是說養生遵循正道就會吉祥。看別人吃什麼，就是觀察他的養生之道；自己謀求食物，要考慮自己怎樣養生。天地養育萬物，聖人養賢士，因此使萬民得到養育；頤卦的時勢意義太大了。

象辭的意思是：山下有雷是頤卦的卦象。君子從卦象中得到啟示，謹慎自己的言語，控制自己的飲食。

萬物都需要飲食才能延續生命。上古的人類從山也需要吃東西的這個現象，領悟到飲食的重要性。而人的口不但可以因為吃食物而使自己的生命延續，它還有另一個功能，就是傳授知識讓人類得到另一種食物——精神糧食。所以頤卦不單是指物質方面飲食頤養，還指精神方面的飲食頤養。

卦辭中告誡人們與其看別人吃東西，不如自己去謀求食物。這個道理就相當於「與其臨淵羨魚，不如退而結網」這是一個很實在的道理。而彖辭中則對這一涵義進一步發揮，引申為借鑑別人吃東西的經驗，然後懂得正確的養生之道。真正要表達的意思，卻是透過物質糧食引申到精神糧食。所以象辭中說：「君子以慎言語，節飲食。」就是說人不能吃得太飽，人的言語也應當像吃東西一樣，不能說太多話。俗話說「言多必失」就是話說多了，就會出現失誤，所以君王不能說太多話。古人說皇帝都是金口玉言，就是與這一告誡有關。君王的話要言而有信，如果說錯話，便無法做到言而有信了。因為如果照自己說的去做，會成就過錯，不照自己說的做，便會言而無信。所以君王說話要慎重，教育民眾時，一定要考慮周全再發表言論。

伍・爻辭

初九：舍爾靈龜，觀我朵頤[1]，凶。

象曰：觀我朵頤，亦不足貴也。

六二：顛頤，拂經[2]，於丘頤，征凶。

象曰：六二征凶，行失類也。

六三：拂頤，貞凶，十年勿用，無攸利。

象曰：十年勿用，道大悖[3]也。

六四：顛頤吉，虎視眈眈，其欲逐逐[4]，無咎。

象曰：顛頤之吉，上施光也。

六五：拂經，居貞吉，不可涉大川。

象曰：居貞之吉，順以從上也。

上九：由頤，厲吉，利涉大川。

象曰：由頤厲吉，大有慶也。

【注解】

[1] 朵頤：因口中放滿食物而兩腮鼓起的樣子。

[2] 拂經：拂，違背；經，常理、常規。

[3] 悖：音ㄅㄟˋ，違反，違背。

「初九」陽剛在下，應於六四，似以陽剛之實求養於陰虛，失道，故凶險。

[4] 其欲逐逐：形容欲望沒有止境。

【釋義】

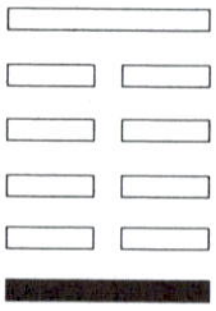

初九：舍爾靈龜，觀我朵頤，凶。
象曰：觀我朵頤，亦不足貴也。

經文意思是：扔下屬於你的靈龜，只看我吃東西，凶險。
象辭意思是：看我吃東西，這是不高尚的行為。

什麼是靈龜？靈龜就是有靈氣的大龜。龜有什麼靈氣呢？龜壽命長，能長時間不吃東西，所以古人認為這是一種神奇的動物，並模仿龜的飲食習慣發明了一種養生術——就是武打小說裡面說的龜息大法。烏龜呼吸極其緩慢，可以長時間不吃東西，所以古人也這樣做，認為這樣就能修煉成神仙。初九就是一位懂得龜息術的人，可是他不安於自己的養生之道，看到別人吃東西就嘴饞，這樣當然會有凶險了。

它的引申義是說，初九本來應該安於自己清淡平靜的生活，但他看到別人的榮華富貴就眼紅了，所以急於去求取功名，這就是「舍爾靈龜，觀我朵頤」，其結果自然是凶險了。因為急功近利是不會有好結果的。

「六二」本中正，但不能自養，而顛倒向下求養，違背常理，向上無應，前往也有凶險。

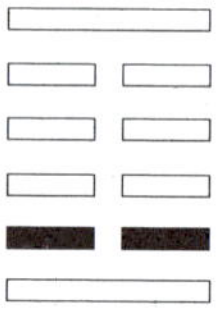

六二：顛頤，拂經，於丘頤，征凶。
象曰：六二征凶，行失類也。

經文意思是：躺著吃東西，違背養生常規，在土堆旁吃東西，征討有凶險。
象辭意思是：六二征討有凶險，是因為他的行為會失去同類。

六二爻相當於大夫之位，所以生活較為富裕，於是養成好吃懶做的習慣。這樣就違背了養生之道，把身體養得又肥又胖，與人爭鬥自然不會成為贏家，所以「征凶」。

古代文獻記載，當時一些富裕的人們是極其注重飲食享樂的，在吃的方面非常講究，而且吃飽之後還想吃，怎麼辦呢？某些醫生就發明了一種可以使人嘔吐的藥方，人們吃完美味佳餚後，就吃這種藥，吐了之後，再接著吃。這樣吃又不運動，身體體質肯定不會好，所以一旦出現爭戰之事，只能吞敗仗了。

「六三」不中不正，為達目的不擇手段。以致在十年中，都得不到供養，沒有任何利益。

六三： 拂頤，貞凶，十年勿用，無攸利。

象曰：十年勿用，道大悖也。

經文意思是： 違背養生之道，守正道也凶險，會導致十年無所作為，沒有利益。

象辭意思是： 十年無所作為，是因為與養生之道相違背，而且差很遠。

六三也是不遵守養生之道，結果導致體質很差。雖然六三行為上能夠堅守正道，但由於飲食不科學，所以造成體質不佳，即使好好調養十年也調不過來了。所以前往不會有利益。宋代有個易學大家叫邵雍，他的名氣在易學界是無人不知無人不曉的，當時宋朝的皇上非常敬重他，請他到朝中做官，可是他卻一直沒有去。為什麼呢？就因為他身體太差了。他既不貪圖女色也不貪圖享樂，可是由於每天辛苦的研究學問，導致身體體質很差。所以他知道自己是這種體質，當朝為官不會有所作為，明白「無攸利」，所以他不接受皇帝的美意。

在這裡，爻辭透過養生之道，告訴人們堅守正道不見得就會帶來吉祥，還需要一定的技巧，就像養生之道要懂得適度，這樣堅守正道才會吉祥。

六四： 顛頤吉，虎視眈眈，其欲逐逐，無咎。

象曰：顛頤之吉，上施光也。

經文意思是： 躺著吃東西，吉祥。虎視眈眈，追逐欲求，沒有災難。

象辭意思是： 躺著吃東西的吉祥，是六五君王布施廣大。

「六四」得正應初九，上者向下求養，養己、養人，取之於民，用之於民，獲吉。

六四也是違背養生之道，並且貪圖享樂，慾望無窮，可是他卻能沒有災難。這是怎麼回事呢？原來，他位於君王之側，貪圖享樂可以避免君王對他的猜忌。秦朝時有一位大將叫王剪，東征西討為秦王朝立下汗馬功勞。秦王對他非常信任。可是王剪卻極其貪婪，常常讓秦王賞他土地與美女。有一次，他的兒子覺得父親貪婪的名聲太大了，有些不好聽，就勸父親不要這樣了。可是王剪卻對兒子語重心長地說：「你這是不懂得處世之道啊。我擁有幾十萬的兵卒，重權在握，極容易遭到君王的猜忌。我顯得很貪婪，君王便會覺得我胸無大志，不會想到我會與他爭奪王位。我只有顯得貪得無厭，才不會引來殺身之禍，才能使我們全家繼續享受榮華富貴啊。」

六五：拂經，居貞吉，不可涉大川。
象曰：居貞之吉，順以從上也。

經文意思是：違背養生理論，居守正道吉，不可跋涉大川。
象辭意思是：居守正道的吉祥，是因為六五柔順地聽從上九的賢者。

「六五」柔中居尊位，但陰柔失正，才不足以養天下。但順從依賴陽剛之賢，不犯難涉險，可吉祥。

六五身處君王之位，但沒有實權，大權仍在太上皇手中，他只能堅守正道，不易有大作為。六五的處境就好比漢武帝剛剛登基時，政治大權掌握在竇太后手中。竇太后喜歡老莊思想，所以漢武帝雖然想「有為而治」，但也不敢提出。只有等竇太后去世後，再施展政治抱負。

上九：由頤，厲吉，利涉大川。
象曰：由頤厲吉，大有慶也。

經文意思是：由此得到養生，表面上危險實則吉祥，有利於跋涉大川。
象辭意思是：由此得到養生，表面上危險實則吉祥，這是由於有喜慶的事情。

「上九」居頤之極，陽剛充沛，有君賴之以養天下之象。位高任重，知危能慎而獲吉祥。

上九處於極亢之位，雖然養尊處優，但消退的危險迫在眉睫，所以顯得處於危險之中。可是他與六三相應，可以得到眾人或其他勢力的支持，所以有利於渡過大的險阻，透過行動改變處境。由於有其他勢力的支持，行動最終會成功，所以會吉祥。

第 28 節

卦二十八 大過 遁世無悶的智慧

壹・卦名

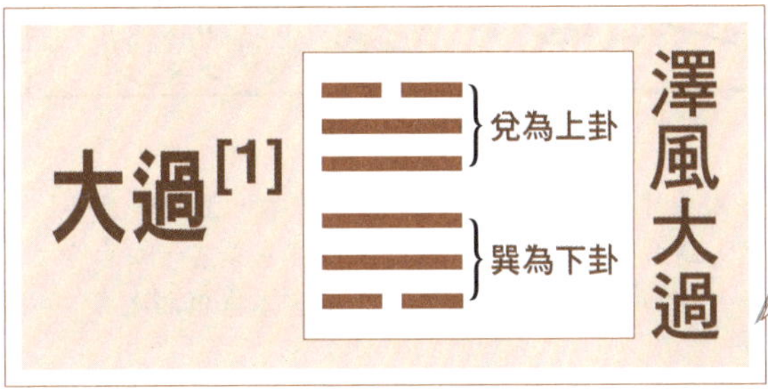

巽為木，兌為澤，澤本潤木，但澤在樹上，為大水淹沒了樹木，則過甚。過者，越也。大過象徵大為過甚，含有過失的意思。大過內巽外兌，中庸、順從、使人喜悅，能夠得到協助，有可行之道，故前進亨通。

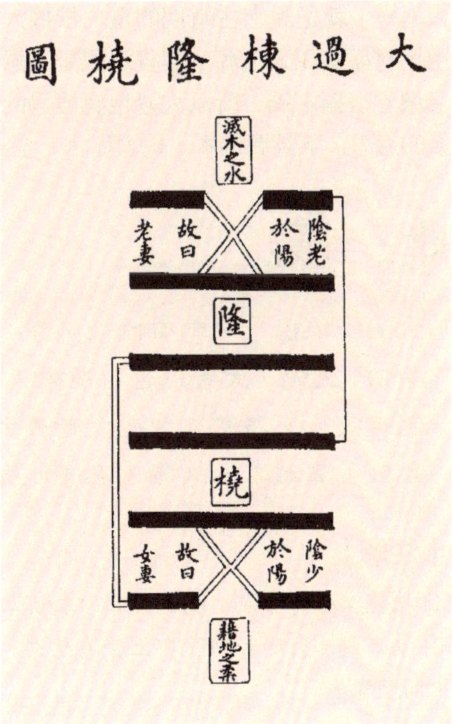

【注解】

[1] 大過：卦名，象徵大的過度。

【釋義】

此卦卦名為大過。《說文》中說：「過，度也。」可見「過」的意思就是經過、度過的意思。其引申義就是過度、超越的意思。人們生活富裕了，就會追求飲食文化，可是這樣會造成人們過度追求享樂，怎樣才能避免繼續這樣呢？這就需要思想與行為的大超越。所以頤卦之後是大過卦。《序卦傳》中說：「不養則不可動，故受之以大過。」這是從另一個角度對頤卦的卦序進行解釋，也就是說，人只有吃飽了，工作才有力氣。

貳・卦畫

大過卦的卦畫上下分別為一個陰爻，中間為四個陽爻，與頤卦的卦畫正好陰陽相反，兩卦互為旁通。

叁・卦象

從卦象上進行分析，兩頭的陰爻象徵木頭的兩端軟弱，中間象徵堅實而厚重，這樣的一根木頭如果做成棟梁很容易彎曲，所以卦辭中會有「棟橈」的詞句。從上下卦來看，大過卦上卦為兌為澤，下卦為巽為木，大澤湮滅木頭就是大過卦的卦象。從這一卦象上看，大過卦有滅頂之災的意思。《繫辭傳・下》中說：「古之葬者，厚衣之以薪，葬之中野，不封不樹，喪期無數，後世聖人易之以棺槨，蓋取諸大過。」就是說上古時期的聖人根據大過卦的卦象，改變了人們埋葬死人的習慣，用棺材盛殮死人下葬。其實這只是大過卦卦象的一個方面。大過卦兩頭虛中間實，又像一根獨木橋，所以大過也有渡過的意思。另外，大過卦上卦兌為澤，也含有溼氣的意思，下卦巽為木，代表樹木，全卦也有棟梁因受潮而彎曲的涵義。

大過卦之象

官人乘車，上插兩旗，旗上有喜字，主有喜慶事；入朱門，為君僚；門外有貴人立，門下省文書，主命令；一合子，指和合之兆。寒木生花之卦，本末俱弱之象。

肆・卦辭

大過：棟橈[1]，利有攸往，亨。

彖曰：大過，大者過也。棟橈，本末弱[2]也。剛過而中，巽而說行，利有攸往，乃亨。大過之時義大矣哉！

象曰：澤滅木，大過；君子以獨立不懼，遯世無悶。

【注解】

[1] 棟橈：棟，棟梁；橈，曲木，木頭彎曲，泛指彎曲。

[2] 本末弱：大過卦初爻與上爻為陰爻，中部為四個陽爻，從形象上看是兩頭虛弱，中間堅實。

【釋義】

經文意思是：大過卦，棟梁彎曲。前往有利，亨通。

彖辭的意思是：大過，即是陽剛過盛的意思。棟梁彎曲，是由於棟梁兩頭太柔弱的緣故。陽剛過盛卻處於中部，柔順、喜悅地前往，所以前往有利並能亨通。大過卦的時勢意義太大了！

象辭的意思是：澤水淹沒了樹木就是大過卦的卦象。君子從卦象中得到啟示，獨立而不懼怕，隱身遁世也不煩悶。

卦辭中的「棟橈」指的就是棟梁因受潮而變彎曲。而「利有攸往」則是取象於大過卦有橋梁的形象，大河的兩岸之間有橋梁，可以使人通過，所以「利有攸往」。「亨」則是可以通過的意思。

彖辭根據大過卦的卦象進一步發揮，認為懷著隨順而喜悅的心情前往，會從交往中獲利。俗話說「官不打送禮的」，你能夠懷著隨順而喜悅的心情與對方相處，自然不會帶來害處。象辭則繼續引申發揮這一卦的卦象，由於大過卦上卦為兌為喜悅，下卦為巽為隨順，而且卦中的四個陽爻象徵堅實，所以象辭中以四個陽爻比喻君子，告誡君子要有獨立不懼的性格，雖然隱居生活清苦，但仍然能夠以苦為樂。

在這一點上，孔門的弟子做出了典範。比如孔子的弟子原憲在魯國隱居的時候，他居住在遠離鬧市的偏僻處，房子小而簡陋，四周沒有道路可走，院子裡長滿雜草，用桑樹枝當作房門，用破陶片放在窗口當窗戶，再塞上破布抵擋寒風，逢雨雪天，屋子裡就水流成河。可是原憲卻在這樣的艱苦生活中自得其樂，彈著古琴放聲高歌。一次他的同學子貢坐著馬車去看他，竟然找不到可以通往他房間的路。子貢只好下車走到他那裡，一看原憲臉色像綠菜似的，就關心地問是不是病了。可是原憲卻說：「沒有錢叫作貧，學有所成但是卻沒有用武之地叫作病，我算不上學有所成，所以我不是病了，是因為貧窮。」孔氏門徒像原憲這樣的還有很多，因為他們都受周禮的薰陶，所以能夠做到「遁世無悶」，安於貧窮。

伍・爻辭

初六：藉[1]用白茅，無咎。

象曰：藉用白茅，柔在下也。

九二：枯楊生稊[2]，老夫得其女妻，無不利。

象曰：老夫女妻，過以相與也。

九三：棟橈，凶。

象曰：棟橈之凶，不可以有輔也。

九四：棟隆[3]，吉；有它吝。

象曰：棟隆之吉，不橈乎下也。

九五：枯楊生華[4]，老婦得其士夫，無咎無譽。

象曰：枯楊生華，何可久也。老婦士夫，亦可醜也。

上六：過涉滅頂，凶，無咎。

象曰：過涉之凶，不可咎也。

【注解】

[1] 藉：音ㄐㄧㄝˋ，作襯墊的東西。

[2] 枯楊生稊 ：稊，音ㄊㄧˊ，枯木長出的嫩芽。枯楊生稊即指已經枯萎的楊樹上又長出了新的嫩芽。

[3] 棟隆：棟，棟梁；隆，向上彎曲。

[4] 華：通「花」。

【釋義】

初六：藉用白茅，無咎。

象曰：藉用白茅，柔在下也。

經文意思是：獻上祭品時用白茅草墊在下面，沒有災難。

象辭意思是：用白茅草墊在下面，說的是柔爻在下位。

「初六」陰柔處下，在盛大過度的時刻，戒懼謹慎，不會有什麼過錯。

祭祀時不但把地與桌子打掃乾淨，還在祭品下面墊上白色的茅草，這可以表現出對神的虔誠，所以不會帶來災難。對神過分的敬重，怎麼會有災難呢？就像我們與人交往一樣，懷著極其敬重之心，是不會引起反感的。「白茅」本來不是什麼貴重的東西，但它表現了獻祭者的尊敬，所以它會被神所看重。這與「禮輕情意重」的成語典故，是同一個道理。

九二：枯楊生稊，老夫得其女妻，無不利。

象曰：老夫女妻，過以相與也。

經文意思是：乾枯的楊樹上長出新的枝葉，老男人娶了一位少女做妻子，沒有任何不利的。

象辭意思是：老男人娶少女為妻，是說九二雖然陽剛過了頭，但仍然能與初六爻和睦相處。

九二爻處於大過卦下互卦乾卦的最下爻，乾卦有老夫的涵義，並且九二與初六陰陽相合，所以說，有老夫得少妻之象。古代社會是父權制，所以歲數大的男人娶到年少的妻子，是一件值得高興的事。所以「無不利」。

九三： 棟橈，凶。
象曰：棟橈之凶，不可以有輔也。
經文意思是： 棟梁彎曲，凶險。
象辭意思是： 棟梁彎曲，是因為得不到好的輔佐所導致。

「九二」陽剛失正，但大過之時，陽居陰位為吉，似枯楊長出新芽，老漢娶年輕的妻子，無不利。

九三與上六相應，從卦象上看，九三代表棟梁的一段，為堅實，而上六代表棟梁的一端，陰為柔弱為溼氣。所以九三這段棟梁便會受潮而彎曲。從引申義來講，是因女人而使體質下降，當然也可以理解為聽信女人之言而使自己變節。其結果自然是凶險了。

「九三」得正應上，但剛爻剛位，過度剛強，就像使房屋的棟梁彎曲，有倒塌的危險。

九四： 棟隆，吉；有它吝。
象曰：棟隆之吉，不橈乎下也。
經文意思是： 棟梁向上彎曲，吉祥。不過會有其他的麻煩。
象辭意思是： 棟梁向上彎曲之所以吉祥，是因為棟梁沒有朝下彎曲。

同九三一樣，九四也相當於一段受潮的棟梁。因為他與初六相應，所以也有受潮而彎曲或因女人變節的形象。不過慶幸的是九四處於上卦，所以他只會向上彎曲，而不會向下彎曲。對於一間房子來說，棟梁朝上彎曲不會引起房屋頂部的塌陷，所以吉祥。但會有其他的憂吝，這是為什麼呢？因為他受潮了呀。其引申義是說，他聽信女人的話，會因女人而變節，所以會有憂吝的事情。

「九四」陽居陰位，像使房梁隆起復平，可獲吉祥。但若趨下應初，則過於柔和，會遭受羞辱。

九五：枯楊生華，老婦得其士夫，無咎無譽。
象曰：枯楊生華，何可久也。老婦士夫，亦可醜也。

經文意思是：枯萎的楊樹長了花，老婦人得到了少壯的男子為丈夫。沒有災難也沒有榮譽。

象辭意思是：枯萎的楊樹生出了楊樹花，怎麼會長久呢？老女人得到一個少壯的男士為夫，也是一件丟臉的事情。

「九五」剛健中正，與上六親比，但難以圓滿成功。似枯楊開花，老婦嫁給年輕的丈夫，不值得稱道。

在這裡，九五指的是「士夫」，而「老婦」指的是他上面的上六。從整體卦象來說，下卦為巽為木，而上卦為兌為花，所以會有「枯楊生華」的爻辭。而九五陽爻與上面的上六陰陽相合，所以有「老婦得其士夫」的形象，即上六這個老婦得到九五這個丈夫。

上六：過涉滅頂，凶，無咎。
象曰：過涉之凶，不可咎也。

經文意思是：徒步過河被水淹沒頭頂，凶險。沒什麼可譴責的。

象辭意思是：徒步過河遇到了凶險，沒有什麼可指責的。

「上六」下比九五陽剛，但沒什麼才華，難免有凶險。但獨自屹立毫不畏懼的精神，依然是壯舉。

上六處於大過卦的極亢之位，並且處於上卦兌卦的最上爻，兌為澤，所以有過河之象。而全卦卦象正是澤水沒過樹木頂端的形象，上六急於過河，又身臨沒過樹頂的大澤中，所以說「過涉滅頂」。而其結果肯定是凶險了。可是這是無可指責的，因為必須得渡過河才能生存，身臨澤中不能不渡，所以儘管結果凶險，也沒有可指責的地方。

古代易學家認為，這一爻辭所描述的，相當於比干諫紂王的典故，但又怎麼能指責比干做得不對呢？

第29節
卦二十九 坎 習坎行險的智慧

壹・卦名

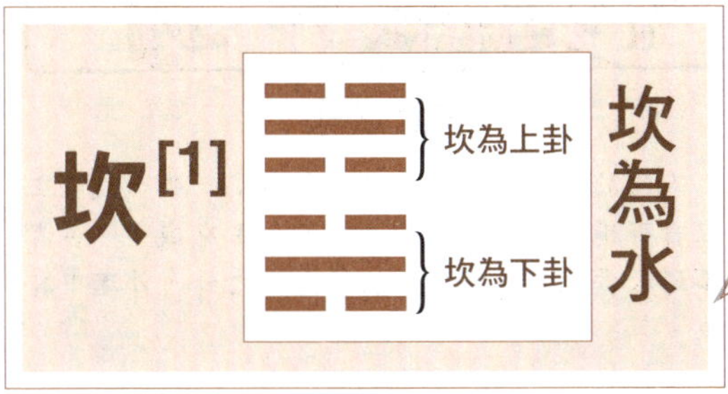

坎為水，特性陷，坎下坎上，水上加水，陷而再陷，坎象徵險難。越是在艱險中越是向前的行為是崇高的，而退縮則沒有出路。

【注解】

[1] 坎：卦名，象徵水與險阻。

【釋義】

此卦名為坎。《說文》中說：「坎，陷也。」可見坎的本義是指坑與穴。但是這種地方正是水的居留之地，「水就下，處卑下之地」，所以坎也代表水。事物不可能永遠是順利地得以通過，總會有坎坷阻擋，所以大過之後便是坎卦。這就是《序卦傳》中所說的：「物不可以終過，故受之以坎」。正因為這樣，坎卦也有險阻的涵義。

貳・卦畫

坎卦的卦畫是四個陰爻兩個陽爻，兩個陽爻分別位於上下卦之中。

叁・卦象

從卦象上分析，坎卦是兩個三爻坎卦重疊而成，象徵陷阱一個接著一個，險阻一個接著一個，險難一個接著一個，大水泛濫，災難重重，屢遭坎坷。上卦的坎可代表天上的水，即雨、露、霜、雪、雲、霧等，也代表外面來的災難；下卦的坎可代表地中的水，即河、海、泉、湖、泊等，也代表內部引發的災難。總之坎卦是內憂外患，險難不絕。

坎卦之象

人陷於井中，一人用繩子引出；一牛一鼠，主子丑日可進用；一人身虎頭怪人，主有威望。占者謀事遇大貴人方能獲吉。船涉重灘之卦，外虛中實這象。

肆・卦辭

習坎[1]有孚，維心亨，行有尚。

彖曰：習坎，重險也。水流而不盈，行險而不失其信。維心亨，乃以剛中[2]也。行有尚，往有功也。天險不可升也，地險，山川丘陵也，王公設險以守其國，險之時用大矣哉！

象曰：水洊至，習坎。君子以常德行，習教事。

【注解】

[1] 習坎：指兩坎相重。引申義為重重險阻。

[2] 剛中：指坎卦陽爻居於上下卦的中位。

【釋義】

經文意思是：坎卦，在重險中有誠信，因為心誠而亨通，行動會有功賞。

彖辭的意思是：「習坎」，便是雙重危險的意思。水流動就不會溢出河床，行在險中而不失誠信。因為心誠而亨通，是由於坎卦剛爻居中。得動會有功賞，是因為前往會建立功業。天險高不可攀越，地險有山川丘陵（也難能跨越），君王公侯利用險阻守衛自己的國家，險的時勢作用太大了！

象辭的意思是：水流疊連而至便是坎卦的卦象。君子從中受到啟發，恆久保持美好的德行，不斷提高教化人民的水準。

內憂外患，險難重重，可是卦辭中卻沒有凶險二字，這是怎麼回事？原來，人類是不怕任何艱難險阻的，因為人類可以克服，人類就是在險難的搏鬥中成長，並逐漸走向成熟，走向文明與鼎盛的，因為人類擁有智慧。

那麼人類是怎樣突破重重險難的呢？其實很簡單，只是靠誠信。人類因為誠信，可以得到神的保佑；人類因為誠信，可以團結成堅不可摧的長城；人類因為誠信，可以感動天地萬物。所以卦辭中說：「維心亨」，就是說人類在險難中會因誠信而得到亨通。可見誠信是人類的大智慧，靠小聰明是無法突破重重險難的。所以君子應當保持自己美好的德行，不斷提高民眾的思想修養。只要這樣，人類就能突破任何險阻，走向輝煌。

伍・爻辭

初六：習坎，入於坎窞[1]，凶。

象曰：習坎入坎，失道凶也。

九二：坎有險，求小得。

象曰：求小得，未出中也。

六三：來之坎坎，險且枕[2]，入於坎窞，勿用。

象曰：來之坎坎，終無功也。

六四：樽酒簋貳[3]，用缶，納約自牖[4]，終無咎。

象曰：樽酒簋貳，剛柔際也。

九五：坎不盈，祇既平，無咎。

象曰：坎不盈，中未大也。

上六：繫用徽纆[5]，寘[6]於叢棘，三歲不得，凶。

象曰：上六失道，凶三歲也。

【注解】

[1] 窞：音ㄉㄢ ㄢˋ，很深的坑。

[2] 枕：通「沈」，深的意思。

[3] 樽酒簋貳：樽，盛酒的器具；簋，音ㄍㄨㄟˇ，用竹子編成的方形盛食品器具。樽酒簋貳即是一杯酒兩盤菜的意思。

[4] 牖：音一ㄡˇ，窗戶。

[5] 徽纆：指捆綁犯人的繩子。徽，用三股擰成的繩子；纆，音ㄇㄛˋ，用二股擰成的繩子。

[6] 寘：音ㄓㄟ，同「置」，安置，放置。

【釋義】

初六：習坎，入於坎窞，凶。
象曰：習坎入坎，失道凶也。
經文意思是：重重險阻，陷入危險的深淵，凶。
象辭意思是：身陷重重險阻中，是迷失道路的凶險。

「初六」處重險之下，陰柔失正，在陷的最低層，無法脫身，所以凶險。

初六陰爻居於陽位，又處於險難的最深處，與六四不應而敵，所以有陷入險難中不能自拔的形象。所以凶險。

九二：坎有險，求小得。
象曰：求小得，未出中也。
經文意思是：坎中有險，小的要求會得到滿足。
象辭意思是：小的要求會得到滿足，是還沒有從險中走出來。

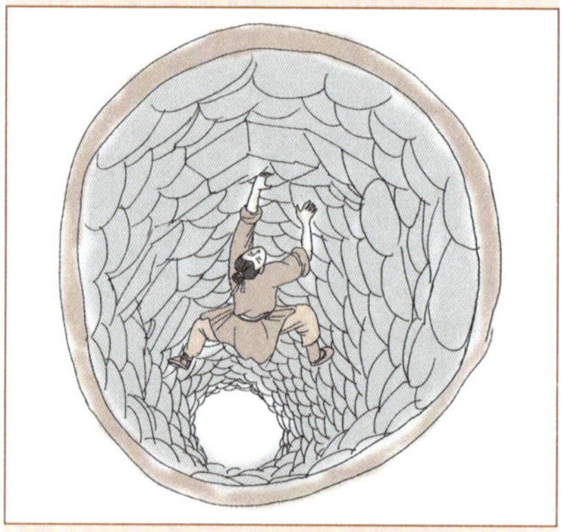

「九二」失正，但能以剛居中，且比上下二陰。故從小處謀求脫險，可達到目的。

九二陽爻居於偶位為不得位，可是他能夠居中，又有上下兩個陰爻相輔助，所以會得到小的利益。可是為什麼沒有大的收穫呢？因為三個爻同處於險難之中，初六與六三保住自己已經很困難，自然不會對九二有很大的幫助，而且九二與九五不應而相敵，所以只能得到小的利益。而這種利益也不過是兩個陰爻能夠捨己救主而已。

六三：來之坎坎，險且枕，入於坎窞，勿用。
象曰：來之坎坎，終無功也。
經文意思是：來去都是險阻，險境很深，小心落入危險的深淵，不要有所行動。
象辭意思是：來去都是險，最終不會成功。

「六三」陰居陽位，失正無應，前進有險，後退難安，落入陷穴深處，難以施展才用。

六三處於上下坎卦的交界處，有內外臨險的形象，所以有「來之坎坎」的爻辭。處於這種內憂外患、險象還生的情形下，是不利於有所行動的。所以爻辭說「勿用」。

「六四」柔順得正，專承九五，在危難中，由窗戶將簡單的食物送給君王，這樣沒有什麼災禍。

六四：樽酒簋貳，用缶，納約自牖，終無咎。
象曰：樽酒簋貳，剛柔際也。

經文意思是：一樽酒，兩盤供品，用瓦缶裝著酒與供品，安置在窗戶邊，最終不會有災難。

象辭意思是：一樽酒，兩盤供品，說明六四爻與九五爻陰陽相交。

祭品雖然微薄，但是心中虔誠，所以會得到神的保佑。而且六四心懷誠信，可以得到九五的幫助，所以他最終不會有災難。這位六四就好比治水的大禹。舜治理天下的時候，水災泛濫。而大禹則主動向帝堯提出擔任治水的重擔。他不負眾望，嘔心瀝血十三載，三過家門而不入，事蹟感動鬼神，最後終於成功地制伏了水患。而舜因大禹治理水患有功於天下民眾，便把天子的位子禪讓給大禹。可見心懷誠信的人，最終不會有災難，反而會得到好處。

「九五」中正，下比六四，坑旁的小丘已被鏟平來填深坑，不久就會脫離險境沒有災害。

九五：坎不盈，祇既平，無咎。
象曰：坎不盈，中未大也。

經文意思是：水流動而不滿盈，僅與河床水平。沒有災難。

象辭意思是：水流動而不滿盈，是九五居中還沒有發展壯大。

九五陽爻居於奇位為得位，又居於上卦之中，所以有中正之德。這種中正之德就像平緩的水流一樣，不急不躁，順著河床流動，從不外溢出去。爻辭以水喻德，告誡人們很多災難往往是由於驕傲氣盛造成的，而持有中正之德的人是不會有災難的。商中宗太戊就是一位有中正之德的君王。據史料記載，在太戊執政之前，商王朝出現了衰落的局面，內憂外患不斷，天災人禍頻傳，一些諸侯國趁機叛亂，以擺脫商朝的控制。太戊執政後任用伊陟和巫咸等賢臣，勤謹修德，勵精圖治。有一天夜裡，在太戊的朝堂上忽然長出一棵桑樹與構樹合為一體的連體樹，而且這棵怪樹一夜之間就長到合抱粗細。太戊看到這棵怪樹心裡感到有些害怕，便問伊陟是怎麼回事。伊陟是名相伊尹的兒子，也遺傳了父親的智慧。他對太戊說：「這桑樹與構樹本來應生長於荒野，如今長在朝堂上，確實是不祥之兆。不過歷來妖不勝德，邪不壓正，我想，如果君王能夠提升修養，在處理政事上沒有過失，妖異自然會消滅。」太戊聽完後，就更加勤勉地執政，並且恢復和完善祖宗的德政。結果三天後，這棵妖樹就枯死了。太戊見到自己的德政有這麼大的效果，就再接再厲，更加修德親民，結果三年後，很多諸侯國都仰慕他的德行，有六七十個諸侯國前來歸順商朝，使商朝呈現「中興」的大好形勢。這就是中正之德的厲害。

上六：繫用徽纆，寘於叢棘，三歲不得，凶。
象曰：上六失道，凶三歲也。

經文意思是：用繩子捆住，放到叢棘中，三年不能夠解脫，凶險。
象辭意思是：上六迷失道路，會有三年的凶險。

「上六」以柔居險之極，又無應，就像繩索重重束縛，放置在荊棘叢中，三年不能走出，所以凶險。

上六處於危險的頂端，並且又凌乘於九五陽爻之上，所以凶險。從爻辭上看，上六是犯了很大的罪，被用兩股與三股的繩子捆綁後，扔到荊棘遍布的林子裡，三年都無法逃脫。荊棘只是一種比喻，比喻退不能退，進不能進的處境。而古代監獄的圍牆上為了防止犯人逃跑，往往放著一些有刺的荊棘，所以此處的「叢棘」也代指監獄。「三歲不得」按現在的話來說，就是判了三年徒刑。上六為什麼會犯罪呢？象辭的解釋是「上六失道」。也就是說，水本該向下流，可是上六卻居於坎卦的最上面，所以違背了水的運行之道而導致凶險。

第30節
卦三十 離 日月麗天的智慧

壹·卦名

離為日，日為光，離上離下，光明接連升起懸附空中，即日附麗於天。離，為麗。象徵附麗，有附著、結合的意義。但附著的對象必須正當，具備柔順的德行，才能獲吉。

【注解】

[1] 離：卦名，象徵光明與依附。

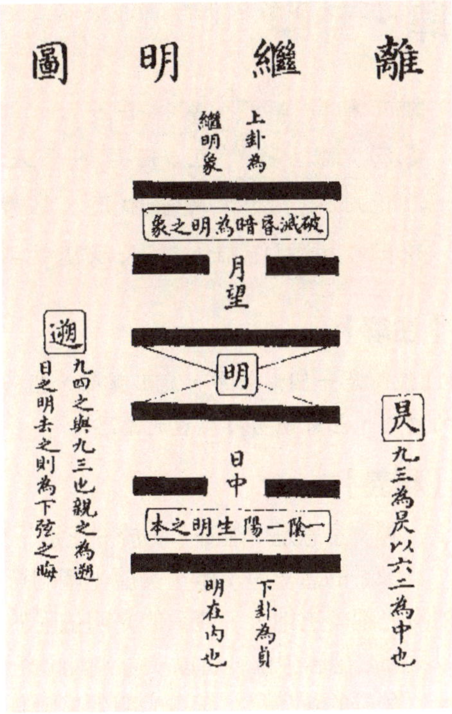

【釋義】

此卦卦名為離。《說文》中說：「離，離黃，倉庚也。」也就是說「離」字的本義是指黃鸝鳥。古字的「離」是「鸝」的本字；黃鸝也稱倉庚。古人認為太陽便是一種神鳥，所以離的引申義也指日。又由於日光是光明、溫暖又酷熱的，離就又有光明、火、火熱的涵義。鳥不能總是飛翔，也經常停落在某處，於是離又有依附、附麗的意思。又由於黃鸝鳥總是成雙成對地飛翔，所以離又有雌雄相依，陰陽相對的涵義。《序卦傳》中說：「陷必有所麗，故受之以離。離者，麗也。」就是說陷入坑裡肯定會附著在一個地方，所以坎卦之後是離卦。而古「麗」字，指的是雌雄兩隻鹿一同行走的樣子，所以「麗」的本義就是相依、相伴的意思。

貳・卦畫

離卦的卦畫為四個陽爻兩個陰爻，兩個陰爻分別位於上下卦的中位，離卦與坎卦互為旁通。

叁・卦象

從卦象上分析，陰爻在卦中很像網眼，所以離卦有網罟的形象。離卦的整體形象還像「日」字，所以也代表太陽。

離卦之象

人在虎背上立，主有驚險；一船在江心，主遇順風；官人執箭立於岸上，主遇大貴人薦；箭為急。謀望先凶後喜之象，無咎。飛禽在網之課，在明當天之象。

肆・卦辭

離：利貞，亨。畜牝牛，吉。

彖曰：離，麗[1]也；日月麗乎天，百穀草木麗乎土，重明以麗乎正，乃化成天下。柔麗乎中正，故亨；是以畜牝牛吉也。

象曰：明兩作離，大人以繼明照於四方。

【注解】

[1] 麗：是一個形聲字，鹿形麗聲，指一對鹿相行相伴的意思。現今麗有附麗、依附的意思，也有光明與美麗的意思。

【釋義】

經文意思是：離卦，利於守正道，亨通。畜養母牛，吉祥。

彖辭的意思是：離，美麗光耀的意思；太陽與月亮依附光耀於天際，百穀草木依附光耀於土地上，雙重的光明依附於正道，才能教化天下達到文明。六二與六五以柔順之德居中位，所以亨通，因此畜養溫順的母牛吉祥。

象辭的意思是：兩重光明就是離卦的卦象。大人物效法離卦的精神，發揮自己的光熱於四方。

「畜牝牛」，其實是一個比喻。透過人們馴養母牛得到啟發，明白溫順地依附於正道的好處。離卦有母牛的卦象。所以在此用母牛來說明依附的道理。母牛性格溫順地依附於人而有很大的氣力，比喻人依附於正道就會有大的作為。母牛可以生小牛，則比喻人的德智也應該不斷增長並且後繼有人。

象辭中說：「大人以繼明照於四方。」則是告訴人們，要像太陽依附於天空為世界帶來光明般，發揚自己的美德，有益於天下。

伍・爻辭

初九：履錯然，敬之無咎。

象曰：履錯之敬，以辟咎也。

六二：黃[1]離，元吉。

象曰：黃離元吉，得中道也。

九三：日昃[2]之離，不鼓缶而歌，則大耋[3]之嗟，凶。

象曰：日昃之離，何可久也。

九四：突如其來如，焚如，死如，棄如。

象曰：突如其來如，無所容也。

六五：出涕沱若，戚嗟若，吉。

象曰：六五之吉，離王公也。

上九：王用出征，有嘉。折首，獲匪其醜，無咎。

象曰：王用出征，以正邦也。

【注解】

[1] 黃：黃色，根據五行學說居於五色之中央，在此比喻六二爻居中得位。

[2] 日昃：昃，音ㄗㄜˋ，指太陽西斜。日昃即指西斜的太陽。

[3] 大耋：耋，音ㄉㄧㄝˊ，古代指七八十歲的老年人，也泛指老年人。大耋即指垂老之人。

【釋義】

初九：履錯然，敬之無咎。

象曰：履錯之敬，以辟咎也。

經文意思是：做事井然有序，錯落有致，恭敬行事不會有災難。

象辭意思是：做事井然有序，恭敬謹慎，是為了躲避災難。

初九爻處於離卦的最下面，從整體形象來說，最底下相當於人的雙足，所以爻辭以「履」做比喻。想說明什麼道理呢？就是說恭敬的益處。做事井然有序，錯落有致，恭敬行事不會帶來災難。像張良幫黃石老人撿鞋，結果得到兵書，就是一個敬人受益的例子。

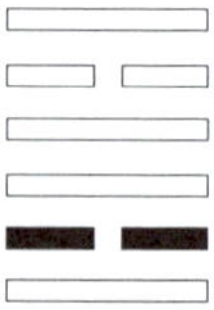

六二：黃離，元吉。

象曰：黃離元吉，得中道也。

經文意思是：六二爻黃中文明，大吉祥。

象辭意思是：「黃離元吉」，是因為六二爻居中位，符合中庸之道。

黃色在五行方位中居中，在此處是比喻六二爻居於下卦之中位，並且柔爻居於偶位為得位，具有中正之德，就像中午的太陽，所以會大吉大利。

九三：日昃之離，不鼓缶而歌，則大耋之嗟，凶。

象曰：日昃之離，何可久也。

經文意思是：太陽西斜後，聽不到人們敲打著瓦盆唱歌，而是聽到老人們的哀嘆聲，凶險。

象辭意思是：太陽已西斜，光明不會太遲久的。

九三不居中，又不得位，所以就好比西斜的太陽。俗話說「夕陽無限好，只是近黃昏」，說的就是西斜的太陽會有快要下山的遺憾。快要下山的太陽又可比喻老人的將逝，所以爻辭中的老人們會哀嘆。所以九三的凶險，就是人老將逝的凶險。

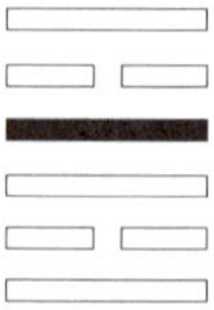

九四：突如其來如，焚如，死如，棄如。

象曰：突如其來如，無所容也。

經文意思是：災難突然而來，焚燒房屋，人死，丟棄親人的屍體逃命。

象辭意思是：突然到來的災難，是無法避免的。

此處的「突如其來如」，指的是逆子的出現。「突」字的古文字是一個倒著的「子」字，即頭朝上生下來的，

「初九」陽剛，象徵聰明，急於上進，有陷入危險的可能，但謙虛謹慎可避免。

「六二」中正，黃離元吉，以柔順中正之德附著於物，大吉大利。

「九三」下卦之終，似人到暮年，如不擊罐而歌，知天樂命，則必老暮窮衰，凶險難免。

引申為不孝順的兒子。兒子長大了，可是突然發現他不孝順父母。這也正是九三老人哀嘆的原因。可是在這裡則進一步地指明，天黑了，可是不孝的兒子把年邁的父母趕出家門，並且要燒死老人並拋棄老人的屍體。

「九四」陽剛失正，欲速則不達。像朝霞無法上附高天，會落得死無葬身之地。

六五：出涕沱若，戚嗟若，吉。
象曰：六五之吉，離王公也。
經文意思是：淚水、鼻涕如大雨一樣，悲傷哀嘆，吉祥。
象辭意思是：六五的吉祥，是因為其處於王公的位置。

六五是一位心懷仁慈的君王，面對這種不孝的社會習俗，他感到很傷心，所以痛哭流涕，愁眉不展地連連哀嘆，他在為這種時代悲哀。正是他心懷仁慈與悲哀，給他帶來了吉祥。因為他會得到更多人的共鳴，會得到更多人的擁護，三國裡劉備的哭就是這樣。

「六五」陰居陽位，為九四所迫，憂傷哀泣。但是居尊位，終獲眾助，而後有吉。

上九：王用出征，有嘉。折首，獲匪其醜，無咎。
象曰：王用出征，以正邦也。
經文意思是：君王帶兵出征，戰績很好。斬了敵人首領，俘虜了二頭目，沒有災難。
象辭意思是：君王帶兵出征，是為了安邦定國。

這裡描述的就是六五的君王帶著王者之師，討伐這個不孝的國度。由於君王發動的是正義之戰，結果取得戰爭的勝利。斬了敵人的首領，二首領也被俘虜了。於是天下沒有不孝之子生存的土壤了，於是人們懂得孝道，人人盡孝道，所以天下開始太平。因為「君君、臣臣、父父、子子」的禮教治國思想，開始風行天下。

「上九」居離之極，能夠明察，而且陽剛果斷，用兵誅殺惡人不會受到責備。

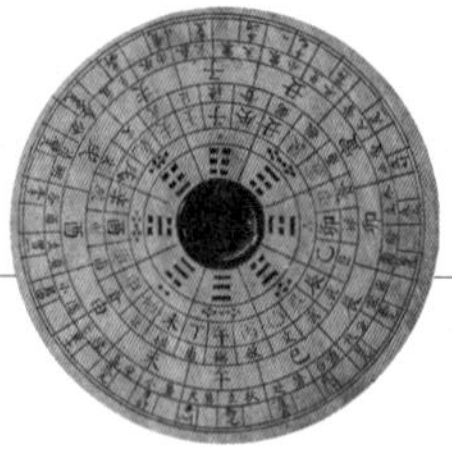

第三章

《周易．下經》的智慧

社會人生發展的哲理

回顧上經由乾、坤兩卦開頭，講述萬物始生，以及天地萬物運行的規律。下經則專講人道，以家庭和社會為主要闡釋對象。咸卦為下經的開門卦。

本章內容摘要

大壯卦——非禮勿履的智慧
晉卦——失得勿恤的智慧
明夷卦——箕子之貞的智慧
睽卦——感化惡人的智慧
蹇卦——反身修德的智慧
解卦——赦過宥罪的智慧
損卦——懲忿窒欲的智慧
益卦——見善則遷的智慧
萃卦——觀其所聚的智慧
升卦——步步高升的智慧
困卦——困境求通的智慧
鼎卦——穩重圖變的智慧
兌卦——朋友講習的智慧
節卦——適當節制的智慧
中孚卦——誠信立身的智慧
未濟卦——成功在望的智慧

第1節

卦三十一 咸 夫唱婦隨的智慧

壹・卦名

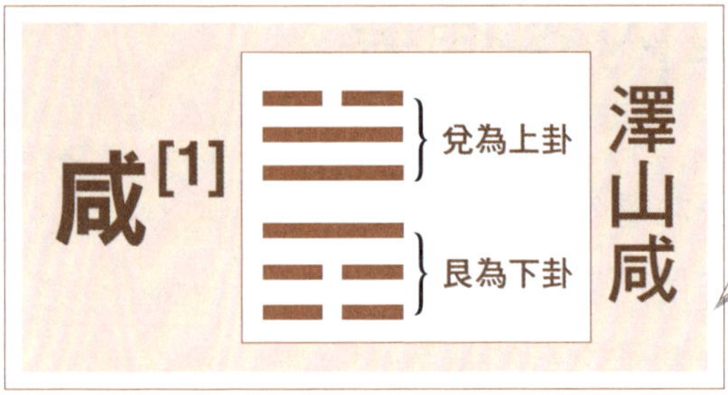

艮為山，兌為澤，山上有澤。澤性下流，以山感澤，為咸。咸為無心之感，象徵無心的感應，這是異性間自然、必然的現象。男女共相感應成夫妻可獲吉祥。

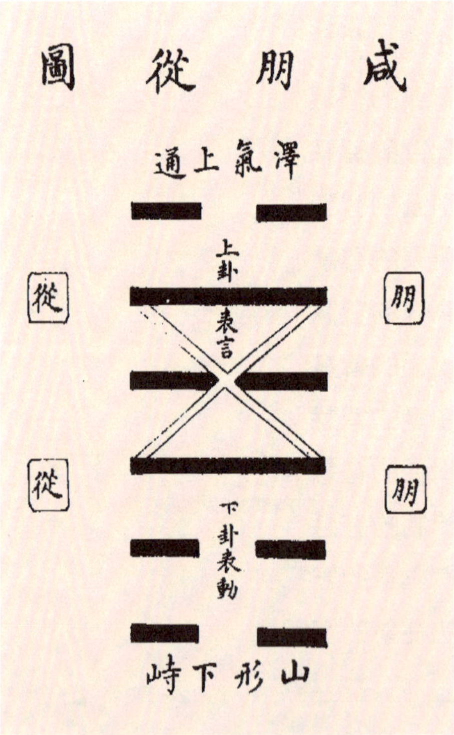

【注解】

[1] 咸：卦名，象徵夫婦之間的交感、感應。

【釋義】

此卦名為咸，是《周易》下經的第一個卦。甲骨文的「咸」字是「戌」字與「口」字相合，表示用長柄大斧砍人頭的意思。而此卦的「咸」字與「感」字相同意思，表示感應。《序卦傳》中說：「有天地然後有萬物，有萬物然後有男女，有男女然後有夫婦，有夫婦然後有父子，有父子然後有君臣，有君臣然後有上下，有上下然後禮儀有所錯。夫婦之道不可不久也，故受之以恆。」其所說的意思便是說明陰陽感應相合的重要性，並且著重闡明了人類社會中男女感應相合的重要作用。所以咸卦的「咸」字便是指男女陰陽感應相合的意思。《周易》上經以乾坤兩卦開篇，接下來講的便是天道與地道；《周易》下經以咸恆兩卦開篇，接下來講的便是人道。

貳・卦畫

咸卦的卦畫是三個陽爻三個陰爻。

叁・卦象

從卦象上進行分析，咸卦上卦為兌為喜悅為少女為澤，咸卦下卦為艮為止為少男為山，所以山上有澤便是咸卦的卦象。澤為陰其性質向下，山為陽其性質向上，山與澤相互感應相合，這是從大的方面進行取象。而上卦為少女，下卦為少男，男女相互感應相合，這是從人類的生活的特點進行取象。下卦為陽剛為停止，上卦為陰柔為喜悅，內心剛強而能止，外表柔順而喜悅，這是從哲學的角度進行取象。而卦辭與爻辭則主要透過男女之間的感應相合而觸類旁通，闡明陰陽感應相合的規律與作用。

咸卦之象

空中有一拳，主摳中有人提契；錢寶一堆，主空中得財寶；貴人在山頂上，乃高貴出身之義；女人上山，主夫妻俱顯；合子為和合。山澤迫氣之課，至誠感神之卦。

肆・卦辭

咸，亨，利貞，取女吉。

彖曰：咸，感也。柔上而剛下，二氣[1]感應以相與，止而說，男下女[2]，是以亨利貞，取女吉也。天地感而萬物化生，聖人感人心而天下和平；觀其所感，而天地萬物之情可見矣！

象曰：山上有澤，咸；君子以虛受人。

【注解】

[1] 二氣：指陰陽二氣。

[2] 止而說，男下女：咸卦下卦為艮為止，上卦為兌為悅，「說」即「悅」，所以「止而說」；艮代表少男，兌代表少女，少男在下面討好少女，所以說「男下女」。另外，也可能原文為「男下女上」，經書中「上」字脫漏。

【釋義】

經文意思是：咸卦，亨通，宜於守正道。娶少女為妻吉祥。

彖辭的意思是：咸是感應的意思。陰柔在上而陽剛在下，陰陽二氣相互感應結合在一起。有所控制而喜悅，艮男在下兌女在上，所以亨通利於守正道，且娶少女為妻吉祥。天地相互感應而萬物生成，聖人感化人心而天下太平；觀察陰陽交感的現象，便可以明白天地萬物的性情。

象辭的意思是：山上有澤便是咸卦的卦象。君子從卦象中得到啟發，虛心接受別人的意見。

伍・爻辭

初六：咸其拇[1]。

象曰：咸其拇，志在外也。

六二：咸其腓[2]，凶，居吉。

象曰：雖凶，居吉，順不害也。

九三：咸其股[3]，執其隨，往吝。

象曰：咸其股，亦不處也。志在隨人，所執下也。

九四：貞吉悔亡，憧憧[4]往來，朋從爾思。

象曰：貞吉悔亡，未感害也。憧憧往來，未光大也。

九五：咸其脢[5]，無悔。

象曰：咸其脢，志末也。

上六：咸其輔[6]，頰，舌。

象曰：咸其輔，頰，舌，滕[7]口說也。

【注解】

[1] 拇：足大趾。

[2] 腓：小腿肚子。

[3] 股：大腿。

[4] 憧憧：心神慌亂的樣子。

[5] 脢：音ㄇㄟˊ，背脊肉，泛指腰背。

[6] 輔：臉頰。

[7] 滕：形容水滕湧之勢。

【釋義】

初六：咸其拇。 象曰：咸其拇，志在外也。 **經文意思是：**感應到腳的大趾上。 **象辭意思是：**感應到腳的大趾上，是心裡想著向外走。

「初六」處咸之始，所感尚淺，似感於腳趾。吉凶未見。

爻辭按照從下到上的感應順序，分別闡明了不同階段的感應特點。這種感應即可以理解為男女之間的感應，也可以理解為天地之間的感應，以及人對萬物的感應。

此處的「拇」指的是人的足大趾。從卦象上看，與初六相感應的是九四爻。「咸其拇」是說明事物的感應有一個由淺及深的階段，此時處於初階，所以只能得到較膚淺的感應。

人與人之間是存在心靈感應的。曾子是大聖人，由於他非常有孝心，所以在很遠的地方便可以感應到母親的召喚。

六二：咸其腓，凶，居吉。 象曰：雖凶，居吉，順不害也。 **經文意思是：**感應到了小腿上，凶險，安於居所則吉祥。 **象辭意思是：**雖然凶險，但安守於屋中則吉，順應不會受到傷害。

「六二」中正，應於九五，所感在腿肚。動凶居吉。

六二與九五相感應。此時的感應已經到了小腿上了，說明感應有了進一步的發展。但爻辭說「凶」，這是怎麼回事呢？原來，六二與九五的感應雖然到了小腿上，但感應的程度還沒有達到最火熱的地步。而六二卻想急於跟隨九五而去，這種舉動，由於時機不成熟，當然會凶險了。所以爻辭又補充說：「居吉」，意思是在家裡不要外出才會吉祥。六二為什麼有外出之象呢？因為六二是咸卦下互卦巽卦的最下爻，巽為隨為入，所以有隨人走之象。

九三： 咸其股，執其隨，往吝。

象曰：咸其股，亦不處也。志在隨人，所執下也。

經文意思是： 感應到大腿上，想隨著別人行動卻被控制住了，前往有憂吝。

象辭意思是： 感應到大腿上，也是安靜不下來的意思。心裡想隨別人去行動，卻受下面所控制。

九三與上六相互感應。他們的感應比前兩爻有更進一步的發展，已經感應到了大腿上。九三因處於下互卦巽卦的中位，所以他也有隨人走的卦象。但九三的處境是既與上六相感應，又與下面的六二陰陽相合，所以他是魚與熊掌不可兼得，急於行動會有憂吝。

九四： 貞吉悔亡，憧憧往來，朋從爾思。

象曰：貞吉悔亡，未感害也。憧憧往來，未光大也。

經文意思是： 守正道沒有憂悔，心神不定地來往，朋友與你的想法一樣。

象辭意思是： 守正道沒有憂悔，是還沒感受到傷害。心神不定地來往，還不夠光明正大。

這裡的爻辭描述得很形象，把初戀男女的心理刻畫得很細緻而到位。「憧憧往來，朋從爾思」則是初戀男女的普遍心理，心裡有些心神不定，怕被別人發現，行動較為詭祕。當然，現在男女交往不會這麼小心了。但那種心神不定的感覺還是有

「九三」居「多凶」之位，陽盛性躁相感不專之象，前往必有遺憾。

「九四」失正，但陽居陰位有謙退之象，朋友間相互傾心，使悔恨消除。

的。雙方懷著這種心情交往，說明感應已達到了較為成熟的階段了。所以雙方交往只要守於正道，就會吉祥而不會有悔恨。

九五：咸其脢，無悔。
象曰：咸其脢，志末也。
經文意思是：感應到後背，沒有憂悔。
象辭意思是：感應到後背，是心願還沒有實現。

「九五」雖中正，居尊位，但不能專心感應於六二，僅獲無悔。

脢指的是人後背脊椎附近的肉，也就是離心臟很近了。說明感應已經到了最敏感的部位，人的後背有著豐富的經絡，所以感覺極其敏銳。可是九五之上是上六，九五儘管與六二相應，但迫於上六的緣故，所以不能與六二相合。所以象辭中說「志末也。」

上六：咸其輔，頰，舌。
象曰：咸其輔，頰，舌，滕口說也。
經文意思是：感應到牙床、臉頰和舌頭上。
象辭意思是：感應到牙床、臉頰和舌頭上。是信口開河、無所顧忌地說話。

「輔」指的是人的上牙床。古人說「車輔相存，脣齒相依」，說的都是人口中的器官。「車」指的是下牙床，「車輔相存」便是說上下牙床互相依存，缺一不可。「脣齒相依」便是說嘴脣與牙齒互相依存，缺一不可，因為脣亡齒寒。咸卦的上卦為兌，兌為口，而最上面的陰爻就像牙齒一樣，所以上六的感應到了牙齒附近。「滕口說也」則是說由於相互感應而有說不完的話語，像水流一樣滔滔不絕。

「上六」感極必反，僅以言感人，所感淺微。吉凶難測。

第2節
卦三十二 恆 立不易方的智慧

壹・卦名

巽為風，震為雷，雷震則風發，二者相依相助恆常不變，為恆。恆象徵恆久。又震剛在上，巽柔在下，說明尊卑序次是恆常不變之事。有恆必然有成，所以亨通，不會有災難。但必須以堅持純貞為前提，才會有利。

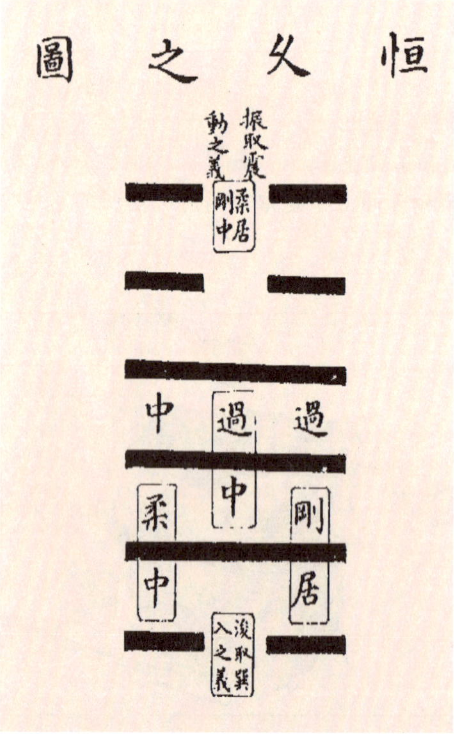

【注解】

[1] 恆：卦名，象徵恆久。

【釋義】

此卦卦名為恆。《說文》中說：「恆，常也。」也就是說「恆」是長久的意思。前面的咸卦講男女感應相合，於是結為夫婦，但夫婦之道應當天長地久，白頭到老，所以咸卦的下面是恆卦。

貳・卦畫

恆卦的卦畫是三個陰爻三個陽爻，其排列順序與咸卦正好相反。

叁・卦象

從卦象上進行分析，恆卦上卦為震為雷為長子，下卦為巽為風為長女，雷動風隨，這是自然界最大的永遠相隨的形象，也是人們都能看到的形象。一打雷接著就會颳風，古人從這一自然現象來說明陰陽相隨的道理。從而引申出夫婦亦應當像雷與風一樣永遠和睦相處。上一卦咸卦為少男與少女，這一卦則變為長子長女，這是喻示著男女由年少的相戀，到現在已經長大成熟，成為持久的夫婦關係。恆卦中內卦為巽外卦為震，則表示妻主內男主外的生活模式。

恆卦之象

日在雲中，太陽正照之意；風銜書，主證書；官人行路，主遇貴人；道士手指門，身入天門之義；鼠下兩口，主子月日時官人可回。日月常明之卦，四時不沒之象。

肆·卦辭

恆，亨，無咎，利貞，利有攸往。

彖曰：恆，久也。剛上而柔下[1]，雷風相與，巽而動，剛柔皆應[2]，恆。恆亨無咎，利貞；久於其道也，天地之道，恆久而不已也。利有攸往，終則有始也。日月得天，而能久照，四時變化，而能久成，聖人久於其道，而天下化成；觀其所恆，而天地萬物之情可見矣！

象曰：雷風，恆；君子以立不易方。

【注解】

[1] 剛上而柔下：恆卦上卦為震為雷為長子為陽卦，下卦為巽為風為長女為陰卦，所以說「剛上而柔下」。

[2] 剛柔皆應：恆卦初六爻與九四爻相應，六二爻與九五爻相應，九三爻與上六爻相應，卦中六爻全都陰陽相應。

【釋義】

經文意思是：恆卦，亨通，沒有災難，利於守正道，前往有利。

彖辭的意思是：恆是持久的意思。陽剛在上而陰柔在下，雷風相激，順勢而動，剛柔呼應，這就是恆卦。恆卦亨通沒有災難，利於守正道，是持久堅持之道，是天地運作不停之道，是永遠不停止的意思。前往有利，是終結之後又會有新的開始的意思。日月運行於天際，永遠發出光明，四時運轉變化，永遠不會停止，聖人長久保持自己的聖人之道，天下的百姓就會受到教化。明白恆久的道理，天地萬物的性情就能夠明白了。

象辭的意思是：雷與風組合在一起便是恆卦的卦象。君子效法這一卦的精神，立身修德而不改變自己的方向。

象辭則是從另一個角度對君子提出忠告，不過已經引申得有些太遠了。象辭說「君子以立不易方」，就是說君子要堅定自己的立場，不輕易改變自己的初衷。這句話與彖辭中「聖人久於其道而天下化成」有相似的涵義。但象辭將「君子以立不易方」與卦象聯繫起來，則表達的意思是君子對自己的立場要雷打不動，風吹不彎。

伍．爻辭

初六：浚[1]恆，貞凶，無攸利。

象曰：浚恆之凶，始求深也。

九二：悔亡。

象曰：九二悔亡，能久中也。

九三：不恆其德，或承之羞，貞吝。

象曰：不恆其德，無所容也。

九四：田[2]無禽。

象曰：久非其位，安得禽也。

六五：恆其德，貞，婦人吉，夫子凶。

象曰：婦人貞吉，從一而終也。夫子制義，從婦凶也。

上六：振恆，凶。

象曰：振恆在上，大無功也。

【注解】

[1] 浚：與「濬」同義，是深入水底進行淘挖，清理河床的意思。

[2] 田：打獵。

【釋義】

初六：浚恆，貞凶，無攸利。

象曰：浚恆之凶，始求深也。

經文意思是：只顧恆久追求深度，守正道凶險，前往無利。

象辭意思是：恆久求深的凶險，是剛開始便追求深度的緣故。

運動與守恆是辯證統一的，過分追求恆久就會一成不變，走上教條主義。天地的恆久之道有四季的變化，日月的恆久之道有消長盈虛的變化，而人也應當效法天地與日月的恆久之道，不可因恆而不變。恆久是相對的，恆久是會有好結果的。爻辭中以「浚恆」為例，說明了這個道理。古人擇水邊而居，於是河水泛濫之災成為人們生活的隱患。所以古人要適時地對河床進行清理，以防止河床變淺而導致水漫田莊。可是如果每天都清理河床，就沒有必要了。這樣做只是吃力不討好，人們不會因為每天清理河床而得到更多的生活資源。所以說天天清理河床，儘管出發目的是好的，但是結果也會凶險。

「初六」上應九四，求恆心切，但失正，即使動機純正，也有凶險，前進無利。

九二： 悔亡。

象曰：九二悔亡，能久中也。

經文意思是： 不會有憂悔。

象辭意思是： 九二爻沒有憂悔，是能持久於中庸之道的緣故。

九二爻居於下卦的中位，又與六五相應，所以不會有悔恨的事情發生。在恆卦中，九二能夠恆久地守於中庸之道，既不過激也不過緩，所以可以恆而有成，不會造成悔恨。

「九二」失正之「悔」，但恆位於中，故可以消悔。

九三： 不恆其德，或承之羞，貞吝。

象曰：不恆其德，無所容也。

經文意思是： 不能保持自己道德的持久，或受到羞辱，守正道而有憂吝。

象辭意思是： 不能恆久保持道德，這種人哪裡都不會容納他。

「九三」位雖得正，但過剛不中，不能恆久保持美德，動機純正，也難免恥辱。

九三爻處於恆卦下卦巽的最上爻，巽有相隨、隨順的涵義，所以九三爻的性情應當是極其隨和的，但怎麼會「不恆其德」呢？原來九三爻處於下互卦乾卦的中位，有健而動的形象，並且又與上六相應，所以他的隨順不是一味的順從，而是左右搖擺，一會兒跟隨這個人，一會兒又跟隨那個人，這種行為就叫「不恆其德」，這樣也就難免會「承羞」、「貞吝」了。這位九三爻就好比三國中的呂布，雖然勇猛英俊，但是總是對主人不忠，見誰勢力大就跟誰，所以人們罵他是「三姓家奴」，到最後沒人敢收留他了，落得被殺的下場。這就是象辭所說的「不恆其德，無所容也」。

九四：田無禽。

象曰：久非其位，安得禽也。

經文意思是：狩獵沒有打到飛禽。

象辭意思是：長時間不守在自己的位子上，怎麼會捉到飛禽呢？

「九四」陽剛失正又不中，恆居不當之位，徒勞無益。

九四也是一位堅持恆久的人，可是陽爻居於偶位，又是上卦震的主爻，所以有喜動不靜的形象，也就是說九四的恆久是恆久地運動。打獵四處遊走，可以捕到走獸，但這樣經常走動卻無法獲得飛禽。為什麼呢？因為鳥會受驚而飛走。我們捕鳥的時候必須靜靜地躲在一邊，這樣才會有鳥飛過來。如果大聲喧嘩，四處走動，鳥是不會飛過來的。

六五：恆其德，貞，婦人吉，夫子凶。

象曰：婦人貞吉，從一而終也。夫子制義，從婦凶也。

經文意思是：保持道德的持久，守正道。婦人吉祥，男人凶險。

象辭意思是：婦人吉祥，是因為跟隨一個男人白頭偕老；男人應當受道義的約束，聽從女人則會有凶險。

六五以陰柔之德居於尊位，雖不得位但是居中，所以能夠堅守中庸之道。六五的恆久相對婦人來講是吉祥的。因為跟一個男人白頭到老符合封建的禮教思想。可是男人如果像女人一樣就會凶險了，這是怎麼回事呢？其實六五的夫子指的便是九二與九四。六五地位高於九二與九四，所以九二與九四必須聽從六五的，故此爻辭中說六五的丈夫凶險。而六五的吉祥則來自於她在九二與九四之間選一個人作為自己的丈夫，並且能夠從一而終，所以吉祥。從卦象上分析，他選擇的應當是九四。也正因為這樣，九四才會「田無禽」。因為九四與初六相應，有相戀之象，可是由於與六五的關係，他又無法與初六進一步發展，所以「無禽」。

上六：振恆，凶。
象曰：振恆在上，大無功也。
經文意思是：長時間震動不停，凶險。
象辭意思是：上六在最上位搖擺不定，什麼事也辦不成所以有凶險。

上六處於全卦的最高處，但他又是震卦的最上爻，所以有劇烈擺動的形象。身臨高位而搖擺不定，是不會有所作為的，所以上六凶險。《老子》中說：「治大國，若烹小鮮。」什麼意思呢？就是說治理大的邦國，政策不能頻繁改動，如果朝令夕改，那麼百姓很難明白國君的政策到底是什麼。因為古代資訊不發達，所以大國家的君王要像烹飪小魚小蝦一樣治理國家，小魚小蝦烹飪時不能經常翻動，如果翻動就會變成碎末，所以治大國也要這樣。而上六就好比一個經常改變自己主意的君王，怎麼會不凶險呢？

「六五」得中居尊位，有婦人柔順守貞從夫之象。故婦人可獲吉祥，男子必有凶險。

「上六」居上震之終，有「恆」極至反，振動無常之象。故有凶險。

第3節

卦三十三 遯 不惡而嚴的智慧

壹・卦名

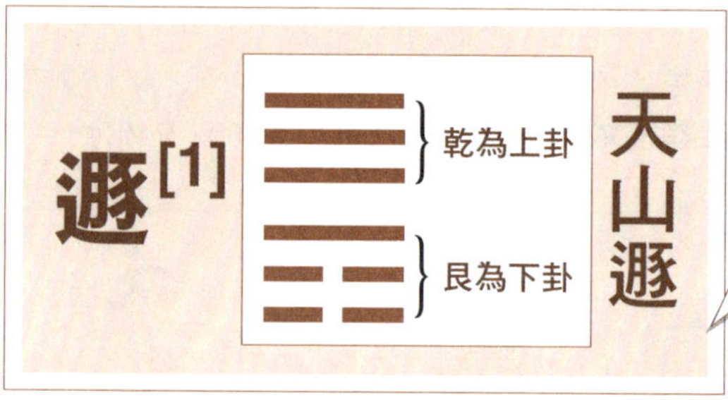

艮為山，乾為天，天下有山。天若君子，山比小人，小人漸長，君子退避，若天遠避山。故為遯。又作「遁」，故遯象徵退避。退避之時，陰漸長而陽漸衰，君子退而順利亨通，柔小者宜持正，不宜妄動以害陽剛獲吉。

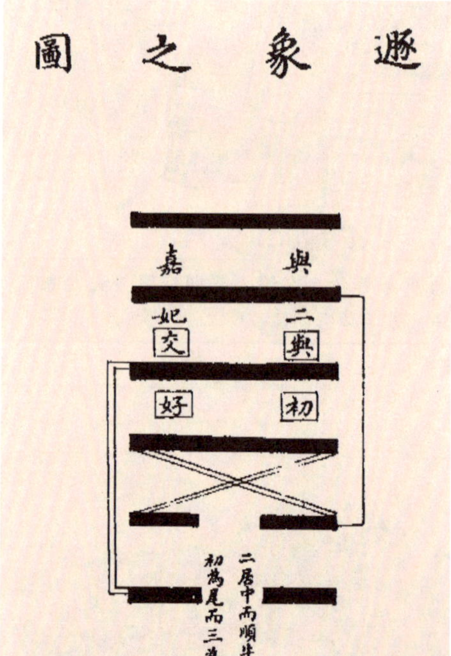

【注解】

[1] 遯：卦名，象徵隱退、躲避。

【釋義】

此卦卦名為遯。《說文》中說：「遯，遷也，一曰逃也。」《廣雅》中說：「遯，避也。」可見遯的本義便是逃跑、逃避，其引申義為隱遁、躲避的意思。《序卦傳》中說：「物不可以久居其所，故受之以遯。遯者，退也。」意思是，任何事物都不會永遠在相同位置沒有發展，所以恆卦的後面是遯卦。如同用拳頭打人般，要先把拳頭收回來，然後再出擊，所以恆卦之後，並沒有向前發展，而是向後退。

貳・卦畫

遯卦的卦畫是下面兩個陰爻，上面四個陽爻。

叄・卦象

遯卦之象

有山有水表明前面有阻；酒旗懸掛有一文字，主望事；一官人足踏龜，諧音為歸；月亮被浮雲遮蓋一半，表示隱；頭巾掛在樹上，說明掛冠；樹下有一人獨飲，自得其樂。豹隱於南山之卦，守道玄惡之象。

從卦象上分析，下面的兩個陰爻代表陰氣的逐漸生長，雖然卦畫中陽爻多，但是由於在八卦中的變化規律是由下往上升，所以遯卦的陰氣已經開始強盛。遯卦是十二消息卦之一，代表的節氣為大暑。遯卦六爻代表小暑至立秋的三十餘天。五天為一候，一爻代表一候。暑伏天由於陰氣的加重使天氣更加悶熱而潮溼，人與動物此時只能躲藏起來，以避暑氣。而其引申義為陰氣代表小人，陽代表君子，所以由於小人的勢力在增強，君子應當採取隱退的辦法來保全自己。隱退到哪裡去呢？遯卦上卦為乾為天，下卦為艮為山，天下有山便是遯卦的大形象。這也就是說，君子應當歸隱山林中避難。古代有德的隱士，大多數都隱居於山林之中，便是根據遯卦的啟示。

肆・卦辭

遯，亨，小利貞。

彖曰：遯亨，遯而亨也。剛當位而應[1]，與時行也。小利貞，浸而長[2]也。遯之時義大矣哉！

象曰：天下有山，遯。君子以遠小人，不惡而嚴。

【注解】

[1] 剛當位而應：指九五剛爻居中而與六二柔爻相應。

[2] 浸而長：指陰氣在逐漸生長。

【釋義】

經文意思是：遯卦，亨通，小的地方利於正道。

彖辭的意思是：遯卦的亨通，是因為隱遯而亨通。九五剛爻與六二陰爻相呼應，能順應時勢。小地方利於正道，是因為陰柔之氣在增長。遯卦的時勢意義太大了！

象辭的意思是：天下有山便是遯卦的卦象。君子從中受到啟示，遠離小人，不厭惡他們只是要嚴以律己，不與他們同流合汙。

既然已經歸隱，小人開始得勢，自然不會有大作為，所以卦辭中說「小利貞」。彖辭中說：「遯之時義大矣哉！」是怎麼大法呢？我們觀察尺蠖這一類的小蟲子的爬行就會發現，它每當前進時，總是先要把身體縮起來，縮成像一個小橋一樣，然後再將身子伸直，這樣便前進了一步。人的前進也應當是這樣的，先需要退隱靜處積蓄自己的力量，等自己的能力達到一定程度時，再來到社會中發揮自己的能力。

象辭中說：「君子以遠小人，不惡而嚴。」是針對小人勢力漸長的大背景下，對君子提出的忠告。卦中下卦為艮為停止，上卦為乾為剛健，外表剛健，而內心威然不動，這樣就不會被小人的甜言蜜語所迷惑。而又由於小人的勢力開始增長，所以小人也得罪不得，君子在這種情況下，只能從嚴要求自己，外表雖然不表現出對小人的厭惡，但內心應當明白不能與小人同流合汙。古人常以這種品德以出淤泥而不染的蓮花作比喻，荷花的這種品德便是「遠小人，不惡而嚴」。

伍・爻辭

初六：遯尾，厲，勿用有攸往。

象曰：遯尾之厲，不往何災也。

六二：執之用黃牛之革，莫之勝說。

象曰：執用黃牛，固志也。

九三：繫遯[1]，有疾厲，畜臣妾吉。

象曰：繫遯之厲，有疾憊也。畜臣妾吉，不可大事也。

九四：好遯[2]，君子吉，小人否。

象曰：君子好遯，小人否也。

九五：嘉遯[3]，貞吉。

象曰：嘉遯貞吉，以正志也。

上九：肥遯[4]，無不利。

象曰：肥遯，無不利；無所疑也。

【注解】

[1] 繫遯：繫，捆住；遯，逃跑的人。

[2] 好遯：全身而退、歸隱保全之意。

[3] 嘉遯：功成身退。

[4] 肥遯：肥，通「飛」。肥遯即飛行般地退去。

【釋義】

初六：遯尾，厲，勿用有攸往。
象曰：遯尾之厲，不往何災也。
經文意思是：逃跑落在最後，危險，不要往前走。
象辭意思是：逃跑落在後面的危險，不前往怎麼會有災難呢？

小人得勢的時代，賢明的君子總是能夠及早看出勢態變化而及早歸隱，而歸隱得不夠及時，落在了歸隱的最後一個，那麼肯定是會遭到凶險的。比如小人掌握了大權，結果賢臣一個個都不在朝中為官，這樣做會受到小人的迫害。所以說，隱遯一定要掌握好時機。

「遯尾」還有另一層意思，便是動物界的生存法則。在動物界中，獅子以羚羊為食，獅子雖然凶猛，但不如羚羊跑得快，所以雙方各存優勢，誰也沒有把誰滅掉。但是獅子也練習奔跑的速度，牠的目的是只要比跑在最後的羚羊速度快，牠就會得到食物而不至於餓死；羚羊們也不斷在提高自己的奔跑速度，每隻羚羊必須保證自己的速度不是最後一名，才能保護自己不被獅子吃掉。而跑在最後的一隻羚羊，便屬於「遯尾」，會有危險。

「初六」居卦下，失正，退避不及，落在末尾，有危險，不宜前往。

六二：執之用黃牛之革，莫之勝說。
象曰：執用黃牛，固志也。
經文意思是：用黃牛皮擰成的繩子拴住，沒有人能夠逃脫。
象辭意思是：用黃牛皮擰成的繩子拴住，是鞏固他的意志。

「六二」柔順中正，上應九五，志在固守輔時，不隨物退避。

中國有一句成語叫「心猿意馬」，便是說人的心像在樹上盪來盪去的猿猴一樣，意念像脫韁的野馬一

「九三」柔比六二，心為所繫。似得了厲害的疾病，退避時遲疑不決，故有危害。

「九四」下應初六，在應當隱退時，能擺脫所好，斷然隱去，當然吉祥。

樣無法約束。這正是人的最大弱點，所以《西遊記》中唐僧騎著白龍馬則象徵著他征服了「意馬」，給孫悟空戴上緊箍咒則象徵他戰勝了「心猿」。這是中國古老的養生之道，既戰勝心猿意馬，使心志保持平靜，調攝精神。這種理論便是來源於《周易》。此處六二用黃牛皮擰成的繩子拴住自己，不是拴住自己的身體，而是拴住自己的意志，使自己的意志不會動搖。

九三：繫遯，有疾厲，畜臣妾吉。
象曰：繫遯之厲，有疾憊也。畜臣妾吉，不可大事也。

經文意思是：繫住逃跑的人，有大病一場的危險，畜養奴僕婢妾則吉祥。

象辭意思是：繫住逃跑者的危險，是因為就像長期患病一樣疲憊不堪。畜養奴僕婢妾則吉，是不可以辦大事的意思。

正是有這種懲戒的方法，所以「畜臣妾吉」，因為奴隸或臣妾明白不忠於主人的下場。可是這畢竟不是治理天下的大道，所以「不可大事也」。

九四：好遯，君子吉，小人否。
象曰：君子好遯，小人否也。

經文意思是：該退就退，君子吉祥，小人閉塞。

象辭意思是：君子能夠急流勇退，小人則做不到這一點。

什麼時候該退，什麼時候該進，這確實是一門很深的學問。一般來講應該「功成身退」。可是什麼程度是「功成」？是沒有一定標準的。岳飛一直在積極抗金，可是朝中卻正在積極與金人議合，其實此時的岳飛儘管沒有「功成」——直搗黃龍府，但從大形式來講，他已經應該「身退」了。范蠡與文種幫著吳王打敗了越國，范蠡看出了情勢，便帶著西施歸隱了，可是文種卻仍然貪圖榮華富貴，覺得自己還應該幫著吳王治理天下，結果引來了殺身之禍。對於君子來講，就是皇帝賜給金山銀山，美女無數，當發現自己該隱退時，也不為金錢、美女所誘惑。可是小人就不會做到這一點，因為小人的人生目的便是追求榮華富貴，追求享樂。君子的人生目標比小人更高遠，更有理智。

九五：嘉遯，貞吉。
象曰：嘉遯貞吉，以正志也。
經文意思是：功成身退，守正道吉祥。
象辭意思是：功成身退而守正道的吉祥，是因為他明白正確的志向。

嘉遯的典型例子便是周公的事蹟。周公對西周的貢獻太大了，他平定「三叔」之亂，一舉東征，擴大西周的疆域，而且使西周的政權得到鞏固。東征歸來後制禮作樂，總結前代賢人的治國之道，完善禮樂治國的理論，為封建社會的社會治理開創新的規範。可是儘管他這麼有能力，卻沒有坐在君王的位子上不下來。而是功成身退，把君王的位子又還給成王。如果周公當時被權勢所誘繼續獨攬大權，便會遭到篡權的罵名，並且還會因此使天下大亂。漢朝的韓信便是不懂「嘉遯」之道而遭到殺身之禍。

上九：肥遯，無不利。
象曰：肥遯，無不利；無所疑也。
經文意思是：飛一樣的隱遯，沒有任何不利的。 **象辭意思是**：飛快隱遯而沒有不利，是因為無所顧慮。

隱遯如飛，像飛鳥般迅捷自由，肯定是沒有任何不利的因素。古代的隱士們便是這樣，他們非常自由，將情志寄託於山水之間，自得其樂。可是他們仍然關心國家大事，他們既可以受到帝王們的重視和召見，又可深入百姓民眾了解民間疾苦；既可向賢明的君王提出忠告得到賞賜，又可避開當權的小人明哲保身，閉口不言，歸隱保全。所以「無不利」。

「九五」中正居尊位，雖可不退避，卻能識微慮遠，及時退避，守持正固可獲吉祥。

「上九」下無應，上無阻，無所疑慮，高飛遠退，能悠然自得，安度隱退的生活。

第4節
卦三十四 大壯 非禮勿履的智慧

壹・卦名

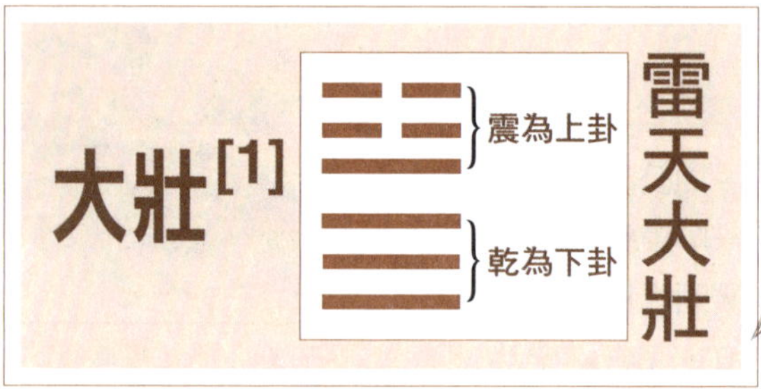

乾為天，震為雷，震雷響徹天上，為大壯。壯，強盛。大壯象徵大為強盛。又乾剛震動，陽氣從下上升，陽氣大動，為壯。君子壯大，當然亨通，然而，聲勢隆盛壯大，就必須嚴守純正；否則，就有陷於橫暴的可能。所以說，堅守純正，才會有利。

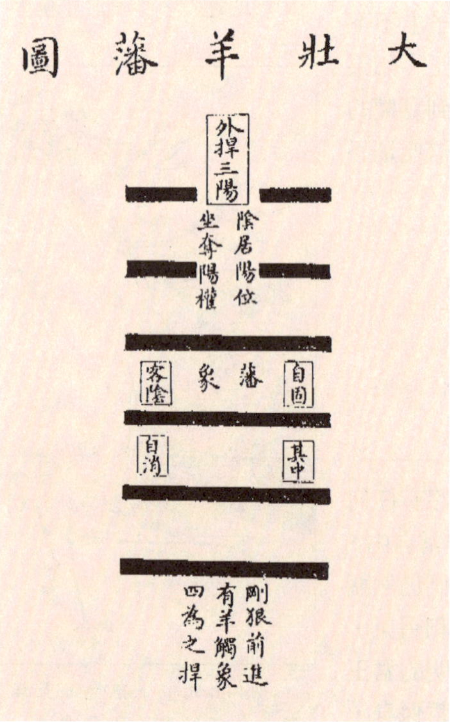

【注解】

[1] 大壯：卦名，象徵壯大、強盛。

【釋義】

此卦卦名為大壯。《說文》中說：「壯，大也。」古人將三十歲的男子稱為壯年。可見「壯」的意思就是壯大、強壯的意思。遯卦是歸隱保全，就好比隱者居於山林中積蓄自己的能力，經過不斷的積蓄，現在終於變得能力強大了。所以遯卦接下來便是大壯卦。這就好比董仲舒經年苦讀聖賢之書，最後終於學有所成，成為諸子百家的集大成者。這就是《序卦傳》中所說的：「物不可以終遯，故受之以大壯。」可是大壯卦並沒有前進的意思，只是表示透過「遯」，已使力量得到了最大的積蓄，是蓄勢待發的意思。

貳・卦畫

大壯卦的卦畫是下面四個陽爻，上面兩個陰爻，與遯卦的排列順序正好相反。

大壯卦之象

北斗七星，主人命災；天神執劍，乃凶神惡煞；一官人燒香拜佛，主祈福消災；一猴一兔一犬，逢申卯酉則吉。為羝羊觸藩之卦，先曲後順之象。

叁・卦象

從卦象上進行分析，下面的陽爻象徵陽氣的強盛，上面的陰爻象徵陰氣的削弱。大壯卦是十二消息卦之一，代表的節氣為春分。大壯六爻代表驚蟄至清明的三十餘天。五天為一候，一爻代表一候。這時候萬物都開始活動起來，草木生長，動物們也開始繁衍，並且此時已過驚蟄，天上始有雷聲，所以大地上呈現出一派聲勢浩大的景象。大壯卦上卦為震為雷，下卦為乾為天，驚雷響徹天際，便是大壯卦最大的形象。

肆・卦辭

大壯，利貞。

彖曰：大壯，大者壯也。剛以動[1]，故壯。大壯利貞；大者正也。正大而天地之情可見矣！

象曰：雷在天上，大壯；君子以非禮勿履[2]。

【注解】

[1] 剛以動：大有卦下卦為乾代表剛，上卦為震代且動，所以說「剛以動」。

[2] 非禮勿履：履，履行，做。非禮勿履即不做不符合禮教的事。

【釋義】

經文意思是：大壯卦，利於守正道。

彖辭的意思是：大壯就是陽氣強壯的意思。剛健而行動，所以強壯。大壯利於正道，因為強大者必須純正。保持正直而強大的德性，天地的情理便可以明白了。

象辭的意思是：雷聲響自天上，這就是大壯卦的卦象。君子從卦象中受到啟示，不做沒有禮教的事情。

伍‧爻辭

初九：壯於趾，征凶，有孚。

象曰：壯於趾，其孚窮也。

九二：貞吉。

象曰：九二貞吉，以中也。

九三：小人用壯，君子用罔[1]，貞厲。羝羊[2]觸藩，羸[3]其角。

象曰：小人用壯，君子罔也。

九四：貞吉悔亡，藩決不羸，壯於大輿之輹。

象曰：藩決不羸，尚往也。

六五：喪羊於易[4]，無悔。

象曰：喪羊於易，位不當也。

上六：羝羊觸藩，不能退，不能遂，無攸利，艱則吉。

象曰：不能退，不能遂，不詳也。艱則吉，咎不長也。

「初九」處大壯之始，無名欲進，有壯於足趾之象。前進必有凶險，應以誠信自守，善處窮困。

【注解】

[1] 罔：漁獵用的網。

[2] 羝羊：羝，音ㄉㄧ，公羊。

[3] 羸：音ㄌㄟˊ，纏繞。

[4] 喪羊於易：與旅卦中的「喪牛於易」意思相近，指殷先祖王亥親自趕著牛群，到河北的有易部落進行商業貿易活動，不幸被有易部落的首領綿臣所殺的歷史事件。

【釋義】

初九：壯於趾，征凶，有孚。

象曰：壯於趾，其孚窮也。

經文意思是：足趾強壯，征討有凶險，但有誠信。

象辭意思是：腳趾強壯，有誠信會受到窮困。

初九只是足趾強壯了，便自以為可以用自己的強壯征服一切，結果導致凶險。這一爻是告誡人們，當自己的力量有所積蓄時，不要自以為就強盛了，應當對自己及當前形勢有著清醒的認識。如果自以為很強盛，可以去征討別人，只能給自己帶來凶險。因為初九爻的強盛是有限的，還沒有積蓄到足以征服別人的地步。

「九二」失正，陽居陰位，剛中守謙，守持正固，可得吉祥。

九二：貞吉。
象曰：九二貞吉，以中也。
經文意思是：守正道吉祥。
象辭意思是：九二守正道吉祥，是因為九二居於中位。

九二爻陽爻居於偶位為不得位，但是其居於下卦之中，能守中庸之道，並且有六五的應援，所以只要守正道，就會吉祥。也就是說九二爻能夠在安穩中積蓄自己的力量，不盲目行動，這種行為會受到六五的支持與幫助，所以吉祥。

九三：小人用壯，君子用罔，貞厲。羝羊觸藩，羸其角。
象曰：小人用壯，君子罔也。
經文意思是：小人靠力量，君子不這樣，守正道有危險。公羊用角頂撞藩籬，角被掛住。
象辭意思是：小人靠力氣，君子用智。

九三爻處於下卦乾卦的最上位，所以剛健之極，由於性格剛健，所以極其喜歡用武力征服別人。這種人，爻辭將其比做一隻公羊。公羊一生氣就用角去撞，公羊與同類爭奪配偶時也是採用撞角的辦法，前面有藩籬擋著，也用角去撞，結果角被纏住，進不能進，退不能退。在這裡，公羊

「九三」當位應上，剛亢強盛。若為小人，必恃強妄動凶險立至。若為君子，必不妄用強盛守正善德。

觸藩的比喻，則是告誡人們依靠武力是解決不了問題的。

象辭對爻辭進一步發揮，將這一道理引申到治理天下的手段上。就是說小人治世之道是採用武力鎮壓，君子之道則是用道德的網來籠絡人心。比如夏朝的夏桀一味採用武力鎮壓民眾，大臣關雲龍以忠言上諫，竟遭殺身之禍。結果使夏朝走向了滅亡。而商湯則用仁義籠絡人心，使商朝逐漸走向強盛，並一舉滅掉了夏王朝。據《史記・殷本紀》中記載，一次商湯外出巡察，見到一個用網捕鳥的人在林中張開四面網，然後向天祈禱：「願天上的所有鳥，四方的所有鳥，都落入我的網中。」商湯聽了，覺得這個人做得太過分了，便讓隨從將捕鳥人的網撤掉三面，只留一面網，並讓捕鳥的人祈禱：「往左飛的鳥儘管往左飛，往右飛的鳥儘管往右飛，想高飛的鳥儘管高飛，想低飛的鳥儘管低飛。不聽從勸告、自尋死路的鳥，就飛到我的網上來吧。」商湯的這件事在諸侯中傳開後，各方諸侯認為商湯竟然對禽鳥都施以恩澤，便被商湯的仁政所感化，紛紛歸附商湯。這就是「君子罔也」。商湯表面上給飛鳥網開一面，實際上卻是用道德的網籠絡了更多的人心。

九四： 貞吉悔亡，藩決不羸，壯於大輿之輹。
象曰：藩決不羸，尚往也。

經文意思是： 守正道吉祥沒有憂悔，藩籬被衝破，羊角解脫出來了，羊角像大車的車輹一樣強壯。

象辭意思是： 衝破藩籬，是因為一直往前頂。

「九四」失正無應，本有悔，但陽居陰位為引謙持正之象。所以獲「吉」，所行無阻。

九四爻位於大壯卦的陰陽爻交接處，並且又是下互卦的最上爻有極健之象，同時也是上卦的最下爻有行動的形象，綜合起來便是九四爻與下面的眾陽爻聯合起來，衝破前面的阻礙。九四爻就好比公羊角已觸在藩籬上，已經是角被藩籬所纏，這種情況怎麼辦呢？唯一的辦法便是衝破藩籬，由於九四極其強健，所以他終於衝破了藩籬的纏繞。爻辭形容九四的強健極其形象——「壯於大輿之輹」，也就是說九四就像大車的車廂底下的橫木一樣強壯。

六五：喪羊於易，無悔。
象曰：喪羊於易，位不當也。

經文意思是：在易這個地方失去了羊，沒有憂悔。

象辭意思是：在易失去了羊，是因為六五位置不當的緣故。

「六五」失正，似剛壯之舉喪失於田畔，不再強壯的前進，但也不會後悔。

「喪羊於易」與旅卦中的「喪牛於易」意思相近，說的是殷先祖王亥的故事。殷朝的先祖王亥很會馴服牛馬，所以他養了很多的牛、馬、羊，於是他坐著牛車，趕著牛群羊群，到河北的有易部落進行商業貿易活動，結果被那裡的人們殺害並搶走了他的牛羊。王亥本是一國之君，結果卻離開君王之位到遠方去做生意，這便是「位不當也」。而六五以柔爻居於尊位，也屬於「位不當也」，但是他能夠與九二相應，並且還與九四相合，所以不會發生悔恨的事情。

上六：羝羊觸藩，不能退，不能遂，無攸利，艱則吉。
象曰：不能退，不能遂，不詳也。艱則吉，咎不長也。

經文意思是：公羊頂撞藩籬，角被掛住，結果不能退，不能進，沒有好處，艱難自守就會吉祥。

象辭意思是：不能退，不能進，這種處境是由於當初沒有考慮詳細所致。艱難自守則吉祥，是因為災難不會太長久。

「上六」求進心切，但體柔質弱，進退兩難，無所利益。但堅貞自守，終可獲吉。

大壯卦上卦震為藩籬，上互卦兌為羊，所以有羊觸藩籬之象。但是上六處於極亢之位，所以行動魯莽，但是他又是陰爻而不具備九四一樣的強壯，所以被藩籬所困，進退不得。處於這種情形，只能在艱苦中忍耐了。只有這樣才會吉祥。為什麼呢？因為事物不會總是這個樣子，最終是要發生變化的，形式一變上六的困境就解脫了。所以象辭中說：「咎不長也」。

第5節
卦三十五 晉 失得勿恤的智慧

壹・卦名

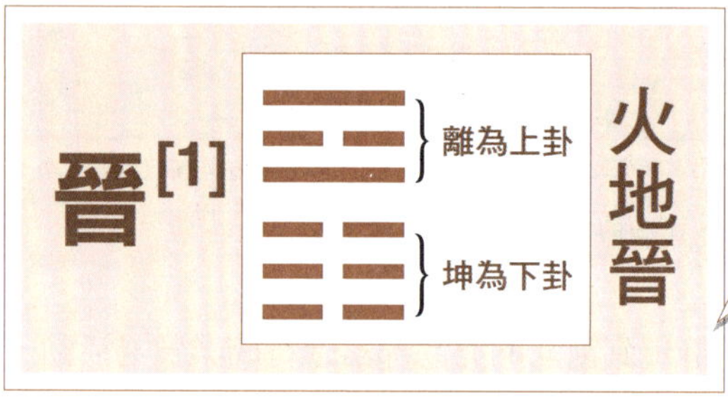

坤為地，離為日，為光，日之出地上。即光明出現在地面，萬物柔順依附的樣子。就像臣下依附天子，得到晉升。晉，為進，含進長、前進的意思，故晉象徵進長，主吉祥。

【注解】

[1] 晉：卦名，象徵前進、晉升。

【釋義】

此卦卦名為晉。《說文》中說：「晉，進也。日出，萬物進。」也就是說萬物隨著太陽一起前進、生長的意思。俗話說「萬物生長靠太陽」，說的就是這個意思。太陽出來了，植物開始向上生長，越來越高。如果將太陽比作為君王，則是眾人受到君王的恩澤而有所作為的意思，當然君王對臣民最大的恩澤也就是加官進爵了，所以「晉」也有升官的涵義。《序卦傳》中說：「物不可以終壯，故受之以晉。晉者，進也。」就是說事物不可能總是停留在強壯的狀態中，強壯後必有所前進、發展，所以大壯卦的後面是晉卦。

貳・卦畫

晉卦的卦畫為兩個陽爻四個陰爻。

叁・卦象

從卦象上進行分析，晉卦上卦為離為日為光明，下卦為坤為地為柔順，所以太陽從東方的大地上升起來就是晉卦的卦象。旭日東升，正是晉升的大形象，這是每天人們都能看到的。而賢明的君王會對有功的臣民進行獎賞，所以臣民的加官進爵也是晉升的形象。

晉卦之象

有一文字破，主不全；官人掩面而哭，地下有一球，說明事沉；一雞口銜秤桿，說明雞鳴有准；枯樹開花，說明晚而發跡；鹿含書，說明有任命文件；一堆金寶，說明有財有利。為龍泉入裡之卦，以臣遇君之象。

肆・卦辭

晉，康侯[1]用錫[2]馬蕃庶[3]，晝日三接。

彖曰：晉，進也。明出地上，順而麗乎大明，柔進而上行。是以康侯用錫馬蕃庶，晝日三接也。

象曰：明出地上，晉；君子以自昭明德。

【注解】

[1] 康侯：即康叔封，文王的第八個兒子，武王的同母弟弟，為周的司寇，初封於康，所以稱康侯。周公平定武庚叛亂後，封叔康於衛（河南淇縣朝歌），所以後世也稱衛叔康。一些易學家正是因為晉卦卦辭反映的是文王之後的事情，所以認為卦辭並非文王所創。

[2] 錫：同「賜」。

[3] 蕃庶：蕃息而眾多。

【釋義】

經文意思是：晉卦，武王的弟弟康侯用武王賜給的良馬生育許多良種馬，武王因此一天接見他三次。

彖辭的意思是：晉，晉升的意思。太陽出現在大地上空，順服地給天地間美麗的光明，柔順之氣前進而上升，所以康侯用天子賞賜的良馬繁殖，一日之內被天子接見三次。

象辭的意思是：太陽出現在大地上，這就是晉卦的卦象。君子效法此象，發揚光明的美德。

伍．爻辭

初六：晉如摧如[1]，貞吉。罔[2]孚，裕無咎。

象曰：晉如摧如；獨行正也。裕無咎；未受命也。

六二：晉如愁如，貞吉。受茲介福[3]，於其王母。

象曰：受之介福，以中正也。

六三：眾允[4]，悔亡。

象曰：眾允之，志上行也。

九四：晉如鼫鼠[5]，貞厲。

象曰：鼫鼠貞厲，位不當也。

六五：悔亡，失得勿恤，往吉無不利。

象曰：失得勿恤，往有慶也。

上九：晉其角[6]，維用伐邑，厲吉無咎，貞吝。

象曰：維用伐邑，道未光也。

【注解】

[1] 摧如：摧，受排擠。摧如即受排擠的樣子。

[2] 罔：無，沒有。

[3] 受茲介福：茲，此、這個；介，大。受茲介福即受到這樣的大福。

[4] 允：上升之意。

[5] 鼫鼠：鼫，音ㄕˊ。對於鼫鼠，歷來有多種說法。在《古今注》、《廣韻》中認為鼫鼠是喜食馬鈴薯的螻蛄；《子夏傳》中將其寫作「碩鼠」，即認為是田鼠；《九家易》中稱「鼫鼠」為「五窮」，即螻蛄；蔡邕在《勸學篇》中稱鼫鼠為可以飛的「梧鼠」，因「五能不成一技」，所以也稱「五窮」。其五能指「能飛不能過屋，能緣不能窮木，能游不能渡谷，能穴不能掩身，能走不能先人。」

[6] 角：頂點。

【釋義】

初六：晉如摧如，貞吉。罔孚，裕無咎。

象曰：晉如摧如；獨行正也。裕無咎；未受命也。

經文意思是：追求上進卻受到排擠，守正道吉祥，不受信任，心放寬沒有災難。

象辭意思是：追求上進卻受到排擠，是因為只有你走正道。心放寬沒有災難，是因為還沒有受到任命。

「初六」始「晉」即受挫折。但寬裕待時，終必消難，應該沒有什麼災難。

晉卦下卦的三個陰爻都想向上發展，就好比官場上的明爭暗鬥。可是初六雖然處於最底層，但卻有九四相應，所以就相當於主管眼中的紅人，這種人也往往是官場中最容易受排擠的一類人。怎麼辦呢？俗話說「人在矮檐下，不得不低頭」，只能是忍為上策，但一直忍著是會生病的，所以還要把心放寬，才能沒有災難。

六二：晉如愁如，貞吉。受茲介福，於其王母。

象曰：受之介福，以中正也。

經文意思是：晉升了憂愁也來了，守正道吉祥。受到這樣的大福，是來自於王母。

象辭意思是：受到這樣的福澤，是因為六二居中而得其位。

「六二」欲進有愁，但柔順中正，又與六五同具中德，守持正固可獲吉祥。就像從祖母那裡得到福氣。

六二在官場上雖然有一定的地位，但是他卻很憂愁。為什麼呢？因為他與六五相敵不應，並且緊臨上互卦坎卦，坎為險為多憂，所以六二總是顧慮重重，如置身於險境的邊緣一樣。正因為如此，六二才因行為謹慎而沒有災難。六二得位而居中，又具有中正之德，所以儘管他與六五同性相斥，但是他卻能夠受到六五的嘉獎。這就是「受茲介福，於其王母」。

「六三」不中不正，應有悔。但與下二陰有上進之志，取信於眾，又應上九，悔恨消失。

六三：眾允，悔亡。

象曰：眾允之，志上行也。

經文意思是：藉著眾人之勢向上升，沒有悔恨。

象辭意思是：受到眾人的信任，是因為他的志向是很有上進心的。

六三爻下面的兩個陰爻都有上升之勢，所以六三也可以藉助下面的力量往上升。並且六三與九四陰陽相合，與上九相應，所以，他的上升會很順利。打個比方來說，六三就相當於現在某公司的一位主任，底下的人都想升官，可是六三由於其上面有人，上面的主管很看重他，所以當下面的人員得到了他的職位後，他便自然而然地被提拔到更高的主管職位上。這種水到渠成的晉升，怎麼會有悔恨呢？

九四：晉如鼫鼠，貞厲。

象曰：鼫鼠貞厲，位不當也。

經文意思是：像鼫鼠一樣晉升，守正道也會有危險。

象辭意思是：鼫鼠守正道也會有危險，是因為所處的位置不當。

「九四」陽剛失正且不中，似野鼠般貪婪的人，晉升到高位，就是行為正當前途也有危難。

六五被眾陰所包圍，又身陷上互卦坎中，並且又是下互卦的最上爻，並且剛爻居於偶位為不得位，所以九四是處於險境中卻不能自拔。爻辭中以「鼫鼠」來比喻九四爻，說牠會飛卻飛不了多遠，會攀援卻爬不到樹上，會游泳卻游不到河的對岸，只能在小水坑裡游來游去；會打洞可是卻打不出一個可以藏身的洞穴，幾條腿很忙碌，跑了半天卻沒有人一步的距離遠。這種樣樣都懂但沒有專長的人士，社會上比較普遍，而其一生的命運也就因此而像「鼫鼠」一樣，這種人即使守正道，也不會逃脫危險的。

六五：悔亡，失得勿恤，往吉無不利。
象曰：失得勿恤，往有慶也。

經文意思是：沒有憂悔，不要顧慮得與失，前往吉祥沒有任何不利。

象辭意思是：不計較得與失，前往才會有喜慶之事。

俗話說「捨得捨得」，沒有失哪裡有得？這就好比塞翁失馬，會因失一匹馬而得到了成群的馬。如果塞翁把自己的馬拴得很牢，那麼這匹馬怎麼會給他帶回來成群的馬呢？人生往往是得失並存的。

六五身處尊位，有上下陽爻相擁相輔，所以無論前進還是後退，無論是得與失，他都會擁有值得喜慶的事。

「六五」失正，當有悔。但委任得人，下者服從，悔恨就消失了，且不計較得失，前往獲吉。

上九：晉其角，維用伐邑，厲吉無咎，貞吝。
象曰：維用伐邑，道未光也。

經文意思是：晉升到了頂點，只有用征討小國來建立功勛，危險中會有吉祥，沒有災難，守正道會遇到困難。

象辭意思是：只能用征討小國來建立功勛，是說明上九的晉升之道還不能光大。

晉升到了極點，反而失去了權力。古代晉升與現在有所不同。現在一般來說是越升越大，越來越有權力。可是古代升到最上面便成了太上皇，所以名譽上是最重要的人物，連皇上都怕三分，但實際上卻沒有實權。這位上九是一個追求功名的人，所以他想要繼續提高自己的榮譽，只能去征討一些小國家了。由於上九處於窮途末路，很快便會被眾陰排擠掉，所以一味堅守正道就會有憂吝的事發生。

「上九」為轉化矛盾，宜向鄰邦用兵建功。這樣雖有危險，但可獲吉祥。但用武畢竟有憾，不免羞辱。

第6節

卦三十六 明夷 箕子之貞的智慧

壹・卦名

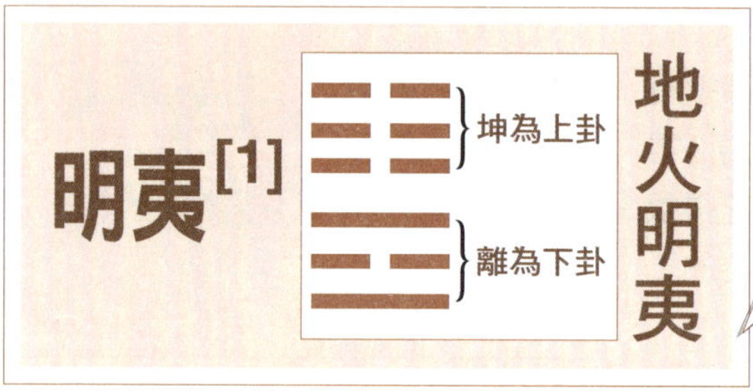

離為日，為明；坤為地。日落地下，光明沒入地中，為明夷。夷者，傷也。明夷象徵光明損傷。暗主在上，明臣在下，不敢顯其明智，引申為天下昏暗。在光明受阻之時，賢者以明德被創傷，面對的局勢非常艱難，唯有守持正固，刻苦忍耐，韜光養晦以自保。

【注解】

[1] 明夷：卦名，象徵受傷、倒霉。

【釋義】

此卦卦名為明夷。夷是夷毀、受傷的意思。明夷就是光明受損受傷之意。前面以天空中的太陽比喻晉升，可是太陽不會永遠停在天空中，也有日落的時候，所以晉卦的後面是明夷。其引申義則是說明人生不可能永遠晉升順利，也有受傷害的時候。所以《序卦傳》中說：「進必有所傷，故受之以明夷。」

貳・卦畫

明夷卦的卦畫為兩個陽爻四個陰爻，卦畫的排列順序正好與晉卦相反，明夷卦與晉卦互為覆卦。

叁・卦象

從卦象上進行分析，明夷上卦為坤為地，下卦為離為日，太陽進入地中便是明夷卦的卦象。明夷卦喻示著黑暗的來臨，也代表小人勢力的強盛。

肆・卦辭

明夷，利艱貞。

彖曰：明入地中[1]，明夷。內文明而外柔順，以蒙大難，文王以之。利艱貞，晦其明也，內難而能正其志，箕子以之。

象曰：明入地中，明夷。君子以蒞眾，用晦而明。

【注解】

[1] 明入地中：明夷卦上卦為坤為地，下卦為離為光明，所以說「光明進入地中」。

明夷卦之象

婦人陷阱中，虎在井上防傷之義；饑缺，主才不可望；人逐鹿，乃逐其祿。占得此卦為大凶。鳳凰重翌之課，出明入暗之卦。

【釋義】

經文意思是：明夷，利於艱難中守正道。

彖辭的意思是：太陽沉入地中，便是明夷。內卦文明外卦柔順，因此蒙受大難，周文王就是這樣。利於艱難中守正道，韜光養晦，內部有難也能堅持自己的志向，箕子就是這樣的。

象辭的意思是：太陽落入地中，這就是明夷的卦象。君子從中受到啟示，治理民眾要隱去自己的才能，做到外愚內智。

光明受損，黑暗來臨，小人得勢。這種情況下君子該怎麼辦呢？是與小人作鬥爭，還是隨波逐流？在《周易》裡面，認為陰消陽長是一種規律，人的行為不能與形勢的發展相違背。可是《周易》中又極其強調君子的節氣，所以君子在這種時期，不能與小人同流合汙，只能「利艱貞」。也就是說只能在清苦的生活中堅守正道。

伍・爻辭

初九：明夷於飛，垂其翼[1]。君子於行，三日不食。有攸往，主人有言。

象曰：君子於行，義不食也。

六二：明夷，夷於左股，用拯馬壯，吉。

象曰：六二之吉，順以則也。

九三：明夷於南狩[2]，得其大首，不可疾，貞。

象曰：南狩之志，乃大得也。

六四：入於左腹，獲明夷之心，出於門庭。

象曰：入於左腹，獲心意也。

六五：箕子之明夷[3]，利貞。

象曰：箕子之貞，明不可息也。

上六：不明，晦，初登於天，後入於地。

象曰：初登於天，照四國也。後入於地，失則也。

【注解】

[1] 垂其翼：指天黑鳥兒垂下雙翼入巢休息。

[2] 南狩：南，南方；狩，狩獵。

[3] 箕子之明夷：箕子是紂王的親戚，見紂王做了一雙象牙的筷子，便預感到紂王會因此逐漸淫佚起來，箕子勸告紂王卻沒有效果，於是箕子便開始裝瘋為奴，不想暴露紂王的昏庸而顯示自己的明智。這就是箕子隱晦明智的典故。

【釋義】

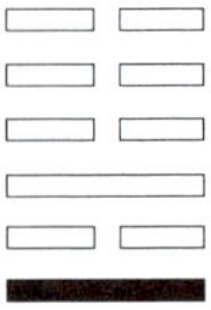

初九：明夷於飛，垂其翼。君子於行，三日不食。有攸往，主人有言。
象曰：君子於行，義不食也。

經文意思是：光明進入地中，鳥兒都回到了巢裡不再飛翔。君子要離開，三天不吃東西。有所往，主人有責怪之言。

象辭意思是：君子決意要離開，道義上不能再接受食祿。

「初九」明夷之初，能及早潛隱避難，但識時過早，未必為人所理解，會遭到主人責怪。

明夷卦是從小過卦變化而來，小過卦的九四爻與初六爻互換，便成為明夷卦。小過卦有飛鳥的形象，小過的初六為鳥翼，現在來到了明夷卦六四的位置，所以有鳥收攏雙翼的形象（即垂其翼）。

六二：明夷，夷於左股，用拯馬壯，吉。
象曰：六二之吉，順以則也。

經文意思是：光明進入地中，左股受傷，有強壯的馬來拯救，吉祥。

象辭意思是：六二爻的吉祥，是由於他既順從又有原則。

「六二」柔順中正，但其志難行。故使左大腿損傷，再藉助良馬逃離險地，吉祥。

這就好比一個人走夜路，結果把大腿摔傷了。可是由於自己有一匹強壯的馬，所以被馬所拯救。遇險而有救，所以最終吉祥。六二爻是明夷卦下互卦坎卦的下爻，坎為美脊馬、曳馬，又代表險，所以有遇險而有馬救的爻辭。馬是極其通人性的，在影片中我們經常會看到馬怎樣救主人的情景。有這樣一匹好馬，他的主人當然會吉祥了。

九三：明夷於南狩，得其大首，不可疾，貞。
象曰：南狩之志，乃大得也。

經文意思是：光明進入地中，在南方狩獵，捕捉到大首領，不可操之過急，堅守正道。

象辭意思是：南方狩獵的事件，說明可以得到大的收獲。

「九三」陽剛得正，志在誅滅上六暗君。但天下昏暗已久，除暗復明須慎重，持正待時。

天黑了，動物們都在熟睡，這種情況去捕捉動物，更容易獲取獵物。對於戰爭來說，夜襲也是一種極容易克敵制勝的戰術。爻辭中所描述的便是一次成功的夜襲經過。不但打敗敵人，還俘獲敵人的首領。在這種情況下，由於黑暗不明，所以不利於窮追不捨，將敵人斬盡殺絕，所以「不可疾」。

爻辭中之所以「南狩」，主要是因為九三是明夷卦的下卦離卦的最上爻，離在文王八卦方位圖中代表南方。

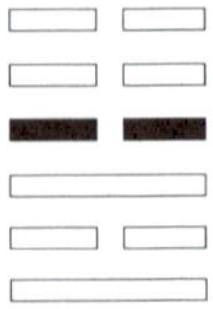

六四：入於左腹，獲明夷之心，出於門庭。

象曰：入於左腹，獲心意也。

經文意思是：進入近臣內側，獲悉光明損傷的內情，走出了院子。

象辭意思是：進入近臣內側，可以獲得君王的真實想法。

「六四」身在暗地，柔順得正，下應初九，能知「明夷」內情，毅然出門遠遁。

見到君王不安於朝政，要透過君王的近臣了解君王真實的想法。當發現君王實在不可救藥時，就要離開君王了。這句爻辭是告誡為臣者要弄清楚君王是否真的昏庸無道，不能只從表面上看君王無所作為便毅然離去。在戰國時期，齊國有一個身材只有四尺多高的人，叫淳于髡。當時齊威王剛剛繼位，但他整日沉湎於酒色，對天下大事不聞不問。這位淳于髡想了解齊威王的真實想法，一天便對齊威王說：「大王，我給您出一個謎語猜一猜吧。」齊威王說「好啊。」淳于髡便說：「齊國有一隻大鳥，棲息於宮苑的巢中有三年了，牠既不飛又不鳴叫，您說這是一隻什麼鳥？」齊威王笑著說：「這隻鳥啊，不飛則已，一飛沖天；不鳴則已，一鳴驚人。」淳于髡透過齊威王的話明白了齊威王是一位有志向的明君，所以他離開齊威王那裡後，便開始在自己的工作上努力。因為他已經了解到，齊威王表面上不理朝政，而實際上卻暗地裡醞釀著整理朝綱的大計畫。果然不出幾日，齊威王開始召見全國的官員。對於盡職盡責的給予獎賞；對於腐敗無能的，給予懲罰。原來齊威王暗中一直在關注全國官員的動態，所以很快便清理了貪官，使齊國迅速走上了振興之路。後來，其他諸侯國見齊國越來越強盛，不但不敢再來侵犯，甚至把原先侵占的土地全都歸還給齊國。如果淳于髡當時沒有「入於左腹，獲明夷之心」，他很有可能會離開這個表面上很昏庸的明君。

六五：箕子之明夷，利貞。

象曰：箕子之貞，明不可息也。

經文意思是：像箕子一樣受到傷害，利於像箕子一樣守正道。

象辭意思是：箕子的堅守正道，使光明不致熄滅。

「六五」柔順得中，最近「暗君」上六，似箕子近商紂，傷害自己以避禍，不為昏暗所沒。

箕子的傷害是什麼呢？是一顆赤誠之心受傷了，這個傷來自於紂王的昏庸無道。箕子所堅守的正道，則是生為商朝人，死為商朝鬼的忠心。箕子是紂王的叔叔，當時紂王無道，箕子完全可以發動一場政變掌握君權。但是他沒有這樣做。他也可以聯合其他諸侯國滅掉無道的紂王，可是他也沒有這樣做。他忠於商朝，又無力挽救商朝的滅亡，在這種情況下，箕子選擇裝瘋。表面上看箕子是有點在乎個人安危，不像關雲龍死諫夏桀那樣盡忠不惜獻出生命。但箕子的做法是順從時勢、天道的做法。所以說「箕子之貞，明不可息也」。

上六：不明，晦，初登於天，後入於地。

象曰：初登於天，照四國也。後入於地，失則也。

經文意思是：不光明，晦暗。起初升上天空，後來落在地上。

象辭意思是：起初升上天空，可以光耀四方。後來落在地上，是失去了法則。

「上六」為「暗君」之象。不僅不散發光明，反而帶來黑暗，所以墜入地下，遭致失敗。

上六處於黑暗的極致之處，最黑暗的時代，也是光明快要來臨的時代。這就是黎明前的黑暗。所以在這裡，向人們說明了光明與黑暗的輪迴與交替現象。「初登於天」描寫日出；「後入於地」描寫日落。在最黑暗的時刻，要明白光明就要來臨了。

象辭對爻辭作進一步的發揮，認為日落導致黑暗，是因為失去法則造成的。此處的日落，不是傍晚的日落，而是政治的腐敗，文明制度的日落，是黑暗腐敗之意。

第7節
卦三十七 家人 相夫教子的智慧

壹‧卦名

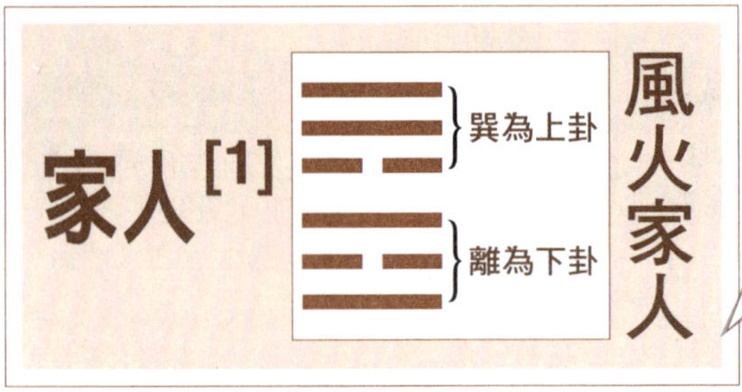

離為火，巽為風，內火外風，風自火出，似家事自內影響至外，謂之家人。故家人象徵一家人。含家庭之義。又六二陰柔居內卦中正，似女子主家內事，九五陽剛居外卦中正，似男子主家外事，謂「家人」。家道之事，女子為主要因素，因此，女子應以正持家。

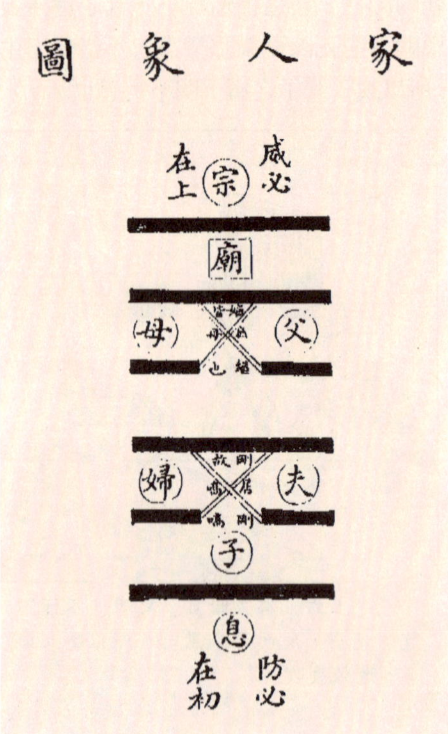

【注解】

[1] 家人：卦名，象徵家庭倫理與治家之道。

【釋義】

此卦卦名為家人。甲骨文中，「家」字下方的「豕」字表示豬，豬在屋中便是最早「家」的涵義。怎麼家裡沒有人而只有豬呢？原來，遠古人類在擇穴而居的時代，便已經開始馴養野豬了。當時人雖然住在洞穴中，但是給豬蓋了一個豬圈，主要目的是為了防止其逃跑和被別人偷走，並且飼養也方便。後來人類離開山趕著豬群（當然，還有羊群與牛群等）來到平原居住時，便不單為豬建造豬圈，還給自己建了房屋。據有些學者考證，這一時期，人畜同居，房屋中央便是豬圈。所以「家」字的概念便由豬窩變為人的居室。上面的明夷卦代表受傷，人受傷後便會回家養傷，所以明夷卦之後是家人卦。即《序卦傳》所說：「傷於外者必反於家，故受之以家人。」家人就是家裡人，所以這一卦主要講述家庭倫理道德方面的事情。

貳・卦畫

家人卦的卦畫為四個陽爻兩個陰爻，與下面睽卦的卦畫排列順序相反，家人卦與睽卦互為覆卦。

家人卦之象

一人張弓，主遇貴人主張；一帶在水邊，主事遲滯；雲中，文書，主恩命；貴人受拜主拜命；婦人攜手，必因婦人得貴而利求婦之兆。入海求珠之課，開花結子之象。

叄・卦象

從卦象上分析，家人卦上卦為巽為風，下卦為離為火，風自火出便是家人卦的卦象。另外，巽卦又為木，離卦為火，所以家人卦的卦象還有在木結構的房屋中生火的形象。房屋中有火，在冬天才可以取暖，家裡的人才能每天吃到熟食。所以相對於一個家庭而言，火灶在家中占有重要的地位。

肆・卦辭

家人，利女貞。

彖曰：家人，女正位乎內，男正位乎外[1]，男女正，天地之大義也。家人有嚴君焉，父母之謂也。父父，子子，兄兄，弟弟，夫夫，婦婦，而家道正；正家而天下定[2]矣。

象曰：風自火出，家人；君子以言有物，而行有恆。

【注解】

[1] 女正位乎內，男正位乎外：家人卦六二爻居於內卦之中而得位，所以說「女正位乎內」；九五爻居於外卦之中而得位，所以說「男正位乎外」。

[2] 正家而天下定：家道正，則天下安定。意思是說，如果天下的家庭成員都能各得其位，那麼以家道治國也會使天下安定。

【釋義】

經文意思是：家人卦，有利於女人守正道。

彖辭的意思是：家人卦，女子（指六二）得位居中於內卦，男子（指九五）得位居中於外卦，男女的位置正確，這是符合天地的禮義。家裡嚴肅的君長，便是父母。父親像父親，兒子像兒子，兄弟像兄弟，丈夫像丈夫，妻子像妻子，這樣的治家之道才正確。這種治家之道可以使天下安定（也是治國之道）。

象辭的意思是：風從火中生出，這就是家人卦的卦象。君子從中受到啟示，說話要講究實際，做事要持之以恆。

家人卦的卦辭極其簡單，只有三個字——利女貞。然而這三個字卻說出家庭中女人的重要性。俗話說「妻賢夫禍少」有夫婦才能組建成一個新的家庭，然而這個家庭想要過上幸福和睦的生活，必要的條件便是女人是否賢惠。

伍・爻辭

初九：閑有家[1]，悔亡。

象曰：閑有家，志未變也。

六二：無攸遂[2]，在中饋，貞吉。

象曰：六二之吉，順以巽也。

九三：家人嗃嗃[3]，悔厲吉；婦子嘻嘻，終吝。

象曰：家人嗃嗃，未失也；婦子嘻嘻，失家節也。

六四：富家，大吉。

象曰：富家大吉，順在位也。

九五：王假有家，勿恤吉。

象曰：王假有家，交相愛也。

上九：有孚威如，終吉。

象曰：威如之吉，反身之謂也。

【注解】

[1] 閑有家：「閑」字的構造是門中放木，即在門前立一個柵欄，把家裡與外面隔開，所以「閑」字有防範的意思。「閑有家」即是說存有家的防範。

[2] 無攸遂：攸，所；遂，即遂心所欲。「無攸遂」即不能遂心所欲（即要順從九五）的意思。

[3] 嗃嗃：音ㄏㄜˋㄏㄜˋ，即表示大聲訓斥的樣子。

【釋義】

初九：閑有家，悔亡。
象曰：閑有家，志未變也。
經文意思是：在家中做好防範，不會發生悔恨的事情。
象辭意思是：在家中做好防範，是對家的觀念沒有改變。

遠古時代的房屋雖然簡陋，卻都有院落。院子的大門像兩片木柵欄，關上門後插上一根橫木，外面的人就進不來了。這根橫木就叫做「閑」。這根橫木不但可以防止外人進來，還可以當武器用，當打開門發現來者心懷惡意時，可以用這根橫木進行自衛。所以相對於一家人來說，平時懂得用橫木把門插好，就不會有悔恨的事情發生了。

「初九」陽剛，家道初立，宜於嚴防邪惡，才能保有其家，沒有後悔的事情發生。

六二：無攸遂，在中饋，貞吉。
象曰：六二之吉，順以巽也。
經文意思是：不自作主張，到了中午開始吃飯，守正道吉祥。
象辭意思是：六二之所以吉祥，是六二與九五相應，如同一個家庭中夫妻和睦。

六二與九五相應，就好比一個家庭中夫妻和睦。六二居於內卦之中且得位，代表家中持守中正之道的妻子。妻子在家中不是一家之主，按現在的話說不是戶長，所以做事不能擅自做主，有事要與丈夫商量。而妻子在家中主內，主要任務便是給一家人做飯，每天中午給家人準備好可口的飯菜，聽從丈夫的命令，守持正道，就會吉祥。這個吉祥，既是六二的吉祥，同

「六二」柔順中正有婦人順夫之象。無所成就，只管家中飲食，這是正當的，吉利的。

「九三」陽剛亢盛，有治家過嚴家人愁怨之象。但不失正道仍獲吉祥。若反嚴為寬，最後會帶來羞辱。

「六四」柔順得正，下應初九，上承九五，故得增富其家，大為吉祥。

時也是一家人的吉祥。當然，這是古代封建時期的思想，現在男女平等，有不少男子正逐漸擔當起六二爻的職務，所以這種思想對現代家庭不是很合適。時代不同了。

九三：家人嗃嗃[3]，悔厲吉；婦子嘻嘻，終吝。

象曰：家人嗃嗃，未失也；婦子嘻嘻，失家節也。

經文意思是：家裡人被嗃嗃訓斥，治家嚴厲吉祥；婦女、孩子嘻嘻哈哈，最終會有憂吝。

象辭意思是：家裡人被訓斥，是沒有失去家法；婦女、孩子嘻嘻哈哈，是失去了家的節制。

九三爻為下卦離的最上爻，下卦主內為家，所以九三爻在這裡就相當於家長。家長該怎樣去做呢？家長就應發道德、家法來約束每一位家庭成員，要嚴厲。所以爻辭中說「家人嗃嗃，悔厲吉」。

六四：富家，大吉。

象曰：富家大吉，順在位也。

經文意思是：家庭富裕，大吉大利。

象辭意思是：家庭富裕大吉大利，是因為六四爻柔順而得位。

六四爻處於上卦巽卦的最下爻，巽含有「近利市三倍」的意思，所以六四會使家庭很富裕。按現在的話來說就是六四有致富的本事。一個家庭是否幸福，物質條件是不可缺少的，富裕是家庭幸福的基礎，所以爻辭中說「大吉」。

九五：王假有家，勿恤吉。
象曰：王假有家，交相愛也。

經文意思是：君王治國就像治家一樣，不要憂愁，吉祥。

象辭意思是：君王治國如治家，是讓人們都像一家人一樣相親相愛。

九王為君王之位，在家人卦中，君王的家庭在哪裡呢？不在宮中，君王的家庭就是國家。君王讓天下人都像一家人一樣相親相愛，於是天下人民緊密地團結在一起，國家才能安定，這就是各個民族大統一的思想。古代的天子是所有諸侯國的總盟主，所以天子必須要宣揚大統一的思想。並且不單是從思想上進行宣傳，而且透過聯姻的關係促成大統一的格局。比如紂王的父親見西周強盛了，便把自己的同宗妹妹嫁給了周文王的父親。

上九：有孚威如，終吉。
象曰：威如之吉，反身之謂也。

經文意思是：有誠信有威望，最終吉祥。 **象辭意思是**：有威望的吉祥，說的便是能反身自律。

上九是家庭中位置最高的人物，就相當於國家的太上皇，民間家庭的老太爺。這些老人受到下面家庭成員的普遍尊重。所以上九必須不負眾望，要有誠信有威望。按現在的話來說，就是要老而有德。中國歷來尊重老年人，可是如果老人無德，便會失去應有的尊重。

「九五」中正，陽剛居尊位，下應柔正六二，相親相愛，故無須憂慮，吉祥。

「上九」居一家之上，能心存誠信，威嚴治家，身教重於言教，終獲吉祥。

第8節

卦三十八 睽 感化惡人的智慧

壹・卦名

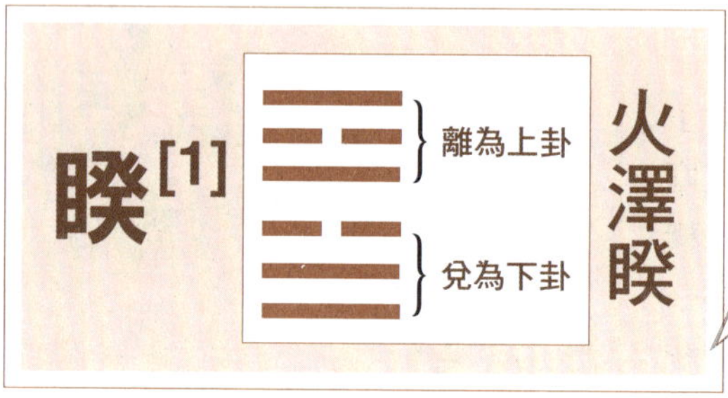

兌為澤，離為火，火焰向上燒，澤水向下浸，兩性相背，為睽。睽者，乖，兩目相背，不和諧。故睽象徵睽異、離散。以萬物的事理來說，形態雖然違背，但卻有看不到的統一性存在，所以應以柔順的方法，細心尋求可合之處，才能轉離為合，變摩擦為和諧。

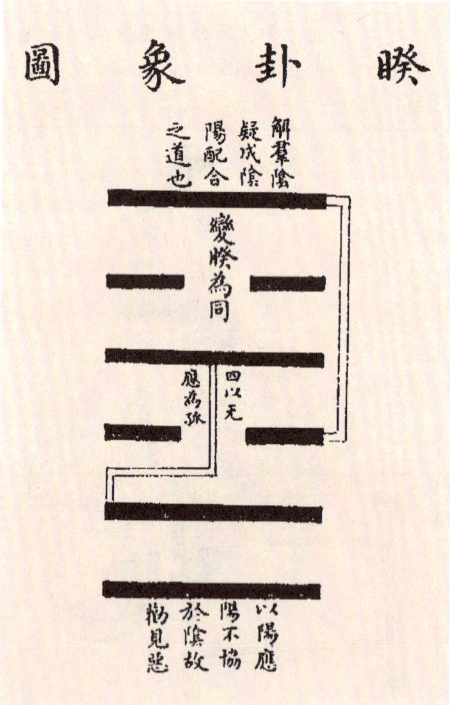

【注解】

[1] 睽：音ㄎㄨㄟˊ，卦名，象徵乖異、離異。

【釋義】

此卦卦名為睽。《說文》中說：「睽，目不相視也。」也就是說睽的本義是兩隻眼睛不朝同個地方看。所以其引申義為互相分離、背離、不合的意思。《序卦傳》中說：「家道窮必乖，故受之以睽。」也就是說家中變得窮困了，於是離異、不合的現象就會出現了，所以家人卦的後面是睽卦。前面我們說了，物質條件是家庭和睦的一個重要條件，失去了物質基礎，一家人就會出現不合。比如夫妻會離異，兒子會以武力把父親趕出家門，當然家庭成員也可能是為了糊口不得不各奔他鄉。所以《雜卦傳》中說：「睽者，外也。」說的便是一家人由於窮困不能久居於家中，得到外面去謀生。

貳・卦畫

睽卦的卦畫為兩個陰爻四個陽爻，其排列順序與家人卦正好相反，睽卦與家人卦互為覆卦。

睽卦之象

一人執斧在手，掌握權柄意；文書半破，不全之義；牛鼠，子丑位見喜；桃開，春至花開；門掩，人未歸；雁飛鳴，傳信之意；猛虎陷阱之卦，二女同居之象。

叁・卦象

從卦象上進行分析，睽卦上卦為離為中女，下卦為兌為澤為少女，上火下澤就是睽卦的卦象。火苗向上著，澤中的水向下流，所以二者目標相反，互相違背，這便是「睽」的涵義。另外，中女與少女居於一室，由於沒有長者介入，所以兩個人都不互相謙讓，並且人生目標不同，所以也含有「睽」的涵義。

肆・卦辭

睽，小事吉。

彖曰：睽，火動而上，澤動而下；二女同居[1]，其志不同行；說[2]而麗乎明，柔進而上行，得中而應乎剛；是以小事吉。天地睽，而其事同也；男女睽，而其志通也；萬物睽，而其事類也；睽之時用大矣哉！

象曰：上火下澤，睽；君子以同而異。

【注解】

[1] 二女同居：睽卦上卦為離為火為中女，下卦為兌為澤為少女。所以卦象中有二女同居之象。

[2] 說：同「悅」。

【釋義】

經文意思是：睽卦，對於小事吉祥。

彖辭的意思是：睽卦，火在上面燃燒，澤水向下流動；（離與兌都是陰卦）兩個女人居住在同一間房裡，心願不一樣所以行為也不一樣；喜悅而光明，柔順地向上進取，六五占據中位又能夠與剛健的九二相應，所以小事吉祥。天地分離而化育萬物的事業相同；男女不同體而相互求愛的心願相通；萬物形態各式各樣，但各有其相同的類別。睽卦的時勢意義太大了！

象辭的意思是：火在上面燃燒，澤水在下面流動，這就是睽卦的卦象。君子從卦中受到啟示，應求大同而存小異。

睽卦的卦辭只有「小事吉」三個字，說明這一卦大體上還是吉祥的，但不利於從事大的事業。

伍・爻辭

初九：悔亡，喪馬勿逐[1]，自復，見惡人無咎。

象曰：見惡人，以辟咎也。

九二：遇主於巷，無咎。

象曰：遇主於巷，未失道也。

六三：見輿曳，其牛掣，其人天且劓[2]，無初有終。

象曰：見輿曳，位不當也。無初有終，遇剛也。

九四：睽孤，遇元夫，交孚，厲無咎。

象曰：交孚無咎，志行也。

六五：悔亡，厥宗噬膚[3]，往何咎？

象曰：厥宗噬膚，往有慶也。

上九：睽孤，見豕負塗，載鬼[4]一車，先張之弧[5]，說[6]之弧，匪寇婚媾，往遇雨則吉。

象曰：遇雨之吉，群疑亡也。

【注解】

[1] 逐：追趕，尋找。

[2] 天且劓：天，黥刑，即在臉烙上字，此處指因跌倒把臉碰破；劓，音一ㄧ ㄟ，劓刑，即割掉鼻子，此處指因跌倒使鼻子受傷。

[3] 厥宗噬膚：厥，音ㄐㄩㄝ ˊ，他（她）的；宗，宗族；噬，吃；膚，肥嫩的肉。

[4] 鬼：指根據圖騰的形象打扮的人。迎親的人用圖騰打扮自己，以顯明自己的宗族。

[5] 弧：弓。

[6] 說：同「脫」。

【釋義】

初九：悔亡，喪馬勿逐，自復；見惡人無咎。
象曰：見惡人，以辟咎也。
經文意思是：沒有憂悔，遺失馬匹不用去追趕，牠自己會回來；出現惡人，但沒有災難。
象辭意思是：出現了惡人，所以要避免災難。

初九爻處於全卦的最下位，但是由於陽爻居於奇位為得位，所以處逆境而不憂，內心積極向上，所以不會有悔恨。初九的處境很不好，既處於最下位，又受九二的壓迫，並且與九四相敵，就好比一個因家貧外出謀生的年輕人，困難一大堆，但他內心喜悅，性格開朗，不被困難所壓倒。九四位於上互卦坎卦的中爻，坎為馬，所以有失馬之象；坎又為賊寇，所以有「見惡人」之象。其實整體理解應當是初九這個年輕人性格開朗，馬被賊寇偷了也不生氣，並且也不找回來，見到偷他馬的惡人仍然平靜地與對方交往，所以惡人受感動，把馬放了，於是馬又回到了年輕人那裡。這裡是告誡身為下層時要性格開朗，處處與人為善，那樣惡人也不會再侵害他了。這是窮困的下層人生存的智慧。

「初九」位卑無應，本有悔。但應當背離的反而相合，想像中的後悔消除於無形。

九二：遇主於巷，無咎。
象曰：遇主於巷，未失道也。
經文意思是：在巷子中遇到了主人，沒有災難。
象辭意思是：在巷子裡遇到主人，是說明九二爻沒有失去主僕相合之道。

「九二」失正，但守謙順時，又與六五相應，不期而遇，「睽違」遂合，故無災難。

九二爻就像一個已經潦倒的富人家奴僕，家裡人因為窮困四處謀生，結果沒有能力畜養奴僕了，所以奴僕也被主人遣散了。有一天，主人與一名奴僕在一條小巷子裡相遇了，奴僕仍然把舊主人當作主人看待，這種忠誠怎麼會有災難呢？既然是在小巷子裡相遇，說明主僕二人當時都混得不是很好，但二人同心，其利斷金，主僕相合，還有什麼困難克服不了的呢？

從卦象上看，九二的主人便是六三，因為六三為內卦的最上面，象徵一家之長，下卦為兌表示喜悅，正是反映了主僕相遇後的喜悅之情。而六五與九二相應，所以九二的行為會受到六五的賞識，所以九二有被提升的可能，所以不會有災難。

「六三」陰柔失位，睽違至極，處境艱難。但專戀上九，使上九對六三的疑慮消失而歡合。

六三：見輿曳，其牛掣，其人天且劓，無初有終。

象曰：見輿曳，位不當也。無初有終，遇剛也。

經文意思是：見到大車被拽住，牛向前用力拖，趕車摔了個四腳朝天，鼻子也碰破了。起初不好，最終會有好結果。

象辭意思是：大車往後拽，是因為位置不當，起初不好最終會有好結果，是因為得到了強者的（上九）的幫助。

六三的處境很不好，他趕著牛車，可是車上的東西很多，牛也不聽話，結果從車上摔了下來，臉與鼻子被摔破了。但是前面我們說了，他遇到了別人的幫助，所以最終會有好的結果。誰幫助他呢？應當是上九、九四和九三幫了他，因為象辭中解釋說「遇剛也」，也就是說六三遇到了剛爻的幫助，使他「無初有終」。

「九四」失正，以求同存異的信念與同處卦下的初九相交。雖有「求睽」之危，但無災難。

九四：睽孤，遇元夫，交孚，厲無咎。

象曰：交孚無咎，志行也。

經文意思是：乖異孤獨，遇到大丈夫，以誠信交往，雖遇危險但沒有災難。

象辭意思是：以誠信交往沒有災難，是因為心思能一致。

九四是一位陽剛十足、桀驁不馴的人物，他處於上互卦坎卦的中位，所以有陷入險中之象。但他遇到了一位大丈夫，與這位大丈夫一起誠信交往，所以遇到了危險也能闖過去，不會有災難。這位大丈夫就是初九，初四還了初九的馬，於是兩人建立了友誼，能夠互相幫助。

六五：悔亡，厥宗噬膚，往何咎？

象曰：厥宗噬膚，往有慶也。

經文意思是：沒有悔恨，同宗設宴吃肉，前往怎麼會有災難呢？

象辭意思是：同宗設宴吃肉，前往會遇到喜慶之事。

「六五」不當位，但以柔中之德，下應九二，九二亦以和順之道期待遇合。故沒有禍害。

這裡說的是，潦倒的富人家裡的人們各奔東西去謀生，結果有一個人闖出了功名，所以設宴招待自己同宗族的人，大家在一起喝酒吃肉，自然不會有災難了。

上九：睽孤，見豕負塗，載鬼一車，先張之弧，後說之弧，匪寇婚媾，往遇雨則吉。

象曰：遇雨之吉，群疑亡也。

經文意思是：乖異孤獨，見到豬滿身汙泥，拉了一車鬼，先張弓要射，後來又放下了弓箭，因為來者不是盜寇，而是來求婚的。前往遇到下雨就會吉祥。

象辭意思是：遇到雨就會吉祥，是因為許多疑慮都沒有了。

「上九」不理解六三所處之境，妄生猜疑。後查實無惡，而是和自己婚配的佳麗。故往必獲吉。

上九處於極度窮困中，他的「睽孤」與九四的「睽孤」有所不同，九四是由於性格而孤獨，上九的孤獨則是由於窮困。因為睽卦的主要意思便是家境窮困導致的不合與離異。從卦象上看，向他求婚的應該是與上九相應的六三。六三位於上互卦坎卦的下爻，坎為水為雨，所以「往遇雨則吉」。

第9節

卦三十九 蹇 反身修德的智慧

壹．卦名

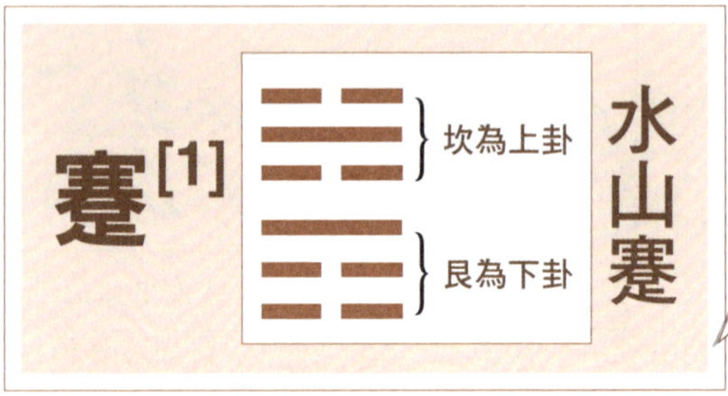

艮為山，坎為水，山上有水。山路本就艱險，水積山上，行路更難，為蹇。蹇為跛，行走不便，引申為難。故蹇象徵行走艱難，是困難的意思，在困難的時刻，需要偉大人物的協助，而且必須堅持正道，才能得救。

【注解】

[1] 蹇：音ㄐㄧㄢˇ，卦名，象徵跛足、行走困難、不順利。

【釋義】

此卦卦名為蹇。《說文》中說：「蹇，跛也。」足跛則難於行走，所以蹇卦的意思是行走困難，不順利。前面的睽卦表示家道衰落，俗話說「家貧百事哀」，家道衰落會帶來百事不順，所以睽卦的後面是蹇卦。

貳．卦畫

蹇卦的卦畫為兩個陽爻四個陰爻，其特點是，蹇卦既是上一卦睽卦的旁通卦（即變卦），又是下一卦解卦的覆卦。

叁・卦象

從卦象上分析，蹇卦的上卦為坎為水，下卦為艮為山，山上有水便是蹇卦的卦象。大山本已構成險阻，但山中又有水流重重，所以山窮水盡，險象環生，使人舉步維艱。艮卦又有停止的意思，所以此卦還有行人被前面險阻所困，進退兩難的涵義。

蹇卦之象

日當空，乃光明之象；有旗一布有使字，乃使旗也；鼓五面，其中有一鹿，主興旺之祿；一磚堆上面插有千里二字，主遠才。此卦為飛雁銜蘆之卦，背明向暗之象。

肆・卦辭

蹇，利西南，不利東北[1]；利見大人，貞吉。

彖曰：蹇，難也，險在前也。見險而能止，知矣哉！蹇利西南，往得中也；不利東北，其道窮也。利見大人，往有功也。當位貞吉，以正邦也。蹇之時用大矣哉！

象曰：山上有水，蹇。君子以反身修德。

【注解】

[1] 利西南，不利東北：蹇卦從小過卦變化而來，即小過卦的九四與六五互換，便成為蹇卦。九四的上升使小過的互卦兑卦變成蹇卦的互卦離卦，所以九四是在兑與離中升進的。離代表南方，兑代表西方，所以「利西南」。全卦的下卦沒有變動，即小過與蹇卦的下卦都是艮，艮代表東北，所以「不利東北」。

【釋義】

經文意思是：蹇卦，西南方有利，不利於東北方。宜於拜見大人物，守正道吉祥。

彖辭的意思是：蹇，即艱難的意思，前面有險阻。遇到險阻而停止前進，這是智慧的選擇。利於往西南走，因為那邊路平好走。不利於往東北去，因為那邊山路崎嶇不平無路可走。利於拜見大人物，是因為前往可以建立功業。有地位又守正道自然吉祥，這樣可以達到安邦治國的目的。蹇卦的時勢意義真是太大了！

象辭的意思是：山上有水便是蹇卦的卦象。君子從卦象中受到啟發，反省自身提高修養道德。

在文王八卦方位圖中，東北方為艮，艮有停止的涵義，俗話說山高水險，所以不利於往東北方前往。西南方為坤，坤代表地，由於沒有險阻，所以容易行走。「利見大人」則是說蹇卦的九五尊位居中得正，可以幫助受難的人渡過難關。

象辭中對君子的忠告是，在險難中，要時刻反省自己，時刻對自己的錯誤行為與錯誤選擇進行改正，只有這樣最終才能脫離險境。

伍・爻辭

初六：往蹇，來[1]譽。

象曰：往蹇來譽，宜待也。

六二：王臣蹇蹇，匪躬之故。

象曰：王臣蹇蹇，終無尤[2]也。

九三：往蹇來反。

象曰：往蹇來反，內喜之也。

六四：往蹇來連[3]。

象曰：往蹇來連，當位實也。

九五：大蹇朋來。

象曰：大蹇朋來，以中節也。

上六：往蹇來碩，吉；利見大人。

象曰：往蹇來碩，志在內也。利見大人，以從貴也。

【注解】

[1] 來：歸來。

[2] 尤：過失。

[3] 連：通「輦」，用人力拉的車子。

【釋義】

初六：往蹇，來譽。

象曰：往蹇來譽，宜待也。

經文意思是：前往遇險，回來有榮譽。

象辭意思是：前往遇險，回來有榮譽，這是說明應當等待時機。

初六身為蹇卦的最下爻，又是柔爻居於奇位為不得位，所以他沒有力量跨越險阻。初六與九四相應，九四正是上卦坎卦的下爻，即險阻的邊緣，也就是說初六雖然沒有跨越險阻的能力，但是他的預見能力很強，所以還沒有到危險的邊緣，便知險而退。這種後退使自己減少了損失，自然會受到人們的讚譽。在現實生活中，我們經常會看到一些膽子小的人，這種人其實也有優點，就是能夠及早預感到危險而做到防患未然，使自己不受損失。

「初六」陰柔失正，上無應，勉強前進必遇艱難，識時退處，等待時機，才有美譽。

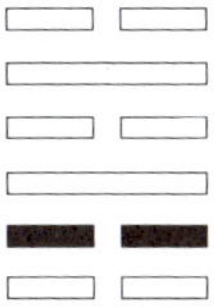

六二：王臣蹇蹇，匪躬之故。
象曰：王臣蹇蹇，終無尤也。

經文意思是：君王與大臣的處境困難重重，不是自己造成的這種處境。

象辭意思是：君王與大臣的處境困難重重，最終不會有過失。

六二爻居中而得正，所以具有中正之德，與他相應的是九五爻，九五爻也居中而得正，也具有中正之德。九五為君，六二為臣，六二與九五都具有中正之德，所以不會犯任何錯誤，然而卻險難重重，這險難來自於哪裡呢？從卦象上看，九五處於上卦坎的中位，坎為險為難，所以有身陷險難之中的涵義；六二爻為下互卦坎卦的下爻，所以也有身臨險境的涵義。可是這些災難不是自己的錯誤導致的，所以最終不會有過失。

這裡是告訴人們，只要自己能夠做到謹慎小心，不犯過失，就不怕任何艱難險阻。

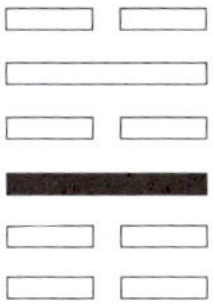

九三：往蹇來反。
象曰：往蹇來反，內喜之也。

經文意思是：前往遇險又返回。

象辭意思是：前往遇險又返回，是說內卦的兩個陰爻都喜歡九三爻回來。

「六二」中正，上應九五，如王公大臣不計私利，奮力排難。

「九三」當正，前臨坎險，下據二陰，前行艱難，須暫退「安內」，然後求進。

九三爻處於下互卦坎卦的中位，所以有身陷險中的涵義，怎麼辦呢？他想走出險境，可是卻遇到了更大的險。因為他前面正是蹇卦的上卦坎卦，所以他只好退回來。由於九三爻是下卦艮的上爻，所以他在更大的險難面前停止了。這就好比一個家裡日漸窮困的男人，他為了給家裡帶來財富不得不離開家門，結果遇到了大的險阻，不得不返回到家中繼續過貧窮的日子。可是他的返回，卻使他的兩個妻子非常高興，因為雖然窮，但畢竟一家人又可以團圓了。

六四：往蹇來連。

象曰：往蹇來連，當位實也。

經文意思是：前往遇到險阻，回來時坐著人力拉的車子。

象辭意思是：「往蹇來連」是因為六四有一定的地位並且富有。

六四爻在行進的途中也遇到了險阻，但他回來時卻坐著人力拉的車子回來了。怎麼遇到險阻回來後變得富有了呢？原來，從卦象上看，六四上卦坎的下爻，又是下互卦坎的上爻，可見他遇到了重重的河流擋住了去路，然而可喜的是六四又是上互卦離卦的中爻，離為網罟，在水中設網，必有收穫，所以他回來時發了財。這就好比現在廣為流傳的一個勵志故事。說的是兩個推銷皮鞋的推銷員來到了非洲，結果一個人大失所望，因為非洲人不穿鞋，他只得極度失望地回到了美洲。另一個卻喜出望外，因為他覺得這裡的人都需要他的皮鞋，於是開始推銷，結果他讓非洲人都穿上皮鞋，並且因此大發一筆。

六四爻就好比這位成功的推銷員，他在險阻面前看到利潤，所以他結網捕魚，回來時大發一筆。

「六四」雖柔順得正，但下乘九三與初六又無應，且身處坎險，故進也難，退也難。

九五：大蹇朋來。

象曰：大蹇朋來，以中節也。

經文意思是：遇到大的險阻，朋友們都來幫忙。

象辭意思是：有大險阻而得朋友的幫助，是因為九五陽剛中正合乎節度。

「九五」中正居尊位，下應六二，行走「艱難」之時，朋友紛紛而來，共濟危難。

九五為上卦坎卦的中爻，雖然居中而得正，但也身陷於險中。可是他有上六、六四與之陰陽相合，並且有六二相應，所以他有很多的朋友幫助他克服難關，所以在險難之中他既獲得了友誼，又得到了幫助。這就是所謂的患難見真情。

上六：往蹇來碩，吉；利見大人。

象曰：往蹇來碩，志在內也。利見大人，以從貴也。

經文意思是：前往遇到險阻，回來有大功勞，吉祥，有利於拜見大人物。

象辭意思是：前往遇到險阻，回來有大功勞，是上六爻與大家齊心協力的結果。有利於拜見大人物，說明上六爻跟隨尊貴的君主。

「上六」處難之終，前行艱難。但附從九五貴君，共濟艱難，可建大功，終吉祥。

上六處於艱險的極致上，他的險難不是山川險阻之難，而是窮途末路、無處可走的險難。怎麼辦呢？只有退回來，退回來與眾人一起渡過眼前的險難。上六與九三相應，與九五相合，所以他有回來的意願。他回轉後便可與九五相合，所以「利見大人」。上六的吉祥就在於能夠在無路可走的情況下退回來。這就好比一個部落中發生了水災，上六從水災中逃了出來，可是他發現前面雖然沒有水的災害，但是卻無路可走了。在這種情況下，他又回到了災區，與大家團結在一起，共同抵抗災害。俗話說「人多力量大，人心齊泰山移」，上六的回來增添了抗災的力量，當然會吉祥了。

第10節

卦四十 解 赦過宥罪的智慧

壹・卦名

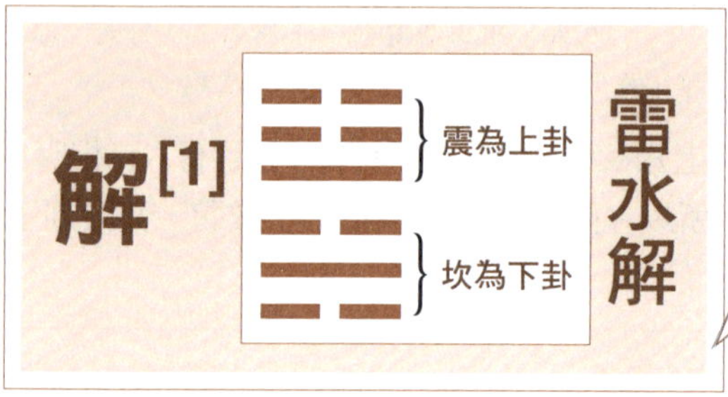

坎為雨，震為雷，雷雨興起，萬物當春，紛紛有了生機，為解。解為緩。故解象徵舒緩，舒緩解散。舒解險難，應當用柔，使群情共獲舒緩，與民休息，不再繁瑣，百姓才有利。不使紛擾延續下去，才獲吉。

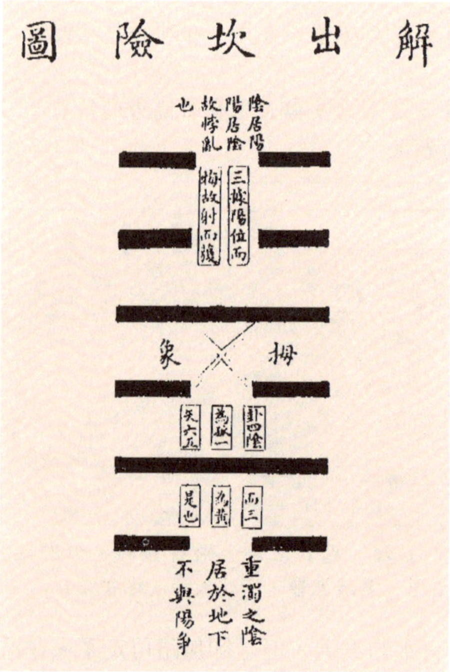

【注解】

[1] 解：卦名，象徵解脫、解除險難。

【釋義】

此卦卦名為解。「解」字通「懈」，是解脫、寬鬆、緩解的意思。《雜卦傳》中說：「解，緩也。」前面的蹇卦代表險阻重重，行進艱難，但人生不會總處於不順利的狀態中，總會有緩解與解脫的時候，所以蹇卦的後面是解卦。

貳・卦畫

解卦的卦畫為兩個陽爻四個陰爻，其排列順序與蹇卦正好相反，解卦與蹇卦互為覆卦。

叁・卦象

從卦象上分析，解卦上卦為震為雷，下卦為坎為水，天上打雷下雨便是解卦的卦象。雷聲與雨滴可以使久旱的大地解決旱情；雷聲與雨滴又可以清除天上的烏雲，使雨過後出現一片晴空；雷聲與雨滴，使大地走出冬天的冰封雪凍，轉為生機勃勃的春天；雷聲與雨滴，又象徵天降恩澤，使天下萬物受益。這就是解卦的涵義。另外，坎卦代表險難，震卦代表行動，所以解卦還有用行動去脫離險難的涵義。

解卦之象

旗上有一提字，主奏功；一刀插地，為練武；一兔走，為無疑；貴人在雲中，步雲梯之意；一雞在邊鳴，聞聲遠之意；道士手指門，為身入天門；道人獻書，因上表彰得功勛之兆。

肆・卦辭

解，利西南，無所往，其來復吉。有攸往，夙[1]吉。

彖曰：解，險以動，動而免乎險，解。解利西南，往得眾也。其來復吉，乃得中也。有攸往夙吉，往有功也。天地解，而雷雨作；雷雨作，而百果草木皆甲坼，解之時義大矣哉！

象曰：雷雨作，解；君子以赦過宥罪[2]。

【注解】

[1] 夙：及早，提前（行動）。

[2] 赦過宥罪：赦免有過失的人，寬恕有罪的人。宥，音一ㄡˋ，本義為廣廈容人之意，引申義為寬恕、赦免。孔穎達疏，「宥謂寬宥，罪謂故犯，過輕則赦，罪重則宥，皆解緩之義也。」

【釋義】

經文意思是：解卦，有利於西南方，無所往，返回來吉祥。如有所往則提前一些吉祥。

彖辭的意思是：解卦的象徵是在險中行動，並且因為行動而脫離險境，這就是解。解卦西南方有利，因為在西南方可以得到群眾的幫助。返回原處吉祥，因為這樣符合中庸之道。若前往則吉祥，因為此時去可以建立功業。天地解凍後就有雷聲和雨水降落，雷聲與雨水可以使百果草木都破殼而出，解卦的時勢意義太大了！

象辭的意思是：雷雨交加，就是解卦的卦象。君子從卦象中得到啟示，赦免有過失的人，寬恕犯人。

解卦大的形象指的是驚蟄時的雷陣雨，一聲春雷驚醒了大地上的萬物，使動物們從沉睡中清醒過來，植物也從沉睡中醒來，開始抽枝生長。由於中國西南方土地層最厚，這裡更需要雨水的滋潤，所以「利西南」。如果驚蟄這一天沒有出現春雷和下雨，那麼整個春天就會出現倒春寒的現象，所以說「其來復」。由於出現倒春寒的現象是正常的，所以「吉」。如果驚蟄這一天出現了春雷並且下起了春雨，那麼最好是在驚蟄這一時辰之前出現最好，這樣整個春天雨水充足，會使一年的收成大豐收，所以「夙吉」。

彖辭對卦辭的解釋則是根據變卦。指的是解卦是由小過卦變化而來，即小過卦的九三與六二互換位置便是解卦。九三爻沒有向上發展，而是返回到了二爻的位置上，所以「其來復吉，乃得中也。」

象辭中說：「君子以赦過宥罪。」則是君王效法天降恩澤於大地，赦免有過失的人，寬恕犯人。古代有「皇恩大赦」、「天解日」、「地解日」等說法。當天子逢喜慶的日子，往往要大赦犯人，這便是「皇恩大赦」。而「天解日」與「地解日」則是在周易預測中，逢此日則官事易散。象辭中告誡君子要適時地赦免有過失的人，這其實是一種統治手段，即所謂的懷柔之策。

伍・爻辭

初六：無咎。

象曰：剛柔[1]之際，義無咎也。

九二：田[2]獲三狐，得黃矢，貞吉。

象曰：九二貞吉，得中道也。

六三：負且乘，致寇至，貞吝。

象曰：負且乘，亦可醜也，自我致戎，又誰咎也。

九四：解而拇，朋至斯孚。

象曰：解而拇，未當位也。

六五：君子維有解，吉；有孚於小人。

象曰：君子有解，小人退也。

上六：公用射隼[3]，於高墉[4]之上，獲之，無不利。

象曰：公用射隼，以解悖也。

【注解】

[1] 剛柔：指初六與九二陰陽二爻。

[2] 田：打獵。

[3] 隼：ㄓㄨㄣˇ指各種鷹等凶猛的鳥類。

[4] 墉：城牆。

【釋義】

初六：無咎。

象曰：剛柔之際，義無咎也。

經文意思是：沒有災難。

象辭意思是：初六與九二剛柔相濟，合乎道義所以沒有災難。

「初六」當危難初解之時，以柔處下，上應九四，故沒有什麼災難。

初六爻是解卦下卦坎的最下爻，坎為險，所以初六處於險難的邊緣，並且初六柔爻居奇位，所以處境不是很好。可是由於與九二陰陽相合，並且與九四相應，所以初六不會有災難。因為九二與九四可以解除初六的災難。也就是說初六雖然有難，但可以解脫，所以「無咎」。

九二：田獲三狐，得黃矢，貞吉。

象曰：九二貞吉，得中道也。

經文意思是：田獵捕獲到三隻狐狸，得到黃色的箭，守正道吉祥。

象辭意思是：九二爻守正道的吉祥，是因為處於中正之道。

「九二」失正，但有剛直中和的美德，又上應六五之君，故能不負清除隱患的使命，可獲吉祥。

九二爻身處於險中，並且剛爻居於偶位，所以處境也不是很好。但是九二與初六、六三相合，與六五相應，可以得到眾人的幫助脫離險難，爻辭中的「三狐」指的便是這三個陰爻。九二又居於下卦之中，能保持適中的原則，這就是爻辭中的「黃矢」。黃色在五行中居中，在此比喻九二有居中之德。初六、六三、六五和九二本身所具備的適中之德可以解脫九二的困境，所以九二只要堅守正道便會吉祥。

六三：負且乘，致寇至，貞吝。
象曰：負且乘，亦可醜也，自我致戎，又誰咎也。

經文意思是：本來是背負東西的窮人卻乘坐在豪華的馬車上，所以招來賊寇，守正道也有憂吝。

象辭意思是：本來是背負東西的窮人卻乘坐在豪華的馬車上，這是件醜事（君子才可乘車），自己的行為招來賊寇，又能怨誰呢？

「六三」乘九二陽剛又攀附於九四，如小人乘貴人的車，會招來強盜，難免羞辱。

在中古時期，階級制度較為嚴格。當時只有統治階級的貴族外出才乘坐車馬，而窮人只能以步代車，當然窮人也買不起車馬。六三爻是一位窮人，他背著沉重的貨物，然而卻乘坐在一輛豪華的馬車上，這種行為會招來盜寇的搶劫，因為六三的行為會使人憤憤不平。

從卦象上看，六三爻既是下卦坎的最上爻，又是上互卦坎卦的最下爻，坎為盜寇，所以有身陷於盜寇被搶劫的形象。六三爻從窮困中解脫出來了，然而卻又招來了盜寇之災。這是告誡人們窮人乍富，不要招搖，否則只會招致災難。

九四：解而拇，朋至斯孚。
象曰：解而拇，未當位也。

經文意思是：解開足大趾的束縛，朋友來到，才是可以相信的。

象辭意思是：解開足大趾的束縛，這是因為九四把自己的位置擺錯了。

「九四」不中失正，下比六三，似足趾生患，故須解其趾患，才能與初六以誠心相應。

九四爻剛爻居於偶位為不得位，又處於上互卦坎卦中位，所以有身陷險中的形象。坎為繩索，所以有被縛之象。然而九四與六五、六三相合，又與初六相應，所以可以解脫困境。九四又是解卦上卦震的最下爻，震為足為動，所以有足大趾被解開束縛的涵義。九四的朋友，其實是初六、六三與六五，這些人幫九四解脫災難，所以他們才是九四可以信任的人。

六五：君子維有解，吉；有孚於小人。
象曰：君子有解，小人退也。
經文意思是：君子解脫了困境，吉祥；用誠信感化小人。
象辭意思是：君子得到解脫，小人勢力消退。

六五處於尊位，相當於國君。可是他處於上互卦坎卦的上爻，所以有險難與被縛之象。但誰能夠把國君縛束起來呢？一般來講是沒有人敢這樣做的。但是一些小人圍靠在君王左右，就像繩子將君王捆住一樣。君王如何擺脫這種困境呢？只有親賢臣遠小人。六五做到了，他與九四這位賢臣相合，與九二這個賢臣相應，所以他解除了小人對自己的羈絆。能夠自我解除羈絆，當然吉祥了。君王這樣做，其實正是在感化小人，讓小人成為君子。

「六五」柔中居尊位，下應九二，不但能解難獲吉，還能以誠信感化小人。

上六：公用射隼，於高墉之上，獲之，無不利。
象曰：公用射隼，以解悖也。
經文意思是：王公在高牆上射大鷹，射中了，沒有不利的。
象辭意思是：王公射大鷹，是為了解除悖逆者。

上六處於解卦的最上爻，所以為「高墉」。王公為什麼要站到高牆上射大鷹呢？這是為了給天下人看。王公射大鷹，其實喻示的是征討不歸順的諸侯國。征討叛亂的諸侯國，是為了使天下統一和平，是以戰爭解除戰爭的威脅。對於一個國家來說，既需要用「卻千里馬」的方式解除小人的羈絆，也需要用武力去解除叛亂的威脅，這就是文治武備。王公討伐叛亂獲得成功，當然不會有不利的因素了。

「上六」處解之終，射獲不該居於高城上的惡鳥，正當其時，故無不利。

第 11 節
卦四十一 損 懲忿窒欲的智慧

壹．卦名

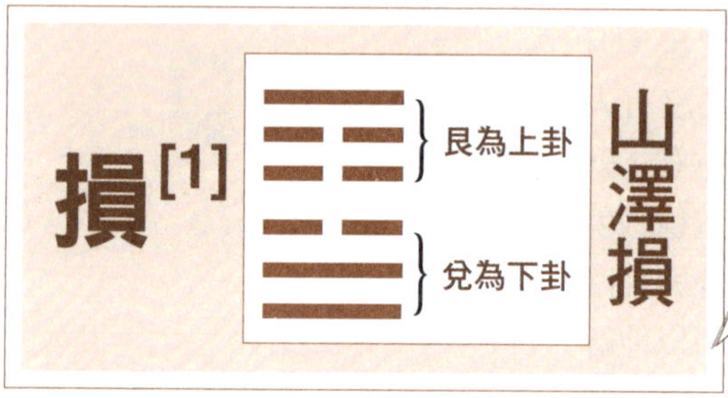

兌為澤，艮為山，澤在山下。澤卑山高，以澤之自損以增山高，所以損象徵減損。減損之時，只要心存誠信，就會獲得吉祥而沒有什麼災難；只要守持正固，就利於有所前往。「損」之道只要心誠，微薄之物也可以奉獻出來，但須合時。

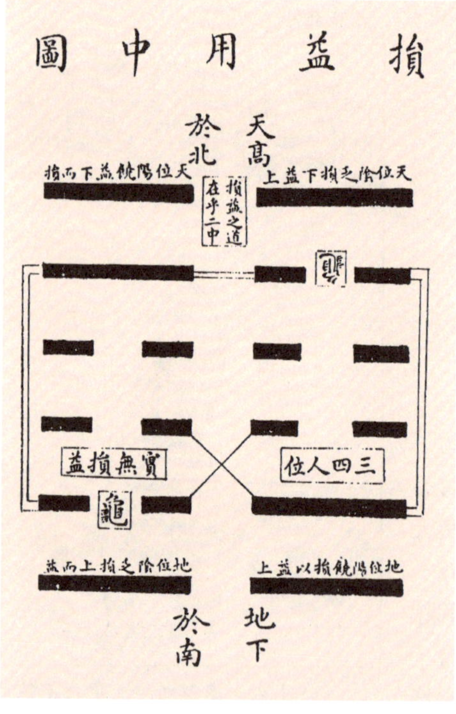

【注解】

[1] 損：卦名，象徵損失、減損。

【釋義】

此卦卦名為損。《說文》中說：「損，減也。」也就是說「損」字的本義是減少的意思。前面的解卦是緩解、解除危機的意思，但解除危機必然會帶來損失，就像我們打官司解決合約糾紛，可是打完官司後除去律師費、取證費等，最後拿到手裡的錢已經有所損失。所以解卦的後面是損卦。《雜卦傳》中說：「損益，盛衰之始也。」這裡表現出《周易》中的辯證思想是，任何事物都是物極必反，不斷變化的。《周易》中認為陽氣最強盛的時期正是陰氣開始生長的時期，陰氣最強盛時期正是陽氣開始生長的時期。而相對於損益也是這樣，受損達到一定極限，正是開始走向強盛的起點，受益達到一定極限，正是開始走向衰落的起點。

貳・卦畫

損卦的卦畫是外部三個陽爻，內部三個陰爻，與益卦的卦畫排列順序正好相反。

損卦之象

有二人對飲，歡飲義；酒瓶倒案上，瓶空無指望義；蹴鞠在地上，所求未得手；文書二束有再告二字，主再求方吉。鑿石見玉之卦，握土為山之象。

叁・卦象

從卦象上進行分析，損卦的上卦為艮為山，下卦為兌為澤，山下有澤便是損卦的卦象。也就是說，山下的沼澤增大，山的面積便會減少；山下的沼澤減小，山的面積就會增大。山與澤互相減損，一方受損，則另一方受益。從卦變來講，損卦是從泰卦變化而來，即泰卦的九三與上六互換便成為損卦，其表示的涵義是減損下面一個陽爻增益到上面，也就是說「損下而益上」。

肆・卦辭

損，有孚，元吉，無咎，可貞，利有攸往，曷[1]之用？二簋（ㄍㄨㄟˇ）可用享。

彖曰：損，損下益上，其道上行[2]。損而有孚，元吉，無咎，可貞，利有攸往。曷之用？二簋可用享；二簋應有時。損剛益柔有時，損益盈虛，與時偕行。

象曰：山下有澤，損。君子以懲忿窒欲。

【注解】

[1] 曷：音ㄏㄜˊ，疑問詞，相當於「何」。

[2] 損下益上，其道上行：損卦自泰卦變化而來，泰卦的九三與上六互換便成為損卦。九三來到了最上爻，所以說「損下益上，其道上行」。

【釋義】

經文意思是：損卦，有誠信，大吉，沒有災難，可守正道，前往有利。用什麼？用兩簋供品祭祀神靈。

彖辭的意思是：損卦是減損下體的陽剛增益上體的陰柔（即泰卦變損卦），是陽剛之道逐漸上升。減損時能心懷誠信，就會大吉，無災難，可以守正道，前往有利。用什麼（祭祀）？兩盤淡食便可以了。當然，二盆淡食應當適合時宜，減損陽剛以增陰柔也應適合時宜，無論事物的減損、增益、盈滿與虧虛都要適合時宜。

象辭的意思是：山下有水澤，這就是損卦的卦象。君子從中得到啟示，克制自己的憤怒，杜絕欲望。

伍．爻辭

初九：已事遄[1]往，無咎，酌損[2]之。

象曰：已事遄往，尚合志也。

九二：利貞，征凶，弗損益之。

象曰：九二利貞，中以為志也。

六三：三人行，則損一人；一人行，則得其友。

象曰：一人行，三則疑也。

六四：損其疾，使遄有喜，無咎。

象曰：損其疾，亦可喜也。

六五：或益之十朋之龜，弗克違[3]，元吉。

象曰：六五元吉，自上佑也。

上九：弗損益之，無咎，貞吉，利有攸往，得臣無家。

象曰：弗損益之，大得志也。

【注解】

[1] 遄：急忙，快速。

[2] 酌損：酌，斟酒；損，損失。「酌損」即喝酒方面的損失。

[3] 弗克違：不用拒絕。

【釋義】

初九：已事遄往，無咎，酌損之。
象曰：已事遄往，尚合志也。
經文意思是：辦完事急忙去，沒有災難，只是少喝點酒的損失。
象辭意思是：辦完事急忙去，早往合乎心志。

初九與六四相應，就好比六四設宴邀請初九，初九由於身邊有事，所以做完手頭的工作後便去赴宴，結果去得有些晚了，大家都已經吃得喝得只剩殘局。這種損失，只是少喝點酒的損失，所以不會造成災難。因為初九前去赴宴的目的，不是為了吃喝，而是為了與六四進行交往。

「初九」當正應上，可以停止自己的工作，速去協助。這是捨己為人，沒有什麼災難。但是當量力而行。

九二：利貞，征凶，弗損益之。
象曰：九二利貞，中以為志也。
經文意思是：利於正道，征討凶。不受損也不受益。
象辭意思是：九二爻利於正道，是以中庸為心願。

「九二」上應六五，急於求進將有凶險；不自損，守持中道，即可「益上」。

九二處於下卦之中，可是陽爻居於偶位為不得位，並且他又是下互卦震的最下爻，所以有不安於現狀的形象。他不滿意的便是淩駕於他上面的六三爻，因為這個位置原來是上九的位置（即從泰變損），所以他想排擠掉六三爻，這種想法與行動是凶險的，所以爻辭中說「征凶」。九二就好比一間公司的部門經理，本來他的直屬主管是一位有才能的人，可是調走了，上面派下來一個平庸之輩做自己的直屬主管。於是這位部門經理便有些不服，想把這位新主管排擠走。這種行為肯定會遭到總經理的反對而不會成功。所以這位部門經理如果不想給自己帶來不良後果，唯一的選擇便是保持中庸之道，做好本職工作，不要做與高層意志相違背的事情。

六三：三人行，則損一人；一人行，則得其友。 象曰：一人行，三則疑也。 **經文意思是**：三人同行就會減少一人，一人獨行，則會認識新的朋友。 **象辭意思是**：一個人行走則得友，是因為三個人在一起就會產生猜疑。	

「三人行」，指的便是泰卦下面的三個陽爻，「損一人」指的是變為損卦後泰卦的九三爻離開本位來到了損卦的上爻。「一人行」指的也是泰卦的九三爻來到了損卦的上爻位置。「得其友」說的是損卦的上九爻與六五相合，與六三相應。

「六三」若專應上九，則得友朋。若與六四、六五同行欲求上九，則使上九生疑，為「損」上之舉。

從道理上來講，這一爻反映出了人性的一個弱點。比如西方國家認為一個華人可以打敗一個日本人，可是十個華人就打不過十個日本人了。這是怎麼回事呢？因為存在「三人行，則損一人」的情形。十個華人在一起，往往會出現內鬨的局面，這樣自然無法與對方的十個人抗衡了。這裡說明的是人性的弱點也會給集體力量造成損失。

六四：損其疾，使遄有喜，無咎。 象曰：損其疾，亦可喜也。 **經文意思是**：減輕疾病痛苦，使病情快速好轉，沒有災難。 **象辭意思是**：減輕疾病痛苦，也是件可喜的事。	

「六四」柔正得位，與初九相應，能自損其疾患，迅速接納初九陽剛，至為可喜。

這裡的「損其疾」指的是什麼疾病呢？就是身體裡起內鬨的疾病。在泰卦中，上卦是三個陰爻，眾陰爻在一起就相當於上面我們講的十個華人，這種局面很容易因內鬨而使集體力量造成損失。怎麼辦呢？只能減損一個陰爻到下卦中，從下卦減損一個陽爻以上卦來。這樣就形成了損卦。由於這樣變動便不會出現內鬨現象了，所以集體的力量便會得到增強。這就是損失便是強盛的開始的意思。

六五：或益之十朋之龜，弗克違，元吉。
象曰：六五元吉，自上佑也。

經文意思是：有人送了價值十朋的寶龜，不要拒絕，大吉祥。

象辭意思是：六五的大吉祥，是來自上九的保佑。

「六五」柔中居尊位，下應九二。虛己謙下以「自損」，天下「益」。至為吉祥。

六五得到了價值十朋的寶龜，其實這寶龜正是權力的象徵。六五居於尊位，是誰給他這個位置呢？是上九，上九從泰卦的九三爻來到損卦的上九爻，便是要幫助六五鞏固政權。所以六五不用拒絕，只要正確行使自己的權力，便會大吉大利。

上九：弗損益之，無咎，貞吉，利有攸往，得臣無家。
象曰：弗損益之，大得志也。

經文意思是：沒有減損而是得到了益處，沒有災難，守正道吉祥，前往有利，得到無私忘家的臣子。

象辭意思是：沒有減損而是有所收益，是志向可以得到大的施展。

泰卦的九三來到了上九的位置形成損卦，這不是使損卦的上卦受損，而是使損卦上卦的力量增強，所以爻辭說「弗損益之」。上九對上卦是有幫助的，怎麼會有災難呢？所以只要守正道自然吉祥。「得臣無家」則是說上九原為泰卦的九三爻，下卦為內為家，所以泰卦的九三爻為下卦的家長。可是到了損卦的上爻後，擁有下面三個陰爻（即得臣），卻已經不再是下卦的一家之長了，所以「得臣無家」。

「上九」居損之終，使自己的多餘，讓下面的人受益，這樣方可得到廣大臣民的擁戴而吉祥。

第 12 節

卦四十二 益 見善則遷的智慧

壹・卦名

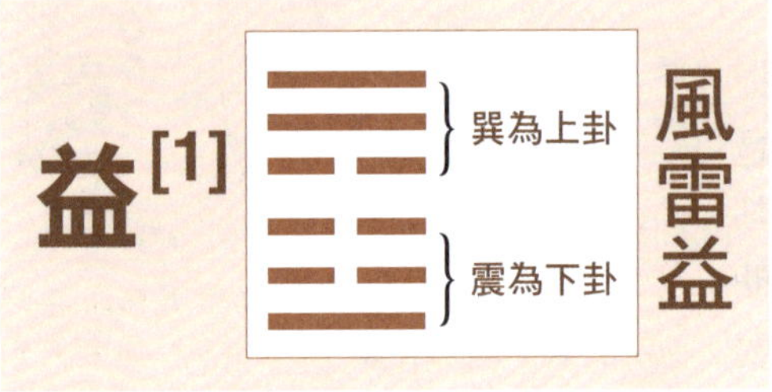

震為雷，巽為風，風烈則雷迅，雷激則風怒。即風雷相益。益者，增長。故益象徵增益。為損上益下。象徵統治者減損財富，使人民增益。既行損上益下之道，利於有所前往，排難涉險。

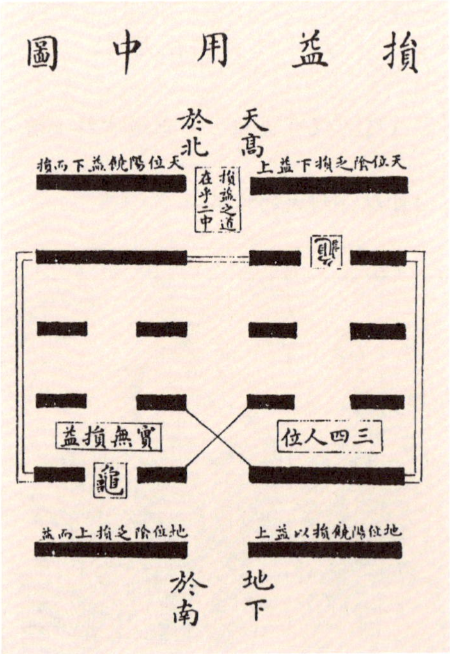

【注解】

[1] 益：卦名，象徵增多、補益。

【釋義】

此卦名為益。「益」的下面是一個器皿，上面指溢出的水，是「溢」的本字，本義為水從器皿中漫出。引申義為增加、增益、增強。不停地減損，就會出現損極而反的增益，所以損卦之後便是益卦。

貳・卦畫

益卦的卦畫為外面三個陽爻，裡面三個陰爻，其排列順序與損卦的卦畫相反。

叁・卦象

從卦象上進行分析，益卦的上卦為巽為風，下卦為震為雷，風雷相益就是益卦的卦象。雷在天空中震動，大地上會刮起疾風，風使雷聲更顯威猛，所以說風雷相益。益卦是從否卦變化而來，即否卦的上九爻與初六爻互換位置便成為益卦，上九爻來到下面助益下卦，所以益卦有「損上益下」的涵義。

肆·卦畫

益，利有攸往，利涉大川。

彖曰：益，損上益下，民說無疆[1]，自上下下[2]，其道大光。利有攸往，中正有慶。利涉大川，木道乃行[3]。益動而巽，日進無疆。天施地生，其益無方。凡益之道，與時偕行。

象曰：風雷，益；君子以見善則遷，有過則改。

【注解】

[1] 損上益下，民說無疆：益卦從否卦變化而來，將否卦上面的三個陽爻減損一個（九四爻）助益到下卦的初爻位置上，所以稱為「損上益下」。這種變化就相當於統治者能減損自己增益在下面的人民，所以「民說無疆」。

[2] 自上下下：第一個「下」為動詞，第二個「下」為名詞。即從上面下到下面來。指否卦的九四爻來到最下面的位置上。

[3] 木道乃行：益卦下卦為震為木為動，上卦為巽為木為入，上下卦都有「木」的屬性，所以說「木道」，震為動，巽為入，都有動的涵義，所以「乃行」。

益卦之象

要官人抱合子，主與貴人道合；一人推車，主營運及時；一鹿一錢，乃才祿俱旺。鴻鵠遇風之課，河水添何之象。

【釋義】

經文意思是：益卦，前往有利，有利於跋涉大川。

彖辭的意思是：益卦，減損上面，增益下面，民眾喜悅無邊，從上到下，道德被發揚光大。利有所往，因為九五爻居中正之位而有喜慶之事。利於跋涉大川，是因為木船可以在水上航行。益卦動而能柔順，日新月異發展沒有邊際。天降甘露，地養育萬物，增益是沒有固定的方式的。凡屬增益之道，是隨著時序一起前進的。

象辭的意思是：風與雷組合在一起便是益卦的卦象。君子從中受到啟示，向美善學習，改正自己的過失。

伍・爻辭

初九：利用為大作[1]，元吉，無咎。

象曰：元吉無咎，下不厚事也。

六二：或益之十朋之龜，弗克違，永貞吉。王用享[2]於帝，吉。

象曰：或益之，自外來也。

六三：益之用凶事，無咎。有孚中行，告公用圭[3]。

象曰：益用凶事，固有之也。

六四：中行，告公從。利用為依遷國。

象曰：告公從，以益志也。

九五：有孚惠心，勿問元吉。有孚惠我德。

象曰：有孚惠心，勿問之矣。惠我德，大得志也。

上九：莫益之，或擊之，立心勿恆，凶。

象曰：莫益之，偏[4]辭也。或擊之，自外來也。

【注解】

[1] 大作：大的作為。

[2] 享：祭祀。

[3] 圭：圭是一種古代官員佩戴的信物，象徵天子賦予的權力，形制如同琬圭、琰圭，有九寸長。由於益卦自否卦變化而來，益卦的初九原為否卦的九四爻。否卦的上卦為乾為玉為圭。

[4] 偏：「偏」在孟喜本中作「徧」，在虞翻本中也作「徧」，「徧」即今「遍」字。

【釋義】

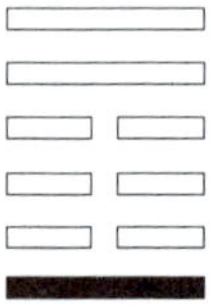

初九：利用為大作，元吉，無咎。

象曰：元吉無咎，下不厚事也。

經文意思是：有利於發展大事業，大吉祥，沒有災難。

象辭意思是：大吉祥沒有災難，是因為下民不用承受繁重的剝削。

初九位於益卦的最下層，由於益卦是損上益下，所以初九也是最大的受益者。

君王使民眾受益，民眾怎麼能不吉祥，怎麼會有災難呢？所以處於這種大好形勢下，民眾就應當有大的作為，積極發展經濟。因為君王不再厚取於民，民眾的勞作收入大部分是自己的，為什麼不利用這種優惠的政策興辦大事呢？

「初九」位卑，本難勝任大事，但受益於上可擔當大事，但必須是善事，才不會有過錯。

六二：或益之十朋之龜，弗克違，永貞吉。王用享於帝，吉。

象曰：或益之，自外來也。

經文意思是：有人送了價值十朋的大龜，不要拒絕，永遠守正道吉祥。君王祭祀先帝，吉祥。

象辭意思是：有人給予增益，是從外面得到增益。

「六二」柔順中正，受君之益，似獲得價值「十朋」的大寶龜。此時，君王舉行祭天大典，必獲吉祥。

六二爻的爻辭與損卦的六五爻的爻辭基本上一樣。但是意思還是有區別的。損卦的六五是因為上九的幫助而擁有了實權；在這裡，指的是國家政策在與民休息、減輕稅賦的同時，對於權力也開始下放，使身為大夫的六二也擁有了實權。雖然有了實權，但也不能濫用職權，所以爻辭中說「永貞吉」。「王用享於帝」則是說，要虔誠地祭祀先祖，並且像舉行祭祀一樣的虔誠對待自己的本職工作，不濫用職權；像敬畏先祖一樣敬畏君王，才會吉祥。

六三：益之用凶事，無咎。有孚中行，告公用圭。

象曰：益用凶事，固有之也。

經文意思是：用收到的禮物救助災區，沒有災難。有誠信而行中庸之道，用圭璧為信物向王公告急。

象辭意思是：用收到的禮物拯救災區，可以鞏固自己原有的利益。

六三為王侯之位，所以他可以收到很多禮物，當然，這些禮物不是來自於災區。他用自己收到的財禮救助災區是一種無私的行為，所以沒有災難。「圭」是救災用的憑證。《周禮》中記載：「珍圭以征守，以恤凶荒。」這個「圭」是天子發給諸侯的信物，諸侯國如果因為受災或受戰事侵害向天子求救時，便以圭作為信物。六三爻身為侯王，所以他擁有圭這個信物。於是他讓使者拿著這個信物求救於天子，以解救災區的民眾。

「六三」失正，受益至甚，但應心存誠信，持中慎行，努力施用於救凶平險，才不會有過失。

六四：中行，告公從。利用為依遷國。

象曰：告公從，以益志也。

經文意思是：行中庸之道，告訴王公的隨從。利於依附強大的邦國而進行遷都。

象辭意思是：告訴王公的隨從，以增強眾人的意志。

「六四」近承九五陽剛，有依附「君主」施益於「民」之象。但須持中慎行。

六四爻下互卦坤卦的上爻，又是上互卦艮卦的中爻，同時也是益卦上卦的下爻，並且與下卦震相臨，綜合這些卦象，可以看出六四所居之地是旱澇不斷的災區，這個環境不好，該怎麼辦？只有遷都了。將國都遷到離天子的都城較近的地方，一旦本國發生災荒，則可以迅速求救於天子的幫助。所以六四是想透過易地而受益。

九五：有孚惠心，勿問元吉。有孚惠我德。

象曰：有孚惠心，勿問之矣。惠我德，大得志也。

經文意思是：有誠信惠心，不用問就知是大吉利，有誠信惠心於我的恩德。

象辭意思是：有誠信惠心，是用不著問的。（天下人）報答我的德行，可以達到更大的發展。

九五為君位，他減輕民眾的徭役，不厚取於民，所以民眾對這位國君心存感激之情。這樣的國君不用占卜也會大吉大利的。比如商湯在位時，他推行仁政，輕徭薄稅，深得民眾的擁戴，使天下呈現出一派太平景象。有一年，遇上大旱，中原一帶晴空萬里，一次雨也沒下，農作物都快旱死了。商湯於是找來史官進行占卜。史官卜過之後說：「當前的旱災是由於對上天的祭祀還不夠隆重，應當殺一個人祭天，便會下雨了。」商湯聽後生氣地說：「這怎麼行！我求雨是為了救助眾生，怎麼能用殺人的方式求雨呢？如果非要殺死一個人才能下雨的話，就從我開始吧！」於是，商湯沐浴齋戒後，他向蒼天詢問自己都犯了哪些錯誤，天馬上陰暗了下來，接著便下起了綿綿細雨。可見君王的美德可以感動天地，所以「勿問元吉」。

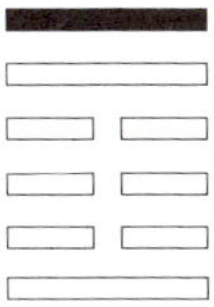

上九：莫益之，或擊之，立心勿恆，凶。

象曰：莫益之，偏辭也。或擊之，自外來也。

經文意思是：沒有人增益它，有的人打擊它，樹立決心不夠堅定，凶險。

象辭意思是：沒有人增益它，是國內普遍的情況。有的人打擊它，則是來自外部的。

上九位於益卦的最上爻，是損上益下發展到了極致，可是這樣卻造成了凶險。舉個例子大家就會明白了。比如某公司的主管階級都很廉政，並且注重員工的利益。結果導致員工失去一點利益就會找主管的麻煩，好像主管做了什麼大錯事似的。然而在這些主管中，職位高卻沒有實權的主管往往是最容易受員工欺負的對象。為員工謀福利是應該的，他不會因為這個而得到名與利的收益；可是一旦員工發覺自己的利益受損，便會先找主管發脾氣，畢竟員工也不敢得罪擁有實權的廠長或總經理。這就是損上益下太過造成的弊端。對於國家也是一樣，天子總是損上益下，結果諸侯強大起來了，不但不進貢，還要帶兵侵襲天子的地盤，最終使總盟主失去原有的地位。

「九五」中正尊居君位，下應六二，以惠心得天下人，天下人也必將感惠報答他的恩德。

「上九」陽剛亢盛，貪求不已，故天下無人增益他，並群起而攻之，會有傷害。

第13節
卦四十三 夬 施祿及下的智慧

壹・卦名

乾為天，兌為澤，天上水氣騰騰，欲降成雨，為夬，夬為決斷、果決。有清除邪惡的意思。君子制裁小人時，應光明正大，公開公布小人的罪過，並告誡人們引以為戒。施「仁政」，建章立法，不亂用武施暴。這樣才會有利。

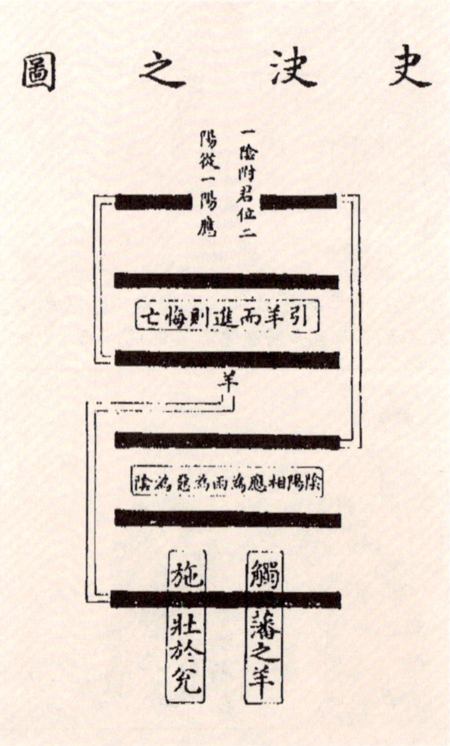

【注解】

[1] 夬：音ㄐㄩㄝ ˊ，卦名，象徵決裂、決斷。

【釋義】

此卦卦名為夬。「夬」便是「決」的意思。決是什麼意思呢？大水沖破堤岸或溢出便是決。上面益卦表示的是受益，但受益不斷便會益極而溢出，就像河中的水一樣，積蓄過多的水便會溢出河床，所以益卦的後面是夬卦。這就是《序卦傳》中所說的：「益而不已必決，故受之以夬。夬者，決也。」

貳・卦畫

夬卦的卦畫是相臨五個陽爻，最上面一個陰爻。

叁・卦象

夬卦之象

二人同行，前有水後有火及虎蛇當道，主出行多驚恐；竿上有文字，竿下有錢，主歷經艱難可望名利。

從卦象上進行分析，夬卦的五個陽爻象徵陽氣的強盛，一個陰爻表示陰氣即將消失，強大的陽氣將要驅除弱小的陰氣，這便是夬卦所表達的涵義。夬卦是十二消息卦之一，代表的節氣為穀雨。夬卦六爻代表清明至立夏的三十餘天。五天為一候，一爻代表一候。從上下卦象上分析，夬卦上卦為兌為澤，下卦為乾為天，澤上於天便是夬卦的卦象。澤中的水高高在上，比天還高，這雖說是有些誇張，但澤水漲成這樣子，肯定會是向四面八方溢出的，所以還是表明了「夬」的涵義。另有一種解釋是認為澤中的水被烈日烤晒變為水汽升騰到了天上，表明強大的陽氣將陰氣驅逐到天上。

肆・卦辭

夬，揚於王庭，孚號，有厲。告自邑，不利即戎，利有攸往。

彖曰：夬，決也，剛決柔[1]也。健而說[2]，決而和，揚於王庭，柔乘五剛也。孚號[3]有厲，其危乃光也。告自邑，不利即戎，所尚乃窮也。利有攸往，剛長乃終也。

象曰：澤上於天，夬；君子以施祿及下，居德則忌。

【注解】

[1] 剛決柔：夬卦下面有五個陽爻，將要驅除在上面的弱陰，所以說「剛決柔」。

[2] 健而說：夬卦上卦為兑有喜悦的涵義，下卦有乾有強健的涵義，所以說夬卦「健而說」。說，通「悦」。

[3] 號：召喚，呼喚，疾呼。

【釋義】

經文意思是：夬卦，在王庭上大聲宣揚，竭誠地哭號將有危險，告訴同邑的人們，不利於立即採用軍事行動，與對方建立交往有利。

彖辭的意思是：夬，即決的意思，陽剛決斷陰柔。剛健而喜悅，決斷而能和諧，宣揚於王庭，是柔爻登乘在五個陽爻之上。心懷誠信哭號有危險，是說明這種危險已經很明顯了。告訴同邑的人們，不利於立即採用軍事行動，是因為崇尚武力是行不通的。與對方建立交往有利，是因為隨著時間的推移，陽長自然陰消。

象辭的意思是：澤水化氣升騰於天，這就是夬卦的卦象。君子從中受到啟示，將福祿施予百姓，穩居在上只想獲取，是應當禁止的。

伍・爻辭

初九：壯於前趾，往不勝[1]為咎。

象曰：不勝而往，咎也。

九二：惕號[2]，莫夜有戎，勿恤。

象曰：有戎勿恤，得中道也。

九三：壯於頄[3]，有凶。君子夬夬，獨行遇雨，若濡有慍[4]，無咎。

象曰：君子夬夬，終無咎也。

九四：臀無膚，其行次且。牽羊悔亡，聞言不信。

象曰：其行次且，位不當也。聞言不信，聰不明也。

九五：莧陸夬夬[5]，中行無咎。

象曰：中行無咎，中未光也。

上六：無號，終有凶。

象曰：無號之凶，終不可長也。

【注解】

[1] 勝：勝任。

[2] 惕號：受驚而呼喊。

[3] 頄：音ㄑㄧㄡˊ，指顴骨。

[4] 慍：惱怒的樣子。

[5] 莧陸夬夬：莧，音ㄒㄧㄢˋ。莧陸的解釋一直有爭議。虞翻認為莧陸為「莞睦」是喜悅和睦的意思；王弼則認為莧陸是澤中的水草；荀爽認為莧與陸分別是兩種水草；孟喜則認為是一種動物；現今有人認為莧陸即馬齒莧。本人認為王弼與荀爽的說法較為確切，因為從卦氣上來講，此時浮萍已生，類似於浮萍的水草浮在水面上，故此有「夬夬」之象。

【釋義】

初九：壯於前趾，往不勝為吝。

象曰：不勝而往，咎也。

經文意思是：前腳趾健壯，前往不能勝任而造成災難。

象辭意思是：不能勝任而前往，自找災難啊。

「初九」陽剛處下，上無應。似強盛在足趾尖，躁進而往，必難取勝而有災難。

初九代表陽氣漸生，相對於人體來說就好比腳趾，相對於人的能力來說表示能力較弱，所以前往會有不能勝任之憂。這就好比一個還在學校學習的大學生，品學兼優，但是憑這些就想承擔某個企業的主要主管職位，顯然是能力還有些欠缺。

九二：惕號，莫夜有戎，勿恤。

象曰：有戎勿恤，得中道也。

經文意思是：受驚感叫，在夜裡有兵戎經過，不用憂慮。

象辭意思是：夜裡有兵戎經過，九二處於中正之道，所以不必憂慮。

九二有警惕之心，並且保持適中的原則，所以即使夜裡有兵戎經過，也用不著憂慮。這就有些像俗話所說的「平生不做虧心事，夜半敲門心不驚」。不過從爻辭來看，九二還是因為兵戎的經過而受到了驚嚇。可是這一點正說明九二的處事小心謹慎。謹慎而持中，所以不會有災難。

九三：壯於頄，有凶。君子夬夬，獨行遇雨，若濡有慍，無咎。

象曰：君子夬夬，終無咎也。

經文意思是：顴骨強壯，有凶險。君子一個人走得很急，遇到下雨被淋溼而有怨氣，沒有災難。

象辭意思是：君子走得很急，最終沒有災害。

「九二」得中，既果斷又謹慎，故能時刻呼號鳴警，遭夜襲也有備無患。

「九三」若制裁小人，怒形於色，有失美善之道。若與小人周旋往應上六，雖然遇雨淋衣被人不解，但無過失。

眾陽爻意在排除上面的弱陰，可是九三卻與上六正應，九三陽爻居於奇位為得位，並且又是下卦乾卦之上爻，所以他異常剛健，不與眾陽同處，「壯於頄」則是表現出不與群陽為伍的態度。他一個人急急向前走，是要救助上六的弱陰，「遇雨」則是說明與上六陰陽有合。九三的凶來自於不與群陽為伍，九三的「無咎」來自於與上六的應和。

九四：臀無膚，其行次且。牽羊悔亡，聞言不信。

象曰：其行次且，位不當也。聞言不信，聽不明也。

經文意思是：臀部受傷，行走艱難。牽著羊沒有悔恨，不聽別人的話。

象辭意思是：行走艱難，是九四的位置不當；不聽別人的話是不聰明。

「九四」失正，趑趄難進。但若依附九五，跟隨其後，不會後悔。但九四容易衝動，聽到這樣的忠告，也不會相信。

李鼎祚說：「凡卦初為足，二為腓，三為股，四為臀。當陰柔，今反剛陽，故曰無膚。」也就是說，四爻相當於人體臀部的位置，本屬陰柔之位。可是九四爻以陽剛居於柔位，就好比是人的臀部有骨無膚，所以說「臀無膚」。臀部受傷連皮膚都沒了，走起路來自然是極其艱難。由於九四爻是上卦兌卦的最下爻，兌為羊，所以有牽著羊走路的形象。由此可見九四爻是極其被動地行走著，他臀部受了傷，所以後面的眾陽爻的上行迫使他必須往前走，他不想讓他的羊跑掉，所以被羊所牽引，盲目地行進，既不能停下來，又不能按自己的方向走。「聞言不信」是什麼意思呢？是說被動的九四此時已聽不進別人的勸告了，因為他既不想失去羊，又忍受不了臀部的疼痛。所以象辭中說他是「聰不明也」。

這就好比有一個人從懸崖上摔下來，在掉落的過程中他抓住了一棵灌木。此時山上的人沒辦法救他，因為他離上面太遠了。可是他這樣一直抓著灌木也沒法求生，因為他很快就會因為力氣耗盡而鬆開手。這時山上有一位僧人大聲對他說：「放開手！」可是此時這個抓住灌木的人怎麼會聽信這句話呢？其結果也就可想而知了。

九五：莧陸夬夬，中行無咎。
象曰：中行無咎，中未光也。

經文意思是：水中的莧陸脫離土地浮在水面上，以中正之道行事沒有災難。

象辭意思是：中正之道行事沒有災難，是因為九五居中但卻還未光大。

「九五」居尊位，中正，能像斬除馬齒莧一樣清除小人，但持中慎行才無過失。

九五緊臨上六，並且與上六相合，但是從大的局勢來說，他必須順從眾陽的意願，將上六驅除掉。可是這不是他自己的心意，所以他只能保持適中的原則，一切順從時勢的安排了。九五就好比開元盛世中的李隆基，當安祿山造反後，朝中的眾軍士要求斬殺楊玉環時，身為國君的李隆基也救不了自己的愛妃。

上六：無號，終有凶。
象曰：無號之凶，終不可長也。

經文意思是：不用痛哭喊叫，最終有凶險。

象辭意思是：不用痛哭的凶險，是因為弱陰終究不會長久。

「上六」是要被決斷的小人，在被窮追不捨時大聲呼號，也無人理會，難逃凶險。

大勢已去，上六的滅亡已不可避免。人在最悲傷的時候反而沒有眼淚了，上六就是這樣。他只能等待著凶險的來臨，卻沒有一點辦法。因為眾陽的勢力太強大了，自己無法與之抗衡。

第14節

卦四十四 姤 品物咸章的智慧

壹・卦名

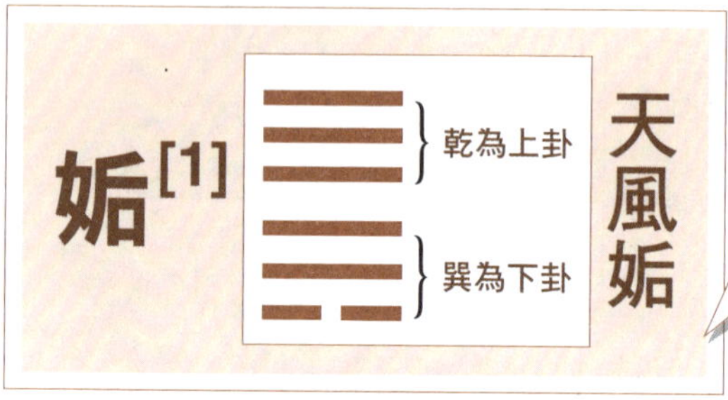

巽為風，乾為天，風行天下，無物不遇，為姤，同逅，即邂逅，意外相遇。本卦一陰爻周旋在五陽爻之間，疑此女不守貞節，而且身體強壯，相遇不可娶其為妻。但也不一定都惡劣，剛遇到中正的柔，剛柔相濟，才能使其抱負大行於天下。

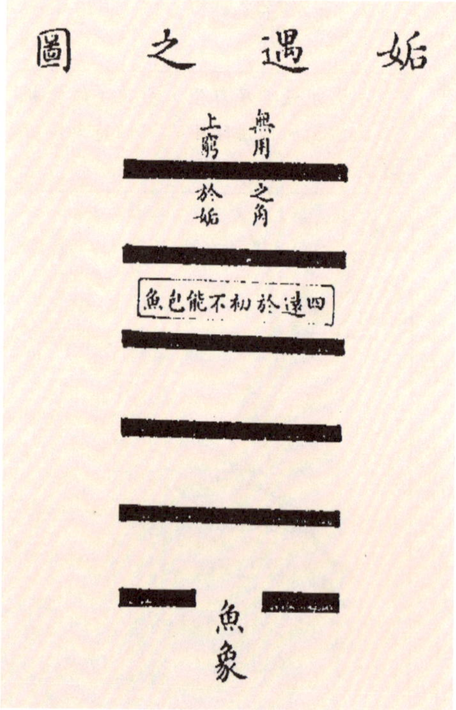

【注解】

[1] 姤：音ㄍㄡˋ，卦名，象徵相遇、女遇男交互為婚姻。

【釋義】

此卦卦名為姤。姤就是相遇的意思。在此卦中指的是柔爻遇到了剛爻。上一卦是眾陽爻驅逐了陰爻，這個陰爻被驅逐後會與新的陽爻相遇，所以夬卦的後面是姤卦。這也就是《序卦傳》中所說的：「決必有遇，故受之以姤。姤者，遇也。」

貳・卦畫

姤卦的卦畫為下面一個陰爻，上面五個陽爻，與夬卦的卦畫排列順序正好相反，夬卦與姤卦互為覆卦。

叁・卦象

從卦象上分析，姤卦下面的一個陰爻代表陰氣的始生，上面的五個陽爻代表陽氣尚處於強盛時期。姤卦是十二消息卦之一，代表的節氣為夏至。姤卦六爻代表芒種至小暑的三十餘天。五天為一候，一爻代表一候。此時天地之氣陽極陰生，所以卦象上下爻出現了一個陰爻。這一個陰爻反映在天氣上，便是出現了潮溼的氣候。姤卦上卦為乾為天，下卦為巽為風，天下刮起了風便是姤卦的卦象。風無孔不入，所以也說明相遇在任何地方都會出現的。在鄭玄本中「姤」為「遘」字，既邂逅的「逅」。指的是沒有約定的不期而遇。這種相遇自然是最容易出現的了。另外，姤卦的上卦乾代表老男人，下卦的巽代表成熟的女性。老人娶少婦在《周易》中認為是一件好事情，但此處的老人所相遇相合的卻是一位成熟、強壯的女性，所以就會對老人不利了。

姤卦之象

有一官人用箭射鹿。有文書帶喜字，有兩個牽連，有綠衣貴人指路。風雲相濟之卦，或聚或散之象。

肆・卦辭

姤，女壯[1]，勿用取女。

彖曰：姤，遇也，柔遇剛也。勿用取女，不可與長也。天地相遇，品物咸章[2]也。剛遇中正，天下大行也。姤之時義大矣哉！

象曰：天下有風，姤。後以施命誥四方。

【注解】

[1] 女壯：女人強壯。姤卦一陰始生，喻示陰柔開始生長強盛，故此有「女壯」的卦辭。

[2] 天地相遇，品物咸章：天與地的交合，使萬物得以生長繁盛。品，各種、各類；咸，都；章，通「彰」，彰明、明顯、顯著。

【釋義】

經文意思是：姤卦，女子強壯，不要娶這個女子為妻。

彖辭的意思是：姤，就是相遇的意思，陰柔相遇陽剛。不要娶這個女子，因為娶強壯的女子不會相處長久。天與地的陰陽之氣相遇，天下萬物才能生長繁衍。陽剛如果遇到居中守正的陰柔，那麼天下化育之道就可以盛行了。姤卦的時勢意義太大了！

象辭的意思是：天下有風就是姤卦的卦象。君子從卦象中受到啟示，發布命令，傳告四方。

在卦辭中，對人們提出的忠告是：「女壯，勿用取女。」這裡的女壯指的不是女人身體強壯，因為在上古及中古時代，女人身體強壯是一種美。這裡的強壯指的是性慾強烈。古人將性慾強烈的女人稱為「淫婦」，認為誰娶了這樣的女人便會倒霉。所以卦辭中才會說，不要娶這個性慾強烈的女人為妻。

彖辭中雖然也不贊同娶這個強壯的女人為妻，但卻將姤卦的內涵進行了引申，讚揚了陰陽交合的偉大，說明陰陽交合才能產生萬物這一道理。由此可見《周易》中可以透過卦畫與卦象引申出許多道理，並不拘泥於一事一物。

象辭中則是從卦象中進行引申與發揮，對君王提出關於治理天下的忠告。也就是說要讓自己的命令像風一樣傳遍四方，不能將自己的命令只侷限於自己的都城內。按今天的話來說，就是要加強全民的法治教育，讓百姓知法守法。如果法律只有律師才知道，那麼對民眾並沒有約束的作用了。

伍・爻辭

初六：繫於金柅[1]，貞吉。有攸往，見凶，羸豕[2]孚蹢躅[3]。

象曰：繫於金柅，柔道牽也。

九二：包有魚，無咎，不利賓。

象曰：包有魚，義不及賓也。

九三：臀無膚，其行次且，厲，無大咎。

象曰：其行次且，行未牽也。

九四：包無魚，起凶。

象曰：無魚之凶，遠民也。

九五：以杞包瓜[4]，含章，有隕自天。

象曰：九五含章，中正也。有隕自天，志不捨命也。

上九：姤其角，吝，無咎。

象曰：姤其角，上窮吝也。

【注解】

[1] 金柅：金，金屬；柅，繅車上的橫木。

[2] 羸：音ㄌㄟˊ，通「累」，纏繞、困住的意思。

[3] 踟躅：徘徊不進的樣子。

[4] 以杞包瓜：杞，杞柳。即用杞柳將瓜包起來。

【釋義】

初六：繫於金柅，貞吉。有攸往，見凶，羸豕孚踟躅。

象曰：繫於金柅，柔道牽也。

經文意思是：繫縛在金屬的織具上，守正道吉祥。有所往，會遇到凶險，拴縛住的豬還要掙扎行動。

象辭意思是：繫縛在金屬的織具上，就是陰柔受陽剛的牽制。

「初六」在此時將小人制止，就像使用金屬的剎車一樣容易，吉祥。但小人依然像一隻瘦弱的豬不斷徘徊，應嚴加防備。

初六就好比一個單身女子來到了一個光棍村，結果被一名男子搶到了自己的家中，成為這名男子的妻子，每天從事紡線的工作。在遠古時期有搶婚的風俗，所以這種事情不屬於違法。「繫於金柅」則表明陰柔被陽剛所牽制，又表明了這位女子所從事的工作。處於這種情況怎麼辦呢？如果在今天，大家肯定會說：「想辦法逃跑，要不到法院告他。」可是在當時，這是一種婚姻形式，所以這名女子只能安守婦道，做個好妻子才會吉祥。「有攸往，見凶，羸豕孚踟躅」則是說，如果逃跑便會凶險，就像被拴住的豬一樣掙扎是沒有用的。

九二：包有魚，無咎，不利賓。

象曰：包有魚，義不及賓也。

經文意思是：包裹裡有魚，沒有災難，不利於招待賓客。

象辭意思是：包裹裡有魚，從道理上講是不想給賓客吃的。

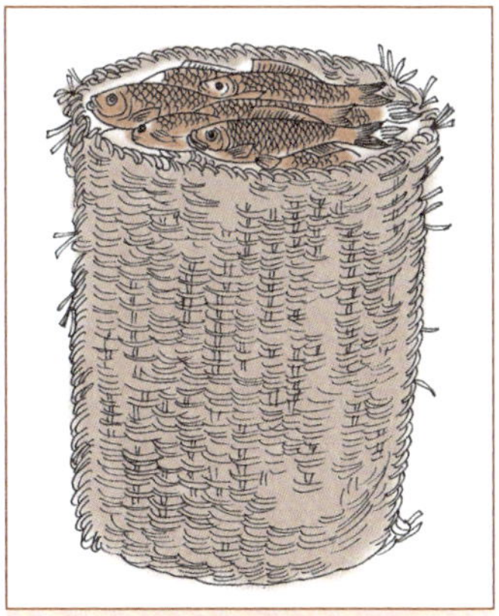

「九二」受初六近承，像草袋中的魚不能動彈，這沒有害處，但不宜用來宴享賓客。

九二的「包有魚」，其實指的便是得到了初六這位妻子。一個光棍有了妻子，當然是件好事了，男耕女織，共同致富，並且搶婚又是當時的法律所允許的，怎麼會有災難呢？但卻不利於招待賓客。因為自己的妻子怎麼能用來招待賓客呢？雖說這是個光棍村，但有福也不能這麼同享啊！可是正是由於九二有了妻子，才使村裡的光棍之間產生了一些小災難。請看下面的九三就是一個受害者。

「九三」過剛不中，行止艱難而有危險。但得正，雖孤立無援，卻沒有大的災難。

九三：臀無膚，其行次且，厲，無大咎。
象曰：其行次且，行未牽也。

經文意思是：臀部受到重傷，走路艱難。有危險，但沒有大的災難。 **象辭意思是：**走路艱難，是因為沒有人攙扶。

九三自然也想搶初六這個女子為妻，所以他與九二爭奪，結果被打傷了，臀部的皮膚都沒了，走路都十分困難。這就是搶婚中造成的危險。不過由於九三並沒有因此而失去性命，所以不會有大的災難。

「九四」陽剛失正，包中沒有魚，凶險難免，這是遠離民眾，不能包容的結果。

九四：包無魚，起凶。
象曰：無魚之凶，遠民也。

經文意思是：包裹裡沒有了魚，出現凶險。

象辭意思是：包裹裡沒有魚的凶險，是因為遠離臣民造成的。

九四與初六陰陽相應，所以雙方都很看好對方。但是他距離初六太遠了，在搶婚中也沒如願以償，這種情形下就會發生凶險的事情了。這就像西門慶與潘金蓮的故事。潘金蓮雖然長得如花似玉，但是卻嫁給了其貌不揚的武大郎，結果自然是心裡不太滿意。於是屬於「女壯」之流的潘金蓮便邂逅了西門慶，兩個人都看中了對方，於是一場凶殺案就這樣產生了。所以九四的凶險是想搶人家的「魚」的凶險，如果能克制住自己，自然就不會有災難了。

九五：以杞包瓜，含章，有隕自天。
象曰：九五含章，中正也。有隕自天，志不捨命也。

經文意思是：用杞柳把瓜包起來，內藏文采，從天上隕落。
象辭意思是：九五內藏文采，是因為位置居中而守正；從天上隕落，是不捨棄天命的安排。

九五就相當於這個光棍村的村長，可是光棍都要娶妻子，這個光棍村的村長便不再有威信了。因為他是一個不想讓人們娶妻的村長，從卦象上說，九五是想克制陰爻的生長。可是大局勢對他卻不利，下卦為巽為陰為女為柳，上卦為乾為天為圓為瓜，所以卦象上有陰包陽的形象。九五的衰落便在所難免了。所以「有隕自天」。也就是說，按照天道的運轉規律，九五該被陰柔所驅退了。

上九：姤其角，吝，無咎。

象曰：姤其角，上窮吝也。

經文意思是：遇到硬角頂撞，有麻煩，但沒有災難。

象辭的意思是：遇到硬角的頂撞，是由於上九處在窮盡之地，所以有麻煩。

這位上九相當於村裡最年老的一位光棍，所以他不會有與陰柔相遇的機會了，但是由於是長輩，所以反而會受到晚輩的頂撞。首先與他相敵的便是九四，九四因為沒搶到妻子，自然遷怒於自己的長輩：「你怎麼這麼窮啊，怎麼不能給我搶一個妻子啊。」這種言語，九四肯定說得出來。上九還會受到九五的頂撞，因為迫於陰爻的增長，九五該退到上九的位置上了。在這種情況下，上九只能憂心忡忡。但是沒有災難，為什麼呢？因為上九又窮又老，古人年老而死屬於喜事，上九只有等死，怎麼會有災難呢？

總之卦六爻的凶，都是由於沒有聽信卦辭中的「勿用取女」造成的。不過娶妻生子是任何人都無法制止的事情，陰長陽消的運行規律，也不是人為所能控制的，所以因「女壯」而帶來的災難是無法避免的。

「九五」陽剛中正居尊位，屈己謙下，求遇賢才，則必有賢者自天而降，與之應合。

「上九」窮高極上，所遇無人，有被嘲笑為褊狹的羞辱，但沒有被小人感染的顧慮，沒有災難。

第15節

卦四十五 萃 觀其所聚的智慧

壹·卦名

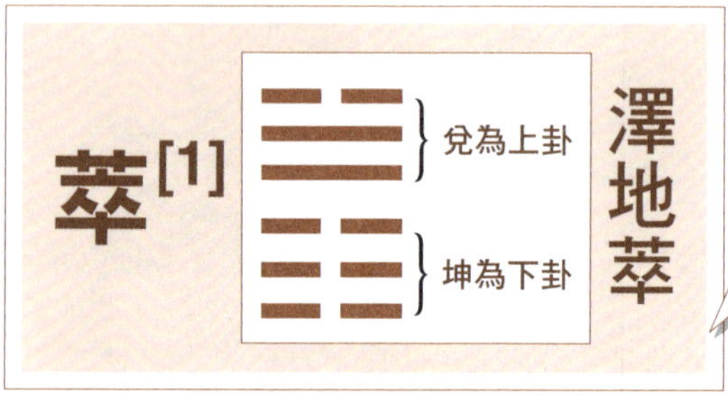

坤為地，性順，兌為澤，性悅。澤居地上，即水在地上聚集成澤，滋潤萬物，為萃。故萃象徵匯聚。天下匯聚，順利亨通。德高望重者主持匯聚必遵循正道，用大的犧牲祭祀祖先會吉祥。聚集使物資豐富，民心一致，可積極前進，從事大的事業。

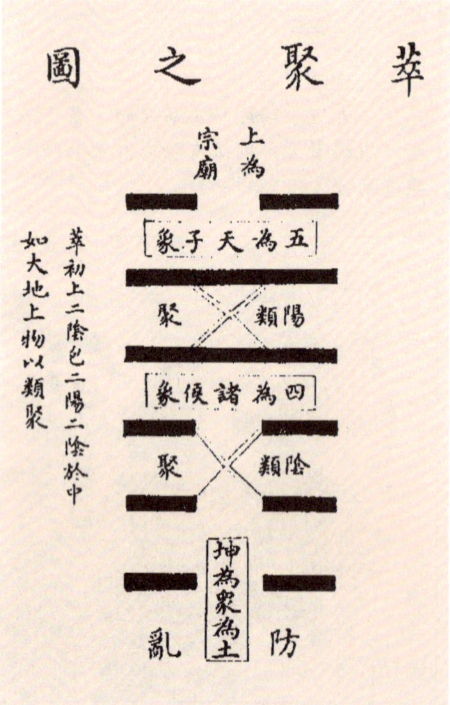

【注解】

[1] 萃：卦名，象徵聚集、相聚。

【釋義】

此卦卦名為萃。《集韻》中說：「萃，草盛貌。」也就是說萃的本義是指草叢生長茂盛的樣子。而其引申義便是人或物按照不同的類別聚集、聚攏的意思。姤卦講的是陰柔與陽剛相遇，相遇必然會聚集在一起，所以姤卦的後面是萃卦。這就是《序卦傳》中所說的：「物相遇而後聚，故受之以萃。」

貳·卦畫

萃卦的卦畫為四個陰爻兩陽爻，兩個陽爻分別位於九四與九五的位置上。

叁・卦象

從卦象上分析，萃卦上卦為兌為澤為喜悅，下卦為坤為地為柔順，沼澤本來比地面要低，可是由於不斷積聚使澤水高出了地面，這便是聚集的大形象。另外，兌為喜悅，坤為柔順。外表喜悅，內心柔順，正是人與人良好交往得以相聚的必要條件。所以兌上坤下的卦象有相聚的涵義。

萃卦之象

有貴人磨玉，去瑕疵也；一僧指小兒山路，謂當作福保小兒；一人救火，除災殃之意；一魚在火上，幸免於傷；一鳳銜書，乃詔書至有喜之兆。此為：魚龍會聚之卦，如水就下之象。

肆・卦辭

萃，亨。王假有廟[1]。利見大人，亨，利貞。用大牲吉，利有攸往。

彖曰：萃，聚也；順以說[2]，剛中而應，故聚也。王假有廟，致孝享也。利見大人亨，聚以正也。用大牲吉，利有攸往，順天命也。觀其所聚，而天地萬物之情可見矣。

象曰：澤上於地，萃。君子以除戎器，戒不虞[3]。

【注解】

[1] 王假有廟：假，到；有，助詞，無意義；廟，宗廟。「王假有廟」即君王來到宗廟裡。

[2] 順以說：萃卦上卦為兌有喜悅的涵義，下卦為坤有柔順的涵義，所以說「順以說」。說通「悅」。

[3] 虞：猜度，預料。

【釋義】

經文意思是：萃卦，舉行祭祀時，君王來到宗廟裡。有利於拜見大人物，亨通，有利於守正道。有利於用大牲畜作祭品，前往有利。

彖辭的意思是：萃，便是聚的意思，柔順而喜悅，九五剛爻居中而與六二相應，所以能夠聚集。君王來到宗廟，是向死去的祖先盡孝心。有利於拜見大人物，亨通，因為是按照正道集聚。用大牲畜作祭品吉祥，有利於前往，是因為順應天命。觀看相聚的道理，可以了解天地萬物的情況。

象辭的意思是：大地上面有水澤，便是萃卦的卦象。君子從卦象中受到啟發，修治兵器，以防備意外發生。

卦辭所講的是君王如何把天下人聚集起來。就是利用敬神來聚集。在中古時代，統治者新建國都時，最先建造的建築物便是宗廟，建完宗廟後才開始建宮室。宗廟是國家的政治中心，上天的神命、祖先的福佑和民眾的信仰，都是圍繞著宗廟中的祭祀體現出來。統治者自命為天子，並加強民眾對神的信仰，讓民眾服從天神的旨意，這樣就可以使民眾思想得到統一，能夠更好地服從天子。所以天子來到宗廟裡祭祀是一種大的聚集，其目的是想聚集天下的民眾。

伍・爻辭

初六：有孚不終，乃亂乃萃，若號，一握為笑，勿恤，往無咎。

象曰：乃亂乃萃，其志亂也。

六二：引吉，無咎。孚乃利用禴[1]。

象曰：引吉無咎，中未變也。

六三：萃如，嗟如，無攸利。往無咎，小吝。

象曰：往無咎，上巽也。

九四：大吉，無咎。

象曰：大吉無咎，位不當也。

九五：萃有位，無咎。匪孚，元永貞，悔亡。

象曰：萃有位，志未光也。

上六：齎咨涕洟[2]，無咎。

象曰：齎咨涕洟，未安上也。

【注解】

[1] 禴：音ㄩㄝ ˋ，指輕薄的祭禮。

[2] 齎咨涕洟：齎，音ㄐㄧ，懷著；咨，嘆息；涕，先秦時指眼淚；洟，音ㄧ ˊ 皆指鼻涕。「齎咨涕洟」即悲哀嘆息，眼淚鼻涕一起流的意思。

【釋義】

初六：有孚不終，乃亂乃萃，若號，一握為笑，勿恤，往無咎。

象曰：乃亂乃萃，其志亂也。

經文意思是：有誠信但沒有堅持到終點，於是出現了混亂與新的聚集，混亂的哭號，相聚者大笑，不用憂慮，前往沒有災難。

象辭意思是：於是出現了混亂與新的聚集，是由於眾人的心志混亂不一造成的。

即使在和平繁榮的盛世，也會有不斷聚集的小人勢力；而在腐朽昏庸的社會環境中，各種勢力不斷聚集的現象就更普遍了。比如開元盛世，安祿山聚集自己的勢力起兵造反；嘉慶年間出現了白蓮教起義；舊中國的上海灘有青紅幫的聚集。

「初六」失正上應九四，但二、三兩陰相阻，有誠意也難有結果，但若專情九四，兩者將握手言歡，前往沒有害處。

六二：引吉，無咎。孚乃利用禴。

象曰：引吉無咎，中未變也。

經文意思是：（六二）得到上司（九五）的牽引，吉祥，沒有災難。因為有誠信，所以用輕薄的祭品便可以達到效果。

象辭意思是：得到上司的牽引吉祥，是因為六二居中守正沒有改變。

「六二」柔中居正，上應九五，必得尊者牽引相聚，故獲吉而無災難。

六二得位又居中，所以具有中正之德。他誠信而節儉，所以用輕薄的祭品獻祭。輕薄的祭品，還說明他不厚取於民，給君王進貢心懷誠意，但不會為了給君王多進貢而增加民眾的徭役稅賦。並且六二不參與不利於朝廷的聚集。所以六二受到了君王的器重，這就是「引吉」。也就是君王給他的吉祥。

六三：萃如，嗟如，無攸利。往無咎，小吝。

象曰：往無咎，上巽也。

經文意思是：聚集而哀嘆，沒有好處。前往沒有災難，但會有小的憂吝。　**象辭意思是**：前往沒有災難，是因為上面是柔順的巽卦。

「六三」求聚心切卻不得其類，故徒自「嗟嘆」，但與九四親密協調，故相聚無災禍。但有羞辱。

六三爻是坤卦的最上爻，相當於下面兩個陰爻的家長，所以他也想把底下的人聚集起來。可是底下的人卻不聽他的。為什麼呢？因為初六屬於受人欺負的勞苦階層，他們和勞苦階層聚集起來，防止再受欺負；六二身為大夫之位，他善待民眾，與九五君王相合，所以不會與六三相聚。六三只有同九四相合，但九四卻位於自己的上位，所以六三沒有權威，心裡感到很失落，忍不住嘆息。由於六三是上互卦巽卦的最下爻，所以具有隨順之德，因此不會有災難。也就是說畢竟六三還能夠委曲求全。

九四：大吉，無咎。

象曰：大吉無咎，位不當也。

經文意思是：（占卜）大吉大利，（才能）沒有災難。

象辭意思是：占卜大吉大利才能沒有災難，是因為九四陽爻居陰位的緣故。

「九四」失正廣聚下卦三陰，本有災難。卻因為建樹偉功獲吉，才免除災難。

九四是一位清官，他為初六的窮苦百姓做主，替他們伸張正義，並且又有六三與他陰陽相合，所以他非常吉祥。但這種吉祥不是獲得多少利益，只是沒有災難而已。為什麼呢？因為九四剛爻居於偶位，為不得位。也就是說身為臣子，但性格耿直，對皇上的錯誤與缺點毫不留情。儘管他這樣做是為皇上好，但這樣做畢竟不會使皇上對他太滿意。

九五：萃有位，無咎。匪孚，元永貞，悔亡。

象曰：萃有位，志未光也。

經文意思是：因聚集而獲得地位，沒有災難。得不到信任，開始恆守正道，沒有悔恨。

象辭意思是：因聚集而獲得地位，是其志向還沒有發揚光大。

九五身為一國之君，自然想聚集天下人。可是由於他登位不久，所以還沒有普遍得到民眾的信任。但只要他一直堅守正道，就不會有悔恨的事情發生。從卦象上分析，初六、六三爻與九四相聚，九四與九五又同性相斥，所以只有六二與九五相聚，這樣九五的君王便顯得有些勢孤。該怎麼辦呢？只有繼續堅守正道才能取信於民，達到聚集天下人的目的。比如康熙大帝剛登基時便是處於這個九五爻的狀況中。

康熙八歲登基成為大清國的皇帝，當時他的個人生活還需要奶媽蘇麻喇姑料理，所以雖然當時孝莊皇后在竭力輔助康熙執政，但政治大權仍然掌握在鰲拜、索尼、蘇克薩哈和遏必隆四大輔臣手中。尤其是鰲拜結黨營私，擅權跋扈，誅殺異己，覬覦皇位，對康熙的執政造成重大威脅。可是康熙只能是表面若無其事，心中運籌帷幄。三年後，他利用一群會角力的小孩制服了鰲拜，然後對朝綱進行了整治，逐漸鞏固了自己的政權。

「九五」中正居尊位。廣聚天下，但尚未完全取信於民，所以守持正固，才能感化天下，使悔恨消除。

上六：齎咨涕洟，無咎。
象曰：齎咨涕洟，未安上也。

經文意思是：哀嘆痛哭，沒有災難。
象辭意思是：哀嘆痛哭，是不安於上位的緣故。

「上六」窮極無應，又乘凌九五，求聚不得，悲泣知懼不敢自安，眾所不害才不會有災難。

這位上六與九五聯繫起來，就相當於大清國的孝莊皇后了。孝莊太皇太后身為婦人，自知自己與康熙兩人的勢力無法與朝中的四大輔臣抗衡。所以她也憂心忡忡，這種憂慮是擔心康熙的人身安全與大清國的命運。

從卦象上看，上六爻為兌卦的最上爻，表現的正是澤中之水，澤水已高過地面，必然要溢出。所以有「涕洟」的形象。並且上六除了與九五相合外，再沒有相應與相合之爻，所以處境孤單，勢力弱小，難免被排擠出局。所以上六爻的爻辭較為傷悲。但是卻沒有災難。

第16節

卦四十六 升 步步高升的智慧

壹・卦名

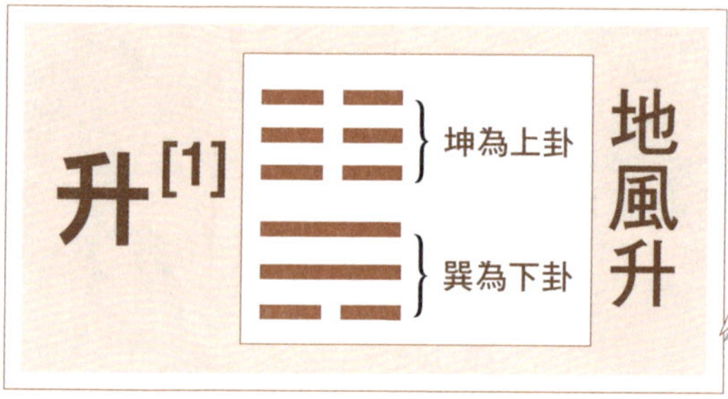

巽為木，坤為地。地中生出樹木，為升。升象徵上升。事物上升，亨通吉利。但卦中陽爻不當尊位，有所憂慮，故需德高望重者才能長保剛中美德。朝著光明前進，必獲吉祥。

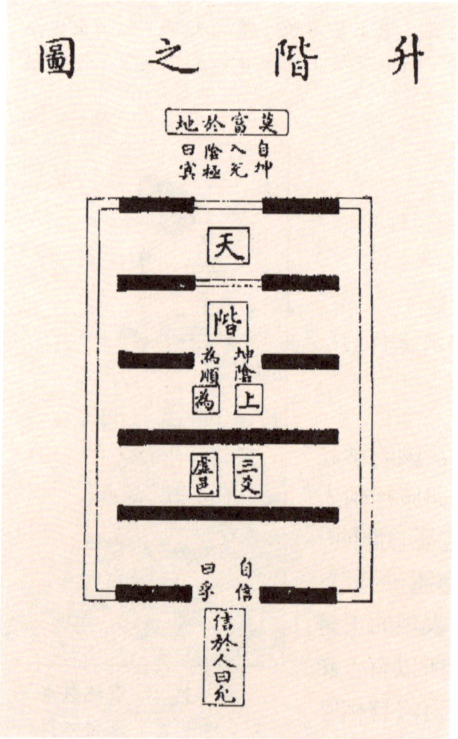

【注解】

[1] 升：卦名，象徵上升、發展。

【釋義】

此卦卦名為升。升就是上升的意思。《序卦傳》中說：「聚而上者謂之升，故受之以升。」也就是說，堆積物不斷地向上聚集，堆積物越來越高，這就叫做升。前面的萃卦表示聚集，所以萃卦的後面便是升卦。

貳・卦畫

升卦的卦畫為兩陽爻四個陰爻，其排列順序與萃卦的卦畫正好相反，升卦與萃卦互為覆卦。

叁・卦象

從卦象上進行分析，升卦的上卦為坤為地，下卦為巽為木，樹木從地中向上生長便是升卦的卦象。有一個成語叫根深蒂固，說的便是升卦所表現的情形。植物的根向下生長，植物的莖向上生長，這就是升卦的大形象。

升卦之象

雲中雨點下，主恩澤沾惠；一木匠下墨解木，主需憑雕刻方可成器；一人磨鏡，乃漸漸分明之象；一架子有鏡，主無塵垢。高山植木之課，積小成大之象。

肆・卦辭

升，元亨，用見大人，勿恤[1]，南征吉。

彖曰：柔以時升，巽而順，剛中而應[2]，是以大亨。用見大人，勿恤；有慶也。南征吉，志行也。

象曰：地中生木，升；君子以順德，積小以高大。

【注解】

[1] 恤：憂郁。

[2] 剛中而應：指九二爻剛爻居中而與六五爻相應。

【釋義】

經文意思是：升卦，大亨通。需要拜見大人物，不用憂慮，向南征討吉祥。

彖辭的意思是：柔順的德行按時上升，隨和而柔順，九二剛爻居中而與六五相應，所以大亨通。需要拜見大人，不用憂慮，是因為有喜慶之事。向南征討吉祥，是因為志向可以得到實現。

象辭的意思是：大地上長出樹木，這就是升卦的卦象。君子從卦象中得到啟發，心懷柔順之德，不斷積累，獲得壯大。

爻辭中說「南征吉」，對於這句話，歷來說法不一。一種說法認為升卦上卦為坤，在後天八卦方位中代表西南；下卦為巽，在後天八卦的方位中代表東南。所以升卦表現的大趨勢是南方。還有一種說法認為升卦的初六爻向上發展到二爻的位置上，即變成明夷卦，明夷的下卦為離卦，離在後天八卦中代表南方，所以「南征吉」。

象辭中根據升卦的卦象對君王提出了忠告（大象辭往往是對身為統治者的君王

提出的忠告，所以管理工作者應當仔細領悟其中的內涵），指出君子要像不斷長高的樹木一樣，心懷柔順之德，不斷積累自己的美德，使自己能夠壯大起來。這種美德的積累，一方面是素質的積累和能力的積累，按現在的話來說就是要不斷充電，不要被時代淘汰；另一方面是行為的積累，按現在的話來說，就是多做好人好事，樹立在民眾中的威信。

伍·爻辭

初六：允升，大吉。

象曰：允升大吉，上合志也。

九二：孚乃利用禴，無咎。

象曰：九二之孚，有喜也。

九三：升虛邑[1]。

象曰：升虛邑，無所疑也。

六四：王用亨[2]於岐山，吉無咎。

象曰：王用亨於岐山，順事也。

六五：貞吉，升階。

象曰：貞吉升階，大得志也。

上六：冥升，利於不息之貞。

象曰：冥升在上，消不富也。

【注解】

[1] 虛邑：沒有防守的城邑。

[2] 亨：祭祀。

【釋義】

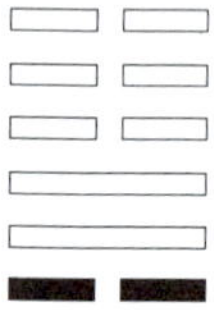

初六：允升，大吉。

象曰：允升大吉，上合志也。

經文意思是：可以上升，大吉祥。

象辭意思是：可以上升的大吉祥，是因為符合自己的志向。

初六陰爻居於奇位為不得位，並且又不得中，所以處境不太好。正因為這樣，他便想改變自己的處境。打個比方說，他就相當於一個底層工人，他想當主管，於是便利用業餘時間學習管理方面的知識。由於九二與初六陰陽相合，也就是說初六想當主管的想法得到了他上級主管的支持。這位主管傳授他一些經驗，無疑對初六有很大的幫助。

九二為什麼支持初六成為主管呢？初六一上去不就占了九二的位子了嗎？其實，九二也對自己的位置不滿意。因為他陽爻居於偶位為不得位，所以這個位子適合初六。他與初六換位，便成為明夷卦了，當然這是前代易學家從卦變上分析的。不過從九二陽升的性質來說，他往上升的可能性更大，所以不會與初六互換位置，而是九二會進一步高升，所以把位子留給了初六。這位初六怎麼會不吉祥呢？

「初六」柔順在下，雖無應，但上承二陽，陰陽合志，宜於上升，大為吉祥。

九二：孚乃利用禴，無咎。
象曰：九二之孚，有喜也。

經文意思是：心誠有利於用薄禮獻祭，沒有災難。

象辭意思是：九二爻的心誠，肯定會帶來喜慶。

「九二」稟剛中之德上應六五，心存誠信，必升而不會有災難。

九二不厚取於民，也不過多向君王進貢，忠於職守，受民忠君，所以他的行為既受到了六五君王的讚賞，又使他深得初六的擁戴，這樣的人，自然沒有災難了。九二爻又是升卦下互卦兌的最下爻，兌為喜悅，所以九二會有喜慶的事情。什麼事呢？自然是六五要提拔他了。在升卦中，每一爻都有升的機會。

九三：升虛邑。
象曰：升虛邑，無所疑也。

經文意思是：升到沒人設防的城邑。

象辭意思是：升到沒人設防的城邑，說明上升不必疑慮。

「九三」應於上六，將升至上卦之坤，坤陰為虛，暢通無阻，如入無人之地。

「六四」柔順得正，順從柔者，必將獲升得吉，沒有什麼災難。

九三也得到了提升。到哪裡了呢？被升到了「虛邑」中。「虛」字與「墟」同意，也就是被廢棄的城邑。城邑怎麼會被廢棄呢？當然是由於戰爭了。紂王的朝歌雖然繁華，但是被武王攻克後，便成為一座廢墟。誰來管理這一地區的殷商遺民？為了防止殷民造反，自然是武王最親信的人才能擔此重任。所以象辭中說「升虛邑，無所疑也」。這說明君王最信任你，為什麼要有疑慮呢？

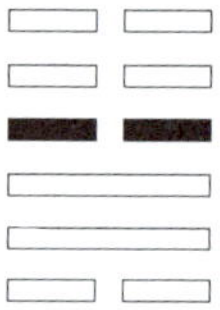

六四：王用亨於岐山，吉無咎。

象曰：王用亨於岐山，順事也。

經文意思是：君王在岐山舉行祭祀，吉祥沒有災難。

象辭意思是：君王在岐山舉行祭祀，是順承先祖的事業。

這裡的爻辭講的是周文王在岐山祭祀先祖的典故。囚於羑里的周文王被紂王放回西周，周文王於是在岐山舉行祭祀，感謝神靈對他的保佑。然後開始勵精圖治，治理國家。由於周文王並非天子，所以他的身分與六四的公侯職位相吻合。在這裡是藉用這個故事說明六四爻是有驚無險，並且可以得到大的發展。並且指明要想得到大的發展，就得透過祭祀敬神以獲得民心。當然這種政治手段在已破除封建迷信的今天，是不太合適了。

六五：貞吉，升階。
象曰：貞吉升階，大得志也。

經文意思是：守正道吉祥，升上臺階。

象辭意思是：守正道吉祥，升上臺階，說明會步步高升，滿足大的志向。

「六五」柔順得中，居尊位，得九二陽剛相助，就像沿著階梯上升，定能順利登上王位。

六五身處於君王之位，相當於諸侯的總盟主。天子與諸侯一起聚會時，天子不會與諸侯們平起平坐的，天子的位置要高於諸侯的位置，天子的座位下面有臺階，可以讓天子走下來，與諸侯近距離接觸。但天子的位子，諸侯是不能走上去的。六五「升階」，便是說六五是天子，有從臺階走向龍椅的資格。作為天子來說，守持正道，心懷正義才會得到諸侯的擁戴，所以說「貞吉」。

上六：冥升，利於不息之貞。
象曰：冥升在上，消不富也。

經文意思是：在昏昧中上升，利於停止增長而守正道。

象辭意思是：在昏暗中上升已經到了最上面，陰氣削弱所以不富。

「上六」居坤陰之極，昏昧至甚，卻仍上升不已，其勢將消。當時應守持正固不要妄動。

上六已升到太上皇的位置上了，所以不能再升了。再升，就只能升天了。所以爻辭中說「利於不息之貞」。也就是說這位太上皇不能再升了，應當堅守正道。此處的「息」指的是增長的意思，它與「消」的意思正好相反。比如「陰消陽息」便是說陰氣削弱陽氣增強的意思。當然，現在「消息」一詞已失去了原來的本義。上六與九四相應，所以停在太上皇的位置上，還可以得到九四的貢品。可是再往上升，前面便無路可走了。

第17節
卦四十七 困 困境求通的智慧

壹・卦名

坎為水，兌為澤，水在澤下，澤中無水，乾澤，為困。困象徵困窮。君子處困之時，能努力自濟必順利亨通。只有持正之德高望重者才能獲吉而無災難。此時所言必難取信於人，當多修己德，少說為佳。

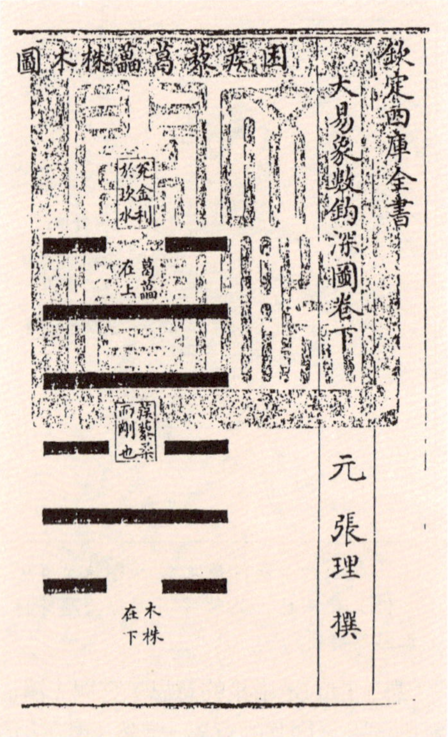

【注解】

[1] 困：卦名，象徵窮困、受困。

【釋義】

此卦卦名為困。甲骨文中的「困」字是一個房屋裡面長著樹木。屋子裡面怎麼會長著樹木呢？原來是樹木與雜草充滿房屋的意思。這樣的房子，肯定是沒人住的。所以《說文》中說：「困，故廬也。」也就是說是被人廢棄的房子。可是這種房子真的沒人住嗎？有，流浪的窮苦人會臨時把這裡當作一個安身的家。所以困的引申義便是窮困、貧窮。俗話說「花無百日好，月無三日圓」，升官發財不會沒有窮盡的時候，最終也有削官剝職而陷於窮困的時候，所以升卦的後面是困卦。這就是《序卦傳》中所說的：「升而不已必困，故受之以困。」

貳・卦畫

困卦的卦畫為三個陰爻三個陽爻。

困卦之象

一輪在地下，貴人傾水救旱池魚，主有復活之兆；池中有青草，主有生意。為河中無水之卦，守己待時之象。

叄・卦象

從卦象上進行分析，困卦上卦為兌為澤，下卦為坎為水，大澤的底下有水，則表示大澤水資源枯竭，所以澤上無水，這就是困卦的大形象。澤中沒有水，那麼澤中的魚蝦等必然無法生存，所以有被困的形象；澤中魚蝦因水少而亡，那麼居於澤旁的人們自然會無所漁獵，所以會導致生活窮困，這是困卦表達的另一層涵義。

肆・卦辭

困：亨，貞，大人吉，無咎，有言不信。

彖曰：困，剛掩也。險以說[1]，困而不失其所[2]，亨；其唯君子乎？貞大人吉，以剛中也。有言不信，尚口乃窮也。

象曰：澤無水，困；君子以致命遂志。

【注解】

[1] 險以說：困卦上卦為兌有喜悅的涵義，下卦為坎為險，所以說「險以說」。說，通「悅」。

[2] 困而不失其所：困，困難、困境；所，目標。即處於困境中而不放棄自己的目標。

【釋義】

經文意思是：困卦，亨通，守正道，大人物吉祥，沒有災難，說話沒人相信。

彖辭的意思是：困卦，陽剛被陰柔所掩蓋。處險地而喜悅，不因為困難而放棄自己的目標，所以亨通。這只有君子才能做到啊。守正道大人物吉祥，是因為剛爻居於中位。說話沒人相信，說明只靠嘴說會導致窮困。

象辭的意思是：大澤上面沒有水，這就是困卦的卦象。君子從卦象中受到啟示，不惜犧牲自己的生命為了志向。

雖然窮困，但卻能夠亨通。這是怎麼回事呢？其實這就是孔子所說的「窮通」。當然，孔子所提倡的「窮通」也不是孔子發明的理論，而是文王的卦辭中就有了。在《莊子・讓王篇》中精彩地描述了孔子的窮通。

一次，孔子帶著他的弟子們途經陳、蔡兩國之間。結果被陳、蔡兩國派兵圍困在那裡，使孔子一行人等無處可走。就這樣，孔子及門徒們漸漸沒有糧食吃了。在一連七天沒有吃飯的情況下，孔子卻依然在室內彈琴唱歌，悠然自得。孔子對他們說：「君子明於道謂之通，昧於道謂之窮。我們在這裡只是吃不上飯了，怎麼能說窮呢？君子每天應當反省自己是不是失去了道德，臨難是不是失去了節操。大寒至，霜雪降，因此才顯出松柏的堅強。過去，齊桓公在莒國受辱，才樹立起王霸之心；晉文公在曹國受欺，才產生稱霸的決心；越王在會稽受恥，才使他臥薪嘗膽，堅定了復國的志願；這次，我們受的這些磨難，不也應該是件好事嗎？」

伍・爻辭

初六：臀[1]困於株木[2]，入於幽谷，三歲不覿（ㄉㄧˊ）。

象曰：入於幽谷，幽不明也。

九二：困於酒食，朱紱[3]方來，利用亨祀，征凶，無咎。

象曰：困於酒食，中有慶也。

六三：困於石，據於蒺藜，入於其宮，不見其妻，凶。

象曰：據於蒺藜，乘剛也。入於其宮，不見其妻，不祥也。

九四：來徐徐，困於金車，吝，有終。

象曰：來徐徐，志在下也。雖不當位，有與也。

九五：劓刖[4]，困於赤紱，乃徐有說，利用祭祀。

象曰：劓刖，志未得也。乃徐有說，以中直也。利用祭祀，受福也。

上六：困於葛藟[5]，於臲卼[6]，曰動悔。有悔，征吉。

象曰：困於葛藟，未當也。動悔，有悔吉，行也。

【注解】

[1] 臀：屁股。

[2] 株木：株，露出地面的樹根；株木即木樁。

[3] 朱紱：紱，音ㄈㄨˊ，古代作祭服的蔽膝，縫於長衣之前，為祭服的服飾。周制

帝王、諸侯及諸國的上卿皆著朱紱。

[4] 劓刖：劓，音一ㄧ丶，劓刑，割掉鼻子；刖，音ㄩㄝ丶，刖刑，割掉雙足。

[5] 葛藟：藤，葛類蔓草名。藟，音ㄌㄟˇ。

[6] 臲卼：不安定的樣子。臲，音ㄋㄧㄝ丶；卼，音ㄨ丶。

【釋義】

初六：臀困於株木，入於幽谷，三歲不覿。

象曰：入於幽谷，幽不明也。

經文意思是：困坐在木樁上，進入幽暗的山谷，三年不見天日。

象辭意思是：進入幽暗的山谷，是幽暗不光明。

「初六」處「困」之始，柔弱卑下，前無援，居難安，只得隱入「幽谷」，以待困情緩解。

初六處於坎卦的最下爻，為險所阻。就好比走在深山的幽谷中，結果被大河擋住去路，他坐在一根枯乾的木樁上，三年也無法走出來。這種困境，確實是很艱險的。初六柔爻居於奇位為不得位，又不得中，雖有九四相應，但是相隔坎卦的險阻，也無法相救。所以初六的處境很危險。

九二：困於酒食，朱紱方來，利用亨祀，征凶，無咎。

象曰：困於酒食，中有慶也。

經文意思是：因酒食過量而受苦，富貴剛來，有利於祭祀先祖，征伐凶險，沒有災難。

象辭意思是：因酒食過量而受苦，是居中位而有喜慶。

「九二」得中失正，艱難坎坷，但剛中自守，終能榮祿臨身。最後不會有災難。

九二的被困不是由於窮困，而是由於酒食。身為大夫之職的九二有了天子賜給的官服，每天都可以飲酒作樂。然而這正是君子的被困。《周易折中》中解釋說：「小人以身窮為困，君子以道窮為困。卦之三陽，所謂君子也。所困者，非身之窮，乃道之窮也。故二五則紱服榮於躬，四則金車寵於行。然而道之不通，則其榮寵也適足以為困而已矣。」也就是說，九二、九四、九五的被困，是政治抱負不能實現的被困。

「六三」失正，前進時被石頭絆倒，攀登時遭蒺藜刺傷。退居自家卻看不到妻子，會陷入凶險。

六三：困於石，據於蒺藜，入於其宮，不見其妻，凶。

象曰：據於蒺藜，乘剛也。入於其宮，不見其妻，不祥也。

經文意思是：被困在亂石中間，依靠有刺的蒺藜爬出來，回到家中，看不到妻子，凶險。

象辭意思是：依靠蒺藜爬出來，是因為陰柔乘駕於陽剛之上。回到家裡看不到妻子，這是不祥之兆。

孔子說：「君子固窮，小人窮斯濫矣。」這位六三就是一位「窮斯濫矣」的小人，所以他犯了法，被關進監獄裡，監獄的圍牆用石頭砌成，並且上面鋪滿了蒺藜。等刑滿釋放，回到家中已經看不到妻子了。這個六三從監獄回來後，更窮困了，他肯定還會犯法，所以會凶險。

九四：來徐徐，困於金車，吝，有終。

象曰：來徐徐，志在下也。雖不當位，有與也。

經文意思是：邁著緩慢的步伐走來，被一輛豪華大車擋住去路，有麻煩，但有好結果。

象辭意思是：徐徐而來，是因為他的志向在於求下。雖然位置不當，但會得到下面的援助。

「九四」與初六應，受九二所阻，行動遲緩。雖然是羞辱，但邪不壓正，能排除阻礙，如願應合。

九四剛爻居於柔位為不得位，他無法與九五相合，所以「困於金車」。金車指的便是九五之尊的君王。可是九四的志向不是向上發展，而是關心民眾的疾苦，他可以得到六三與初六的支持，所以雖有憂吝，但最終會有好的結果的。

九五：劓刖，困於赤紱，乃徐有說，利用祭祀。
象曰：劓刖，志未得也。乃徐有說，以中直也。利用祭祀，受福也。

經文意思是：就像被割去鼻子，砍掉了腳，被官服所困，漸漸的可以解脫，有利於舉行祭祀。

象辭意思是：就像被割去鼻子砍去了腳，是因為還沒有得志。漸漸的可以解脫，是因為九五可以受到神的保佑。

「九五」居尊位，用削鼻截足的刑罰治理眾人，眾叛親離，但九五有剛中之德，能改過取信於人，漸脫貧困。

九五被困，是沒有實權的君王受困。比如清朝的光緒，雖然是皇帝，但是大權完全掌握在慈禧太后手中。光緒帝周圍都是慈禧的親信，所以當時的光緒帝與被割去鼻子，砍掉雙腳沒什麼兩樣。

上六：困於葛藟，於臲卼，曰動悔。有悔，征吉。
象曰：困於葛藟，未當也。動悔，有悔吉，行也。

經文意思是：被困在長刺的葛藤中，動了就會後悔。有後悔的事，征討則吉祥。

象辭意思是：被困在長刺的葛藤中，是因為位置不當。動一動就會後悔，因後悔而吉祥，是因為動起來才能走出困境。

「上六」居困之極，困則謀通。此時若及時省悟，謹慎思謀，必解脫困境，可獲吉祥。

這種情況下只有鎮壓各種明顯的叛亂是屬於必須做的事。因為叛亂對政權的威脅最直接，最明顯。所以「征吉」。

第18節
卦四十八 井 求賢若渴的智慧

壹．卦名

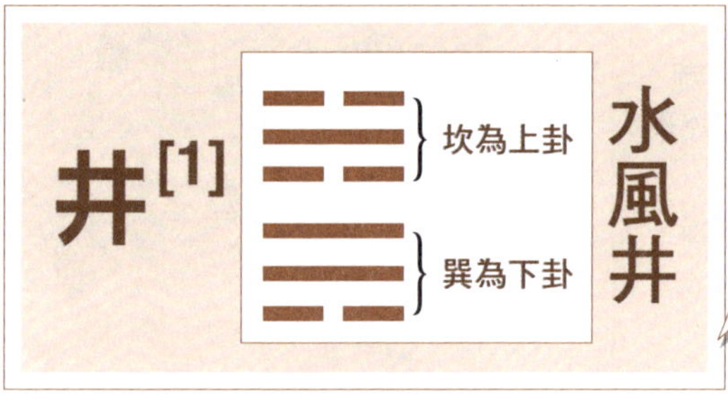

巽為木，坎為水，木上有水。即以木桶汲水。故井象徵水井。村落可以變遷，但井不會變動，人們來來往往汲水，井水依然潔淨不變。當汲水的瓦罐，快到達水面時，吊繩沒有伸開，而翻覆破裂，所以凶險。用人事比喻為修德惠人者應善始善終，不可功敗垂成。

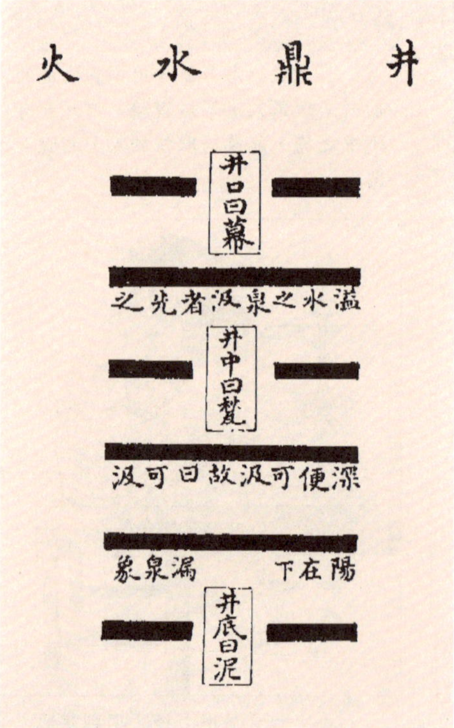

【注解】

[1] 井：卦名，象徵水井。

【釋義】

此卦名為井。井指的就是水井。《序卦傳》中說：「困乎上者必反下，故受之以井。」也就是說上升遇到困境必然會返回到下面來，所以困卦之後是井卦。這裡講的雖然有些牽強，但總之是給這種排序說出了一個理由。

貳．卦畫

井卦的卦畫為三個陽爻三個陰爻，其排列順序與困卦的卦畫正好相反，井卦與困卦互為覆卦。

叁・卦象

井卦之象

一金神執符，主隆瑞；女子抱合，主好合；錢寶有光氣，表示錢財有氣；人落井中，主遭陷；官人用繩引出，表示貴人脫難。為珠藏深淵之卦，守靜安常之象。

從卦象上分析，井卦上卦為坎為水，下卦為巽為木，木上有水就是井卦的卦象。木頭上怎麼會有水呢？原來，遠古時人們用一種木頭製成的機械裝置從井中提水，這種裝置就叫桔槔。這種工具比轆轤還要原始，但與轆轤一樣屬於槓桿原理的應用。就是在井邊立起一個支點，支點上橫放一根長木棍，木棍的一頭綁著繩子可以與打水的水瓶相連，一頭加上重物，由人操縱槓桿，打水時可以省力氣。這就是井卦的大形象。

肆・卦辭

井，改邑不改井，無喪無得。往來井井。汔至，亦未繘[1]井，羸其瓶，凶。

彖曰：巽乎水而上水，井。井養而不窮也。改邑不改井，乃以剛中也。汔至亦未繘井，未有功也。羸其瓶，是以凶也。

象曰：木上有水，井；君子以勞民勸相。

【注解】

[1] 繘：音ㄩ ㄧ，指井上汲水的繩索，也指用繩汲井水。

【釋義】

經文意思是：井卦，城邑可以遷移，井卻遷不走。沒有喪失，也沒有獲得。人們來來往往到井邊打水，提水未到井上的時候，陶罐被掛住，被井壁碰碎，凶險。

彖辭的意思是：進入到裡面提水上來，就是井。井中的水永遠提不完。城邑可以遷移，井卻無法遷移，是因為剛爻居中的緣故。提水未到井上的時候，陶罐被掛住，是還沒有成功。井壁碰碎了陶罐，所以凶險。

象辭的意思是：木上有水便是井卦的卦象。君子從中受到啟示，告訴勞作的民眾要學會互相幫助。

表面上，卦辭在描述井的作用。而實際上，是以井喻君子，以井水喻美德。告誡君子要像井水澆灌田地一樣，源源不斷地以美德教育民眾，讓民眾懂得團結、互相幫助。

伍．爻辭

初六：井泥不食，舊井無禽[1]。

象曰：井泥不食，下也。舊井無禽，時舍也。

九二：井谷射鮒[2]，甕敝漏。

象曰：井谷射鮒，無與也。

九三：井渫[3]不食，為我心惻，可用汲，王明，並受其福。

象曰：井渫不食，行惻也。求王明，受福也。

六四：井甃[4]，無咎。

象曰：井甃無咎，修井也。

九五：井洌，寒泉食。

象曰：寒泉之食，中正也。

上六：井收勿幕[5]，有孚無吉。

象曰：元吉在上，大成也。

【注解】

[1] 禽：飛禽走獸的總稱。

[2] 鮒：小魚。

[3] 渫：音ㄒㄧㄝˋ 去泥汙。

[4] 甃：音ㄓㄡˋ 以磚瓦砌的井壁。

[5] 幕：遮蔽。

【釋義】

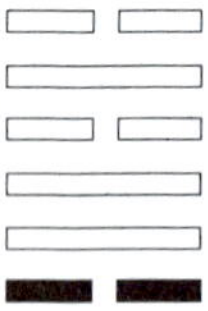

初六：井泥不食，舊井無禽。

象曰：井泥不食，下也。舊井無禽，時舍也。

經文意思是：井底的汙泥不能食用，廢舊的井水汙濁，禽獸也不來飲水。

象辭意思是：井中的汙泥不能食用，是因為位置在最下面。廢舊的井邊沒有野獸，是因為井隨著時間的推移被捨棄了。

人類在很早便懂得了要飲用潔淨水的道理。「井泥不食」便是當時人們口頭流傳的生活常識。意思是說井中的汙泥不能食用，汙濁的井水也不能食用。正是因為這樣，所以井水一旦變汙濁或含泥沙太多時，就得對井進行清理。可是如果清理完的井還不能用，比如水淺造成的泥沙過多等，就只能重新再打一口井。被廢棄的舊井一般來說便是無法清理潔淨的汙井。所以「舊井無禽」。也就是說，舊井的水汙濁，連禽獸也懂得那裡的水不能喝。

「初六」陰柔卑下，如井底汙泥不可食用。未淘之井，連禽鳥也不屑一顧，何況人呢？

而爻辭的本意，卻不是想說明井水要潔淨的道理，而是喻示人的道德要潔淨。道德純淨的人，才會使更多的人與他交往，因為人們能從他的言行中獲得益處。

九二：井谷射鮒，甕敝漏。

象曰：井谷射鮒，無與也。

經文意思是：投射井中的小魚，結果水罐被碰破而漏水。

象辭意思是：用水罐投射井中的小魚，不會有收獲。

「九二」失正無應，故有水卻無人用。又水桶破漏，無法提上來，只得為攝小魚之用。

到井裡去打水，結果發現井裡有許多小魚，於是便想將井中的魚打撈上來。他怎麼打撈小魚呢？他用打水的陶瓶投向水面的小魚，想把魚打死。可是不但沒把魚打死，卻因陶瓶碰到了井壁上而使陶瓶被碰破了。其實這是在告訴人們做事要明確自己的目的，不要因小失大，造成「占小便宜吃大虧」。生活中這種人很多，比如有些員工，他來到一間公司上班的目的很明確，就是想有一個工作，賺錢養家。可是漸漸的，他忘記了自己這個目的。發現公司管理不嚴格，便經常從公司偷東西。結果被主管發現，不但受到了法律的制裁，而且也失去了工作。這種行為就是「井谷射鮒」。

「九三」似水井已淘，井水清潔卻未被飲用，但應上六終有「可用」之時，君臣共享受福澤。

九三： 井渫不食，為我心惻，可用汲，王明，並受其福。

象曰：井渫不食，行惻也。求王明，受福也。

經文意思是： 井已清理乾淨而沒有前來飲水，使我感到傷心。可以來提水了，君王賢明，人們會一同受益。

象辭意思是： 井已清理而不來提水，這種行為使人悲傷。祈求君王賢明，是為了接受他的福澤。

汙濁的井水已經被清理潔淨，可還是沒有人來飲水，這確實是讓人感到傷心的一件事。因為爻辭所要表達的是不被人理解的痛苦。九三就好比一口剛剛清理過的井，本來很潔淨了，可是人們卻認為他仍然是髒的，尤其是君王也認為是這樣，那這個被冤屈的九三是夠痛苦的。

「六四」得位下無應，當靜守修德，不可急於進取。如井壞能修，補過則可無災難。

六四： 井甃，無咎。

象曰：井甃無咎，修井也。

經文意思是： 砌好井壁，沒有災難。

象辭意思是： 砌好井壁沒有災難，是修井帶來的好處。

六四爻柔爻居於偶位為得位，又與九五相應，所以他不會有屈原一樣的災難。為什麼呢？爻辭用砌井的比喻說明了原因。古代的井有用磚砌的，也有不用磚砌的。用磚砌井壁有什麼優點呢？它的優點是可以使井壁的土與水隔離開來。這樣井水就更清潔了。人們往井裡一看，很容易發現這口井的水是潔淨的，所以自然來飲用了。這其實也就是說，六四的言行表現出對君王的忠誠，君王很容易了解到他是多麼忠於君王，所以自然會得到君王的信任與寵愛，這怎麼會有災難呢？

九五：井冽，寒泉食。
象曰：寒泉之食，中正也。

經文意思是：井水清澈，清涼的泉水眾人飲用。

象辭意思是：清涼的泉水眾人飲用，是因為九五居中而得位。

九五是一位賢明的君王，他可以給臣民帶來源源不盡的好處。爻辭用潔淨的井水作比喻，說這位九五君王就像清澈的井水，源源不斷地把甘甜清涼的水奉獻給大家。井水的清，喻示的是君王執政的清明公正。一個國家，如果君王英明，群臣就會秉公執法，這樣天下就可以得到大治了。

上六：井收勿幕，有孚無吉。
象曰：元吉在上，大成也。

經文意思是：井口建成後，不加蓋，有誠信大吉祥。

象辭意思是：大吉祥於上位，是大功告成的意思。

「九五」居尊位，親比上六。如井淘後水清，既寒且潔，可供人飲用。

這個不加蓋的井，其實喻示的是君王要廣納天下忠言，才能使天下大治，才能更多地造福百姓。據史書記載，帝堯在位時，由於他身邊的大臣每天都向帝堯稱頌國泰民安、五穀豐登。對此，帝堯十分不安。為了聽到真實的情況，他命人製作一面大鼓放在宮殿門外，並發布公告，讓天下人無論高低貴賤都可以來這裡擊鼓進諫，任何人不得阻攔。後來，為了讓一些不敢直言的人也發表意見，又在宮殿外立了一塊大木牌，人們可以隨意在上面寫出君王的過失，無論措辭多麼尖刻嚴厲，一律不予追究。由於帝堯能夠誠心誠意地接受別人的意見，終於因使天下大治而成為一代聖明的君主。這就是「井收勿幕」。

「上六」居井之終，下應九三，如井水已汲出井口，此時心懷誠信，廣施「井養」之德，必至為吉祥。

第19節 卦四十九 革 順天應人的智慧

壹・卦名

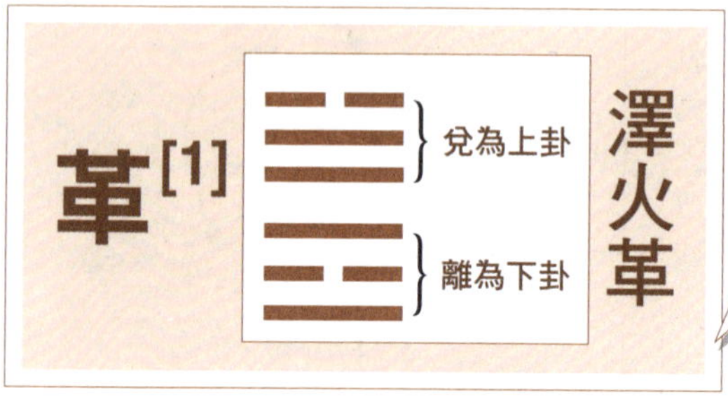

離為火，兌為澤，澤中有火。火性燥，澤性溼，二物不相得，會有變動，所以澤中有火，為革。革，是改的意思，象徵變革。在面臨必須變革的時刻，應果斷採取行動。只要變革的動機純正，群眾就會擁護，變革就會成功。後悔也可以消除。

革卦爐鞴鼓鑄圖

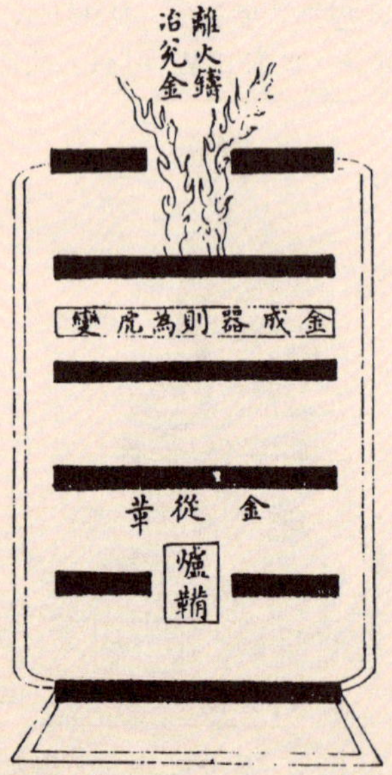

【注解】

[1] 革：卦名，象徵改革、變革。

【釋義】

此卦卦名為革。「革」字的金文是一個象形字，像被剖剝下來的獸皮。中間的圓形物，是被剝下的獸身皮，餘下的部分是獸的頭、身和尾。《說文》中說：「革，獸皮治去其毛。」獸皮去掉毛便變皮為革了，所以革的引申義是變革、改革、革命的意思。井水需要不斷的清理才能保持潔淨，這種清理就是一種改革行為，所以井卦的後面是革卦。

貳・卦畫

革卦的卦畫是四陽二陰，其排列順序與下卦的鼎卦正好相反，革卦與鼎卦互為覆卦。

叁・卦象

革卦之象

一個人手中拿著一個柿子，另一個人拿半個柿子，全為新，半為舊；一兔一虎，主寅日卯日；官人推車，車上有印，代表運轉求新有印信；一大路，四通八達之義，為豹變為虎之卦，改舊從新之象。

從卦象上分析，革卦上卦為兌為澤為羊為牲，下卦為離為火為刀為晒，澤中有火就是革卦的大形象。大澤中會有火山爆發，人們必須重新擇地而居，這是大的社會變革。從小處來說，剝下的獸皮首先需要用刀刮去油脂，綳起來晒乾，這就是取象於革卦的下卦離；晒乾後的獸皮再浸入水中泡軟，進一步去脂和去毛，這就是取象於革卦的上卦兌。所以革卦的卦象描述了製革的簡單過程。將獸皮製作成革，使獸皮發生了較大的變化，使獸皮對人類有更廣泛的用途。所以人們將對社會有重要意義的運動稱之為變革、革命。另外，卦象中還有火煉金的形象，表示改革就像火煉金屬，將金屬製成對人類有用的各種工具一樣，對人類社會的進步有重要作用。

肆・卦辭

革，己日[1]乃孚。元亨利貞，悔亡。

彖曰：革，水火相息，二女同居，其志不相得，曰革。己日乃孚；革而信也。文明以說，大亨以正。革而當，其悔乃亡。天地革而四時成，湯武革命[2]，順乎天而應乎人，革之時大矣哉！

象曰：澤中有火，革。君子以治曆明時。

【注解】

[1] 己日：古代以十天干紀日，己處於十天干的前五數之後，後五數之始，所以有「變革」的涵義。

[2] 湯武革命：湯，指商湯王變革而推翻了夏朝；武，指周武王變革而推翻殷商王朝。

【釋義】

經文意思是：革卦，己日得到誠信。大亨通而利於守正道，沒有悔恨。

彖辭的意思是：革卦，水火不相容，兩個女人住在一起，心願與志向不同，這就是革卦。己日得到誠信，是透過變革取得人民的信任。內心光明而外表喜悅，大亨通於正道。改革適當，憂悔就會消失。天地變革才能形成四季，商湯革除了夏朝的天命，武王革除了商紂的天命，順應天時與人心，革卦的時勢意義太大了。

象辭的意思是：澤中有火就是革卦的卦象。君子從卦象中受到啟示，制定曆法以明確天時的變化。

社會不改革就不會前進，所以改革是歷史發展到一定時段的必然產物，它代表著一個新時代的開始，所以「元亨利貞」。「己日乃孚」是什麼意思呢？一般認為，根據八卦納甲原理，離納己，由於革卦下卦為離，所以「己日乃孚」。

伍・爻辭

初九：鞏[1]用黃牛之革。

象曰：鞏用黃牛，不可以有為也。

六二：己日乃革之，征吉，無咎。

象曰：己日革之，行有嘉也。

九三：征凶，貞厲，革言三就，有孚。

象曰：革言三就，又何之矣。

九四：悔亡，有孚改命，吉。

象曰：改命之吉，信志也。

九五：大人虎變，未占有孚。

象曰：大人虎變，其文炳[2]也。

上六：君子豹變，小人革面[3]，征凶，居貞吉。

象曰：君子豹變，其文蔚[4]也。小人革面，順以從君也。

【注解】

[1] 鞏：用皮革製的繩子捆牢。

[2] 文炳：文，文采；炳，炳耀。

[3] 革面：改換面貌。

[4] 文蔚：蔚，草木茂盛的樣子。「文蔚」即文采顯著。

【釋義】

初九：鞏用黃牛之革。
象曰：鞏用黃牛，不可以有為也。

經文意思是：用黃牛皮製成的繩子捆牢。

象辭意思是：用黃牛皮製成的繩子捆牢，是不能認為這就是有所作為的。

初九爻位於革卦的最下層，他既代表改革時期的下層百姓，又代表改革的最初階段。一般來說，社會剛剛有大的變革時，老百姓還是不要參與為好，因為改革是否能夠成功，是否正確，都還不能肯定。並且歷代的改革之舉，不會使下層百姓有太大的變化。所以改革剛開始，下層百姓還是用黃牛皮的繩子把自己拴起來，不要盲目參與。另一方面，對於實施改革的人來說，改革的初期一定要慎重，如果時機不太成熟，最好也找根黃牛皮的繩子把自己拴結實。為什麼用黃牛皮的繩子呢？用黑牛皮的不行嗎？不行。黃色在五行中居中，也就是黃牛皮的繩子是有喻意的，它代表的是要以適中的原則約束自己的言行。改革時機不成熟時，言行太偏激，只會給自己帶來災難。

「初九」處革之始，上無應。必須固守常規，不可妄行變革。

「六二」上應九五，正值轉機之時，配合陽剛尊者大力推行變革必有吉祥，不會有災難。

六二：己日乃革之，征吉，無咎。
象曰：己日革之，行有嘉也。

經文意思是：在己日進行大的變革，征討吉祥，沒有災難。

象辭意思是：在己日進行改革，行動會有好處。

六二爻抓住了時機，所以他改革很順利。比如商湯討伐夏桀時，便是根據諸侯已經背叛夏桀之後才進軍攻夏。結果大獲全勝。這裡，主要說明的便是時機的重要作用，只要抓住時機，便可以大顯身手。

九三：征凶，貞厲，革言三就，有孚。
象曰：革言三就，又何之矣。

經文意思是：征伐凶險，守正道危險，改革的命令已實現十分之三，初見成效，已取得了信任。

象辭意思是：既然改革的言語實現十分之三，又往什麼地方去呢？

九三爻處於改革初建成效的階段，這種情況下，應當繼續將改革深入下去，發展本國的經濟，積聚實力。有句話叫「新官上任三把火」，說的便是九三這種情況。剛一上任的新主管，三把火點得很旺，收到了良好的效果，那麼自然就應該按照自己的計畫繼續把改革深入下去。如果此時便停止不動了，那麼只能是前功盡棄。對於一個國家來說，改革初見成效，便覺得自己實力強大了，急於攻打別的諸侯國，那麼只能是吃敗仗。所以爻辭說「征凶」。

「九三」有革道初成之象，宜於審慎穩進。急於求進必生凶情。行動正當，也有危險。

「九四」失正本有悔，但水火更革之際，推行變革沒有悔恨。此時如心存誠信進行革命，必吉祥。

九四：悔亡，有孚改命，吉。
象曰：改命之吉，信志也。

經文意思是：沒有悔恨，有信心改變舊的天命，吉祥。

象辭意思是：改變天命的吉祥，是信心所成就的。

九四有信心將改革進行到底，這種信心是十分可貴的。但在這裡的信心，主要來自於天命的安排。也就是說，九四的行為是順應天道的，所以他有改革成功的信心。這種天命不是神靈的佑助，而是來自於自然發展規律。武王伐紂時，卜官說卜兆不祥，認為不宜出兵。可是姜子牙把蓍草折斷，把龜殼踏碎，認為這是迷信。結果按照姜子牙的計策出兵攻紂，果然大獲全勝。所以說改革要符合事物發展的規律，並且要抓住有利的時機，能做到這兩點，肯定會吉祥的。

九五：大人虎變，未占有孚。
象曰：大人虎變，其文炳也。

經文意思是：大人物像老虎換毛一樣改變自己，不用占卜也會得到人們的信任。

象辭意思是：大人物像老虎換毛一樣改變自己，是文采炳耀。

「九五」中正居尊位，下應六二。推行變革既顯其德，又見其威。改革徹底，天下無不從信。

身為九五之尊的君王推行改革，並且以身作則，那麼肯定會得到眾人的信任。在這裡，主要強調的便是君王的表率作用。下面舉個反面的例子。唐朝的開元盛世，李隆基以君王的身分宣布一條節儉的命令。命令全國一律不准以珠玉為飾，不許穿錦緞衣裳，鼓勵人們種棉織布。可是李隆基儘管宣布了這樣的命令，自己的生活卻過得並不節儉，他的改革方案怎麼能得到徹底執行呢？結果後來李隆基與楊玉環沉溺於享樂，再也不提這件事了。唐朝的盛世從此走向衰落。

上六：君子豹變，小人革面，征凶，居貞吉。
象曰：君子豹變，其文蔚也。小人革面，順以從君也。

經文意思是：君子像豹子換毛一樣改變自己，小人也換了新的面貌。征討凶險，居守正道吉祥。

象辭意思是：君子像豹子換毛一樣改變自己，是文采蔚然可觀。小人改換新的面貌，是表面上順從君王。

「上六」變革已成，小人紛紛順應，改變舊日傾向。此時宜靜居守持正固，若繼續激進，必有凶險。

到了上六，說明改革已經獲得了大成功。君子已去掉了舊的毛病，小人也洗心革面、重新做人。可是在這一片大好形勢下，卻仍然不利於出兵打仗。為什麼呢？因為小人只是革面，而沒有革心。出兵打仗，隨時都有發生政變的可能。所以在改革獲得成功之後，不能認為已經大功告成了，應當繼續鞏固改革的業績。

第 20 節

卦五十 鼎 穩重圖變的智慧

壹・卦名

巽為木，離為火，木上有火，即木上燃燒著火焰，呈烹飪的狀態，為鼎。鼎者，烹飪的器皿。故鼎象徵鼎器。鼎器既可烹物，又是權力法制的象徵。君子持鼎意味著執行權力，賢士會被君王賞識，所以此時必大吉而後亨通順利。

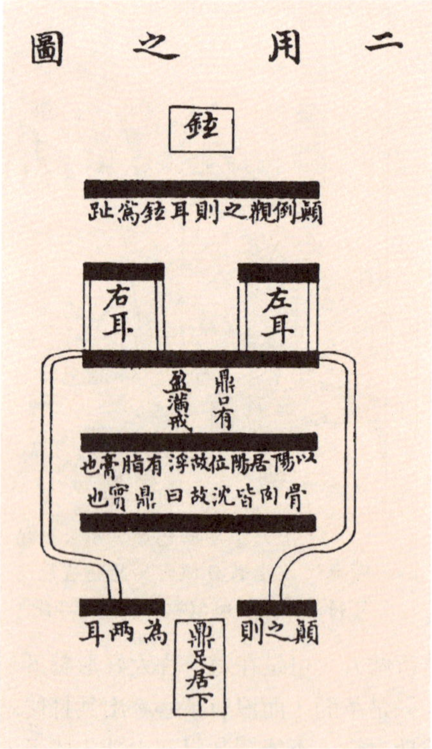

【注解】

[1] 鼎：卦名，象徵權力、威信、法律與食器。

【釋義】

此卦卦名為鼎。在甲骨文中，「鼎」字上面的部分像鼎的左右耳及鼎腹，下面像鼎足，是一個象形字。青銅鼎盛行於商、周。用於煮盛物品，或置於宗廟作銘功記績的禮器。統治者亦用作烹人的刑具。《序卦傳》中說：「革物者莫若鼎，故受之以鼎。」也就是說，沒有比鼎更能變革事物的了，所以在革卦之後是鼎卦。

鼎是一件不尋常的廚房用品。它集權力、律法、威信於一身，是國家的重器。青銅鼎本身就是歷代飲食改革的見證，同時也是改革後君王言行的見證（改革的條文及業績刻在鼎上），所以鼎卦有推出新政策的涵義。而革卦，則表現的是去除舊的弊端。

貳·卦畫

鼎卦的卦畫是兩個陰爻四個陽爻，其排列順序與革卦正好相反，鼎卦與革卦互為覆卦。

叁·卦象

鼎卦六爻的排列，正好組成一個鼎的形象。其最底下的陰爻代表鼎足，中間的三個陽爻代表鼎腹，六五代表鼎耳，上九代表鼎杠。鼎卦上卦為離為火，下卦為巽為木，點燃木柴燒火做飯就是鼎卦的大形象。

鼎卦之象

雲中月現，主荷三光照臨；鵲南飛，有喜之義；一子裹席帽，有子之喜；一人執刀，防暗傷；貴人端坐無畏，主福重可免災；一鼠，主耗也。調和鼎鼎之卦，去故取新之象。

肆·卦辭

鼎，元吉，亨。

彖曰：鼎，象也。以木巽火，亨飪[1]也。聖人亨以享上帝[2]，而大亨以養聖賢。巽而耳目聰明，柔進而上行，得中而應乎剛，是以元亨。

象曰：木上有火，鼎。君子以正位凝命。

【注解】

[1] 亨飪：即烹飪。烹，加溫；飪，調味。

[2] 聖人亨以享上帝：亨，烹飪；享，祭祀。即聖人用鼎烹煮食物來祭祀上帝。

【釋義】

經文意思是：鼎卦，大吉祥，亨通。

彖辭的意思是：鼎卦便是鼎的形象。以木生火燒鼎，可以烹飪食物。聖人用鼎煮食物祭祀上帝，大量烹煮食物以養聖賢之人。隨順並且耳聰目明，柔順向上發展，即得中正又有陽剛之氣相呼應，所以大亨通。

象辭的意思是：木上生火便是鼎卦的卦象。君子從卦象中受到啟示，端正自己的位置，重視上天賦予的使命。

在中古時代，天子初登龍位的時候，第一件事便是鑄鼎，頒布法律，以示吉祥。象辭說「君子以正位凝命。」也就是說要像鼎一樣穩固自己的地位，並重視上天賦予的使命，按照鼎上刻下的律法辦事。

伍・爻辭

初六：鼎顛趾，利出否[1]，得妾以其子，無咎。

象曰：鼎顛趾，未悖也。利出否，以從貴也。

九二：鼎有實，我仇有疾，不我能即，吉。

象曰：鼎有實，慎所之也。我仇有疾，終無尤也。

九三：鼎耳革，其行塞，雉膏[2]不食，方雨虧悔，終吉。

象曰：鼎耳革，失其義也。

九四：鼎折足，覆公餗[3]，其形渥，凶。

象曰：覆公餗，信如何也。

六五：鼎黃耳，金鉉[4]，利貞。

象曰：鼎黃耳，中以為實也。

上九：鼎玉鉉，大吉，無不利。

象曰：玉鉉在上，剛柔節也。

【注解】

[1] 否：髒物。

[2] 雉膏：膏，溶化的油脂，無角動物的油脂。「雉膏」即野雞肉及肉湯。

[3] 餗：音ㄙㄨ ㄟ。泛指佳餚美味。孔穎達疏，「餗，糝也，八珍之膳，鼎之實也」。

[4] 鉉：音ㄒㄩㄢ ㄟ，橫貫鼎兩耳以舉鼎的木棍。或為鉤狀，金屬製，以提鼎兩耳。

【釋義】

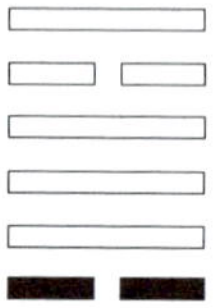

初六：鼎顛趾，利出否，得妾以其子，無咎。

象曰：鼎顛趾，未悖也。利出否，以從貴也。

經文意思是：鼎顛倒使腿朝上，利於倒出裡面的髒物，得到妾而能獲得孩子，沒有災難。

象辭意思是：鼎顛倒使腿朝上，這不屬於悖逆的事情。有利於倒出裡面的髒物，說明初六應當順從尊貴者的安排。

鼎的三條腿不單是起支撐的作用，還可以起到使鼎躺倒的作用。也就是說可以搬動鼎腿把鼎放倒。放倒鼎可以倒出裡面的殘渣剩物，對鼎的內部進行清理。表面上是說鼎足的作用，實際上是說國君要懂得起用新人治理天下。並且要唯才、唯賢是舉，不分貴賤。商湯起用伊尹為相時，伊尹是一個奴隸，可是伊尹卻幫助商湯推翻了夏朝。商朝的武丁任用傅說為相時，傅說是一個築牆的農夫，可是傅說卻使商朝出現了中興。任用賢臣不分貴賤就如同「得妾以其子」一樣。也就是說妾儘管沒有正妻身分高，但生下的孩子也是主人的後代；有才能的賤奴想出的策略，也是有利於國家建設的。君王能做到這點，當然不會有災難了。

「初六」陰處卑下，似鼎覆趾倒。但與九四相應，鼎趾顛轉利於將渣物倒出盛新物烹飪，如納妾得子扶為正室。不會有災難。

九二：鼎有實，我仇有疾，不我能即，吉。
象曰：鼎有實，慎所之也。我仇有疾，終無尤也。

經文意思是：鼎中有食物，我的敵人有病，不能和我一起分享，吉祥。
象辭意思是：鼎中有食物，要謹慎地移動它。我的敵人有病，最終沒有憂慮。

賢明的君王與諸侯列鼎而食，可是由於君王起用了卑賤的人為大臣，自然會有一些人看不慣，所以不想與下賤的新貴一起吃飯，而沒有赴宴。沒來赴宴的人，正是不支持君王變法的人，所以這些人不來是一件吉祥的事情。因為君王不會因此而失去賢臣。

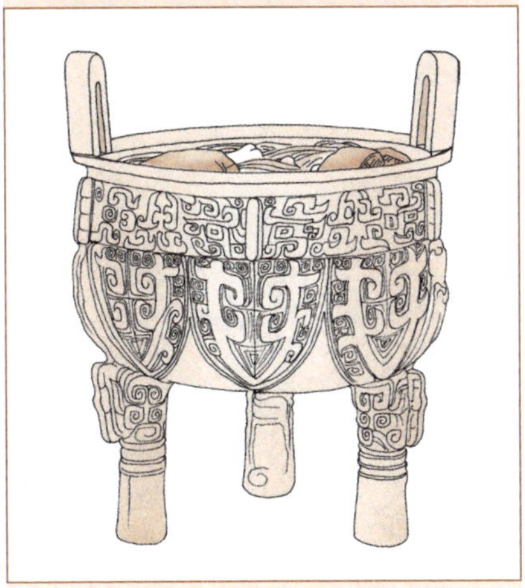

「九二」居中，似鼎中已裝滿食物，上應六五，但六五染有疾患，不能前來。這樣也就少了負荷，反而吉祥。

九三：鼎耳革，其行塞，雉膏不食，方雨虧悔，終吉。
象曰：鼎耳革，失其義也。

經文意思是：鼎耳掉了，移動鼎有困難，裡面的山雞肉也吃不上，剛好有雨，悔恨漸消，最終吉祥。
象辭意思是：鼎耳掉了，便失去了鼎耳的意義。

「九三」像鼎失去了耳，有山雞美味不得獲食的悔恨。但下巽為陰，若以陰調陽，相和成雨，終獲吉祥。

從人的形象分析，九三爻的位置相當於鼎耳部位。也就是說，本來在這裡應該鑄造鼎耳。可是由於火的燒烤，使這裡的鼎耳經常脫落。鼎耳一掉，鼎便無法搬運，鼎下面是火，無法靠近鼎，所以吃不到裡面的肉。不過下了一場雨，澆滅了火，人們便可以來到鼎邊吃裡面的美味了。所以最終吉祥。

從這一爻辭來看，古時初期的鼎耳就是鑄在九三這個位置的。可是由於在這裡經常會斷裂，所以後來改在六五處鑄鼎耳了。然而爻辭卻不是想說鼎耳這件事，而是引用這個故事說明一個道理。什麼道理？就是初登位的天子用新的政策治理國家時，要精簡機構，去掉沒必要的政府機構，節約政府開支。而爻辭中的「雨」便含有恩澤的意思了。即是說君王對於精簡下來的政府官員，要施以一定的恩惠，使他們不至於心懷怨恨。

九四：鼎折足，覆公餗，其形渥，凶。

象曰：覆公餗，信如何也。

經文意思是：鼎腿折斷，（鼎倒使）王公的美味佳餚灑了一地，顯得又髒又亂，凶險。　**象辭意思是：**王公的粥都灑了，還怎麼再受信任呢？

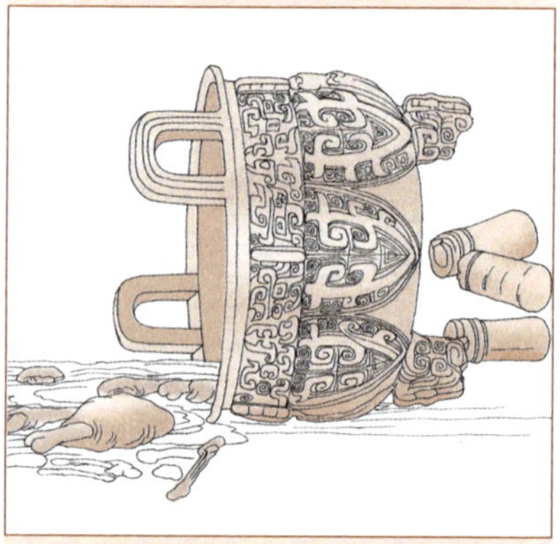

「九四」失正不中，行事不自量力，似鼎器折足，鼎中食物倒出，鼎身沾滿齷齪，凶。

九四是相當於鼎口，鼎中的食物都是從這裡倒出來，所以有「覆公餗」的形象。對於國家來說，九四相當於國家重臣，所以他的失誤會對整個國家（鼎）造成損失。九四失誤在哪裡了呢？失誤在用錯了人。他與初六相應，可見他是一個勇於提拔新人，並且不分身分貴賤的好主管。可是他任用的人當中卻有沒有能力的人，任用沒有能力的人擔任國家要職，自然會對國家造成很大的損害。既然給國家造成這麼大的損失，九四的命運當然凶險了。這裡是告誡君王用人不當的害處。

六五：鼎黃耳，金鉉，利貞。
象曰：鼎黃耳，中以為實也。

經文意思是：鼎上鑄有黃色的鼎耳，銅飾的舉鼎杠，利於守正道。
象辭意思是：鼎上鑄有黃色的鼎耳，說明六五居中堅實。

鼎耳雖然不是鼎的主體，然而它卻是最重要的部分。因為有了它才可以將鼎提起來，就相當於有了天子才能將諸侯統一起來一樣。所以鼎耳位於君位。

身為一國之君應該注意哪些呢？就是應當做到「黃耳」。也就是要保持適中的原則，不能有過激的言行。還要「金鉉」。「金鉉」是舉鼎杠，指的便是上九的一橫杠。上九相當於太上皇及宗廟之位，也就是說六五的君王要聽從先王的遺訓，按時舉行祭祀，感召天下人。

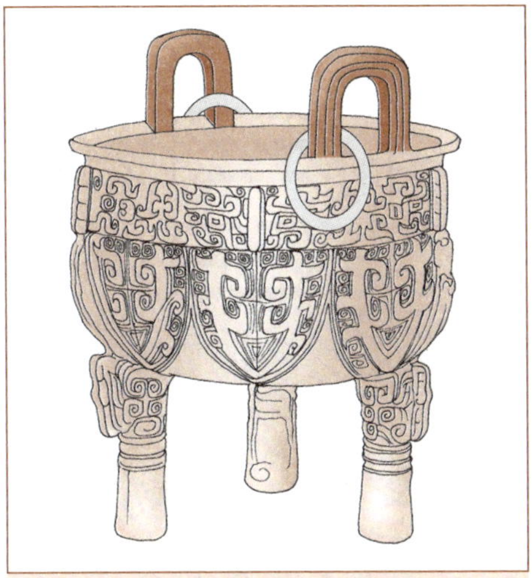

「六五」居尊位，下應九二。似鼎器配著黃金耳，堅固的環，這樣當然有利。

上九：鼎玉鉉，大吉，無不利。
象曰：玉鉉在上，剛柔節也。

經文意思是：鼎上配以玉飾的舉鼎杠，大吉祥，沒有不利的。
象辭意思是：玉飾的舉鼎杠在上位，是剛柔調節。

由於鼎是國家、權力、律法的象徵，所以古代的君王對鼎的鑄造極其講究，而抬鼎用的舉鼎杠製作得極其精美，是因為它們都是國家的祭器。

爻辭以用玉裝飾舉鼎杠作比喻，說明按時祭祀的重要性。一個國家，只有按時舉行祭祀，才能感召天下人，才能加強各諸侯的團結。因為古代的天子是替天行道，所以重視祭祀，則表明自己沒有脫離天道。

「上九」居鼎之終，像鼎耳堅硬又溫潤的玉環，剛毅不失溫情，當然大吉，無所不利。

第21節
卦五十一 震 臨危不亂的智慧

壹・卦名

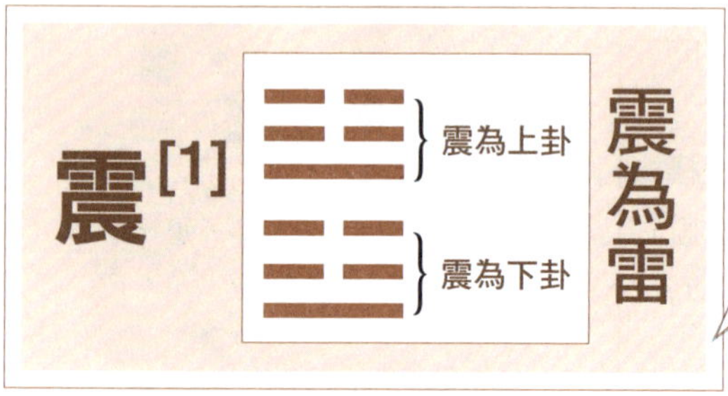

震為雷，上下均為震，疊連轟響著巨雷，謂震。震象徵雷聲震動。雷聲震動，使萬物皆懼而知道戒備，因此順利亨通而致福。這樣遇到大事從容鎮定，就可以出頭主持祭祀，擔當保家衛國的重任了。

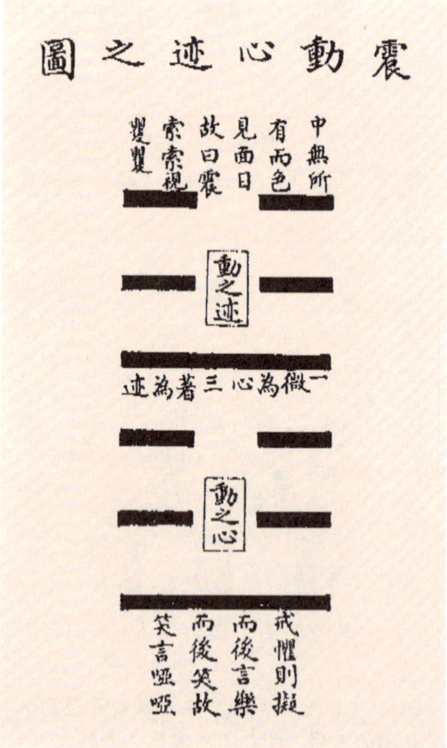

【注解】

[1] 震：卦名，象徵雷聲、震動。

【釋義】

此卦卦名為震。《說文》中說：「震，劈歷振物者。」可見震的本義是雷聲。在後天八卦中，震代表長男，也以震代表太子。《序卦傳》中說：「主器者莫若長子，故受之以震。」主器者指的便是國家的繼承人。在周公以前，還沒有嚴格的長子嫡傳制，由此可見《序卦傳》應當是周公之後的產物。前面的鼎卦代表國家，震卦代表長子，繼承國家君王的應當是長子，所以鼎卦之後是震卦。

貳・卦畫

震卦卦畫為兩個陽爻四個陰爻，是兩個三爻震卦重疊而成。

叁・卦象

從卦象上進行分析，兩震相重，有雷聲接連不斷的意思。古人認為雷電是天神的執法人員，會擊殺地上的妖孽與不仁不義的人。雷電又可以給萬物賦予生命與生機，比如春雷一響，蟄伏的動物便開始紛紛走出洞穴。所以古人對雷是極其敬畏的。

震卦之象

此卦為李靖天師，遇龍母借宿，替龍行雨卜得之卦。人立於岩石上，防險之義；一樹開花一文書，當春之月文字有喜；一人推車上有文字，文字隘念；諄堆錢財，獲厚利詆凶。震驚百里之卦，有聲無形之象。

肆・卦辭

震：亨。震來虩虩[1]，笑言啞啞[2]。震驚百里，不喪匕鬯[3]。

彖曰：震，亨。震來虩虩，恐致福也。笑言啞啞，後有則也。震驚百里，驚遠而懼邇也。出可以守宗廟社稷，以為祭主也。

象曰：洊雷[4]，震；君子以恐懼修身。

【注解】

[1] 虩：虩，音ㄒㄧˋ，恐慌的樣子。

[2] 啞啞：啞，音ㄧㄚˇ，笑的聲音。

[3] 匕鬯：匕，古代指勺、匙之類的取食用具；鬯，音ㄔㄤˋ，古代祭祀、宴飲用的香酒，用鬱金草合黑黍釀成。

[4] 洊雷：洊，音ㄐㄧㄢˋ，再次、重複。洊雷即兩個震卦兩重，也表示雷聲一陣接著一陣。

【釋義】

經文意思是：震卦，亨通。大的雷聲讓人感到害怕（可是人們明白雷聲會降下雨澤）所以，聽到雷聲人們都很高興，儘管雷聲震驚百里，卻不會震落手中的酒杯。

彖辭的意思是：震卦亨通。震驚來臨人們感到害怕，恐懼可以招來福佑。笑語聲聲，說明人們已經懂得天地的規則。震驚百里，是震驚遠方而使近處懼怕。君王出巡，長子守住宗廟社稷，作為祭祀的主持人。

象辭的意思是：雷聲一陣一陣響起，便是震卦的卦象。君子因有所恐懼而反省自己的過失。

伍・爻辭

初九：震來虩虩，後笑言啞啞，吉。

象曰：震來虩虩，恐致福也。笑言啞啞，後有則也。

六二：震來厲，億[1]喪貝[2]，躋[3]於九陵，勿逐，七日得。

象曰：震來厲，乘剛也。

六三：震蘇蘇，震行無眚。

象曰：震蘇蘇，位不當也。

九四：震遂泥。

象曰：震遂泥，未光也。

六五：震往來厲，億無喪，有事。

象曰：震往來厲，危行也。其事在中，大無喪也。

上六：震索索，視矍矍[4]，征凶。震不於其躬，於其鄰，無咎。婚媾有言。

象曰：震索索，未得中也。雖凶無咎，畏鄰戒也。

【注解】

[1] 億：安定，安寧，也有極多的涵義。

[2] 貝：錢財。

[3] 躋：蹬上。

[4] 矍矍：眼神驚慌的樣子。矍，音ㄐㄩㄝˊ。

【釋義】

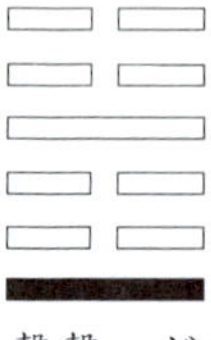

初九：震來虩虩，後笑言啞啞，吉。
象曰：震來虩虩，恐致福也。笑言啞啞，後有則也。

經文意思是：雷聲響起人們感到不安，雷聲過後人們笑語聲聲，吉祥。

象辭意思是：雷聲響起人們感到不安，是因為恐懼可招致福佑。笑語聲聲，說明人們已經懂得了天地的規則。

初六剛爻居於奇位為得位，是震卦的主爻。所以表示是震動的中心部位。也就是說國家開始嚴打了，為了維護社會治安，主要對象就是初九爻。初九代表下層百姓，可是大部分百姓是善良的，不屬於打擊範圍，所以這些人就會吉祥。而做了壞事的人，對這次運動卻很害怕，不過一旦躲過了這場運動，便又「笑言啞啞」了。這是古代老百姓的通病。由於知識水準不高，所以不懂得反省自己的過失，一旦躲過了懲罰，便會暗自慶幸。當然，生活在現代社會的人們普遍具有法律意識，比古人的素質還是高很多的。

「初九」陽剛在下得正，震驚來臨，能惶恐畏懼，記取教訓，會得福，所以吉祥。

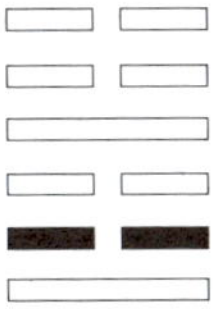

六二：震來厲，億喪貝，躋於九陵，勿逐，七日得。

象曰：震來厲，乘剛也。

經文意思是：驚雷襲來有危險，人們丟棄家財，跑到山陵上，不要追趕，七天後會失而復得。

象辭意思是：驚雷襲來有危險，是因為六二凌駕於初九剛爻之上。

「六二」雷動驟來時，首當其衝，以致喪失億萬家財，去九重的山陵避難。但趨正自守，喪失的財物，很快失而復得。

六二緊臨震動的中心，所以他受到震動的波及也最嚴重。六二雖然具有中正之德，但是畢竟是陰爻柔弱，所以非常害怕。結果逃跑中丟了不少財物，不過由於震動不是針對他而來的，所以震動過後他還會擁有自己的地位與財物。這就好比一場奴隸暴動。奴隸不堪忍受殘酷的壓迫，結果造反了。天對地有法，君對民有法，其實民對君也有法。民對君的法是非法法也。在這場運動中，身為大夫的六二很害怕，躲了起來。可是他平時有中正之德，善待奴隸，所以他不會有災難。

「六三」失正。雷動之時惶惶不安，但其無乘之逆又柔順承陽。故因「震懼」慎行，沒有禍患。

「九四」剛德不足，又陷於上下四陰之間，當震之時，驚慌失措，陷入泥濘不能自拔。

六三：震蘇蘇，震行無眚。
象曰：震蘇蘇，位不當也。
經文意思是：震動使人恐懼不安，行動沒有災難。
象辭意思是：震動使人恐懼不安，是由於六三的位置不適當。

六三遠離震動的中心，可是他由於陰爻居於奇位為不得位，所以是一位有過失的人。所以這場運動雖然離他的居所較遠，卻也使他很害怕。可正是由於懼怕使他得以自省改過，所以不會有災難。

九四：震遂泥。
象曰：震遂泥，未光也。
經文意思是：驚雷墜入淤泥裡。
象辭意思是：驚雷墜入淤泥裡，是因為還沒有光大。

九四是上卦震的主爻，可是他被夾在四個陰爻之間，三個陰爻便可以組成一個坤卦，坤為土為泥，所以九四有雷入泥中的形象。從卦氣學說來看，在八月分雷隱入澤中的泥裡，天上便不再有雷聲了。所以九四的雷聲沒有發出來，這就是「未光也」。

九四的引申義可以從兩個方面來解釋。一方面是，九四為國家重臣之位，所以在嚴打運動中儘管他受到了牽連，但是由於他位高權重，又與六五君王相合，所以法律無法制裁他。另一方面是，九四想以嚴法治國，可是他宣揚的法律威脅到了九五的君王，所以這種法無法實施，就像雷入泥潭一樣。

六五：震往來厲，億無喪，有事。
象曰：震往來厲，危行也。其事在中，大無喪也。

經文意思是：在震動中來回奔跑有危險，多虧沒有大的損失，只是有些困擾。

象辭意思是：在震動中來回奔跑有危險，因為這是危險的舉動。雖然有困擾但由於六五居中，所以沒有大的損失。

「六五」不論上下往來，都有危險。但柔順得中，以危懼之心慎守中道，所以雖遭遇大事故，但不會有大的損失。

六五身為君位，可是初六的震動也使他產生了驚懼，並且來自九四的震動雖然沒有大的損失，卻也是隱藏的一種危機。雖然這兩方面的震動對君王威脅不大，可是六五陰柔力弱，所以他四處躲閃，害怕給自己造成傷害。爻辭說「震往來厲」，也就是說，如果國君內心搖擺不定，那麼對國家及國君本身是有危險的。

上六：震索索，視矍矍，征凶。震不於其躬，於其鄰，無咎。婚媾有言。
象曰：震索索，未得中也。雖凶無咎，畏鄰戒也。

經文意思是：雷聲使人們索索發抖，六神無主，征討凶險。由於震不在自身，而在鄰人，所以沒有災難。婚配會有怪責之言。

象辭意思是：雷聲使人們索索發抖，是因為上六沒有居中。雖然凶險但沒有災難，是從鄰居的驚險中感到驚懼而有所戒備。

九四的雷聲沒有響起來，初九的雷震到了上六已經力量很弱了，所以上六沒有受到大的震動。可是上六陰柔無力，處於老弱狀態，所以這一絲震動也讓上六非常驚慌，六神無主。這麼虛弱膽小的上六自然不適合帶兵征討別人了，所以「征凶」。由於運動的本身不是針對上六而來的，所以上六不會有災難，只是他的配偶會責怪他膽小。

「上六」雷動之時雙足瑟瑟難行，心神不定。但及早恐懼修省，可無災難。但不顧周圍人的災難而避禍，會聽到怨言。

從卦象上看，震卦的上互卦為坎，九四在坎卦之外，自然不會有災難。

第22節
卦五十二 艮 動靜得宜的智慧

壹・卦名

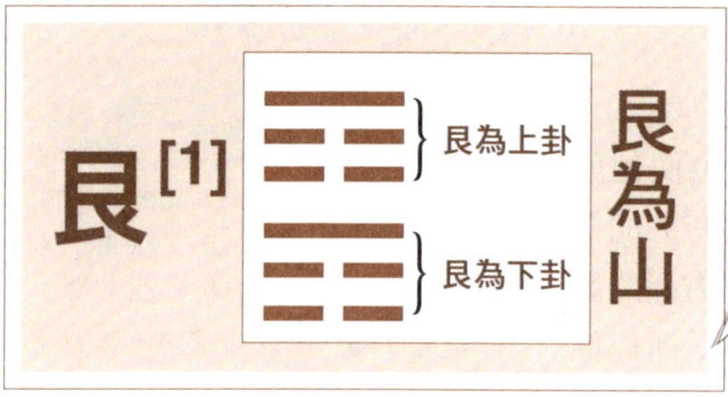

艮為山，特性止，一山已能鎮止，兩山重疊，止義更大。故艮象徵抑止。艮卦所說的止，是在應當止的時候止，應當行的時候行，動靜不失時機，前途必然光明。抑止人的邪欲，應內心寧靜。止得其所，才無過失。

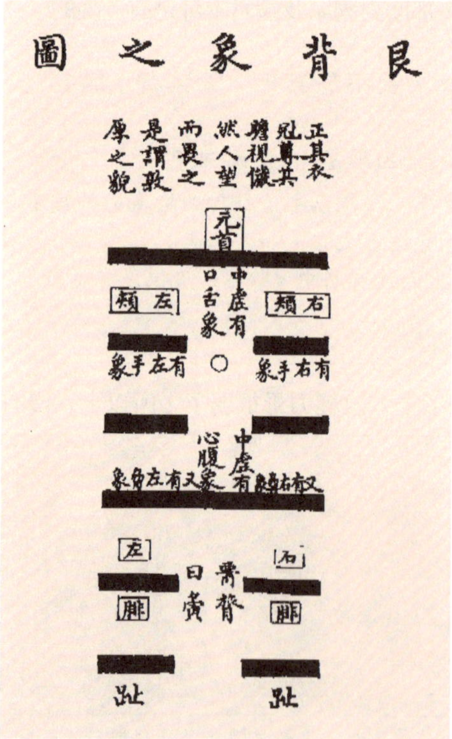

【注解】

[1] 艮：卦名，象徵大山、停止。

【釋義】

此卦卦名為艮。艮，就是停止的意思。《序卦傳》中說：「物不可以終動，止之。故受之以艮。艮者，止也。」這便是說，事物不可能總是處於震動的狀態中，總有停止不動的時候，所以震卦的後面是艮卦。艮，就是停止、制止的意思。

貳・卦畫

艮卦的卦畫為兩個陽爻四個陰爻，其排列順序與震卦的卦畫正好相反。艮卦與震卦互為覆卦。

叁·卦象

從卦象上進行分析，艮為山為門，兩山相重，前後都是山，人被困於山中，所以有受阻而止的涵義。另外，兩門相重，人被鎖在兩重大門之內，也是無法出來行走的意思。所以艮卦卦象的涵義便是指受阻而止。

艮卦之象

有猴捧文書，利文字應在申未；一官吏執鏡，主清明；有三人繩相繫縛，說明有事互相牽連；遇貴人得解脫。游魚避網之卦，積少成多之象。

肆·卦辭

艮：艮其背，不獲其身，行其庭，不見其人，無咎。

彖曰：艮，止也。時止則止，時行則行，動靜不失其時，其道光明。艮其止，止其所也。上下敵應[1]，不相與也。是以不獲其身。行其庭不見其人，無咎也。

象曰：兼山，艮；君子以思不出其位。

【注解】

[1] 上下敵應：指艮卦的初六與六四、六二與六五、九三與上九同性相斥，不相應。

【釋義】

經文意思是：艮卦，停在他的背後看不到他的前身，走進他的庭院，卻看不到他本人，沒有災難。

彖辭的意思是：艮，即止的意思。該停止的時候便停止，該行動時就行動，行動與靜止不失時機，這樣道路才會光明。艮卦是講停止的道理，所以該抑止的行為必須抑止。艮卦上下卦的對應爻相互敵對，而不是相互親近呼應。所以說不能獲得其身。在他的庭院行走卻看不到他本人，所以沒有災難。

象辭的意思是：兩山相重是艮卦的卦象。君子考慮問題不能超過自己的位置。

既然你已經停在他的背後，怎麼會看不到他的前身呢？你不會是遇到武俠小說中的高手吧？其實，這個「艮其背」指的不是人，而是山。連綿起伏的山如同龍伏在那裡，孤山如同老虎臥在那裡，無論你走到山的哪一面，都好似走在「龍」或「虎」的脊背上，怎麼能來到牠的身前呢？「艮其背，不獲其身」是一句古老的歌謠，描寫的是山的靜止狀態。

「行其庭，不見其人」也是一句古歌謠，描寫的是院落中的靜止狀態。院落的兩重大門都關著，院落的主人藏於屋中，自然在院子裡不會發現有人了。

伍・爻辭

初六：艮其趾，無咎，利永貞。

象曰：艮其趾，未失正也。

六二：艮其腓，不拯其隨，其心不快。

象曰：不拯其隨，未退聽也。

九三：艮其限[1]，列其夤[2]，厲薰心[3]。

象曰：艮其限，危薰心也。

六四：艮其身，無咎。

象曰：艮其身，止諸躬也。

六五：艮其輔，言有序，悔亡。

象曰：艮其輔，以中正也。

上九：敦艮，吉。

象曰：敦艮之吉，以厚終也。

【注解】

[1] 限：腰部。

[2] 夤：音一ㄣ ˊ，脊背肌肉。

[3] 薰心：烈火燒心。薰，燒烤、烤灼。

【釋義】

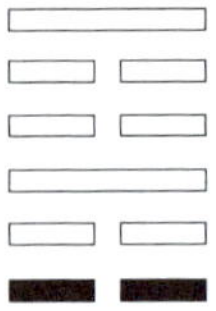

初六：艮其趾，無咎，利永貞。

象曰：艮其趾，未失正也。

經文意思是：腳趾停止運動，沒有災難，利於永遠守正道。

象辭意思是：腳趾停止運動，是沒有失去正道。

初六處於下層，柔爻居於奇位為不得位，可是他有一顆敏感的心。能夠及早發現危險，及早停止自己的行動，所以不會有災難。但是，他必須永遠守於正道。如果總想做壞事，內心再敏感，也是難逃法律的制裁。

從卦象上看，艮卦的下互卦為坎為險，可是初六處於坎卦之外，所以不會有危險。

六二：艮其腓，不拯其隨，其心不快。
象曰：不拯其隨，未退聽也。
經文意思是：抑制小腿，不能快步跟隨別人，心中不高興。
象辭意思是：不能快步跟隨別人，也沒有聽從後退停止的命令（所以不高興）。

六二處於艮卦下互卦坎的下爻，所以有陷入險境的形象。但是六二柔爻居於偶位為得位，並且又居於下卦之中，所以具有中正之德。這種品德使他在危險中能夠自我約束，所以不會有大的災難。只是由於必須對自己嚴格約束才能脫離危險，所以自己的內心會感到有些壓抑。

比如文革中被關進牛棚的老一輩革命家就處於六二這種困境中。不能多說，只能違心而說，堅持正義就會帶來災難。所以「其心不快」。

九三：艮其限，列其夤，厲薰心。
象曰：艮其限，危薰心也。
經文意思是：止住腰部，撕裂脊背，危險如烈火燒心。
象辭意思是：止住腰部，其危險如烈火燒心一樣。

九三爻的靜止，不是自覺的靜止，而是被困的靜止。九三爻剛爻居於奇位為得位，但是卻是下互卦坎的中爻，所以有被困於危險之中的形象。九三爻又是上互卦

「初六」陰柔處下，似施於「足趾」將動之前，不使有失正道，但要始終堅守才可常保無災難。

「六二」得位，承九三陽剛。像小腿肚被止，不能上承本應隨從的人，但又無法退回，心中不得暢快。

「九三」處艮卦上下結合部，似人體腰部。腰動被止脊肉分裂，眾叛親離，有心被火燻似的不安。

「六四」似處人身上體。心在體腔內，為控制一切行動的樞紐。自我抑止安守本位，而沒有災難。

震的主爻，所以九三有動的形象。困於危險中而運動，肯定不會有好的結果，所以「列其夤，厲薰收」。比如在文革中，有些人被關在牛棚裡還是想要為自己討個公道，想要伸張正義，結果使自己受到了更大的災難。

六四：艮其身，無咎。
象曰：艮其身，止諸躬也。
經文意思是：止住上身，沒有災難。
象辭意思是：止住上身，便止住了全身。

六四發現自己處於危險的境地，便開始嚴格要求自己，不亂說不亂動，又具有柔順之德，所以不會有災難。

從卦象來說，六四爻與九三爻陰陽相合，所以他可以受到九三的幫助而免於災難。並且他也能從九三身上吸取教訓，從而嚴格約束自己，所以他格外謹慎地使他「無咎」。

六五：艮其輔，言有序，悔亡。
象曰：艮其輔，以中正也。
經文意思是：止住牙床，說話有次序，沒有悔恨。
象辭意思是：止住牙床，是因為六五能居中守正。

六五是一卦中最重要的位置，所以也把人最應該靜止的部位放在了這裡。人最應該靜止的部位就是嘴。據說上帝造人的時候，給人造了兩個耳朵，一個嘴巴，就是讓人少說多聽。俗話說「病從口入，禍從口出」，人如果管不住自己的嘴巴，信口胡說，最終會給自己帶來災難。比如《三國演義》中的楊修就是一例。

在中國古代，賢明的君王一般是不會提拔伶牙俐齒的人為重臣的。比如一次漢文帝到上林苑遊玩。他問上林尉說：「這苑中有多少禽獸？」上林尉聽後張口結舌，支吾了好一陣子也回答不出來。漢文帝又問了他一些其他問題，上林尉全答不上來，急得抓耳撓腮，左顧右盼，渾身冒汗。這時，有一個小吏站了出來，他十分詳細地回答了漢文帝的提問，口齒伶俐，表達流暢。漢文帝大喜，便與身邊的大臣商議提拔這個小吏。可是大臣張釋卻說：「有道德和真才實學的人不會誇誇其談。越是有德的人，越是器宇深沉，言語簡當。」漢文帝認為張釋說的有道理，便打消了提拔小吏的念頭。

「六五」居尊位，相當於頸，在頸的關節停止，表示說話謹慎言之有序，可避免後悔。

六五爻的爻辭，就是告誡人們，要懂得說話前要經過周密思考，理清次序，該說的說，不該說的不說。這樣才不會「禍從口出」。

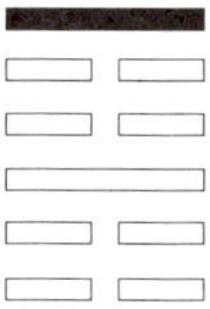

上九：敦艮，吉。

象曰：敦艮之吉，以厚終也。

經文意思是：敦厚而懂得適可而止，吉祥。

象辭意思是：敦厚而懂得適可而止的吉祥，是因為以敦厚而得善終。

有一個成語叫「大智若愚」，其實，這是一種智的最高境界。而上九的「敦艮」，就是這種境界。以敦厚的態度停止，這是表面上最大的停止。這種停止不是什麼都不做的意思。而是類似於老莊的清靜無為。這就是無為而無不為，表面上沒有做什麼，但實際上已經成就了一切。能達到這種境界，怎麼會不吉祥呢？

「上九」最後的堅持更重要，在快要終止時，更應謹慎敦厚，抑止邪欲，這樣最吉祥。

第23節
卦五十三 漸 循序漸進的智慧

壹．卦名

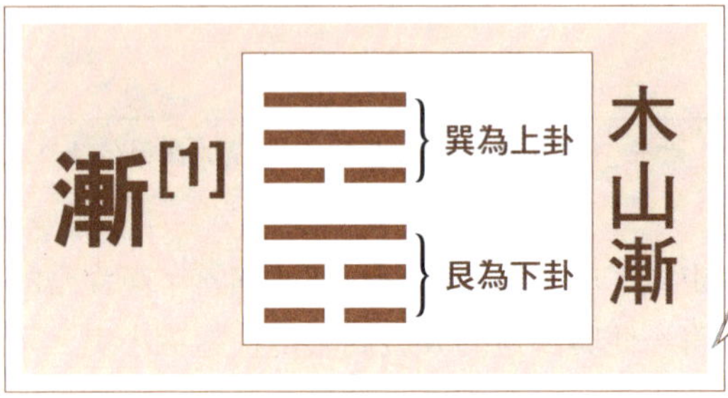

艮為山，巽為木，山上之木為高大之木，高大之木慢慢成長，徐而不速，為漸，漸者，徐緩慢進。故漸象徵漸進。漸漸地在前進，如同女子出嫁，循禮漸行可獲吉祥。並且漸進需遵循正道，才會有利。

【注解】

[1] 漸：卦名，象徵漸進。

【釋義】

此卦卦名為漸。《序卦傳》中說：「物不可以終止，故受之以漸。漸者，進也。」也就是說，事物不會總是停留在靜止狀態中，所以在表示停止的艮卦的後面，是漸卦。漸，就是前進的意思。《雜卦傳》中說：「漸，女歸待男行也。」可見「漸」字的前進，不是突飛猛進，是等待、順應時勢變化而漸進。

貳．卦畫

漸卦的卦畫是三個陰爻三個陽爻，其排列順序與歸妹卦正好相反，漸卦與歸妹卦互為覆卦。

叁・卦象

從卦象上分析，漸卦上卦為巽為木為長女，下卦為艮為山為少男，山上生木便漸卦的卦象。山中有森林，可是這些森林不是突然形成的，而是一棵棵的小樹苗不斷生長，逐漸壯大，逐漸形成了森林。樹的生長是緩慢的，這種緩慢的生長，正是漸卦要表達的涵義。

漸卦之象

一竹梯，望高處，乃求望達；一藥爐在地，預防有患；一人步雲梯之半，一枝花在地上，乃下弟未達之兆。高山植木之卦，積小成大之象。

肆・卦辭

漸：女歸[1]吉，利貞。

彖曰：漸之進也，女歸吉也。進得位，往有功也。進以正，可以正邦也。其位剛，得中也。止而巽[2]，動不窮也。

象曰：山上有木，漸。君子以居賢德，善俗。

【注解】

[1] 歸：歸宿，指女子出嫁。

[2] 止而巽：漸卦上卦為巽為順，下卦為艮為止，所以「止而巽」。此處「巽」是隨順的意思。

【釋義】

經文意思是：漸卦，女子出嫁吉祥，利於守正道。

彖辭的意思是：逐漸前進，就如同女子出嫁循禮漸進可獲得吉祥。進取得到正位，前往有功業。按正道前進，可以安邦定國。漸卦九五爻剛爻居中。能適可而止並且隨順，行動起來就不會走向窮途末路。

象辭的意思是：山上有樹木，這就是漸卦的卦象。君子從卦象中得到啟示，以賢德自居，改善民風雜俗。

卦辭中說，女子出嫁吉祥，但必須守持正道。俗話說男大當婚，女大當嫁，女子出嫁是天經地義的事情，沒有什麼是吉祥的。但是女子出嫁與男子結為夫婦，是要組織一個新的家庭，而不是苟合之後各自分手。所以，需要守持正道。從卦上看巽為長女，代表女性的成熟，由於女大當嫁，所以「女歸吉」。

彖辭對女子出嫁這件事進行引申發揮，以說明君子應當怎樣修身養德。女子出嫁後，在新的家庭成為夫人，生子後成為母親，於是成為新家庭的主人。而君子不斷的學習，不斷增加自己的知識與修養，最後被朝廷任用，成為國家的棟梁。所以說，不斷提高學識與道德的君子就好比待嫁的新娘。君子要像待嫁的新娘一樣，內心剛強，外表柔順，懷有中正之德。出嫁的新娘怎麼會有這麼多特質呢？這得從卦象上看。漸卦上卦為巽，代表待嫁的新娘，巽代表隨順，並且漸卦的九五爻居中得正，所以有中正之德，並且外柔內剛。

由於這一卦是以待嫁的新娘比喻君子。所以象辭中對君子提出的忠告是：「君子以居賢德，善俗。」也就是說，君子要不斷積蓄自己的美德，移風易俗，改掉自己的缺點。因為只有這樣，才能得到君王的重用。而君王做到這些，就可以得民心。

伍・爻辭

初六：鴻漸於幹[1]，小子厲，有言，無咎。

象曰：小子之厲，義無咎也。

六二：鴻漸於磐[2]，飲食衎衎[3]，吉。

象曰：飲食衎衎，不素飽也。

九三：鴻漸於陸，夫征不復，婦孕不育，凶；利禦寇。

象曰：夫征不復，離群醜也。婦孕不育，失其道也。利用禦寇，順相保也。

六四：鴻漸於木，或得其桷，無咎。

象曰：或得其桷，順以巽也。

九五：鴻漸於陵，婦三歲不孕，終莫之勝，吉。

象曰：終莫之勝，吉；得所願也。

上九：鴻漸於陸，其羽可用為儀，吉。

象曰：其羽可用為儀，吉；不可亂也。

【注解】

[1] 幹：岸邊，河邊。

[2] 磐：大石頭。

[3] 衎：和樂愉快的樣子。衎，音ㄎㄢˋ。

【釋義】

初六：鴻漸於幹，小子厲，有言，無咎。
象曰：小子之厲，義無咎也。
經文意思是：大雁漸漸飛到了水邊，小雁有危險，被大雁叫住，沒有災難。
象辭意思是：小雁的危險，從道義上講不應該有災難。

卦辭中講的是待嫁的新娘，而爻辭講的卻全是大雁。這是怎麼回事呢？原來，古代大雁與婚嫁有著極為密切的關係。相傳在伏羲治世的時代，伏羲取消了群婚制，改為對偶婚。並規定男方與女方確定關係時必須要給女方送一隻大雁。這種習俗被沿襲下來，一直到單偶婚時代，改為男方向女方提婚時必須送的禮物。這不是聘禮，在古代稱之為納采。為什麼要送隻大雁呢？因為大雁總是成雙成對地生活在一起，其中一隻死掉，另一隻終身不再成雙。另外，大雁飛行時總是排成一行，大家非常有秩序。所以，大雁象徵愛情的忠貞，也象徵遵守秩序。

「初六」柔弱卑下，像大雁飛行漸進水源，所進尚淺，像年輕人蒙受言語中傷，若能漸進不躁，可免除災難。

六二：鴻漸於磐，飲食衎衎，吉。
象曰：飲食衎衎，不素飽也。
經文意思是：大雁漸漸飛到磐石上，飲食和樂，吉祥。
經文意思是：飲食和樂，不是白吃。（即自己找食物，自得其樂。）

「六二」中正，承三應五。似大雁飛行漸進於磐石之上，安然得食，故獲吉祥。

到了六二爻，大雁又飛高了一層，不在水邊了，來到了石頭上。這象徵君子漸漸長大。君子長大了，與家人一起歡樂地享受飲食之樂，飲食營養可以使君子的身體更茁壯地成長，怎麼會不吉祥呢？當然，這裡的飲食也包括道德與知識的吸取。

象辭對爻辭進一步發揮，提出「不素飽也」的觀點。也就是說君子不是白吃飯，

「九三」似大雁飛行漸進小山頂，夫君遠征妻子失貞得孕，有凶險。但若不為邪淫，利於以剛強抵禦外敵。

「六四」得正，承九五，漸進不躁。似大雁飛行漸進於高樹，棲止平柯，無災難。

他也為家庭的收入做出了貢獻。比如曾子小時候，到深山打柴，與母親相依為命。這就像雁群中的小雁一樣，已經不需要大雁餵食了，可以自己找食物吃。

九三：鴻漸於陸，夫征不復，婦孕不育，凶；利禦寇。

象曰：夫征不復，離群醜也。婦孕不育，失其道也。利用禦寇，順相保也。

經文意思是：大雁漸漸飛到陸地上，丈夫出征沒有回來，婦女懷孕卻流產了，凶險。但有利於抗擊盜寇。

象辭意思是：丈夫出征沒有回來，是因為他離開了自己的同伴。婦女懷孕卻流產了，是因為她失去了保胎的正道。利於抗擊盜寇，是因為民眾和順相處共同保衛家園。

大雁在空中飛行，自由自在，可是卻難逃獵人的利箭。「鴻漸於陸」指的就是大雁被射殺掉在地上。雄雁被射死掉在地上，再也回不來了。

六四：鴻漸於木，或得其桷，無咎。

象曰：或得其桷，順以巽也。

經文意思是：大雁漸漸飛到樹上，有的飛到屋頂上，沒有災難。

象辭意思是：飛落到屋頂上，說明六四柔順而且隨和。

大雁為了不被野獸所傷，飛到大樹上和屋頂上棲息。其實這是喻示賢臣可得到明君的保護。古代讀書的儒生一直處於飢寒交迫中，可是不負十年寒窗苦，終於學有所成，成為國家的棟梁了，自然處境變好了。這種情形下，自然不會有災難。當然，這裡也喻示人們要選擇明君而仕，不要輔佐昏君。

從卦象上看，六四處於下互卦坎的上爻，有身臨險境的形象。但六四與九五、九三陰陽相合，所以遇難有助也。

九五：鴻漸於陵，婦三歲不孕，終莫之勝，吉。
象曰：終莫之勝，吉；得所願也。

經文意思是：大雁漸漸飛到山陵上，婦女三年不能懷孕，最終沒有人欺凌她，吉祥。

象辭意思是：最終沒有人欺凌她，吉祥，是她最終的願望能夠實現（即與自己心慕的男人結合）。

由於漸卦主要是要宣揚忠貞精神。所以把雌雁的忠貞事蹟放到最重要的九五爻的位置。死去丈夫的雌雁飛到高高的山陵上躲避獵人的侵害，她三年都沒有找過配偶。但是她雖然沒有丈夫的幫助，雁群中並沒有人因她身單勢孤而欺負她。

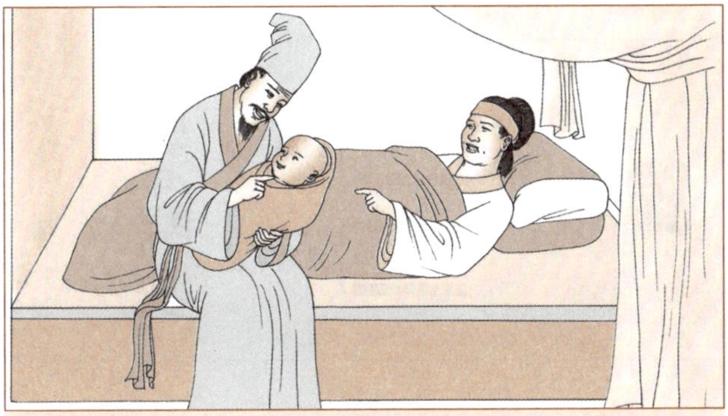

「九五」中正居尊位，下應六二，雖遭三、四阻隔，使六二多年不孕，但終將會合，獲得吉祥。

上九：鴻漸於陸，其羽可用為儀，吉。
象曰：其羽可用為儀，吉；不可亂也。

經文意思是：大雁漸漸飛到陸地上，牠的羽毛可用於禮儀飾品，吉祥。

象辭意思是：牠的羽毛可作為禮儀飾品，吉祥，是說明禮儀是有一定順序的，不能亂來。

「上九」其性高潔，似大雁飛行漸進於高山之巔，掉落的羽毛可作典禮中的裝飾，所以吉祥。

這裡描寫的是被射死的雄雁雖然沒有了生命，但是人們敬佩大雁忠貞的行為，所以將牠的羽毛製成禮儀的飾品，使牠忠貞的精神得到永存。這就相當於因忠諫而被殺的賢臣，也相當於能與君王共存亡的忠義之士。他們雖然因為忠而失去了生命，但他們的精神是永存的。

第24節
卦五十四 歸妹 成家立業的智慧

壹・卦名

歸妹[1]

雷澤歸妹

兌為澤、為陰，性悅，震為雷、為陽，性動。雷震於上，澤隨而動，為女從男之象，為歸妹。歸妹象徵少女出嫁。婚嫁是天地間最正當的事，但是必須遵循正道，才會吉祥。但少女與長男不相配，行為不當的婚嫁，會有凶險，沒有什麼利益。

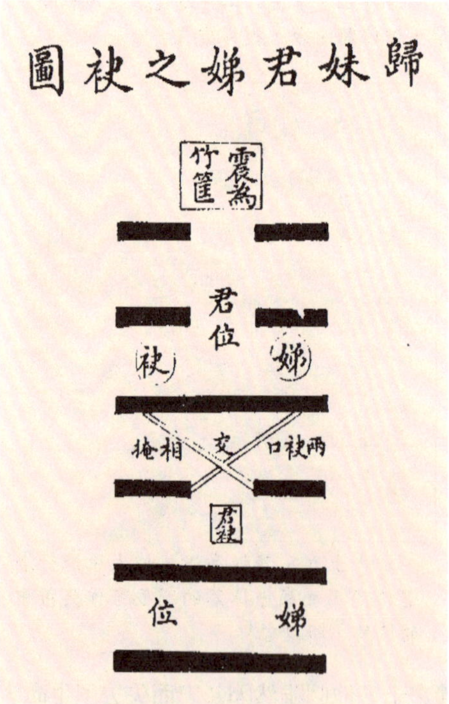

【注解】

[1] 歸妹：卦名，象徵出嫁、婚嫁。

【釋義】

此卦卦名為歸妹。《說文》中說：「歸，女嫁也。」也就是說，歸的本義是指女子出嫁。而歸妹，則是說妹妹出嫁。女子出嫁來到男方家裡，這是女人最終的歸宿，所以歸的引申義為歸宿、回家的意思。漸卦表現的是女子待嫁，待嫁的女子必然會出嫁，所以漸卦的後面是歸妹卦。

貳・卦畫

歸妹的卦畫為三個陰爻三個陽爻，與漸卦的卦畫排列順序正好相反。歸妹與漸卦互為覆卦。

叁・卦象

從卦象上分析，歸妹卦上卦為震為雷為長男，下卦為兌為澤為少女，澤上有雷就是歸妹卦的大形象。澤上有雷是一種什麼形象呢？仲秋八月，雷入澤中泥中，從此就沒有雷了。但是一到春天，雷聲又出現了。此時天氣轉暖，草木生長開花，澤水中的魚蝦也是一片生機。這就是澤上有雷的形象。遠古時代在仲春時節有野外群交的習俗，這正是歸妹要表現的內涵，即陰陽的交合。

歸妹卦之象

官人騎鹿指雲，志在霄漢之義；小鹿子在後，祿位重重，望竿上有文字，望信將至；一人落於刺中，主一人救脫變凶為吉之兆。此為浮雲蔽日之卦，陰陽不交之象。

肆・卦辭

歸妹：征凶，無攸利。

彖曰：歸妹，天地之大義也。天地不交，而萬物不興，歸妹人之終始也。說以動[1]，所歸妹也。征凶，位不當也。無攸利，柔乘剛也。

象曰：澤上有雷，歸妹；君子以永終知敝。

【注解】

[1] 說以動：歸妹卦上卦為震為動，下卦為兌為悅，所以說「說以動」。說，同「悅」。

【釋義】

經文意思是：歸妹卦，征伐會有凶險，無所利。

彖辭的意思是：少女出嫁是表現天地交合的大道理。天地的陰陽之氣不互相交合，萬物就不能繁殖興旺，少女出嫁可以使人類終而復始，生生不息。喜悅而運動，這就是歸妹卦。征討凶險，是因為所處的位置不當。沒有什麼利益，是因為柔爻乘駕於剛爻之上。

象辭的意思是：澤上有雷就是歸妹卦的卦象。君子從中受到啟示，明白有終無始的弊端。歸妹卦表現的是少女出嫁，可是卦辭中卻說：「征凶，無攸利。」難道說這種少女出嫁不是一件吉祥的事情嗎？少女出嫁確實不會不吉祥，只是如果是去搶奪一名少女成婚，就凶險了，而且不會得到利益。「征」字既有征討的意思，也有爭奪的意思。當它作為征討的意思時，主要指的是天子征討諸侯。如《孟子》中說：「征者，上伐下也。」

伍・爻辭

初九：歸妹以娣[1]，跛能履，征吉。

象曰：歸妹以娣，以恆也。跛能履吉，相承也。

九二：眇能視，利幽人之貞。

象曰：利幽人之貞，未變常也。

六三：歸妹以須[2]，反歸以娣。

象曰：歸妹以須，未當也。

九四：歸妹愆期[3]，遲歸有時。

象曰：愆期之志，有待而行也。

六五：帝乙歸妹，其君之袂[4]，不如其娣之袂良，月幾望，吉。

象曰：帝乙歸妹，不如其娣之袂良也。其位在中，以貴行也。

上六：女承筐無實，士刲羊[5]無血，無攸利。

象曰：上六無實，承虛筐也。

【注解】

[1] 娣：音，ㄉㄧˋ，古代姊妹共嫁一夫，幼為娣，長為姒。後泛指隨嫁的女子。

[2] 須：通「嬃」，古代楚人對姊姊的稱謂。

[3] 愆期：愆，音ㄑㄧㄢ，超過、延誤；期，婚期。

[4] 袂：音ㄇㄟˋ，衣服的袖子，代指衣裳。

[5] 刲羊：宰殺羊。刲，音ㄎㄨㄟ，宰殺、刺。

【釋義】

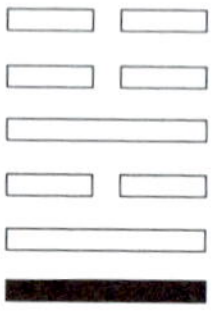

初九： 歸妹以娣，跛能履，征吉。

象曰：歸妹以娣，以恆也。跛能履吉，相承也。

經文意思是： 少女出嫁並將少女的妹妹也嫁過去，兩人可以互相幫助，前往吉祥。

象辭意思是： 少女出嫁並將少女的妹妹也嫁過去，是合乎常規的行為。這樣可以像腿拐有人攙扶一樣，可以互相幫助。

現在結婚儀式中有伴娘與伴郎，結婚儀式舉行完畢後，伴娘與伴郎各回各家。可是古代則不是這樣，這伴娘也成為新郎的人了，得跟著一起過日子。古代諸侯娶一個妻子，一共可以得到九個女子。因為還有陪嫁過來的女子。一般是正室夫人一名，隨嫁娣侄二人為媵，也稱介婦；正室與媵又各有二侄娣陪嫁。所以一共是九個人。曹操有「銅雀春深鎖二喬」的詩句，後人認為曹操想把孫權與周瑜的妻子據為己有，有些太過分了。可是在周朝，一個諸侯結一次婚就要娶九個女子。

「初九」處下位，似隨姊嫁夫成為人妾。但能以偏助正，如跛足努力行走，可獲吉祥。

九二： 眇能視，利幽人之貞。

象曰：利幽人之貞，未變常也。

經文意思是： 瞎了一隻眼睛可是還可以看清事物，有利於未嫁少女守正道。

象辭意思是： 有利於未嫁少女守正道，是沒有違反常規道德。

從卦象上分析，六三為出嫁的妹妹，初九與九二為從嫁的娣。九四為新郎，六五為帝乙主婚，上六為宗廟受祭。初九與九二的作用就是「跛能履，眇能視」，可以幫助六三這個出嫁的新娘。可以幫助新娘不受欺負是對的，如果幫助新娘奪夫權就不對了。所以利於守正道。

「九二」有女賢之象，但應六五，相配不良，像瞎了一隻眼的人，能夠看也看不遠，但守持正固，仍然有利。

六三： 歸妹以須，反歸以娣。

象曰：歸妹以須，未當也。

經文意思是： 少女出嫁時以少女的姊姊作為陪嫁，嫁過去以後姊姊為妾，所以反而成為妹妹的妹妹了。

象辭意思是： 少女出嫁時以少女的姊姊作為陪嫁，是位置沒有擺恰當。

「六三」失正乘陽，有欲求為正室之象。但不得其位，不可冒進。

「九四」似賢女不輕易許嫁而延期等待正當的對象，雖然延遲，但仍會嫁得出去。

新郎看中了妹妹，可是姊姊卻還沒出嫁，由於姊姊也覺得這家人不錯，所以便作為陪嫁的女子與妹妹一起嫁過去。可是嫁過去以後，由於妹妹是正室，所以姊姊的身分要比妹妹低。這種婚姻方式是不可取的。因為這樣姊妹倆就會相處得不好，並且也與當時的等級制度相違背。比如陳世美已經有原配夫人，後來他又娶了皇帝的女兒，可是如果陳世美想逃過包公的鍘刀，就得認自己的原配妻子，並且以原配妻子為正室，公主為妾。

九四：歸妹愆期，遲歸有時。

象曰：愆期之志，有待而行也。

經文意思是：少女出嫁延誤了婚期，只是晚一些出嫁，但總會嫁出去的。

象辭意思是：延誤婚期的願望，是有所等待再出嫁。

雙方已經訂好了迎親的日子，可是由於某些原因（比如女方還想找個更好的配偶）女方延遲了婚期，這種情況也是允許的，因為女子遲早會出嫁的，只是早晚的問題。這就好比劉備三顧茅廬請諸葛亮，雖然諸葛亮一再延遲見劉備的日子，但最終還是跟隨了劉備。按現在的話來說，這種做法有些扭捏作態，可是在古代卻是一種權術。說白了，含有吊胃口的成分。

六五：帝乙歸妹，其君之袂，不如其娣之袂良，月幾望，吉。
象曰：帝乙歸妹，不如其娣之袂良也。其位在中，以貴行也。

經文意思是：紂王的父親將妹妹嫁給周文王，王后的衣飾還不如陪嫁者的衣飾好，月亮快圓的時候，吉祥。

象辭意思是：紂王的父親將妹妹嫁給周文王，王后的衣飾還不如陪嫁者的衣飾好，但王后的位置居於中位，是以尊貴的身分出嫁的。

「六五」居尊位，似帝王嫁出少女。雖為正室，衣飾卻不如側室美好。像月亮接近圓滿而不過盈，吉祥。

商朝的天子將自己的表妹下嫁於周文王，這是周人念念不忘的一件盛事。尤其是帝乙的妹妹有節儉的美德，她所穿的衣服比陪嫁的娣穿的還差，說明帝乙的妹妹是一位賢惠的女子。「月幾望」則是表示穿著簡樸的新娘就像圓月一樣引人注目，同時也喻示著新娘與新郎能夠幸福美滿地生活在一起。所以爻辭中說「吉」。

上六：女承筐無實，士刲羊無血，無攸利。
象曰：上六無實，承虛筐也。

經文意思是：新娘提著空籃子裡面沒有果實，新郎殺羊卻沒有留出羊血，無所利。

象辭意思是：上六陰爻中虛無實，就如同新娘手中提的空籃子一樣。

「上六」無所適從，似女子持竹筐無物可盛，男子刀屠其羊無血可取，夫婦祭祀之禮難成。故得不到配偶，一切都不順利。

古代男女結為夫婦後，要祭祀祖先，求先祖保佑夫妻平安多生子息。但祭祀場面，卻暗示婚姻關係不和諧。「女承筐無實」喻示女子沒懷孕；「士刲羊無血」喻示女方非處女，又不能生育，還有利益嗎？現代人不會有這種思想。但在封建社會，男人覺得很吃虧、沒面子。

第 25 節

卦五十五 豐 盛衰無常的智慧

壹·卦名

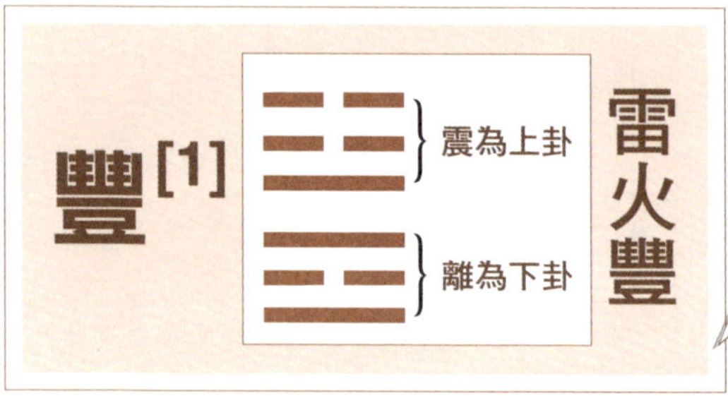

離為雷、火，震為雷。雷電俱至，威明備足，為豐。豐含有豐大、豐碩、豐盛、豐滿之義。象徵豐盈碩大。豐盛之時，自然亨通。但致豐之道，必須有德者才能獲得。故有德君王能使天下豐盛，並讓盛德之光普照天下。

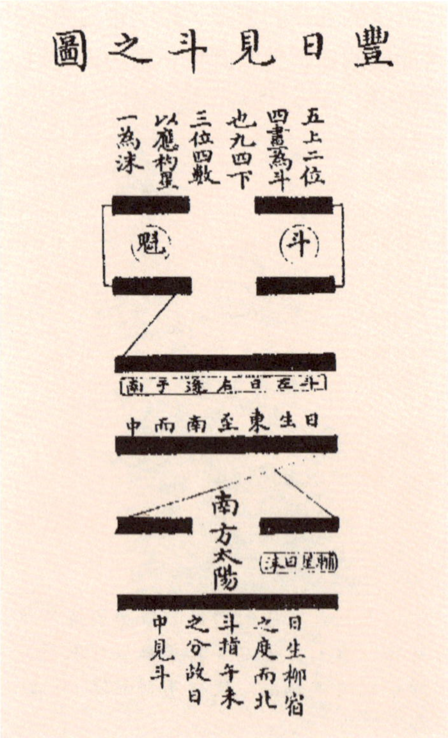

【注解】

[1] 豐：卦名，象徵豐盛、碩大。

【釋義】

此卦卦名為豐。豐是一個象形字。甲骨文的豐字上面像一器物盛有玉形，下面是「豆」(古代盛器)。所以「豐」本是盛有貴重物品的禮器。這由「豐」字可以得到證明。古文「豐」與「豊」是同一個字，《說文》中說：「豊，行禮之器也。」這個禮器是做什麼用的呢？是一種盛酒用的器皿。古人舉行秋祭時，要用「豐」盛酒，酒盛得很滿，這就是後人「淺茶滿酒」的來歷。所以豐的引申義就是豐滿、豐盛、碩大、豐富的意思。《序卦傳》中說：「得其所歸者必大，故受之以豐。豐者，大也。」這就是說民眾都有好的歸宿，闔家團圓，幸福快樂，就會有大的收穫而富裕起來，所以歸妹卦的後面是豐卦。

貳・卦畫

豐卦的卦畫為三個陰爻三個陽爻，陰陽爻之間非合即應，其排列順序與旅卦的卦畫正好相反，豐卦與旅卦互為覆卦。

豐卦之象

一竹筒往外冒灰，主陽氣已動；龍蛇交錯，變化之象；一官人盛裝立，主見貴人；一合子，謂合意；人吹笙竽，鳴樂；一人踏虎尾，變在足下。日麗中天之卦，背暗向明之象。

叄・卦象

從卦象上分析，豐卦上卦為震為雷，下卦為離為電，驚雷四起，閃電不斷，這就是豐卦的卦象。由於雷電要表達的場面不是一般的雷陣雨，而是日食。不知帝乙嫁妹之後是否真的出現過日食，但爻辭中所描述的日食卻不是憑空能想像出來的。

肆・卦辭

豐：亨，王假之，勿憂，宜日中。

彖曰：豐，大也。明以動[1]，故豐。王假之，尚大也。勿憂宜日中，宜照天下也。日中則昃，月盈則食[2]，天地盈虛，與時消息，而況於人乎？況於鬼神乎？

象曰：雷電皆至，豐。君子以折獄致刑。

【注解】

[1] 明以動：豐卦上卦為震為動，下卦為離為明，所以說「明以動」。

[2] 月盈則食：月亮到了最圓的時候就會開始逐漸虧缺。食，通「蝕」，虧損。

【釋義】

經文意思是：豐卦，亨通，君王來到，不必憂慮，適宜日在中午。

彖辭的意思是：豐，即大的意思。光明而有所行動，所以能豐大。君王來到，說明他將發揚宏大的美德。不必憂慮，適宜日在中午，是因為適宜普照天下。太陽過了中午就會西斜，月亮圓滿後就會逐漸虧缺，天地間的盈滿與虧虛，隨著時間的變化而消長、生息，更何況是人和鬼神呢？

象辭的意思是：雷鳴閃電聲勢浩大，這就是豐卦的卦象。君子從卦象中受到啟示，審理案件，威嚴執行刑罰。

古代易學家認為，家有妻妾則豐，國有賢士則豐，所以歸妹卦後面是豐卦。可是豐卦所要表現的卻不是豐盛。而是大，一種最震撼人心的大——日食。

日食出現了，天地一片黑暗，怎麼會亨通呢？這與古人對日食的理解有關。古人認為日食的出現是月亮吞食了太陽造成的，這件事肯定天上的神要出面干涉，所以「王假之」，既然天上的「王」來了，當然會亨通了。人類應該在很早便見過日食了，所以雖然恐懼，但明白對人類不會造成傷害。所以卦辭說「勿憂，宜日中」。也就是說，不必為此憂慮，就像太陽還處在中午的位置上一樣安心過日子。

現在出現日食我們都不害怕了，可是遠古人類則還是很害怕的。所以卦辭中針對這件事告訴人們不要驚慌。而其寓意則是在大的運動中要鎮靜。

彖辭對卦辭作進一步發揮，用陰消陽長的變化規律來說明日食的原因。

而象辭則透過日食這個現象，告誡君王治亂世必須用嚴法。

伍・爻辭

初九：遇其配主，雖旬無咎，往有尚。

象曰：雖旬無咎，過旬災也。

六二：豐其蔀[1]，日中見斗，往得疑疾，有孚發若，吉。

象曰：有孚發若，信以發志也。

九三：豐其沛[2]，日中見昧，折其右肱，無咎。

象曰：豐其沛，不可大事也。折其右肱，終不可用也。

九四：豐其蔀，日中見斗，遇其夷主，吉。

象曰：豐其蔀，位不當也。日中見斗，幽不明也。遇其夷主，吉；行也。

六五：來章，有慶譽，吉。

象曰：六五之吉，有慶也。

上六：豐其屋，蔀其家，窺其戶，闃[3]其無人，三歲不覿，凶。

象曰：豐其屋，天際翔也。窺其戶，闃其無人，自藏也。

【注解】

[1] 蔀：音ㄅㄨ ㄟ，覆蓋於棚架上以遮蔽陽光的草席。

[2] 沛：音ㄆㄟ ㄟ，通「旆」。旗，幡。

[3] 闃：音ㄑㄩ ㄟ，寂靜，空虛。

【釋義】

初九：遇其配主，雖旬無咎，往有尚。

象曰：雖旬無咎，過旬災也。

經文意思是：遇到與自己匹配的人，十天內沒有災難，前往會得到尊重。

象辭意思是：十天內沒有災難，是說超過十天就會有災難了。

「初九」處豐之初，與九四相配，陽德均等，沒有災難，前往可得到尊重。

初九爻前行可遇到匹配的人，這個與初九匹配的人就是六二。六二與初九陰陽相合，可以建立良好的關係。可是一定要早去，如果晚去十天，就該有災難了。這災難是什麼呢？就是日食來了。並且九三也在追求六二，所以去晚了對自己不利。

六二：豐其蔀，日中見斗，往得疑疾，有孚發若，吉。

象曰：有孚發若，信以發志也。

經文意思是：草棚遮蔽很大，中午可以看到北斗七星，前往會受人猜疑，出自內心的誠信，吉祥。

象辭意思是：出自內心的誠信，是由於誠信可以啟發心志。

「六二」光明之極，但對應的六五卻為昏君，猶如太陽被簾子掩蔽，中午出現北斗七星，若以誠信啟發對方，結果吉祥。

六二爻得位而居中，所以吉祥。可是日食出現了，在大白天可以看到北斗七星，可見天地之黑暗，在黑暗中行動肯定會受到別的猜疑。可是六二具有中正之德，能夠以誠取信於人，所以他沒有災難，反而吉祥。這就是身正不怕影子歪的道理。

「九三」與上六相應，猶如太陽被幔幕掩蔽，中午可以看到小星。但若能委屈慎守，不會有災難。

九三：豐其沛，日中見昧，折其右肱，無咎。

象曰：豐其沛，不可大事也。折其右肱，終不可用也。

經文意思是：幔幕遮日，在黑暗的中午下起了雷陣雨，折斷了右臂，沒有災難。

象辭意思是：幔幕遮日，太黑暗不可以作大事。折斷右臂，最終無法有所作為。

九三的處境有些不妙，因為在日食中，突然雷鳴電閃，下起了大雨，行走中的九三摔斷右臂。但沒有生命危險，所以「無咎」。

從卦象上看，九三處於離卦與震卦的交界處，所以會有雷鳴閃電出現，而九三與上六相應，陰陽相應而合，所以有下雨之象。

「九四」不中不正，如太陽被簾子掩蔽，中午卻看到北斗七星。但能和初九相遇共同行動，會有吉祥。

九四：豐其蔀，日中見斗，遇其夷主，吉。

象曰：豐其蔀，位不當也。日中見斗，幽不明也。遇其夷主，吉；行也。

經文意思是：草棚遮蔽很大，中午可以看到北斗七星，黑暗中遇到他的主人，吉祥。

象辭意思是：草棚遮蔽很大，是說明九四的位置不恰當。中午可以見到北斗七星，是說明處於幽暗不明之中。遇到自己的同伴，吉祥，是說相伴可以繼續前行。

九四也是處於日食的黑暗中，在中午看不到太陽，只能看到北斗七星，可是他卻在黑暗中遇到了自己的主人，有主人的幫助，使他在黑暗中不會迷失方向。這就好比在一場運動或戰亂中，一個流浪的賢臣遇到了自己的君王。君王又把他召到自己身邊，所以他又有了官職，這肯定是吉祥了。

六五：來章，有慶譽，吉。
象曰：六五之吉，有慶也。

經文意思是：召來有文采的人，得到喜慶與榮譽，吉祥。

象辭意思是：六五爻的吉祥，是因為有喜慶。

六五是一位賢明的君王，身逢亂世卻喜遇賢臣，這確實是一件值得慶賀的事情。其實這位賢臣就是他下面的九四。明君有賢臣輔佑，自然會有更好的業績。這怎麼會不吉祥呢？

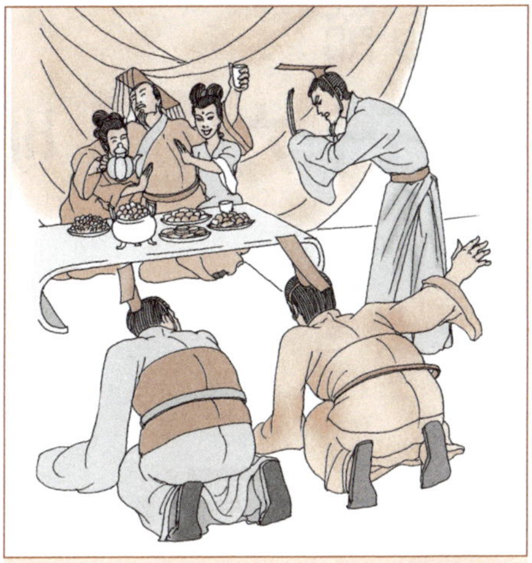

「六五」居尊位，是昏暗的君王，但能使九二這樣的賢士相助，故有福慶和佳譽，因而吉祥。

上六：豐其屋，其家，窺其戶，闃其無人，三歲不覿，凶。
象曰：豐其屋，天際翔也。窺其戶，闃其無人，自藏也。

經文意思是：房屋高大，遮蔽其他的人家。從門縫中往裡看，發現裡面寂靜無人，三年不見有人，凶險。

象辭意思是：房屋高大，說明主人得意得像鳥在空中飛。從門縫中往裡看，發現裡面寂靜無人，說明房屋的主人因避難躲了起來。

「上六」在上而自高，日益昏庸，沒有人前來完全陷於孤立，三年不見其露面，當然凶險。

上六擁有高大的房屋，說明他曾經極其富貴，按現在的話說他實現了財務自由，可以自由地支配自己的時間，所以他生活得像鳥一樣自由而快樂。可是在這次日食中，他卻是受害者。從另一個方面來說，政治的黑暗是他造成的，因為正是他的房屋高大，所以才遮蔽了其他的人家，使其他人過著暗無天日的日子。也就是說他是一個腐敗的統治者，使朝政黑暗而不清明。運動來了，六五與九四齊心協力清理腐敗分子，所以上六只能留下空宅，躲了起來。他的下場肯定是凶險了。

第26節
卦五十六 旅 明慎用刑的智慧

壹・卦名

艮為山，離為火，火在山上燃燒，勢非長久，為旅。旅者，失其本居，而寄他方，所以旅象徵旅行。在外旅行，只會小有亨通。能遵循正道，才會吉祥。

【注解】

[1] 旅：卦名，象徵旅行、旅途、不安定。

【釋義】

此卦卦名為旅。甲骨文中的「旅」字像眾人站在旗下。旗，指軍旗；人，指士兵。《說文》中說：「旅，軍之五百人為旅。」可見「旅」字的本義是指兵士。由於兵士在戰爭中走到哪裡就在哪裡安營紮寨，沒有固定的居所，所以「旅」的引申義為拋家捨業、羈旅於外的意思。豐卦中出現了大運動，一場運動必然會使一些人逃亡避難，所以豐卦的後面是旅卦。《序卦傳》中說：「窮大者必失其居，故受之以旅。」不過從豐卦中看不出窮的意思來，所以這種說法就有些牽強了。

貳・卦畫

旅卦的卦畫是三個陰爻三個陽爻，其排列順序與豐卦的卦畫正好相反。旅卦與豐卦互為覆卦。

旅卦之象

三星者，乃台星也；貴人於台上垂釣，牽水畔人，主遇貴牽引得脫塵泥；一猴一羊，主未辛二日得喜慶；有大溪，主前後遠大。如鳥焚巢之課，樂極生悲之象。

叁・卦象

從卦象上分析，旅卦上卦為離為火，下卦為艮為山，山上有火就是旅卦的卦象。遠古人類追逐獵物，隨處而居，有洞穴則居於洞穴中，沒有洞穴則宿於露天。在露宿的周圍點燃篝火，以防野獸的侵襲。這就是旅卦的大形象。

肆・卦辭

旅：小亨，旅貞吉。

彖曰：旅，小亨，柔得中乎外[1]，而順乎剛，止而麗乎明，是以小亨，旅貞吉也。旅之時義大矣哉！

象曰：山上有火，旅；君子以明慎用刑，而不留獄。

【注解】

[1] 柔得中乎外：指旅卦外卦的六五柔爻居中。

【釋義】

經文意思是：旅卦，有小的亨通，旅行在外守正道則吉祥。

彖辭的意思是：旅卦有小的亨通，是由於居中的柔爻順應外面的剛爻，並且懂得適可而止追求光明，所以會有小的亨通，旅行守正道就會吉祥。旅卦的時勢意義太大了。

象辭的意思是：山上有火就是旅卦的卦象。君子從卦象中受到啟示，明察審慎地使用刑罰，儘量不將犯人關在牢獄裡。

伍・爻辭

初六：旅瑣瑣[1]，斯其所取災。

象曰：旅瑣瑣，志窮災也。

六二：旅即次[2]，懷其資，得童僕貞。

象曰：得童僕貞，終無尤也。

九三：旅焚其次，喪其童僕貞，厲。

象曰：旅焚其次，亦以傷矣。以旅與下，其義喪也。

九四：旅於處，得其資斧，我心不快。

象曰：旅於處，未得位也。得其資斧，心未快也。

六五：射雉一矢亡，終以譽命。

象曰：終以譽命，上逮也。

上九：鳥焚其巢，旅人先笑後號咷。喪牛於易[3]，凶。

象曰：以旅在上，其義焚也。喪牛於易，終莫之聞也。

【注解】

[1] 瑣瑣：玉件相擊發出的細碎聲音。如，唐・杜牧《送劉三複郎中赴闕》「玉珂聲瑣瑣，錦帳夢悠悠。」此處指金玉財物。

[2] 次：臨時駐紮和住宿。

[3] 喪牛於易：指殷先祖王亥親自趕著牛群，到河北的有易部落進行商業貿易活動，不幸被有易部落的首領綿臣所殺的歷史事件。《山海經・大荒東經》：「有困民國，勾姓而食，有人曰王亥，兩手操鳥，方食其頭。王亥托於有易，河伯僕牛，有易殺王亥，取僕牛。」郭璞《山海經》注引《竹書紀年》：「殷王子亥，賓於有易而淫焉。有易之君綿臣殺而放之，是故殷主甲微假師於河伯以伐有易，滅之，遂殺其君綿臣也。」

【釋義】

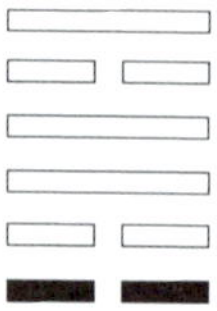

初六：旅瑣瑣，斯其所取災。

象曰：旅瑣瑣，志窮災也。

經文意思是：旅行外出顯露自己的財富，這是自己招致災難。

象辭意思是：旅行外出顯露自己的財富，是會因窮人的搶奪而招致災難。

瑣瑣，是玉器相擊發出的細碎聲音。人在旅途，走路時身上不斷發出玉器相擊的聲響。這說明這個旅人很有錢。因為古代玉是有錢人的飾品，很值錢。可是身處異地，這種行為就危險了。因為一些窮人會想辦法搶奪他的財物。在搶奪財物的同時，很有可能會給初六造成生命威脅，所以初六的這種行為會招來賊寇，是自取滅亡。

看了這句爻辭，我想一些經常外出的人士就會明白怎樣使自己安全了。其實很簡單，就是不顯富，不招搖。

六二：旅即次，懷其資，得童僕貞。
象曰：得童僕貞，終無尤也。

經文意思是：旅行在外住在客舍，帶著足夠的資財，得到忠心的僮僕。
經文意思是：得到忠心的僮僕，最終不會有尤怨的事。

「初六」處旅之始，在辛勞的旅途中吝嗇小氣，斤斤計較，會招來災難，雖有上應也無濟於事。

六二有一定的身分，可以住在朝廷設置的旅館裡。在古代各諸侯之間通有國道，道上十里有廬，這個廬就相當於飯店；三十里有宿，這個宿就相當於旅館；五十里有市，也就是城市了。政府的官員外出，在這些地方都可以停下來吃飯或住宿。因為這些機構屬於國家單位，所以住在這裡是安全的。六二有錢有勢，帶著忠誠的奴僕住在國營旅館裡，自然不會有什麼災難了。

「六二」中正，似旅行安居客舍。承陽有實，似得童僕、資財。宜於守持正固。

九三：旅焚其次，喪其童僕貞，厲。
象曰：旅焚其次，亦以傷矣。以旅與下，其義喪也。

經文意思是：旅行在外所住的客舍發生了火災，丟失了忠心的僮僕，有危險。
象辭意思是：旅行在外所住的客舍發生了火災，也會給人造成傷亡。以旅行的態度對待僮僕，道義上也要失掉僮僕。

「九三」剛亢不中，似施惠於下，遭上疑忌，有火燒客舍、喪失童僕之災。堅持正道，也有危險。

九三爻也是一位權貴，他下面的兩個柔爻就相當於他的奴僕，他高高地居於兩位奴僕之上，所以是一位欺凌奴僕的主人。可是它處於離卦與艮卦的交界處，離為火，所以有火災之象。九三似乎運氣不太好，住在國營旅館裡，雖說安全，但是發生了一場大火，結果自己雖然從火中逃了出來，卻遺失了奴僕。

其實這裡是告誡人們，主人外出時要善待自己的隨從，只有這樣奴僕才會更忠於職守，順利地保護主人。

九四：旅於處，得其資斧，我心不快。

象曰：旅於處，未得位也。得其資斧，心未快也。

經文意思是：旅行在外得到了較為固定的住處，得到了一些錢財，心中還是不高興。

象辭意思是：旅行在外得到了較為固定的住處，是還沒有得到應有的地位。所以得到了一些錢財，心中也還是不太滿意。

「九四」失正不中，在旅行中有足夠的旅費和利斧砍除荊棘，但心情仍然不好。

九四爻羈旅於外，卻得到了六五君王的賞賜，所以住處較為固定，並且有一些錢財。可是他卻心裡不高興，為什麼呢？因為九四的心願不是這些。從卦象來說，他與初六相應，可是中間被艮所阻隔，下卦為內為家，所以九四十分想念家人。並且九四陽爻處於偶位為不得位，所以他還想有進一步的發展。也就是說，九四的願望是家人團聚，成王成侯，眼前的利益他是看不上的。

六五：射雉一矢亡，終以譽命。

象曰：終以譽命，上逮也。

經文意思是：射野雞，卻失去了一支箭，最終會有榮譽的命。

象辭意思是：最終會有榮譽的命，是因為得到了君王的賜予。

「六五」居中，雖旅行在外，略有損失（射取野雞而失一支箭），但終獲吉祥。

六五以柔順之德居於上卦中位，相當於一位性格柔順的君王。他用箭射野雞，結果不但沒有射到野雞，反而失去了一支箭。這說的就是他給予九四一定的優惠想籠絡住九四，可是九四不買他的帳。這就像射雉而丟箭一樣，按現在的話來說就是「偷雞不成丟蝕把米」。但最終他會有榮譽的命。為什麼呢？因為有上九相幫。並且能夠優待臣子，可以使更多的賢臣來輔佐他。

比如燕昭王築黃金臺就是很好的例子。現在燕昭王的黃金臺遺址就在北京的金臺路，成為燕昭王求賢若渴的歷史見證。它也是燕京八景之一，乾隆御筆所題的「金臺夕照」四個字依稀尚存。

上九：鳥焚其巢，旅人先笑後號咷。喪牛於易，凶。

象曰：以旅在上，其義焚也。喪牛於易，終莫之聞也。

經文意思是：鳥巢被火燒掉，旅行在外的人先笑後哭。在易國遺失了牛，凶險。

象辭意思是：客旅他鄉而身處上位，從義理上講必然會招致焚巢之災。在易國遺失了牛，最終不會有音信的。

「上九」因位高倔強遭眾人嫉恨，就像鳥的巢被燒掉，沒有安身的地方，像田裡遺失了耕牛，無人前來救援。

這裡講的就是殷人的先祖王亥到河北進行貿易被殺的歷史事件。王亥的典故在《周易》中出現，說明他是一個重要的歷史人物，那麼他做了什麼貢獻呢？他的貢獻就是開創了經商，現在的「商人」一詞，其原意指的是殷商部落的人。王亥帶著自己的部落到處貿易，所以當時人們稱他們為「商人」。

第27節
卦五十七 巽 謙遜受益的智慧

壹・卦名

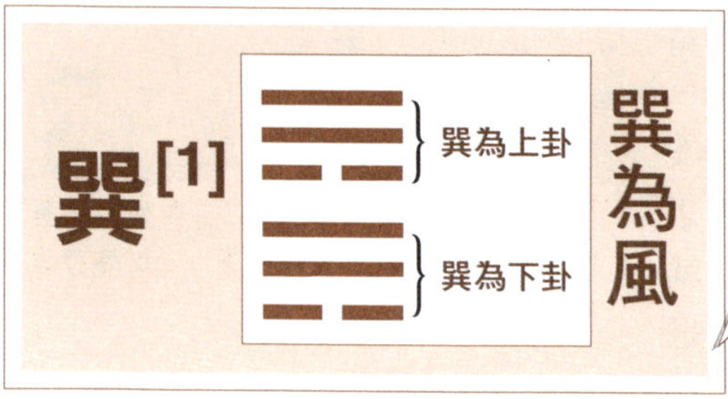

巽為風，性入。風之入物，無所不至，無所不順。凡物沿「順」則能「入」。故巽為順。巽象徵順從。行事謙順，可致順利亨通，但巽卦是陰卦，只能小有亨通。陰順從陽，合乎自然的道理，前進有利，但順從也必須選擇對象，不可盲從，順從偉大的人物有利。

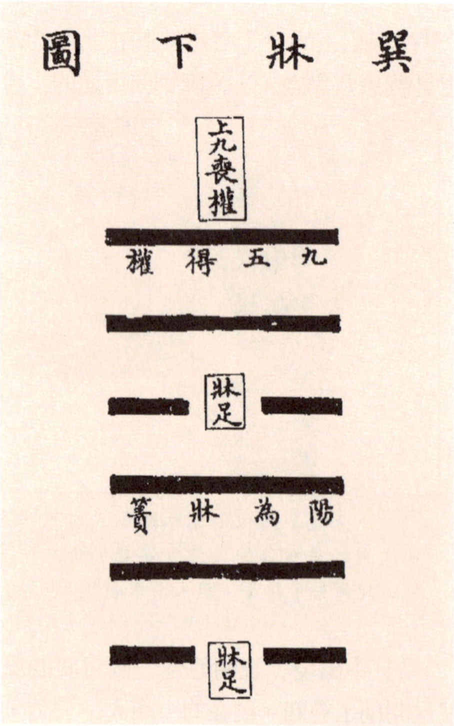

【注解】

[1] 巽：卦名，象徵隨順、進入。

【釋義】

此卦卦名為巽。巽在八卦中代表風，風是柔順的，但它卻無孔不入，這就像羈旅之人，性格要柔順，因為畢竟是他鄉客，出門三輩小。所以要想羈旅中如魚得水，就得具有風的品質。所以旅卦的後面是巽卦。

貳・卦畫

巽卦的卦畫是四個陽爻兩個陰爻，其排列順序與下面的兌卦的卦畫正好相反，巽卦與兌卦互為覆卦。

叁・卦象

從卦象上分析，風吹連綿不斷就是巽卦的卦象。所以巽表現的是風無處不存、無處不至的意思。

肆・卦辭

巽，小亨，利有攸往，利見大人。

彖曰：重巽以申命，剛巽乎中正而志行。柔皆順乎剛[1]，是以小亨，利有攸往，利見大人。

象曰：隨風，巽；君子以申命行事。

巽卦之象

貴人得衣祿，雲中雁傳書，主信至；人在虎下坐，有險難之義；一人射虎箭中。險中得吉。虎走，驚散之狀。

【注解】

[1] 柔皆順乎剛：巽卦有兩個陰爻，初六爻順服於九二爻，六四爻順服於九五，所以說「柔皆順乎剛」。

【釋義】

經文意思是：巽卦，有小的亨通，前往有利，利於拜見大人物。

彖辭的意思是：上下都順從就可以申告命令。剛健之爻居中而外表柔順可以心志大行。柔爻順隨剛爻，所以有小的亨通，前往有利，利於拜見大人物。

象辭的意思是：風與風相隨就是巽卦的卦象。君子從卦象中受到啟示，反覆申明自己的命令，發展自己的大事業。

伍・爻辭

初六：進退，利武人[1]之貞。

象曰：進退，志疑也。利武人之貞，志治也。

九二：巽在床下，用史巫[2]紛若，吉無咎。
象曰：紛若之吉，得中也。
九三：頻巽，吝。
象曰：頻巽之吝，志窮也。
六四：悔亡，田獲三品[3]。
象曰：田獲三品，有功也。
九五：貞吉悔亡，無不利。無初有終，先庚三日，後庚三日[4]，吉。
象曰：九五之吉，位正中也。
上九：巽在床下，喪其資斧，貞凶。
象曰：巽在床下，上窮也。喪其資斧，正乎凶也。

【注解】

[1] 武人：武士。
[2] 史巫：史官與巫官。
[3] 田獲三品：田，打獵；三品，三種獵物。「田獲三品」即打獵捕獲到三種獵物。
[4] 先庚三日，後庚三日：庚為十天干之一，庚前三日為丁、戊、己三日，庚後三日為辛、壬、癸。庚前三日不是一旬的開始，庚後第三日則是一旬之終，所以爻辭中說「無初有終」。

【釋義】

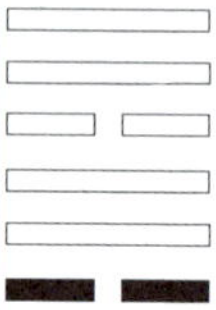

初六：進退，利武人之貞。
象曰：進退，志疑也。利武人之貞，志治也。
經文意思是：進退不決，利於武士守正道。
象辭意思是：進退不決，是意志懦弱疑慮太多。利於武士守正道，是勉勵其意志堅定。

「初六」處巽之始，卑順過甚，進退猶豫。應當像武人那樣堅決果斷，才有利。

初六是巽的主爻，所以它具有風的性質。風除了隨順之外還有什麼性質呢？我們都知道有東風、有西風、有南風也有北風，等等，風一會兒吹來，一會兒停止，一會兒大，一會兒小，一會兒向東，一會兒向西，所以有猶疑不定的形象。這就是風的缺點了。按現在的話說是沒有主心骨，做事情進退不決，這正是《周易》思想中最忌諱的。《周易》認為君子做事一定要掌握好時機，該進則進，該退則退，這樣人生才不會出現失誤。

九二：巽在床下，用史巫紛若，吉無咎。
象曰：紛若之吉，得中也。

經文意思是：進入床下隱藏起來，讓史官、巫官禱告敬神，吉祥沒有災難。

象辭意思是：禱告敬神的吉祥，是因為九二居於中位的緣故。

「九二」有自卑的現象，但有陽德如不卑屈於威勢，以謙卑恭事神靈，可獲吉祥，不會有災難。

這句爻辭很有意思。九二爻鑽到了床底下，他到床底下做什麼去了？原來床底下有初六爻。這種行為是有些不太雅觀。但這其實是一種巫術的儀式，是叫來史官巫師驅除室內的邪氣，這自然不是有傷大雅的事情了，所以吉祥。從卦象上看，巽卦的上爻如床板，下爻如床足，二爻所以處於床下。

這從一層意思來說，就是九二幫助初六是出於正道，而不是出於自私的目的，所以吉祥沒有災難。

九三：頻巽，吝。
象曰：頻巽之吝，志窮也。

經文意思是：一味順從，會有憂吝。

象辭意思是：一味順從的憂吝，是因為沒有意志主見。

「九三」得正，但被六四所乘，忍屈順從，不心甘情願，所以有羞辱。

一個人自己沒有主見，總是聽別人的，

「六四」有悔，但順承九五而使悔恨消失。若執行君命，必能除暴建功。就像在田野中狩獵可以獲得可供祭祀等用的三類獵物。

那肯定不會有好結果。九三爻一直聽誰的呢？從卦象上分析，他肯定是聽六四的了。六四為上卦的陰爻，所以九三有些太愚蠢了，他不相信家裡人，反而相信外面的婦人之言，這怎麼能不發生憂吝的事情呢？俗話說「婦人之口是非多」。在古代，婦女不關心國家大事，她們所關心的就是東家長西家短，這樣說三道四肯定會招惹是非。所以古人認為聽信婦人之言不會有好結果。當然，當今的女性與古代婦人應另當別論。

六四：悔亡，田獲三品。
象曰：田獲三品，有功也。

經文意思是：沒有悔恨，田獵中捕獲了三種獵物。

象辭意思是：田獵中捕獲了三種獵物，是狩獵有功。

六四柔爻居於偶位為得位，並且又可以得到九五與九三陽爻的幫助，所以他的收穫不小。這就像打獵一樣，他得到了很多獵物。

「田獲三品」指的是什麼呢？指的是巽卦上卦巽為雞，巽卦上互卦離為牛，巽卦下互卦兌為羊。當然，也指他可以籠絡九五、九六、九三這三個陽爻。總之位高權重，又善於籠絡人心，自然會左右逢源了。

「九五」似有不「謙遜」的悔恨，不能服眾，但終克服不利因素，其令暢行，獲得吉祥。

九五：貞吉悔亡，無不利。無初有終，先庚三日，後庚三日，吉。

象曰：九五之吉，位正中也。

經文意思是：守正道吉祥沒有悔恨，沒有任何不利的。沒有善始卻有善終，庚日的前三天（丁日），庚日的後三天（癸日），吉祥。

象辭意思是：九五爻的吉祥，是由於其居中而得正位的緣故。

九五陽爻居於奇位為得位，又居於上卦之中，所以具有中正之德。九五身為一國之君，又有賢明的六四輔佐，所以不會有任何不利的因素。但九五的吉祥只是由於他是繼承皇位的緣故，如果他是一位開國皇帝，那麼就沒這麼吉祥了。「先庚三日」為丁日，一旬之始為甲，所以丁不是一旬之始；「後庚三日」是癸，癸是一旬之終。這就是「無初有終」的意思。而其暗示的則是，九五並非開國皇帝，而是繼位的皇帝。

上九：巽在床下，喪其資斧，貞凶。

象曰：巽在床下，上窮也。喪其資斧，正乎凶也。

經文意思是：躲藏在床下，失去了錢財，守正道凶險。

象辭意思是：躲藏在床下，說明上九窮途末路。錢財被搶走，正是凶象。

上九怎麼會「巽在床下」呢？從卦象來看，上九應當是床板，九五才應當是「巽在床下」，六四是床足。所以說，這裡的「巽在床下」指的是九五，也就是說，九五的君王奪去了上九的權利和錢財，所以上九守正道也凶。因為九五不想讓上九有太大的發展，上九又處於極窮之位，所以「貞凶」。

「上九」處巽之極，謙卑過度，這樣喪失果斷，確實凶險。

在繼位的皇帝中，太子為了及早得到君權而發動政變把父親趕下臺的事太多了。上九就是這麼一個被趕下臺的君王，處境可想而知了。

第 28 節

卦五十八 兌 朋友講習的智慧

壹・卦名

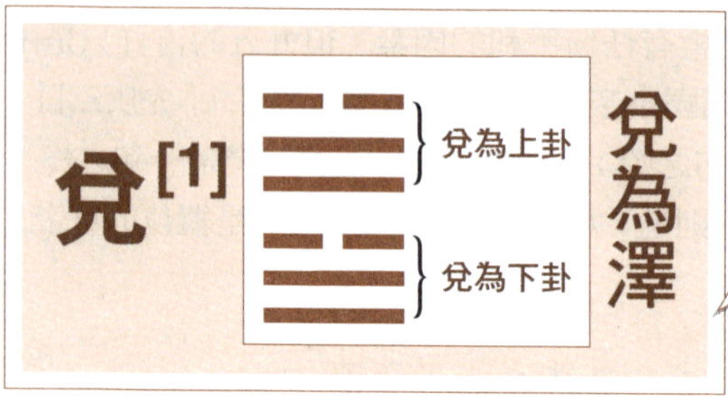

兌為澤，兌性悅，上下皆悅，為兌。故兌象徵欣悅。剛正不失外悅，柔悅不失內剛，內外剛柔兼濟，不諂媚，不暴戾，亨通暢達。但須動機純正，使人喜歡才會有利。

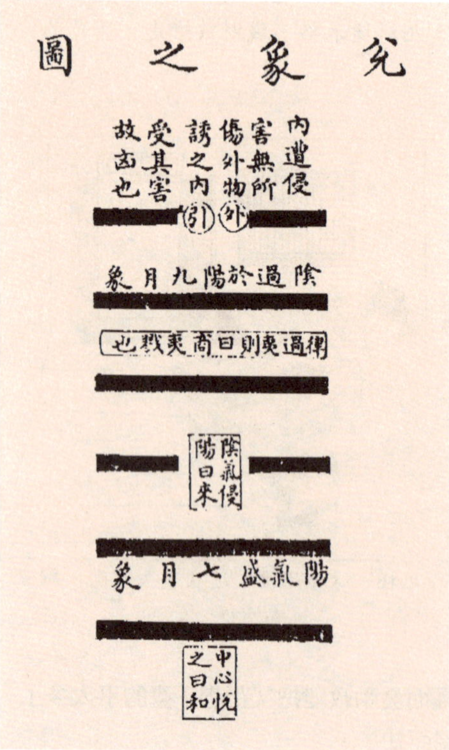

【注解】

[1] 兌：卦名，象徵喜悅、欣喜。

【釋義】

此卦卦名為兌。《說文》中說：「兌，說也。」古代「說」與「悅」是通假字。也就是說，兌的意思是喜悅。《說卦傳》中說：「兌為口。」由此可以看出兌也代表口舌與講話。隨順地與人交往，就會使雙方愉快，所以巽卦的後面是兌卦。

貳・卦畫

兌卦的卦畫為四個陽爻兩個陰爻，其排列順序與巽卦的卦畫正好相反，兌卦與巽卦互為覆卦。

叁・卦象

從卦象上進行分析，兌為澤，有互相潤澤的形象；兌又為喜悅，所以也有互相給予喜悅的涵義；兌又為口，所以還有互相開口講話進行語言交流的涵義。

肆・卦辭

兌：亨，利貞。

彖曰：兌，說[1]也。剛中而柔外[2]，說以利貞，是以順乎天，而應乎人。說以先民，民忘其勞；說以犯難，民忘其死；說之大，民勸矣哉！

象曰：麗澤[3]，兌；君子以朋友講習。

【注解】

[1] 說：同「悅」。

[2] 剛中而柔外：指兌卦的上下卦剛爻居中，而居中的剛爻上面為陰爻。

[3] 麗澤：麗，成雙；澤，沼澤，也代表兌卦。「麗澤」即兩兌卦相重，也可理解為沼澤相重。

兌卦之象

坐看一擔，因勞苦而息；月在天邊，乃團圓之意；一女子立於合子邊，主娶和合；文字上箭，領薦之義。江湖養物之卦，天峰雨澤之象。

【釋義】

經文意思是：兌卦，亨通，利於守正道。

彖辭的意思是：兌，即喜悅的意思。內心剛健外表柔和，懷著喜悅的心情守於正道，所以可以順應天道，並且應合人心。上古時的人民懷著喜悅的心情勞作而不知勞苦。懷著喜悅的心情面臨險難，人民可以忘卻生死。喜悅的重大意義，是可以勉勵民眾去做啊！

象辭的意思是：大澤與大澤相連就是兌卦的卦象。君子從中受到啟發，與朋友一起相互講習。

俗話說「會做的不如會說的」、「好漢出在嘴上，好馬出在腿上」，可見語言的重要意義。人與人之間要透過語言交流思想，所以語言是人與人交往的重要工具。可是善於言談的人，要守於正道才會吉祥亨通。如果妖言惑眾，怎麼會有好下場呢？

伍·爻辭

初九：和兌[1]，吉。
象曰：和兌之吉，行未疑也。
九二：孚兌，吉，悔亡。
象曰：孚兌之吉，信志也。
六三：來兌，凶。
象曰：來兌之凶，位不當也。
九四：商[2]兌，未寧，介疾有喜。
象曰：九四之喜，有慶也。
九五：孚於剝[3]，有厲。
象曰：孚於剝，位正當也。
上六：引兌。
象曰：上六引兌，未光也。

【注解】

[1] 兑：喜悅。
[2] 商：協商，商量。
[3] 剝：剝蝕，代指剝蝕陽剛的小人。

【釋義】

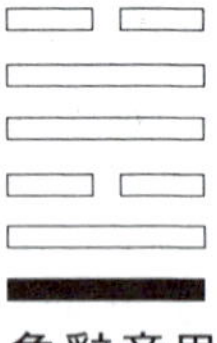

初九：和兌，吉。
象曰：和兌之吉，行未疑也。

經文意思是：和合喜悅，吉祥。

象辭意思是：和合喜悅的吉祥，是由於行動中沒有疑慮。

「初九」得正居下不奉承諂媚。廣泛和悅待人，行為不邪，人所不疑，故獲吉祥。

初九剛爻居於奇位為得位，可是他既不與九二相合又不與九四相應，所以屬於處於孤獨中自得其樂。這就好比孔門弟子困於貧窮中束髮而歌。雖然生活清苦，但能夠自得其樂。這是古代儒家所宣導的行為。這種人，自然不會得到別人的猜疑，因為他不與是非之人交往，所以吉祥。

九二：孚兌，吉，悔亡。
象曰：孚兌之吉，信志也。
經文意思是：誠信而喜悅，吉祥，沒有悔恨。
象辭意思是：誠信與喜悅的吉祥，是由於心志誠信。

「九二」本有「悔恨」，但得中，能以誠信欣悅待人。故獲吉祥而悔恨消失。

九二的喜悅來自於與六三的交往。九二與六三相合，所以有相合之樂。九二雖不得位，但居於下卦之中，所以有適中的原則。他怎麼與六三交往呢？是用誠信感化六三，用真情打動六三，所以九二會因自己的赤誠之心而得到吉祥。這就好比一個男子追求女性一樣，用真情使對方感動，這樣交往才會得到真正的愛情。可是對於國家來說，則是九二這個大夫用一片愛國之心使他的主管感動，當然這也就說明他的主管不是很愛國了。可是九二愛國，所以這種愛國熱情會使六三受到感染。自己的真誠能感化上級主管，當然吉祥了。

六三：來兌，凶。
象曰：來兌之凶，位不當也。
經文意思是：來求喜悅，凶險。
象辭意思是：來求喜悅的凶險，是因為沒有把自己擺正位置。

「六三」失正不中，討好二、初兩陽，以謀欣悅。這是不正當的行為，所以凶險。

六三上有九四，下有九二，就像戀愛中腳踏兩條船的人。他並不是想從兩個人中間選擇一個作為自己的終身伴侶，而是在追求情慾的享樂，所以他這種行為會給他帶來凶險。對於國家來說，六三就是一個自私心很重的大臣，他四處討好，左右逢源，但他這樣拉攏關係是為了自己的私慾，這樣做當然凶險了。因為這就是腐敗。國家大臣吃得好穿得好講究奢侈，國家的損害還不會很大。可是這些人如果互相勾結起來，形成一種腐敗的勢力，對國家的危害可就大了。因為這種勢力可以使國家的律法如同虛設，這種勢力可顛覆君王的政權，這種勢力可使社會暗無天日。所以這種行為會受到君王高度警覺與重視，有這種行為的六三自然是難逃凶險了。

「九四」失正，下比六三諛佞小人，但終於拒絕小人的誘惑，像小病痊癒，是喜慶的現象。

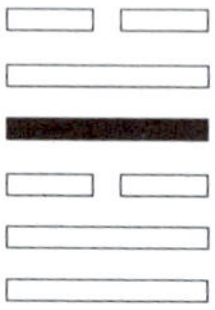

九四：商兌，未寧，介疾有喜。
象曰：九四之喜，有慶也。

經文意思是：在喜悅的氣氛中進行協商，還不安寧，除掉小毛病有喜慶之事。
象辭意思是：九四的喜事，是有值得慶賀的事。

九四爻與六三爻相合，六三可以給九四帶來喜悅。可是九四卻看出了六三的缺點，也明白了自己與六三相處的害處。所以他要與六三商量：「我們是不是交往得太勤了，能不能少見幾次面？」意思是想斷絕與六三的來往，可是態度不夠果斷堅決。所以是「商兌」。可是九四與六三交往總是心神不寧，怎麼辦呢？只有「介疾有喜」。也就是斷絕與六三的來往才會有喜慶之事。這就好比一個國家重臣，面對下面官員的糖衣炮彈的攻擊，明白應該如何正確對待。所以他只要做到為官清廉，不收賄賂就會吉祥。

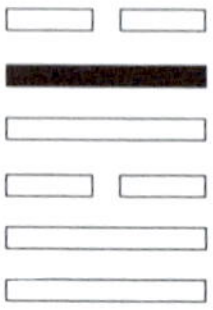

九五：孚於剝，有厲。
象曰：孚於剝，位正當也。

經文意思是：信任剝蝕陽剛的小人，有危險。
象辭意思是：信任剝蝕陽剛的小人，處於九五的位置是沒有好處的。

九五與上六陰陽相合，上六為小人，會剝蝕九五的陽剛。可是九五卻仍然誠信地與上六交往，所以會發生危險。什麼危險呢？也就是有放縱的危險。對於一個君王來說，放縱自己的情慾是最危險的。比如夏桀與妺喜放縱情慾，結果妺喜在夏桀的眼裡比天下還重要；殷紂與妲己放縱情慾，結果使紂王不再關心朝政；周幽王與褒姒放縱情慾，使西周走向了滅亡。總之，一個君王如果放縱情慾，就會把國家的政權交到自己所愛的女子手中，這就是「孚於剝」的危險。

上六：引兌。

象曰：上六引兌，未光也。

經文意思是：用引誘取悅於人。

象辭意思是：上六用引誘取悅於人，是說明這不是光明正大的事。

上六用引誘取悅於人，她所勾引的人就是九五的君王。可是她不像六三那樣不忠，所以她也沒有六三那樣危險。所以卦辭中沒有「凶」的斷語。比如武則天用姿色勾引君王使自己受寵，並因此而得到了權力。由於她執法嚴明，所以延續了唐朝的盛世，所以沒有什麼凶險可言。

「九五」中正，居尊位，但被陰柔小人上六引誘而相悅，所以有危險。

「上六」居悅之終，不擇手段地取悅下方五、四二陽爻，對方是否被引誘，要看定力，吉凶難料。

第29節

卦五十九 渙 拯救渙散的智慧

壹．卦名

渙[1]

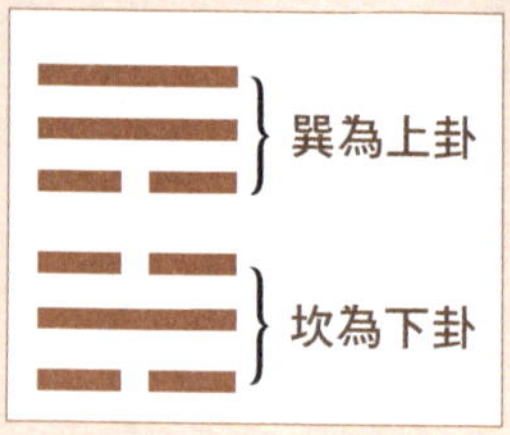

風水渙

坎為水，巽為風。風行水上，水波離散，為渙。渙象徵渙散。有渙發離散的意思。處「渙」之時，形散而神聚。散聚相依，必然亨通順利。此時，君王應以至誠到宗廟祈禱，獲得神的保佑，聚合人力來排險濟難。

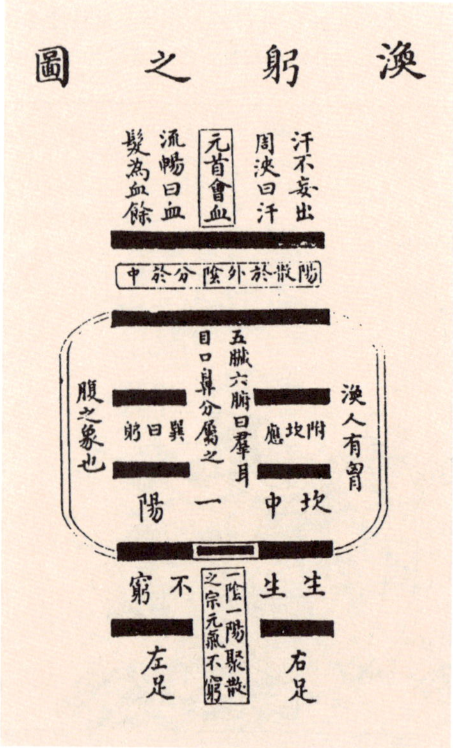

【注解】

[1] 渙：卦名，象徵渙散、離散。

【釋義】

此卦卦名為渙。《說文》中說：「渙，流散也。」本義是指水流分散。其引申義為渙散、離散。俗話說「天下沒有不散的宴席」，快樂、喜悅的宴席結束了，人們就該漸漸散去，回到自己的家中。所以兌卦的後面是渙卦。這就是《序卦傳》中所說的：「說而後散之，故受之以渙。渙者，離也。」

貳．卦畫

渙卦的卦畫為三個陽爻三個陰爻，其排列順序與下面的節卦的卦畫正好相反，渙卦與節卦互為覆卦。

叁・卦象

從卦象上分析，渙卦的上卦為巽為風，下卦為坎為水，風吹水散就是渙卦的卦象。這風是春風，春風吹在水面上，水中的殘冰逐漸消融，這就是渙卦的大形象。另外，渙卦上卦的巽也代表木，下卦坎為水，木行水上，有行舟之象。遠古人類發明了舟楫，於是離開故居，漂洋過海，流散到世界各地。

渙卦之象

山上有寺，乃清淨境界；一僧，為空門人；一人隨後，為清閒人；一鬼在後，防賊人窺視為害；金甲人，為得神人之護。順水行舟之狀，大風吹物之象。

肆・卦辭

渙：亨。王假有廟，利涉大川，利貞。

彖曰：渙，亨。剛來而不窮[1]，柔得位乎外而上同[2]。王假有廟，王乃在中也。利涉大川，乘木[3]有功也。

象曰：風行水上，渙；先王以享於帝，立廟。

【注解】

[1] 剛來而不窮：渙卦從否卦變化而來，否卦的九四爻與六二爻互換便成為渙卦。「剛來」指的就是否卦的九四爻來到下卦的中位，與初、三、四陰爻相交而不窮。

[2] 柔得位乎外而上同：指否卦的六二爻來到了九四的位置上成為渙卦的六四，陰爻居偶位而處於外卦，所以說「柔得位乎外」，而渙卦的六四與九五陰陽相合，所以說「而上同」，即與上面的九五同心協力的意思。

[3] 乘木：渙卦上卦為巽為木，下卦為坎為水，有船行水上之意，所以稱為「乘木」。

【釋義】

經文意思是：渙卦，亨通。君王來到宗廟祭祀先祖，有利於跋涉大川，利於守正道。

彖辭的意思是：渙卦亨通。剛爻來到下邊的九二處而不窮困。柔爻來到六四的位置與九五爻相合。君王來到宗廟，是君王來到居中的位置。有利於跋涉大川，是乘著木船可以順利到達彼岸。

象辭的意思是：風吹在水面上就是渙卦的卦象，先王從中受到啟發，祭祀先帝，設立宗廟。

渙卦所描述的就是人類大遷移的場面。遷移更有利於生存，所以亨通。來到新的居住地後，部落酋長第一件事就是要建宗廟，因為宗廟祭祀可以團結民眾，所以這是最重要的事。在新的居住地，人們要了解這裡的地形特徵與物產，就需要跋山涉水去察看，所以「利涉大川」。

象辭就是透過上古時期先帝重視宗廟建設的行為，以啟發後世君王要懂得用信仰統治民眾。對於一個國家來說，沒有信仰是可怕的，只有信仰強大，民眾才能團結在君王的左右。

伍・爻辭

初六：用拯馬壯，吉。

象曰：初六之吉，順也。

九二：渙奔其機[1]，悔亡。

象曰：渙奔其機，得願也。

六三：渙其躬[2]，無悔。

象曰：渙其躬，志在外也。

六四：渙其群，元吉。渙有丘，匪夷所思[3]。

象曰：渙其群，元吉；光大也。

九五：渙汗[4]其大號，渙王居，無咎。

象曰：王居無咎，正位也。

上九：渙其血，去逖[5]出，無咎。

象曰：渙其血，遠害也。

【注解】

[1] 機：通「階」，即指岸邊的臺階。

[2] 躬：自身。

[3] 匪夷所思：不是平常的人能夠想像和理解的。

[4] 渙汗：水浩瀚無邊。

[5] 逖：音ㄊㄧ丶，遠，遠離。

【釋義】

初六：用拯馬壯，吉。
象曰：初六之吉，順也。
經文意思是：用來拯救的馬匹強壯，吉祥。
象辭意思是：初六的吉祥，是因為具有柔順的美德。

初六處於遷移的初級階段，人們走得累了，可以騎著馬繼續前進，尋找自己的樂土。這是交通工具給人類的遷移帶來的吉祥。如果沒有先進的交通工具，人類靠兩隻腳是無法走到世界各地的。因為有大山與海河阻擋著。

「初六」居渙之初，上承九二。似得壯馬之助，以此拯渙，不會離散，可獲吉祥。

九二：渙奔其機，悔亡。
象曰：渙奔其機，得願也。
經文意思是：水波沖到岸邊的臺階上，沒有悔恨。
象辭意思是：水波沖到岸邊的臺階上，是九二與初六達成了相合的心願。

九二處於下卦坎的中爻，坎為水，所以有被水侵害的形象。可是從全卦考慮，這裡描寫的應當是人們在岸邊登上舟船，準備遠渡的情景。到遠方去尋找樂土，這沒什麼值得悔恨的，儘管前面險難重重，但是為了生存，所以必須這樣做。因此「悔亡」。

「九二」失正，但陽剛居中，就像由外奔來，坐下來依靠在矮桌上一樣安定，會使悔恨消除。

六三：渙其躬，無悔。
象曰：渙其躬，志在外也。
經文意思是：水波衝擊著身體，沒有悔恨。
象辭意思是：水波衝擊著身體，說明六三爻的志向是向外發展。

「六三」不中不正，本自私自利，但在剛位能夠克制私心，去救濟本身以外的人，所以不會後悔。

「六四」上承九五，可承擔拯救渙散的重任，這是天下人難以想像的壯舉，大吉大利。

水衝擊著身體，這個身體應當是舟的體表，人們乘舟遠行了。波濤拍打著船舷。人們在茫茫的水面上航行，這水有可能是海水，也有可能是湖水，也有可能是河水，總之，他們在朝一個陌生的國度前進。這種行為是不應當悔恨的。儘管前面的樂土也許是別人的領地，那麼他們便繼續向別的地方行進，尋找屬於自己的樂土。

「九五」中正居尊位，明確的命令，像汗一般發出，又將王者的財富，散發給民眾。這樣不會有大的災難。

六四：渙其群，元吉。
渙有丘，匪夷所思。
象曰：渙其群，元吉；
光大也。

經文意思是：水波衝擊著人群，大吉祥。水中的人群聚為山丘，不是常人能夠想到的。

象辭意思是：水波衝擊著人群，大吉祥，是團結的力量得到了發揚光大。

這裡描述的是在水中遇難的情景。舟楫的發明使人類可以走得更遠，卻也給人類帶來了新的災難——海難。可是正是這種海難，卻表現出眾志成城的人性光輝。人群立在水中一起與險難搏鬥，遠處看像一座山丘，這個景象確實是很壯觀。

「上九」渙散至極而四方聚合，又離坎險之地很遠，這樣遠離可能受傷的場所，不會有災難。

九五：渙汗其大號，渙王居，無咎。象曰：王居無咎，正位也。

經文意思是：浩瀚無邊的大水襲來，人們大聲的呼喊，水流到了王宮附近，沒有災難。

象辭意思是：王宮沒有災難，是因為九五居中而得位。

人們戰勝了一個又一個險難，船隊繼續向前。可是海面上突然巨浪滔天，人們驚呼著，滔天的巨浪擊打著君王乘坐的船隻的甲板上。可是沒有災難。這裡也就是說，在君王的帶領下，再大的危險也能克服。

上九：渙其血，去逖出，無咎。
象曰：渙其血，遠害也。

經文意思是：流血後，遠離傷害，沒有災難。

象辭意思是：流血後，就應當吸取血的教訓遠離傷害。

人們來到新的樂土上生存，而遷移過程中所經歷的流血事件可以總結出很多寶貴經驗，人們吸取這些經驗教訓可以更安全地生活下去。所以在這裡，說明要從血的事故中吸取教訓，要牢記這些教訓，遠離傷害。

第30節

卦六十 節 適當節制的智慧

壹·卦名

兌為澤，坎為水。澤之容水，會有限量，過度就會溢出，應加以節制。節有止之義，象徵節制。節制是美德，能自覺有所節制，處中守正必然亨通。但過分節制，會使自己吃苦，故要適中。

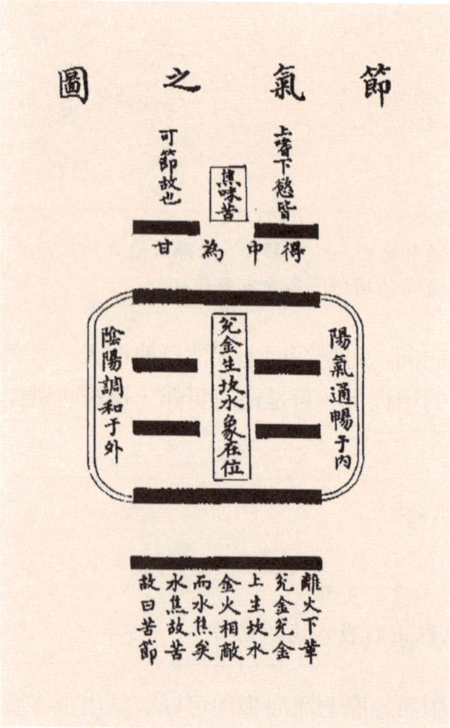

【注解】

[1] 節：卦名，象徵節制、節儉。

【釋義】

此卦名為節。《說文》中說：「節，竹約也。」也就是說節的本義是竹節。竹節把一根竹子分為數節，使每一節都有一個適中的長度，並且把每節竹子連接起來，所以「節」字的引申義是節制、限制、節儉、銜接、關聯的意思。天氣的變化使一年形成四季，這四季就是四個節。「節」使每個季節的時間保持適中，既不過長，也不過短，並且把四季按順序連接起來，我們平時所說的過節，其實指的就是跨過時間上的這個銜接環節的意思。遷移的人們不可能永遠處於漂泊狀態中，肯定會找到屬於自己的樂土。於是在樂土與漂泊之間便有一個過渡的「節」，所以渙卦的後面是節卦。這也就是《序卦傳》中所說的：「物不可以終離，故受之以節。」

貳・卦畫

節卦的卦畫為三個陽爻三個陰爻，其排列順序與渙卦的卦畫正好相反，節卦與渙卦互為覆卦。

節卦之象

大雨下，魚從火中躍出，主太陽正照；雞屋上，主曉明；犬在井中主晚沒；屋門開，人可入。船行風黃之卦，寒暑有節之象。

叁・卦象

從卦象上進行分析，節卦上卦為坎為水，下卦為兌為澤，澤上有水就是節卦的卦象。水會由高至低不停地流動，可是如果經過一個淺坑，水就會被積蓄而不再往前流了。沼澤比地面要低，所以下雨時或其他河水流經沼澤地時，就會在這裡積聚。所以積水成澤就是節卦的大形象。

肆・卦辭

節：亨。苦節不可貞。

彖曰：節，亨，剛柔分[1]，而剛得中。苦節不可貞，其道窮也。說以行險，當位以節，中正以通。天地節[2]而四時成，節以制度，不傷財，不害民。

象曰：澤上有水，節；君子以制數度，議德行。

【注解】

[1] 剛柔分：節卦上卦為坎為陽卦，下卦為兑為陰卦，並且全卦六爻陰陽各半，所以說「剛柔分」。

[2] 天地節：節，本義指竹節，後泛指分段物體的連接部位，引申義為節制。「天地節」即是說天與地有所節制，不是一直冷下去，也不是一直熱下去，於是有春夏秋冬之分。

【釋義】

經文意思是：節卦，亨通。苦苦節制不能夠守正道。

彖辭的意思是：節卦亨通，是因為剛柔分工各得其所。苦苦節制不能夠守正道，是因為這樣會導致窮途末路。懷著喜悅邁過險境，恰到好處地進行節制，陽爻既居中又守正所以亨通。天地有所節制，於是形成了四季。用制度來節制，就可以達到不浪費財物，不禍害百姓的目的。

象辭的意思是：沼澤上面有水就是節卦的卦象。君子從卦象中得到啟發，制定數量上的限制，討論人的道德行為規範。

石油大王洛克菲勒很有錢，然而他教育子女時卻很注重節約與勤儉。因為洛克菲勒曾經就是因為節省一滴焊錫而發展起來的。當時美國裝石油用鐵桶，而從石油注入鐵桶一直到用焊錫封口都是由機械完成。洛克菲勒觀察焊接這道工序，發現每次都可以節省一個焊點。於是他對機械進行改造，使焊每一桶都可以節省下一小滴焊錫。這個小發明不算什麼，可是卻給老闆帶來了很大的經濟效益，因為這樣可以給石油公司每年節省一大筆開支。於是洛克菲勒便因此而受到了老闆的重用。當他成為石油大王之後，他教育子女要用三個儲蓄罐存錢。也就是把三分之一的錢用於開銷，三分之一的錢用於捐贈，三分之一的錢用於存儲。這樣既可以存到錢，使自己的積蓄不斷增多，又可以享受花錢的樂趣，還可以享受捐獻愛心帶來的快樂。其實，這才是正確的節儉之道。

所以象辭中對君子的告誡是，要掌握好度數。比如君王應當享樂到什麼程度，諸侯應當享樂到什麼程度，都要有所規定。什麼級別享受什麼樣的待遇，也要有明文規定。不超過這個度，就是節儉，超過這個度，就是浪費和奢侈。

伍・爻辭

初九：不出戶庭[1]，無咎。

象曰：不出戶庭，知通塞也。

九二：不出門庭[2]，凶。

象曰：不出門庭，失時極也。

六三：不節若，則嗟若，無咎。

象曰：不節之嗟，又誰咎也。

六四：安節，亨。

象曰：安節之亨，承上道也。

九五：甘節，吉；往有尚。

象曰：甘節之吉，居位中也。
上六：苦節，貞凶，悔亡。
象曰：苦節貞凶，其道窮也。

【注解】

[1] 戶庭：房間裡。
[2] 門庭：院子裡。

【釋義】

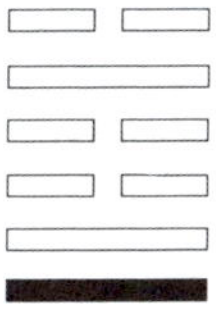

初九：不出戶庭，無咎。
象曰：不出戶庭，知通塞也。
經文意思是：不走出房屋，沒有災難。
象辭意思是：不走出房屋，是因為明白閉塞與通達的時勢規律。

「初六」處節卦之始，閒庭信步也是一種活動方式。他不出庭院，因為他知道通塞的時勢意義。

節卦可以表達「節」的多種涵義，如時節、裁節、品節、名節、符節、節制、節操等等。如相對於時勢來說，初九的前面被九二所阻擋，所以他應當節制自己的言行，不可輕舉妄動。相對於階層來說，初九為下層窮人，窮人過日子節省，少出門以節省財力，是對的。所以這樣做沒有災難。

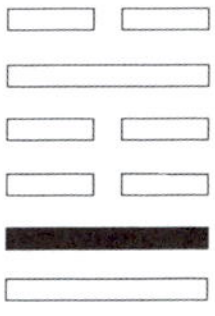

九二：不出門庭，凶。
象曰：不出門庭，失時極也。
經文意思是：不走出家門，凶險。
象辭意思是：不走出家門，是失去時機到了極點。

「九二」失正但得中。可以外出，但卻仍然節制，不走出外院，這樣失去機會，自然凶險。

九二與初九就不同了，因為九二是大

夫之位。他必須要經常出門走動，也就是說他不能怕出門花錢了。因為總閉塞在屋裡會失去與外界的聯絡，進而導致失去有利的機會。從卦象上看，九二與九五同性相敵，所以九二的災難來自於九五。可是九二處於節卦下互卦震的主爻，震主動，也就是說地震來了，九二還守在屋裡，怎麼能不凶呢？

「六三」失正，有因驕傲不知節制之象。不得不嘆息。但這是咎由自取，能責怪誰呢？

六三：不節若，則嗟若，無咎。
象曰：不節之嗟，又誰咎也。

經文意思是：不節制自己，就會哀嘆悲傷，沒有災難。

象辭意思是：因自己不節制導致悲傷，又能責怪誰呢？

六二是下卦兌的上爻，兌有喜悅之意，而處於喜悅之中的六三爻就會有喜悅過度的形象。這就是樂極生悲，所以六三會哀嘆悲傷。這就好比有個人，沉溺於娛樂中不能自拔，結果錢也花光了，還欠了不少債，所以到頭來會心中悲傷。不過也沒有什麼大的災難。

「六四」得位順承九五，能安然奉行節制，所以亨通。

六四：安節，亨。
象曰：安節之亨，承上道也。

經文意思是：安於節制，亨通。

象辭意思是：安於節制的亨通，是順承九五的天道。

六四身為重臣，所以他可以從君王那裡得到很多好處。可是六四並不鋪張浪費，而是像平時一樣適度地過日子。這樣的大臣當然會受到國君的器重，所以「亨」。

九五：甘節，吉；往有尚。
象曰：甘節之吉，居位中也。

經文意思是：以節儉的生活為甜美，吉祥，前往會受到尊重。

象辭意思是：以節儉的生活為甜美的吉祥，是由於九五居中得位。

「九五」中正居尊位，能甘美而恰到好處地施行節制，因此前進，會建立受人尊敬的功績。

九五為君王，自然不能像老百姓一樣地節儉了。因為畢竟還是要與諸侯交往，交往中如果太小氣是不行的，所以國君要有國君的節儉。也就是慷慨而不奢侈，獎賜不超過標準，享樂不超越限度。總之，就是不能超過君王應有的標準，這樣才能符合勤儉之道。如果國君像守財奴一樣小氣，是無法治理天下的。

上六：苦節，貞凶，悔亡。
象曰：苦節貞凶，其道窮也。

經文意思是：過度苦苦節制，守正道凶險，但沒有悔恨。

象辭意思是：過度節制的凶險，是因為窮途末路。

「上六」有因極端節制而不堪之象。但若知悔改，凶險可以消失。

上六處於極亢之位，所以節儉過了頭。前面講了，這種「苦節」是不符合正道的，所以上六的結局凶險。可是他並不為自己的凶險而感到後悔。這應該說是守財奴的通性，只要守住財，雖死無悔。就好比故事中說的那樣，守財奴被老虎咬住了，他的兒子來救他，彎弓搭箭正要射死老虎，結果這個守財奴卻說：「我兒小心，不要傷了虎皮，否則就不值錢了。」這則故事告訴我們，不要仿效這種節儉過度的行為。

第31節
卦六十一 中孚 誠信立身的智慧

壹·卦名

兌為澤，巽為風。風行澤上，無所不至，上下交孚，有誠信之德，為中孚。所以中孚象徵誠信。誠信能感化萬物，即使用簡單的豚和魚作為祭品，仍然會被神嘉納賜福，所以吉祥。利於冒險排難，利於持正。

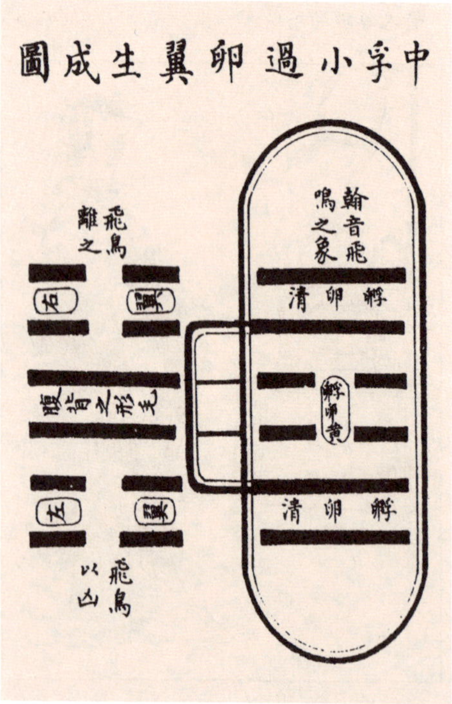

【注解】

[1] 中孚：卦名，象徵誠信、誠實。

【釋義】

此卦卦名為中孚。「孚」字是「孵」的本字，鳥孵卵有日期之信，也就是說，應該多少天小鳥可以破殼而出，小鳥就會在那一天破殼而出。所以「孚」字有誠信的意思。正如《說文》中所說：「孚，卵孚也。一曰信也。」節卦有符節的涵義，符節可以取信於人，所以節卦的後面是中孚卦。

貳·卦畫

中孚卦的卦畫四陽兩陰，中間兩個陰爻，上下各兩個陽爻，形成一個大離。中孚卦與下面的小過互為旁通，也就是中孚卦的卦畫陰變陽、陽變陰之後便形成小過卦，反之亦然。

叁・卦象

中孚卦之象

望子上文書，誠心可望之意；人擊柝，預防之意；貴人用繩子牽鹿，保守則祿永在手；雁銜書，主有喜信至。為鶴鳴子和之卦，事有定期之象。

從卦象上分析，中孚卦的六爻組成一個符契的形象。古代兩個人訂一份合約時，將內容寫在竹板上，然後把這個竹板斷成兩塊，每人一塊。當兩塊竹板能夠完整地合在一起時，說明這兩塊竹板的人曾經訂過這個合約。所以說符契是取信的證據。中孚卦中間兩個陰爻，代表竹板的斷裂處，所以中孚卦有符契對合的形象。從上下卦分析，中孚卦上卦為巽為風，下卦為兌為澤，澤上有風就是中孚的卦象。這個風指的是信風，每年相同的時間，信風都會從水面上吹來，在水面上形成一道道波紋，這就是風對水的誠信。

肆・卦辭

中孚：豚魚[1]吉，利涉大川，利貞。

彖曰：中孚，柔在內而剛得中[2]。說而巽，孚，乃化邦也。豚魚吉，信及豚魚也。利涉大川，乘木舟虛也。中孚以利貞，乃應乎天也。

象曰：澤上有風，中孚；君子以議獄緩死。

【注解】

[1] 豚魚：指對小豬小魚都有誠信。

[2] 柔在內而剛得中：中孚卦的天地人三才中，只有人才為兩個陰爻，所以說「柔在內」；中孚卦的九二爻與九五爻剛爻居中，所以說「剛得中」。

【釋義】

經文意思是：中孚卦，對小豬小魚都有誠信所以吉祥，利於跋涉大川險阻，利於守正道。

彖辭的意思是：中孚卦，柔順居於內，剛健的陽爻居中，喜悅而隨順，這種誠信可以感化萬邦的民眾。小豬小魚的吉祥，是說對小豬小魚也有誠信。利於跋涉大川，是因為可以乘坐木船過河。心中誠信利於守正道，因為這是順應天道。

象辭的意思是：澤上有風吹過就是中孚卦的卦象。君子從卦象中受到啟發，以忠信之德審判犯人，儘量不處死罪犯。

這一卦主要說明了誠信的作用。而象辭對君王的忠告則是：「君子以議獄緩死。」也就是說儘量不處死罪犯。為什麼不處死罪犯呢？因為有的罪犯雖然罪孽深重，犯了殺頭之罪，可是他們在受刑前有了悔改的意圖，想重新做人，君王為什麼不給他們這個機會呢？君王可以對小豬小魚講誠信，該餵食時餵食，那麼君王為什麼不能相信這些想悔改的罪犯一次呢？所以君王要「議獄緩死」。

在這方面，唐太宗就做出了典範。唐太宗十分重視刑法的公正，他曾多次對侍臣說：「人死不能復生，所以執刑一定要做到寬簡。」

伍・爻辭

初九：虞吉，有它不燕[1]。

象曰：初九虞吉，志未變也。

九二：鳴鶴在陰，其子和之，我有好爵[2]，吾與爾靡[3]之。

象曰：其子和之，中心願也。

六三：得敵，或鼓或罷，或泣或歌。

象曰：或鼓或罷，位不當也。

六四：月幾望，馬匹亡，無咎。

象曰：馬匹亡，絕類上也。

九五：有孚攣如[4]，無咎。

象曰：有孚攣如，位正當也。

上九：翰音[5]登於天，貞凶。

象曰：翰音登於天，何可長也。

【注解】

[1] 燕：假借為「安」，安逸，安樂。

[2] 爵：盛酒的容器，形似雀，青銅製，三足，用以溫酒或盛酒，盛行於殷代和西周初期。此處代指美酒。

[3] 靡：此處指分享。

[4] 攣如：眾人團結在一起的樣子。攣，維繫、聯繫、牽繫。

[5] 翰音：古人將祭祀用的雞稱作翰音。

【釋義】

初九：虞吉，有它不燕。

象曰：初九虞吉，志未變也。

經文意思是：考慮好再做事吉祥，有其他的猜疑會導致不安。

象辭意思是：初九考慮好再做事吉祥，是因為沒有改變自己的意志。

「初九」中孚之始，能安守誠信則吉。雖與六四相應，但欲應六四則不得安寧。

做事考慮好再做，自然可以避免危險，所以吉祥。可是「有它不燕」是什麼意思呢？這是說，如果有其他的想法，改變了自己的初衷就會導致不安了。初九的想法是什麼呢？透過卦象可以看出，初九的想法很簡單，就是忠實於六四。如果初九不再忠誠於六四，那麼他的處境就不好了。因為從卦象上分析，他只與六四有應。

九二：鳴鶴在陰，其子和之，我有好爵，吾與爾靡之。

象曰：其子和之，中心願也。

經文意思是：鶴在樹蔭下鳴叫，小鶴在旁邊跟著鳴叫。我有上好的美酒，與你共同分享。

象辭意思是：小鶴在旁邊跟著鳴叫，是心中真誠的願望。

「九二」與九五遙相呼應。像山的背陰處鳴叫的白鶴，遠處小鶴也聲聲應和。像有酒漿共飲同樂，誠意能得到溝通。

爻辭是一首古歌，表達了友情與親情的美好。大鶴與小鶴的鳴聲相應，這就是一種父子或母女之間的誠信。也有人認為是雌鶴與雄鶴的鳴聲相和，表達了雌雄之間的誠信。而與朋友共同分享美酒，說明朋友之間的誠信，也就是「有福同享，患

「六三」存心不誠而躁動，但不能取勝疲憊而退，又懼六四反擊，不免憂懼悲泣。而六四不加侵害，無憂而歌。

「六四」得正，上承九五像一對馬匹，但要取信九五，只好失去伙伴，與初九斷絕，這樣沒有災難。

難與共」的意思。爻辭作者引用古歌完美地表達了九二的誠信。九二只與六三陰陽相合，所以他必須對六三忠誠，如果不對六三忠誠，他便再也尋不到忠誠的朋友了。所以說，忠誠是相互的，人心換人心，這樣才能表現出誠信的意義。

六三：得敵，或鼓或罷，或泣或歌。

象曰：或鼓或罷，位不當也。

經文意思是：攻克了強敵，有的擂鼓有的休息，有的哭泣有的歌唱。

象辭意思是：有的擂鼓有的休戰，是因為六三居位不當，所以存心不誠。

這裡的爻辭又是一首古歌，文字簡練，形象生動。描寫的是打了勝仗歸來的情景。有的擊鼓慶賀，有的疲乏了在休息，有的興奮得在哭（或為死去的戰友而哭），有的在縱情高歌。這個畫面，形象地表達了戰友之間的友誼與忠誠，而其最大的忠誠則是，對國家的忠誠。六三與上九相應，上六為宗廟，所以六三代表的是對國家的一片忠心。可是，六三又與九二相合，所以也有在上九與九二之間猶疑的形象。其柔爻處剛位，所以他在戰爭中又主戰又主和，不能堅定立場，所以象曰：「或鼓或罷，位不當也。」

六四：月幾望，馬匹亡，無咎。

象曰：馬匹亡，絕類上也。

經文意思是：月近十五，馬匹丟了，沒有災難。

象辭意思是：馬匹丟了，是六四斷絕同類而上承九五。

六四柔爻居於偶位為得位，身擔重任，手握重權，所以六四就如同快到十五的月亮。可是六四是唯一一個既有合又有應的爻位。它與初九相應，又與九五相合。可是他最終只能選擇忠實於九五的君王，這就是忠孝不能兩全，他必須捨家保國。

關於「馬匹亡」，有多種解釋，一種認為是離開牠的同類（六三）；一種認為是離開與牠相應的初九（即家中的伴侶或朋友）；還有人從卦變上進行解釋，認為中孚卦是從遯卦變化而來，即遯卦的初六、六二與九三、九四互換形成中孚卦。原遯卦上卦為乾為馬，變為中孚後乾卦消失，所以「馬匹亡」。

但透過象辭判斷，六四的「馬匹亡」表示的是六四捨小取大、忠實於君王的意思，所以沒有災難。

九五：有孚攣如，無咎。
象曰：有孚攣如，位正當也。
經文意思是：用誠信聯繫天下，沒有災難。
象辭意思是：用誠信聯繫天下，是因為九五居中而得位。

「九五」中正居尊位，能以誠信廣繫「天下」，則「天下」亦以誠信相應，所以無咎。

九五之尊以誠信治天下，這樣當然不會有災難了。前面我們講了唐太宗的「縱囚歸獄」的故事就能說明這個道理。唐太宗對死刑犯講誠信，死刑犯也對唐太宗也講誠信，結果是天下大治。

上九：翰音登於天，貞凶。
象曰：翰音登於天，何可長也。
經文意思是：雞飛向天空，守正道凶險。
象辭意思是：雞飛向天空，怎麼能飛得長久呢？

「上九」中孚之極，自信過度而自鳴得意。雖有陽剛本質，動機純正，也難免凶險。

《禮記》中說：「凡祭宗廟之禮……羊曰柔毛，雞曰翰音。」可見祭祀用的雞叫翰音。祭祀是表示對天神和先祖的敬重，可是雞如果因為自己是祭品便認為自己有登天的資格，這就有些可笑了。雞的這種行為是一種對天過度誠信的表現。所以貞凶。也就是說這種誠信儘管是屬於正道，也會凶險。

第32節

卦六十二 小過 行動有度的智慧

壹・卦名

小過[1]

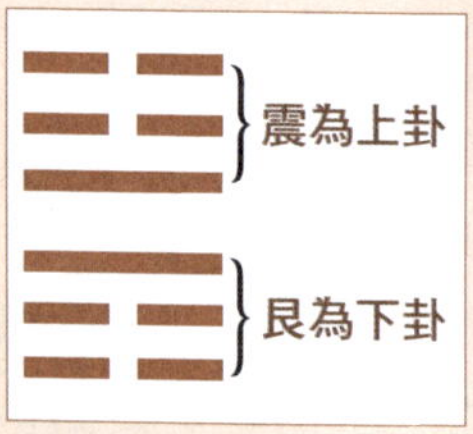

雷山小過

艮為山，震為雷，山頂上響著震雷，其聲過常，謂之小過。小過象徵小有過越。有小的過失、過度等意。小過卦本身有亨通的涵義，但必須守持正道，且只適用於日常小事，而不適用於天下大事，所以小有過度時，莫好高騖遠，應當務實，才會大吉大利。

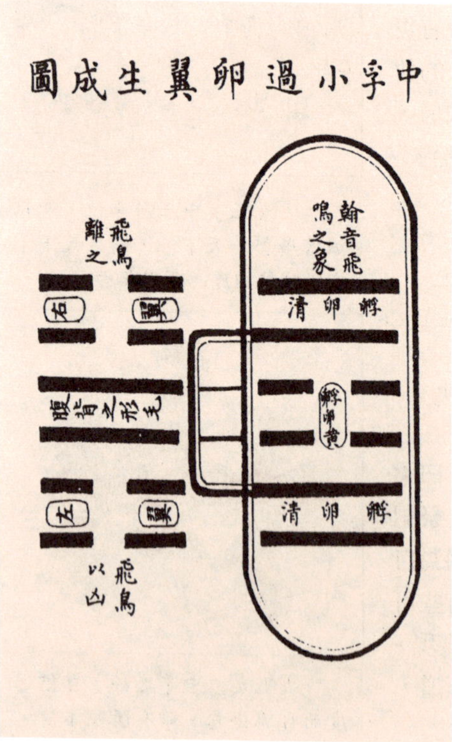

【注解】

[1] 小過：卦名，象徵小的過度、小的超越。

【釋義】

此卦卦名為小過。《說文》中說：「過，度也。」過的具體涵義在大過卦中我們已經講過了，就是經過、度過、過度、超越的意思。大過卦與小過卦的區別在於「大」與「小」的不同。其相同點是，分別位於上下經的倒數第三卦。《序卦傳》中說：「有其信者必行之，故受之以小過。」也就是說，有了符節就可以通過關口，所以中孚卦的後面是小過卦。中孚卦有符契的形象，在古代人們進城時要發給一個符契，另一半放在守門的衛士那裡，出城時人們交上符契，守門衛士見與手中的符契相吻合後，才能讓人出城。

貳·卦畫

小過卦的卦畫為兩個陽爻四個陰爻，兩個陽爻位於中部，四個陰爻平均分配於上下。小過卦與中孚卦互為覆卦。

小過卦之象

明月當空，得太陰照臨之兆；林下一人彈冠，為出仕之兆；人在網中一人割網，主能脫難。城堡在山頭上，飛鳥遺音之卦，上逆下順之象。

叁·卦象

從卦象上分析，小過卦的整體形象就像一隻飛鳥，中間兩個陽爻為鳥身，上下四個陰爻為展開的鳥翅，所以有小鳥飛過的形象。從上下卦分析，小過卦上卦為震為雷，下卦為艮為山，山頂響驚雷就是小過卦的卦象。在山頂上，雷聲比在平地上要響亮，這驚雷則喻示著對過錯的警示。

肆·卦辭

小過：亨，利貞，可小事，不可大事。飛鳥遺之音[1]，不宜上宜下，大吉。

彖曰：小過，小者過而亨也。過以利貞，與時行也。柔得中，是以小事吉也。剛失位而不中，是以不可大事也。有飛鳥之象焉，有飛鳥遺之音。不宜上宜下，大吉；上逆而下順也。

象曰：山上有雷，小過；君子以行過乎恭，喪過乎哀，用過乎儉。

【注解】

[1] 飛鳥遺之音：即飛鳥留音。小過卦有飛鳥的形象，其中間的兩個剛爻像鳥的軀幹，上下各兩個陰爻像鳥張開的翅膀。

【釋義】

經文意思是：小過卦，亨通，利於守正道。可以做小事情，不可做大事情。飛鳥遺有餘音，不宜向上飛，宜向下飛，大吉祥。

彖辭的意思是：小過卦，是小的通過而亨通。透過守正道則有利，因為這是與天時一起運行。卦中柔爻居中而有陽爻的幫助，所以做小事有吉祥。剛爻不得位而且不居中，所以不可以做大的事情。卦象有飛鳥的形象，所以飛鳥遺有餘音。不宜向上飛，宜向下飛，大吉祥，是因為向上為逆，向下為順的緣故。

伍・爻辭

初六：飛鳥以凶。

象曰：飛鳥以凶，不可如何也。

六二：過其祖[1]，遇其妣[2]；不及其君，遇其臣；無咎。

象曰：不及其君，臣不可過也。

九三：弗過防之，從或戕[3]之，凶。

象曰：從或戕之，凶如何也。

九四：無咎，弗過遇之。往厲必戒，勿用永貞。

象曰：弗過遇之，位不當也。往厲必戒，終不可長也。

六五：密雲不雨，自我西郊，公弋[4]取彼在穴。

象曰：密雲不雨，已上也。

上六：弗遇過之，飛鳥離之，凶，是謂災眚。

象曰：弗遇過之，已亢也。

【注解】

[1] 祖：祖父。

[2] 妣：本義為母親，此處指祖母。

[3] 戕：殘殺、殺害、毀壞。

[4] 弋：繫著繩子的箭，這種箭在射中獵物後，可以找到獵物的藏身處。

【釋義】

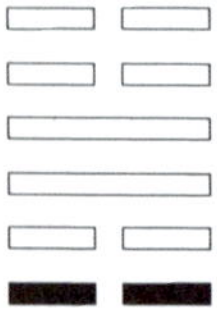

初六：飛鳥以凶。
象曰：飛鳥以凶，不可如何也。

經文意思是：飛鳥帶來了凶險。

象辭意思是：飛鳥帶來了凶險，是沒有辦法解救的。

飛鳥怎麼會給人帶來災難呢？在電影《花木蘭》中有這樣一個場面，夜裡，花

「初六」不中不正，本當宜下，但卻像飛鳥一樣逆勢上翔，好高騖遠，故有凶險。

木蘭在自己的營地巡視，突然發現遠處有一群鳥飛了起來。花木蘭想，鳥怎麼會在夜裡飛呢？肯定是有人驚動了林中的鳥。於是便加強警備，叫眾將士做好迎敵的準備。接著，敵人果然前來偷襲，被花木蘭全部殲滅了。這就是飛鳥給人帶來的凶險，飛鳥給偷襲者帶來了凶險。

初六爻的凶險與花木蘭的故事有些相似。初六爻處於社會下層，歸隱於山林，與世無爭。可是，也許就在他午睡的時候，王公射中的一隻飛鳥落在初六的屋前，王公前來尋鳥，結果就會發現這位隱士，如果這位隱士是不辭而別來深山歸隱的，肯定就會有凶險了。這種凶險確實是無法防範的。

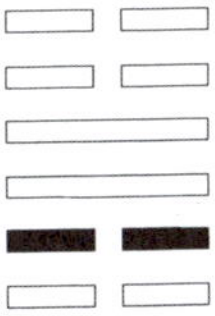

六二：過其祖，遇其妣；不及其君，遇其臣；無咎。
象曰：不及其君，臣不可過也。

經文意思是：越過祖父，遇到祖母。沒有趕上君王，卻見到了君王的臣子，沒有災難。

象辭意思是：沒有趕上君王，是因為臣子不能超過君王。

「六二」中正，越過三四兩陽遇五陰。就像錯過祖父遇到祖母，不能來到君王面前，就遇到臣，可以得到協助，沒有災難。

六二爻柔爻居於偶位為得位，並且又居於下卦之中，所以有中正之德。身為大夫的他，必然會想得到君王的賞識而努力進取，所以他的功業超過了自己的祖輩。但是卻與六五的君王同性相斥，所以沒有受到君王的獎賞。沒辦法他只能因君王大臣的幫助而獲取一個官位。這個官位也就是六二這個大夫之位了。這也正是六二的無咎之處，因為如果他的功業太大超過了君王，那麼肯定就會有災難了。正是由於他的功業還不是太大，並且能夠甘居於下，所以才「無咎」。

九三：弗過防之，從或戕之，凶。

象曰：從或戕之，凶如何也。

經文意思是：沒有過失也應加以防範，一味地跟從別人會有凶險。

象辭意思是：一味跟從別人，這種凶險怎麼辦呢？

「九三」得正應上六。自恃強盛，不肯多做防備，則將為眾陰特別是小人上六所害，故有凶險。

九三陽爻居於奇位為得位，所以沒有什麼過失。可是他盲目跟隨著別人，這樣會給自己造成凶險。從卦象上看，九三是飛鳥的身子，可是飛鳥的身子卻是被翅膀所控制著，所以有鳥身跟著翅膀飛的形象。另外，九四爻陽爻居於柔位，必然要向上升改變自己的處境，所以九三還有跟著九四的形象。

在官場上如果盲目地跟著別人結黨營私會很凶險。因為自己不能把握自己的命運，自己不分辨是非，怎麼能不危險呢？

九四：無咎，弗過遇之。往厲必戒，勿用永貞。

象曰：弗過遇之，位不當也。往厲必戒，終不可長也。

經文意思是：沒有災難。不要越過，可以相遇，前往有危險一定要戒備，不要過於執著於正道。

象辭意思是：不要越過，可以相遇，是因為九四處的位置不當。前往有危險一定要戒備，說明最終不會長久。

「九四」有「宜下」之象，應自慎靜守，若主動前往，將有危險，不可固執己見，應適應環境知道變通。

九四不會有災難，因為可以得到六五的幫助。但九四的危險也是來自於六五，因為功高蓋主就會受到君王的猜忌，所以九四不能有繼續上升的想法，必須心懷戒備。

六五：密雲不雨，自我西郊，公弋取彼在穴。
象曰：密雲不雨，已上也。

經文意思是：烏雲密布卻沒有下雨，從我的西郊壓過來。王公用帶繩子的箭射獵物，從洞穴中把獵物捉住。

象辭意思是：烏雲密布卻沒有下雨，是因為烏雲已經向上飄去。

六五柔爻居於奇位為不得位，但他居於上卦之中的尊位，所以有權勢。可是六五與六二不相應，所以君王的恩澤不會下降到民眾中去。由此可見，六五是一位不懂仁愛的君王，他所做的，就是讓九四到天下給自己收取利益，而從來不以仁愛待民。「密雲不雨，自我西郊」說的是君王不降恩澤於民眾，當然也代表政治上會有風雲突變。「公弋取彼在穴」則是指九四去搜刮民脂民膏。

上六：弗遇過之，飛鳥離之，凶，是謂災眚。
象曰：弗遇過之，已亢也。

經文意思是：沒有相遇而是超過了，飛鳥被網住，凶險，這真是災禍。

象辭意思是：沒有相遇而是超過了，這是說上六已居亢極之高位。

「六五」似西郊濃雲密布不能為雨。不能治天下卻拿著繩箭，將與其對應的六二捉來輔佐自己。二陰搭配，不能成事。

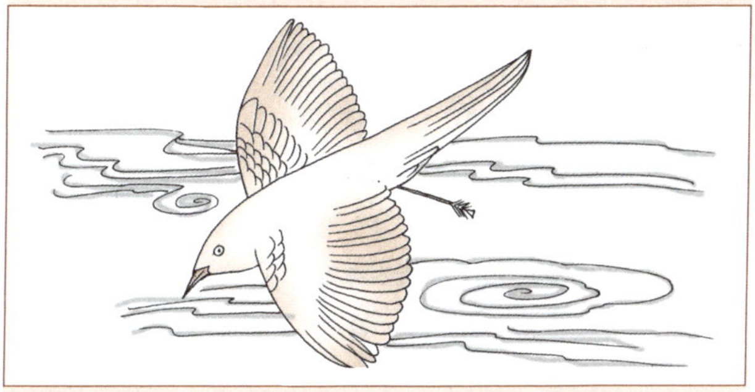

「上六」飛升過度，像鳥飛到天上，沒有安身的地方，遭到被射殺的危險，說是天災，其實是自找的人禍。

小過卦描述的是亂世時期，所以一切都應當「宜下不宜上」。君王應當向下恩澤民眾，重新取信於民；臣民亦應當向下歸隱於山林避難。可是上六處於極亢之位，所以高飛而不下，結果導致凶險。這是不識時務造成的。

第33節
卦六十三 既濟 功成身退的智慧

壹·卦名

離為火，坎為水，水在火上，似煮成食物，謂既濟。既濟象徵事已成、成功。六十四卦只有本卦六爻剛柔均當位。但是過於完整，反而僵化，不能再有大的作為，因此，必須堅守正道，繼續奮發努力。否則必將是起初吉祥，最終危亂。

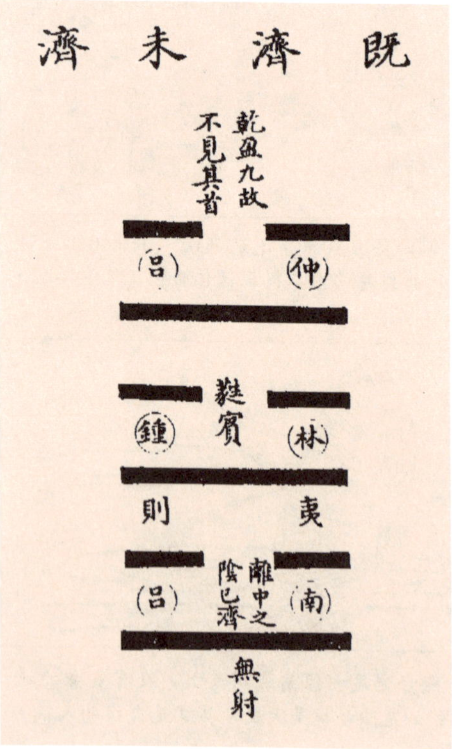

【注解】

[1] 既濟：卦名，象徵成功、完成。

【釋義】

此卦卦名為既濟。既，就是成功、完成的意思；濟，就是渡河的意思。既濟合起來就是成功渡過的意思。《序卦傳》中說：「有過物者必濟，故受之以既濟。」也就是說想要一直通過，必須要用舟渡河，所以小過卦的後面是既濟卦。

貳·卦畫

既濟卦的卦畫為三個陰爻三個陽爻，其排列方式完全符合陽奇陰偶的規則，表示事物最終的完美形態。其卦畫的排列順序與下面的未濟卦正好相反，既濟卦與未濟卦既互為覆卦，又互為旁通。

叁・卦象

從卦象上分析，既濟卦上卦為水，下卦為火，水在火上就是既濟卦的卦象。怎麼水與火能代表成功渡過呢？這其實正是《周易》中的大智慧。

既濟卦是六十四卦中最完美的一卦。

首先，卦中坎水潤下，離火炎上，水與火有相交之相。《周易》中宜交忌分，所以這是既濟卦的完美之一。其次，卦中陰陽爻各得其所，陽爻居於奇位，陰爻居於偶位，這是既濟卦的完美之二。第三，卦中各爻都有相應相合者，沒有一個爻處於孤立之中，這是既濟卦的完美之三。

既濟卦之象

一人在岸，舟將近主接濟；一堆錢主大利；雲中雨下，小兒雨中行，主承澤；文書一束書姓名。舟楫濟川之課，陰陽配合之象。

肆・卦辭

既濟：亨小，利貞，初吉終亂。

彖曰：既濟，亨，小者亨也。利貞，剛柔正而位當[1]也。初吉，柔得中也。終止則亂，其道窮也。

象曰：水在火上，既濟；君子以思患而豫防之。

【注解】

[1]剛柔正而位當：九五剛爻居中得位，六二陰爻居中得位，所以說「剛柔正而位當」。

【釋義】

經文意思是：既濟卦，小有亨通，利於守正道，起初吉祥最終混亂。

彖辭的意思是：既濟卦的亨通，是小人的亨通。利於守正道，是因為九五與六二剛柔得中而得位。起初吉祥，是因為六二柔爻居中位。終止則會混亂，說明天道已到了窮途末路。

象辭的意思是：水在火上就是既濟卦的卦象。君子從卦象中得到啟示，要考慮到隱憂，做到未雨綢繆。

伍・爻辭

初九：曳其輪，濡其尾[1]，無咎。

象曰：曳其輪，義無咎也。

六二：婦喪其髴[2]，勿逐，七日得。

象曰：七日得，以中道也。

九三：高宗伐鬼方[3]，三年克之，小人勿用。

象曰：三年克之，憊也。

六四：繻有衣袽[4]，終日戒。

象曰：終日戒，有所疑也。

九五：東鄰[5]殺牛，不如西鄰之禴，實受其福。

象曰：東鄰殺牛，不如西鄰[6]之時也。實受其福，吉大來也。

上六：濡其首，厲。

象曰：濡其首厲，何可久也。

【注解】

[1] 濡其尾：指驅車過河時車尾被水浸溼。

[2] 髴：音ㄈㄨˊ，古代婦女的首飾。

[3] 高宗伐鬼方：據歷史記載，高宗即是殷商的中興之主武丁，鬼方是西羌的某一國家，位於中國西北。《後漢書・西羌傳》：「及殷室中衰，諸夷皆叛，至於武丁，征西戎鬼方，三年乃克。」

[4] 繻有衣袽：用布條縫補衣服。繻，音ㄒㄩ，彩色的絲織品；袽，音ㄖㄨˊ，有破損的衣服。

[5] 東鄰：指商紂王，因為紂王的國都朝歌位於東方。

[6] 西鄰：指周文王，文王的國都岐山位於西方。

【釋義】

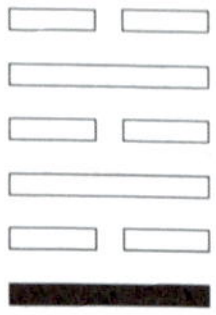

初九：曳其輪，濡其尾，無咎。

象曰：曳其輪，義無咎也。

經文意思是：拖著車輪，沾溼了車尾，沒有災難。

象辭意思是：拉著車輪，道義上不會有災難。

初九陽爻居於奇位為得位，又與六二陰陽相合，並且與六四相應，這麼完美的組合，然而爻辭卻只是「無咎」。這是什麼呢？因為完美正是缺損的開始。爻辭中用馬車過河卻使車尾浸溼的比喻，說明了在完美的狀態下也會出現瑕疵。所以不可認為完美為完美，應在完美時更加謹慎行事，以防意外。比如有人立功受獎了，在榮譽面前感到很驕傲。這正是人最大的弱點，因為這一點榮譽很有可能使你停滯不前，甚至是退步。所以在榮譽面前一定要更加謹慎，從嚴要求自己，這樣才能有更大的發展。可是這不是一般人能做到的，歷史上更多的人是無法逃脫在巨大的成就面前人格變態的命運。所以處於完善狀態的初九爻辭只能是「無咎」。

「初九」得正，有謹慎守成之象。像有人拖住車輪不能任意前進，狐狸過河，翹起尾巴，小心會無災難。

六二：婦喪其髴，勿逐，七日得。
象曰：七日得，以中道也。

經文意思是：婦人丟失了首飾，不用尋找，七天後就會失而復得。

象辭意思是：七日後就會失而復得，是因為六二爻能守中庸之道。

「六二」上應九五，而九五不熱情迎接其妻，但六二能守持中正，就是喪失了車輛的蔽飾，也不用追尋，很快會失而復得。

六二處於下互卦坎的下爻，坎為盜，所以有丟物的形象。丟了首飾卻不去尋找，為什麼不去找呢？因為六二不能動，一動就失去了完美的平衡。六二與初九、九三相合，象徵左右逢源；與九五相應，象徵君臣相輔。可是六二如果一動位置，便不會有這麼美好的處境了。所以六二不用動，失去的自然會回來。

九三：高宗伐鬼方，三年克之，小人勿用。
象曰：三年克之，憊也。

經文意思是：商朝的武丁高宗征討鬼方國，用三年時間將其征服，小人不可用。

象辭意思是：三年才把對方征服，是太疲憊了。

「九三」若以「三年克之」的精神排除餘患，能確保成功。但焦躁激進，必致危亂。不可重用有戰功的小人，可重賞。

九三爻的爻辭描寫的是商朝的武丁討伐西羌的鬼方國的典故。在武丁之前，商朝出現了衰落，於是商朝周邊地區的一些諸侯紛紛反叛。武丁繼承王位後，勵精圖治，使商朝扭轉了衰落的局勢，並且出現了一度的中興。於是武丁討伐反叛的諸侯國。

在這裡引用這個故事是什麼意思呢？就是勸告九三爻：「英明的武丁攻打鬼方國用了三年時間，使國民疲憊。你有武丁英明嗎？所以不要聽信小人的慫恿，總想著攻打別人。」其意思就是告誡人們在這種時期，不要總想著擴大地盤而發動戰爭。

從卦象上看，九三爻處於上互卦離的下爻，離為兵戈，所以有發動戰爭的形象。可是九三爻與六二、六四相合，與上六相應，這是多麼完美的組合。而九三一動則破壞了這種完美。所以九三不能動，不能發動戰爭。既濟卦的六爻都是不動才能處於完美狀態中，可是事物不可能不動，所以每個爻都隱藏著危機。

「六四」「多懼」之地，「事已成」將要轉化，如沒有棉衣只好穿破衣。但柔順得正，能夠戒備禍患的來臨。

六四：繻有衣袽，終日戒。

象曰：終日戒，有所疑也。

經文意思是：像用布條縫補衣服一樣，整日心懷戒備。**象辭意思是：**整日心懷戒備，是因為有所疑慮。

六四爻與九三、九五相合，與初九相應，多麼完美的組合。可是任何事物都不會永遠處於靜止狀態。這正如再好的衣服也會穿破一樣，所以要像給衣服縫補丁一樣，修補這種對靜止的破壞。「終日戒」的目的，仍然是為了保持平衡，為了使平衡的狀態延長得更久些。「有所疑也」是說明在這種完美的狀態中要存疑慮之心，要有危機感。六四的爻辭大意與初爻有些相似。

九五：東鄰殺牛，不如西鄰之禴祭，實受其福。象曰：東鄰殺牛，不如西鄰之時也；實受其福，吉大來也。

經文意思是：東鄰殺牛進行祭祀，反而不如西鄰的簡單祭祀，實在而受到福佑。**象辭意思是：**東鄰殺牛進行祭祀，不如西鄰按時獻祭虔誠。實在而受到福佑，所以吉祥會源源不斷湧來。

「九五」中正居尊位。最忌驕奢不修仁德，所以借東鄰殺牛盛祭，不如西郊虔誠簡單的祭祀更獲祝福，以示警懼。

這裡講的仍然是一個典故。說的是紂王用殺牛來祭祀先祖與天神，雖然隆重但卻沒有得到福佑；周朝只用簡單的祭品獻祭反而得到了福佑，結果周朝滅掉了商朝而成為天子之國。原因是紂王不按時祭祀，而周朝則按時祭祀有誠信。言外之意是保持現狀不要有所變動。九五與六四、上六相合，與六二相應，多麼完美的組合，也就是說在這種完美狀態中，君王應當「垂裳而治」，做到「無為而無不為」。

上六：濡其首，厲。象曰：濡其首厲，何可久也。

經文意思是：浸溼了頭，有危險。**象辭意思是：**浸溼頭的危險，生命怎麼會長久呢？

「上六」濟極終亂。狐狸渡河而水浸到頭部，凶多吉少。因此必須審慎處之，才能長久守成。

上六處於坎卦的最上爻，所以有水沒過頭的形象。這裡是告訴人們完美的極致就是缺損的開始。既濟卦是最完美的，所以每一爻都含有保持這種完美，延遲這種完美的意思。可是到了上六，則沒有這個意思了。為什麼呢？因為萬事萬物的變化規律是不以人的意志為轉移的，人可以延緩完美的早衰，卻無法使完美不衰退。

第34節

卦六十四 未濟 成功在望的智慧

壹・卦名

坎為水，離為火。火在水上，難以濟物，為未濟。未濟象徵事未成。 本卦六爻均失正，有「事未成」之象。但陽剛陰柔能相應，充滿發展的可能性。未濟有可濟之理，因而亨通。但若處事不謹慎，則沒有什麼利益。

【注解】

[1] 未濟：卦名，象徵未完成、還沒有終止。

【釋義】

此卦卦名為未濟。未濟就是沒有渡過河的意思。其引申義為未完成、還沒有終止。《序卦傳》中說：「物不可窮也，故受之以未濟。終焉。」這句話的意思是，各種事物不可能在終點完結，還會有新的開始，所以既濟卦的後面是未濟。到了未濟卦，代表萬事萬物運行變化規律的六十四卦，演算週期才算完備而終結（當然，另一個新的週期運行又開始了）。人們常常用「時運不濟」來形容人的運氣不佳，其實「不濟」指的就是《周易》的最後一卦——未濟。可是未濟卦只是重新開始新的輪迴過渡階段，又何必悲傷呢？

貳・卦畫

未濟卦的卦畫是三個陰爻三個陽爻，其排列順序與既濟卦的卦畫順序正好相反。未濟卦與既濟卦互為覆卦，又互為旁通。

未濟卦之象

一人提斧，主有威；一虎坐無威；一卓旗在山上，為信期；一人取旗，主立信；梯子上有到字，主有等級可至，故曰未濟。碣火求珠之卦，憂中望喜之象。

叄・卦象

從卦象上分析，未濟卦的上卦為離為火，下卦為坎為水，火在水上就是未濟卦的卦象。表面上看好像與既濟卦差不多，只是顛倒了一下。可實際上，卻完全處於混亂狀態中。上卦離火向上升，下卦坎水向下流，不再具有相交之象。這說明火與水無法互補，無法達到平衡的狀態。陰爻居於奇位，陽爻居於偶位，六爻皆不得位。象徵一切秩序都已混亂。更嚴重的是，內卦臣子剛健，而外卦君王柔弱，所以君不像君，臣不像臣，國已不國。

肆・卦辭

未濟：亨，小狐汔濟[1]，濡其尾，無攸利。

彖曰：未濟，亨；柔得中[2]也。小狐汔濟，未出中也。濡其尾，無攸利；不續終也。雖不當位，剛柔應也。

象曰：火在水上，未濟；君子以慎辨物居方。

【注解】

[1] 小狐汔濟：小狐狸幾乎快要渡過河了。汔，音ㄑㄧˋ，幾乎；濟，渡河。

[2] 柔得中：指六五爻居於上卦之中。

【釋義】

經文意思是：未濟卦，亨通，小狐狸快要能夠走過小河，沾溼了它的尾巴，無所利。

彖辭的意思是：未濟卦的亨通，是由於六五爻以柔順居中。小狐狸過河，是還沒有走出河中。沾溼了尾巴，無所利，是說明不能努力走到終點。雖然六爻沒有得位，但能夠做到剛柔相濟。

象辭的意思是：火在水上就是未濟卦的卦象。君子從卦象中受到啟發，謹慎分辨各種事物，選擇好自己居住的地方。

六爻位置這麼不好，怎麼卦辭中會有「亨」字呢？因為未濟卦是一個新開始的過渡，是任何力量也阻擋不了的一種過渡，所以亨通。可是畢竟這是一種極其艱苦的過渡，所以「無攸利」。天下秩序大亂，一切都顛倒了位置，君子該怎麼辦呢？

伍・爻辭

初六：濡其尾，吝。

象曰：濡其尾，亦不知極也。

九二：曳其輪，貞吉。

象曰：九二貞吉，中以行正也。

六三：未濟[1]，征凶，利涉大川。

象曰：未濟征凶，位不當也。

九四：貞吉，悔亡，震用伐鬼方[2]，三年有賞於大國。

象曰：貞吉悔亡，志行也。

六五：貞吉，無悔，君子之光，有孚，吉。

象曰：君子之光，其暉吉也。

上九：有孚於飲酒，無咎。濡其首，有孚失是。

象曰：飲酒濡首，亦不知節也。

【注解】

[1] 未濟：還沒有渡過河。

[2] 震用伐鬼方：指西周協助殷商王朝討伐鬼方的史實。殷商高宗武丁之後的第五世商王是武乙，由於為政暴虐，使犬戎叛亂侵犯邊境。當時周朝的古公父為避犬戎的侵擾越過梁山將周朝遷至岐山腳下。到了周文王的父親季歷時，季歷帶兵協助商王朝討伐西羌鬼方，經過三年征服了鬼方而受到商朝天子的獎賞。

【釋義】

初六：濡其尾，吝。
象曰：濡其尾，亦不知極也。

經文意思是：沾溼了尾巴，有憂吝。

象辭意思是：沾溼了尾巴，也不知道已到了自己承受的極限（即狐狸尾巴都溼了，說明水再深一點，小狐狸就有危險了）。

「初六」不正，未濟之時，不能謹慎守中，會招來羞辱。

「九二」剛爻柔位，恭順中庸，就像渡河時拖住車輛，不會逞強，這樣當然吉祥。

這裡描寫的就是卦辭中的那隻正在過河的小狐狸。初九是坎卦的最下爻，所以表示還沒有走到河中央。可是還沒有到河中央水面就把尾巴浸溼了，說明再往前走水更深，小狐狸根本過不了河。如果牠一直往前走，肯定會被水溺死。所以小狐狸會非常憂鬱：「我能過去嗎？」

也許有人會說：「你為什麼一定要過河，還是快回來吧。」那麼我替小狐狸回答你：「為了生存，我必須過河。」

那麼小狐狸不是得死嗎？是的，這正是自然法則的優勝劣敗。一場災難，一個轉折，都是一種自然的淘汰賽。可是小狐狸此時的情況還沒有死，所以只是憂慮。

從卦象上看，初六以柔爻居於奇位為不得位，就像無能的人擔任著極需要能力的任務，肯定是有些吃不消。不過初六與九二相合，與九四相應，說明遇難能得到幫助。這就說明了一個道理，在困難時期，人們更懂得團結與互助。所以在最混亂的未濟卦，每一爻都有相合、相應者。

九二：曳其輪，貞吉。
象曰：九二貞吉，中以行正也。

經文意思是：拉著車輪，守正道吉祥。

象辭意思是：九二爻守正道吉祥，是居中而行正道。

九二雖不得位，但居於下卦之中，並且有初六、六三與六五相助，所以遇險有救，可以渡過河去。從卦象上看，坎為弓輪，所以有「曳其輪」的形象。又由於坎為水，所以有駕車過河之意。

「六三」下比九二，若能不自求進，與九二同舟共濟，可脫出坎險找到出路，因而有利。

六三：未濟，征凶，利涉大川。
象曰：未濟征凶，位不當也。

經文意思是：沒有渡過河，征伐有凶險，有利於跋涉大川。

象辭意思是：沒有渡過河，征伐有凶險，是由於六三的位置不當。

六三是下卦坎的上爻，是上互卦坎的下爻，身前身後全是水，所以有未渡過河的形象。在處境險難重重的情況下，當然不利於打仗了，所以「征凶」。但是六三有九二、九四與上九的幫助，所以可以順利地跋涉大川。

「九四」本身不正，想堅守正道，必須長期堅持，就像要經過三年苦戰，終於完成任務，才能得到褒揚。

九四：貞吉，悔亡，震用伐鬼方，三年有賞於大國。
象曰：貞吉悔亡，志行也。

經文意思是：守正道吉祥，沒有悔恨，振奮起來征伐鬼方國，三年獲得成功，得到大國的獎賞。

象辭意思是：守正道吉祥，沒有悔恨，是由於九四爻志在必行。

這裡又講了一個故事。說的是武丁之後，商朝又出現了一次衰落。使國家衰落的就是武丁之後的第五世商王武乙。當時人們都敬鬼神，這是民眾的信仰。這位武乙用木頭刻一個小人，說這是天神，然後與這個天神玩賭博的遊戲，讓別人代「天神」下賭注。結果武乙贏了，便將「天神」砍得破碎，然後向人誇耀自己戰勝了天神。後來他到黃河與渭河匯流處打獵時，遇到雷陣雨，遭雷電震擊而死。武乙的行為，使周邊的諸侯又開始反叛商朝。當時周古公帶著自己管轄的民眾跨過梁山來到岐山下避兵災。後來，周文王的父親季歷，帶著兵將協助商朝天子討伐西羌的鬼方國，也是經過三年後打敗了鬼方，並因此受到了商朝天子的重賞。

而在這一爻講這個故事有什麼用意呢？就是激勵九四爻要像周文王的父親那樣建功立業，大膽行動。

六五：貞吉，無悔，君子之光，有孚，吉。
象曰：君子之光，其暉吉也。
經文意思是：守正道吉祥，沒有悔恨，君子的光耀，有誠信，吉祥。
象辭意思是：君子的光耀，是說在他的光彩照耀下帶來了吉祥。

六五居於奇位為不得位，這說明六五的能力有限，不具備君王的能力。可是處於君位的他卻可以得到九二、九四與上九眾多有能力的賢臣輔助，所以他會吉祥。其實也就是說，六五雖然無能，但是卻是一位懂得用平衡之道用人的人，所以他會得到成功與吉祥。

「六五」居尊位但不正，與下卦九二相應，能尋求有力的輔佐，吉祥。又六五在光明的中央，有君子的光輝德性，吉上加吉。

上九：有孚於飲酒，無咎。濡其首，有孚失是。
象曰：飲酒濡首，亦不知節也。
經文意思是：帶著誠信飲酒，沒有災難。如果酒喝多了，將酒澆到頭上，有誠信也會失去。
象辭意思是：酗酒以致將酒澆到了頭上，這也太不知節制了。

上九所表示的時期，就相當於最後終於渡過了危險期，太平了，安穩了。於是人們開始飲酒作樂，無所節制了。喝酒喝醉了，還繼續喝，以致於本來想把酒倒進嘴裡，結果卻倒在頭上。這說明喝得太多了，已經醉了。

既濟卦貴在止，未濟卦貴在動，可是未濟卦的上九是「動」得有些過度了，不知節制，這就不好了。所以這裡是告誡人們做事要有分寸，要有節制。

「上九」未濟之極，遂成既濟。事已成，心無憂，自己安閒飲酒本無過失。但過分委信於人，自逸過度，就不正當了。

MEMO

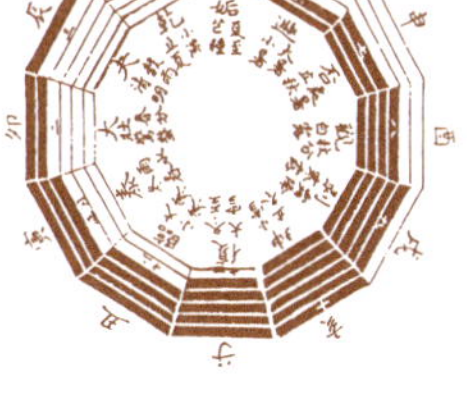
午
未
申
酉
戌
亥
子
丑
寅
卯
辰
巳

國家圖書館出版品預行編目(CIP)資料

圖解易經的智慧經部 / 唐頤著. —— 初版. —— 新北市：華威國際事業有限公司, 2025.05
面； 公分
ISBN 978-957-9075-68-8(平裝)
1.CST: 易經 2.CST: 易占 3.CST: 研究考訂
121.17 114002800

圖解易經的智慧經部

原　　著	唐　頤
副總編輯	徐梓軒
責任編輯	吳詩婷
校　　對	張昀、劉沛萱
封面設計	申晏如
內文排版	黃莉庭
法律顧問	建業法律事務所 張少騰律師 110台北市信義區信義路五段7號62樓 （台北101大樓） 電話：886-2-8101-1973
法律顧問	徐立信　律師
出 版 者	華威國際事業有限公司
總 經 銷	創智文化有限公司 236新北市土城區忠承路89號6樓 電話：886-2-2268-3489 傳真：886-2-2269-6560
初版一刷	2025年05月
定　　價	499元

香港總經銷	和平圖書有限公司
地　　址	香港柴灣嘉業街12號百樂門大廈17樓
電　　話	852-2804-6687
傳　　真	852-2804-6409